대한제국·식민지 조선의

철도 여행 안내

부록 금강산 탐승 안내

조선철도 여행 안내

조선철도 선로 안내

한국철도 선로 안내

엮고 옮긴이

김선희 金仙熙, Kim Sun-hee

단국대 한문교육학과를 졸업하고, 일본 히로시마대학에서 「조선과 일본 지식인의 자타인식 연구」로 박사학위를 취득했다. 일본사상사 전공. 한국학중앙연구원 한국문화교류센터 연구원, 고려대학교 일본연구센터 HK연구교수를 거쳐 현재 건국대학교 아시아콘텐츠연구소 선임연구원으로 재직하고 있다. 현재 경계·지역·여성을 키워드로 근세 이후 동아시아 사상사와 문화사를 연구 중이다. 『왕인박사』(2022), 『일본 근세 유학과 지식의 활용』(2021), 『한국인, 근대적 건강을 상상하다』(2021), 『동북아시아의 근대체험과 문화공간』(2021), 『메이지유신의 침략성과 재인식 문제』(2019), 『명동 길거리 문화사』(2019), 『韓流·日流－東アジア文化交流の時代』(2014), 『現代アジアの女性たち』(2014), 『국학과 일본주의－일본 보수주의의 원류』(2011) 등을 공동 집필하였고, 『에도시대를 생각한다－도쿠가와 3백 년의 유산』(2023), 『일본 정치사상사－17~19세기』(2017), 『핵확산 문제와 아시아』(2012), 『일본 '국체' 내셔널리즘의 원형－모토오리 노리나가의 국학』(2011), 『에도 유교와 근대의 知』(2010) 등을 번역하였다.

대한제국·식민지 조선의 철도 여행 안내

초판인쇄 2023년 12월 10일 **초판발행** 2023년 12월 20일

엮고 옮긴이 김선희 **펴낸이** 박성모 **펴낸곳** 소명출판 **출판등록** 제1998-00017호

주소 서울시 서초구 사임당로14길 15 서광빌딩 2층

전화 02-585-7840 **팩스** 02-585-7848 **전자우편** somyungbooks@daum.net **홈페이지** www.somyong.co.kr

값 66,000원

ISBN 979-11-5905-843-1 03910

이 저서는 2021년 대한민국 교육부와 한국연구재단의 지원을 받아 수행된 연구임 (NRF-과제번호)(NRF-2021S1A5B5A17048585)

건국대학교 아시아콘텐츠연구소
동아시아 모더니티 자료 03

대한제국·식민지 조선의 철도 여행 안내

한국철도 선로 안내
조선철도 선로 안내
조선철도 여행 안내
부록_ 금강산 탐승 안내

김선희 엮고 옮김

일러두기

1. 일본의 인명과 지명은 원칙적으로 국립국어원의 외래어 표기법에 따르고 한자를 병기한다.
   예) 東京 → 도쿄東京, 伊藤博文 → 이토 히로부미伊藤博文
2. 중국의 근대 이전 인물의 이름은 우리말 한자음으로 표기하고 한자를 병기한다. 근대 이후의 인명과 지명은 국립국어원의 외래어 표기법에 따른다.
   예) 李如松 → 이여송李如松, 袁世凱 → 위안스카이, 安東 → 안둥安東
3. 국내의 일본식 행정구역명, 사원명 등의 경우는 우리말 한자음으로 표기하고 한자를 병기한다.
   예) 本町 → 본정本町, 本願寺 → 본원사本願寺
   인명과 지명, 역명의 한자는 기본적으로 초출에 병기한다.
4. 『조선철도 선로 안내』, 『조선철도 여행 안내』 에서 한자가 병기된 역은 새로 신설된 역이다.
5. 한자로 표기된 도량형 가운데 里·哩·浬·町·丁 등, 한자음 표기만으로 구분이 어려울 경우 항목별로 초출 시 한자를 병기한다.

서양 단위의 한자식 표기	일본의 구 도량형
1哩(mile) = 약 1,609m	1里 = 36町 = 약 3,927m(단, 한국에서 1리는 3.6정, 약 392m)
呎(feet) = 약 30cm	1町(丁) = 60間 = 360尺 = 약 109m
鎖(chain) 80분의 1마일 = 20m	1間(步) = 6尺 = 약 1.8m
1浬(해리) = 약 1,852m	1丈 = 10尺 = 약 3m
噸(ton) = 1,000kg	1尺 = 약 0.3m

6. 본문에서 연도는 일본 연호로 표기하고 있으나, 서력을 기본으로 하고 필요 시 일본의 연호를 병기한다.
7. 역사적 사건 등의 용어와 한국의 지명, 한국인에 대한 호칭 등은 본서가 철저하게 일본인의 관점에서 저술된 점을 부각시키기 위해, 본문의 용어를 그대로 쓰고 필요시 각주에서 설명한다.
   예) 임진왜란 → 분로쿠(文祿)·게이초(慶長)의 역(役) 또는 분로쿠의 역, 정유재란 → 게이초의 역, 청일전쟁 → 일청전쟁(日清戰爭), 대한해협 → 조선해협(朝鮮海峽), 한국인 → 한인(韓人) 또는 선인, 조선인
8. 본문에서는 일본과 일본인을 本邦·我國·本邦人 등으로 표기하고 있으나, 오해를 피하기 위해 일본, 일본인으로 번역한다. 단, 저자의 자국인식을 보여주는 皇軍 등의 용어는 그대로 쓴다.
9. 본문의 각주는 모두 역자 주이다. 아울러, 『한국철도 선로 안내』의 각주에서 설명한 항목은 『조선철도 선로 안내』, 『조선철도 여행 안내』에서는 각주를 생략한다.

차례

제1부

한국철도 선로 안내

들어가는 말

이 안내서는 공무의 여가 담당자가 기존의 안내서와 각 역장의 보고 등의 자료를 모아 편찬하였다. 원래 한국에서는 각 지역의 호수와 인구, 연혁에 관한 명확한 자료를 구하기 어렵다. 그뿐 아니라 정해진 기간 내에 완성하기 위해 단기간에 원고를 마무리해야 하므로 다소 조잡하고 마음에 들지 않는 부분이 있지만 훗날 적절히 정정하여 완성하기로 한다. 부디 이 점을 양해하여 잘못된 부분이 발견되더라도 널리 이해해주기를 희망한다.

한국철도선로 안내 목차

경부선

1 본문에는 상당산성으로 되어 있다.

2 본문에는 인천항으로 되어 있다.

3 본문에는 낙동강으로 되어 있다. 목차에는 따로 적고 있지 않지만, 낙동강~마산 구간은 마산선으로, 1904년 착공하여 1905년 10월 완전 개통하였다.

경의선

4 본문에는 개성으로 되어 있다.

5 본문에는 자로동(紫露洞)으로 되어 있다.

6 장화사는 화장사의 오기이다. 본문에는 화장사로 표기되어 있다.

7 목차에는 砂里院으로 되어 있으나, 본문에는 沙里院으로 나온다. 『신증동국여지승람』 등 고문헌에는 후자로 기록되었는데, 당시 신문에는 양자가 혼용되고 있다.

한국철도 선로 안내 목차 끝

8 본문에는 차련관으로 되어 있다.

선로의 상태 및 연혁

현재 당국 소관의 영업선로는 총 637리哩 9분分[1]이고, 경부선, 경의선, 마산선의 세 개 선으로 구분한다.

경부선은 부산에서 대구, 대전을 지나 서대문에 이른다. 간선은 영등포에서 나뉘어 인천에 이르는 지선을 합친 것이다. 경의선은 경부선 용산을 기점으로 개성, 평양을 거쳐 신의주에 이르는 간선과 황주에서 나뉘어 겸이포에 이르는 지선을 합친 것이다. 또한 경부선 삼랑진에서 나뉘어 마산에 이르는 것을 마산선이라 칭한다. 그리고 경부선 및 경의선 양대 간선은 한국의 남북을 종단하며, 남쪽은 부산과 시모노세키下關 간 정기 연락선으로 일본 내지와의 교통을 용이하게 하고, 북쪽은 신의주에서 당국이 관리하는 압록강 연결 편[2]으로 맞은편의 청나라 안둥현安東縣에서 안펑安奉철도선을 통과하여 대륙철도에 이어진다. 지선은 인천, 마산, 겸이포 등 주요 항만 또는 하구로 나와 해외 여러 항구로 출발하는 여객과 화물을 실어 나르니, 실로 세계적인 교통의 주요 선로라 하겠다. 다음과 같이 항목을 나누어 연혁을 약술한다.

경부선京釜線

전체 선로 294리哩 3분分이다. 초량, 영등포 구간267리 6분은 1894년明治27 8월 일한 양국 간에 협정한 잠정조약 및 1898년 9월에 체결된 경부철도 합동조약 및 1900년 9월에 발포된 법률 칙령에 의해 1901년 6월에 경부철도주식회사가 설립되고, 같은 해 8월에 공사가 시작되었다. 1904년 11월에 전체 선로를 개통하고 1905년 1월 1일부터 운수 영업이 개시되었다.

서대문-인천 구간25리 7분은, 1896년에 미국인 제임스 모스James R. Morse 씨가 한

1 哩는 거리 단위인 마일(mile)의 한자식 표기이다. 1마일은 1.6km이다. 본서에는 여러 가지 재래식 도량형과 서양식 도량형의 한자식 표기를 같이 사용되고 있다. 각 역명에서 기점으로부터의 거리에는 哩, 呎을 쓰고 있으며, 명승지를 설명할 때는 里, 尺등, 재래식 표기를 따르고 있다. 혼동을 피하기 위해 필요시 한자를 병기한다.

2 압록강 철교는 1909년 8월에 착공하여 1911년 11월에 준공하였다. 1943년 5월에 개통한 신철교는 이전 재래교에서 상류 쪽으로 약 70m 지점에 위치한다.

국에서 건설 허가를 받아 공사하던 중 1898년 11월 경인철도합자회사가 양도받았다. 1900년 10월 전체 선로를 개통하고, 1903년 10월경 경부철도주식회사에 합병되었다.

초량-영등포 구간 및 서대문-인천 구간은 이후 경부철도주식회사가 경영하다가, 1906년 7월 일본정부가 매수하여 당국의 소관으로 이전되었다. 초량-부산 구간1리은 당국으로 인계된 후 공사가 착수되어 1908년 4월 1일 개업함으로써 경부선 294리 3분이 완전히 개통되었다.

경의선京義線 및 마산선馬山線

경의선 318리哩 6분分[3]은 1904년 3월 전前 임시군용철도감부臨時軍用鐵道監部가 기공하여 1905년 4월 청천강과 대령강의 가교를 제외한 노선을 개통하였고, 이어서 1906년 3월에 두 강의 가교가 모두 개통하였다. 마산선25리도 마찬가지로 1904년 8월에 공사를 시작하여 1905년 5월 개통하였다. 두 노선 모두 일로전쟁 중에 속성으로 건설된 탓에 설비 외에는 완성되지 못하여 여객과 화물은 그저 얻어 타거나 짐을 싣는 정도였다. 경의선은 1905년 7월부터, 마산선은 10월부터 운송에 편리하도록 개량 공사가 거의 마무리되어 1908년 4월 1일부터는 경부선처럼 운송 영업을 개시하였다.

3 分은 10분의 1마일이다.

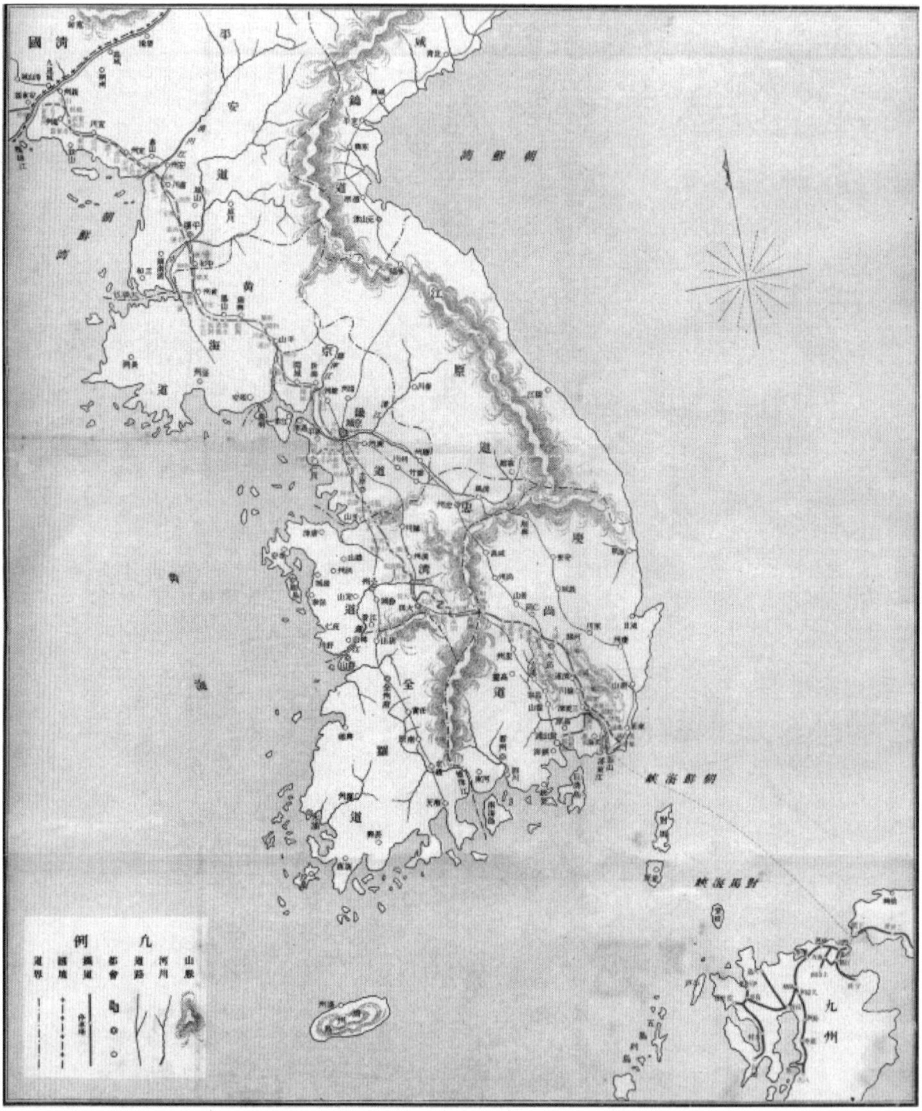

한국철도 노선도

(상) 기관차
(중) 귀빈차 내부
(하) 기관차의 외부

작원관(鵲院關)

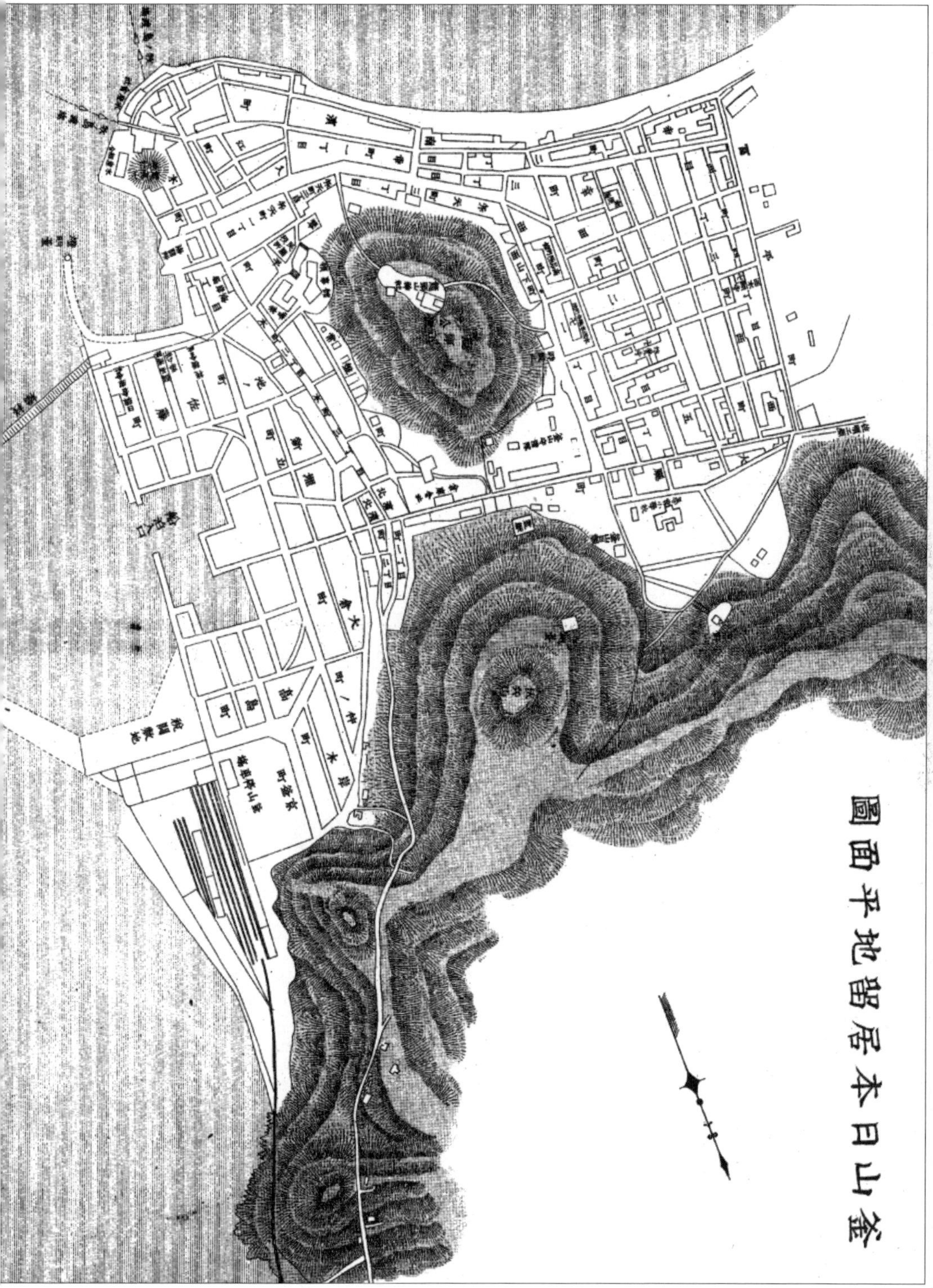

부산 일본거류지 평면도

경부선

京釜線

부산역釜山驛 경부선 기점

경상도慶尚道 동래부東萊府 부산항 일본거류지 북쪽 해안 매축지에 있다. 항구는 일본의 대주對州[1]와 겨우 40리浬의 거리를 두고 마주하며, 동남쪽으로는 절영도絶影島[2]가 옆으로 뻗어 있는데, 섬을 따라 항만이 조성되었다. 항구 안쪽이 넓고 깊어 거함과 큰 선박이 안전하게 정박할 수 있는 매우 좋은 항구이다. 예부터 일본과 밀접한 관계를 맺고 있지만, 1876년明治9 개항장이 된 이후 내외 여객의 왕래, 화물의 집산이 매일 왕성하게 이루어진다. 일본 거류지는 가옥이 즐비하고 거류민은 2만 명에 달할 정도로, 완전히 일본의 도시가 되었다.

○ 무역

부산 무역의 대부분은 일본인이 독점하는 바로, 철도 개통 후 매년 증진하여 최근 조사에 의하면 1,400만 원圓에 이른다고 한다. 주요 수출 화물은 쌀, 대두, 건어, 포, 김, 어류, 우피, 우골, 사금 등이며, 수입 화물은 대면, 옥양목, 석유, 식염, 도기, 목기, 가마니, 금속제품, 성냥, 담배, 술, 간장, 목면, 옷감, 방적사, 견직물, 설탕, 잡화 등이다.

○ 어업

어업은 매년 증가하여, 일본인이 경영에 관계하는 것만 해도 이제는 배 2천 척, 인원 15,000명 이상이며, 어획고는 넉넉히 300만 원을 넘는다고 한다. 조선해朝鮮海에서 어업이 활발한 상황을 알 수 있다. 중요 어장은 조선해협朝鮮海峽[3], 진해만, 거제도, 울산 근해 남해도, 거문도, 제주도, 목포 근해, 군산 앞바다, 함경남북도 연안이다. 중요 어종은 포경업을 비롯하여 진해만의 정어리, 군산 앞바다의 삼치, 조선해협의 고등어가 유명하다. 출어자의 대부분은 히로시마廣島, 야마구치山口, 오이타大分, 나가사키長崎, 가가와香川, 오카야마岡山, 에히메媛嬉, 후쿠오카福岡,

---

1 쓰시마를 가리킨다. 이하 본문에서는 쓰시마로 번역한다.

2 원문에는 절영도라 쓰고 '마키노시마(マキノシマ)'라고 독음을 달았는데, 목도(牧島)의 일본어 표기이다.

3 대한해협을 가리킨다. 일본에서는 조선해협 또는 쓰시마해협으로 불린다.

관부(關釜) 연락선

구마모토熊本, 가고시마鹿兒島 출신이다. 근거리 어획물은 부산 또는 마산의 어시장에 양륙한 다음 한국철도 전 노선으로 수송하거나 또는 어장에서 직접 일본으로 수송하는 경우도 있다.

| 명승지 |

○ 용두산龍頭山

부산의 공원으로 시내 중앙에 있으며 소나무가 울창하다. 맑고 화창한 날에는 먼 바다와 하늘이 맞닿아 분간이 안 되는 사이에 쓰시마가 보인다. 산꼭대기에 금비라신사金比羅神社[4]의 사당이 있다. 올라가 보면 항만의 아름다운 경치가 한눈에 들어온다.

○ 용미산龍尾山

용두산의 동남쪽에 있으며 절영도와 마주한다. 산꼭대기에 노송이 몇 그루 있

4 금비라는 산스크리트어로 악어를 뜻하는 Kumbhīra의 한자식 표기로 일본어로는 '곤피라' 또는 '고토히라'라고 한다. 일본에서는 에도(江戶)시대 해상의 안전과 풍어를 기원하는 금비라 신앙이 전국에 확산되고 각지에 신사가 건축되어, 현재 약 600사가 있다. 가가와현(香川縣) 나카타도군(仲多度郡)의 금비라신궁(金刀比羅宮)을 총본산으로 하며 주신은 오모노누시노카미(大物主神)이다.

어서 조망이 매우 아름답다. 가토 기요마사加藤清正의 작은 사당이 있다.

○ **절영도**絶影島 : 옛날에 목장[5]이 있었으므로 일명 '마키노시마牧の島'라고 한다

부산항의 동남쪽에 있다. 둘레는 7리里[6]이고 우뚝 솟아 부산항을 은폐해주어 좋은 항구로 만든다. 남쪽은 소나무가 무성하고 모래 해변은 여름 해수욕에 적합하다. 부산 남쪽 해안에 도항선이 있다.

(상) 용미산
(하) 부산항 외등대

○ **동래**東萊

성터가 있다. 성내에서 약 16정丁[7] 떨어진 금정리金井里에 온천이 있다. 일본인이 경영하는 여관이 있는데, 금정온천이라고 한다. 초량에서 3리里 떨어져 있

5 국방상 목적으로 삼국시대부터 말을 기르는 목장을 두었다. 부산이 속한 동래부에는 절영도를 비롯하여 석포와 오해야항에 목장을 두었다. 『신증동국여지승람(新增東國輿地勝覽)』, 「동래현 산천조」에, "절영도는 동평현의 남쪽 8리 지점에 있으며 목장이 있다"고 나온다.

6 거리 단위인 里는 일본과 한국이 서로 다르다. 일본이 1891년에 제정한 도량형법에 따르면 1리는 36町으로 약 3.9km이다. 한국에서 1리는 약 0.39km이다.

7 거리 단위인 丁은 町으로도 표기하는데, 1정은 약 109m이다.

다. 교통편은 마차와 인력거가 있으며, 부근 일대는 산수가 아름답다.

관아, 회사, 사원, 학교

○부산이사청(釜山理事廳)	○부산경찰서
○부산수비대	○부산헌병분대
○한국주차군병원(韓國駐劄軍病院)	○제국철도청영업소
○통감부관측소 부산지소	○부산우편국
○부산거류민단사무소	○일본인상업회의소
○부산공립피병원(釜山公立避病院)	○부산민단립병원(釜山民團立病院)
○부산공립심상고등소학교	○부산사립유치원
○부산공립상업학교	○상품진열관
○동본원사(東本願寺) 별원(別院)	○서본원사 별원
○부산교회소	○묘각사(妙覺寺) 별원
○지은원(知恩院) 별원	○고야산(高野山) 별원
○본파(本派) 본원사 포교장	○제1은행 부산지점
○제18은행 부산지점	○제58은행 부산지점
○일본우편주식회사 부산지점	○오사카상선주식회사(大阪商船株式會社) 부산지점
○부산전등주식회사	○부산창고주식회사
○부산농산주식회사	○부산수산주식회사
○일한창고주식회사	○부산잔교주식회사
○부산담배주식회사	○조선시보(朝鮮時報)
○부산일보(釜山日報)	○부산세관
○한인상무회의소(韓人商務會議所)	○대청국이사부(大淸國理事府)

여관[8]

오이케大池여관, 모리야守谷여관, 오카노岡野여관, 마쓰이松井여관, 마쓰모토松本여관, 히시야ひしや 여관, 이시이石井여관, 오와리야尾張屋여관, 아라이荒井여관, 아사히야旭屋여관, 도이土肥여관, 지쿠고筑後여관, 부산호텔

요리점

나루토鳴戶, 모리야守谷, 마치아이테이待合亭, 게이한테이京阪亭, 미카사三笠, 지토세千歲, 아사히朝日, 이치후쿠로一福樓, 오구라안小倉庵, 양계사養鷄舍

8 여관이나 음식점 이름은 우리말 한자음으로도 표기할 수 있으나, 당시 사진엽서에 여관명을 일본어 발음을 영문으로 표기하고 있으므로 여기서는 일본어로 표기한다. 단, 일본어 읽기가 불확실한 경우나, 한국의 지명을 붙인 경우는 우리말 한자음으로 표기한다.

■ 교통

부산은 한국에서 일한교통의 기점일 뿐 아니라, 해운에서는 포염浦鹽[9] 항로와 북청北淸항로[10]의 분기점으로 선박 출입이 대단히 빈번하다. 제국철도청의 연락선은 매일 2회 부산과 시모노세키下關를 왕복하고, 일본과 한국철도 직행열차로 연결된다.

■ 인력거 임금표

부산과 초량 사이를 11구간으로 나누고, 최초 승차 구간은 8전錢 이내로 하며, 2구간 이상 승차할 경우에는 1구간 마다 4전을 더 지불한다. 이외는 구간 외로 하고 야간 및 눈과 비로 길이 진창일 경우에는 2할증이고, 진창이면서 야간일 경우에는 3할증이다. 왕복은 2할 할인, 2인용은 8할증이고, 손님을 기다리는 시간은 1시간에 8전 이내, 종일 고용은 1원 50전, 반일은 1원 이내로 한다.

(구획)

제1구 부민동富民洞

제2구 부평정富平町, 보수정寶水町

제3구 서정西町 2, 3, 4, 5정목丁目

제4구 대청정大廳町

제5구 서정1정목, 서산하정西山下町, 행정幸町 1정목, 변천정辨天町 2, 3정목, 남빈정南濱町 27번 이내

제6구 입강정入江町, 금평정琴平町, 변천정 1정목, 본정本町 1정목, 남빈정 25번 동쪽

제7구 본정 2, 3정목, 상반정常盤町, 사등정佐藤町, 지정池の町, 매립신정埋立新町, 대창정大倉町

제8구 북빈정北濱町 1, 2정목에서 판상坂上[11] 까지.

---

9 포염(浦鹽)은 블라디보스토크의 한자 표기이다.

10 북청항로는 일본의 고베(神戶)에서 중국의 즈푸(芝罘)-톈진(天津)-뉴좡(牛莊)을 잇는 항로이다.

11 본서에 실린 〈부산일본거류지평면도〉에서 판상이란 지명은 찾을 수 없다. 지도상 북빈정 1, 2정목 바로 옆은 복병산(伏兵山)이다. 본문의 판상을 한자 뜻대로 풀이하면, 복명산 언덕으로 해석할 수 있다. 한편, 부산항 개항 후 매축공사를 통해 확보된 부지는 일본인들을 위하여 활용되었으며, 곳곳의 언덕배기에 조선인거주지가 형성되었다. 따라서 판상을 조선인거주지로서 볼 수도 있다. 이에 대해서는 오미일(呉美一), 「植民都市釜山の空間配置と坂の上の村の時空間性」(제2회 공동학술회의 자료집, 오사카시립대학 도시문화연구센터·부산대학교 한국민족문화연구소, 2012.2.9) 참고.

제9구 판상坂上에서 지나정支那町 까지.

제10구 지나정에서 초량까지.

제11구 초량천에서 초량북단까지.

(구획 외)

부평정 기점 아미산峨眉山 15전 이내 부평정 고관古館 10전 이내

부평정 부산진 30전 이내 부평정 동래성내 90전 이내

부평정 동래온천장 1원 10전 이내

부산과 초량을 왕복하는 마차가 있으며, 승합 1인당 5전, 전세 30전이고, 또 편도 50전으로 동래도 왕복한다.

■ 통신

부산우편국은 해안출장소, 초량출장소가 있으며, 우편환, 전신전화, 저축, 소포, 기타 모든 사무를 취급하고 있어, 본국 내지와 전혀 다름이 없다.

초량역草梁驛 부산에서 1리哩 1쇄鎖[12]

부산항 안쪽, 초량 해안에 있으며, 오른쪽에 부산을 두고 왼쪽에는 해안을 따라 부산진과 이어져 있다. 이 지역은 적막한 마을이었으나 정거장 설치 이후 모습이 크게 바뀌었다. 지금은 인구 1,600명으로 늘어 번성하게 되었다.

12 1쇄는 10분의 1해리, 600피트로 약 1.8m이다. 기점에서 각 역까지의 거리 단위는 마일에 해당하는 리(哩)와 쇄를 쓰고 있다. 이하 한자는 생략한다.

(상) 초량역 (하) 초량 공장

| 명승지 |

쓰노에 나리타 군초혼비津江成太君招魂碑[13]

고관古館[14] 언덕 위에 있다. 쓰노에 씨는 쓰시마의 효고兵庫라는 사람으로 충실하고 재능이 있어, 참판사參判使로 한국에 부임하였다. 일찍이 초량이 좋은 무역지가 될 것을 알고, 1672년寬文12 고관을 이곳으로 이전시키는데 크게 진력을 하였다.[15] 그 후 200년이 지나 1876년明治9 일한수호조약이 체결되자 사람들이

---

13 『부산역사문화대전』과 이를 인용한 신문 등에는 '쓰에 효고'로 표기하고 있으나 '쓰노에'로 읽어야 한다. 쓰시마의 번사였다. 『변례집요(邊例集要)』 제1권 「별차왜」에는 平成太라고 나오며, 쓰노에 효고라는 이름은 쓰시마의 사료인 『종씨실록(宗氏實錄)』제1권에 보인다. 또 '쓰노에가문 관계사료'에는 사료에는 '쓰노에 효고노스케(津江兵庫助)'라고도 나온다. 이 사료에 따르면 쓰노에는 말을 탄 대장을 호위하는 기마무사인 '御馬廻'직을 담당하였음을 알 수 있다. 두모포왜관에서 초량왜관으로 이전교섭 중에 사망하였다. 쓰노에의 석비 건립에 관하여서는 당시 동본원사 부산별원의 한국포교기록에는 1878년 11월 11일 별원 경내에 석비를 건립하자는 청원을 받아들여 성금을 기부하여 완성하였다고 나온다. 이에 관해서는 다음의 두 연구를 참고. 김윤환(金潤煥), 「開港期釜山における東本願寺別院と地域社會」, 『海港都市研究』 6, 2011, 김동철 「기억과 표상으로서의 倭館, 津江兵庫追慕碑의 건립과 古館公園의 조성」, 『韓國民族文化』 제31호, 2008.

14 고관이란 1607년에 조성된 두모포 왜관을 가리킨다.

15 초량왜관은 1675년에 착공되어 1678년에 완공되었다.

그의 선견지명에 감복하고 그 뜻이 훌륭하다 하여 1879년 거류민들이 서로 도모하여 이곳에 비를 건립하였다.

○관아, 회사, 학교

○부산우편국 초량출장소 ○초량심상소학교

○동래감리서 ○동래경무서

○일본우선주식회사日本郵船株式會社 부산지점 초량출장소

○오사카상선주식회사 부산지점 초량출장소

○부산세관 초량출장소

○여관

나다미쓰灘光여관, 나루토鳴戸지점요리, 테테テーテー지점대합待合[16]

부산진역釜山鎭驛 부산에서 2리 62쇄

부산면 산수동山首洞 부산진 시가지의 북쪽에 있다. 남쪽은 부산 및 초량과 서로 맞닿아 있고, 북쪽은 동래부의 통로를 둘러싸고 있다. 부근 일대의 물자 집산지이며, 철도 개통 이후 인구증가가 현저하고, 장래 농상업의 발전에 따라 대단히 유망한 지위를 점할 것이다.

| 명승지 |

진성鎭城

역의 동남쪽 3정丁 떨어진 해변 언덕 위에 있다. 올라가 부산항을 바라보면 항만 안의 모래톱이 확연히 시야에 들어와 풍경이 뛰어나다.

16 테테는 원문에 'テーテー'라고만 되어 있어 뜻을 알 수 없다.

진성

고니시 성지小西城趾

역에서 뒤쪽으로 3정丁 떨어져 있다. 봉대산峰臺山 산맥으로 이어지며 시가지를 사이에 두고 진성鎭城과 마주한다. 높이는 해발 300척尺로 분로쿠文祿·게이초慶長의 역役[17] 당시 관리인 고니시 유키나가小西行長가 쌓았다. 옛 자취는 볼 만한 것이 없지만 산봉우리에 무너진 성채가 남아있어 당시의 원정遠征을 상상하기에 부족함이 없다.

영가대永嘉臺

역에서 남쪽으로 1정丁 떨어진 철도선로 옆에 있다. 예부터 양반즉 문무족文武族을 일컬으며, 일반적으로 상류 인사를 말함이 달을 바라보던 장소이지만, 지금은 황폐하여 볼만한 것이 없다.

17 임진왜란과 정유재란의 일본식 용어이다. 분로쿠와 게이초는 당시의 연호이다. '역'이란 전쟁을 뜻한다. 본서가 철저하게 일본인의 시각에서 일본인 독자를 대상으로 간행된 사실을 부각시키기 위해 전쟁 명칭은 원문 그대로 둔다.

동래부東萊府

역에서 북쪽 2리里 떨어져 있다. 도로가 개통하여 마차 편이 있고, 예부터 이곳에 절도사를 두고 좌도수군이 여러 군영을 통제했다. 당시 관찰사 소재지로 부청府聽은 시 중앙에 있고, 부에서 동북쪽으로 약 0.5리 떨어져 동래온천이 있다. 금정산金井山과 범어사梵魚寺를 바라보는데 풍광이 훌륭하고 조용하고 아취가 있어 한가로이 요양하는 데 좋은 지역으로, 일반적인 욕탕설비가 있다.

범어사梵魚寺

동래온천에서 2리里 떨어진 곳에 있다. 정원 안에 수목이 울창하고 맑은 물이 흐르며 경내 녹음이 짙어 청초하고 아취가 깊다. 신라의 승려 원효대사가 터를 닦는 데 관여한 저명한 거찰이다. 규모가 광대하여 옛날에는 승려 3백 명을 수용하였다고 한다. 분로쿠・게이초의 역 때, 전화로 전소되었다가 훗날 재건되었지만, 지금도 옛 자취가 남아있다.

부산수원지釜山水源池

역에서 북쪽으로 1리里 떨어져 있다. 성지곡聖知谷의 시냇물을 저수로 이용하여 부산, 초량 방면의 수도를 부설하고 현재 기공에 착수하였다. 자재 운반을 위해 부산진 성 밖을 기점으로 현장까지 경편철도輕便鐵道를 부설하여 공사 진척을 서두르고 있다. 또 지금 매축공사도 부산진을 기점으로 설계하고 있다. 현재 자주 측량하고 있으며 일정에 맞춰 사업 준공 시에는 부산은 장차 번성하여 크게 발전할 것이다.

○관아, 학교

○동래부세무서 출장소

○조선학교

○일어학교

부산진 영가대

구포역龜浦驛 부산에서 11리 1쇄

구포 시가지에 접하고 있으며, 낙동강 우측 기슭에 있다. 이 지역은 경상도 각 지로의 해륙 운송 중계지로 상업 상 대단히 중요한 위치를 차지한다. 북쪽은 양산, 남쪽은 부산으로 통하며, 서쪽으로 강을 건너면 김해에 이르고 동쪽의 험한 산을 넘으면 동래, 울산에 이르는 요충지이다.

| 명승지 |

김해金海

옛 가락駕洛의 개조 김수로金首露가 도읍으로 삼은 곳이다. 성내, 전당, 문루가 많이 황폐하여 풍광이 쓸쓸하다. 이 지역이 옛날 일본과 가장 깊은 관계가 있다는 것은 역사가 증명하는 바이다. 일본부日本府[18]가 설치된 곳이라 한다. 낙동강 기슭을 따라 배편이 있다. 강을 따라 기름진 들판이 몇 리나 뻗어 있어 실로 좋은 농산지이며, 수산물도 풍부하다. 각 지역의 시장 물품은 주로 김해에서 나온다고 한다.

---

18 임나일본부를 뜻한다.

낙동강洛東江

경상도 태백산과 소백산에서 수원이 발원하며, 서령西嶺과 동령東嶺에서 나오는 여러 냇물이 만나 낙동강이 된다. 강물은 비옥한 들판을 흘러 진주晉州 지방 일대 지류인 형강瀅江과 만나 김해를 거쳐 바다로 흘러들어간다. 강의 유역은 70여 리里로 한국 유수의 큰 강이다. 기차가 낙동강을 따라 약 20리哩를 달리면 차내의 여객들은 앉아서 강의 풍광을 즐길 수 있다.

구포 부근

폭포瀑布

서봉산鼠峰山 기슭에 있다. 폭은 6척尺, 직하 20척으로 거암이 겹겹이 좌우로 맞닿아 있으며 여름에도 청량하다. 부근에 호방산虎方山이라 불리는 수정이 산출되는 산이 있으며, 모두 역에서 동쪽으로 약 1리里 떨어져 있다. 산길이 오묘하고 골짜기를 흐르는 시냇물이 기이하여 눈을 즐겁게 한다.

호포천狐浦川 철도교량 역에서 6리哩 3쇄 떨어져 있으며, 길이는 454척呎[19].

19 呎은 피트(feet)의 한자식 표기로, 1피트는 약 30cm이다.

물금역勿禁驛 　부산에서 19리 26쇄

양산군梁山郡 물금과 화산華山 사이에 있다. 적막한 한촌이지만, 낙동강을 통해 김해지방으로 가는 나루터로 유명하다. 역에서 약 1리里 떨어진 곳에 신설된 해군 사격장이 있다.

| 명승지 |

통도사通度寺

역에서 6리里, 양산에서 북쪽으로 4리 떨어진 취서산鷲棲山 아래에 있다. 고금의 명 사찰로 절에 살고 있는 승려가 8백여 명이라 한다.

단주막斷酒幕 **터널** 　역에서 3리哩 62쇄 떨어져 있으며, 길이는 269척呎.

원동역院洞驛 　부산에서 24리 64쇄

양산군 원동. 원동천이 낙동강으로 들어가는 곳에 있다.

| 명승지 |

용산龍山

원동의 맞은편 기슭에 있다. 암석이 뻗어 강까지 이어진 곳으로 깊은 연못을 이루고 있다. 옛날에 용이 살던 곳이라 전한다. 지금도 이곳을 지나는 한선韓船[20]은 반드시 쌀 몇 톨을 연못에 던져 제사지낸다고 한다.

작원관鵲院關 **터널** 　역에서 2리哩 11쇄 떨어져 있으며, 길이는 194척呎.

원동천院洞川 **철도교량** 　역에서 23쇄 떨어져 있으며 길이는 322척.

---

20 본서에는 한국을 가리키는 여러 표현이 등장한다. 명확히 한국이라 하지 않은 것도 저자의 한국에 대한 인식으로 볼 수 있으므로 '한국 배'로 번역하지 않고 그대로 둔다.

삼랑진역三浪津驛 마산선 기점. 부산에서 30리 43쇄

밀양부密陽府 삼랑진 강기슭에서 1리里[21]가량 떨어진, 원래 유도柳島라고 불리는 곳에 있다. 마산선의 분기점으로 여객들은 직통이 아닌 다른 열차로 갈아탄다.

작원관(1)

| 명승지 |

작원관鵲院關

역에서 동쪽으로 약 0.5리里 떨어져 있다. 지금으로부터 300년 전에 축조되었다. 외적 방어와 감시를 위해 건설된 유명한 관문關門이다. 철도선로를 따라 위로는 우뚝 치솟은 암석을 등지고 아래로는 몇 길 낭떠러지가 시퍼런 연못에 닿는다. 풍광이 자못 아름답고, 남북으로 왕래할 때는 반드시 통과해야 하는 요충지에 해당하여, 지리상 지극히 중요한 지역이다.

작원관(2)

무월산無月山 터널 역에서 2리哩 16쇄 떨어져 있으며, 길이는 1,450척呎.

청룡산靑龍山 터널 역에서 3리 64쇄 떨어져 있으며, 길이는 547척.

21 26쪽 각주 6대로 일본에서는 1리=약 3.9km이지만, 지도에서 확인하면 유도와 낙동강의 거리는 1km에 훨씬 못 미친다. 따라서 여기서는 저자가 한국식 도량형으로 쓴 것으로 추정된다.

○관아, 학교

○소학교

밀양역密陽驛

부산에서 30리 43쇄

밀양부 성 동쪽, 논밭 사이에 있다. 밀양부는 본 선로 중 남부에서 대구 다음가는 도회지로, 지금은 일본인 인구 458명이 있다. 동서북 삼면은 산릉이 솟아있고, 남쪽으로는 평야를 접하고 있다. 동남쪽의 귀퉁이는 응천凝川을 향한다. 성내는 대체로 평지이다. 상업 역시 중요한 기둥이며, 사람과 말의 왕래가 끊이지 않는다.

| 명승지 |

영남루嶺南樓

역의 서쪽에 있으며 누각은 밀양부의 동쪽 끝 응천 기슭에 있다. 원래 옛 영남사嶺南寺의 일부였으나, 사찰이 쇠퇴하여 훗날 군수 김계지金溪知가 개축하여 영남루라고 이름 지었다. 누각에 올라가면 앞에 밤나무 숲이 있고 평야가 멀리 이어진다. 용두산龍頭山과 종남산終南山이 좌우로 높이 솟아있고, 그 사이로 조용히

영남루

흐르는 맑은 물이 감아 도는 풍광이 아름답다. 밀양강 일대에서 은어[22]가 잡히고 그물어업도 대단히 흥하며, 역 부근의 소나무 숲에서 나팔버섯이 산출된다. 풍광 또한 아름답다.

제1 월연月淵터널 역에서 2리哩 13쇄 떨어져 있으며, 길이는 247척呎.

제2 월연터널 역에서 2리 21쇄 떨어져 있으며, 길이는 600척.

제1 방천防川터널 역에서 6리 30쇄 떨어져 있으며, 길이는 118척.

제2 방천터널 역에서 6리 40쇄 떨어져 있으며, 길이는 185척.

밀양강 철도교량 역에서 59쇄 떨어져 있으며, 길이는 979척.

○관아, 학교

○재무서 ○우편전신취급소

○공립개창학교公立開昌學校 ○심상소학교

○여관, 요리점

시고모리下郡여관, 도쿄야東京屋요리

유천역楡川驛 부산에서 46리 3쇄

청도현靑島縣 유천역[23]의 남쪽에 있다. 유천은 청도에서 가장 중요한 역원驛院으로 밀양과 대구 사이의 요충지에 해당한다. 무엇보다 농산물이 풍부한 지역이다.

| 명승지 |

적천사磧川寺

역에서 북쪽으로 2리里 떨어져 있다. 이 절은 신라시대 승려 보조국사普照國師가

22 본문에는 향어(香魚)라고 쓰고 있다. 우리나라에서는 일반적으로 이스라엘잉어를 향어라 부르지만, 여기에서는 은어를 가리킨다. 일본어로 은어는 '아유'라고 하며 한자로는 鮎, 香魚, 年魚 등으로 표기한다.

23 조선시대 유천에는 역원(驛院)이 설치되었다. 본문의 유천역은 이를 가리키는 것으로 보인다.

밀양강 나루터

창건하였으며[24] 불상 수백 개가 안치되어 있다. 그중에서도 사천왕상은 높이가 1장丈 2척尺으로, 눈빛이 밝게 빛나고 눈동자는 보석으로 되어 있다고 한다.

유천천楡川川[25]

은어를 비롯하여 많은 민물고기가 난다. 한국의 유명한 은어 산지이다.

○관아, 학교

○일어학교

유천터널 역에서 60쇄 떨어져 있으며, 길이는 171척呎.

제1 은곡隱谷터널 역에서 4리哩 33쇄 떨어져 있으며, 길이는 306척.

제2 은곡터널 역에서 4리 39쇄 떨어져 있으며, 길이는 89척.

유천강 철도교량 역에서 42쇄 떨어져 있으며, 길이는 413척.

제1 용수천龍水川 철도교량 역에서 2리 50쇄 떨어져 있으며, 길이는 322척.

---

24 보조국사 지눌은 고려시대 중기의 승려이다. 적천사는 신라시대 원효가 창건하였다고 전하며, 보조국사가 중창하였다.

25 1899년 편찬된 『경상북도청도군읍지(慶尙北道淸道郡邑誌)』에는 자천(紫川), 운문천(雲門川)의 이름이 보인다. 현재 청도지역의 하천으로는 청도천(자천), 동창천(운문천)은 있으나 유천천이란 이름은 찾을 수 없다. 또 본문에서 바로 아래 유천강 철도교량이 나오는데, 유천천을 일본어식으로 읽으면 '유천의 강'이 되므로 유천천과 유천강은 같은 것으로 생각된다.

청도역清道驛 부산에서 52리 65쇄

청도현 청도성清道城 동남쪽에 있다. 남쪽으로 오산鰲山을 등지고, 동북쪽은 운문천雲門川을 끼고 오혜산烏惠山을 마주하며 지대가 조금 높다. 역 앞쪽 일대의 소나무 숲은 대단한 나팔버섯 산지이다. 가을에는 단풍으로 한층 정취가 있다.

| 명승지 |

청도성清道城

역에서 서쪽으로 불과 1리里 떨어져 있다. 도로가 평탄하여 교통이 편하다. 역사적인 사적은 없지만, 고색창연하여 사뭇 당시의 모습을 떠올리게 한다.

약수폭포[26]

역의 서남쪽으로 18정丁 떨어진 화악산華嶽山 기슭에 있다. 70척尺 낭떠러지로 사시사철 맑은 물이 떨어진다. 예부터 약수로 불렀으며 여름철에는 멱 감는 한인韓人이 하루 100명을 헤아린다. 근래 일본인 피서객이 많으며 도로 개수改修도 점차 준비 중이다.

문묘文廟

역에서 서쪽으로 1리里 떨어져 있으며, 고대의 건조물로는 가장 웅장하고 아름답다.

○관아, 학교

○군아郡衙 ○주재경찰서

○개명학교開明學校 ○명도학교明道學校

26 원문에는 폭포대신 瀧을 쓰고 있어 국사편찬위원회의 '우리역사넷'에서는 '약수롱'으로 표기하지만, 일본어로 폭포를 瀧으로 표기하므로 약수폭포로 번역하는 것이 적절하다. 청도팔경 중 하나인 낙대(落臺)폭포의 다른 이름으로, 범곡폭포, 낙대약폭으로 불리기도 한다.

○여관, 요리점

우라카와浦川여관, 하카타야博多屋요리

성현省峴터널 역에서 6리哩 40쇄 떨어져 있으며, 길이는 3,948척呎.

하도河圖터널 역에서 7리 61쇄 떨어져 있으며, 길이는 115척.

청도천 철도교량 역에서 67쇄 떨어져 있으며, 길이는 322척.

경산역慶山驛 부산에서 67리 46쇄

경산현의 성 밖에 있다. 토지가 비옥하고 농산물이 풍부한 지역이며, 부근에서 농산물 집산지로 유명하다.

| 명승지 |

경흥사慶興寺

역에서 북쪽으로 1리里 떨어진 남면 산전읍내 동학산動鶴山 중턱에 있다. 풍광이 아름답다.

고산서재孤山書齋

역에서 서쪽으로 1리里 떨어진, 가파르고 험한 산꼭대기에 있다. 산길은 험준하여 등반이 쉽지 않으나, 산꼭대기에 다다르면 시야가 확 트여 내려다보는 경치가 절경이다. 인근지역이나 먼 거리의 학생들이 학문을 닦는 장소로 지금도 이용하고 있다고 한다.

금호강琴湖江

역에서 북쪽으로 1.5리里 떨어져 있다. 수원은 경주 동대산東大山에서 발원하며, 여러 냇물이 합류하여 금호강을 이루고 상주 낙동강으로 들어간다. 강의 풍광은 충분히 즐길 만 하다.

대구시

성암聖巖

역 가까운 곳에 있다. 호수는 40호로, 이곳을 사정士亭이라 부른다. 그 뒤쪽에 있는 산이 성암산이고, 산 속에 우뚝 솟아오른 험한 바위가 성암이다. 분로쿠·게이초의 역 때에 사민士民이 난을 피한 곳이라고 한다.

신천新川 철도교량 역에서 9리哩 10쇄 떨어져 있으며, 길이는 670척呎.

대구역大邱驛 부산에서 77리 44쇄

부성府城의 동문 밖과 북문 밖 사이, 대구군 칠성리七星里에 있다. 대구는 경상북도의 수부首府로 한인 호수는 4,100여 호, 인구는 18,000명, 일본인 호수는 735호, 인구는 2,645명에 달한다. 부성은 주위 20여 정丁, 높이 3여 간間[27]의 석벽으로 둘러싸여 있으며, 사방에 문루를 설치하였다. 남쪽은 영남 제일관第一關, 북쪽은 공북拱北, 동쪽은 달동達東, 서쪽은 달서達西라 칭하였으나, 1908년明治41 5월 성벽과 문루를 전부 철거하여 도로를 만들었고 남문만 기념으로 보존하고 있다. 성내 가장 번성한 구역을 종로鐘路라 한다. 이곳에는 보통 시장 외에 영시令市[28]가

27 1간은 약 1.8m이다.

28 약령시(藥令市)를 가리킨다. 약령시는 각종 약재를 취급하는 특수한 시장으로, 의료적 기능과 함께 지역 경제를 이끌었다. 조선 효종 대인 1658년 경상도 감영 내 객사에 영시를 개설한 것이 대구 약령시의 출발

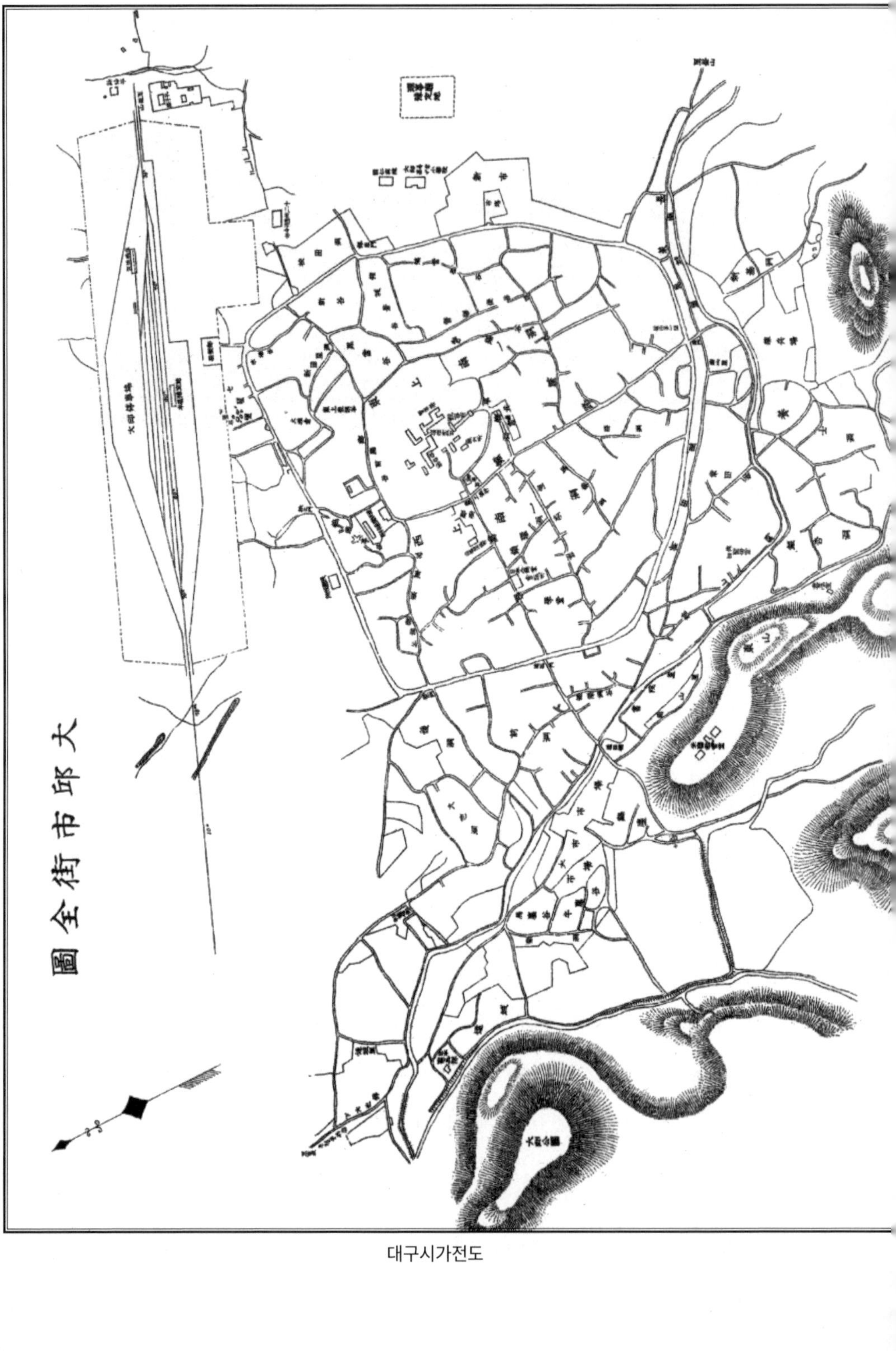

대구시가전도

있는데, 정부 명령으로 봄가을에 각각 30일 동안 열린다. 실로 한국에서 큰 시장으로 약 1만여의 장사꾼이 모여들고, 고객은 무려 30만여 명에 달한다.

■ 보통시장 정기일

서문 밖 음력 2·7일 동문 밖 음력 4·9일

시장은 동서 양쪽에서 열리는데, 서문 밖 시장이 중요하다. 동문 밖 시장은 내놓은 화물 종류가 서문 밖 시장과 큰 차이 없는데 수량은 약 3분의 1에 지나지 않는다.

■ 시장의 중요 거래

쌀, 대맥, 소맥, 명태, 생선, 대두, 팥, 깨, 잡곡, 들깨, 생우生牛, 절인 생선 등

■ 부근의 농상공업 상황

농업이 제일이고 상업이 그 다음이다. 공업은 미미하여 발달하지 않았다. 부근 일대의 토지가 넉넉하여 여러 종류의 농작에 적합하며, 오곡, 잡곡, 기타 담배, 야채를 주로 생산한다.

내지로 수출하는 중요 산물은 대두, 쌀, 들깨 등이다. 직접 내지로 수송하는 것도 적지 않은데 대부분 부산을 경유한다.

공업은 서문에 토기 제조소가 있으나 미미하고, 한인韓人을 대상으로 하는 담배 제조는 그런대로 볼 만하다. 최근 양잠사업이 발전 추세로 장래가 크게 촉망된다.

| 명승지 |

달성공원達城公園

역에서 약 12정丁 떨어져 있고, 푸른 풀이 산을 뒤덮고 있다. 오래된 나무가 흩어져 있고 기암괴석이 곳곳에서 튀어 나온다. 산의 정상은 평평하여 공원에 적합하다. 현재 재류 일본인이 달성공원 기성회를 조직하여 이미 벚나무, 매화나무, 복숭아나무, 삼나무, 노송나무 등의 묘목을 심어 장차에 큰 공원이 되도록

로 여겨진다. 이후 전국적으로 확산되어 대구 외에도 원주, 전주에도 열렸으며, 20세기 전반에는 새롭게 제천, 대전, 진주, 개성, 평양, 함흥 등에도 약령시가 개설되었다. 대구 약령시는 가장 규모가 큰 계절시장이었으며 역사적 의의가 크다.

계획하였다. 사방 전망이 트여있어 이른바 대구팔경[29]을 눈앞에서 볼 수 있다. 대구팔경은 다음과 같다.

공원 태신궁(太神宮)

- 금호범주琴湖泛舟 : 금호에 배를 띄우다
- 노량송객鷺梁送客 : 노량에서 손님을 보내다
- 침산낙조枕山落照 : 침산의 낙조
- 동사귀승桐寺皈僧 : 동화사에 스님이 돌아오다
- 입암조어笠岩釣魚 : 입암에서 낚시를 하다
- 남소낙화南沼落花 : 남쪽 못에 꽃이 지다
- 은적모종隱跡暮鐘 : 은적사의 저녁 종소리
- 만림취연滿林炊煙 : 숲에 가득한 밥 짓는 연기

팔공산八公山

역에서 서북쪽으로 2리里 떨어져 있으며, 산 위의 전망이 매우 좋다.

공자묘孔子廟

부성의 동문 밖에 있으며, 역에서 5정丁 떨어져 있다. 대성전이라 한다. 후당의 편액에는 명륜당이라 쓰여 있으며 주희의 글씨이다. 창건한 지 가장 오래되었다.

29 서거정(徐居正, 1420~1488)의 『사가집(四佳集)』, 「사가시집보유(四佳詩集補遺)」 제3권 시류(詩類)에 '대구십영(大邱十詠)'이 나온다. 본문의 대구팔경과 일치하는 부분도 있다. 대구십영은 다음과 같다. "琴湖泛舟, 笠巖釣魚, 龜岫春雲, 鶴樓明月, 南沼荷花, 北壁香林, 桐寺尋僧, 櫓院送客, 公嶺積雪, 砧山晩照." 한편, '은적모종'은 은적사의 저녁 종소리를 가리키는데, 이것은 해남팔경의 하나이다. 은적사는 대흥사의 말사이다. 마지막 구절의 滿林炊煙 역시 특별한 장소를 지칭하는 것으로는 보기 어려워 문맥 상 어울리지 않는다.

영귀정詠歸亭

공자묘에서 동쪽으로 약 1정丁 떨어져 있다. 양반이 풍류를 즐기던 곳을 영귀정이라 하였다. 문 안에 연못이 있고, 편액과 기둥에 적혀있는 시는 읊을 만한 것이 많다.

칠성석七星石

역 앞에 있다. 큰 바위 일곱 개가 마치 북두칠성처럼 자리 잡고 있으며, 작은 정자가 하나 있었으나 지금은 없다. 정기亭記에는 다음과 같이 나온다. 먼 옛날에 상심象心이란 사람이 꿈에 일곱 개의 별이 성 북쪽에 떨어지는 것을 보았다. 다음날 그곳에 가보니, 큰 바위 일곱 개가 논에 나란히 있었다. 상심이 매우 이상하다 생각하여 일곱 아들에게 명하여 각자의 이름을 돌에 각각 새기게 하였다.

경주慶州

신라의 옛 도읍으로 고대 계림鷄林 땅이다. 이른바 사로육촌斯盧六村(알산양산촌閼山楊山村, 돌산고허촌突山高墟村, 취산진지촌觜山珍支村, 무산대수촌茂山大樹村, 금산가리촌金山加利村, 명활산고야촌明活山高耶村)은 실제 일본인의 식민지였다고 한다[30]. 육촌이 발달하여 훗날 육부六部가 되었고 더욱 진보하여 시를 이루었는데, 이른바 육부란 양산부楊山部, 이고허부李高墟部, 최대수부崔大樹部, 손간진부孫干珍部, 정가리부鄭加利部, 배명활부裵明活部이다. 경주 주민의 성씨로 양, 이, 최, 손, 정, 배를 사용하는 것은 육부의 이름에 기인하여 성을 하사받았기 때문이라고 한다. 경주는 경상도에서 대구 뒤를 잇는 도회지이며, 철, 수정, 마노瑪瑙, 기타 건축 재료를 생산한다.

영일만迎日灣

경주에서 동북쪽으로 1리里 떨어져 있다. 러시아인은 '온코프스키ヲンコフスキー[31]'만이라 한다. 넓이는 1리里 정도이며, 동쪽에 뾰족하게 튀어 나온 것이 '구

---

30 이 서술에서도 저자가 임나일본부설을 의식하고 있음을 알 수 있으며, '식민지'란 용어를 쓴 데서 임나일본부의 성격을 어떻게 인식하고 있는지를 보여준다.

31 영일만은 당시 운코프스키(Unkofsky)로 불렸으며, 일본어로는 ウンコフスキー로 표기하였다. John

대구 달성교(達城橋)

로나루토クロナルト[32]곶이다. 진한辰韓의 아진포阿珍浦라 불리는 곳은 북쪽의 뭍에 접한 작은 섬으로, 수심은 3심尋[33]에서 9심에 이른다. 경주의 관문이며 남쪽에 영일군이 있다. 고려 충신이자 반도의 영걸인 정몽주鄭夢周의 탄생지라고 한다.

○관아, 회사, 학교

- ○관찰부
- ○이사청
- ○제12여단 사령부
- ○제14연대본부
- ○대구경찰서
- ○재무감독국
- ○대구군아
- ○대구우체국
- ○치도국治道局 출장소
- ○경상북도 재판소
- ○부산세관소관 대구보세화물취급소大丘保稅貨物取扱所

Ross, History Of Corea: *Ancient And Modern, With Description Of Manners And Customs, Language And Geography*(1891), Kessinger Publishing, 2008, 참고.

32 지금의 호미곶을 가리킨다. 일제강점기에는 포항의 옛 지명인 장기현(長鬐縣)의 이름을 딴 일본식 표현인 장기갑(長鬐岬)이었다가 해방 후 장기곶으로 바뀐다. 본문의 '구로나루토'를 한자로 표현하면 일반적으로 '黑鳴戶'라 할 수 있는데, 나루토(鳴戶)란 밀물과 썰물 때 소용돌이치며 물소리가 요란한 좁은 해협을 가리킨다. 해당 지명에서 黑이라 할 만한 유래는 찾지 못하였다.

33 1尋은 8尺이다.

○대구 동인의학교同仁醫學校
○한국공립보통학교
○대구동인병원
○일본상업회의소
○대구일일신문사
○양잠연습소
○인천측후소 대구지부
○공립심상고등소학교
○사립달성학교
○대구일본인거류민단사무소
○제일은행대구출장소
○농공은행
○양성여학교養成女學校한국

○여관

유이야唯家여관, 달성여관, 모리야守谷여관, 다나카田中여관, 다마야玉屋여관

○요리점

달성관, 바이린칸梅林館, 치토세로千歲樓, 야마토로大和樓, 다나카田中 요리부

신동역新洞驛 부산에서 88리 33쇄

대구부 신동촌新洞村에 있다. 적막하고 작은 마을이다.

왜관역倭館驛 부산에서 94리 31쇄

인동부仁同府 인동촌의 동남쪽 석전동에 있으며, 동쪽은 낙동강 철교를 바라보며 서북쪽은 산을 등지고 있다. 남쪽 일대는 들판이 광활하고 낙동강을 오르내리는 수운의 종점으로 부산과 김해를 왕복하는 선박이 머무르는 곳이다. 분로쿠·게이초의 역 때 일본 장병들이 이곳에 머물러서 왜관이라는 이름이 붙었다고 전한다. 현재 그 후손은 한 명도 없다고 한다.

| 명승지 |

마성산磨城山

분로쿠·게이초의 역 때 일본 장병들이 임시 주둔하면서 구축한 성벽이라고 전하는데, 지금은 겨우 그 자취를 볼 수 있는 정도이다.

인동부仁同府

북동쪽에 위치하고 있으며 서쪽의 평야를 사이에 두고 낙동강을 바라본다. 천생성산天生城山은 인동부에서 약 10정丁 남짓 떨어져 있는데 험한 바위가 우뚝 솟아 하늘에 닿을 듯하다. 신라의 조상 혁거세赫居世가 쌓았으며, 분로쿠·게이초의 역 때 곽재유郭再裕[34]가 일본군을 무찌른 곳이라 한다.

수중에서 서서 물을 긷는 한인

매원梅院

역에서 동쪽으로 약 1리里 떨어져 있으며, 호수 5~6백호의 작은 읍이다. 읍 뒤쪽에 작은 언덕 하나가 있고 수백 년 된 노송이 언덕을 덮어 자못 전망이 좋다.

성주星州

성주는 경상도 서로西路의 요충지로, 동쪽은 너른 논밭이며, 서쪽은 산을 등지고 있어 자못 형승이 뛰어나다. 분로쿠·게이초의 역 때 고바야카와 다카카게小早川隆景, 구로다 나가마사黑田長政 등이 이곳을 통과하여 청주로 침입했다고 한

34 곽재우(郭再祐, 1552~1617)의 오기이다. 본서에 보이는 인명의 오기는 한자의 일본어 발음이 유사하기 때문으로 보인다.

다. 성주 남쪽에 고려高麗[35]가 있는데 옛날에 일본군이 이곳을 거점으로 삼아 신라와 백제에 위세를 떨쳤다고 한다. 성주군 입구에 높이 30척尺, 10층의 큰 석탑이 있는데 층마다 돌 하나로 이루어져 있다. 아래쪽은 사방 6척 정도로 전부 화강석이다.

제1 왜관터널 역에서 51쇄 떨어져 있으며, 길이는 277척呎.

제2 왜관터널 역에서 1리 31쇄 떨어져 있으며, 길이는 825척.

낙동강 철도교량 역에서 70쇄 떨어져 있으며, 길이는 1,534척.

약목역若木驛 부산에서 98리 71쇄

인동군 약목면에 있다. 서북쪽은 높은 산봉우리와 험준한 산으로 둘러싸여 있고, 동남쪽 일대는 논밭이 드넓다. 멀리 낙동강이 경계를 이루고 건너편에는 봉우리가 이어진다.

금오산역金烏山驛 부산에서 105리

개령현開寧縣 부상扶桑의 촌락으로 금오산읍에 있으며, 부상은 개령과 성주 사이에 위치한다. 산속에 있으며, 동북쪽은 금산金山이 위엄을 떨치며 우뚝 솟아 있고 멀리 황악산黃嶽山을 마주한다.

부기附記 성주는 역에서 남쪽으로 4리里 떨어져 있으며, 길이는 평탄하다.

| 명승지 |

금오산金烏山

역 앞에 높은 봉우리가 구름 위로 솟아있는 것이 금오산이다. 산 정상에는 약간의 평지가 있어 이 주위 1리里에 암석으로 성벽을 만들었다. 사방이 깎아지

35 본문에서 고려는 고령(高靈)의 오기로 추정되는데, 그렇다면 고령에 있던 대가야를 임나일본부설과 연관지어 일본의 거점으로 이해한 것이다. 麗는 일본어로 '레이', '라이'로 발음하며, 靈은 '레이', '료'로 발음한다.

른 듯 험한 비탈길을 이용하여 전투를 벌인 것 같은 옛 유적이 있다. 옛이야기에 따르면, 분로쿠·게이초의 역 때 조선의 관찰사 이구익李九翼[36]과 원수元帥 권율權慄 등이 일본군을 막고자 경상도내 산성을 수리함에 공산公山[37], 금오산, 용기산龍紀山, 주산宙山, 화왕산火王山, 황석산黃石山 등을 보수하였다. 공산성과 금오산성은 민력民力을 가장 많이 들여 지었으며, 가까운 고을의 기계와 군량을 모두 성 안에 비축하고 수령을 독촉하여 남녀노소를 데리고 들어와 지키게 하였다고 한다. 산 정상에는 사방이 산천을 하나하나 손가락으로 가리킬 수 있을 만큼 전망이 좋아, 두말할 나위가 없다.

김천역金泉驛 부산에서 114리 9쇄

김산현金山縣 김천시 밖에 있다. 김천은 남쪽으로 부상扶桑, 왜관을 앞에 두고 있으며, 북쪽으로 김산과 추풍령을 접한다. 동쪽으로는 개령을 지나 상주부에 이르며, 동남쪽으로는 성주에 닿는다. 사통팔달 상업의 요지로 지금은 일본인 인구 400명, 한인 3,756명에 달한다. 이 지역은 소금의 집산지로 장날에는 지극히 떠들썩하다. 번화한 경부선 중 대구의 뒤를 잇는 시장이다. 부근의 김산, 개령, 지례知禮의 각 군은 물론 상주, 낙동, 선산 등에서 왕래하고, 미곡, 기타 여러 가지 재화가 모여들어 번창하고 있으며, 정해진 장날은 매월 음력 5·10일이다.

| 명승지 |

직지사直指寺

역에서 서북쪽으로 약 3리 떨어진 황악산黃嶽山 동쪽에 있다. 비판碑板이 있는데 비에는 다음과 같이 쓰여 있다.

36 임진왜란 당시 관찰사겸 순찰사였던 이원익(李元翼, 1547~1634)의 오기로 보인다. 『국조방목(國朝榜目)』에 따르면 이구익은 1827년에 태어난 문관이다.

37 공산은 팔공산의 이칭(異稱)이다.

직지사사적비直指寺事蹟碑[38]

寺在金山黃嶽山之東南, 號直指. 刱寺時能如大師不用圭集[39]側[40]之, 直以手[41]指指開基處, 故寺之得號以此云爾. 或傳: 墨胡阿道刱一善冷山棰[42]李寺時同時開基者也, 而本寺事蹟碑毁而失其文, 俱不可稽也.

盖墨胡阿道, 俱在新羅訥祇王朝, 而倡本國佛法者云爾. 世傳: 能如大師當麗祖仁同之役, 以神力濟之, 又能預告克敵之期, 麗祖統合後, 作大伽藍于玆以報師, 優賜土田財寶以爲祝釐之具. 自是惠宗定宗光宗朝賜賚相踵, 所以崇奉是寺者, 甚至命學士林民庇撰寺記, 集王右軍字刻之石. 能如弟子信弘慧安等八人繼居之, 以金字寫經伍百九十三[43], 函皆以髹柴[44]黃餙金[45], 作海藏臺[46]以安之. 殿宇之侈, 龍象之盛, 蔚然爲東方第一道場. 凡僧髡之三昧, 其道爲國師

---

38 ○표시는 본서 원문에서 높임말 앞을 띄우는 공격(空格)을 나타낸다. 표점과 줄바꾸기는 번역자에 의한다. 또한 비문의 해석문은 본서에는 실리지 않았으나 독자의 편의를 위하여 우리말 해석을 덧붙인다. 한편, 한국금석문 영상정보시스템에서 제공하는 탑본과 판독문을 보면, 소전(小篆)으로 쓴 제목은 直指寺事蹟碑銘이며 첫머리는 다음과 같다.
金山黃岳山直指寺事蹟碑銘 并序
通訓大夫前行弘文館脩撰知製○教兼○經筵檢討官春秋館記事官趙宗著撰
顯祿大夫郎善君兼五衛都捴府都捴管○俁書
承憲大夫東平君兼五衛都捴府都捴管○杭篆
전행(前行)이란 과거 자신의 품계보다 낮은 관직을 맡았다는 말이다. 조종저는 품계가 정3품인 '통훈대부'였기에 종6품인 '홍문관 수찬'이란 관직 앞에 '행'을 붙인 것이다. '지제교'나 '경연 검토관', '춘추관 기사관'은 '홍문관 수찬'의 직위에서 겸직하던 직분이었다. 낭선군(朗善君) 이우(李俁, 1637~1693)는 선조의 손자로 명필로 이름이 높았다. 특히 조선 최초의 금석문 탁본첩인 『대동금석서(大東金石書)』(당초 서명은 『大東金石帖』)을 엮었다. 이 책은 한국 역대 금석문 탁본 중 중요한 부분을 뽑아 연대순으로 담은 것으로 조선 금석학의 효시라 하겠다. 또 동평군 이항(東平君 李杭, 1660~1701)은 인조의 손자로 서예에 조예가 깊었다. 혹자는 비문의 '항(杭)'자를 두고, 이우(李俁)와 함께 다니며 활동했던 그의 아우 이간(李偘)의 '간(偘)'자가 와전(訛傳)된 것으로 보기도 하지만, 이간(李偘)의 봉작(封爵) 칭호는 동평군(東平君)이 아니라 낭원군(朗原君)이므로, 이 같은 추정은 받아들이기 어렵다. 이상의 내용과 비문의 해석은 건국대 아시아콘텐츠연구소의 이영섭 선생님께 크게 의지하였다. 지면을 빌어 깊은 감사인사를 드린다.

39 한국금석문 종합영상정보시스템에서 제공하는 탑본과 판독문에는 杲이다. 이하, 각주에서는 '판독문에는'으로 약칭한다. 고(杲)는 얼(臬)의 와전(訛傳)으로 보인다.

40 판독문에는 測이다.

41 판독문에는 글자미상의 ▨로 표시되어 있다. 탁본에 근거해보면, 비석 중 이 글자 부분의 훼손이 심해 글자를 알아보기 힘들다. 비문의 문맥을 따져보고 탁본의 어그러진 글자를 헤아려보면, '일(一)'자일 가능성이 크므로, 일단 '일(一)'자로 의정(擬定)해 번역하겠다.

42 판독문에는 桃이다.

43 판독문에는 三뒤에 函자가 포함되어 있다.

44 판독문에는 柒이다.

45 판독문에는 黃金飾作으로 되어 있다.

46 판독문에는 堂이다.

者, 無不由是寺而發蹟馬[47]. 八[48]我○朝以寺之北崗有吉兆, 安○○恭靖大王御胎, 仍賜田隷[49]于寺以寵之而巳. 有學祖大師被○○光廟殊遇, 住是寺而經記[50]備賁[51], 故言有功德於是寺者皆以能如學祖兩大師爲首云云[52]. 壬振[53]之亂, 寺蕩爲灰爐[54], 山人仁守明禮等發願重修, 繼而有玅行[55]尙元信洽寶濫[56]道事[57]○○等, 幹其後[58]七十年間, 首尾用力, 殿閣之數, 供佛之具, 棠[59]復舊[60]. ○其榜曰殿者八, 曰閣者三, 曰堂者十二, 曰寮者四, ○曰莊者三, 曰門者四, 其正室三百五十三楹, 厨廊倍之. 山内二十餘菴皆屬焉, 諸比丘之營葺可謂勤矣. 寺僧嘉善階呂祥[61]欲記本寺顚末, 鳩材[62]伐石, 謁余而請文. 余念兹寺在勝國則協賛神謀, 肇基于此. 逮于我○○朝, 長御[63]胎室爲○○國家毓慶之基, 則靈異之跡, 利益之功, 豈他山寺比也! 寺之屢廢而旋興者, 亦以是夫! 遂其[64]事, 繫之以銘, 曰:

墨道藏經始之迹兮, 何其茫[65]昧而無可記. 作之者能繼之者祖兮, 惟歷歷若前日事. 雙檜蒼蒼兮不老, 與兹寺兮終始[66].

47 판독문에는 焉이다.
48 판독문에는 入이다.
49 판독문에는 隷자가 없다.
50 판독문는 紀이다.
51 판독문는 修葺이다.
52 판독문에는 云이다.
53 판독문에는 辰이다.
54 판독문에는 燼이다.
55 판독문에는 妙衍이다.
56 판독문에는 鑑이다.
57 판독문에는 事자가 없고, 等앞에 慧覺淳가 포함되어 있다.
58 판독문에는 役이다.
59 판독문에는 實이다.
60 판독문에는 舊 뒤에 貫자가 있다.
61 판독문에는 詳이다. 한편, 비석 뒷면에 "지난 신유년에 화상(和尙) 여상(呂祥)이 처음에 이 비를 새겼는데 다 마치지 못해 쓸모없는 돌조각이 되고 말았다(粤在辛酉和尙呂祥刱刻此碑未克訖功護作無用片石)"고 나오는 것을 보면, 비석 앞쪽 비문의 여상(呂詳)과 뒤쪽 비문의 여상(呂祥)은 분명 동일인임을 짐작할 수 있다.
62 판독문에는 財이다.
63 판독문에는 衛이다.
64 판독문에는 其앞에 叙자가 있다.
65 판독문에는 茫이다.
66 한국금석문 종합영상정보시스템에서 제공하는 사적비 앞면의 해당 원문은 終始에서 끝이 나고 바로 연월("숭정기원 무진후 54년 신유 7월 일 세움")이 이어진다. 신유년은 숙종 7년 1681년이다.

通訓大夫前行弘文舘修撰知製教兼經筵撿討官春秋官記事宦[67] 趙宗著撰[68]

○三節遺稿三卷白紙四束十三張南塘○定齋集四卷集十九卷白紙四十四束在直指寺在衙後寺白紙十四束六張[69]

절은 김산金山 황악산黃岳山 동남에 위치하고 있는데, 이름을 직지사直指寺라 한다. 절을 처음 창건할 때 능여대사能如大師가 규얼圭臬[70]을 사용해 측량하지도 않고 곧장 손가락으로 터 잡을 곳을 가리켰던 까닭에, '직지直指'라는 절 이름을 얻게 되었다 한다[71]. 또 전하기를, 묵호자墨胡子와 아도阿道[72]가 일선군一善郡 냉산冷山의 도리사桃李寺를 창건할 때 함께 창건한 것이라고도 한다. 그러나 절의 사적비가 훼손되다 보니 새겨진 글이 사라져, 이 모두를 상고詳考할 수 없다.

대개 묵호자와 아도는 모두 신라 눌지왕訥祇王 때의 사람으로, 우리나라에 불법을 처음 전한 사람이라고 일컬어진다. 세상에 전해지기로는, 능여대사가 고려 태조 때 인동仁同의 전투에서 신통력으로 고려를 돕고, 또 적을 이길 시기까지 예고했기에, 고려 태조가 후삼국을 통일한 후에 큰 절을 이곳에 지어 대사에게 보답하고, 논밭과 귀한 재물을 후하게 하사하여 왕실의 복을 빌게 했다고 한다. 이로부터 혜종惠宗 정종定宗 광종光宗 때까지 계속해서 하사품을 내렸는데, 이 절을 받들어 모시는 정도가 심지어는 학사 임민비林民庇에게 직지사기直指寺記를 짓게 한 뒤 왕희지王羲之의 글씨를 집자集字하여 돌에 새기게 했을 정도였다. 능여대사의 제자인 신홍信弘과 혜인慧安 등 8인이 계속 이 절에 머물면서, 금니金泥로 불경佛經 593함函을 썼다. 그 함들은 모두 옻칠을 하고 황금으로 장식한 뒤 해장당海藏堂을

67 판독문에는 官이다.

68 이 부분은 저자를 밝히는 사적비명이다. 사적비에는 첫 부분 "金山黃岳山直指寺事蹟碑銘幷序" 다음에 저자 정보가 들어가고 그 아래 비문의 본문내용이 들어 있다.

69 이 부분은 한국금석문 종합영상정보시스템에서 제공하는 사적비문에는 없는 내용이며, 문맥상으로도 연결되지 않는 내용이다.

70 규얼은 해 그림자를 사용해 방향이나 절기·시간을 측량하는 기구다. 얼(臬)은 땅에서 수직으로 세운 막대고, 규(圭)는 얼 끝부분에 맞닿아 북쪽을 향해 수평으로 누인 잣대다. 얼은 표(表) 또는 규표(圭表)라고도 한다. 주로 천문역법(天文曆法)을 헤아리기 위한 해시계로 사용되지만, 집을 짓거나 터를 잡을 때도 먼저 방향이나 풍수를 따지기 위해 사용되기도 한다.

71 이러한 전설과는 별도로, 원래 '직지'란 표현 자체가 '직지인심, 견성성불(直指人心, 見性成佛)' 즉 "곧바로 사람의 마음을 가리키니, 그 마음의 본성을 간파하여 부처가 된다"는 의미를 함축하고 있는 것이다.

72 이 사적비를 쓴 조종저(趙宗著)는 묵호자와 아도를 두 사람으로 기술하고 있지만, 『삼국유사』 아도기라(阿道基羅)조에서 일연은 묵호자와 아도가 동일 인물이라고 추정하였다.

지어 이를 봉안하였다. 불전佛殿의 화려함과 득도한 승려들이 가득하니, 그 성대함이 동방의 제일도량이었다. 승려가 삼매三昧를 수양함에 있어서, 국사國師가 된 사람 중에 이 절에서 시작하지 않은 이가 없었다.

우리 조선조에 들어 절의 북쪽 언덕에 상서로운 징조가 있자, 공정대왕恭靖大王[73]의 탯줄을 봉안하고 또 절에 논밭을 하사할 정도로 아꼈다. 학조대사學祖大師는 광묘光廟[74]의 특별한 우대를 입어, 이 절에 머무르며 절을 운영하고 수리하였다. 그래서 이 절에 공덕을 베푼 사람을 꼽을 때면 모두들 능여대사와 학조대사, 이 두 분을 으뜸으로 삼는다고 말한다.

임진왜란에 절이 모두 불타 잿더미가 되어 버리자, 산인山人인 인수仁守와 명례明禮 등이 중수重修를 발원했고, 뒤이어 묘연妙衍, 상원尙元, 신흡信洽, 보감寶鑑, 도혜道慧, 각순覺淳 등이 중수의 임무를 맡아 70년 동안 앞서거니 뒤서거니 계속해서 힘쓰니, 전각의 숫자와 부처를 공양하는 기구가 실로 옛 체제를 회복하게 되었다. 이 절의 현판 중에 전殿이라 이름한 것이 8개, 각閣이라 이름한 것이 3개, 당堂이라 이름한 것이 12개, 료寮이라 이름한 것이 4개, 장莊이라 이름한 것이 3개, 문門이라 이름한 것이 4개요, 정실正室이 353칸이고 회랑은 그 배나 된다. 황악산 안 20여 개의 암자가 모두 본사의 소속이니, 여러 비구들이 절을 세워나가는 일에 매우 부지런하다고 할 만하다.

절의 승려이자 가선대부嘉善大夫의 품계를 받은 여상呂祥[75]이 본사의 전말顚末을 기록하고자, 재물을 모아 비석을 고른 뒤, 나를 찾아와 글을 청하였다. 내가 생각해 보니, 이 절은 전 왕조인 고려 때에 (고려를 건국하게 하려는) 신묘한 계획을 도와 이곳에 터를 잡았다. 우리 조선조에 들어서는 오래도록 태실胎室을 지켜 나라의 큰 복을 기르는 터전이 되었다. 그런즉 본사의 신령하고 기이한 사적事蹟과 이름

73 공정대왕은 공정온인효순대왕(恭靖溫仁孝順大王)의 줄임말로, 조선의 2대 왕인 정종(定宗), 즉 이방과(李芳果, 1357~1419)를 가리킨다.

74 광묘는 세조(世祖)의 묘호이다.

75 판독문에는 가선계(嘉善階) 여상(呂詳)이라 나오고, 그 해석문에는 "가선 계려가 본사의 전말을 상세하게 기록하여"로 되어 있지만 어법상으로도 "상세히 기록하여"는 성립하지 않는다. 가선계는 종이품의 문무관의 품계인 가선대부(嘉善大夫)를 가리킨다. 조선후기에는 승려들에게 공명첩으로 많이 발급되었다. 참고로 직지사의 주지를 지냈던 사명대사는 전란 당시의 공로를 인정받아 가선대부동지중추부사(嘉善大夫同知中樞府事)를 제수되었다. 54쪽 각주 61 참조.

고 보탬이 된 공덕이 어찌 다른 산사山寺에 비길 수 있겠는가! 절이 여러 차례 훼손되었으나 번번이 부흥한 것 역시 이 때문 아니겠는가! 이에 그 일들을 서술하고, 뒤이어 이렇게 명문銘文[76]을 새긴다.

묵호자 아도의 일이나 금자대장경으로 시작된 사적은
어찌나 아득한지 기록할 수가 없네
이 절을 창건한 자는 능여대사요, 계승한 자는 학조대사라,
마치 어제 일처럼 역력하니,
두 그루 노송나무[77]가 푸릇푸릇하여 시들지 않았네.
이 절과 더불어 시작부터 함께 했으니 끝가지 같이 하기를.

통훈대부通訓大夫 전행前行 홍문관수찬弘文館修撰 지제교知製敎 겸 경연검토관經筵檢討官 춘추관기사관春秋館記事官 조종저趙宗著 지음. 『삼절유고三節遺稿』 3권 백지白紙 4속束 13장張 남당南塘 『정재집定齋集』 4권집 19권 백지 44속 직시사에 있고 아후시衙後寺에 있다. 백지 14속 6장[78]

○관아

○김천소학교

76 비문(碑文) 중 압운을 맞춘 운문(韻文)을 명문(銘文)이라 한다.

77 '두 그루 노송나무'란 표현 자체가 오래된 절을 상징한다. 당초 당대(唐代) 시인 유우석(劉禹錫)이 「사사쌍회(謝寺雙檜)」라는 시를 지었다. 그 시에서 읊은 장소는 애초에 진대(晉代) 진서장군(鎭西將軍) 사인조(謝仁祖)의 저택이었다가 당대에 이르러 법운사(法雲寺)가 된 곳인데, 아주 오래 전부터 있던 두 그루의 노송나무가 있었다. 이를 두고 유우석이 "두 그루 노송나무 파르라니 오래되어 보이는 모습 기이하네"(雙檜蒼然古貌奇)라는 표현을 쓰면서, '두 그루 노송나무'는 오래된 절의 상징이 되었다.

78 『삼절유고』는 임진왜란 때 순절한 문신 윤섬(尹暹), 병자호란 때 순절한 문신 윤계(尹棨), 삼학사의 한사람인 윤집(尹集) 등 3절신의 시문집으로, 1672년 간행하였다. 남당은 한원진(1682~1751)의 호이며 『정재집』은 조선후기의 문신 박태보(朴泰輔)의 시문집으로 20권 7책으로 구성되며, 1892년에 간행하였다. 또 "在直指寺在衙後寺"의 문구상 해석은 본문처럼 번역할 수밖에 없는데, '아후사'라는 사찰은 찾을 수 없다. 내용 역시 직지사비와는 아무 관련이 없으므로, 이 부분은 본서 간행과정의 오류로 보인다.

○여관

비젠야備前屋, 아사히야旭屋, 가와치야河内屋시장

남전천南田川 **철도교량** 역에서 4리哩 57쇄 떨어져 있으며, 길이는 322척呎.

추풍령역秋風嶺驛 부산에서 125리 61쇄

황간현黃澗縣 추풍령 중앙에 있다. 한국의 북쪽 경계에서 내려오는 큰 산맥의 분수령이다. 봉우리라고는 하지만 남북 양쪽에서 수십 리 사이에 완만하게 솟아 있는데, 봉우리에 이르면 탄탄한 평지이다.

| 명승지 |

덕대산德大山

역에서 10정丁 남짓 떨어진 높고 험한 산으로 기암괴석이 층층이 포개져 있다. 정상에 다다르면 사방에 인접한 산천과 수십 부락은 하나하나 손가락으로 가리킬 수 있을만하여, 사방의 조망이 웅장한 절경과 기묘한 경치는 저절로 쾌재를 부르게 한다. 옛날에는 변고가 있을 때 즉시 이 산에 올라 봉화를 올려 백성에게 경고하는 곳이었다고 한다.

장지현비張智賢碑

역에서 15정丁 남짓 떨어져 있다. 분로쿠·게이초의 역 때 한장韓將 장지현이 가토 기요마사의 군대를 물리치고 전사한 고적이다. 옆에는 "사헌부감찰증병진참의삼괴당장공순절司憲府監察贈兵晋参議三槐堂張公殉節"이라 쓴 묘비가 있다.

도기제조갱陶器製造坑

역에서 남쪽으로 10정町 떨어진 건천동乾川洞과 동쪽으로 13정丁 떨어진 각점동角店洞 두 곳에 도기제조갱이 있다. 한국공업으로서는 그런대로 볼 만하다.

황간역黃澗驛 부산에서 131리 3쇄

황간현 황간읍을 지나 0.5리里 남짓 떨어져 있다. 험준한 산이 겹쳐진 사이에 읍이 있고, 동남쪽을 따라가면 황악산黃嶽山, 북쪽에 두드러진 것이 백화산白華山, 남쪽에 서 있는 것을 산도봉山道峰이라 한다. 역에서 약 5리 떨어진 청산군 월명동月明洞에 광산이 있으며, 흑연을 다량 생산한다. 한국흑연회사韓國黑鉛會社 출장소가 경영한다.

| 명승지 |

한천팔경寒泉八景[79]

역에서 북쪽으로 약 20정丁 떨어져 있다. 풍경이 빼어나게 아름다운 팔경은 사군봉使君峰, 월류봉月留峰, 산양벽山羊壁, 용연대龍淵臺, 냉천정冷泉亭, 화헌악花軒嶽 청학굴青鶴窟, 법존암法尊庵이다. 모두 암석이 아슬아슬하게 치솟아 있어 나름 풍취가 있다.

교촌校村

군아의 동쪽으로 6정丁 남짓 떨어져 있는 부락이다. 이조 태종 때, 현감 이은李誾이 건축한 토성의 고적이다. 김천과 김산에서 추풍령가도를 끼고 장천長川의 푸른 물줄기가 내려다 보이며 논밭이 드넓게 펼쳐져 자못 풍경이 뛰어나다. 가장 높은 곳에 공자묘가 있고 돌아서 전면으로 나가면 가학루駕鶴樓가 있다. 큰 편액이 걸렸는데 주희의 글씨이다. 이 주변의 조망이 매우 좋다.

---

79 조선 후기 문신 홍여하(洪汝河, 1620~1674)의 『목재집』 제1권에는 '냉천팔영(冷泉八詠)'이란 제목으로 8편의 시가 실려 있다. 『목재집』은 권유(權愈)가 1693년에 서문을 완성하였지만 간행은 1737년 이후이다. 본문의 한천팔경과 다른 것은 용연대가 문집에는 '용연동'으로 나와 있는 점이다. 한편 『목재집』에 앞서 조선중기에 편찬된 『신증동국여지승람』에는 이른바 한천팔경의 원형이 보인다. 제16권 충청도 황간현 부분에 수록된 '불우(佛宇)' 항목에는 "심묘사(深妙寺) 절에 팔경(八景)이 있으니, 사군봉(使君峯), 월류봉(月留峯), 산양벽(山羊壁 바로 산양암(山羊巖)이다), 용연동(龍淵洞), 냉천정(冷泉亭), 화헌악(花獻岳), 청학굴(靑鶴窟), 법존암(法尊巖)이다"라고 서술되어 있다.

○관아, 학교

○군아 ○우편취급소

○경찰분서警察分署 ○한국공립소학교

황간터널 역에서 1리哩 37쇄 떨어져 있으며, 길이는 990척呎.

영동역永同驛 부산에서 140리 46쇄

영동현 영동시 시가지를 접하고 있다. 이곳은 경부선의 중앙에 위치하며 충청도, 전라도, 경상도 삼도에 걸쳐 있다. 시가지 남쪽에는 웅대한 천마산天摩山이 병풍처럼 서 있으며, 북쪽에 박진산朴進山, 서쪽에 마니산摩尼山이 있어서 사방이 산악이다. 엽전 백동화白銅貨[80]가 유통되는 구역이다.

| 명승지 |

낙화대落花臺

역에서 20정丁 남짓 떨어진 영동읍의 서쪽 금성산錦城山 중턱에 있다. 수십 길 낭떠러지는 형상이 대臺와 같고, 옆으로 장천長川을 바라본다. 계주稽州[81]라 불리던 무렵 한 기생이 한성에서 온 객을 배웅하여 여기까지 왔다. 이별의 한을 견디지 못하고 끝없는 슬픔에 빠져 염세에서 헤어나지 못한 나머지 바위 위에서 깊은 연못으로 몸을 던져 죽었다. 낙화대라고 부르는 까닭이다.

각계覺溪터널 역에서 3리哩 49쇄 떨어져 있으며, 길이는 316척呎.

제2 영동천 철도교량 역에서 1리 20쇄 떨어져 있으며, 길이는 388척.

제1 영동천 철도교량 역에서 2리 66쇄 떨어져 있으며, 길이는 388척.

심천深川 철도교량 역에서 6리 6쇄 떨어져 있으며, 길이는 322척.

80 백동화는 1892(고종 29)년에서 1904년까지 주조·유통시킨 2전 5푼짜리 동전이다.

81 계주는 영동군의 고려시대 이름이다.

○관아, 학교

○군아○우편취급소

○소학교○수비대

○여관

아케보노曙여관, 이마오카今岡여관

심천역深川驛 부산에서 147리 28쇄

영동군 심천촌 안에 있다. 읍은 북쪽으로 철마산鐵馬山을 등지고 동쪽으로 심천의 급류를 마주하며, 산천으로 둘러싸인 척박한 땅이다. 역에서 1리里 남짓 떨어진 산중에 석탄을 생산하는 제조소가 있다.

| 명승지 |

옥길폭포玉吉瀑布[82]

역에서 1리里 남짓 떨어진 옥산玉山 산중에 있으며, 수구水口는 2척尺이고 아래쪽은 7척, 높이는 10간間 정도이다. 떨어지는 물줄기가 바위를 가르면 물방울이 눈처럼 날린다. 여름철 폭염에도 옷이 얇은 것처럼 느껴진다. 산꼭대기에서 사방을 둘러보면 풍광이 매우 아름답고 산기슭이 금강 지류와 통한다. 위]쪽이나 아래쪽이나 감상하지 않을 수 없는 장소이다.

금강錦江

한국에서 유명한 큰 강이다. 수원 중 하나는 충청도 속리산에서 나와 동쪽으로 흘러 충청남도 각지를 적신다. 다른 하나는 전라도, 경상도의 경계인 육십

82 옥길폭포는 역대 고지도에는 옥계폭포로 기록되어 있으며, 일명 박연폭포로 불리는 곳이다. 이 밖에도 용연폭포, 옥연폭포로도 불린다(신범식, 「기록에 실린 옥계폭포」, 『호서문화』 창간호, 2013, pp.175~176). 아울러 규장각에서 제공하는 고지도 중, 1872년 제작된 영동현 지방지도에는 옥길동폭포로 기록되어 있다. 그러나 해당 지도에 옥산이란 이름은 보이지 않는다.

령六十嶺에서 나와 북쪽으로 흘러 충청북도를 지난다. 연기燕岐에 이르러서 동북쪽 두 개의 강이 만나 충청남도를 우회한다. 강의 흐름이 드넓고 일한무역의 요지인 군산에 도달하여 바다로 들어간다. 상류는 수심이 얕아 배가 지나갈 수 없고, 중류는 물이 점차 깊어져 폭이 좁고 긴 배는 지날 수 있다.

제2 금강 철도교량 역에서 3리哩 18쇄 떨어져 있으며, 길이는 1,015척呎.

이원역伊院驛 부산에서 152리(哩) 77쇄

옥천군沃川郡 이원에 있다. 서남쪽으로 육성산六聖山[83]이 앞에 있고 북쪽으로는 월평산月平山[84]을 등진다. 교통이 불편하다.

| 명승지 |

영국사寧國寺

영국사는 역에서 남쪽으로 1리里 남짓 떨어져 있다. 건물이 웅대하고 승려 열네댓 명이 살고 있다. 또한 역에서 약 1리 떨어진 동남쪽 구석에 선대산仙臺山[85]이라는 높은 산이 있으며, 풍광이 매우 아름답다.

○관아

○ 일명학교日明學校

구복龜卜터널 역에서 1리哩 76쇄 떨어져 있으며, 길이는 950척呎.

옥천역沃川驛 부산에서 159리 64쇄

옥천군 옥천에 있다. 옥천은 일명 관성管城이라 일컫는다. 속리산과 덕유산 사

83 이원역 서남쪽의 산은 대성산(大聖山)이다. 六은 大의 오자로 보인다.

84 월평산이란 이름은 대전 서구에 보인다. 조선시대 지리지와 고지도에는 옥천군 편에 월이산(月伊山)이 나오며, 다리산, 달리산(達理山), 월의산(月議山), 달이산, 달이곡(達伊谷) 등의 이칭이 있다.

85 1872년 옥천군 지방지도에는 천태산(天台山)으로 나온다.

이에 있다. 북쪽은 금강으로 경계를 짓고, 서쪽은 회덕懷德과 산줄기를 끼고 마주한다. 적등강赤登江은 전라도 덕유산과 마이산馬耳山에서 발원하여 옥천 동쪽에 이르러 속리산에서 나온 물과 만나서 금강으로 흘러들어간다. 옥천을 흐르는 물은 얕아서 배편은 없다.

| 명승지 |

용암사龍岩寺

남쪽으로 1리里 떨어져 있다. 상당히 볼만 하며 풍광 역시 아름답다.

이지당二止堂

서쪽으로 1리里 떨어져 있다. 조헌趙憲의 자취가 남아 있는 곳으로, 서정자천西亭子川[86] 기슭 위에 있는데 풍광이 맑고 아름답다

마니산성摩尼山城

옛날 석성인데 황폐하여 볼만한 것이 없다.

양산陽山

역에서 6리里 떨어져 있다. 신라, 백제의 옛 싸움터이다. 처음에 신라 무열왕武烈王이 백제와 고구려를 정벌하려고 운연韻連[87]을 장군으로 삼아 양산 기슭에 진을 치고 나아가 조천성助川城을 공략하고자 하였다. 성의 병사가 염탐하여 이를

---

86 『신증동국여지승람(新增東國輿地勝覽)』이나 『옥천읍지(沃川邑誌)』에 서정자천이란 지명은 보이지 않는다. 김정호의 조선고분도지도(朝鮮古分道地圖, 1834)에는 서화천(西華川)과 부근에 서정자란 이름이 확인된다. 이지당 앞을 흐르는 소옥천은 서화천에 합류한다. 한편, 서정자는 이인찰방(利仁察訪)이었던 안사전(安嗣全, 1459~1519)이 지은 정자로 서화천 부근에 있었던 것으로 추정된다. 안사전은 사화를 피해 옥천으로 내려왔다고 한다. 따라서 본문의 서정자천은 서정자 앞을 흐르는 하천, 즉 서화천으로 보는 것이 타당할 것이다. 한편, 조헌(趙憲)의 연보(年譜)를 보면 48세에 서정(西亭) 하류에서 문인들과 어울려 놀았다는 기록(與諸生遊於郡地西亭下流)이 있는데, 이상주(李相周)는 「조헌(趙憲)의 율원구곡(栗原九曲)과 율원구곡시(栗原九曲詩)」에서 조헌 연보에 등장하는 "서정자 하류는 지금의 이지당 앞 하천을 가리키는 것으로 보아야 한다고" 주장한다(『중원문화연구』 10, 2006.12, p.48). 그러나 연보의 "西亭下流"를 '서정자가 있는 하천의 하류'로 해석하면, 지형 상 서화천의 하류에 해당하는 금강 본류(대청호) 쪽으로 보는 것이 좀 더 타당할 것이다.

87 운연은 신라의 화랑 출신 장수이자 무열왕의 사위인 김흠운(金歆運)의 오기로 보인다.

알고 밤을 틈타 역습하여 돌격하니 심히 위급하게 되었다. 운연은 그 때에 말 위에서 적이 오길 기다려 크게 싸우고자 했다. 대사大舍 전지詮知가 말을 사이에 두고 말하기를, "지금 적이 어둠 속에서 일어나, 공公이 죽더라도 알아줄 사람이 없지 않습니까? 일단 여기서 도망쳐 다시 일으켜 적을 치는 것이 어떻겠습니까?" 운연이 들으려 하지 않고 말하길, "대장부가 몸을 나라에 바쳤으니 어찌 감히 이름을 구하겠는가?"라고 하였다. 싸우다 마침내 여기서 죽었다. 당시 사람들이 그의 죽음을 애석하게 여겨 양산가[88]를 지어 애도하였다.

속리산俗離山

충청북도 보은군報恩郡의 동쪽으로 9리里 떨어져 있다. 온 산에 기암괴석이 우뚝 솟아 있으며, 서남쪽의 일각은 사시사철 하얀 눈으로 덮인 채 높게 구름 위에 솟아 있다. 수목 대부분은 낙엽송의 일종이며 이따금씩 벚나무가 섞여있다. 겨울에는 초록빛이 흰 눈에 비치며, 봄이 와서 벚꽃이 활짝 필 때 부드럽게 일렁이는 사이로 멀리 바라보이는 와루瓦樓의 풍광은 매우 아름다워, 진정 한 폭의 그림이다. 역에서 산으로 가는 도로에서 동남쪽으로 2리를 가면 마현馬峴이라 일컫는 곳이다. 산길은 구불구불한 돌길로 되어 있다. 세조대왕이 이 산을 행행行幸하였을 때 돌길을 깔았다고 한다.

속리사俗離寺[89]

속리산에서 절에 가는 길은 좌우로 단풍나무가 늘어서 있고, 이를 따라 시냇물이 흐르며 숲 속 바위는 푸른 이끼가 뒤덮고 있어서 인간 세상을 벗어난 것 같다. 절 안에 누문樓門이 있으며 비석도 있다. 시냇물도 있고 누각도 있다. 상당히 장대하고 화려하여 자못 눈을 놀라게 하는 데 충분하다. 사천왕은 2층의 누각 안에 있으며, 목상인데 조각이 교묘하고 채색이 찬란하다. 이와 마주하여 상팔

88 작자 미상의 신라 가요 양산가(陽山歌)를 가리킨다. 『삼국사기』, 「열전」 '김흔운' 조에 제작동기가 보이며, 『증보문헌비고』 권106에 옮겨져 있다.

89 『신증동국여지승람』에는 속리사와 법주사가 별개 사찰로 기록되어 있으나, 본문의 내용은 법주사를 가리키는 것으로 보아도 무방하다.

전相捌殿[90]이 있으며 안에는 8개의 불상이 안치되어 있다. 불상 높이는 3척尺 남짓, 크기는 2척 남짓이며 금니金泥를 칠하였다. 이와 나란히 양화루兩花樓[91]가 있다. 누에서 동쪽으로 수십 보步[92] 떨어진, 상당히 장엄하고 화려한 전당이 바로 대웅보전大雄寶殿이다. 안에는 큰 좌불[93] 3체를 안치하였는데, 높이는 각 1장丈 5척尺 남짓이며 허리둘레는 1장 2척 남짓이다. 서쪽을 향하여 나란히 앉아 있다. 모두 2,000년 전에 신라 신평왕信平王[94] 때에 건조된 것으로, 당우의 건축이 나라奈良의 대불당과 아주 비슷하다. 이 불상은 한국에 모두 아홉 체가 있다. 세 체는 이곳에 있고 다른 세 체는 전주 송광사松廣寺에, 또 다른 세 체는 홍산鴻山의 무량사無量寺에 있다고 한다.

여기에서 서쪽으로 몇 보 떨어진 곳에 작은 전각[95]이 하나 있는데 불상을 안치하고 있다. 좌불로 높이는 7척 남짓, 허리둘레는 5척 남짓이며 화관을 이고 있는데 금빛이 찬란하다. 그 형상은 자못 일본의 변재천辨才天[96]과 비슷하다. 그 오른쪽에 작은 당우가 있는데 오백나한五百羅漢이 어지러이 늘어서 있다.

이 밖에 돌로 만든 수수대漱水臺와 수조水槽, 석불, 쇠솥 등이 있다. 모양이 거대하고 대부분 푸른 이끼가 뒤덮고 있어 자못 고색창연하여 빠져들 만하다. 수조에서 동쪽으로 수십 보 떨어진 곳에 있는 작은 당우는 세조대왕의 어필[97]을 보관

90 팔상전(捌相殿)의 오기이다. 벽면에 부처의 일생을 8단계로 나누어 그린 팔상도(八相圖)가 그려져 있어 팔상전이라 한다.

91 법주사의 가람배치에는 보이지 않는 이름이다. 본문의 설명대로 팔상전과 나란히 있고 그 동쪽에 대웅전이 있는 곳은 청동미륵대불의 위치이다. 이 자리에는 원래 2층의 용화보전(龍華寶殿)이 있었으나, 1872년 헐렸다.

92 거리를 나타내는 단위로 1步는 6尺이다.

93 대웅보전에 안치된 삼신불은 중앙에 비로자나불, 좌측에 노사나불, 우측에 석가모니불로, 각각 앉은키 5.5.m, 허리둘레 3.9m이다.

94 『동국여지승람』에 따르면 법주사는 553년(진흥왕 14)에 의신조사(義信祖師)가 창건하였다. 『삼국유사』 권4 「關東楓岳鉢淵藪石記」에는 진표율사에게 법을 받은 영심스님이 속리산에 길상사를 창건하였다는 이야기가 실려 있으며, 이것이 법주사의 전신이라고 보는 견해도 있다. 이때는 적어도 766년 이후로 혜공왕(惠恭王) 대이다. 따라서 본문의 "2천 년 전" "신평왕"은 오류이다.

95 법주사의 가람배치를 참조하면 원통보전(圓通寶殿)을 가리키는 것으로 보인다. 보관을 쓴 거대한 목상의 관세음보살좌상이 모셔져 있다.

96 변재천은 범어 Sarasvati의 역어로 말재주 · 음악 · 재복 · 지혜 등을 관장하는 여신이다. 비파를 타거나 무기를 지닌 모습으로 나타난다. 일본에서는 길상천(吉祥天)과 혼동하여 복덕을 주는 신으로서 변재천(辨財天)으로 일컬으며, 칠복신의 하나이다.

97 법주사에 소장된 어필로는 선조대왕의 어필 병풍이 있다. 1758년 영조대왕이 다른 병풍과 함께 하사하였다고 전한다.

한 곳이다.

○관아

○군아 ○경찰주재소 ○일어학교

○우편취급소 ○정거장 앞 우편소

옥천 철도교량 역에서 73쇄 떨어져 있으며, 길이는 322척呎.

증약역增若驛 부산에서 162리 75쇄

옥천군 증약에 있다. 읍은 동쪽으로 환산環山을 등지고, 서쪽으로는 송구봉松九峯에 접하며, 북쪽으로는 말감산末甘山[98]을 마주하고, 남쪽으로는 식장산食藏山을 바라보고 있다. 사방이 산악으로 둘러싸인 작은 마을이다.

제3 증약터널 역에서 1리哩 72쇄 떨어져 있으며, 길이는 858척呎.

제2 증약터널 역에서 2리 25쇄 떨어져 있으며, 길이는 528척.

제1 증약터널 역에서 2리 36쇄 떨어져 있으며, 길이는 297척.

구정리九丁里 터널 역에서 3리 54쇄 떨어져 있으며, 길이는 759척.

대전역大田驛 부산에서 170리 33쇄

충청남도 회덕군懷德郡 대전읍에 있으며, 남대전과 북대전으로 나뉜다.

북대전은 정거장 소재지이며, 1904년明治37 무렵에는 일본인의 임시 가옥이 불과 12채밖에 없는 적막한 한촌에 지나지 않았다. 하지만 교통 기관의 완성에 따라 농상업자의 왕래가 나날이 늘고 있고 일본인의 경제활동도 좋아져서 급격하게 발전하고 있다. 구획정리가 정연한 신시가지이고 상업이 크게 성황을 이루어 물자 공급에 불편을 느끼는 일이 없다. 인가는 이미 300여 호, 인구는

98 철종 연간에 지어진 『동여도』를 비롯하여, 1872년의 지방지도 등 고지도나 고문헌에는 환산과 식장산의 명칭은 보이지만 송구봉과 말감산이란 이름은 보이지 않는다. 유사한 지명도 찾을 수 없다.

1,400명에 달하며, 장차 더욱 빠르게 발전하여 호황을 이룰 것이다.

남대전은 역에서 남쪽으로 8정丁 남짓 떨어진 곳에 있다. 한인 시장이 있는 곳으로 음력 1일과 6일에 인근 마을에서 모이는 장사꾼이 약 500명이다. 일한인 고객이 3,000명을 헤아려 자못 흥성하다. 일본인 상가도 50호에 가깝고 주로 한인을 대상으로 무역을 하고 있으며, 미곡, 석유, 명태 등이 많이 모여 볼 만 하다.

| 명승지 |

유성온천柳城溫泉[99]

역에서 서쪽으로 1리里 남짓 떨어진 온천마을의 벌판에 있지만, 아무 설비가 없어 손님의 발길이 끊어졌다.

계룡사鷄龍寺

역에서 4리 떨어진 계룡산 산중에 있다. 유서가 매우 오래된 사찰로 전당이 10채 있다.

철부鐵釜[100]

연산읍連山邑에서 서쪽으로 1리 떨어진 논 가운데에 있으며, 호서지방 3대 거물巨物 중 하나로 일컬어진다. 직경 9척尺 3촌寸 5푼分, 깊이 3척 8촌 5푼, 두께는 1촌, 둘레 2장 9척 8촌 6푼이다. 천 년 전에 지어진 사원의 상서로운 가마라 전한다.

은진미륵恩津彌勒

은진군 죽암리 관촉사灌燭寺에 있다. 호서지방 거물 중 하나로 불상의 높이는 74척 남짓, 가슴둘레는 34척이라고 한다.

99 儒城의 오자로 보인다.

100 철부는 쇠로 만든 가마솥인데, 문화재청에서는 한자로는 '철확(鐵鑊)'으로, 우리말로는 철솥으로 표기하고 있다. 이 철솥은 1973년 충청남도 민속문화재 제1호로 지정되었다. 개태사(開泰寺) 주방에서 사용되었다고 전한다.

강경江景

역에서 서북쪽으로 11리 떨어져 있다. 군산으로 가는 주요 길목에 해당하며, 일본인 거주자가 약 200명이다. 무역도 성황이며 소금과 생선 기타 해산물이 많이 출하된다.

○관아, 회사

○수비대 ○경찰서 ○우편국
○거류민단사무소 ○심상소학교 ○흥산회사興産會社
○흥업회사興業會社

○여관

나카가와中川여관, 사사야마笹山여관, 대전大田여관

신탄진역新灘津驛 부산에서 179리 18쇄

충청남도 회덕군 북면 방축동方築洞에 있는 적막한 한촌이다.
시장이 매월 음력 2·8일에 열리며, 부근에서 모여드는 고객이 적지 않다.

| 명승지 |

고성지古城趾

역에서 동남쪽으로 2리里 남짓 떨어져 있는 현내면縣內面 계족산鷄足山 꼭대기에 있다. 돌로 쌓았는데 마치 요즈음의 포루砲壘를 보는 것 같고, 부근에는 지금도 기와조각이 여기저기 흩어져 있다. 누가 쌓았는지 확실하지 않다.

입암立岩

역에서 동북쪽으로 1리里 떨어져 있다. 사금이 많이 나온다.

마미포천馬尾浦川 **철도교량** 역에서 4리哩 떨어져 있으며, 길이는 288척呎.

부강芙江터널 역에서 6리 38쇄 떨어져 있으며, 길이는 396척.

부강역芙江驛 부산에서 187리 3쇄

문의군文義郡 용포蓉浦에 있다. 공주군公州郡, 연기군燕岐郡, 문의군은 이 역을 경계로 한다. 이곳은 예부터 충청도 굴지의 큰 시장으로 금강에서 배편이 있고 나날이 성대해 간다. 장날 같은 날에는 사방 수십 개의 도로가 흰 옷을 입은 사람으로 가득차고, 장사꾼이 가장 많을 때는 실로 6~7천 명에 달한다. 여름에도 2천명을 밑돌지 않는다. 주요 거래 물품은 쌀, 대두, 소금, 담배, 면화, 목면, 사금 등이다. 그 중에서도 소금 거래가 가장 활발하여 철도 연선 중 1위를 차지한다. 부근에는 하천이 많고 금강, 미호천尾湖川, 문의천이 유명하다. 토지가 비옥하여 오곡 산출이 많다.

| 명승지 |

부용산芙蓉山

달과 눈을 감상하는 명승지로 금강을 끼고 맞은 편 기슭에 있다. 작은 산이 겹쳐 있고, 넘쳐흐르는 짙은 녹음을 연무가 덮고 있다. 솔숲 소리가 마치 북을 치며 태평을 기원하는 것 같다. 그 이름에 걸맞게 수려하다.

부용사芙蓉寺

역에서 남쪽으로 8정丁 떨어진 구평鳩坪에 있다. 그다지 장엄하거나 화려하지 않지만 달을 감상하기 좋다.

독낙정獨樂亭

금강 하류 쪽 약 1리里 떨어진 강기슭에 있으며, 한국의 선제先帝와 대원군[101]이 달을 감상하던 곳으로 유명하다. 커다란 당우는 맑고 온화하며 아름답고 장대

101 고종황제와 흥선대원군을 가리킨다.

하다. 고풍스러운 경내 풍치가 자못 사랑스럽다.

광죽암廣竹岩

역에서 동남쪽으로 1리里 남짓 떨어진 곳에 금광이 있다. 일본인은 금광채취에 종사한다. 품질이 좋아 수요가 많다. 장래가 더욱 유망하다.

현사懸寺

거대한 가람으로 문의군 전체를 조망할 수 있다. 1894년明治27, 동학당이 일어나자 장군이 이곳을 본영으로 삼았다고 한다.

공주公州

역에서 서쪽으로 금강 하류 쪽 5리 지점, 충청남도 관찰부가 있던 곳으로 홍주洪州 이하 37군을 관할한다. 시민 대부분은 상업에 종사하고 일본인 상가도 많으며 상업 구역도 상당히 넓다. 특히 한국의 보장寶藏이라 일컬어지는 내포內浦의 들녘이 눈앞에 펼쳐진다. 음력 2·8월에 열리는 큰 시장에서는 노루 거래가 성황을 이루어 나라 안에서 제일이다. 이 지역은 주당周唐[102] 이래의 고도이자 요충지로 옛 자취가 자못 풍부하다. 이사청, 소학교, 은행, 병원, 고문지부顧問支部, 우편, 전신전화의 설비가 있다.

강경江景

공주에서 약 7리 아래쪽에 있다. 상업이 번화한 곳으로 유명하고 우편, 전신전화의 설비가 있다. 공주에서 강경, 군산 모두 금강의 증기선으로 연락할 수 있어 장래가 유망한 지역이다.

경부선으로 공주와 강경으로 여행하는 사람은 부강역에서 배를 이용하는 것이 가장 편리하다. 우선 부강 부두를 나오면, 맑은 물이 험준하고 고르지 않은

---

102 백제의 웅진(공주)천도는 475년이므로, 시기적으로 보면 중국 남북조시대의 북주를 가리키는 것으로 보인다.

강기슭에 부딪혀 일어나거나 끌어안거나 달리거나 춤추는 등 천태만상으로 여름날 구름이 떠다니는 것 같다. 하류가 계곡에 이르면 기묘하게 흘러 급한 여울이 되고 기암에 부딪혀 솟구치며 흰 파도가 기이하게 출렁인다. 실로 여행자가 피로를 잊게 만든다.

○여관

○부용관芙蓉館

미호천 철도교량 역에서 1리哩 78쇄 떨어져 있으며, 길이는 782척呎.

조치원역鳥致院驛 부산에서 193리 42쇄

연기군 조치원의 북쪽, 침산砧山 앞에 있다. 이곳은 충청북도, 충청남도, 전라남도로 통하는 사통팔달의 상업상 요지이자 곡물의 산지이다. 읍에는 예부터 있던 시장으로 신·구시장이 있다. 장날에 모이는 사람은 많을 때는 5천 명, 적을 때도 2천 명 밑으로 떨어지지 않는다. 큰길에 사람들이 들어 차 성황을 이루는 모습은 드물게 보는 광경이다. 이주하는 일본인이 많아 최근 조사에 따르면 일본인 인구는 670명이라 한다. 부근의 토지는 평탄하고 광활하며 강도 많은데, 미호천尾湖川[103] 및 조천鳥川이 유명하다.

신라 때 최치원崔致遠이 처음 이곳에 시장을 열었다. 그래서 처음에는 시장을 연 사람의 이름을 따서 최치원이라 불렀으나, 발음이 매우 비슷하여 마침내 조치원이라 바뀌어 부르게 되었다고 한다.

103 조선총독부 『관보』 제104호(1927.5.7) '조선하천령 제1조 제1항 명칭 · 구간 고시'에는 미호천(美湖川)으로 나온다. 2022년 7월 6일 환경부는 미호강(美湖江)으로 명칭을 변경하였다. 해당 보호자료에는 "미호강은 1900년까지는 통일된 지명없이 불려오다 일제강점기인 1914년부터 미호천으로 표기되어 지금까지 그 지명을 사용했다"고 하였으나, 1905년 12월 내무성이 작성한 한국토목사업조사서(韓國土木事業調査書)에는 미호천(尾湖川)으로 표기되어 있다.

| 명승지 |

청주淸州 및 조헌趙憲 사적비事蹟碑

역에서 약 4리里 떨어진 청주는 청주군에 있으며, 토지가 비옥하여 이른바 청주의 들녘을 감싸는 호서지역의 대도회지이다. 고려 말에 재상 정도전鄭道傳이 조선 태조의 지략가가 되어 이숭인李崇仁을 무고하여 죽인 지역이며, 또 분로쿠·게이초의 역의 옛 싸움터이다. 부근에는 명소가 많은데, 보살사菩薩寺, 용화사龍華寺, 당산신당唐山神堂 등이 유명하다.

조헌 사적비는 시의 서문 밖에 있다. 왜구비倭寇碑라 일컫는다. 높이는 1장丈 남짓, 폭은 2척尺 8촌寸이다. 조헌이 일본군을 방어하여 싸운 공을 기록한 것으로 문장이 지극히 과장되었다.

압각수鴨脚樹

이 은행나무는 청주의 읍내 객사 안에 있다. 고려 공민왕恭愍王 때 왕방王昉과 조반趙胖이 명에서 귀국하여 왕에게 아뢰길, "신이 명나라에 있을 때, 하루는 예부에서 신들을 불러서 이르기를, '너희 나라 사람 중에 파평군坡平君 윤이尹彜, 중랑장中郎將 이초李初란 자들이 황제에게 하소연하기를, 고려왕高麗王이 요즈음 반역을 도모하여 새로 군사를 동원해 중국을 치려는 뜻이 있어 재상인 이색李穡, 조민수曹敏修[104] 등이 불가하다고 간언하자 왕이 크게 노하여 이색 등을 주살하고 다른 사람들은 모두 귀양을 보냈으니, 적절한 기회에 먼저 고려를 토벌해야 한다고 말했다'고 하였습니다." 조반이 왕에게 윤이 등이 이색 이하 사람들의 성명을 기록한 것이라며 보여주었다.[105] 고려왕이 이것을 보고 크게 노하여 사람을 보내 윤이 이하를 국문하고, 게다가 이색 등 여럿을 잡아 옥에 가두고 죄의 책임을 크게 물었으나, 모두 억울한 누명이라며 전혀 흔들리지 않았다. 때마침 큰 천둥이 치고 갑자기 비가 내리니 하천이 불어나 넘쳐서 관사와 민가가 모두 떠내려갔다. 객사에도 은행나무 수십 그루가 있었는데, 옥리獄吏는 나무에 올라

104 曹는 曺의 오기이다.

105 『고려사』 1390년 5월1일 계사조와 『고려사절요』 1390년 5월조에는, 윤이와 이초가 기록한 이색 등의 이름이 적힌 것을 조반이 고려왕에게 보여준 것이 아니라, 예부가 왕방과 조반에게 보여준 것으로 나온다.

가 겨우 면할 수 있었다. 왕이 크게 두려워하며 급히 용서하여 이색 등을 방면했다고 한다.

상당산성上黨山城

청주부의 동쪽으로 2리 떨어져 있다. 동봉리東峰里의 북쪽에 해당한다. 봉우리 하나가 높게 구름 위로 솟아있는 것이 바로 상당산이다. 산중에는 큰 바위가 여기저기 널려있고 낭떠러지는 깎아지른 듯하며 산꼭대기에는 성벽이 있다. 백제의 상당성을 토대로 한 것으로, 구조가 자못 견고하여 지금도 전체의 형태가 남아있다. 높이는 8척尺 남짓, 둘레는 7,773척이다. 성 안에는 소나무가 울창하고, 큰 우물이 모두 12개가 있어서 큰 가뭄이 들어도 물이 마르지 않는다고 한다. 견고한 요해지로 이른바 장부 한 사람이 지키면 장정 만 명도 무너뜨릴 수 없다고 감탄하기 때문에 예부터 누누이 난적亂賊의 근거지였다고 한다.

낙영산落影山

청주에서 동쪽으로 8리里, 속리산 북쪽 기슭에 있다. 온 산이 소나무로 뒤덮여 있고, 기암괴석이 가득하다. 세상에 전하길, 당나라 때 산의 그림자가 중원中原에 드리웠다. 하늘의 기운을 바라보며 나와 살피니, 미륵불상이 산봉우리 위에서 가르고 나왔다. 이로 인해 낙영산이라 부른다고 한다[106]. 산봉우리가 수려하고 부근도 안개가 낀 듯 경치가 뛰어나다.

106 낙영산에 관한 전설은 몇 가지가 확인되는데, 본문의 내용은 전설을 축약하여 문맥이 매끄럽지 않다. 『한국민족문화대백과사전』에는 당나라 고종 때 낙양(洛陽)의 무덕(武德)마을 공중에 비친 황금밀탑 그림자를 좇자 탑이 미륵봉 바위 속으로 들어갔다. 바위를 깨어보니 밀탑 대신 미륵장륙삼존불(彌勒丈六三尊佛)이 있었다. 밀탑의 그림자가 떨어진 곳이라 하여 '낙영산'이라 하였다고 나온다. 다른 전설에는 신라 진평왕 때 당 고조의 세숫물에 산의 모습이 비치자 이를 이상하게 여겨 이 산을 찾게 하였고, 동자승이 알려준 대로 신라에 사신을 보내 찾던 중에 도승이 산의 위치를 알려주었다. 그 산을 찾아 낙영산이라 이름을 지었다고 전한다(『한국지명유래집 충북편』 국토지리정보원, 2009). 한편, 『한국지명총람』(한글학회, 1986)에는 이와 같은 내용으로 명의 의종황제라 나온다. 한편 고성겸(高聖謙, 1816~1886)의 「낙영산가(落影山歌)」에는 명황제의 세숫물에 산의 모습이 비쳐 낙영산이라 한다고 짤막하게 나온다(『녹리선생문집(甪里先生文集)』 권7, 山海遊觀篇, 1895). 또 다른 전설은 앞부분은 『한국민족문화대백과사전』과 비슷하지만, 밀탑의 그림자가 낙영산 중대에 멈춰있어 당 사신이 밀탑을 보기위해 중대에 올랐으나 그림자를 볼 수 없어서 그 자리에 삼존불을 조각했다고 한다(경일(敬一) 『동계집(東溪集)』 권3, 「淸州落影山空林寺事蹟碑銘并序」, 1711 개간).

화양동華陽洞

낙영산 기슭에 있다. 울창한 노송의 그림자가 냇물에 비쳐 흐른다. 돌과 물로 이루어진 경치가 맑고 아름다우며 깊고 그윽하다. 풍경이 더없이 아름다워 팔도 제일의 명승지라고 한다. 대유大儒 송시열宋時烈이 만년에 여기에서 은거하여 화양서원華陽書院과 환장사煥章寺를 창건하였다.[107] 경내에 있는 돌에 옛날 숭정황제崇禎皇帝의 어필인 비례부동非禮不動 네 글자를 새겼다고 하지만 지금은 존재하지 않는다.[108] 여기서 대체로 1리里를 가면 선유동仙遊洞이라 부르는 곳이 있다. 산수가 맑고 아름다워 전혀 화양동에 뒤지지 않는다.

○관아, 학교

○군아 ○대전경찰서 조치원 파출소 ○우편수취소
○소학교 ○거류민단사무소 ○기병대본부

○여관,요리점

메이지야明治屋, 난카이로南海樓요리, 아오야마테이靑山亭요리, 기쿠스이喜久翠요리

성곡城谷터널 조치원과 전의 사이에 있으며, 길이는 570척呎.

전의역全義驛 부산에서 202리 44쇄

전의군 전의 남쪽에 있다. 읍은 지세가 높고 구릉이 이어져 삼면을 둘러싸고 있다. 한인 호수는 300호, 인구는 1,300명 정도이다. 옛날에는 호수가 매우 적었지만, 철도가 개통된 이래 현저히 증가하여 점차 번성하는 모습이다.

---

107 화양서원은 1695년 송시열을 제향하기 위해 노론 문인들이 주도하여 세웠고, 환장사 역시 송시열의 자취를 찾을 수 있지만, 창건한 이는 혜일선사이다. 본문의 문장으로만 보면 송시열을 창건자로 오해하였다고 여겨지나, 혹은 중간에 다른 문장이 생략된 것으로도 생각할 수 있다.

108 화양서원 안이 아니라 화양동 계곡의 큰 바위에 "대명천지(大明天地) 숭정일월(崇禎日月)" "비례부동(非禮不動)"이라 새겨져 있다. 송시열과 명 의종의 글씨이다.

○**관아**

○군아

소정리역小井里驛 부산에서 207리 21쇄

천안군 천안 소정리에 있는 적막한 한촌이다.

| 명승지 |

광덕사廣德寺

역에서 서남쪽으로 3리里 떨어져 있다. 옛날에는 충청도 제일로 불렸던 고찰이었지만, 지금은 황폐하여 볼 만한 것이 없다.

천안역天安驛 부산에서 213리 75쇄

천안군 천안읍 대리代里에 있다. 읍은 삼남가도三南街道에 있다. 유명한 시장으로 가을철부터 봄철까지 미곡이 많이 유통되고, 인천 방면과의 무역도 빈번하다. 지세는 산과 언덕이 많다.

| 명승지 |

온양온천溫陽溫泉

온양군에 있다. 일찍이 세조대왕世祖大王의 속리산 행행 후 돌아가는 길에 발견하였다고 한다. 대왕이 처음 이곳에 궁전을 세웠다고 하지만 지금은 유적만 있을 뿐이다. 욕장은 태조가 지었고[109] 대원군이 중수하였다. 수질은 알칼리성으로 무색투명하고 온도는 사람에게 적합하다. 한국의 온천중에 제1위를 차지한다. 유모토 온양관湯元溫陽館은 이곳에 새롭게 증축하였다. 구조가 훌륭하고 설

109 『동국여지승람』에 의하면 온양온천은 질병치료에 효험이 있어 조선시대 임금인 태조를 비롯하여 세종·세조가 어실(御室)을 짓고 유숙하였다고 한다(『한국민족문화대백과사전』, 「온양온천」 재인용).

가마여행

비가 온전하게 갖추어졌다. 본 철도는 이곳을 왕복하는 목욕객에게 20일 기한으로 왕복 3할의 할인승차권을 발매한다. 본 승차권을 소지한 욕객에게는 숙박료 기타 비용의 2할 할인의 특약이 있다.

역에서 약 3리里 떨어져 있는데, 도로가 평탄하고 등나무 가마와 인력거가 설치되어 있어 교통이 편리하다.

성불사成佛寺

역에서 동북쪽으로 약 1리 떨어져 있다. 이름난 사찰로서 전망이 자못 아름답다.

○관아

○군아　　○헌병분견본부憲兵分遣本部

○세무서　　○우편취급소

성환역成歡驛 부산에서 221리 65쇄

충청남도 직산군稷山郡에 있다. 성환은 내성환, 외성환을 합병한 이름이다. 인구는 500명 남짓이며 아산牙山, 둔포屯浦의 요충지에 해당한다. 거주하는 일본인은 100명 남짓이다. 지질은 사금을 품고 있고 암금岩金도 있다. 이곳은 일청전쟁의 옛 싸움터로 이름이 일찍부터 알려졌다. 부근에서 상업의 중심이라 할 만한 것은 안성시장으로 청주淸州, 진천鎭川 등 각지에서 미곡, 소금, 담배 등을 들여와, 이 지역의 미곡과 같이 경성과 인천 방면으로 내보낸다.

광업

역에서 동북쪽으로 3리里 남짓 떨어진 양대금광良袋金鑛이 있다. 시부사와澁澤와 아사노淺野 두 사람의 광구로, 직접 경영을 맡은 것은 미국인이다[110]. 최신식 기기를 수입하여 바야흐로 제2의 확장을 위하여 한창 설비중이다. 또 한국금광회사韓國金鑛會社의 사금 채집소가 있다. 모두 일본 동포가 경영에 관여하며 사업의 진척과 함께 부근의 발전도 기대된다.

| 명승지 |

월봉산月峰山

역에서 동북쪽으로 5~6정丁 떨어져 있다. 일청전쟁 때 청군의 근거지였던 곳이다. 산중턱의 계곡에는 황군皇軍이 격렬하게 싸운 자취가 지금도 역력하다. 산 정상에 오르면 둔포, 백석포白石浦의 해상이 마치 손바닥을 들여다보듯 한눈에 보인다. 또 산기슭에 척수루滌愁樓가 있는데 풍광이 절경이다. 원래 찰방察訪이 주재하던 곳이라고 하는데, 일청전쟁 때 청군의 사영舍營이 있던 곳이다. 지금은 황폐하여 볼만한 것이 없다.

---

110 양대리(良垈里)에 있던 금광을 가리키는 것으로 보인다. 천안의 직산 금광은 구한말 최대 금광의 하나로 열강과 일본의 침탈 대상이었다. 실업가 시부사와 에이이치(澁澤榮一, 1840~1931)와 아사노 재벌을 이룩한 아사노 소이치로(淺野總一郎, 1848~1930)는 공동으로 1900년 한국정부로부터 직산금광 채굴권을 따내는데 성공하였다. 1910년 경술국치 후에 광업권은 미국인에게 양도되고 양대리 금광이 개발된다.

한강 얼음낚시

안성도安城渡

역에서 북쪽으로 1리 떨어져 있다. 하폭은 56간間이다. 일청전쟁 때 마쓰자키松崎 대위가 부하와 함께 전사한 곳으로, 저 '건너기 쉬운 안성의' 운운하는 노래[111]를 부르게 만든다. 당시를 생각하며 이곳을 지나면 감개무량하지 않을 수 없다. 지금은 어떠한 표식도 없어 유감이다.

직산稷山

역에서 약 1리 떨어져 있다. 읍은 분로쿠·게이초의 역 때 구로다 나가마사黑田長政가 수군 장군 도도 다카토리藤堂高虎의 원조로, 명나라 장군 마귀麻貴와 해생解生 등을 무찌른 곳이다. 부근에 갓 시장이 있다. 이제까지 사금 거래가 대단히 성황이었다고 한다.

111 "건너기 쉬운 안성의 이름은 헛된 것이런가. 적이 쏘아대는 탄환이여, 파도가 날뛰어 물이 출렁이네"로 시작하는 군가 '나팔의 울림(喇叭の響)'은 1894년 8월에 육군 군악대 소속의 가토 요시키요(加藤義清)가 작곡하고 오기노 리키지(荻野理喜治)가 작곡하였다. 일명 안성도(安城の渡)라고도 한다. 청일전쟁의 첫 육상전투였던 성환·아산전투에서 전사한 나팔수이자, 마쓰자키 나오오미(松崎直臣) 대위의 부하였던 기구치 고헤이(木口小平)의 최후를 노래하였다. 기구치는 죽을 때까지 나팔을 놓지 않았다고 한다(境澤盛 編『征清忠勇總話 初篇』東京敎育史, 1894).

○관아

○군아　　○우편물수취소

안성천 철도교량 역에서 3리哩 66쇄 떨어져 있으며, 길이는 388척呎

평택역平澤驛

부산에서 227리 31쇄

경기도 진위군振威郡 통포가通浦家[112]에 있다. 안성천을 사이에 두고 충청도 평택군과 서로 인접한다. 지형은 일대가 평탄하고, 동서 5리里에 걸쳐 지질이 비옥하여 한반도 유일의 곡물산지이다. 곳곳에 지소池沼가 있어 관개가 편리하고, 무더위가 계속되어 초목이 말라죽어도 가뭄걱정이 없다. 오곡이 잘 익어 해마다 산출이 수 십 만석 밑으로 떨어지지 않는다. 지금은 뜻있는 사람들이 줄지어 모여들어 오로지 농작에 힘쓰고 있고, 그 수가 점차 늘고 있다. 서쪽으로 몇 정丁을 지나면 군문포軍門浦와 접한다. 갖가지 재화의 운반이 편리하다. 이들 산물은 모두 철도편으로 경성과 인천을 지나 외국으로 운송된다. 부근에는 하천과 소택沼澤이 많은데, 소사천素砂川, 통봉리천通峰里川[113] 등 큰 것은 모두 군문포에 다다르며 배편이 있다. 서쪽으로는 둔포, 백석포白石浦를 지나 아산만牙山灣으로 흘러 들어가고, 동쪽으로는 소사천을 지나 안성에 이른다. 역 앞의 시가지는 가옥이 즐비하여 완연한 대도시를 이룬다. 나날이 다달이 새로운 가옥이 늘고 있다. 경부선 중 기차편과 선박편이 가능한 요지이다.

| 명승지 |

고전장古戰場

소사에서 동쪽으로 30정丁 떨어진 구릉 아래에 작은 촌락이 있다. 1894~1895년 일청전쟁에서 장군인 오시마大島 소장이 포병진지를 설치하여 적과 노려보고, 몇 시간의 격전 후 마침내 크나큰 손해를 입혀 지리멸렬한 적을 동쪽으로

112 통포가는 조선시대 평택지방의 읍지인 『팽성지(彭城誌)』(1627)나 다른 고문헌, 『조선지지자료(朝鮮地誌資料)』(조선총독부, 1911)에는 보이지 않는 지명이다.

113 통봉리천의 지명은 출처를 알 수 없으나, 지형상 통복천(通伏川)을 가리키는 것으로 보인다.

퇴각시켰다. 어두컴컴한 새벽달을 바라보며 하룻밤을 야영하고 전투에서 이긴 뒤에, 충의를 위하여 죽은 수많은 군인을 제사지낸 옛 싸움터이다. 시들어 마른 풀이 땅에 흩어져 있고 피비린내가 바람에 실려 솔솔 불어오니, 전율이 느껴져 한없는 감개를 금할 수 없게 한다.

안촌安村

동쪽으로 5리里 떨어져 있다. 유명한 시장으로 특히 곡류로 이름이 났다. 상인 대부분은 이 마을에 와서 미곡을 매점하여 짐말 수만 필로 평택으로 가져 온다. 그 모습은 끊임없이 이어져 몇 정丁에 이른다.

둔포屯浦

서쪽으로 2리里 떨어져 있으며, 안촌 다음으로 큰 시장이다. 시가가 즐비하고 인구는 수만 명이다. 앞에 큰 강을 두고 있으며 아산만의 만조 때는 드나드는 선박이 빈번하다. 그밖에 군물포軍勿浦[114], 아산읍 등은 둔포 다음으로 곡류와 소금의 집산이 상당히 많다.

○관아, 회사

○군아

○한성공동창고주식회사漢城共同倉庫株式會社 출장소

○한국흥업주식회사

○우편취급소

○순사주재소

○여관

가노야加納屋

114 군문포의 옛 이름이다. 1872년 제작된 〈평택현지도〉에 지명이 보인다.

서정리역西井里驛 부산에서 232리 49쇄

진위군 서정리에 있다. 부근 구릉은 기복이 심하여 파도 모양을 띤다.

진위역振威驛 부산에서 236리 13쇄

진위군 진위에 있다. 읍은 분로쿠·게이초의 역 때 구로다 나가마사의 싸움터였다. 지세는 평탄하고 평야가 광활하며 남쪽 멀리 평택의 비옥한 들과 이어진다. 부근에 진위천일명 구천龜川이 있지만 물이 얕아 서쪽으로 약 3리里 내려간 황구포黃口浦에 이르러서야 비로소 배편이 있다.

○관아, 회사

○군아 ○진위흥농회사振威興農會社일본인 설립

오산역烏山驛 부산에서 238리 69쇄

진위군 오산읍의 논밭 사이에 있다. 읍은 평소 적막한 한촌寒村에 지나지 않지만, 장날에는 거래가 성황인 수원에 뒤지지 않는다고 한다. 오산천은 물이 얕고 하류 3리里 지점에 이르러 비로소 배편이 있다.

병점역餠店驛 부산에서 243리 78쇄

수원군 병점촌 옆에 있는 적막한 한촌이다.

| 명승지 |

세마대洗馬臺

역에서 서쪽으로 1리里 정도 떨어진 곳에 울창한 소나무 산이 있다. 세마대라고 한다. 산기슭에 있는 작은 냇물은 세남천細南川이라 한다. 전하길, 분로쿠・게이초의 역 때 가토 기요마사가 이 물을 막아서 적의 물길을 끊었다. 적이 성 안에 물이 있는 것처럼 보이게 하려고 밤에 성루에 올라 흰 쌀로 말을 씻기니, 기요마사는 물길을 끊었는데도 소용이 없다고 여기게 되었다. 적을 급히 공격하려다가 갑자기 이 속임수에 빠졌다. 그 후로 이곳을 세마대라고 일컫는데. 산 위에 성터가 남아있다.

보적사寶積寺

세마대 꼭대기에 있다. 장엄하거나 화려하지는 않지만, 이곳에 오르면 경성의 남쪽 수원 부근 일대의 풍색을 한눈에 볼 수 있다.

수원 수일폭포[115]

수원역水原驛 부산에서 248리 39쇄

수원부의 서쪽, 매산리楳山里[116]에 있다. 부의 다른 이름은 화성부華城府이며 경기도에 속한다. 관찰부 소재지로 1부 37군의 지방청이다. 남쪽에 팔달산八達山이

115 원문은 '水原水溢瀧'이다. 고문헌 및 수원부(군)읍지에 수일폭포라는 명칭은 보이지 않는다. 특정 지명이 아니라면, 水溢瀧은 '물이 넘쳐흐르는 폭포 또는 급물살'라고 해석할 수 있다.

116 『호구총수(戶口總數)』(1789)에는 광교면(光敎面) 매산리(梅山里)로 나오며, 조선총독부 『관보』 제393호(1911.12.18)에도 매산리(梅山里)로 나온다.

있는데 부내府內를 병풍처럼 둘러 막아준다. 동북쪽은 광교산光敎山의 큰 산맥이 남쪽으로 이어지며, 산맥을 따라 구릉의 기복이 심하다. 팔달산에 오르면 서남쪽은 드넓은 광야가 막힘없이 바라보인다. 부성을 성벽으로 둘러싸고 사대문을 설치하여, 동은 창룡蒼龍, 서는 화서華西, 남은 팔달八達, 북은 장안長安이라 부른다. 모두 2층 문루로 되어 있고 안팎으로 이중문이며 상당히 견고하다. 부근은 토지가 비옥하여 농산물이 풍부하고 상업 또한 자못 번성하였다. 바야흐로 일본인의 호수는 372호, 인구는 1천 명 이상이라고 한다. 이곳은 팔달산과 화산華山을 비롯하여 수목이 무성하여 비취빛이 넘치는 듯하다. 본 선로에서 좀처럼 볼 수 없는 풍경이며, 대부분 정조正祖가 식림하였다고 한다.

석재石材 역에서 약 20丁 떨어진 곳에서 질 좋은 석재가 나오며 생산량이 거대하다.

| 명승지 |

용화전龍華殿

팔달산 기슭에 있으며 산신을 모신다.

화성장대華城將臺

팔달산 정상에 있으며 서장대西將臺라 부른다. 만일 무슨 일이 생기면 전군을 지휘하기 위해 만들었다고 한다. 화성장대 안에는 어제시[117]와 옥필의 편액을 걸어 두었는데, 아래와 같다.

제호사위중堤護斯爲重 나라를 지켜 보호함이 중한 것이라

경영불비노經營不費勞 경영엔 노력을 허비하지 않는다.

성종평지회城從平地廻 성은 평지로부터 아득히 멀고

대기원천고臺綺遠天高 대는 먼 하늘 의지해 높기도 하여라.

만타규모장萬堞規模壯 오만 방패들은 규모가 장대하고

117 정조가 1795년 서장대에서 군사들의 훈련 모습을 친람하고 기념하기 위해 지은 시로, 2020년 수원시는 '어제화성장대시문' 현판을 복원하였다. 본문에는 1구, 4구, 5구에 한자에 오자가 있다. 『화성성역의궤(華城城役儀軌)』 권2에 실린 원문은 다음과 같다. "拱護斯爲重 經營不費勞 城從平地廻 臺倚遠天高 萬堞規模壯 三軍意氣豪 大風歌一奏 紅日在鱗袍" 해석은 원래의 한자로 바꾸어 하였다.

(위) 화홍문(華虹門)
(아래) 화성장대

삼군의기호三軍意氣豪 삼군은 의기가 높아 호방 하구나.
대풍가일주大風歌一奏 대풍가 한 곡조를 연주하고 나니
홍일재린포紅日在鱗袍 붉은 아침 햇살 갑옷자락에 빛난다.

화양루華陽樓

팔달산 정상에 있다. 옛날에 주위 동정을 살피고 겸하여 즐기기 위해 만든 곳으로 지금은 그저 누각의 자취만 남아 있다. 부근의 조망 또한 아름답다.

문묘文廟

팔달산 남쪽 기슭에 있으며, 공자와 맹자의 영을 제향한다. 정전을 대성전이라고 하며, 명륜당과 기타 5개 건물이 있다. 문 앞에 오래되고 큰 은행나무와 연못이 있다. 위치와 구조가 유도儒徒라면 맨 먼저 경의를 표하게끔 만든다.

미로문정未老聞亭[118]

팔달산 중턱에 있는 작은 정자로 풍광과 조망에 한 점 부족함이 없으며, 구조 또한 독특하고 정면에 어제시를 걸어 두었다.

천유차산유차정天有此山有此亭 선왕경필기시정先王警蹕幾時停

지금전송불망화至今傳誦不忘化 초목의연구구청草木依然舊舊靑[119]

병암간수屛岩澗水[120]

팔달산 동북쪽에 있다. 큰 병풍을 둘러 세운 것 같은 큰 바위 사이에서 솟는다. 물이 맑아 약수라고 일컫는다. 부근은 청결하여 여름과 가을에 놀기 좋다.

화성행궁華城行宮

현재 관찰부로 이용되고 있다[121]. 지금부터 120여 년 전 정종대왕正宗大王[122]이 도읍으로 삼고자 건축하였다. 건축의 화려함은 한국 제일이라 한다.

낙남헌洛南軒

현재 수원 재무서로 이용되고 있다. 옛날에 황제가 60세 이상의 노인들에게 연회를 베푼 곳이다.

화령전華寧殿

팔달산 동쪽 기슭에 있다. 수원성을 쌓은 정조대왕의 영령을 제향하는 사당으로 건축이 장엄하고 지극히 화려하다. 담장 안쪽은 자못 청결하고 꽃나무花木와 가지가 구불구불한 나무가 많은데, 특히 모란, 작약, 진달래, 영산백, 잣나무, 단풍 등이 매우 좋다.

118 미로한정(未老閒亭)의 오기이다.

119 철종의 시문집인 『중재고(中齋稿)』에 실린 "미로한정에 오르다(登未老閒亭)"는 제목의 시이다. 마지막 구는 "草木依然舊日靑"이다(한국학중앙연구원, 왕실도서관 디지털 아카데미 의궤자료 참조).

120 고종연간에 제작된 것으로 보이는 작자미상의 "화성팔경 시 병풍"에는 "병암간수(屛巖磵水)"라고 되어 있다(수원박물관 소장). 磵水, 澗水 모두 뜻의 차이는 없다. 아울러 『삼천리』 제7권 제3호(1935.3.1)에 실린 나혜석의 「羅女史의 書翰」에는 병암간수를 수원팔경에 포함시키고 있다.

121 1895년(고종 32) 5월에 지방관제가 개편되면서 수원은 부에서 군으로 강등되었으나, 1896년 13도제를 채택하면서 경기도관찰부가 되었다. 1910년 10월에 관찰부가 다시 서울로 이전된 이듬해 5월에, 화령전에 개설되었던 자혜병원이 행궁의 정궁인 봉수당으로 이전 설치된다(온라인 수원박물관 자료실, 「근대수원의 문화공간」 참고).

122 정종은 1899년에 묘호가 정조로 바뀐다. 본서에는 정종과 정조가 혼용된다.

강무당講武堂

옛날에 무술을 훈련하고 병서를 강의하던 곳으로 건축이 자못 견고하다.

칠간수七間水

용안각龍顔閣[123] 아래 있는 수문으로, 기이하고 아름답게 깎은 돌로 만든 수구가 7개가 있다. 여름철과 가을철에 놀기 좋은 곳이다. 정조대왕이 여러 번 이곳에 와서 놀았다고 한다.

방화수류정訪花隨柳亭

포대砲臺이자 즐기기 위한 곳으로 사방의 경치가 매우 좋아할 만하다. 특히 정자의 구조가 기묘하여 고대 건축물에 취미가 있는 선비라면 꼭 한 번 볼만한 가치가 있다.

용연龍淵

팔송정八松亭 앞에 있는 연못으로 둘레는 14정丁이다.

연무대練武臺

동문 안쪽에 있다. 동장대東將臺라 일컬으며, 옛날에 무술을 강의하던 곳으로 지금도 궁술을 배우고 있다. 옥좌 등이 설치되어 있고 구조가 자못 장대하고 지극히 견고하다.

매향교梅香橋

칠간수와 구간수의 중간에 걸쳐 있으며, 아리따운 버드나무로 둘러싸인 모습이다. 한국에서 드물게 보이는 석교이다.

123 방화수류정을 용두바위 위에 있다하여 용두각(龍頭閣)이라 하는데, 이것의 오기로 추정된다. 그러나 칠간수 위에 있는 누각은 화홍문이며, 북수문을 가리킨다.

구간수九間水

과천果川[124]을 성 밖으로 보내는 수문으로 모양은 칠간수와 같지만 수구 2개가 늘었다.

구산龜山

남대문 밖에 있는 작은 동산이다. 소나무가 빽빽하고 맑은 물이 힘차게 흘러 작은 공원으로 부족함이 없다.

봉녕사奉寧寺

동대문 밖 산 속에 있다. 정종대왕正宗大王의 영을 제향하기 위하여 건립한 것으로[125] 한가하고 조용하며 경치가 매우 아름답다.

청련암靑蓮庵

광교산 남쪽 기슭에 있다. 본당을 극락보전이라 한다. 칠성각七星閣, 독성각獨聖閣, 봉향각奉香閣 등 건물 일곱 채가 있다. 풍광과 전망이 모두 좋으며 한가하고 조용하여 시적인 정취가 있다.

백운사白雲寺

광교산 중턱에 있다. 자못 조망이 훌륭하다.

---

124 화성 안을 흐르는 물은 매향교천(梅香橋川)이다. 본문의 화성을 설명하는 부분에는 과천 외에 과수(果水)라는 용어도 나오는데 광교산이 발원지라고 하고 있으나, 고문헌에 이 같은 이름은 보이지 않는다. 읍지에 따르면 매향교천은 "광교산에서 발원하여 들어온다. 화홍문 석교로부터 성 가운데를 가로질러 남수문 석교로 빠져나간다"고 되어 있다(『국역 수원부(군)·남양부(군)읍지』 화성시, 2006, p.98). 한편, 같은 책의 화홍문에 대한 설명을 보면, "7칸의 돌 홍예로 된 돌다리를 광교천이 흐르는 곳에 설치하였다"(p.116)고 나오는데, 화성성곽 축조의 경위 등을 기록한 『화성성역의궤(華城城役儀軌)』에 실린 「화성전도도설(華城全圖圖說)」의 하천과 저류지를 보면 용연의 물은 성 밖으로 흘러나가 광교천(수원천)에 합쳐진다. 화성 축조와 관련한 수로 준설에 관해서는 전영옥·이상문, 「전통도시 화성의 수로(水路)조영에 나타난 생태적 계획원리 연구」, 『국토계획』 제43권 제5호, 2008, 참고.

125 봉녕사 사적비나 고문헌에 이와 관련된 내용은 없지만, 근년 발견된 봉녕사 법당 상량문에 의하면 봉녕사는 1801년 순조 1년 때 정조의 진전인 화령전의 원찰로 삼기 위해 사액이 하사되었으며, 이와 관련하여 봉녕사의 역사와 정조와의 관련성을 조명해야 한다는 주장도 있다(황인규 「전근대 봉녕사 역사 검토와 화령전 원찰」, 『大覺思想』 제20집, 2013.12).

방화수류정

수원팔경[126]

팔달제경八達霽景 팔달산은 수원의 남산으로 형상은 마치 비룡같다. 높이 20여 척尺의 성벽은 산 정상을 향해 있고 총포와 쇠뇌를 쏠 수 있는 구멍이 뚫려 있다. 포루가 줄지어 있으며 누대가 많이 남아있다. 노송이 울창하여 무성한 가운데 꽃나무가 곳곳에 들어서 있다. 만약 비온 뒤에 노니면 실로 심신의 상쾌함을 금할 수 없다.

서호낙조西湖落照 옛날 정종대왕이 만드신 저수지로, 둘레가 10여 한리韓里[127], 동쪽에는 부석산浮石山, 서쪽에는 앵봉鶯峯, 서남쪽으로는 멀리 칠보산七寶山이 우뚝 솟아있다. 남쪽 귀퉁이에 완미정抗尾亭[128]이 있어 축만제祝萬堤가 한층 아름다

126 화성의 아름다운 풍광을 사랑한 정조는 김홍도에게 화성십육경을 그리게 하였다. 이후 순조 대 박윤묵(朴允默), 『존재집(存齋集)』에 화성십영이 실려 있고, 고종 대 제작된 것으로 보이는 시 병풍에는 화성팔경을 담고 있어 조금씩 바뀌는 것을 알 수 있다. 화성팔경은 수원팔경으로 달리 부르게 되면서 새롭게 정리되는 양상을 보인다. 1912년 4월7일자 『매일신보』에 실린 이원규의 '수원팔경가', 사카이 마사노스케(酒井政之助)가 엮은 『발전하는 수원(發展せる水原)』(1914)에 실린 후지노 군잔(藤野君山)의 한시에 등장하는 수원팔경, 85쪽 각주120에서 언급한 나혜석의 수원팔경 등, 수원팔경이 시대에 따라 조금씩 달라지는 것을 알 수 있다.

127 한리(韓里)라는 단위가 나오는 것은 본서에서는 이 항목뿐이다. 당시 통감부의 공문서에는 종종 韓里가 등장하는데, 일본에서 사용되는 里와 구별하기 위한 것으로 보인다. 한편, 축만제의 제방길이는 1246척이다(화성시, 앞의 책, p.152) 이를 환산하면 1리가 채 되지 않는다. 제방 길이가 아닌 서호의 둘레는 약 2km로 5리 남짓이다. 대한제국 1905년(광무9) 때 제정된 도량형 규칙(1리=약392m)을 따르더라도 큰 차이는 없다.

128 서호에 있는 정자는 항미정(杭眉亭)으로, 중국 항주(杭州)의 서호에 비견할 만큼 아름다운 경치를 자랑하였다는 지명유래가 있다. 단, 화성읍지에는 抗으로 쓰고 있으나 이는 杭의 이체자로 볼 수 있다. 본문의 抗은 抗의 오자로 보인다.

운 빛이 난다. 여름과 가을 저녁에 슬슬 거닐며 호반에서 시를 읊조리기라도 하면 실로 신선이 사는 곳에 있는 느낌이다.

화산두견花山杜鵑 화산은 소나무가 울창한 산으로, 장종莊宗과 정종正宗 두 대왕의 영령을 제향한다. 유명한 용주사龍珠寺가 화산에 있다. 음력 4월 무렵에는 온 산에 두견화가 흐드러지게 피어서 물어보지 않아도 화산임을 알 수 있다.

화홍관창華虹觀漲 화홍문은 용두각龍頭閣[129]이라 칭하며, 칠간수 위에 지어졌다. 맑은 과천果川은 누각 아래를 관통하여 시원한 바람이 마음을 흩뜨린다. 오른쪽에 장엄한 북루北樓가 있고 왼쪽에 우아한 팔송정八松亭이 있으며, 뒤에는 깊은 용연龍淵을 두고 앞에는 아리따운 버드나무가 줄지어 있다. 숙부암叔父岩, 숙모암叔母岩, 마당산馬堂山, 광교산, 팔달산, 성황사城皇社, 사직당, 청련암, 남쪽·북쪽·서쪽의 3개 누각, 과수果水 및 수원 전체 시가 시야에 들어온다. 노송이 둘러싸고 있으며 누각 아래 물은 물보라를 일으킨다. 실로 수원 제일의 명승지로 여름과 가을에 여기서 노는 사람들은 천하에 비할 바 없이 즐길 곳이라고 한다.

광교적설光橋積雪 광교산은 용인에서 시작되어 수원을 거쳐 광주廣州에 걸친 산으로 과수果水의 발원지이다. 남쪽 기슭에 청련암靑蓮庵이 있다. 산 중턱에는 백운사白雲寺가 있으며, 경성의 북한산, 과천의 과악산果嶽山[130]과 아울러, 경기도의 삼고산三高山이라 한다. 눈 내린 아침에 용두각, 동장대, 방화수류정, 또는 북루에서 바라보면 실로 장부의 가슴을 더욱 굳세고 상쾌하게 해줄 것이다.

북지상련北池賞蓮 북지는 영화迎華에 있는데 만석금萬石禁[131]이라 일컬으며 연꽃으로 유명하다. 주변 경치가 또한 아름답다.

남제장류南提長柳 남제는 화성에서 화산으로 통하는 큰길로, 옛날에 있었던 남지南池가 제방이 되면서 이런 이름이 되었다. 크고 오래된 버드나무가 양쪽에 이어져 봄에는 완연하게 금빛 연기金煙가 피어오르는 듯하다. 자전거와 승마 등에

---

129 칠간수를 설명한 부분에서는 용안각이라고 하였다. 단순한 오기거나 혹은 여러 자료를 짜깁기한 흔적으로 볼 수 있을 것이다.

130 『신증동국여지승람』에는 과천현을 "산은 관악(冠岳)과 연하고, 물은 청계(淸溪)로 흘러간다"고 소개하고 있다. 이 서술을 보면 본문의 과악산은 관악산을 가리키는 것으로 보인다. 『한국지명유래집』에는 관악산의 이칭으로 갓뫼, 간뫼, 소금강, 서금강이 나온다.

131 조선후기에 축조된 저수지인 만석거(萬石渠)의 오자로 보인다.

적합한 곳이며 산책길로도 좋다.

나각대월螺閣待月 나각은 창룡문蒼龍門과 동장대의 중간에 세워진 기와지붕의 높은 누각이다. 포대이자 즐기기 위한 곳이다. 외형은 둥글고 내부는 소라 같아서 실로 재미있는 구조이다. 옛날에는 9월 20일 저녁 대왕이 친히 누각에 올라 달을 기다리는 연회를 열었다고 하지만, 지금은 매우 황폐해졌다. 그렇지만 사방이 고요하고 가을 경치가 좋다.

권업모범장勸業模範場

1906년明治39 창립하여 통감부가 경영에 관여했으나, 그 후 한국농상공부의 소관으로 이전되었다. 인원은 기감技監(칙임勅任)이하 40여 명으로 거의 일본인으로 채워졌다.

농림학교農林學校

농림학교는 농상공부 주관으로 능력 있는 한국의 청년과 자제에게 농림업에 관한 지식과 기능을 전수하고, 더불어 덕성을 함양하는 것을 목적으로 설립되었다.

농상공부 임업과종묘원林業科種苗園

농상공부 임업과종묘원은 임업에 꼭 필요한 종묘를 양성하여 식림植林 등을 장려하는 목적으로 설립되었다.

○관아, 학교, 회사

○관찰부 ○재무서

○군아 ○경찰서

○경기감옥서 ○권업모범장

○농림학교 ○보통학교

○농상공부 임업과종묘원 이상 한국

○일본거류민단 사무소
○쇼시尙志농장
○구니타케國武농장
○가와모토川本농장
○공립 심상고등소학교
○히가시야마東山농장
○노지사農事社

○역에서 각지까지의 거리

■팔달산 8정丁 남짓	■화산 30정 남짓	■화홍문 19정
■서호 8정 남짓	■광교산 1리里 남짓	■북지 1리 10정 남짓
■남제 12정	■나각 17정	■용화전 6정
■화성장대 9정	■화양루 8정	■문묘 6정
■병암간수 16정	■화성행궁 16정	■낙남헌 16정
■화령전 16정	■강무당 17정	■칠간수 19정
■방화수류정 19정	■용연 19정	■연무대 17정
■매향교 15정	■구간수 14정	■춘녕사春寧寺[132] 1리
■청련암 1리 남짓	■백운사 1리 20정	■관찰부 15정
■군아 16정	■재판소 15정	■권업모범장 10정
■일본거류민단사무소 15정	■공립심상고등소학교 5정	■감옥서 14정

○여관

미토御藤여관, 기쿠스이菊水여관, 산요三陽여관, 기우치木內여관

○요리점

오사카테이大阪亭, 기쿠스이菊水 지점, 후타바二葉, 야요이彌生, 진리키神力, 우메노야梅の家

132 봉녕사(奉寧寺)의 오기로 보인다.

군포장역軍浦場驛 부산에서 255리 64쇄

과천군 군포장촌 옆에 있다. 구릉이 많은 지형이다. 읍은 옛날부터 영등포와 수원 간 유일한 시장이었다. 신탄薪炭 생산액도 적지 않다.

| 명승지 |

지지대遲遲臺

역에서 동쪽으로 약 1리里 떨어진 오봉산五峯山 기슭에 있다. 깊고 그윽하며 소나무와 잣나무가 울창하다. 정조대왕이 화산華山 행행 후 돌아가는 길에 이곳에 이르러 멀리 바라보며 고개를 숙이고 생각에 잠겨 떨치지 못하여 지지대라는 이름이 붙었다. 그 이래로 역대 국왕이 황릉皇陵으로 행행하실 때에는 반드시 봉련鳳輦을 여기에 머무르게 했다고 한다. 노송과 버드나무가 점점이 이어져 풍광 또한 아름답다.

안양역安養驛 부산에서 259리 37쇄

시흥군 안양촌에 있다. 안양천安養川에 접하며 지세는 평탄하다.

시흥역始興驛 부산에서 263리 45쇄

시흥군 시흥읍 논밭 사이에 있다. 읍은 군아 소재지로, 산간의 작은 평야이다.

| 명승지 |

관악산冠嶽山

역에서 뒤쪽으로 약 30정丁 떨어진, 동북에 걸쳐있는 산맥이다. 그 중 가장 높은 곳을 관악산이라 일컬으며, 전체 산맥 일대를 금지산衿芝山이라 한다. 관악산 위에는 지금부터 100여 년 전에 건축된 옛 절이 있다. 승려 두 명이 거주하는데 호압사虎壓寺[133]라 한다. 산 위에 이르면 풍광이 매우 아름답고, 한강이 손 안에서 흐르는 듯하다. 이 절은 경성부 근처에 살고 있는 사람들의 피서지라고 한다.

○관아

- ○군아
- ○한문학교漢文學校
- ○우편취급소
- ○재무서

영등포역永登浦驛　부산에서 268리 51쇄, 인천에서 19리 32쇄

과천군 영등포에 있다. 원래 경인선의 한 역이며 인천으로 연결되는 지점이다. 부산방면에서 인천에 가려면 이 역에서 갈아타야 한다. 경성과 인천을 오가는 모든 열차와 바로 통한다. 이곳은 한강 연안에 잇닿아 있고, 지세는 평탄하고 논밭이 멀리까지 이어져 농산물이 풍요로운 지역이다.

○관아, 학교, 회사

- ○탁지부제도소분공장度支部製陶所分工場
- ○경성이사청 감옥서
- ○우편국전화
- ○심상소학교
- ○거류민단사무소
- ○시키구미志岐組연와제조소煉瓦製造所
- ○오쓰카大塚장유제조소醬油製造所

○여관

야마하山は여관

133 호압사는 지금의 금천구 시흥동 삼성산(관악산의 서쪽 줄기에 해당)에 있는 사찰로 1407년 창건되었다. 관악산 위에 있는 절은 연주암으로 677년에 창건되었다. 본문의 호압사에 대한 설명은 모두 적절하지 않다.

노량진역鷺梁津驛 부산에서 270리 47쇄

경기도 과천군 옹막甕幕[134]에 있다. 동남쪽은 산을 등지고 서북쪽은 한강을 끼고 있으며 용산과 마포가 한눈에 내려다보인다. 노량진보통 옹점甕店이라 부른다 동남쪽으로 2정丁 떨어진 곳에 200호 남짓 있다. 부근 일대의 지질은 도기제작의 원료로 아주 좋다고 하며, 이미 200년 전부터 도기를 만들어 냈는데 지금은 23개의 공장이 있다. 일본인이 경영하는 기와 제조공장도 있어서 옹막, 옹점이라는 이름이 있다. 읍은 한강의 중요한 나루 중 하나로, 강원도 목재의 집적지이다. 인천의 수도水道는 이곳을 기점으로 한강의 정수淨水를 끌어들이는 계획으로 지금 공사 착수를 서두르고 있다[135]. 인천과는 20리哩 남짓 떨어져 있고, 한국수도로서는 대공사이다.

| 명승지 |

한강漢江

한국에서 유명한 큰 강으로, 역 앞을 흐르는 이른바 5대강 중 하나이다. 끝없이 넓으며 한성을 돌아 바다로 흘러들어간다. 강물은 자못 맑고 깨끗하며, 강기슭도 풍광이 아름답다. 특히 여름과 가을 두 계절은 더위를 피하고 달맞이 명승지로 풍류를 즐기는 여행객이 끊이지 않는다. 투망과 배를 빌려주는 설비가 있다. 만일 겨울에 강이 얼어붙으면 소달구지를 몰거나, 흰 옷을 입은 한인韓人이 얼음을 깨고 뱅어나 잉어낚시를 하는 광경을 보면 실로 매우 유쾌할 것이다.

남한산南漢山

역에서 동남쪽으로 1.5리里 떨어져 있다. 암석이 드러나 우뚝 솟은 민둥산으로

134 독을 만들어 파는 곳이란 뜻으로 독막(또는 옹막), 독마을(또는 옹리)로 불리던 지명의 한자표기이다. 1914년에는 과천군 옹점리(瓮店里)·옹막리·신촌분리·고등리 등을 병합하여 시흥군 북면 노량진리라 하였고, 1936년에 경성부에 편입되어 영등포출장소 관할의 노량진정이 되었다(『한국지명유래집 중부편』, 국토지리정보원, 2008).

135 1906년 2월 1일 탁지부에 수도국을 신설하고 노량진 수원지의 정수시설 및 송수관 포설공사를 착공하여 1910년 10월 30일에 준공하였다.

한강철도교

산길은 험준하여 등반이 쉽지 않으나 산꼭대기에 다다르면 시야가 확 트여 천악만봉千嶽萬峰[136]이 한눈에 내려다보인다. 웅대한 형승은 굳세고 상쾌한 마음을 불러일으킨다.

삼막사三幕寺

남한산 남단에 가장 높은 곳에 있다. 당나라 때 건설된 거대 사찰이다. 당우는 모두 다섯 채로 경내는 깊고 그윽하며 풍광도 매우 아름답다. 지금은 승려가 정주하긴 하지만 겨우 절의 명맥을 유지하는 데 그칠 뿐이다.

월파정月波亭

역 앞 언덕 위에 있다. 300년 전에 건설되었고 건축이 지극히 정교하다. 원래 대한제국 황제의 별장이었으나 나중에 민씨閔氏가 배령拜領하였다. 지금은 일본

136 수많은 산을 뜻하는 말로는 일반적으로 천산만악, 천산만봉이 쓰인다. '천악만봉'의 용례는 일본 막말의 정치가이자 '유신삼걸'로 불리는 기도 다카요시(木戶孝允, 1833~1877)의 '우성(偶成)'이란 시의 마지막 구에서 찾을 수 있다. 본서의 저자가 기도의 시를 떠올려 인용하였을 가능성도 생각할 수 있다. 참고로 기도의 시는 다음과 같다. "一穗寒燈照眼明 沈思默坐無限情 回頭知己人已遠 丈夫畢竟豈計名 世難多年萬骨枯 廟堂風色幾變更 年如流水去不返 人似草木爭春榮 邦家前路不容易 三千餘萬奈蒼生 山堂夜半夢難結 千岳萬峰風雨聲"

인 아라이荒井 씨의 소유가 되었다.

사충서원四忠書院

역 뒤쪽에 있는 작은 사당이다. 이조시대에 건설되어 당대의 충신 4명의 영혼을 모셨는데, 훗날 사람들이 사충서원이라 일컬었다. 이곳에는 보물로 유서 깊은 그림이 있다고 하는데 지체 높은 사람이 비장秘藏하고 있어 쉽게 볼 수 없다고 한다.

제2 한강 철도교량 역에서 27쇄 떨어져 있으며, 길이는 2,063척呎.

제1 한강 철도교량 역에서 64쇄 떨어져 있으며, 길이는 651척.

○관아

○수도국水道局 인천출장소

용산역龍山驛

신의주에서 309리 58쇄, 부산에서 272리 25쇄

용산진에서 몇 정丁 떨어진 곳에 있다. 경의선 기점으로 본선과의 분기점이다. 용산은 한강에서 중요한 나루 중 하나로 예부터 독도纛島[137], 마포麻浦, 양화진楊花津, 노량진과 함께 5강[138]의 하나로 불린다. 읍은 일로日露전쟁과 함께 현저한 발전을 이루어, 시가지를 사이에 두고 철도관사 수백 채가 건축되었고 13사단 건물이 신축되었다. 지금은 수부首府 경성을 집어삼켜버릴 기세로 개발되고 있으며, 거주 인구는 일본인이 4,764명, 한인이 4,000명이다. 화물의 집산이 지극히 빈번하다.

---

137 뚝섬의 한자식 표기이다.

138 한강은 『한서 지리지』에는 '대수(帶水)'로, 광개토대왕비에는 '아리수(阿利水)' 등, 고대부터 다양한 이름으로 불렸다. 조선시대에는 경강(京江)이라 하였는데, 이 역시 시기에 따라 삼강, 오강 등 이름이 달라진다. 허영란에 따르면, 18세기 이전까지는 한강, 용산강, 서강 등의 삼강으로,18세기 중엽부터는 한강, 서강, 용산, 마포, 망원정 등의 오강으로, 18세기 후반 이후의 오강에 두모포, 서빙고, 뚝섬이 더해져 팔강으로, 19세기 전반에는 팔강에 연서, 왕십리, 안암, 전농을 더한 십이강으로 불렸다고 한다(국립민속박물관 편 『한민족의 젖줄 한강』 국립민속박물관, 2000, pp.132~133). 본문의 명칭과 차이가 있는 점이 주목된다.

마포麻浦

용산과 함께 한강의 중요한 나루이다. 탁지부度支部는 이곳에 연와제조소를 설립하고 경영에 힘쓰고 있다. 제품의 생산량은 자못 막대하다고 한다.

| 명승지 |

공덕리대원군구릉孔德里大院君舊陵

공덕리는 대원군의 옛 능으로 마포에 있다관은 1908년 1월 파주군 대덕리大德里로 옮겼다. 역에서 서쪽으로 약 20정T 떨어져 있으며, 경의선을 따라가면 보이는 울창한 작은 언덕이 바로 이것이다. 대원군공원소大院君公園所라 쓰인 비석이 있다. 생각건대 일본인이 세운 것이다. 경내로 더 들어가면 사방이 적막하여 말소리도 들리지 않고 때때로 쩡쩡거리는 벌목 소리만 들린다. 능 앞 왼쪽에는 엄청난 저택 하나가 보인다. 대원군이 만년에 은둔한 곳으로, 백악白堊과 단청이 지극히 아름답지는 않지만, 오히려 소박함에서 옛 영웅의 풍채를 상상할 수 있다.

(위) 대원군구릉
(아래) 마포

만리창萬里倉, 일명 용산공원

역에서 북쪽으로 5정丁 남짓 떨어져 있다. 한정韓廷의 어릉御菱이 있는 곳으로 작은 언덕들로 이루어져 있다. 온 산에 노송이 울창하며 하늘 높이 솟아있고, 남산을 마주보며 푸른빛이 떨어지는 것 같다. 산책을 하려면, 원정元町 4정목丁目에서 경의선 선로를 따라 걷다가 얼마 지나지 않아 울창하고 깊은 숲이 눈앞에 다가오는데 오른쪽으로 돌아 몇 백 걸음을 가면 능으로 통하는 오솔길이 나온다. 한걸음 들어가면 눈에 가득 차는 광경이 그윽하며 한적하여 세상의 번잡함이 사라진다. 때때로 진귀한 새가 지저귀는 아름다운 소리를 즐길 수 있는 곳으로, 기분이 갑자기 상쾌해지면서 신선이 사는 곳에 있는 듯하다. 특히, 오솔길 양 옆은 소나무와 잣나무가 나란히 가지를 늘어뜨려 햇볕을 가려준다. 실제 경치가 마치 이른바 산요山陽의 "마주친 사람에게 남선사를 물을 일도 없네. 한 줄기 푸른 소나무에 길을 잃지 않았네遇人休問南禪寺, 一帯青松路不迷"[139]처럼, 교토京都 남선사에서 노니는 느낌이다. 게다가 언덕 위에 이르면 서남쪽이 가장 광활하여 전망이 십 수리에 미치고, 그 사이에 한강이 구불구불한 산과 들 사이로 숨었다 나타났다 한다. 흰 돛이 오가는 모양은 실로 천하의 절경이니, 세상 사람들이 용산공원이라 부르는 것은 참으로 마땅하다. 이곳은 일찍이 일청 사이에 변화의 기운이 점차 급박해지자 일본의 오시마大島 혼성여단混成旅團의 선발대인 오하라小原 부대가 와서 주둔하며 검과 창을 연마하면서 진군의 명령을 기다리던 곳이다. 다소 역사적 취미가 있는 문인이나 묵객은 말할 것도 없고, 천하의 한량이라면 모름지기 한번 돌아봐야 하는 장소이다.

동작진銅雀津

용산에서 동북쪽으로 3리里 떨어진 한강 상류에 있다. 분로쿠·게이초의 역 때 가토 기요마사가 한강을 건넌 곳이다.

139 에도(江戸) 후기의 유학자이자, 『일본외사(日本外史)』 등을 저술하여 막말의 존양운동에 큰 영향을 끼친 라이산요(頼山陽, 1780~1832)의 '유남선사(遊南禪寺)'라는 시로, 다음과 같다. "第二橋東雨後泥 村園門巷路東西 遇人休問南禪寺 一帯青松路不迷"(頼襄子成 · 蜂谷柳荘, 『山陽詩鈔註釋』 大鐙閣, 1919, p.36.)

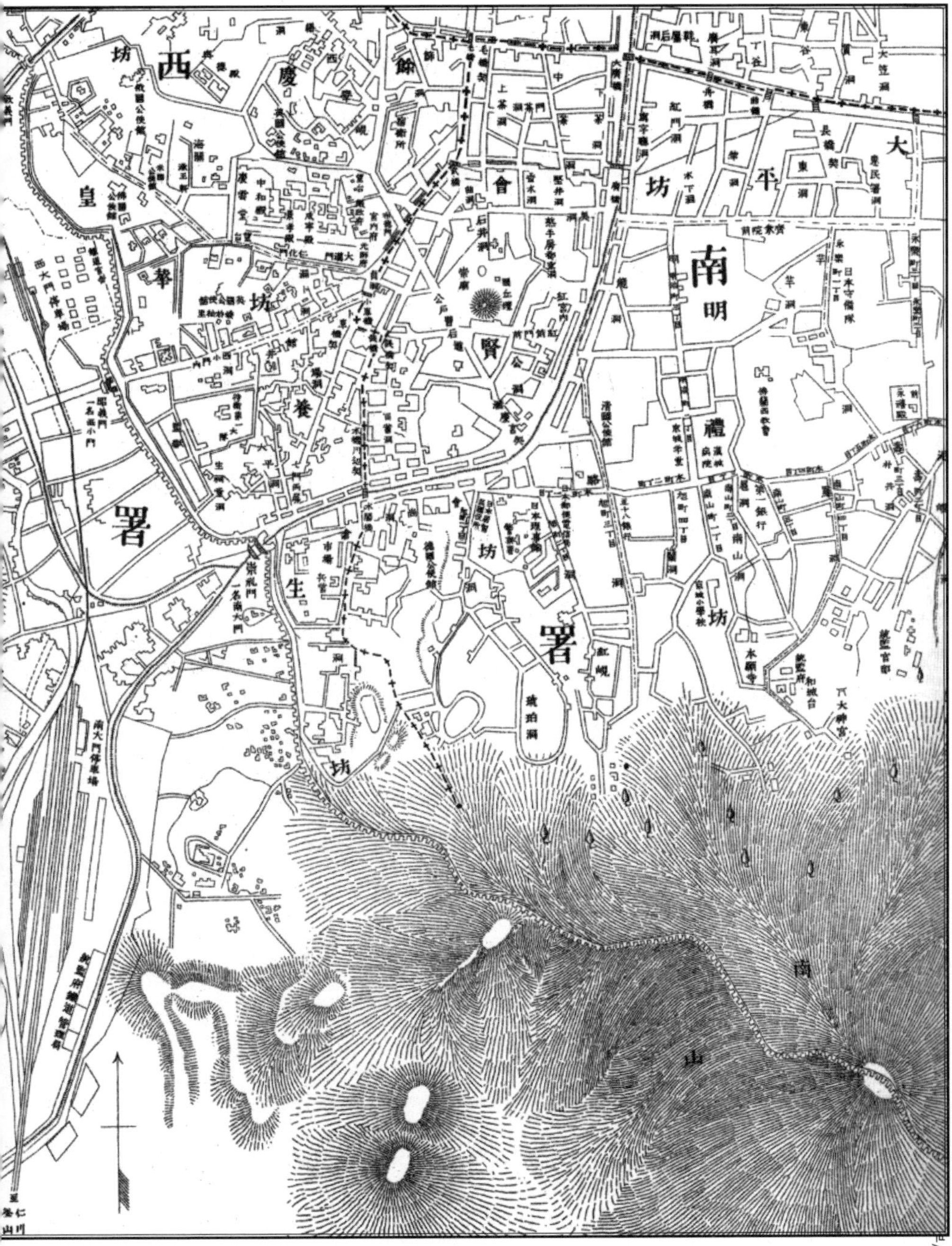

남대문 정거장 및 부근 평면도

용진龍津

용산에서 동쪽으로 3리里 떨어진 한강 상류에 있다. 고니시 유키나가小西行長가 한강을 건넌 곳이다. 유키나가는 남대문에서 기요마사는 동대문에서 서로 앞서거니 뒤서거니 경성을 공격하며 입성하였다[140]. 이때 유키나가가 기요마사보다 겨우 40분 정도 앞섰다고 한다.

○관아, 회사, 학교, 사원

- ○제13사단
- ○용산병기지창龍山兵器支廠
- ○육군창고 용산지고龍山支庫
- ○용산우편국
- ○주차군 경리부 임시 건설부 용산출장소
- ○헌병분견소
- ○거류민단사무소
- ○탁지부 인쇄국
- ○한국도량형사무국
- ○경찰서
- ○거류민단설립 심상고등소학교
- ○한미전기회사 발전소
- ○제18은행 출장소
- ○제58은행 출장소
- ○본파본원사本派本願寺 별원
- ○일련종日蓮宗 흥국사興國寺
- ○용산어시장
- ○용산정미소
- ○마스다增田정미소
- ○후지카쓰藤勝연와제조소

○여관

다이요大陽여관, 마루만丸萬여관, 다지리田尻여관, 나가사키야長崎屋여관

○요리점

핫케이엔八景園, 와카노이에和歌の家, 다마노에玉乃江, 홋카이로北海樓, 오기노에荻の江

■교통

○역에서 각 정町까지 인력거 임금표

140 고니시가 동대문으로, 가토가 남대문으로 들어왔다(『萬朝報』, 1894.6.21).

■ 욱교통旭橋通り, 매정梅町, 영정榮町 금 12전錢

■ 노송정老松町 금 15전

■ 원정元町 2,3정, 앵정櫻町, 개선정凱旋町 금 16전

■ 군사령부 금 25전

○본원사本願寺 앞을 기점으로 경성 각 정까지 임금표

■ 경성 남대문 금 35전

■ 경성 이사청, 신황성新皇城, 서소문 금 40전

■ 경성 적문赤門[141], 종로, 서대문 금 50전

■ 신정新町, 구황성 금 65전

■ 동대문 금 75전

이외에 1시간 대기 금 10전, 1일 전세 금 1원 80전, 반일 금 1원, 2인 인력거 2원, 눈비로 진창인 경우 2할증, 야간에 눈비로 진창인 경우 4할증

○전차철도電車鐵道

용산과 경성 사이를 끊임없이 왕복한다. 용산을 기점으로 경성의 중앙인 종로에서 갈라져 오른쪽은 동대문종점에 이르고, 왼쪽은 서대문 및 마포에 이른다.

남대문역南大門驛 부산에서 274리 24쇄

서대문역西大門驛 274리 73쇄(경부선 종점)[142]

남대문역은 남대문 밖, 서대문역은 서대문 밖에 있어 모두 경성 성벽 밖이다. 경성은 한국의 수부首府로 한성漢城, 한양漢陽, 황성皇城, 또는 한어韓語로 '서울'이라고 달리 부르기도 한다. 서쪽에는 백련산白蓮山, 인왕산仁王山, 동쪽에는 보장

141 태조 이하 역대 왕의 어진을 모시고 제사하던 전각인 영희전(永禧殿)을 가리킨다. 표면을 붉게 칠하여 적문이라 하였다고 한다(考古生, 「京城이 가진 名所와 古蹟」, 『별건곤』 제23호, p.22, 1929.9.27).

142 경성역의 역할은 시기에 따라 조금씩 변화한다. 1900년 경인선이 한강철교 개통으로 도심까지 연장되었을 당시 경성역은 서대문역이었다. 이후 1905년 경부선 개통·1906년 경의선 개통으로 남대문역의 위상이 점차 커지게 되면서 퇴색의 길을 걷게 된 서대문역은 1919년 3월 31일 역사에서 사라진다. 남대문역이 경성역으로 이름이 바뀌게 되는 것은 1923년이다.

창덕궁 농숙정(昌德宮 濃繡亭)

산寶藏山, 천선산天鮮山[143], 북쪽에는 북한산北漢山, 남쪽에는 목멱산木覓山이 부성府城을 둘러싸고 있다. 한강은 부의 동남쪽을 두르고 있다. 산과 강으로 둘러싸인 요충지이며 실로 경치가 뛰어나다. 부는 동서로 30정丁 남짓, 남북으로 20정 남짓이며, 둘레는 연장 89,610척尺, 높이 10척 내지 20척의 석벽으로 이루어져 있으며, 여덟 개의 성문을 설치하였다. 이른바 숭례문일명 남대문, 흥인지문일명 동대문, 돈의문일명 서대문, 광희문일명 수구문, 창의문일명 북문, 혜화문일명 동소문, 소의문일명 서소문, 숙정문이다. 각각 2층의 누각으로 되어 있는데 상당히 장엄하다. 그 중에서도 숭례문과 흥인문이 가장 웅대하다. 성벽은 태조 이성계李成桂가 쌓았고, 고故 대원군이 개축하였다. 시가지는 성 안팎으로 이어지고 구획이 가지런하다. 가장 번화한 곳이 종로인데 동대문통과 서대문통의 분기점이 된다. 사람과 말의 왕래가 끊이지 않아 마치 실로 베를 짜는 것 같다.

일본인의 거류지는 이현泥峴 일대 지역에 있다.[144] 거리 전체가 모두 일본풍의

143 『신증동국여지승람』에 나오는 보장산은 영평현(지금의 포천) 서쪽 10리 지점에 있는 산이므로, 서대문역의 동쪽이라 보기는 어려우며, 천선산 역시 고문헌에 나오지 않는 지명이다. 『신증동국여지승람』 한성부에 기록된 도성 안 동쪽의 산으로는 낙산(駱山)이 있는데, 이칭으로는 낙타산, 타락산이다.

144 본문에는 '이현'이란 지명 옆에 'チンコーカイ'라 부기하였는데 '진고개'라는 뜻이다. 개항기 이후 서울의 내부 공간의 구성은 크게 달라지지 않았지만, 남촌과 북촌의 위상은 역전한다. 이에 대해서는 김선희, 「명

상점들이 줄지어 있어 자못 번성하다. 청국인은 오로지 남대문통, 정동貞洞, 종로, 수표교水標橋 부근에 거주한다. 인구는 2천 명 남짓으로 모두 상업에 종사하는데, 세력 역시 무시해서는 안 된다. 구미인의 거주지는 정동에 있으며, 체류자는 각 나라를 통틀어 겨우 80명 남짓으로, 주로 공사관원 및 선교사 등이다. 경성은 소비지로 무역 역시 수입이 많다. 최근 조사에 따르면 165만 원을 웃돈다. 성내 조시朝市가 몇 군데에서 열려 시민의 일용품을 공급하는데 액수는 매일 아침 1천 원을 밑돌지 않는다고 한다. 가장 번화한 곳은 남대문통이다.

| 명승지 |

창경궁昌慶宮

종로에서 동대문으로 통하는 큰길에서 북쪽으로 꺾어 동소문으로 가는 방향으로 약 10정丁 떨어져 있다. 정문은 홍화문弘化門이고, 태조 이성계 대에는 수강궁壽康宮이라 불렀으나, 1483년성종14에 정희왕후貞熹王后와 인수왕대비仁粹王大妃, 안순왕후安順王后를 위하여 증축하여 창경궁이라 일컬었다. 서대문역에서 약 40정 떨어져 있지만, 도중에 전차편이 있어서 걷는 거리는 겨우 7~8정에 지나지 않는다.

창덕궁昌德宮

창경궁의 서북쪽 근처에 있으며, 마찬가지로 태조 이성계가 건축하였고 분로쿠·게이초의 역 때에 가장 먼저 소실되었으나 광해군光海君 때 재건되었다고 한다. 궁의 정문을 돈화문敦化門이라 한다. 대지가 자못 광대하고 오래된 나무가 무성하여 그윽하고 조용하며 우아한 천연의 풍경으로 가득하다. 더불어 전당, 문루, 방사房舍, 이정離亭이 줄지어 있다. 정원 중앙에는 연못을 만들어 샘물이 네 곳에서 흐른다. 거북이와 자라가 무리를 이루고 무수한 백로가 날아다닌다. 한 번 이 궁궐 안으로 들어가면 하루 종일 집에 가는 것을 잊을 때가 많다.

동, 신문화 수용과 발신의 장소」, 『명동 길거리문화사』, 한국학중앙연구원출판부, 2019 참고.

남산 국사당(國師堂)

경복궁景福宮

경복궁은 창경궁, 창덕궁보다 먼저 건축되었으며, 태조 이성계가 통일 후 지은 궁성 가운데 가장 오래되었다. 분로쿠·게이초의 역 중에 민란이 일어나 전각과 당우가 완전히 잿더미가 되어 버렸으며, 그 후 250여 년 동안 수풀 속에 주춧돌만 남아있을 뿐이었다. 그러나 선제先帝 즉위 초에 대원군이 섭정하면서 왕실의 쇠퇴를 몹시 원통해 하고 분연히 일대 용단을 내려 전에 없는 대궁궐을 건축하여 황실의 존엄을 크게 세우셨다. 그 때가 바로 일본의 게이오慶應 원년1865이다. 그 후 30년여 년 동안 왕정은 오직 여기서 행해졌다. 1895년明治28에 을미사변이 일어나자 황제는 결국 이 궁궐을 버리고 일시적으로 러시아 공사관으로 천행遷幸하였다가 1년 후에 현재의 황거인 경운궁慶運宮으로 환궁하셨다. 이후 석문은 견고히 닫혀 더 이상 거룩한 풍채의 그림자도 난초와 사향의 향기도 없다. 궁성의 둘레는 1,830보步, 담장 높이는 21척이고, 4개의 큰 석문을 건립하여 정문을 광화문光化門, 북문을 신무문神武門, 동문을 건춘문建春門, 서문을 영추문迎秋門이라 이름 지었다. 문 안에는 항상 지키는 순검巡檢이 우두커니 서서 출입하는 사람에게 누구인지 물어본다. 서대문역에서 몇십 정 떨어져 있고 전차가 끊임없이 광화문 앞을 왕복한다.

경희궁慶熙宮

서서西署 여경방餘慶坊에 있다. 본조 원종元宗의 옛 저택으로 광해군이 건축하였다. 둘레 920보, 외벽의 높이는 25척이고 옛날에는 다섯 개의 문이 있었지만 전부 폐쇄되어 지금은 유일하게 정문인 흥화문興化門만 남아있다. 숭정전崇政殿을 제외하고 본궁의 여러 전당은 전부 훼손되었다. 옛날의 궁원宮苑은 풀이 무성하고 노송 가지가 늘어져 시인과 풍류객은 회고의 정을 금할 수 없다. 1900년明治33 경운궁에 후원後苑을 짓고자 담장을 개축하여 구름다리를 서대문 안쪽에 세우고 홍교虹橋라 이름 지었다.

경운궁慶運宮

서서西署 황화방皇華坊에 있다. 옛날 월산대군月山大君의 저택 터라고 한다. 분로쿠·게이초의 역 후에 수축修築하여 궁궐로 사용했으며, 광해군 때 경희궁으로 천궁하면서 서궁西宮이라 하여 왕비의 거처로 삼았다. 그 후 명례궁明禮宮이라 개칭하였고, 지금으로부터 20년 전까지는 고 민비의 사궁이었다. 을미사변이 일어나자 선제 32년 즉, 1896년明治29에 러시아 공사관으로 잠행한 뒤로 이 궁을 수리하여 1898년[145] 이곳으로 옮겨왔으나 1903년 3월[146] 화재로 전각의 반 정도가 새까맣게 타버렸다. 그 후 재건축하였지만 대지가 좁고 건축도 지극히 질박하였다. 정문을 대한문大漢門이라 이름 지었다. 그밖에 서북쪽에 평장문平章門, 동북쪽에 포덕문布德門, 북쪽에 생양문生陽門이 있다. 병영, 궁내부宮內府, 예식원禮式院이 모두 본궁 안에 설치되었다.

---

145 고종이 경운궁으로 환궁한 때는 1897년 2월 20일이다.

146 경운궁 중건 과정에서 세 차례 화재가 일어나는데, 1900년 10월 14일, 1901년 10월 16일, 그리고 1904년 4월 14일에 발생하였다.

대리석십삼층탑大理石十三層塔[147]

일반적으로 납석탑蠟石塔이라 한다. 중서中署 탑동塔洞 파고다 공원 안에 있다. 이 탑은 십층으로 상부 삼층은 땅에 내려져 옆에 두어 졌다. 전하길 분로쿠·게이초의 역 때 일본군이 본국으로 가져가려고 상부 삼층을 땅에 내렸지만, 너무 무거워 결국 뜻대로 되지 않아 그대로 방치하여 오늘에 이르렀다고 한다. 탑의 모습은 실로 지금으로부터 560년 전 고려시대의 유물[148]로서 불상을 각 층, 각 곳에 조각하였으며, 내국인과 외국인이 매우 진귀하게 여기는 바이다. 전차를 타고 종로에서 하차하면 편하다.

구비龜碑

납석탑을 지나 남쪽으로 30보步 가면 마찬가지로 파고다공원 안에 있다. 거북은 화강암으로 만들어졌고, 길이는 10척尺 남짓, 등 위에 대리석 비를 세웠다. 비는 장방형으로 머리에 쌍룡이 구슬을 다투는 형상이 조각되어 있다. 옆에는 '대원각사지비大元覺寺之碑'라는 여섯 글자가 새겨져 있다. 생각건대 원각사는 태조 이성계가 건축한 곳으로 지금은 그저 약간의 자취만 남아 있다. 비문은 정난종鄭蘭宗의 글씨로 실로 420년 전의 유적이라 한다.

파고다공원パコタ公園

납석탑과 구비 등 고적이 있다. 지형은 좁고 사면이 기와 담장으로 둘러싸여 있으며, 둘레는 약 300간間에 지나지 않는다. 중앙에 연못이 있고 연못가에는 작은 정자가 설치되었으나, 설비가 충분하지 않아 공원이라 부르기 보다는 오히려 저택의 정원에 가깝다.

147 원각사지 십층 석탑을 가리킨다. 기단 3층과 탑신 10층을 아울러 십삼층탑이라 한 것 같다. 그러나 최근 연구에서 원래 13층이었다는 주장이 제기되고 있다. 남동신, 「圓覺寺十三層塔에 대한 근대적 인식과 오해」, 『美術資料』 제100호, 국립중앙박물관, 2021 참조.

148 탑의 소속사원인 원각사는 1465년 세조대에 창건되었다.

보신각普信閣

종로 사거리에 있다. 일반적으로 종루鐘樓라 일컫는다. 누각 안에 큰 종이 걸려 있다. 종은 지금으로부터 400여 년 전에 주조한 것으로 높이는 1장丈 남짓, 둘레는 2장 남짓이다. 예전에는 이것을 숭례문남대문에 두고 일출과 일몰에 두 번 쳐서 시간을 알렸다. 나중에 명나라 장군 양호楊鎬가 다시 이 누각으로 옮겼다고 한다[149].

만세문萬歲門[150]

서대문에서 종로로 통하는 큰길 북측에 있으며, 광화문 앞 우편국과 마주보고 있다. 한국풍의 작은 당堂으로 철책으로 둘러싸여 있다. 당 중앙에 석비를 세웠다.

훈련원訓鍊院

동소문 안, 광활한 공터 모퉁이에 세웠다. 1880년明治13 조선병 훈련의 임무를 띠고 한국에 주둔한 일본 육군 공병 중위 호리모토 레이조堀本禮造[151] 씨의 숙사였으나, 1882년 변란 때 호리모토 중위는 결국 이 가옥에서 살해당했다. 앞쪽의 공터는 훈련장이다. 또 일한 양국의 여러 학교 학생들의 봄가을 대운동회장 등으로 사용되었다.

동묘東廟

흥인문동대문 밖에 있다. 관우關羽를 모시는 곳이다. 분로쿠·게이초의 역 때 일본군 때문에 조선팔도는 유린되었지만 명나라 원군으로 멸망이 늦춰지고 있었다. 때마침 풍대합豐大閤[152]의 죽음으로 군을 퇴각시킨 것을 두고 왜구를 국외로

149 『신증동국여지승람』 제3권 「한성부」에 따르면, 양호가 종을 옮겨 단 곳은 명례동이다. 숭례문에 있던 종을 종루로 옮겨 단 것은 선조 갑오년의 일이다.

150 광화문 교보빌딩 옆에 있는 '고종어극사십년칭경기념비(高宗 御極 四十年 稱慶紀念碑)'를 보호하기 위한 비전(碑殿)의 남쪽 정면에 세운 문으로, 문 가운데 칸에 돌을 얹고 '만세문'이라 새겼다. 일제강점기 때 일본인이 떼어가 대문으로 쓰던 것을 광복 후에 되찾아 왔다.

151 호리모토 레이조(1848~1882)는 도사번(土佐藩) 출신 군인으로 별기군의 교관이었다. 임오군란 때 군민들에게 살해당하였다.

152 도요토미 히데요시(豐臣秀吉)를 가리킨다. 1591년 관백(關白)의 지위를 양자 히데쓰구(秀次)에게 물려주

(위) 환구단, (아래) 광화문

쫓아냈다고 한 명군의 성명에 현혹되어, 이 모든 것이 전부 관우의 유령이 만든 기적이라 믿어, 궁전을 세워 관우를 제사하게 되었다[153]. 전차를 타고 동대문에서 하차하여 몇 정T 가면 도착할 수 있다.

북묘北廟

혜화문동소문 부근에 있다. 남묘와 동묘에 비해 규모가 작지만, 제반 설비는 대개 남묘를 모방하였다. 선제 즉위 후, 어느 날 밤 꿈에 관우를 보았고 민후閔后도 같은 꿈을 꾸니 이상하게 여겨 이곳의 풍수를 살피고 묘를 세웠다. 정전 오른쪽의 비문은 선제가 친히 지은 시문이며, 글씨는 전 참정參政이자 고 대신보국大臣輔國[154] 민영환閔泳煥이 칙명을 받아 쓴 것이다.

고 태합(太閤)이 되었다.

153 1598년과 이듬해 남관왕묘와 동관왕묘가 건립되었다. 『선조실록』 31년 4월 기묘조와 『증보문헌비고』 권61 예고(禮考)에 건립경위가 나와 있는데, 이에 따르면 명나라 장수들이 건립을 종용했음을 알 수 있다. 본문의 서술에는 조선인이 미신에 현혹되어 관우묘를 건립하였다고 묘사된다. 저자가 조선인을 비하하는 인식이 엿보인다.

154 민영환은 사후 대광보국숭록대부의정대신(大匡輔國崇祿大夫議政大臣)에 추증되었다.

문묘文廟

일명 공자묘라고 하며 공자와 맹자 등을 함께 제향한다. 정전은 대성전大成殿이라 하며 태조가 건립한 사당이다. 대성전의 편액은 당시의 서예가인 황석봉黃石峯[155]의 글씨이다. 문묘는 혜화문 안 성균관 남쪽이며 서대문에서 동쪽으로 약 1리里 떨어져 있다.

장충단奬忠壇

수구문水口門 안 남쪽 가장자리에 있으며, 남산의 동쪽 기슭 골짜기에 자리한다. 단은 동쪽을 바라보고 있다. 이 주변 일대는 평야이며 냇물이 단 앞을 흘러 자못 풍광이 아름답고, 사계절의 조망은 다른 곳에서 보기 힘든 곳이라고 한다. 그러나 이곳은 한국의 충신을 제사하는 곳으로, 관계없는 사람들이 제멋대로 출입하는 것을 허가하지 않으며, 매년 가을에 한 번 제사를 거행하여 충신의 영을 모신다고 한다.

청량리淸凉里

동대문 밖으로 약 1.5리里 떨어진 고故 명성황후민후의 능이 있는 곳이다. 능은 산기슭에 있는데 홍릉洪陵이라 일컫는다. 노송과 여러 수목이 무성하여 풍경이 아름답다. 전차편이 있어 산책하는 국내외 인사가 많다.

각산角山

경성 북쪽으로 약 3리里 떨어져 있다. 백운대白雲臺, 국망대國望臺, 인수봉仁秀峯으로 이루어져 삼각산이라 한다. 산 정상에 북한산성의 북문이 있다. 결단암決斷岩, 부석浮石, 기석起石, 백운수白雲水 등의 기암괴석이 많다. 높이는 약 30정丁으로 비탈길이 지극히 험하다. 낭떠러지라 덩굴을 헤치고 기어가야 하는 험한 곳도 있다. 대 위에 이르면 널따란 평지가 있어 흔히 1천명이 앉을 수 있다고 한다. 연이어진 산이 모두 눈 아래에서 뒤얽혀있고, 진귀한 풀과 꽃이 기암괴석 사이

155 한석봉(韓石峯)의 오기이다.

에 피어 있으며, 노송도 그 사이에 섞여 마음이 상쾌하고 시원하게 트여 안목이 깨끗해진다. 진정 신선이 사는 곳에 있는 듯하다. 인수봉 정상에는 돌멩이를 쌓은 작은 탑이 있는데, 전하길 옛날에 한 승려가 매일 작은 돌멩이 하나를 가지고 정상에 올라 마침내 탑을 세웠다고 한다. 그밖에 고려와 백제시대의 유물도 찾아볼 만한 것이 많다.

북한산성北漢山城

삼각산 기슭에 있다. 본조 숙종肅宗이 좌상 이유李儒[156]에게 명하여 성벽을 쌓게 한 것이다[157]. 둘레는 7,620보步로 네 개의 문과 두 개의 암문暗門을 설치하였다. 서쪽은 중성重城을 쌓았으며 군영을 두고 양식을 비축하여 뜻밖의 일에 대비하였다. 또 행궁을 건립하여 북한산 이궁離宮이라 일컬었다. 이궁은 사방이 모두 오래되고 키 큰 나무로 둘러싸여 풍경이 매우 아름답다. 당시 인가는 500호였는데, 지금은 불과 70호에 지나지 않는다. 대남문大南門, 대서문大西門, 동장대東將臺, 서장대西將臺와 경성 북부로 통하는 길에 암문도 있다. 중흥사重興寺도 성 안에 있는데 여러 절중에 가장 저명한 사찰로 고려의 현종顯宗이 머리를 깎고 기거한 곳이며, 전당 안에는 삼위 불상이 봉치되어 있다. 가을에 하늘이 높고 날씨가 맑을 때 한번 성안을 산책하면, 온 산이 단풍으로 물들고 성 안의 시냇물은 깨끗한 모래와 흰 돌 사이를 지나기도 하고 합쳐졌다가는 또 갈라진다. 졸졸 흐르는 물소리가 메아리를 만들어 그윽한 울림과 우아한 정취가 있다. 부근 제일의 명승지로 널리 이름이 알려졌다.

대고사大古寺[158]

중흥사의 동쪽에 있다. 대고조사大古祖師[159]가 건축한 데서 이름이 붙여졌다. 고

156 판부사(判府事) 이유(李濡)의 오기이다.

157 북한산성은 132년 백제가 쌓은 이래 전략상 중요한 위치를 차지하였고 조선시대까지 수차례 개축되었다. 임진왜란과 병자호란 이후 산성의 중요성이 더욱 커져 효종 대에도 개축하였고, 숙종 37년인 1711년에는 대대적인 축성공사가 이루어 졌다. 1712년에는 행궁과 군창도 건립된다.

158 태고사(太古寺)를 가리킨다.

159 고려 후기 승려인 보우(普愚)의 호가 태고이다.

북한산 오관수(五灌水)

려 말 이성계가 이곳에서 조사로부터 대업을 받았으며, 조사가 죽은 후 문하생이 상의하여 누각을 설치하고 비를 건립했다.

문수암文殊庵

북한산 대남문 밖 서쪽에 있는 작은 암자이다. 암자의 서쪽에 흙으로 빚은 오백 나한을 안치한 나한전이 있다. 암자 뒤편에 큰 석굴이 있는데 수백 명이 들어갈 수 있다. 굴 주변에 찬 샘물이 솟아 늘 등산객의 갈증을 풀어준다.

승가사僧伽寺

북한산 부근에 있다. 도성 안을 한 눈에 볼 수 있고, 삼복 절기라 하더라도 폭염을 잊게 한다. 절 안에는 시원한 샘물이 솟는데 달고 맑아서 흔히 약수라 부른다. 도성 안의 귀족 자제가 항상 책을 들고 와서 놀았는데 언제부턴가 병자의 휴양지가 되었다. 승려들이 뿔뿔이 흩어지고 당우가 퇴락하여 여우와 너구리의 소굴이 될 뻔했지만, 그 후 수리하여 장대하고 화려한 사원이 되었다. 이 부근에 신흥사新興寺, 약시藥寺, 청암사淸岩寺[160]가 있으며, 또 비구니절로 두모포豆毛

160 1325년 정자(淨慈) 율사가 창건한 청암사(靑巖寺)를 가리킨다. 조선 명종 때 경국사(慶國寺)로 개칭하였다.

浦에 있는 승방이 유명하다.

천연정天然亭

서대문 밖에 있다. 예부터 서지西池라는 연못이 있다. 연못에는 연꽃을 심어놓아 여름이 되면 연꽃이 만개하여 지극히 아름답다. 연못가에는 누각을 지어 청수관淸水館이라 하였고 별도로 작은 정자 하나를 설치하여 천연정이라 이름 붙였다. 청수관은 예전에 일본공사관으로 당시의 전권대리공사全權代理公使 하나부사 요시모토花房義質 씨가 머무르던 곳이었다. 그러나 1882년明治15 한병韓兵이 훈련대 교관인 호리모토堀本 중위를 폭도로 혼동하여 살해하였다. 게다가 사태가 바뀌어 공사관을 습격하자 하나부사 공사 이하 관원 20여 명은 몇 시간 동안 방어전을 치르다가 간신히 몸을 피하여 인천부에서 아산만으로 가서 영국포함에 구조되었다. 이 때 공사관은 폭도가 불을 질러 공사 거실인 천연정을 제외하고 그 자취가 사라졌다. 그저 잡초가 무성한 사이에 주춧돌이 남아있고 쓸모없는 돌이 흩어져 있을 뿐이다. 서대문에서 서남쪽으로 5정丁을 넘지 않는다.

독립문獨立門 및 독립관獨立館

서대문 밖 의주가도義州街道에 있다. 왼쪽에 보이는 양관이 독립관이고 앞쪽에 있는 석문이 독립문이다. 처음에는 모화루慕華樓 또는 무이소武二所라고 일컬었으며, 무과의 등용 시험장이었던 적도 있다. 그 후 명나라 사신의 말에 따라 영은문迎恩門이라 고치고 여기서 명나라 사신을 송영하였다. 1895년明治28 일청전쟁 후, 완전히 청나라와 관계를 끊고 독립국임을 선양하여 독립문이라 바꾸었고 동시에 모화루도 독립관이라 하였다. 그 옆에 새로이 국민 연설대를 설치하여 오로지 일진회一進會 회의장으로 사용하고 있다.

벽제관碧蹄館

독립문에서 북쪽으로 3리里 남짓 떨어져 있다. 분로쿠·게이초의 역 때 고바야카와 다카카게小早川隆景 부대가 이곳에서 명나라 장군 이여송李如松을 격파한 곳으로 이름이 알려져 있지만, 군이 찾아가 볼 만한 유적은 없다.

석파정石波亭

창의문북문을 나와서 언덕길을 몇 정T 내려가면 왼쪽에 높은 정자가 보이는데, 바로 석파정이다. 고 대원군 이하응李昰應 씨의 별장이다. 정원이 넓고 키 큰 나무와 기암이 많으며, 시냇물이 그 사이를 흐르고 있어 풍치를 더한다. 뒤쪽에 산을 끼고 있어 그윽하고 한적하며, 춘하추동 조망이 좋아 산책하는 문사와 시인들이 많다. 정자의 편액은 대원군의 친필이다.

세검정洗劍亭

석파정에서 몇 정T 내려가면 냇물을 따라 육각형의 정자가 있는데 바로 세검정이다. 옛날에 광해군이 능양군綾陽君을 이곳에 유폐하고 몰래 죽이려고 하였으나, 능양군이 이를 알아차리고 의병을 일으켰다. 광해군에 맞서는 군이 크게 기세를 떨쳐 모두 바위에 검을 갈아 일격으로 도성에 돌진하였다. 마침내 광해군을 물리치고 능양군을 옹립하여 즉위하게 하였다. 이에 따라 정자를 세우고 세검정이라 이름하여 후세에 전한다.

탕대성蕩臺城[161]

세검정 앞에 냇물을 사이에 두고 마주보고 있다. 이전에는 성문을 설치하여 군아를 두었으나 무너지고 황폐하여 지금은 겨우 옛 관방關坊이었던 자취가 남아 있을 뿐이다. 이곳은 삼국시대 신라와 백제의 옛 싸움터로 후에 고려 태종무열왕武烈王이[162] 이곳에 사원을 세우고, 장의사藏義寺라고 명명하였다. 그 후 새로이 탕춘대蕩春臺를 쌓고 오랫동안 당시를 기념하여 전하고 있다.

---

161 탕춘대성(蕩春臺城)을 가리킨다.
162 신라 태종무열왕의 오류이다.

제천정濟川亭

서대문에서 약 2리里 떨어진 한강 북쪽 강기슭에 있다. 옛날 명나라 사신이 올 때 반드시 이곳에서 즐기도록 권하였다. 분로쿠·게이초의 역 때 우상右相 이양원李陽元이 정병 1천여 명을 이끌고 일본군에 대항한 곳이다. 지금은 여러 번 변천하여 그저 정자의 주춧돌만 남아있다.

이태원梨泰院

서대문을 나와 서쪽으로 10정丁 정도 떨어진 곳에서 남쪽으로 꺾어 산길을 89정 가면 작은 촌락에 이른다. 이 마을을 이태원이라 한다. 수 백여 호가 있고 사면이 산으로 둘러싸였으며 풍경이 아름답다. 전하길 분로쿠·게이초의 역 때 일본군이 이곳에 1년 넘게 주둔하였는데, 당시 병자와 노병이 함께 진퇴하다가 남겨져 결국에는 고국으로 돌아가지 못하였다. 그 자손이 이어져 오늘에 이르렀다. 대체로 일본인을 선조로 하며 지금은 다른 마을과 통혼하지 않는다. 또 갑주甲冑와 검류를 소장한 집이 있다고 한다.

남묘南廟

남대문 밖 성벽을 따라 왼쪽으로 나아가면 산 중턱에 높은 누각이 보인다. 이것이 바로 남관정묘南關亭廟이며, 정전을 현성전顯聖殿이라 한다. 관우를 제사하는 곳으로 정면에는 관우와 그 밖의 형상을 봉치하였고 액자그림도 관우와 관련된 것이 많다. 분로쿠·게이초의 역 때 유격장군遊擊將軍 진인陳寅이 울산 전투에서 부상당하여 이곳에 거처를 정하고 오래도록 요양을 한 후 이곳에 큰 사당을 세웠다고 한다. 몇 년 전 화재가 발생하여 현재의 사당은 5~6년 전에 지은 것이다.

시위연대적侍衛聯隊跡

남대문에서 서소문에 이르러 성벽을 따라 있는 병영이다. 시위 제1연대 제1대대 및 제2연대 제1대대의 병사兵舍인데, 1907년明治40 7월에 일한신협약日韓新協

수표교(水標橋)

約[163]으로 병영이 폐지되었다. 군대 해체의 명령이 내려지자 돌연 반란을 꾀하여 병영에서 농성하고 반항하였다. 8월 1일에 진정되었다. 일본군은 남대문 및 서소문의 누상에서 기관포와 소총으로 맹렬하게 반군을 공격하고, 다른 부대는 육박전으로 공격하여 마침내 병영 안으로 침입하였다. 이때 중대장인 가지하라梶原 대위 이하가 전사하였다고 한다. 한병韓兵도 완강하게 저항을 이어갔으나, 결국 패하여 죽거나 포로가 되었다. 또는 그 전에 철책을 부수고 성벽을 뛰어 넘어 도주한 자도 적지 않다. 민閔 대대장[164] 이하 반란군의 사상자는 셀 수 없으며 시체가 여기저기 널브러지고 선혈이 가득하여 땅을 적셨다. 참상은 말로 표현할 수 없었다. 지금도 한병의 폭행 흔적이 남아 있어 보는 이로 하여금 당시의 전투를 떠올리게 한다.

환구단圜丘壇

회현방會賢坊 공동空洞에 있다. 이전에는 남별궁南別宮이라 일컬어졌으나 1897년明治30 환구단으로 고쳐 불렀다. 개축하고 선제 대군왕의 격을 높여서 황제 즉위

163 1907년 7월 24일 이완용과 이토 히로부미(伊藤博文) 명의로 체결된 정미7조약을 가리킨다. 일본인 차관 임명, 한국 군대해산 등의 내용이 담겨있다.

164 군대해산 명령이 내려졌을 때 시위대 제1연대 제1대대의 대대장은 박승환(朴昇煥, 1869~1907) 참령이었다. 남대문 전투 소식이 지방으로 전해지면서 각지에서 군인봉기가 일어난다. 본문의 민 대대장은 원주진위대(原州鎭衛隊)를 이끌던 특무정교(特務正校) 민긍호(閔肯鎬, ?~1908)로 보인다.

갑오전첩기념비(甲午戰捷紀念碑)

식을 올린 곳이다. 팔각형의 황색으로 칠한 높은 누각은 당시의 식장式場으로, 문 안쪽으로는 관계없는 사람의 출입을 쉽게 허락하지 않는다.

왜성대倭城臺

남산 중턱에 통감부청이 있는 곳이다. 흔히 남산공원이라고 부르며 경성시내가 한 눈에 들어온다. 면적은 약 500평으로 천조황태신궁天照皇太神宮 및 천만궁天滿宮의 신전을 세웠다. 또 신천神泉이라 부르는 저수지는 거류지에 공급되는 경편수도輕便水道의 원천이다. 왜성대 정면에는 창모양의 기념비가 있고 비문에는 '갑오전첩기념'이라고 새겨져 있다. 1894~1895년 전쟁이 끝난 뒤에 거류민이 건설한 것이다. 부근에는 노송들이 서로 번갈아 그늘을 만들고 서쪽 일대는 간이음식점이 늘어서 놀러온 손님들을 부른다. 사계절이 풍취가 있고 야간의 조망 또한 아름다워 오가는 사람들이 베를 짜는 듯하다. 옛날 분로쿠·게이초의 역 때 마시타 나가모리增田長盛가 일부 병사를 이곳에 주둔시킨 데서 왜성대라는 이름이 생겼다고 한다.

남산南山

원래 이름은 목멱산木覓山이라 하며 온 산에 소나무가 울창하다. 경성 사방의 성벽은 구불구불하여 기다란 뱀처럼 이 산의 정상을 넘어간다. 정상에 올라가는 길은 왜성대 갑오전첩기념비의 왼쪽으로부터 대체로 20분이면 도착할 수 있다. 정상에 이르면 시야가 몇 리에 걸쳐 용산, 노량진, 영등포에서 한강 하류를 비롯해 동쪽은 멀리 양주지방을 바라볼 수 있다. 꼭대기에는 국사당國師堂이 있고 무당이 그 옆에 집을 마련하여 참배자를 맞이한다. 사당의 뒤쪽에 2평 남짓한 석루石壘는 남산의 봉수대이다. 서너 해 전까지는 노爐가 확실히 있었으나 지금은 겨우 토대만 남아있다.

○일한 관아

○의정부경운궁 옆에 있음

○궁내부경운궁 안에 있음

○통신관리국경복궁 앞에 있음

○내부, 학부, 탁지부, 농상공부, 한성재판소경복궁 앞에 있음

○시위대대, 군부, 법부, 경무부경복궁 앞에 있음

○평리원平理院 및 감옥서종로거리 부근에 있음

○한성부서대문거리에 있음

○총세무사청總稅務司廳 화천정和泉町에 있음

○관상소觀象所[학부소속]경복궁 영추문 앞에 있음

○동부경찰서동동이교東洞二橋에 있음

○서부경찰서서대문 밖에 있음

○북부경찰서북서송현北署松峴에 있음

○남부경찰서본정 1정목本町1丁目에 있음

○육군위수감옥陸軍衛戍監獄 용산분감서대문 밖에 있음

○인천측후소 경성지부마두산馬頭山에 있음

○통감부왜성대에 있음

○군사령부대화정 2정목에 있음

○이사청욱정 1정목에 있음

○헌병대본부명치정 3정목에 있음

○헌병대분대명치정 3정목에 있음

○미,영,러,프영사관서대문 안 경운궁 뒤편에 있음

○독,벨,청영사관일본거류지 부근에 산재

○경성우편국본정 1정목에 있음

○남대문우편국남대문 밖에 있음

○서대문우편국서대문 밖에 있음

○동대문우편국동대문통에 있음

○ 필동筆洞 우편국본정 7정목에 있음

○ 신정新町 우편국신정 유곽 부근에 있음

○ 광화문 우편국광화문 앞에 있음

○ 일본거류단사무소욱정 1정목에 있음

○ 한국인상업회의소종로에 있음

○ 일본인상업회의소수정壽町에 있음

○ 일진회 본부적문통赤門通에 있음

○ 한국기독청년회종로에 있음

○ 보세창고保稅倉庫 화물거래소고시정古市町에 있음

■ 학교

○ 경성심상고등소학교일출정日出町에 있음

○ 경성심상고등소학교 분교 및 유치원남출정南出町에 있음

○ 선린상업학교善隣商業學校 명치정 1정목에 있음

○ 법관양성소서대문 밖에 있음

○ 공업전습소工業傳習所동대문 안에 있음

○ 한국육군무관학교북서北署 삼청동에 있음

○ 광성실업학교光成實業學校

○ 명진여학교明進女學校 중서中署에 있음

○ 배재학당培栽學堂[165]서소문 안에 있음

○ 이화학당李花學堂[166]서소문 안에 있음

○ 일어학교교동 안에 있음

○ 영어학교공후동工後洞에 있음

○ 불어학교전동磚洞[167]에 있음

○ 독어학교전동磚洞에 있음

○ 중어학교전동典洞에 있음

○ 고등학교홍현紅峴에 있음

○ 사범학교전동磚洞에 있음

○ 성균관양현동養賢洞에 있음

○ 광산학교鑛山學校

○ 수학원修學院

■ 병원

○ 대한병원大漢病院중서中署 마동산馬東山에 있음

○ 한성병원漢城病院명치정 1정목에 있음

○ 대한적십자병원경복궁 서문 앞에 있음

○ 육군위수병원陸軍衛戍病院명치정 2정목에 있음

○ 제중원濟衆院 남대문 밖에 있음

○ 구미원驅黴院 신정 2정목新町2丁目에 있음

---

165 배재학당(培材學堂) 오기이다.

166 이화학당(梨花學堂) 오기이다.

167 磚洞은 지금의 견지동, 典洞은 공평동에 해당한다.

기타 거류지의 주요 병원은 안동安東병원, 사카이酒井병원, 우에무라植村병원, 산카贊化병원 등이다.

■ 은행 및 회사

○ 천일은행天一銀行 광통교廣通橋 부근 주교舟橋에 있음

○ 한성은행소안동小安洞에 있음

○ 제일은행 경성지점본정 3정목에 있음

○ 제58은행본정 2정목에 있음

○ 제18은행동현銅峴에 있음

○ 일종생명보험주식회사日宗生命保險株式會社지점 석정동石井洞에 있음

○ 동양생명보험회사 지점장곡천정長谷川町에 있음

○ 한미전기회사종로에 있음

○ 후지타합명회사藤田合名會社 명치정 2정목에 있음

○ 경성실업주식회사본정 3정목에 있음

○ 경성기업회사남대문통에 있음

○ 경성수산물주식회사남대문 밖에 있음

○ 내국통운주식회사內國通運株式會社 경성지점남대문 밖에 있음

○ 미쓰이물산회사三井物産會社 본정 2정목에 있음

○ 대한권농주식회사욱정 2정목에 있음

○ 한성공동창고회사남대문 밖에 있음

○ 대동운수주식회사大東運輸株式會社 어성정御成町에 있음

○ 일한인쇄주식회사명치정 3정목에 있음

○ 한국금광주식회사신황성 앞에 있음

■ 신문사

○ 황성신문皇城新聞

○ 제국신문帝國新聞

○ 국민신문國民新聞

○ 대한매일신보大韓每日申報

○ 만세보萬歲報

○ 서울프레스ソールプレス

○ 경성일보京城日報

○ 경성신보京城新報

○ 대한일보大韓日報

■ 여관

○ 아스토후하우스アストフハウス[168]서대문 근린

○ 파라스호텔パラスホテル[169]대한문 앞

○ 하시모토橋本여관남대문통 4정목

○ 미카즈키三ヶ月여관욱정 3정목

○ 마키노牧野여관수정壽町1정목

○ 사쿠라야櫻家여관남대문 안

○ 하라原金여관남산정 4정목

○ 우라오浦尾여관수정1정목

○ 고요칸紅葉館남대문역 부근

○ 우메다梅田여관남대문역 앞

○ 경성일본인구락부京城日本人俱樂部 남산정 3정목

○ 후지스미藤隈여관이사청 앞

○ 시노노메東雲여관대한문 앞

○ 시라누이不知火여관욱정 2정목

○ 하조칸巴城館 남산정 3정목

○ 규슈九州여관삼호정三好町

○ 덴신로天眞樓여관남산정 2정목

○ 아사히칸旭館 본정 3정목

○ 야마모토山本여관서정曙町

○ 히노마루日の丸여관남대문통 2정목

■ 요리점

○ 가케쓰로花月樓남산정 4정목

○ 하슈테이巴州亭남산정 4정목

○ 에도가와테이江戸川亭본정 2정목

○ 바이게쓰테이梅月亭 본정 6정목

○ 에테エーテー 남대문역 앞

○ 이몬로井門樓 수정 1정목

○ 세이카테이淸華亭영락정 3정목

○ 마쓰바테이松葉亭남산정 1정목

○ 간요테이韓洋亭 본정 6정목

■ 극장

○ 가부키자歌舞伎座

○ 경성좌京城座

○ 혼마치자本町座

○ 사카모토자阪本座

---

168 1901년에 개업한 스테이션 호텔(Station Hotel)로, 정거장여관, 그랜드호텔, 그랜드여관, 마전여관(馬田旅館), 애스터 호텔, 애스터하우스(Astor House) 호텔 등으로도 표기된다.

169 1901년 무렵에 개업한 팔레호텔(Hotel du Palais)로, 프렌치 호텔, 법국여관, 센트럴호텔, 파레스 호텔 등으로도 표기된다.

○ 한인극장韓人劇場

■인력거 임금표

남대문역에서

- ■남대문 안 10전
- ■일본이사청 및 경찰서 부근 15전
- ■본정本町 3정목 20전
- ■통감 관저부근 25전
- ■본정 6정목 24전
- ■본정 7정목 33전
- ■영락정, 적문 부근 30전
- ■대관정大觀亭 부근 18전
- ■종로 30전
- ■경복궁 및 통감부 37전
- ■창덕궁 정문 42전
- ■창덕궁 옆문 48전
- ■신정新町 42전
- ■육군병마창陸軍病馬廠 45전
- ■동대문통 병영 부근 42전
- ■용산정거장 42전
- ■용산피병원龍山避病院 25전

1시간 대기 무료, 기타 1시간 마다 10전, 1일 전세 1원 40전, 반일 90전, 우천 및 진창길 2할증, 야간 1할증, 야간에 우천 진창길 3할증

○ 전차철도

동대문을 출발하여 용산까지 가려면 분기점인 종로에서 환승해야 하고, 서대문 및 마포까지는 환승이 필요 없다.

환승 임금 및 구획

한 구획당 금 5전으로 하여 아래의 5구간으로 나누고, 학생은 반액으로 한다.

출발 동대문	도착 종로
출발 종로	도착 서대문
출발 서대문	도착 마포
출발 종로	도착 남대문 밖 철도선로교차점
출발 철도선로교차점	도착 용산

오류동역梧柳洞驛 영등포에서 4리 40쇄

경기도 부평군富平郡 수탄면水呑面에 있다. 경인 옛 가도의 중앙에 위치한다. 일찍이 여객이 점심식사를 하는 역으로 번영하였으나, 철도 개통 후에 급격히 쇠퇴하여 지금은 마을 집들이 여기저기 흩어져 있을 뿐이다.

소사역素砂驛 영등포에서 8리 8쇄

부평군 석천면石川面 심곡리深谷里에 있다. 부근에 대야동大也洞이라는 시장이 있는데 매월 음력 1일, 6일에 열린다. 소 매매가 매우 성황을 이룬다. 지금은 일본인 인구가 100명 이상이라고 한다.

○관아

○군아 ○순사주재소 ○우편취급소

부평역富平驛 영등포에서 11리 48쇄

부평군 동소정면同所井面 대정리大井里에 있다. 부평부에서 1리里 남짓 떨어진 대정리 서쪽 끝이다. 한국정부 탁지부는 부근 인천군 주안면朱安面에 염업모범장鹽業模範場을 설치하여, 지금 제염시험 중이다. 천일제염법으로 제조하며 양호한 성과를 내고 있다고 한다.

축현역杻峴驛 영등포에서 18리 8쇄

인천역에서 동남쪽으로 약 1리里 떨어진 시의 동쪽 끝 용강정龍岡町에 있다. 시가지 북부나 동남부로 왕복하려면 이 역에서 타고 내리는 것이 편리하다. 부근에 채소밭이 많고 산둥山東 배추 산지로 대부분 중국인이 재배하고 있다.

| 명승지 |

도산공원桃山公園

역에서 동쪽으로 약 1정丁 떨어진, 원래 육군묘지였던 우각동牛角洞 작은 언덕에 있다. 1882년明治15과 1884년明治17 변란 때 호리모토堀本 중위, 이소바야시磯林 대위[170] 이하의 전사자를 매장한 곳이다. 당시 하나부사花房 공사는 월미도에서 영국함정으로 겨우 도망하였다. 하나부사는 예전에 일본 동궁전하東宮殿下[171]가 한국에 오셨을 때 수행하였고 돌아가는 길에 이곳에 들러 참배하였다. 남쪽은 멀리 해상의 풍치가 한눈에 들어오고, 가까이는 인천 전체 시가지를 손짓해서 부를 만큼 가까이 있다. 눈을 동쪽으로 돌리면 높고 험준한 산악을 만나고, 구불구불하여 뱀이 기어가는 것 같은 철로가 보인다. 좌우를 둘러보면 정취가 서로 다르며 풍경이 참으로 아름답다. 봄에는 복숭아꽃이 만발하며, 푸른 풀밭에 발이 빠지는 때가 되면 진정으로 도산桃山이라는 이름에 부끄럽지 않다.

인천항 해안통(海岸通)

170 호리모토는 107쪽 각주 151 참조. 이소바야시 신조(磯林眞三, 1853~1884)는 도사 출신으로, 하나후사 요시토모(花房義質) 공사를 수행하여 한국에 왔다. 갑신정변 때 살해당하였다.

171 나중의 다이쇼(大正)천황을 가리킨다. 1907년 10월 순종의 즉위를 계기로 이토 히로부미는 한일친선 명목으로 일본 황태자의 방한을 추진하였다.

관측소觀測所

축현역에서 하차해서 차로 달려 각국공원各國公園[172]에 가면 언덕 정상에 날씨를 알리는 깃발이 펄럭이는 곳이 있다. 거기에 있는 서양관이 관측소이다. 항상 날씨를 관측하는 일에 종사하며, 거류민에게 오포午砲를 알린다. 인천항 전체가 한눈에 들어오고 월미도月尾島를 마주보고 있다. 멀리 물과 하늘이 맞닿아 분간이 안 되는 사이로 돛을 내리거나 돛을 올린 배들이 깜박이듯 오가는 것이 보이는 풍경이 아름답다.

인천장유주식회사仁川醬油株式會社[173]

축현역 동쪽에 있다. 하늘 높이 연기가 가득하고, 벽돌로 된 단층집이 바로 그곳이다. 이 회사는 자본금이 20만 원으로 양조하는 양은 9천 석을 웃돈다고 한다.

에바라농원頴原農園

우각동에 있다. 구역이 3만 평 이상으로 주로 과실을 생산한다고 한다.

인천항역仁川港驛 남대문에서 25리 54쇄, 부산에서 288리 3쇄

인천항 서쪽 끝에 있으며 월미도와 마주본다. 역과 월미도 사이에 놓인 다리 위와 제방의 철로 길이는 연장 2리里 남짓이며, 소월미도에 이르는 것을 월미도 지선이라고 한다. 수출입 물자의 운반에 편리하다. 본래 이 항구는 조수간만이 심하여 그 차가 30척尺에 이르므로 대부분의 대형 선박은 보통 항외에서 정박한다고 한다. 이곳은 원래 제물포濟物浦라는 작은 어촌이었는데, 1883년明治16

172 1888년에 조성된 우리나라 최초의 서구식 공원이다. 만국공원으로도 불렸다. 1914년 각국조계가 없어지면서 일제는 기존에 있던 일본공원에 신궁을 크게 신축하면서 이를 동공원이라 하고, 각국공원은 서공원으로 불렸다. 광복 후에는 다시 만국공원으로 불리다가 한국전쟁 이후 1957년 맥아더 동상의 제막식과 함께 자유공원으로 이름이 바뀌었다. 인천광역시 중구청의 근대문화유산 복원과 활용에 관해서는, 김선희, 「도심재생에 있어서 '근대문화유산' 활용에 관한 고찰-인천과 요코하마를 중심으로」, 『일본학보』 제116집, 2018.8 참고.

173 목차에는 관측소 이하의 항목이 누락되어 있다.

인천항 평면도

개항 후 점차 번성하였고, 특히 1894~1895년과 1904~1905년 전승 결과로 대단히 발전하여 지금은 한국 유일의 무역항이 되었다. 일본거류민은 약 1만 3천 명이며 무역액은 1천 5백만 원에 달한다. 시가의 추세는 서쪽 끝 청국거류지부터 시작하여, 동북쪽으로 일본 거류지, 각국 거류지, 조계지租界地로 이어지며, 그 외에도 상가는 일본거류지, 각국 거류지, 조계지 외에도 상가 처마가 맞닿을 만큼 즐비하다. 서북쪽으로는 새로운 각국 거류지 서쪽 만석동萬石洞 방면으로 나날이 가옥 건축이 많아져 본 항의 상권은 완전히 우리 일본 동포의 손에 들어왔다고 할 수 있다.

| 명승지 |

일본공원日本公園

거류지 동쪽인 궁정宮町에 있으며, 대신궁금비라신사大神宮琴比羅神社와 천만궁天滿宮을 모시는 사당이 있다. 그밖에 회마당繪馬堂[174], 충혼비1894~5년 전쟁 전사자를 제사함 등이 있다. 남쪽으로 바다를 바라보고 있어 풍경이 매우 아름답다. 수목이 무성하여 푸른빛이 뚝뚝 떨어지는 것 같다. 한여름이나 가을에는 하루의 피로를 풀기 위해 이곳에서 산책하는 사람도 많다. 달밤에 멀리 바라보면 영롱한 먼 바다 풍경이 한층 정취가 있다.

월미도月尾島

인천항만 안에 있다. 둘레는 1리里 남짓이고 민가가 40여 호 있다. 1882년의 변에 하나부사 공사가 이 섬에서 난을 피하였을 때 갈증이 심하였는데, 우연히 바위 밑에 샘솟는 맑은 물로 갈증을 풀 수 있었다. 세상이 이를 전하여 '하나부사 샘물'[175]이라 한다. 섬 안에 살구꽃이 많아 봄에는 탐승객이 끊이지 않는다.

---

174 회마는 일본어로 '에마'라고 하는데 발원(發願)할 때나 소원이 이루어 졌을 때 그 사례로 신사나 절에 말 대신 봉납하는 말 그림의 액자를 가리킨다. 회마당은 봉납한 회마를 걸어두는 건물로 회마전(繪馬殿)이라고도 한다.

175 본문에서는 '花房水'라 표기하고 있다. 1923년 『인천부세일반(仁川府勢一斑)』을 비롯하여 『경기지방의 명승사적(京畿地方の名勝史跡)』(朝鮮地方行政學會, 1937), 기타 관광 안내 자료에는 '화방정(花房井)' 즉 '하나부사 우물'로 소개되고 있다.

결빙기의 인천내항, 인천내항 정거장 부근

이 섬에서 3정丁 떨어져 마주보고 있는 곳이 소월미도인데, 제방을 쌓고 선로를 부설하였다. 낙조 때는 걸어서 갈 수 있고 섬에 등대가 설치되었다. 1904년 2월 이 부근에서 러시아 함대 '바리야크ワリヤーく'와 '코레츠コレーツ'가 폭침되었다. 소월미도는 일로전쟁의 군수품 양륙지로 인천역에서 대월미도까지 교량을 연결하였고, 다리 위에는 인도 외에 철길을 부설하여 해륙 운송을 기획하였다. 이 다리가 월미교이며 길이는 480간間이다.

영종도永宗島

강화도의 첫 관문으로 300호 남짓한 어가漁家가 있다. 1876년明治9 도쿠가와徳川 막부 와해 당시 운양함雲揚艦이 포격한 곳이다. 섬에는 경치가 뛰어난 곳이 많고 새가 많이 서식한다.

강화도江華島[176]

인천에서 약 3리里, 한강이 바다로 흘러들어가는 곳에 가로놓여 있는 큰 섬이다. 1907년明治40 8월 한국 폭도가 봉기하여, 진압을 하던 일본 병사와 경찰관 몇 명이 죽은 곳도 이 섬이다. 둘레는 30여 리로 실로 한국의 3대 섬 중 하나이다첫째 제주, 둘째 거제, 셋째 강화. 낭떠러지와 절벽이 깎아지른 것 같은 요새로 포대가 늘어서 있다. 엄연한 한강의 요진이다. 섬 안에 이궁離宮이 있고 무기고도 있으며, 기이하고 뛰어난 경치가 많다. 초지진草芝鎭, 파월교波月橋, 용화촌蓉花村, 진해문鎭海門, 문주산文珠山[177] 등이 매우 유명하다. 기선을 타고 한번 한강을 거슬러 올라가 보지 않겠는가. 멀리 강화의 산꼭대기에 큰 성루가 나무 사이로 보일락 말락 하는데, 바로 정족산성鼎足山城이다. 초지진에서 상류로 약 1리 떨어진 곳에 암초가 빽빽하고 조류가 소용돌이치며 날아오르는 절벽 위에 벌집 같은 포대가 보인다. 강화도에서 제일로 험하다는 양쪽 기슭에 기암괴석이 서로 끌어안고 있으며, 기세가 가파르고 산골짜기 주변은 조용하며 띄엄띄엄 초가가 있다. 산 아래 여기저기 흩어져 있는 초가와 당나귀가 밭둑을 달리는 모습은 완연한 한 폭의 그림이다

정족산鼎足山

섬 중앙에 우뚝 솟아 있고 산꼭대기에는 성과 요새가 있다. 요충지로 견고하고 천연적으로 험하여 옛날에 국왕의 피난소였다. 다른 이름으로 삼랑성三郎城이라 일컫는다. 성벽은 9천 척尺이고, 수목이 울창하여 낮에 오히려 어둡고 한 줄기의 시냇물이 성 밖으로 졸졸 흐르고 있어, 생각건대 보기 드문 승지이다.

---

176 이 서술은 1892년에 간행된 아오야마 요시에(靑山好惠) 『인천사정(仁川事情)』의 해당 부분 서술을 발췌한 것처럼 보일 정도로 매우 유사하다. 저자가 어떤 자료들을 참고했는지 유추할 수 있는 부분이다. 이 자료는 인천광역시 역사자료관 역사문화연구실에서 번역 출간하였다(『역주 인천사정』 인천광역시, 2004). 다만 저자명을 아오야마 고헤이로 적고 있어 오류가 보인다. 이는 역주서 발간을 보도한 신문과 『한국민족문화대백과사전』의 항목에서도 잘못 전재하고 있다.

177 문수산(文殊山)의 오기이다. 병인양요 때 프랑스 군과 격전을 치른 것으로 유명한 문수산성이 있다.

인천항(1, 2, 3)

인천팔경[178]

- ■정족의 산
- ■한강의 물
- ■와부구瓦釜丘의 달
- ■화도華島의 구름

178 인천팔경은 시기에 따라 양상이 조금씩 달라진다. 본문의 내용은 1898년에 저술된 오가와 유조(小川雄三) 『新撰 仁川事情』에 실린 인천팔경과 같다.(김석희 역 『신찬 인천사정』 인천학연구원, 2007) 이는 1915년 이마이 이노스케(今井猪之助) 편저 『仁川鄕土資料調査事項』(이동철 외역 『인천향토자료조사사항 上』, 인천학연구원, 2007)에서는 변화가 보이며, 1923.12.1.자 『동아일보』는 「지방소개 인천호」라는 지면에서 짤막하게 인천팔경을 싣고 있는데, 위의 두 사례와 또 달라지는 것을 확인할 수 있다. 목차에는 누락되었다.

■ 월미도의 꽃　■ 팔미도八尾島의 아침노을
■ 사미도沙尾島의 저녁노을　■ 화개동華開洞 야경

○관아, 회사, 학교, 병원

○ 일본이사청　○ 일본거류민단사무소
○ 일본상업회의소　○ 공립인천병원
○ 공립피병원　○ 육군운수부지부
○ 청국이사청　○ 인천우편전신국
○ 인천세관　○ 인천수비대
○ 한국인천부　○ 청국순포청清國巡捕廳
○ 각국 경찰서　○ 일본경찰서
○ 통감부관측소　○ 한국수도국 인천공영소仁川工營所
○ 인천심상고등소학교　○ 인천유치원
○ 조선일일신문사　○ 조선타임즈사
○ 조선신보사　○ 제일은행 인천지점
○ 제18은행 인천지점　○ 제58은행 인천지점
○ 인천전기주식회사　○ 일본우선주식회사 인천지점
○ 오사카상선주식회사 인천지점　○ 한일무역주식회사
○ 마쓰칸석유인천조합松函石油仁川組合　○ 인천수산주식회사
○ 인천운송조합　○ 다쿠합명회사宅合名會社 인천지점
○ 미쓰이물산합자회사三井物産合資會社 인천출장소　○ 인천곡물협회
○ 인천항정미판매조합　○ 인천도수장조합仁川屠獸場組合
○ 인천공동어시장조합　○ 합명회사 아키타상회秋田商會
○ 일영무역합자회사　○ 고쿠라小倉병원
○ 사토佐藤병원　○ 다카키高木병원

■ 신사불각

■ 천조황대신궁
■ 천만궁
■ 금비라궁
■ 대곡 본파 본원사 별원
■ 일련종 묘각사
■ 진언종 고야산 교회소

○ 여관

이나다稲田여관, 아사히야旭屋여관, 하라킨原金여관, 다케하라竹原여관, 시로이시白石여관, 하야시林여관

○ 요리점

야사카로八阪樓, 우로코로鱗樓, 이치야마로一山樓, 아사오카로淺岡樓, 이치후지로一富士樓, 인천구락부仁川俱樂部 호텔

낙동강역洛東江 삼랑진에서 1리 45쇄

경상남도 밀양군 삼랑동三浪洞 강기슭에 있다. 일본인 인구는 250명, 한인 인구는 3천 명이 있다. 군용철도 시대에는 이곳에 나무다리를 놓아 겨우 통과할 수 있었다. 철도교 설치 후 한층 풍치가 더해지고, 도도하게 흐르는 강물은 멀리 몇 리里에 걸쳐 바라보이며, 그 사이에 점점이 한선韓船이 떠다니는 모습은 진정 뛰어난 경치이다.

낙동강 철도교량 역에서 수 정丁 떨어져 있으며, 길이는 1,829척呎.

마사馬沙터널 낙동강과 진영 사이에 있으며, 길이는 1,060척.

○ 관아

○ 일본단급소학교日本單級小學校

진영역進永驛 삼랑진에서 10리 7쇄

경상남도 김해군 하계면下界面에 있다. 이곳은 원래 광활한 황무지였지만 철도 개통 이후 자못 번성하여, 이주하는 일본인이 많아 지금은 인구가 150명으로 늘었다. 왕성히 농사 경영에 힘쓰고 있다.

무라이농장村井農場 사무소

역에서 1정丁 남짓 떨어져 있으며, 무라이 기치베에村井吉兵衛 씨가 경영한다. 현재 거의 3천 정町 면적의 토지를 가지고 있으며, 농부는 일본인 1백 명, 한인 4백 명이 있다. 이 농장의 주요한 농산물은 쌀, 보리, 대두 등이며 점차 발전하고 있다. 특히 낙동강의 범람을 막기 위해 길이 2리里에 달하는 거대한 제방을 쌓았다. 그중에서도 주천천注川川[179]에 건설한 갑문閘門은 비용 5만원을 투자하여 설계한 것으로, 마산선 중에 일본의 신명소이다.

○관아

○군아	○경찰주재소	○재무분서
○헌병분견소	○우편취급소	○일본소학교
○한국보통학교		

○여관

진영進永여관, 조노城野여관

창원역昌原驛 삼랑진에서 19리 38쇄

경상남도 창원부昌原府 서면西面 소계동召界洞에 있다. 사방으로 멀리 산이 에워싸고 있고, 그 사이는 광활한 논밭으로 옛 이름은 의안義安, 의창義昌, 회산檜山, 회원

179 주천강을 가리킨다.

檜原, 환주還珠라 한다. 토지가 비옥하여 세상에서 널리 칭찬 받는 창원쌀의 산지이다.

근래 고베神戸·오사카大阪 시장에서는 마미馬米라 일컬어지며, 한국에서 최고의 지역산물에 속한다. 음력으로 매월 2·7일에 시장이 열리며, 거래가 가장 성황을 이룬다.

| 명승지 |

근주성지近珠城趾[180]

역에서 서쪽으로 약 18정丁 지점 내서면內西面에 있다. 3백 년 전에 건축되었으며, 아문衙門을 두고 병정을 모집하던 곳이다.

공자묘대성전이라 한다

역에서 동쪽으로 20정丁 떨어진 창원성 밖에 있다. 개국 5백 년 전에 건설되었고[181] 공자를 제향한다. 정당正堂 안에 신안新安의 주희가 명륜당이라 쓴 편액이 있다.[182]

증봉甑峰

역에서 남쪽으로 약 4리里 떨어진 웅천군熊川郡의 경계에 있다. 산꼭대기에 있는 암석이 시루를 닮았다고 하여 붙여진 이름이다. 전하길, 신라왕조 시대에 쓰시마對馬 도수島守가 와서 놀았던 일

180 근주에 성이 있었는지는 확인되지 않는다. 조선시대까지는 역(驛)이 있던 곳이다.

181 창원 향교의 최초 창건은 조전 전기인 태종 때로 추정되며, 읍성을 옮겨지으면서 향도도 옮기게 되었다고 한다(『디지털창원문화대전』 참고). 따라서 본문에 개국 5백 년 전이라 한 것은 대한제국의 개국(1896년)을 가리키는 것으로 볼 수 있다.

182 명륜당 현판에 '신안주희서(新安朱熹書)'라고 되어 있는데, 전국의 향교 명륜당에서 흔히 볼 수 있다. 주자의 본관은 안휘성(安徽省)의 휘주무원(徽州婺源)인데, 이곳은 남북조시대 신안군에 속하였다. 주자는 스스로 '신안주희'라 하였다.

이 있는데, 왕녀가 도수를 짝사랑하여 사랑이 이루어지지 않자 결국 병을 얻어 죽었다. 죽음을 맞아 유언하였는데, 자신이 죽으면 쓰시마를 볼 수 있는 산꼭대기에 묘소를 골라 묻어 달라고 하였다. 이에 따라 왕녀를 제사하였다고 한다.

○관아, 학교, 회사

○재무서

○우편국

○사립보통학교

○금융주식회사

○마산경찰서 창원주재소

○창원타방금융조합昌原他方金融組合[183]

○창원재류일본인회

○여관, 요리점

창원루昌原樓, 요리 겸업, 오카야마로岡山樓, 요리점

마산역馬山驛

24리 78쇄(마산선 종점)

마산은 경상남도 중부의 남쪽 가장자리에 있다. 쓰시마와 서로 약 75리浬 떨어져 있고, 시모노세키下關에서 북쪽으로 약 160리 떨어져 있다. 진해만 어귀에 있는 거제도가 외해外海의 격랑을 차단해 주어 마산만의 좋은 조건을 구성한다. 수심이 깊어 1만 톤噸 이상의 거대한 함대와 선박이 정박하기에 충분하다. 각국 거류지는 마산만의 서남 연안을 따라 남북으로 늘어서 있고 인가가 빽빽하다. 함선이 끊임없이 몰려들고 있으며 상업도 자못 번성하다. 특히 기후가 온화하고 풍광이 맑고 아름다우며, 물이 맑고 파도가 잔잔하여 마치 호수 같다. 한국 유일의 피서지 및 피한지로 매우 적합한 지역이다. 옛 마산은 원래 잡거지로 각국 거류지에서 약 20정丁 떨어진 창원가도에 있다. 인가가 오밀조밀 해변을 따라 들어섰고 상점은 처마를 나란히 하고 있다. 선박과 화물이 몰려들어 지극히 번화하다. 지금은 마산과 진주 사이에 도로를 내는 중이라 한다.

183 타방은 地方의 오기이다.

진해만鎭海灣

해상으로 3리里[184] 떨어져 있으며 배로 가면 약 2시간이 걸린다. 매일 마산에서 진해만을 경유하여 부산으로 항해하는 기선이 여객과 화물을 운반한다.

■ 마산의 중요한 수출입 물품

수출 대두, 보리, 생우生牛, 동광銅鑛, 어류, 삼베, 소가죽, 들깨, 팥, 기타

수입 금포金布, 목면, 방적사紡績絲, 가마니, 벽돌, 의복, 염분染粉, 밀가루, 성냥, 석유, 술, 식염, 설탕, 목재, 도기, 담배, 견직물, 기타

| 명승지 |

월영대月影臺

역에서 약 4정丁 떨어져 있다. 지금으로부터 3백 년 전 최 모라는 관리가 거주한 유적으로 수목이 울창하여 여름에는 시원하고 달밤의 조망도 아름답다. 이 곳 사람들은 월영대라고 한다.

저도猪島

역에서 28정丁 떨어져 있는 마산만 내 작은 섬이다. 이 섬에 도착하면 러시아 전관專管 거류지, 신구新舊 마산이 한 눈에 들어온다. 자못 경치가 뛰어나다.

고노에 언덕近衛丘[185]

일본 전관 거류지 일각에 있다. 1901년明治34 고노에 공작이 이곳의 경치가 아름답다며 별장으로 선정하였다. 훗날 자작子爵 오카베 나가모노岡部長職 씨가 놀러 왔을 때 공작의 옛 여행을 추억하며, 하산공霞山公이 뜻을 남긴 곳이라는 푯

184 浬의 오기로 보인다.

185 메이지시기 정치가인 고노에 아쓰마로(近衛篤麿)이다. 호는 하산(霞山). 고노에는 맹렬한 아시아주의자로 1898년에는 동아동문회(東亞同文會), 1900년에는 국민동맹회(國民同盟會)를 조직하였고, "조선부액, 지나보전(朝鮮扶掖支那保全)"을 주장하였다. 고노에 후미마로(近衛文麿)의 부친이다. 1898년 오카베 나가모노 등과 함께 일본구락부를 설립하였다.

마산시가 일부

말을 세웠다.

광산사匡山寺

역에서 서북쪽으로 약 2리里 떨어진 광노산匡盧山 중턱에 있다. 지극히 고요하고 그윽하며 수목이 우거지고 푸르러 여름 피서지로 적합하다. 봄여름에는 각종 풀과 꽃이 많이 피고 낮에는 비오리가 우는 소리가 들린다고 한다. 조용하고 운치 있는 맑고 깨끗한 곳이다.

구산진龜山鎭

역에서 남쪽으로 1.5리里 떨어져 있다. 이곳은 50년 전까지는 수군水軍에 속하여 팔첨사八僉使[186]가 진을 수비했다고 한다. 부근 일대는 철쭉이 많고 겨울에는 수렵에 적합하다.

186 첨사는 첨절제사(僉節制使)의 준말로, 조선시대 종3품의 무관직을 가리킨다. 병마첨절제사와 수군첨절제사가 있었으며, 이들은 각 지방의 거진(巨鎭)을 지휘하는 최고지휘관이었다. 『대전회통(大典會通)』에는 경상도 수군첨절제사 정원이 4인, 수군동첨절제사 정원이 3인으로 기록되어 있어서, 본문에 기록된 팔첨사의 의미는 명확하지 않다.

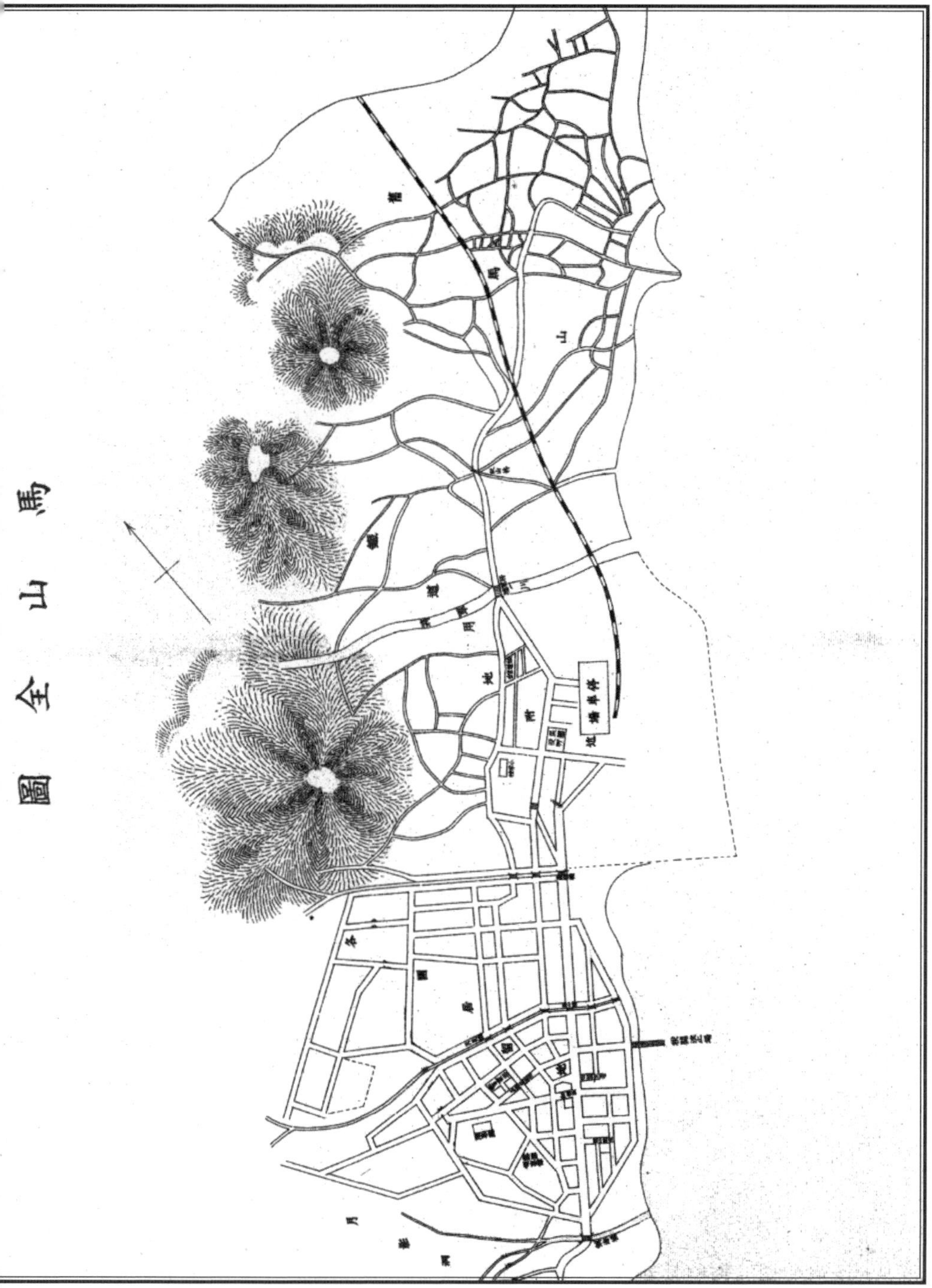

마산전도

가조도加助嶋

역에서 해상으로 30리浬 떨어져 있는 진해만 안의 섬으로 거제도와 가깝다. 분로쿠·게이초의 역 때 일본 수군이 임시로 정박한 곳이라 한다.

웅사熊寺[187]

역에서 동쪽으로 3리里 남짓 떨어진 창원군 천선동泉善洞 산속에 있다. 그윽하고 고요하여 손으로 움켜쥐고 싶은 아름다운 풍경이다.

선인굴仙人窟

역에서 해상으로 6리浬 떨어진 덕산동德山洞의 산꼭대기에 있다. 일본 해군 군항의 경계구역에 속한다. 이 굴 안에 선인仙人이라 하는 한인이 살고 있는데 풍우 등 하늘의 변동을 알아서 마을 사람이 놀랐다고 한다. 이 굴은 인공으로 조성되었으나, 언뜻 보면 천연 동굴 같다. 바다에서 1천 척尺 지나면 한 눈에 거제도와 가덕도가 내려다보이며 하늘과 바다가 맞닿은 사이로 쓰시마를 바라 볼 수 있다.

마산성지馬山城趾

역에서 동북쪽으로 1리里 떨어진 창원군 고구동古口洞 북쪽에 있다. 분로쿠·게이초의 역 때 일본 제4군의 장수 시마즈 요시히로島津義弘가 쌓은 성이라고 한다.

몽고정호蒙古井戶

역에서 약 10정丁 떨어진 신마산과 구마산 사이 중간 도로 옆에 있다. 고안弘安 연간[188] 쿠빌라이가 일본을 습격했을 때, 마산만에서 군선 제작과 군인을 위해

---

187 불모산 기슭에 있는 성주사(聖住寺)의 이칭으로, 835년 국사 무염(無染)이 창건하였다. 임진왜란 때 전소되었고, 1604년 재건 당시 곰이 불사를 도왔다는 데서 웅신사(熊神寺), 웅사로 불렸다고 전한다. 1681년 조성된 시왕상 복장물에서 나온 기록에 '불모산웅신사(佛母山熊神寺)'라는 것이 밝혀졌다.

188 고안은 일본의 가마쿠라(鎌倉) 중기, 1278~1287년의 연호이다. 몽골은 1274년 10월과 1281년 5월에 일본을 침공하였다. 일본 역사상 유일한 외세의 침략이며, 태풍으로 인해 몽골의 일본원정은 실패로 끝났다. 일본에서는 당시 태풍을 신의 가호라 하여 가미카제(神風)라 불렀다. 이후 신이 보호해 주는 일본이라는 신국(神國)사상이 널리 퍼졌다.

우물을 파게 하여서 몽고정이라는 이름이 붙었다. 지금도 마을사람들이 우물 물을 이용하고 있다.

○관아, 회사

- ○이사청
- ○일본거류민단사무소
- ○세관
- ○경찰서
- ○우편전신국
- ○전화취급소
- ○심상고등소학교
- ○마산병원
- ○구마산감리서
- ○건어창고
- ○마산수산회사
- ○마산곡물주식회사
- ○제일은행 출장소
- ○진주농공은행 출장소
- ○한국탁식주식회사 지점
- ○잡화상조합
- ○석유상조합

○여관

요시카와吉川여관, 다이코大功여관, 호리에堀江여관, 모치즈키望月여관, 이와미石見여관, 후지오카藤岡여관

○요리점

모치즈키로望月樓, 가쓰야마로勝山樓, 이로하테이いろは亭, 산스이테이山水亭, 아즈마로吾妻樓, 기타마도로北窗樓

(위) 안둥현(安東縣) 목재창(木材廠), (아래) 안둥현 이사청

(위) 창덕궁 정문, (아래) 창덕궁 정원 주합루(宙合樓)

(오른쪽) 양반 (무관), (가운데) 평양기생 외출 풍속, (왼쪽) 양반 (문관)

경의선

京義線

수색역水色驛　　용산에서 6리 4쇄

경기도 북서北署 연희방延禧坊에 있다. 작은 언덕이 높아졌다 낮아졌다 하는 모양이며, 동쪽으로 멀리 한강이 흐르는 것을 볼 수 있다.

| 명승지 |

난지도蘭芝島

역에서 약 1리里 떨어진 한강 중간에 있다. 둘레는 약 2리로 경치가 매우 아름답고 여름에 더위를 피하기에 적합하다.

성산리천城山里川 철도교량　용산역에서 2리哩 20척呎 떨어져 있으며, 길이는 300척.

중리동천中里洞川 철도교량　용산역에서 5리 20쇄 떨어져 있으며, 길이는 140척.

가라산천加羅山川 철도교량　역에서 2리 60척 떨어져 있으며, 길이는 120척.

일산역一山驛　　용산에서 16리 19쇄

고양군高陽郡 중면中面에 있다. 지세는 서남으로 평탄하고 무논과 연못이 많고, 동북으로 산과 구릉이 높아졌다 낮아졌다 한다. 들이 비옥하여 곡식이 잘 여무는 지역이다.

| 명승지 |

고봉산성高峯山城

역에서 동북쪽으로 10여 정町 떨어져 있다. 부근에서 유일하게 높은 산으로 고려조 숭정崇禎 3년[189]에 건축되었다. 분로쿠·게이초의 역 때 가토 기요마사가 공격하여 함락시킨 곳이라고 한다. 지금은 황폐하여 주춧돌만 남아있을 뿐이다. 산 중턱에서 꼭대기로 가는 비탈길은 자못 험악하여 보행이 지극히 어려워, 예부터 난공불락이라 했던가. 산 중턱에 만경사萬景寺가 있는데 지금도 여전히

189 숭정 3년은 1630년으로 조선 인조 8년이다.

남아있다. 매년 음력 3월·9월 두 번 제전을 행한다. 또 성의 동북쪽으로 100척尺에 걸쳐 늘어선 노송이 가지를 맞대어 울창하다. 산꼭대기에 올라 사방을 보면 동쪽은 활산活山의 푸른 고개가 한눈에 들어오며, 서북쪽은 끝없이 넓은 광야로 한강 하류가 그 남쪽을 흐르고 있다. 강을 오가는 많은 배들은 마치 물새가 떠있는 것 같다. 천연의 명승지로 좋아할 만한 곳이다.

금성리천金城里川 철도교량 역에서 5리哩 떨어져 있으며, 길이는 180척呎.

현암리천絃岩里川 철도교량 역에서 10리 10쇄 떨어져 있으며, 길이는 100척.

문산역汶山驛 용산에서 29리 30쇄

파주군坡州郡 칠정리七井里에 있다. 부근 일대는 들판으로 토지가 비옥하여 농산물이 풍부하다. 임진강臨津江으로 통하는 문산포汶山浦에 배편이 있다. 인천 방면으로 거래가 점점 성황을 이루고 있다.

| 명승지 |

태평산사太平山寺

역에서 동남쪽으로 약 3리里 떨어져 있다. 승려 60명이 거주한다. 이 부근에서는 거대한 사찰로 매년 음력 1월과 8월 중순에는 참배객이 많다.

파주군 대덕리坡州郡大德里

역에서 동북쪽으로 약 30정丁 떨어져 있다. 옛날 대원군과 그 비妃[190]의 묘로 올해 1월 용산 공덕리에서 이곳으로 이장하였다. 부근 일대는 작은 언덕으로 봄과 가을에 화초가 많이 피어 비단으로 아름답게 수놓은 것 같다. 본조 천고의 호걸인 대원군은 실로 이곳에서 잠들어 영원히 돌아오지 못하니, 나그네 생각에는 천년 세월이 헛되고도 아득한 느낌이다. 옛 영웅을 찾아 경성과 개성 방면

190 흥선대원군의 아내는 여흥부대부인민씨(驪興府大夫人閔氏)를 가리킨다. 참고로 대원군의 아내에게는 妃라는 호칭을 쓸 수 없다.

말을 탄 한인

에서 오는 사람도 많다.

문산터널

역에서 1리哩 60쇄 떨어져 있으며, 길이는 759척呎.

임진강역臨津江驛 용산에서 33리(哩) 41쇄

파주군 마정리馬井里 임진강 기슭에 있다. 임진강 철도교량은 길이 1,786척呎으로 본선 중 유일하게 긴 다리이다. 1907년明治40 9월 이래 교체공사 관계로 왕래하는 여객과 화물 수송의 편리를 제공하기 위하여 임시로 이곳에 정거장을 설치하였는데, 공사가 완성된 후에 역을 폐지할 예정이다.

| 명승지 |

임진진臨津鎭

임진강 좌측 기슭에 있다. 분로쿠·게이초의 역 때 명나라 장군 이여송이 대군을 잃은 곳으로, 1894~1895년 일청전쟁에서는 일본군의 도하지점이 되었고, 1904~1905년에도 일본군의 병점지가 되었다.

임진강臨津江

한국의 큰 강 중 하나로 조수 간만의 차이가 심하여 15척呎 이상이라고 한다. 조수가 잔잔할 때에는 산수가 서로 비쳐 풍광이 매우 아름답지만, 겨울철 차가운 북풍이 우박과 눈을 날리고 강물이 교각에 세차게 부딪히는 차가운 광경은 사람을 전율하게 만든다. 철도가교의 준공이 한층 더 강에 빛깔을 더하였다고 할만하다. 특히 여름에 풍취 있게 놀기 좋은 곳이다.

임진강 철도 가교량 역에서 40쇄 떨어져 있으며, 길이는 1,604척呎.

장단역長湍驛 용산에서 36리(哩) 57쇄

장단군 중서면中西面에 있다. 토지가 비옥하고 광활한 논밭이 있으며, 한국에서 유명한 대두 생산지이다.

| 명승지 |

덕적산德積山 흔히 덕물산德物山이라 일컫는다

역에서 서쪽으로 2리里 떨어져 있다. 험준하고 높은 산꼭대기에 사당이 있는데 고려 재상 최영崔榮[191] 장군의 화상畫像이 안치되어 있다. 세상 사람들이 우러러 공경한다. 산위에 있는 40여 호의 인가는 주로 참배자에게 알선한다. 산 정상에서 사방을 둘러보면, 멀리 조백산鳥白山이 구름 위로 솟아있고, 한강, 임진강, 용진강龍津江의 세 대하가 눈앞에서 서로 만나고, 강어귀에 홀로 떨어진 강화도

191 최영(崔瑩)의 오기이다.

는 연못의 섬과 같으며, 구불구불한 철로는 발밑을 두르고 있다. 요란한 소리를 내며 달리는 기차는 마치 맹호가 울부짖는 것 같다.

마미천馬尾川 철도교량 역에서 1리哩 10쇄 떨어져 있으며, 길이는 834척呎.

개성역開城 용산에서 46리 46쇄

개성군에 있다. 달리 송도松都라 부른다. 성벽으로 둘러싸여 있으며 옛날 고려조의 제도帝都로 부윤府尹이 주재하는 지역이었으나, 광무10년明治40 지방관제의 개정 때[192] 부를 군으로 개정하여 지금은 군수를 두고 있다. 일로전쟁 때 병참선로의 요지로 병참사령부를 두고 군정을 펼쳤다. 지금은 옛날의 번영과 훌륭한 광경은 없지만, 한국의 주요 도시 중 하나임은 여전하다. 일본인은 호수 3백호에 인구는 1천 3백 명이고, 한인은 호수 7천 호에 인구는 3만 명이다. 생각건대 경성과 평양 사이의 대도시이다.

인삼제조소

192 광무 10년은 1906년이며 메이지 39년에 해당한다. 근대기 개성의 관제 변화는 1896년에는 관찰부로 개칭, 이듬 해 관찰부 폐지로 다시 개성부윤이 배치되었고, 1906년 부윤을 폐지하고 개성군수를 두었다. 1914년에는 송도면으로, 1930년에 개성부로 개칭되었다.

고려청자는 고려시대 산물로 지금은 자취가 끊어졌지만, 이곳에서는 드물게 발견되기도 한다. 인삼 역시 지역 특산물로 이것을 쪄서 홍삼을 만든다. 매년 청나라에 수출하는 액수는 100~150만 원을 웃돈다고 한다. 한국의 주요 산물로써 궁내부宮內府 삼정과蔘政課에서 관리한다. 부근에 밭 가운데 섶나무 울타리를 낮게 두르고, 뜸으로 만든 자리 같은 것으로 덮은 것이 인삼이다.

| 명승지 |

박연폭포朴淵瀑布, 일명 산성山城폭포

개성에서 북쪽 3리里 남짓 떨어진 박연리에 있다. 한국의 유명한 명승지로, 폭포는 절벽에 걸려 아래로 50척尺이나 드리운다. 여름에는 항상 춥고, 부근에 산사가 있어 숙박할 수 있다. 길이 험준하기 때문에 이럭저럭 가마나 말을 타고 갈 수도 있지만 오히려 도보로 자유롭게 가는 것만 못하다. 개성에 체류하는 외국인들은 여름에 이곳에 거처를 두고 오간다고 한다. 가을 단풍 경치는 한층 정취가 있다.

(왼쪽) 박연폭포, (오른쪽) 선죽교

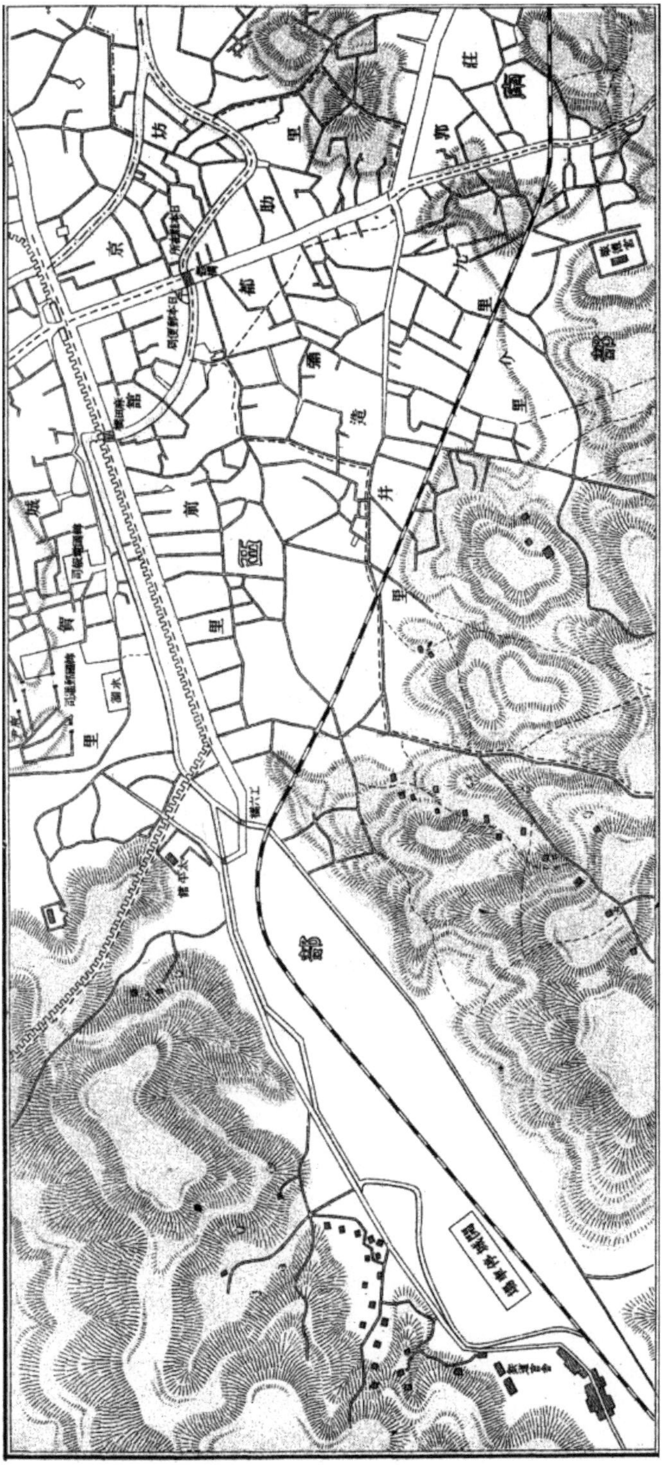

개성정거장 부근 시가지도

자로동紫露洞

송악산松嶽山 기슭에 있다. 그윽하고 골짜기에 흐르는 냇물도 맑아 경치가 아름답다.

부산동扶山洞

자로동 서쪽에 있다. 기암과 고목이 자못 우아하고 또 오묘하다.

채하동彩霞洞

송악산 동쪽 기슭에 있다. 한적하고 조용하며 수석이 기이하다. 또 명동明洞 남쪽에 낙풍대樂豊臺가 있는데, 봄여름에는 유람객이 끊이지 않는다. 지역의 부호들이 암석에 이름을 새겨 속세에 전하여 자랑으로 삼는 것은 옛날의 일반적인 풍속이라고 한다.

만월대滿月臺

송악산 기슭에 있다. 고려왕궁의 자취가 남아 있는 터로 지금은 그저 황폐하여 성루만 남아있을 뿐이다.

선죽교善竹橋

역에서 약 15정丁 떨어진 대묘리大廟里에 있다. 전부 돌로 만들어졌으며, 고려 말의 충신인 정몽주鄭夢周가 자객에게 살해당한 곳으로 지금도 다리 위에 혈흔이 남아있다고 전한다. 훗날 이李 왕조 때 다리 서쪽에 비를 세우고 누각을 만들어 영혼을 위로했다고 한다.

경덕궁敬德宮

역에서 17정丁 떨어진 임동林洞에 있다. 이조 태조의 잠저潛邸였으나 나중에 고쳐 궁전으로 삼았다. 지금은 겨우 주춧돌만 남아 있고 주위는 담장으로 둘러싸여있다. 안에 어필비御筆碑가 있는데, "경덕궁비계영경지비敬德宮丕啓靈慶之碑"라고 쓰여 있다.

두문동杜門洞

부성에서 서쪽으로 1.5리里 떨어져 있다. 고려조의 유신 조의생曹義生[193], 임선미林先味 등 72명이 이곳으로 피해와 이가李家로 바뀌는 것을 따르지 않아 결국 죽음을 당했다고 한다. 이조 태조가 이것을 장하게 여겨 비를 세워 그들의 영혼을 제사하였다.

만월대滿月臺[194]

역에서 약 20정丁 떨어진 송악산 아래에 있다. 고려왕궁의 자취가 남아 있는 터로 지금은 그저 황폐하여 성루만 남아있을 뿐이다.

정몽주저鄭夢周邸

동부면東部面에 있는 산송양서원山松陽書院[195]이 그것이다. 정몽주의 화상 외에 지팡이, 옷, 필적 등이 보관되어 있다.

남문루南門樓

시 중앙의 남대문 위에 있다. 이조 태조 2년 축성 때 세웠다. 누각 서쪽에는 종각이 있다.

관덕정觀德亭, 군자정君子亭

역에서 16정丁 떨어진 자남산子男山에 있다. 사방의 조망이 펼쳐져 개성시 전체를 볼수있다. 이곳은모두고려시대의고귀한유람지이자궁술을연습하던곳이다.

고려 태조 현릉顯陵

부성에서 서북쪽으로 1.5리里 떨어진 파모동巴貞洞에 있다. 고려 역대의 능은 대

193 조의생(曹義生)의 오기이다.
194 만월대 항목이 반복되었다. 다만 거리정보가 추가되어 있어 다른 자료를 참고한 것으로 보인다.
195 정몽주와 서경덕을 추모하기 위해 세운 숭양서원(崧陽書院)을 가리킨다. 崧자를 山과 松으로 나누어 쓴 것은 조판과정의 문제로 보인다.

체로 이 부근에 있다.

화장사華藏寺

고려왕조 초기에 서역의 승려 지공화상指空和尙이 절터를 닦은 명사찰로, 부에서 동북쪽으로 4리里 떨어진 장단군長湍郡 송서면松西面에 있다. 지금은 가람伽藍이 있지만 황폐하여 옛 모습은 남아 있지 않다.

성균관成均館

부성에서 동쪽으로 3리里 떨어진 송악산 동쪽 기슭에 있다. 고려 공민왕 16년에 설립하였다[196]. 공맹 이하 여러 현인의 위패를 안치하였다. 학문의 신으로 존경과 믿음이 높다.

관제묘關帝廟

부성 북쪽으로 10정町 떨어진 송악산松岳山 남쪽 기슭에 있다. 개국 5백 년의 창설과 관련하며[197] 관우의 형상에 제사한다. 군신軍神으로 깊게 숭배한다.

목청전穆淸殿

부성에서 동쪽으로 0.5리里 떨어져 있다. 이조 태조의 구저舊邸이다. 태조의 초상을 봉안한 곳으로 전당이 장엄하다.

196 성균관의 설립은 고려 성종 11년인 992년이고 공민왕 16년인 1367년에 대대적으로 중건된다.

197 "개국 5백년의 창설"이란 표현은 문맥을 정확하게 파악하기 어렵다. 개성 관제묘의 건립 연도는 확실하지 않으며, 연구에 따라 1897년, 1899년 등으로 다르게 나온다. 관왕묘, 관성묘라고도 불리는 관제묘는 임진왜란 때 참전한 명나라 군의 요구로 건립되기 시작하였다. 선조 34년인 1601년에 서울의 남관왕묘와 동관왕묘가 건립되고, 강진, 안동, 성주, 남원 등 지방에서도 다수 건립되었다. 이후 고종 대에 서울에 북묘와 서묘가 추가로 건립되었다. 19세기 후반이 되면 관민을 막론하고 관왕숭배가 확산되어 전국에 30여 개의 관왕묘가 건립되었다. 1902년 1월에는 관왕을 황제로 삼을 정도였으나, 결국 제사 비용이 막대해지자 1908년 7월 23일 칙령 제50호 '향사리정(享祀釐正)에 관한 건'에 따라 관제묘 제사가 폐지되었다. 건립연대가 확인되는 19세기 후반의 관제묘 중에서, 개국 5백 년인 1892년에 건립된 것은 강화의 북관왕묘이다. 몽골 침입 때 임시 수도였던 강화도에는 송악리, 송악산 등 고려의 도읍이었던 개경을 떠올리게 하는 지명이 많이 남아 있다. 한편, 개성 관제묘는 건립연도가, 연구에 따라 1897년 혹은 1899년 등 명확하지 않다. 다만 당시 발행된 일본어 신문인 『조선신보(朝鮮新報)』 1907.8.27 자 「개성지방근황」 기사는 본문의 '부성 북쪽'이 '부북'이라고 되어 있는 것을 제외하면 본문의 내용과 완전히 일치한다.

수창궁壽昌宮

이조 태조대왕이 즉위한 장소이다. 지금은 군아로 사용한다.

부조현不朝峴

경덕궁 앞에 있다. 이태조 즉위 시에 경덕궁에 친림하여 과거를 열었으나, 고려 유신들이 한결같이 입장하지 않고 모두 고개를 넘어 갔다고 하여 이름이 붙여졌다.

태평관太平館

서소문 밖에 있다. 궐패闕牌를 보관하고 있다.

서소문

■ **교육, 종교, 상공업 상황 개략**

○**교육**

학교 수는 11개교, 재적 학생은 1,500여 명을 헤아리지만, 등교하는 학생은 6백 내지 7백 명을 넘지 않는다. 수업과목은 수신, 산술, 국어, 한문, 일어, 체조, 도화圖畫, 이과, 지리, 역사 등이 보통이지만, 내실이 꼭 일정하지는 않다고 한다.

○**종교**

예부터 전해진 한국 종교는 불교이다. 고려 태조가 불교를 깊게 믿어 선교禪教를 만들고 사원을 세웠지만, 점차 바뀌어 지금은 단지 형체만 남아있을 뿐이다.

○**상공업**

한해 수입액은 약 70만 원으로, 그 중 25만 원은 시 안팎에서 소비하고 나머지 45만 원은 10리里 이내의 각 군으로 이동한다. 상업 매출액은 한인과 일본인으로 크게 나뉘며 한인 4, 일본인 6의 비율이다. 공업은 미비하고 부진하며, 부근의 중요 시장은 남문 내외의 정기시장을 비롯하여, 토산兔山, 누천漏川, 연안延安, 조포助浦 등이다. 특히 토산, 누천, 연안의 세 곳은 큰 시장으로 유명하며 매우 흥성하다.

○특이한 풍속

1. 1월 상순에 무뢰배가 모여 편을 짜고 석전으로 승부를 결정하여 한해의 길흉을 점친다.
2. 1월 15일 남녀 어린이가 횃불을 들고 걸으면서 1년의 복을 기원한다.
3. 4월 8일 석가탄신일에 등불을 장대에 걸어 높은 곳이나 산 위에 꽂아 놓는다.
4. 5월 5일 여자 아이가 짙은 화장을 하고 경덕궁에 모여 그네놀이를 하는데, 두말할 것도 없이 아름다운 광경이다.
5. 6월 15일 강물이나 폭포에 머리를 감아 부정을 쫓고 회음會飮한다.
6. 7월 15일 술과 음식을 마련하여 망자의 혼을 부른다. 바로 우란분회于蘭盆會라는 옛 풍습이다.

○관아, 회사

○군아
○경찰분서
○우편전신국
○일본거류민단사무소
○경무고문警務顧問 수원지부 개성분견소
○재정고문분서財政顧問分署
○헌병분견소
○개성지금고開城支金庫
○세무서
○삼정과蔘政課
○제일은행 지점
○한호농공은행 지점漢湖農工銀行支店
○종삼회사種蔘會社
○대한천일은행지점大韓天一銀行支店
○합명회사개성사合名會社開城社

○여관

가이와칸開和館, 야마토야大和屋여관

■ 교통

인력거 정거장에서 부성 남대문까지 금25전 우천 시 5할증

개성터널 역에서 1리哩 떨어져 있으며, 길이는 1,188척呎.

토성역土城驛 용산에서 52리 10쇄

개성군 중서면中西面에 있다. 민가 500호가 여기저기 산재한다. 역 앞에 연와제조소가 있다. 벽란도碧瀾渡는 역에서 3리哩 78쇄 떨어진 예성강禮成江 우측 기슭에 있으며, 인천방면으로 배편이 있다. 군용 철도의 건설 당초에 토성과 벽란도 사이에 지선을 부설하여, 배에서 짐을 내려 철도로 자재를 운송하기에 편리한 곳이다.

| 명승지 |

고려왕분묘高麗王墳墓

역에서 동북쪽으로 1.5리里 떨어져 있다. 수목이 울창하고 자못 풍광이 좋은 곳으로 이름이 났다.

토성土城

역에서 서북쪽으로 몇 정丁 떨어진 작은 언덕이다. 토담으로 둘러싸였고 소나무가 무성하다. 분로쿠·게이초의 역 때 가토 기요마사가 진영을 구축하고 겨울을 난 곳이라 한다.

건천乾川 철도교량 역에서 3리哩 70쇄 떨어져 있으며, 길이는 100척呎.

계정역鷄井驛 용산에서 61리 7쇄

금천군金川郡 동면東面에 있다. 지세가 평탄하고 언덕이 많다.

| 명승지 |

춘석관春石關

역에서 동남쪽으로 약 20정丁 떨어져 있다. 경기도와 황해도의 경계로 한국 수비대가 주둔하는 관소關所였지만, 지금은 그저 석문만 남아있다.

장위천長位川 철도교량 역에서 7리哩 20쇄 떨어져 있으며, 길이는 180척呎.

잠성역岑城驛 용산에서 68리 70쇄

금천군 내면內面에 있다. 민둥산으로 둘러싸인 한촌에 불과하지만, 드문드문 초록빛이 떨어지듯 솔숲이 무성하여 눈을 즐겁게 한다.

| 명승지 |

잠성척촉岑城躑躅

역 주위 온 산에 철쭉이 가득하여 자연스레 쳐다보게 되는 멋진 경치는 화려하여 비단에 수를 놓은 것 같다. 풍류를 아는 사람과 문인들이 자연을 즐기는 곳이다. 역에서 서남쪽으로 약 5정丁 떨어진 곳에 용진강龍津江과 장위천이 합류하는데, 연안에는 기암이 솟아있고 청아하며 깊고 그윽하다. 여름에는 낚시하며 즐기는 곳으로 은어와 장어 등이 많다.

온정원온천温井院温泉

역에서 서남쪽으로 약 6리里 떨어져 있다. 천연의 광천으로 피부병과 화류병에 좋다고 한다.

금릉관金陵舘

역에서 동남쪽으로 약 10정丁 떨어져 있다. 병진년丙辰年[198]에 창설되었다고 한다.

198 금릉관은 금천의 객사로 각종 연행록에 서울에서 70정(丁) 떨어져 있다는 기록이 나온다. 다만 창설 시기는 확실하지 않다. 참고로 금천군은 1651년에 황해도 우봉현과 강음현이 합쳐져 편성되었으며, 고려 건국 이후 조선말까지 병진년에 해당하는 연도는 956, 1016, 1076, 1136, 1196, 1256, 1316, 1376,

매년 청나라에서 특례대사가 참배를 하였으나 일청전쟁 후 폐지했다고 한다.

충렬현忠烈峴[199]

역에서 서남쪽으로 약 15정丁 떨어져 있다. 병자년丙子年 청나라가 조공을 질책하자 이에 반항하여 싸우다 죽은 충신을 위해 사당을 건립시킨 것이라고 하는데, 지금은 겨우 주춧돌만 남아 있을 뿐이다.

무동산舞童山

역에서 남쪽으로 약 10정丁 떨어져 있다. 산꼭대기에 오정五井이 있다. 매년 음력 5월 5일에 인근의 선비 등이 산에 올라 우물물의 증감을 살펴보고, 그 해의 풍향을 점친다고 한다.

용진강 철도교량 역에서 5리哩 30쇄에 있으며, 길이는 1,011척呎.

한포역汗浦驛 용산에서 74리 72쇄

평산군平山郡 금암면金岩面에 있다. 평산읍은 역에서 약 30정丁 떨어져 있는 군아 소재지로 우편취급소, 경찰서, 헌병분견소, 재무서 등이 있다. 군에서 유일한 번화가로 사람과 말의 왕래가 끊이지 않는다.

| 명승지 |

용진강龍津江

역에서 서쪽으로 약 10정丁 떨어져 있다. 하얀 모래와 푸른 강물이 몇 리에 걸쳐 있다. 강 주변은 푸른 풀로 둘러싸였고 그 사이에서 고상한 멋이 있는 물레방아가 물 흐름을 따라 돈다. 생각건대 한국철도 연선에서 드물게 볼 수 있는

1436, 1496, 1556, 1616, 1676, 1736, 1796, 1856년이다.

199 충렬현이란 이름은 고문헌이나 고지도에서는 확인되지 않는다. 다만 금천군 청룡포(靑龍浦)에는 1624년 이괄(李适)의 난 때 순절한 이중로(李重老) 등 8명을 모신 민충사(愍忠祠)가 있었으며, 1930년 6월에 발간된 금천군 『군세일반(郡勢一斑)』에도 명승고적 항목에 민충사를 들고 있다.

곳으로, 여행객은 차 안에서 이 풍광을 접할 수 있다.

태백산성지太白山城趾

역에서 약 1리里 떨어진 평산군 평산읍에 있다. 12,030척尺의 석벽으로 둘러싸여 있다. 동쪽은 뱀처럼 굽이져 용진강[200]의 푸른 물을 바라보고, 서북쪽은 멀리 평야를 내려다보며 제어하는 가장 중요한 요해지이다. 고려조[201] 때 축조하여 난공불락의 험한 지세를 자랑하지만, 분로쿠·게이초의 역 때 일본의 선봉인 고니시 유키나가小西行長에게 함락된 곳이라고 한다.

남천역南川驛 용산에서 83리 40쇄

평산군 상용암면上龍巖面[202]에 있다. 지세는 산악이 많아 이른바 산간벽지이지만, 가을에는 온 산에 떡갈나무[203] 단풍이 들 때면 한층 정취가 있다. 이 부근은 땔나무와 숯이 많이 나오는 곳으로 그 생산액 또한 많다.

제3 남천 철도교량 역에서 2리哩 떨어져 있으며, 길이는 262척呎.

총수동葱秀洞 **터널** 역에서 3리 떨어져 있으며, 길이는 321척.

제4 남천 철도교량 역에서 3리 40쇄 떨어져 있으며, 길이는 171척.

200 태백산성의 동쪽에 면한 강은 예성강이다. 『신증동국여지승람』(1611)이나 『대동지지(大東地志)』(1866)의 평산군 항목, 『평산군 읍지』(1899)에 용진강이란 이름은 보이지 않는다. 『조선철도 선로안내』(1911)의 해당 항목에는 예성강에 "일명 용진강"이라는 부연설명이 있다.

201 태백산성은 고구려 광개토대왕이 백제의 침입에 대비해 쌓은 성이다. 일본 문헌에서 고구려는 고려로 표기되는 일이 많다.

202 1872년 평산부 지방지도와 1899년 『평산군읍지』에 실린 지도에는 '상용암면'은 보이지 않는다. 광복 전 행정구역상 평산부는 평산군, 남천읍, 평산면, 금암면, 서봉면, 신암면, 인산면, 문무면, 고지면, 세곡면, 적암면, 마산면, 용산면을 포함하는 지역이다. 다만 1895년 행정구역 개편 이후 평산군의 일부 면이 연안군으로 이관되었고, 연안군 용암방을 개편하여 신설된 용암면이란 지명이 보이기도 한다(1914년 행정구역 폐합 시 폐지). 본문의 '상용암면'이 용산면의 오기인지, 혹은 용암면을 가리키는지 확실하지 않다.

203 원문에는 栢으로 표기하고 있는데 이는 柏의 속자이며, 보통 측백나무, 잣나무를 가리키나 일본에서는 떡갈나무를 뜻한다. 떡갈나무는 참나무과 나무로 단풍이 들고 신탄으로 많이 사용된다.

물개역物開驛 용산에서 88리 79쇄

평산군 안성면安城面에 있다. 부근은 구릉으로 둘러싸인 한촌이다.

쌍교천雙橋川 철도교량 역에서 50쇄 떨어져 있으며, 길이는 140척呎.

차유령車踰嶺 터널 역에서 4리哩 40쇄에 있으며, 길이는 1,200척.

신막역新幕驛 용산에서 95리 39쇄

서흥군瑞興郡 화회방禾回坊에 있다. 토지가 비옥하여 농산물이 풍부한 지역이다. 부근에서 생산하는 오곡과 신탄은 모두 이곳에 모이며 철도편을 이용하여 각지로 흩어진다.

○여관

이시카와石川 여관 신막여관

평송천坪松川 철도교량 역에서 35쇄 떨어져 있으며, 길이는 120척.

서흥역瑞興驛 용산에서 100리 47쇄

서흥군 중부방中部坊에 있다. 서흥읍에서 십여 정丁 떨어져 있다. 군아 소재지로 호수戶數 8백, 산을 등지고 앞에는 강이 있으며 지세가 높고 메마르다. 풍경 또한 아름답다. 서흥과 홍수 사이의 선로는 서흥천을 수차례 횡단하는데, 산 사이로 푸른 물이 나오면 들어가고 들어가면 다시 나오며, 푸른 못은 깊이를 알 수 없으니 진정 신기한 곡천曲川이라 할만하다. 또한 언덕 줄기에는 기암이 많고, 산허리에 한옥이 흩어져 있는 사이로 수목이 줄지어 있어서 풍치가 아주 좋다.

흥수원興水院 터널 역에서 9리哩 19쇄 떨어져 있으며, 길이는 557척呎.

흥수원천 철도교량 역에서 9리 72쇄 떨어져 있으며, 길이는 300척.

○관아

○군아 ○경찰서

○수비대본부 ○소학교

○일본병원

흥수역興水驛 용산에서 108리 72쇄

봉산군鳳山郡 구연방龜淵坊에 있다. 서흥군과 봉산군의 경계에 위치하며 농산물의 집산지로 상업도 발달하였다.

| 명승지 |

귀진사歸眞寺

역에서 동남쪽으로 3리里 떨어진 서흥군 율리방栗里坊에 있다. 옛날 고려 멸망 때 왕이 잠시 피난한 곳으로 오래된 사당과 고분이 다수 있다.

검수천劍水川 철도교량 역에서 3리哩 58쇄 떨어져 있으며, 길이는 200척呎.

화계천花鷄川 철도교량 역에서 4리 4쇄 떨어져 있으며, 길이는 120척.

청계역淸溪驛 용산에서 113리 67쇄

봉산군 구연방에 있다. 이곳은 서남쪽 한 면이 산으로 둘러싸여 있으며, 동북쪽은 넓고 기름진 들이 이어진다.

산수원천山水院川 철도교량 역에서 1리哩 28쇄 떨어져 있으며, 길이는 200척呎.

마동역馬洞驛 용산에서 118리 17쇄

봉산군 토성방土城坊에 있다. 동북쪽은 멀리 이어진 구릉이 둘러싸고 있고 서북쪽은 광활한 논밭이 끝없이 이어진다. 부근의 산과 언덕 대부분은 민둥산으로 드문드문 늘어선 소나무는 푸른빛이 떨어지는 것 같다.

제1 봉산천鳳山川 철도교량 역에서 1리哩 72쇄 떨어져 있으며, 길이는 200척呎.

사리원역沙里院驛 용산에서 124리 32쇄

봉산군 사원방沙院坊에 있다. 황해도에서 저명한 농산지로 서남북쪽을 한눈에 바라보면 끝이 없으며, 수역하水易河가 서북쪽으로 흘러서[204] 이른바 사통팔달의 지역이다. 매월 음력 5·10일에 시장이 열리는데, 거래액은 한 번에 약 1만 원으로 황해도에서 유수의 시장이다. 수역촌水易村은 수역하 강변에 있는데, 군용 철도 부설 당시 역에서 수역촌까지 지선을 설치하여 철도 자재를 양륙한 곳으로 운하편이 매우 좋았다. 대부분의 농산물과 화물은 기차편으로는 경성 방면, 배편으로는 겸이포兼二浦와 진남포鎭南浦로 반출한다. 수역하를 따라 좌측에 오포五浦가 있으며, 마찬가지로 농산지이다.

- 석탄포石灘浦 봉산군 와현방臥峴坊에 있다. 역에서 남쪽으로 2리里.
- 종로포鐘路浦 동 군 서호방西湖坊에 있다. 역에서 서남쪽으로 1리.
- 화역포禾易浦 동 군 영천방靈泉坊에 있다. 역에서 서쪽으로 1리.
- 석해포石海浦 동 군 만천방萬泉坊에 있다. 역에서 서쪽으로 1.5리.

204 사리원역의 서북쪽을 흐르는 재령강은 대동강으로 흘러 들어간다. 본문의 '수역하'란 이름은 고문헌에는 보이지 않는데, 재령강의 이칭이거나 지류일 가능성이 있다. 한편 봉산 지역에는 크고 작은 하천이 많다는 기록이 있어 수역하는 그 가운데 하나일 수도 있다. 한편, 『매일신보』의 「砂里院의 有望」(1911.8.1) 기사에는 사리원역 서북쪽에 수역하가 흐른다고 나온다. '수역촌'이란 지명은 『각사등록(各司謄錄』 황해도편의 「황해병영계록」(1866.1.21)에 "용강 수역촌"이 보이나, 용강은 평안남도 서남단으로 본문 내용과 관련성은 분명하지 않다. 오포 역시 지명인지 혹은 다섯 개의 포구인지 불확실하다. 참고로 『숙종실록』 9권, 숙종 6년(1680) 7월 2일 己丑 1번째 기사 「비변사에서 외적에 대비한 서쪽 변방의 제방 축조를 건의하다」를 보면, 황해도 방비를 강조하면서 황해감사 "김우석이 병사(兵使) 노정(盧錠)과 황주(黃州)·봉산(鳳山) 두 고을의 수령과 함께 배를 타고 항구에 들어가 그 형세를 살펴보니, 작은 섬과 작은 산 사이에 또 다섯 개의 포구가 있었으며"라는 서술이 나온다.

■ 당포唐浦 동 군 사인방舍人坊에 있다. 역에서 서북쪽으로 1.5리.

| 명승지 |

경암사景岩寺

역에서 남쪽으로 15정丁 떨어진 경암산 중턱에 있다. 기암절벽으로 둘러싸여 있으며, 당우 뒤쪽에 우물 하나가 있는데 은수銀水라 일컬으며 현지인은 약수라 부른다. 부정한 몸으로 물을 뜨면 갑자기 탁하게 변한다고 한다. 산꼭대기의 조망도 자못 아름답다.

봉산鳳山

역에서 동쪽으로 1리里 떨어져 있다. 군아 소재지로 의주가도를 따라 사면이 산으로 둘러싸여 있고 봉산천을 바라보고 있어 풍경이 아름답다.

재령載寧

역에서 4리里 떨어져 있다. 철광 생산지로 군아 소재지이며 호수는 8백호이다.

신천信川

해주가도를 따라 있으며 호수는 350호이다. 다소 번화하였고 특히 온천장으로 알려졌다. 욕조와 기타 설비는 불완전하지만, 효능은 의약 이상이라고 한다. 한인 여인숙이 두세 곳 있다.

○관아

○농공은행 ○흥업회사사무소

○우편취급소 ○헌병분견소

○여관, 요리점

빈고야備後屋, 봉산관鳳山館, 하카다야博多屋 요리겸업

사동천沙洞川 **철도교량** 역에서 2리哩 65쇄 떨어져 있으며, 길이는 120척呎.

심촌역深村驛 용산에서 132리 79쇄

황주군黃州郡 청룡방青龍坊에 있다. 부근에는 구릉이 많고 토지도 황료하다.

| 명승지 |

정방산正方山

역에서 동남쪽으로 우뚝 솟아있는 험한 산봉우리가 정방산이다. 산은 둥근 형태이며 서쪽으로 난 입구는 협곡으로 둘러싸여 있다. 산꼭대기에는 성곽이 있는데 바로 정방산성이다. 골짜기 밑에는 옛 사찰이 있다. 연대를 자세히 알 수는 없으나 옛 모습을 지니고 있다. 절반 정도 무너진 성벽과 서방루西方樓라고 일컫는 성문이 있다. 성문 안에 성불사成佛寺, 원통암圓通菴, 안국사安國寺, 상원암上院菴[205] 등 4대 거찰이 있는데, 모두 구조가 장엄하고 화려하다. 안치된 불상 오백나한은 모두 채색한 금은이 벗겨져 자못 예스러운 풍취를 띤다.

서쪽 비탈길로 78정丁 떨어진 곳에는 살구, 밤, 배, 복숭아 등, 이끼가 끼어 있는 오래 된 나무가 숲을 이룬다. 숲 안에는 작은 냇물과 불지佛池라고 일컫는 연못이 여러 곳에 있다. 사철 맑은 물이 시원하게 흐르며, 오래된 나무와 기암괴석의 절벽이 서로 마주하여 지극히 깊고 그윽하다. 여름에는 먼 곳에서 산책하러 오는 사람도 많다.

제1 황주천 철도교량 역에서 4리哩 74쇄 떨어져 있으며, 길이는 320척呎.

제2 황주천 철도교량 역에서 5리 28쇄 떨어져 있으며, 길이는 480척.

황주역黃州驛 겸이포에서 8리 63쇄, 용산에서 139리 27쇄

황주군 남방南坊[206]에 있다. 겸이포선의 분기점으로 평양과 겸이포 사이에는 직통 열차가 있지만, 다른 열차로 겸이포로 왕복하는 여객은 이 역에서 갈아타야

205 원통암(圓通庵), 상원암(上院庵)의 오자이다.

206 주남방(州南坊)의 오류이다. 황주는 1895년 평양부 황주군이 되었고, 이듬해 황해도 황주군으로 개편되면서 주남방 등 18군을 관할하였다.

한다. 부근 일대는 광활한 논밭으로 황해도의 농산물 집산지이다. 역에서 동남쪽으로 약 1리里에 떨어진 곳에 황주읍이 있고 황주천이 그 기슭을 흐른다.

| 명승지 |

황주천黃州川

물이 맑고 조용히 흐르며, 여름에는 더위를 피하는데 적합하다.

황주성黃州城

황주읍에 있다. 천여 년 전에 건축되었다. 한창 토목공사가 마무리될 즈음 공사비 부족으로 중단될 뻔 했는데, 한 과부가 사재를 털어 겨우 성공시켰다고 한다. 성 안에 월파루月波樓가 있는데, 조망이 매우 아름다워서 달을 넣어 이름을 붙였다.

○관아, 회사

○군아 ○세무서

○수비대 ○한국흥업주식회사

○여관

시오세鹽瀨여관, 오카岡여관 요리 겸업

후강천後江川 철도교량 역에서 44쇄 떨어져 있으며, 길이는 120척呎.

백석천白石川 철도교량 역에서 4리哩 39쇄 떨어져 있으며, 길이는 60척.

겸이포역兼二浦驛 황주에서 8리 63쇄

황해도 황주군 송림방松林坊에 있다. 대동강大同江의 왼쪽 기슭이다. 1894~1895년의 전쟁 후 노즈野津[207]사단의 도하점으로 유명하며, 기진포旗津浦의 맞은편 기

207 청일전쟁에 출정하여 육군대장이 된 노즈 미치쓰라(野津道貫, 1841~1908)를 가리킨다.

슭인 십이포十二浦의 일부이다. 항내는 수심이 깊어 족히 5천 톤 이상의 기선을 정박시킬 수 있다. 군용철도 기공 당시 재료를 양륙하기 위해 지선을 부설하고 철도공장을 설치한 지역으로, 이주하는 일본인이 많아서 일시적으로 대단히 번성하였다. 하류인 진남포鎭南浦에서 18리浬 떨어져 있으며, 겨울철 1,2월은 결빙으로 항로가 두절되지만, 따뜻한 3월부터는 정기적으로 항해하여 겨우 2시간 반이면 도착하고 평양까지 가는 직통 열차에 연결된다. 항구는 육군 공병 중좌 와타나베 겐지渡邊兼二 씨가 발견한 곳이라 하여 겸이포라고 이름이 붙었다. 역 앞 언덕에 12사단 공병대의 설립과 관계된 개항기념비가 있다.

흑교역黑橋驛 　용산에서 146리 60쇄

황주군 고정방高井坊에 있다. 경의선 연선 중에 저명한 곡산지인 황주와 중화中和의 중간에 위치하며, 마찬가지로 농산지이다.

중화터널 역에서 1리哩 38쇄 떨어져 있으며, 길이는 1,386척呎.

중화역中和驛 　용산에서 150리 76쇄

중화군 하도방下道坊에 있다. 드넓은 평야로 밭이 많다. 중화읍은 역에서 동북쪽으로 몇 정丁 떨어진 산기슭에 있다. 거류민 중 양반이 있어서 기와집이 많고 부유한 모양새이다.

| 명승지 |

주천정朱泉亭

역에서 동남쪽으로 1리里 떨어져 있다. 일청전쟁 때 마치구치町口 보병 중위와 다케노우치竹內 기병 소위[208]가 적의 정황을 정찰하던 중 청나라 병사에게 붙잡

208 마치구치 구마쓰치(町口熊槌)와 다케노우치 히데오(竹內英男)를 가리킨다. 미야자키 이치우(宮崎一雨) 『영웅의 쾌거(英雄の快擧)』(弘文堂書店, 1913, pp.171~191)에는 평양전투에 참전한 이들의 활약상이 시간의 흐름을 따라 영웅적으로 묘사되어 있다.

평양 칠성문(七星門)

혀 참살된 곳으로 두 사람의 비가 있다.

흑동黑洞

역에서 동북쪽으로 약 25정丁 떨어진 상중화上中和에 속하며, 공자묘 및 도원이 있다. 부근 일대는 풍치가 풍부하다. 공원에는 곳곳에 배나무가 섞여 있고 꽃피는 계절에는 매우 아름다운 경관을 이룬다. 점차 이곳 지명이 세상에 알려짐에 따라 여행을 오는 사람도 많다.

진천眞泉

역에서 서남쪽으로 약 2리里 떨어져 있으며, 산속의 차가운 샘물이 영험하다고 하여 목욕하러 오는 한국인이 많다.

○관아

○군아 ○우편취급소

○평양경찰주재서

만리강萬里江 철도교량 역에서 2리哩 22쇄 떨어져 있으며, 길이는 240척呎.

역포역力浦驛 용산에서 155리 36쇄

평양군 용연방龍淵坊에 있다. 역에서 몇 정丁을 가면 대동강에 이른다. 철도교는 양각도羊角島에서 제1·제2의 두 곳으로 갈라진다. 부근에 큰 연와제조소가 있다.

영제강永濟江 철도교량 역에서 4리哩 54쇄 떨어져있으며, 길이는 60척呎.

제1 대동강 철도교량 역에서 5리 18쇄 떨어져 있으며, 길이는 1,440척.

제2 대동강 철도교량 역에서 5리 57쇄 떨어져 있으며, 길이는 1,380척.

평양역平壤驛 용산에서 161리 78쇄

평양 신시가지에 있다. 경성과 의주 중간에 위치한다. 한국의 옛 도읍으로 경성 다음가는 대도시이다. 대동강의 북쪽 기슭에 위치한다. 대성산大城山을 등지고 있고 동남쪽에는 비옥한 평야가 펼쳐지며, 강변은 깎아지른 절벽이어서 자못 요해지로 수도에 적합한 곳이다. 시가지를 내성內城, 중성中城, 외성外城, 동북성東北城 등 4 구역으로 구분한다. 내성은 둘레 2리里로 외곽을 둘러싸고 있으며, 대동大同, 주작朱雀, 정해靜海, 칠성七星 등의 4개문을 설치하였다. 주작문 내부는 구시가지이고 외부는 일본인 거류지로써 일반적으로 신시가지라고 한다. 주작문은 1907년明治40 도로 확장을 위해 파괴하여 지금은 흔적이 없다.

옛날 기자箕子와 고구려의 도읍으로 고려왕조 시대에는 서경西京이라 일컬었다고 한다. 분로쿠·게이초의 역 때 고니시 유키나가小西行長가 이 성에서 이여송과 싸웠고, 가깝게는 일청전쟁 때 일본군이 포위하여 청나라의 수비병을 격퇴하였다. 모란대牡丹臺, 을밀대乙密臺는 당시 양국군의 혈전장이다. 1904~1905년 전쟁 때 첫 육상전은 칠성문 밖에서 교전을 시작했던 것으로 이름이 알려졌다.

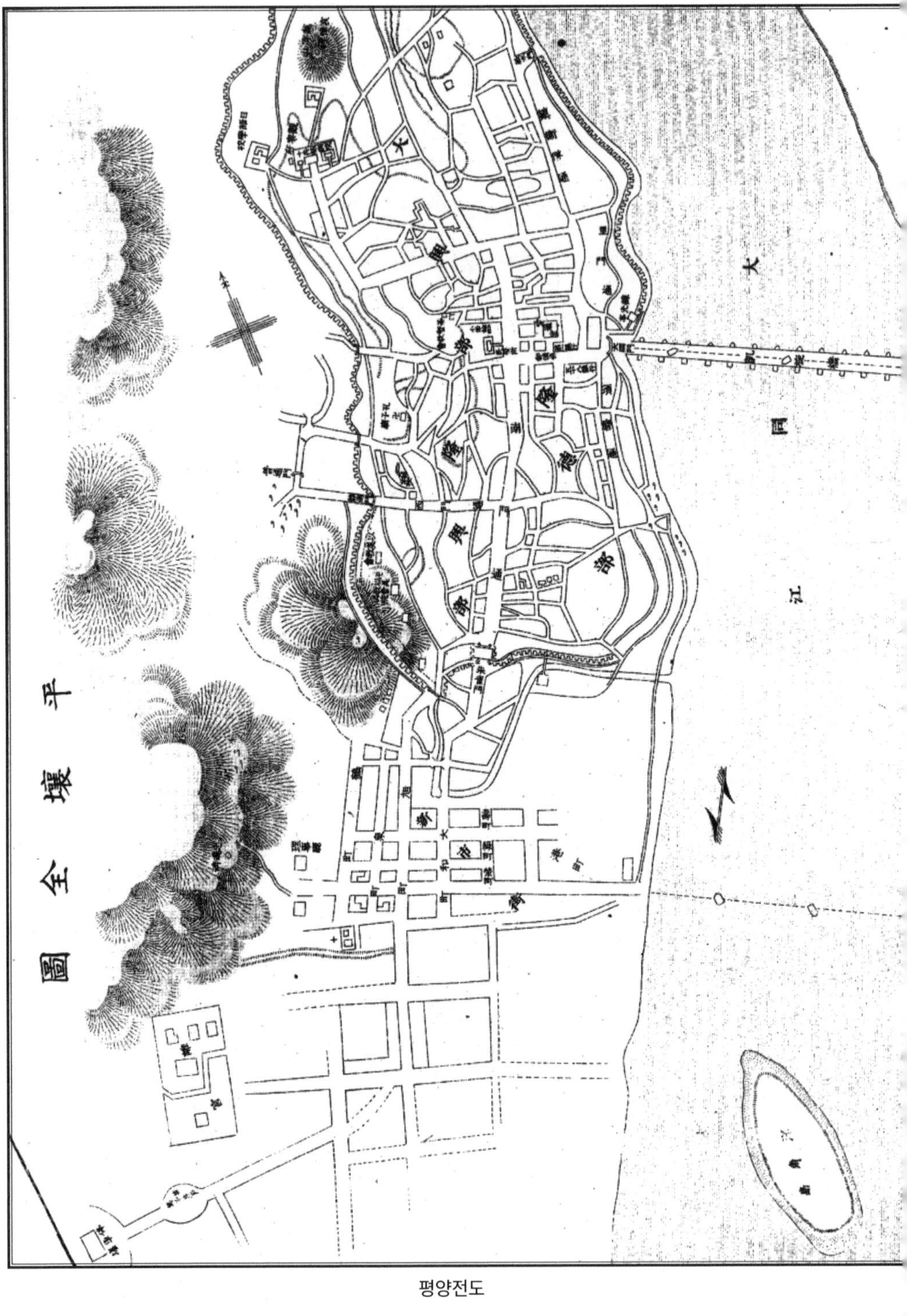

평양전도

대동문

| 명승지 |

대동강大同江

역에서 약 30정丁 떨어져 있다. 물이 깊고 맑으며 강의 유역은 70리里 남짓으로 한국의 5대강 중 하나이다. 황해로 흘러드는 중요한 큰 강으로, 예부터 역사상 중요했던 평양을 둘러싸고, 평안도과 황해도에 걸쳐있어 수운과 관개에 편리한 점이 적지 않다. 특히 수질이 좋아 일반 음용으로 제공된다.

대동문大同門

역에서 약 30정丁 떨어져 있다. 내성의 동문으로 대동강 강가에 솟아 있다. 붉은색과 푸른색이 찬란한 삼층 누문樓門으로 자못 장관이다.

연광정練光亭

역에서 30정丁 떨어진 대동강 기슭 덕안德岸[209] 위에 있다. 분로쿠·게이초의 역

209 덕암(德岩)의 오기이다. 『신증동국여지승람』 제51권 「평안도」에는 "연광정은 덕암 위에 있다"고 나온다.

때 고니시 유키나가가 청나라 장군과 강화한 곳으로 조망이 상당히 아름답다.

대동관大同舘

내성의 종로鐘路에 있다. 예부터 청나라 사신 등의 객사로 사용했다고 한다. 구조가 자못 크고 훌륭하다.

선교리船橋里

평양시의 앞쪽, 대동강의 동쪽 언덕에 있다. 1894~1895년 전쟁 당시 평양을 포위하고 공격했을 때 오시마大島[210] 혼성여단이 분전고투한 곳이며, 가까이에 이토伊藤 통감이 건설하신 비가 옛 터에 우뚝 솟아 있다.

모란대牡丹臺, 일명 모란봉牡丹峯이라 일컫는다

내성의 서북쪽에 있다. 가장 높은 지점으로 그 아래에는 현무문玄武門이 있다. 유명한 일청전쟁의 전장이다.

모란대

210 혼성제9여단장으로 동학농민전쟁에 출정한 오시마 요시마사(大島義昌, 1850~1926)를 가리킨다.

을밀대乙密臺

모란대와 마주보며 조망이 매우 아름답다. 대 위에 사허정四虛亭이라는 정자가 있다. 건축은 예스럽고 우아하여 볼만 하다. 모란대 공격을 상기시키는 무수한 탄흔이 있다.

부벽루浮碧樓

모란대와 을밀대 사이에 계곡이 깊고 그윽한 곳에 있다. 고대 건축으로 우아한 정취가 많다. 누각 앞 낭떠러지 아래는 대동강의 푸른 물이 도도히 흐르고 있으며, 강에는 능라도綾羅島라 부르는 섬도 있다. 맞은편 기슭의 평야는 오랜 옛날 기자箕子가 정전법을 반포한 곳이라 한다. 멀리 여러 산을 바라보며, 높이 솟은 산봉우리와 크고 작은 섬들, 절벽과 맑은 물이 한 눈에 들어온다. 진정 천하의 명승으로 한국인이 자랑할 만하다.

부벽루

기자릉箕子綾

을밀대 아래의 서쪽 언덕에 있다. 언덕은 토산兎山이라 한다. 단청을 입힌 전당이 노송이 울창한 사이에서 보일 듯 말 듯, 자못 경치가 아름답다.

풍경궁豊慶宮, 통칭 이궁離宮

역 앞에 있다. 한국 황실의 이궁으로, 기자 정전井田의 옛 터에 지었다고 한다. 근래 건축하여 공사가 아직 준공되지 않았지만 구조가 광대하다.

경의선 창설기념비京義線創設紀念碑

역 앞에 돌연 우뚝 솟아 있는 비이다. 2장丈 남짓의 화강석으로 만들었다. 높이는 바닥부터 약 3장丈이고, 철도차량 도구를 교묘하게 이용하여 주위에 울타리로 삼았다.

기자정箕子井

역 앞 경의선 창설기념비 구내에 있다.

만경대萬景臺

평양에서 약 3리里 떨어진 대동강 하류에 있다. 수심이 깊어 아무리 큰 선박이라도 계류할 수 있으며, 1894~1895년 전쟁 때 다쓰미立見[211] 장군의 상륙지로 알려졌다. 또 1904~1905년 전쟁 때, 군용철도의 기공 당초에는 철도 자재의 양륙지가 되었다. 이곳부터 상류인 평양까지는 흘수吃水가 8척呎 이하의 배만 통과할 수 있었다. 대동강은 수운이 어려운 곳이라 할 만하다.

평양팔경[212]

- 영명사심승永明寺尋僧
- 부벽완월浮碧玩月

211 재10여단장으로 평양전투에 참전한 다쓰미 나오후미(立見尙文, 1845~1907)를 가리킨다.

212 '평양팔경'이란 제목으로 처음 쓴 이는 조선 성종조의 문신인 매계(梅溪) 조위(曺偉, 1454~1503)이다. 매계는 평양의 풍경을 여덟 편의 칠언율시로 읊었는데 8경은 다음과 같다. "을밀대의 봄경치를 완상하다(密臺賞春), 부벽루에서 달을 구경하다(浮碧玩月), 영명사의 승려를 심방하다(永明尋僧), 보통문에서 손을 전송하다(普通送客), 차문에서 배를 띄우다(車門泛舟), 연당의 빗소리를 듣다(蓮塘聽雨), 용산의 푸른 경색(盤龍晩翠), 마탄 봄물의 벌창함(馬灘春漲)" 뇌계(㵢溪) 유호인(俞好仁, 1445~1494)은 매계의 시를 차운하여 마찬가지로 평양팔경을 읊었다. 아울러 허백당(虛白堂) 성현(成俔, 1439~1504)은 '기도팔경(箕都八景)'이라는 제목의 칠언율시는 남기고 있는데, 密臺賞春, 浮碧玩月, 永明尋僧, 普通送客, 東門泛舟, 蓮塘聽雨, 龍山晩翠, 馬灘春漲으로 차문과 동문이라는 1개소의 차이를 보인다. 본문의 내용은 허백당의 시와 가깝다 할 것이다. 다만, '춘장'을 '춘조'라고 쓰고 있는 점이 다르다. 마탄은 대동강의 여울을 가리키는

- 을밀상춘乙密賞春
- 마탄춘조馬灘春潮
- 연당청우蓮堂聽雨
- 동문범주東門泛舟
- 용산만취龍山晚翠
- 보통송객普通送客

진남포鎭南浦

북한 유일의 좋은 항구로 평양에서 육로로 15리里 떨어진 대동강 하류에 있다. 항내 수심이 깊어 큰 선박의 정박에 적합하다. 평양에서 대동강을 이용하는 약 40리浬 사이에 기선편이 있으나, 조수의 흐름에 따라 운행해야 하므로 발착시간이 일정하지 않다. 또 장시간이 소요되므로 한국 내지를 왕래할 때는 겸이포에서 배편과 차편을 연결하는 방법이 편하다. 특히 평양과 겸이포 간에는 아침 저녁으로 직통 열차가 있고 배편과 차편을 통해 약 4시간이면 도착할 수 있다. 부근의 상업구역은 자못 광대하며 대동강 일대에서 산출되는 미곡류의 집산지이다. 지금은 일본인 호수 760호, 인구 3천 명으로 무역액은 1년에 족히 370만 원을 웃돈다고 한다. 부산, 인천 다음가는 무역항이다. 청나라 및 일본 내지로 기선이 빈번하게 왕래하므로 북한 평양지방 일대의 물자는 모두 진남포항을 경유한다. 주요 수입품은 잡화이고 수출은 곡류이다. 거류지는 처마가 맞닿도록 가옥이 즐비하여 마치 일본의 소도시 같다. 이사청, 경찰서, 수비대, 민단사무소, 소학교가 있다. 통신으로는 우편국이 있는데 우편환, 통신, 전화평양과의 장거리 전화, 저금, 소포, 기타 모든 사무를 취급한다. 금융으로는 제1은행과 제58은행의 지점이 있다. 기타 극장, 여관, 요리점 등이 있으며, 머지않아 평남철도平南鐵道가 기공된다고 한다. 철도 개통이 밝아오면 평양과의 교통이 용이할 뿐 아니라 자연히 해륙 양쪽이 편리하게 되므로, 장차 발전을 기대하며 기다릴 만하다.

데, 1018년 고려군은 10만군을 이끌고 침입한 거란족을 이곳에서 물리치고 대승을 거두었다. 죽은 적의 말이 대동강에 쌓여 흐름을 막았다하여 마탄, 말여울이라 불렀다고 한다. 한편 서우학회가 발행한 근대잡지 『서우』 제11호(1907.10.1)에는 「京義鐵道의 沿路槪況」에 평양팔경이 소개되어 있는데, "箕子廟, 牡丹臺, 浮碧樓, 乙密臺, 綾羅島, 船橋里, 鍊光亭, 萬景臺"로 앞의 예와 차이가 있다.

○관아

○평양 이사청
○평양 우편국
○26여단 사령부
○제52연대본부
○헌병분대
○제1한국주차병원
○일본거류민단사무소
○심상고등소학교
○공립인동병원公立仁同病院
○상업회의소

(이상 일본)

○평안남도 관찰부
○평양군아
○평양경찰서
○재무감독국
○재무서
○광업소
○수도사무소
○보세화물취급소
○농상공부 수묘양성소樹苗養成所
○측후소測候所
○관립일어학교
○공립평양보통학교

(이상 한국)

○여관

미네三根여관, 사쿠라야櫻屋여관, 린코臨江호텔, 마쓰오카松岡여관, 메이지明治여관, 후타미二見여관, 나카쓰中津여관, 프랑스호텔, 호쿠신칸北辰館

○요리점

칠성관七星館, 대동관大同館, 닛신칸日進館, 평양관平壤館, 고토부키로壽樓

■교통

■인력거 임금표

정거장에서 신시가지까지	40전
정거장에서 구시가지까지	60전

단, 야간 5전 할증, 야간 비, 눈, 진창길일 경우에는 5할증

■ **인차철도**人車鐵道, 한 차 8명 탑승

정거장에서 신시가지종점까지 12전

■ **통신**

평양우편국에서 우편, 우편환, 전신, 전화진남포와의 장거리 전화, 저금, 소포, 기타 모든 사무를 취급함.

서포역西浦驛 용산에서 168리 56쇄

평양군 서천방西川坊에 있다.

| 명승지 |

망덕산望德山

역에서 동남쪽으로 약 1리里 떨어져, 서포동에 우뚝 솟아있는 것이 바로 망덕산이다. 산 중턱에 있는 냉천冷泉은 임신 중인 부인이 복용하면 안산에 효험이 있다고 하나, 일주일 정도 몸을 청결하게 하고 색육色肉을 끊고 살생을 금지하지 않으면 복통을 앓는다고 한다.

봉오산烽伍山

역에서 서북쪽으로 약 1리里 떨어져 있다. 산꼭대기에 있는 오래된 노송 아래에는 1894~1895년 전쟁 때 청나라 병사가 망루로 삼았던 유적이 있다.

제1 보통강普通江 **철도교량** 역에서 5리哩 64쇄 떨어져 있으며, 길이는 600척呎.

제2 보통강 철도교량 역에서 7리 8쇄에 있으며, 길이는 560척.

순안역順安驛 용산에서 177리 50쇄

순안군 군내면郡內面에 있다. 지세가 평탄하여 서북쪽으로 수십 리가 한눈에 들어오며 토지가 비옥하다. 1894~1895년 전쟁 때 사토佐藤[213]지대支隊가 원산에서 여기로 와서 평양의 배후를 공격한 저명한 곳이다. 이 부근에는 사금과 암금岩金을 산출하는 금갱이 두 곳이 있다. 하나는 적암리赤巖里로 역에서 서쪽으로 2리里 떨어져 있고, 다른 하나는 반송리盤松里인데 역에서 동북쪽으로 4리 20정T 떨어져 있다. 한국의 사금 채취지로 이름이 알려졌다.

○관아

○경찰주재소 ○우편취급소

○일어학교

용삼리천龍三里川 **철도교량** 역에서 6리哩 2쇄 떨어져 있으며, 길이는 120척呎.

산성천山城川 **철도교량** 역에서 6리 36쇄 떨어져 있으며, 길이는 200척.

어파역漁波驛 용산에서 187리 3쇄

순안군 자덕면自德面에 있다. 적적하고 고요한 벽지이다.

어파터널 역에서 70쇄 떨어져 있으며, 길이는 1,740척呎.

고천古川 **철도교량** 역에서 5리 55쇄 떨어져 있으며, 길이는 120척.

숙천강肅川江 **철도교량** 역에서 5리 72쇄 떨어져 있으며, 길이는 240척.

숙천역肅川驛 용산에서 194리 15쇄

숙천군 서부면西部面에 있다. 부근 일대는 광활한 논밭과 들로 토지가 비옥하여 농산물이 많다. 이곳은 의주가도를 따라 있는 숙천군 중 가장 번화한 지역이며, 매월 음력 3·8일에 정기시장이 열린다. 근처 마을에서 모여드는 백의의 한인 수천 명은 씩씩하면서도 느릿느릿, 긴 담뱃대를 들고 각자 교역 물품을 소 등에

213 청일전쟁 당시 육군대좌로 원산지대를 이끌고 평양전투에 참전한 사토 다다시(佐藤正, 1849~1920)를 가리킨다.

실거나 등짐을 지거나 혹은 손에 들고, 드넓은 논과 들을 따라 수십 갈래로 줄지어 걸어온다. 한국의 명물로 특기할 만한 곳이다.

| 명승지 |

오룡동五龍洞

역에서 서쪽으로 약 1리里 떨어진 드넓은 논밭 가운데 있다. 한 줄기의 냇물을 따라 대여섯 그루의 아름답고 푸른 버드나무의 아래, 초가집 한 채와 우물 하나가 있다. 광천을 분출하는데 현지 주민들은 약수라고 일컫는다. 멀리서도 그릇을 들고 물을 뜨러 오는 사람이 많고 약으로 쓴다고 한다.

신당산神堂山

역에서 동쪽으로 약 1리里 떨어져 있다. 산 중턱에 사당이 있다. 정원은 기암 사이에 1장丈 남짓 철쭉과 황매가 어여쁨을 다투는데, 그 아름다움은 한 번 볼 만한 가치가 있다.

당산堂山

역에서 약 8정丁 떨어져 있다. 꼭대기에는 복숭아나무 숲이 있고 당우도 있다. 북쪽은 구불구불한 산맥을 등지고, 남쪽은 숙천 시가지를 내려다본다. 철로에서 기차가 질주하는 광경을 바라보면 매우 아름답다. 또 이곳에서는 매년 음력 5월 단오절에 제전을 집행하여 근처 마을에서 남녀노소가 매우 많이 모여든다.

만성역萬城驛 용산에서 200리 38쇄

안주군安州郡 이산면尼山面에 있다. 읍은 적막한 한촌으로 부근에는 언덕이 많다.

신안주역新安州驛 용산에서 209리 4쇄

안주군 서산구면西山口面에 있다. 토지가 비옥하여 농산물이 풍부한 곳이다. 정거장 설치 이후 새롭게 붙여진 이름이며 안주성의 서쪽에 위치한다. 안주성에는 한국인 인구 4천 3백 명, 일본인 인구 150명이 살고 있고 모든 설비가 마련되어 있다. 1904년 5월에 일본군 병참부가 러시아의 기병에게 습격당한 곳이다. 신안주에서 북쪽으로 약 0.5리里 지점에 청천강淸川江이 있다. 대동강 다음 가는 큰 강으로, 임시 다리가 놓였다. 길이는 2,572척呎이다. 또 1리 남짓 떨어진 곳에는 대령강大寧江이 있다. 이 강에 놓인 교량의 길이는 1,356척이다. 두 강은 하류에서 만나 하나로 합쳐진다.

| 명승지 |

안주성安州城, 안주

역에서 약 2리里 떨어져 있다. 이곳은 평안남도와 북도의 경계에 위치하며, 남북도를 나누는 청천강을 북쪽에 끼고 있고 동남쪽은 첩첩 산중이라, 옛날 철도편이 없었을 때는 평양平壤, 의주義州, 원산元山, 강계江界, 운산雲山 등으로 통하는 요로였기 때문에 상업이 번화한 도시였다. 그러나 일청전쟁이 일어나고 평양이 함락되자 청나라의 잔병들이 와서 진을 치고 제멋대로 약탈을 하니, 한인 대부분이 숨어버려 민가가 텅 비고 병화를 입어 번화했던 옛 모습을 완전히 잃어버렸다. 요즈음 약간 회복되고 있긴 하지만 성 밖의 일부이고, 성 안은 불타 없어진 자리에 잡초만 무성할 뿐이다. 당시의 비참한 역사를 말해주니 한번 이곳을 지나는 사람이라면 주저하고 생각에 잠기게 되어 차마 그냥 가버릴 수 없다. 신안주에서 안주성으로 가는 도로는 육군감부陸軍監部에서 개통시켰다. 새 가도는 한국에서는 보기 드물다. 만일 여기서 안주성을 방문하고자 하면 탈 것을 빌리기보다 걷는 것이 훨씬 낫다. 1.5리 남짓 가다보면 일녀판日女坂이라는 구적舊蹟이 있다. 언덕 중턱에 다다르면 안주성이 눈에 들어오는데 광경이 웅대하고 아름답다. 모르고 방문했던 사람에게 쾌재를 부르게 한다. 이곳에 도로굴작기념비道路堀作紀念碑가 있는데 비문도 한 번 읽어볼 만하다.

백상루百祥樓, 안주성

성 북쪽의 산꼭대기에 있다. 누각은 청천강을 바라본다. 예부터 한국대신들의 연회를 위해 지은 곳으로 사시사철 조망이 자못 아름답고 눈앞이 확 트였다. 산천의 풍광이 부르면 바로 대답할 것 같은 느낌이다.

일로전쟁기념비日露戰役紀念碑, 안주성

성 안에 있다. 이곳을 방문하면 일본의 충성스럽고 용맹한 병사가 어떻게 북한의 매서운 겨울과 난폭한 강적과 분투했는지 상상할 수 있다.

○관아안주성

○한국세무서	○군아
○평양경찰분서	○수비대
○보통학교	○안흥학교安興學校
○공립안주소학교일본	○일본인회사무소

○여관, 요리점

우메야梅屋여관, 미카즈키칸三日月館, 요리겸업, 남포관南浦館, 요리겸업 이상 안주성

고베칸神戸館, 히노데칸日の出館

운산금광雲山金鑛

역에서 20리里 떨어져 있다. 미국인이 경영한다. 매월 제일은행에 의탁하여 운송하는 금괴상자에 넣은 것가 6~7백 근斤이며 가액은 4~5십만 원 안팎이다. 이 금광이 얼마나 대규모로 작업을 하고 있는지 알 수 있다.

■ **부근의 유명한 지역 및 거리**

영변寧邊 8리 (이사청, 농공은행 지점이 있으며, 상업이 번화한 지역으로 유명함.)

청천강清川江 철도교량 역에서 1리哩 44쇄 떨어져 있으며, 길이는 2,385척呎.

대령강大寧江 철도교량 역에서 5리 75쇄 떨어져 있으며, 길이는 1,356척.

영미역嶺美驛 용산에서 217리 31쇄

평안북도 가산군嘉山郡 남면南面에 있다. 청천강과 대령강을 따라 한 눈에 들어오는 조망이 몇 리里에 걸친다. 토지 역시 비옥하여 농산물이 많다. 광질鑛質이 풍부하므로 탐험하러 오는 일본인이 거의 끊이지 않는다. 영미역, 운전역雲田驛, 고읍역古邑驛은 모두 이 강을 끼고 있어서 조망이 웅대하여 한국 연선 중 드물게 보이는 곳이다. 겨울철 결빙 때에는 수륙일대가 이른바 천리의 조망이라고 말하지 않을 수 없으며, 또 해빙기가 되면 자연히 녹아 썰물에 따라 흐르는 유빙의 모습이 굉장하다.

■ **부근에서 유명한 지역**

박천博川

역에서 동북쪽으로 3리里 떨어져 있으며, 평안북도 굴지의 상공업지로 한인 호상豪商이 많다.

○**여관**

간다야神田屋 여관

운전역雲田驛 용산에서 225리 38쇄

정주군定州郡 운전면에 있다. 역 뒤편 멀리 언덕이 이어지며, 앞쪽은 광활한 수전과 황무지, 개펄이라 걷기 쉽지 않다.

| 명승지 |

하일리포何日里浦

역에서 몇 정丁 떨어져 있다. 청천강과 대령강의 합류점으로 세관감시서稅關監視署를 설치하였다. 왼편 기슭은 하팔리下八里라고 한다. 철도교량이 아직 완성되지 않았을 때, 양 기슭에 철도선로를 부설하여 철도 자재의 양륙장으로 사용하였고, 철도교가 완성이 될 때까지 작은 증기선으로 겨우 양 기슭을 연결시켰던 곳이다. 평안도는 이 강에 의해 남북으로 나뉘며 청북淸北, 청남淸南이라는 별칭이 있다.

고읍역古邑驛

용산에서 292리 69쇄

정주군 고읍면에 있다. 토지가 비옥하여 자못 농업에 적합하다.

정주 연훈루(延薰樓)

오산五山터널 역에서 1리 42쇄 떨어져 있으며, 길이는 495척呎.

견태천犬吠川[214] 철도교량 역에서 3리 36쇄 떨어져 있으며, 길이는 90척.

조니포천趙尼浦川[215] 철도교량 역에서 4리 29쇄 떨어져 있으며, 길이는 160척.

장도천獐島川 철도교량 역에서 7리 21쇄 떨어져 있으며, 길이는 600척.

장도천 피일철도교량 역에서 7리 38쇄 떨어져 있으며, 길이는 100척.

정주역定州驛 용산에서 238리 58쇄

정주군 서부면西部面에 있으며, 신안新安이라 부르기도 한다. 지세는 산과 언덕이 많다. 호수는 약 250호, 성곽은 둘레 1.5리里, 높이 1장丈 5척尺의 석벽으로 둘러싸여 있다. 정주 이북은 선로를 끼고 있으며 언덕 줄기에는 기암이 많다. 옛날에는 북한 유수의 도회지였으나, 일청전쟁 때 인가가 모두 병화를 입었고 지금은 조금씩 회복하고 있는 것 같다.

| 명승지 |

어필성적비御筆聖蹟碑

역에서 4정丁 떨어진 충혼비 왼쪽에 있다. 고려 공민왕 3년 최만생崔萬生[216]이 비밀리에 원나라와 내통을 하여 이조를 무너뜨리려고 하자, 태조가 병사를 왕에게 청하여 용맹한 기병 1천을 이끌고 달천㺚川에서 격파하였고, 이곳에 비를 세웠다.[217]

---

214 吠의 이체자는 태(呔), 폐(吠)가 있다. 고문헌에서는 이 지명을 찾을 수 없다. 참고로 『신증동국여지승람』 등에서는 犬川을 개천으로 풀이한다.

215 『신증동국여지승람』이나 『조선왕조실록』 등 사료에 보이는 조니포는 助泥浦이며, 황해도 장연현(長淵縣) 장산곶에 있는 것으로 나온다. 따라서 본문의 정주군과는 위치상 맞지 않는다.

216 고려 후기의 역신인 최유(崔濡, ?~1364)의 오류이다. 최유는 기황후를 달래 공민왕을 폐하고 덕흥군을 왕으로 추대하여 공민왕 13년인 1364년 원나라 군사 1만을 이끌고 압록강을 건너왔으나, 최영과 이성계에게 크게 패하였다.최만생은 환관으로 홍륜, 권진 등과 공모하여 공민왕을 시해한 인물이다. 본문에 이조는 고려를 가리키며 태조와 왕은 각각 이성계와 공민왕을 가리킨다.

217 『정조실록』 제1권 「정조대왕행장」에 다음과 같은 내용이 실려 있다. "어필로 된 성적비(聖蹟碑)를 정주(定州)의 달천(㺚川)에다 세웠는데 태조(太祖)가 개선한 자리이고 선묘(宣廟)가 주필(駐蹕)했던 곳이다."

충혼비

양성기적비兩聖紀蹟碑[218] 양성이란 태조 강헌왕康獻王, 선조 소경왕昭敬王을 말한다.

역에서 15정丁 떨어진 동문東門 안에 있다. 분로쿠·게이초의 역 때 한군韓軍이 불리하자 왕이 도망쳐 정주의 호족인 탁룡卓龍의 집에 머물렀을 때, 일본군의 선봉이 더욱 빨리 추격하여 정주를 침략하였다. 한군은 이를 달천에서 저지하여 수차례 접전을 하였으나 불리하게 되자, 왕은 병사를 이끌고 서쪽으로 달아났다. 몇 년 후, 임금이 돌아와 가마가 머문 곳에 정자를 세웠다.
비는 악문惡文으로, 심하게 일본을 조롱하고 욕하는 내용이다. 비의 재료는 멀리 전라도의 바다에서 채취해 온 것으로 석질이 아름다운 거울과 같아서 이곳 사람들은 경석鏡石이라 일컫는다.

달천교撻川橋

역에서 동쪽으로 18정丁 떨어져 있다. 달천의 수원은 구성군龜城郡 검산劍山에서 출발하여 정주군을 관통해서 바다로 흘러 들어간다. 교량은 강희康熙 2년 정주

218 한필교(韓弼敎, 1807~78)의 여행기인 『수사록(隨槎錄)』권2 「유상수필(遊賞隨筆)」에는 북쪽의 오랑캐를 물리친 태조와 선조를 기리는 비로, 1794년 그 음기(陰記)는 판서 이병정(李秉鼎)이 찬술하였고, 판서 이만수(李晩秀)가 글씨를 썼다고 서술되어 있다. 또 석비에 '호원(胡元)'이란 글자가 있어 청나라 사람들이 볼지도 모르니, 동문(東門) 안으로 옮겨 세웠는데, 그곳이 바로 탁룡 집의 옛터였다는 서술도 보인다.

공묘와 주희묘

의 조한준趙漢俊이라는 사람이 사비를 털어 석교를 만들었으나 지금은 파괴되어 그저 옛 모습만 남아있다.

충혼비忠魂碑

역에서 4정丁 떨어진 남문 안에 있다. 1904년明治37 5월 일로전쟁 때 일본군 가노加納[219] 기병 중위가 부하 7명을 이끌고 정찰하러 이곳에 왔다. 때마침 러시아 선발대 수백 명이 이미 서문 밖에 있어서 전투를 하여 분전 격투하였으나, 중과부적으로 결국 가노 중위 이하 6명이 전사하였다. 나중에 정주거류민이 계획하여 충혼비를 세웠다.

공묘孔廟와 주희묘朱熹廟

역에서 약 15정丁 떨어진 북문동北門洞에 있다. 묘의 글자는 장엄하고 예스러워 사람들은 그것을 존경하여 높여 부른다.

---

219 돗토리번(鳥取藩) 번사의 후손인 가노 다다오(加納忠男)를 가리킨다. 1904년 3월 정주에서 전사했는데, 가노 가의 기록에 따르면 전사한 것은 3월 28일이며, 그 후 충혼비가 세워지고 가노 공원이라 불렀다고 한다. 또 가노오카(加納丘)국민학교도 세워졌다고 한다(기요미즈 타로(清水太郎), 「加納忠男氏及び野田家資料の寄贈を受けて」 歴史資料ネットワーク 『史料ネットNews Letter』 第43號, 神戸大學文學部, 2005.9.7).

신안관新安舘

역에서 7정町 떨어진 동문 안에 있다. 고려조의 고찰로 관내에서 이조 고조의 영을 제향한다.

장대개축기념비將臺改築紀念碑

순조 11년 평양 사람 홍경복洪景福[220]이 평안도 가산군嘉山郡 다복동多福洞에서 군사를 일으켜 정주성 서장대를 거점으로 약 3개월을 지냈다. 관군 유공원柳公源[221]이 와서 이곳을 포위하고, 북장대 뒷면에서 구멍을 파고 화약을 던져 불을 질렀다. 대臺는 곧바로 함락되었다. 그 후 새롭게 장대를 건축하여 낙성식 때 기념비를 세웠다.

○관아, 학교, 사원

- ○우편국
- ○경찰서
- ○재무서
- ○헌병분견소
- ○보통학교
- ○심상고등소학교
- ○야소교회당耶蘇敎會堂
- ○일본인회사무소
- ○훈련직소訓練直所 및 형소刑所
- ○일진회지부
- ○동헌익랑東軒翼廊
- ○심원사深源寺
- ○제석사帝釋寺
- ○극락사極樂寺
- ○봉명암鳳鳴庵
- ○보현암普賢庵
- ○관제묘關帝廟

○여관 및 요리점

이로하칸いろは舘, 요리겸업, 정주관定州舘, 요리겸업, 우메노야梅の家, 요리겸업, 나가사키야長

220 홍경래(洪景來)의 오자이다. 당시 정주성에 고립된 봉기군은 4개월가량 버티며 저항하다 관군이 성을 폭파함에 따라 진압되었다.

221 정주성을 폭파할 계책을 세워 난을 진압한 이는 유효원(柳孝源, 1751~1813)이다. 이때의 상황에 대해서는 『국조보감』 제78권, 순조조 3에 상세하다. 본문의 '유공원'은 사료에 '柳公孝源'으로 칭한 부분을 잘못 읽고 쓴 것으로 보인다.

崎屋, 요리, 교쿠스이테이玉水亭, 메이지칸明治舘

오룡포천五龍浦川 철도교량 역에서 28쇄 떨어져 있으며, 길이는 210척呎.

노취천鷺取川 철도교량 역에서 1리哩 8쇄 떨어져 있으며, 길이는 120척.

동교포천東橋浦川 철도교량 역에서 2리 29쇄 떨어져 있으며, 길이는 150척.

곽산郭山터널 역에서 6리 4쇄 떨어져 있으며, 길이는 462척.

곽산역郭山驛 용산에서 246리 21쇄

곽산군 군면郡面에 있다. 호수 약 500호, 군수 소재지로 지세는 언덕이 많고 기암과 고목이 여기 저기 산재하여 자못 고상한 정취가 있다.

곽산천 철도교량 역에서 64쇄 떨어져 있으며, 길이는 720척呎.

오헌천五軒川 철도교량 역에서 2리哩 72쇄 떨어져 있으며, 길이는 120척.

호암리천好岩里川 철도교량 역에서 5리 5쇄 떨어져 있으며, 길이는 120척.

동뢰강東瀨江 철도교량 역에서 5리 17쇄 떨어져 있으며, 길이는 600척.

석교천石橋川 철도교량 역에서 6리 3쇄 떨어져 있으며, 길이는 360척.

노하역路下驛 용산에서 254리

선천군宣川郡 고부면古府面에 있다. 사방이 산과 언덕으로 둘러싸인 한촌벽지이다.

제1 용동강龍洞江 철도교량 역에서 50쇄 떨어져 있으며, 길이는 120척呎.

제2 용동강철도교량 역에서 1리哩 43쇄 떨어져 있으며, 길이는 120척.

선천터널 역에서 4리 59쇄 떨어져 있으며, 길이는 1,287척.

선천역宣川驛 용산에서 259리 62쇄

선천군 읍내면邑內面에 있다. 호수는 500호 남짓으로 거주 일본인도 적지 않다. 매월 음력 3, 8일에 정기시장이 열리며, 장사하는 사람과 고객이 많이 모여 자못 번화하였다. 기독교선교사 몇 명이 포교하는 한편 병원 운영도 한다고 한다.

○관아

○우편전신취급소

○순사주재소

○심상고등소학교

○신흥일어학교新興日語學校

○야소병원耶蘇病院

○야소교회당

○여관

다이센로大宣樓, 이시다칸石田舘요리겸업, 호에이로寶榮樓, 오미야관大宮舘요리겸업, 경부옥京釜屋, 도요칸東洋舘요리

제1 동강東江 철도교량 역에서 1리哩 36쇄 떨어져 있으며, 길이는 240척呎.

제2 동강 철도교량 역에서 1리 67쇄 떨어져 있으며, 길이는 240척.

제3 동강 철도교량 역에서 3리 1쇄 떨어져 있으며, 길이는 400척.

동림역東林驛 용산에서 266리 8쇄

선천군 신부면新府面 청강리清江里에 있다. 산과 언덕이 들쑥날쑥 이어지는 벽지지만, 풍광이 다양하다. 해안의 감정포甘定浦와 석대포石大浦는 남쪽으로 1.5리里 떨어져 있으며, 배편도 있다.

| 명승지 |

청강천清江川[222]

역에서 북쪽으로 약 10정町 떨어져 있다. 물이 맑고 물살이 세다. 여름철과 가을철에 놀기 좋은 곳으로 은어, 장어, 붕어 등 민물고기가 많이 서식하고 있다.

222 청강(清江)을 가리킨다.

금산金山

역에서 남쪽으로 약 30정丁 떨어져 있다. 옛 성지로 산중턱에 석굴이 있다. 갑옷, 투구, 활, 화살, 칼, 창 등의 고대 무기를 보존하고 있다한국인이 지키고 있다. 온 산에 단풍나무와 꽃나무가 많으며, 그윽하고 고요하며 한가로운 곳으로 계곡의 맑은 물은 떠야 한다. 또 산꼭대기에는 기암괴석이 많으며, 노송의 가지들이 서로 엇갈려있어 푸른빛이 떨어지는 것 같다.

동림진성지東林鎭城趾

역에서 북쪽으로 약 1리里 떨어진 선로 옆에 있다. 지금으로부터 260여 년 전 청한淸韓 사이 난 이 일어났을 때, 임경업林慶業이 이곳을 거점으로 삼아 병사를 훈련시키고 무예를 강습했다고 한다. 부근의 인민은 농업을 하면서 사과, 배, 복숭아, 자두, 밤 등을 재배한다. 봄철에는 꽃놀이를 하는 고상한 취미를 가진 사람들이 산책하러 많이 온다.

동림폭포東林瀑布

성 안에 있다. 폭이 6척尺, 직하 30척으로 기암괴석이 우뚝 솟아 있는 사이로 아름다운 물거품이 날리며 물안개가 생긴다. 참으로 이곳은 여름더위를 잊게 하는 아름다운 곳이다.

청강천淸江川 **철도교량** 역에서 30쇄 떨어져 있으며, 길이는 560척呎.

차련관역車輦館驛 용산에서 272리 53쇄

철산군鐵山郡 참면站面에 있다. 예부터 청나라 사절을 배웅하고 맞이하는 곳임을 지명으로 알 수 있다. 부근에 산악이 많다.

이화포梨花浦는 역에서 약 3리里 남짓 떨어진 해안으로, 1904~1905년 전쟁 때 군대의 상륙지점으로 이름난 곳이다. 당시 이화포의 차련관에서 경편철도의 레일을 부설하여 오로지 군수품 수송에 힘썼던 곳이다.

○관아

○일어학교 ○일본소학교

○우편전신취급소 ○순사파출소

○민단사무소

○여관

고지마야小島屋여관

남시역南市驛 용산에서 280리 78쇄

용천군龍川郡 외상면外上面에 있다. 음력으로 매월 5일 시장이 열린다. 용천군의 북염리北鹽里 시장은 4, 9일에 열리며 모두 거래가 지극히 활발하다.

| 명승지 |

용골산龍骨山

역에서 서북쪽으로 1리里 남짓 떨어져 있다. 높이는 2,500척尺 정도이고 산중턱에 원도사圓道寺라 일컫는 고찰이 있다. 온 산이 암석이라 나무가 없다. 사문寺門이라 부르는 문 밖에 연못이 있고 기슭에는 냉천冷泉이 있다. 풍광은 모두 아름답다.

서림진고성지西林鎭古城趾

철산군 서림면西林面 안에 있다. 옛날 김시봉金時奉이라는 사람이 살던 성이라고 한다. 산은 헛되이 아름답고 성은 오래되어 겨우 주춧돌만 남아있을 뿐이다.

양책역良策驛 용산에서 286리 8쇄

용천군 외상면에 있다. 지세가 울퉁불퉁하고 언덕이 많다.

| 명승지 |

양책관良策舘

역에서 남쪽으로 5정丁 떨어져 있다. 옛날 청한淸韓의 사절이 왕래하던 길로, 당시 사절이 여관으로 사용했던 거대한 건조물은 지금도 남아있다.

양책관 정면에 구릉이 있는데, 온 산을 단풍나무와 철쭉이 뒤덮어 봄 가을 풍경이 가장 아름답다.

비현역枇峴驛

용산에서 290리 75쇄

의주부義州府 비현면枇峴面에 있다. 부근은 산악으로 뒤덮인 한촌 벽지이다.

| 명승지 |

구령산龜嶺山

역에서 동북쪽으로 약 27정丁 떨어져 있다. 자못 경치가 다양하고, 특히 꼭대기에는 1904~1905년 일로전쟁 중에 건설된 포대가 있다.

압록강 기슭에서 물을 긷는 중국인

구령龜嶺터널 역에서 2리哩 26쇄 떨어져 있으며, 길이는 858척呎.

삼교천三橋川 철도교량 역에서 4리 72쇄 떨어져 있으며, 길이는 1,140척.

백마역白馬驛 용산에서 296리 58쇄

의주부 함달면咸達面에 있다. 사방이 산악으로 둘러싸인 척박한 곳이다.

| 명승지 |

백마산성白馬山城

백마산은 유명한 산으로, 우뚝 솟은 모양이 여러 다른 산봉우리보다 빼어나며, 노송이 우거져 산을 덮고 있다. 생각건대 연도에서 보기 드문 곳이다. 성벽은 백마산 위에 있다. 병자년 인조 때, 청한淸韓의 화목이 무너지고, 청나라 군사가 공격했을 때 임경업 장군이 굳건히 지키면서 기묘한 계획으로 포위를 풀게 만들었으며, 정축년 2월에는 재공격을 예견하여 북문 밖으로 도망치게 한 곳이다. 통군정은 당시 군을 지휘했던 곳이다.

통군정統軍亭

성 안 서북쪽 언덕 위에 있다. 압록강을 사이에 두고 멀리 청나라의 구련성九連城과 대치하며, 만한滿韓을 감시하여 손가락으로 뚜렷하게 가리킬 수 있다. 풍광이 웅대하여 사기를 기르는데 매우 충분하다. 일청전쟁 때 일본 포병군지로 선정되었던 곳으로, 일본군 장병들의 기개를 사뭇 그리워하게 만든다.

삼교천三橋川

역에서 서남쪽으로 흘러 하류에서 압록강과 만난다. 산이 아름답고 물이 맑아서 참으로 절경이다.

압록강 연락선

○여관

오카무리岡村여관, 다나카田中여관

백마산 터널 역에서 3리哩 9쇄 떨어져 있으며, 길이는 1,782척呎.

석하역石下驛 용산에서 303리 52쇄

의주부 진리면津里面에 있다. 역에서 몇 정丁 떨어진 곳에 제1, 제2, 제3, 제4의 피일교량[223]이 있다. 압록강변은 자못 광활하고 웅대한 벌판으로, 경의철도의 종점인 신의주역을 눈앞에 두고 있다.

제1 압록강 피일철도교량 역에서 2리哩 45쇄 떨어져 있으며, 길이는 160척呎.

제2 압록강 피일철도교량 역에서 3리 41쇄 떨어져 있으며, 길이는 320척.

제3 압록강 피일철도교량 역에서 3리 78쇄 떨어져 있으며, 길이는 480척.

제4 압록강 피일철도교량 역에서 4리 34쇄 떨어져 있으며, 길이는 480척.

223 피일교는 홍수때 물이 잘빠지게 하여 선로를 보호하기 위해 만든 철도교를 가리킨다.

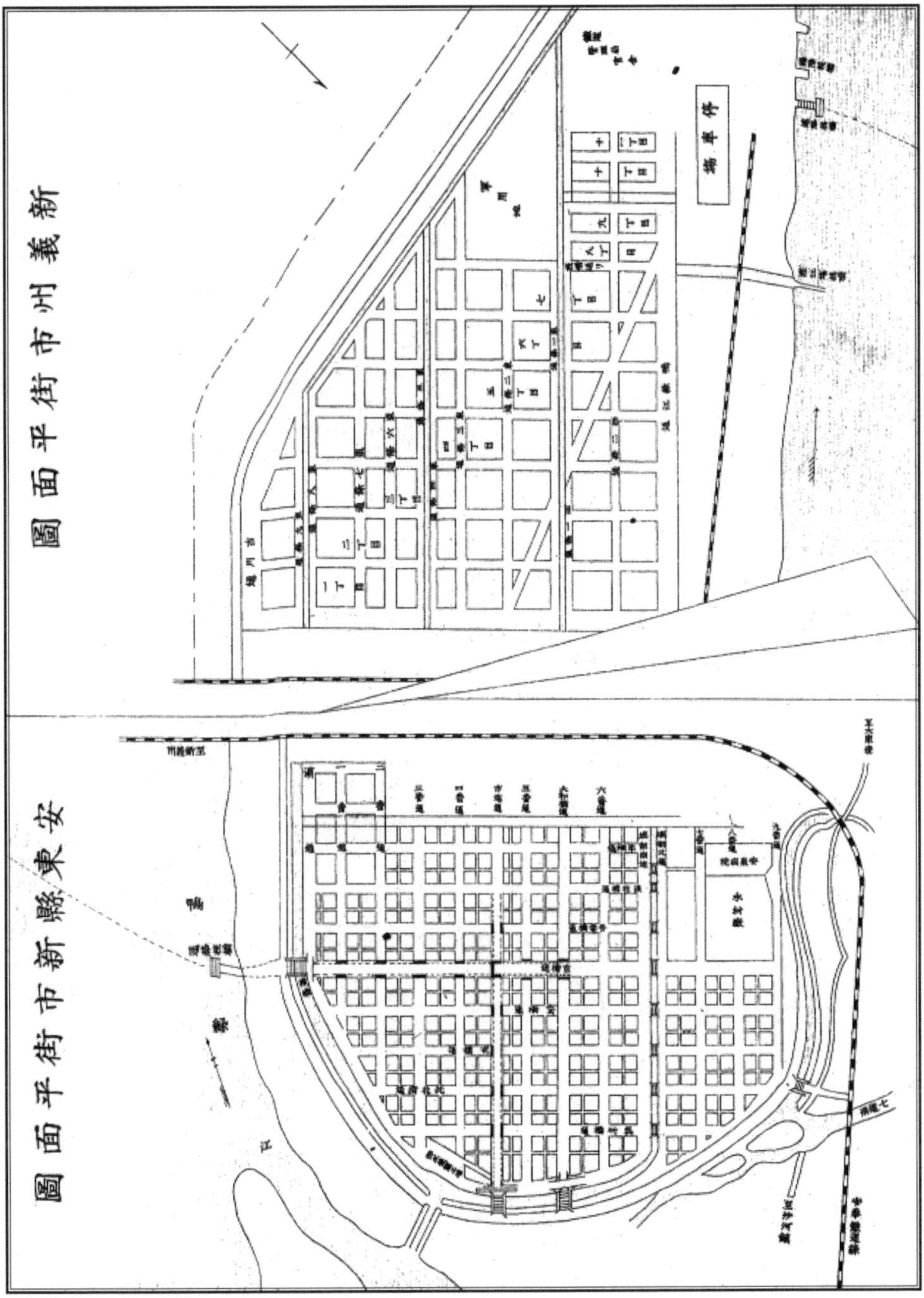

(왼쪽) 안둥현 신시가 평면도, (오른쪽) 신의주시가 평면도

결빙 중 안둥현에서 바라본 중도(中島).

압록강 결빙 중에 다니는 썰매

신의주역新義州驛 용산에서 309리 58쇄

경의선의 종점으로 청한淸韓의 국경인 압록강의 좌측 기슭에 있다. 청나라의 안둥현安東縣과 비스듬하게 마주본다. 당국은 안둥현에 신의주역 파출소를 두었으며, 연락선을 설치하여 맞은편 안둥현 과의 교통을 자유롭게 하였다. 본디 이

안둥현 시가지 일부

곳은 허허벌판이었지만 철도 개통과 함께 이주하는 일본인이 많아 오늘날 대단히 번성하게 되었다. 지금은 호수는 500호, 인구는 2천 명에 가까우며, 수륙 양쪽의 교통이 자유로워 이른바 사통팔달 지역이다.

안둥현은 청한清韓의 무역 요충지로 구시가지, 신시가지가 있다. 신시가지는 즉 일본인 전관 거류지이며 또 무역 상인이 많아 매우 번창하다. 지금은 호수는 2,700호, 인구는 7천 명이라고 한다.

압록강은 수원이 장백산맥長白山脈에서 출발하여 용암포龍巖浦에 이르러 바다로 흘러들어간다. 연안 일대는 비옥하고 풍요로우며 광산도 풍부하다. 이에 더해 만주 일대에서 생산되는 곡류, 콩깻묵, 작잠사柞蠶絲, 멧누에, 짐승가죽 등 주요 물품의 수량이 막대하다. 강은 만조 때에는 1,500톤 이상의 선박이 정박할 수 있다. 또한 왕복하는 지나支那 정크[224]도 무려 수만 척이 무한으로 줄지어 있어서 연안의 상업을 상기시키는 외에, 이 배들의 기이한 모습은 옛날 몽고蒙古가 습격해 온 때를 그리게 한다.

| 명승지 |

의주부義州府

상류에서 3리里 떨어진 압록강 좌측 기슭에 있다. 국경의 요진要鎭이다. 맞은편

224 정크(junk)는 연해나 하천에서 사람이나 짐을 실어 나르기 위해 사용하던 중국 범선을 가리킨다.

에는 청나라의 주롄청九連城이 어렴풋이 보인다. 1894~1895년과 1904~1905년 두 전쟁에서 일본군이 도하한 지점으로 이름 높다.

혜산진惠山鎭

압록강의 상류 150리里 지점에 있다. 안둥현 목재공장의 파출소가 있다. 이 공장의 경영과 관련하여 일한인 공동의 목재 유하流下 작업을 합하면 매년 200만 연連(1연은 8척尺)에 달한다고 한다. 압록강 목재의 명성은 이로써 일부를 엿볼 수 있다.

용암포龍岩浦

압록강 하류 6리里 지점에 있다. 다둥거우大東溝와 비스듬히 마주보고 있다. 용암산, 체산體山이 둘러싸고 있다. 용암포는 러시아가 조선 경영에 첫 번째로 착수한 곳으로, 강변 일대를 측량하고 점유하여 점점 물의를 빚게 되자, 삼림회사의 경영근거지라는 이름하에 한인 명의로 토지를 매수하고 압록강 목재 집산시장을 창설하였다. 그러나 결국 개항장으로 삼자는 논의에 이르렀다. 지금은 일본인이 많이 이주하여 설비가 정연하다.

○관아, 회사

- ○이사청
- ○일본인거류민단사무소
- ○심상고등소학교
- ○경찰서
- ○우편전신국전화 설비 있음
- ○세관
- ○수비대
- ○목재창부속 오바야시구미 제재소大林組製材所

○여관

이와타岩田여관, 안둥安東여관, 오타太田여관

○요리점

긴로錦樓, 다이마루로大丸樓, 데아이手合, 만케쓰滿月, 가케쓰花月

■철도교통

안둥현에서 남만철도 안펑선安奉線으로 펑톈奉天 방면에 갈 수 있다. 안펑선 완성 후에는 당국의 노선과 연결하여 직통 운송을 개시할 예정으로, 장차 만한의 교통이 크게 발전할 것이다.

1908년 4월 10일 인쇄

1908년 4월 13일 발행

편집 및 발행자 **통감부 철도관리국**

한국 경성 명치정 3정목

인쇄자 후지타 겐이치藤田謙一

한국 경성 명치정 3정목

인쇄소 일한인쇄주식회사

제2부

조선철도 선로 안내

조선총독부 철도국

들어가는 말

이 안내서는 공무의 여가 담당자가 편찬한 것이다. 애당초 완벽하다 할 수 없겠지만, 여행할 때 다소나마 편리를 제공하였으면 한다. 그렇지만 예로부터 조선에서는 확실한 자료를 얻기 곤란하므로 각지의 인구, 호수 등 정확하게 하고자 노력하였으나, 뜻밖의 오류가 없다고는 못하기에 대부분 학문이 넓고 고상한 분들의 가르침을 기다려 잘못을 바로잡고, 불비함을 보완하여 점차 완성되기를 기대한다. 변변치 못한 바를 널리 양해하고 가르쳐 주신다면 매우 다행이겠다.

1911년 4월

경성풍경
(제1열 좌) 경성 본정 | (중) 조선총독부 | (우) 남대문 정거장
(제2열 좌) 창덕궁 비원 | (중1) 덕련궁[1] 대한문 | (중2) 창덕궁 인정전 | (우) 창덕궁 돈화문
(제3열 좌) 종로○ 공장 | (중1) ○石의 탑(파고다 공원 내) | (중2) 경복궁 광화문 | (우) 경성 종로통

1 덕수궁의 오기이다.

京城本町
朝鮮總督府
南大門停車場
昌德宮秘苑
德運宮大漢門
昌德宮仁政殿
昌德宮敦化門
鍾路物工場
大理石の塔（パゴダ公園內）
景福宮光化門
京城鐘路通

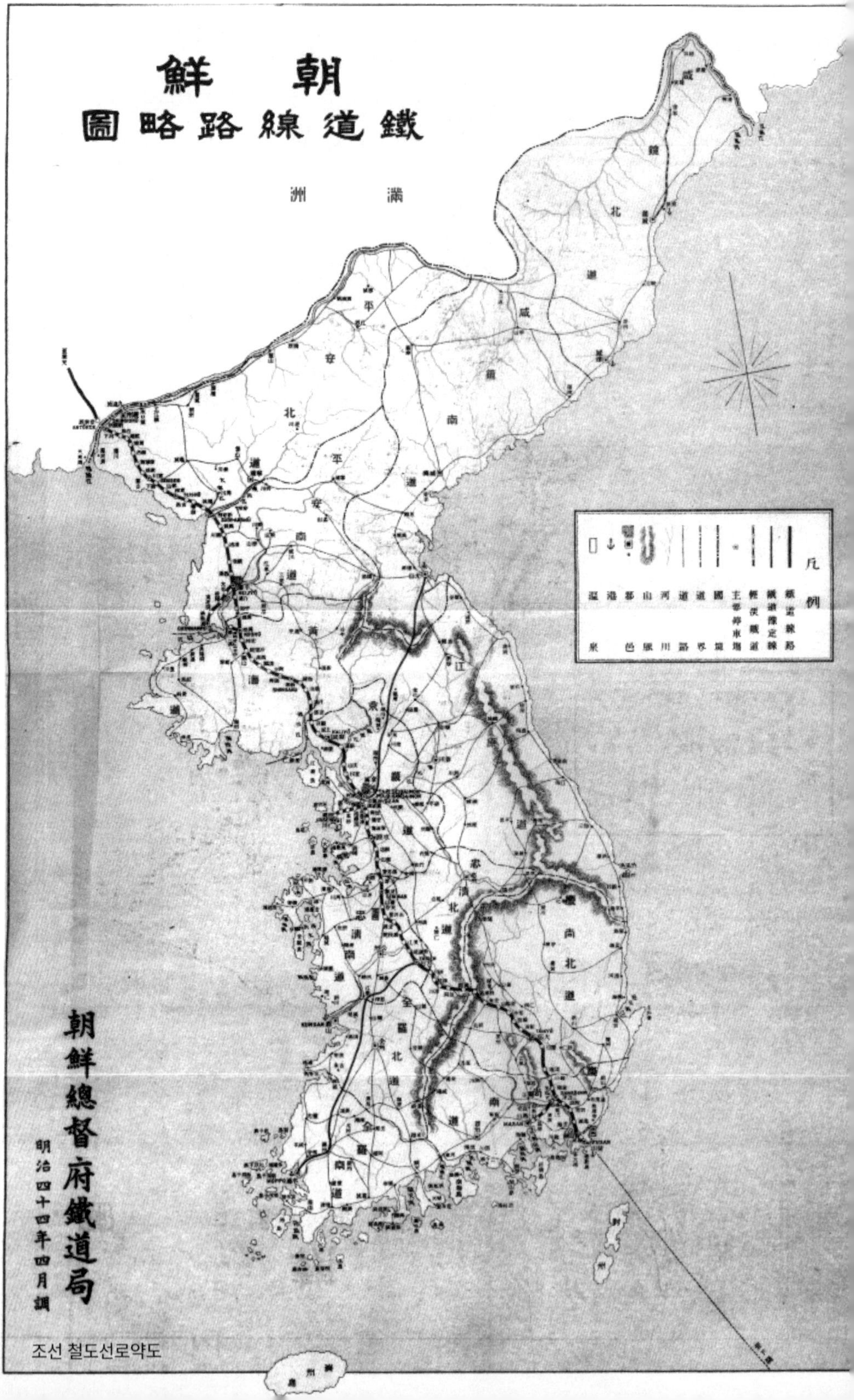
朝鮮
鐵道線路略圖
滿洲
凡例
鐵道線路
鐵道豫定線
輕便鐵道
主要停車場
國境
道界
道路
河川
山脈
郡邑
港
溫泉
朝鮮總督府鐵道局
明治四十四年四月調

조선 철도선로약도

평양풍경 모란대 을밀대 부근

조선철도의 연혁

조선철도는 1896년明治29 미국인 제임스 R. 모스 씨가 조선정부로부터 경성서대문과 인천 사이의 철도부설 특허를 받은 데서 시작한다. 공사를 하던 중 1899년에 경인철도합자회사京仁鐵道合資會社를 계승하여, 같은 해 9월 18일 인천과 노량진 사이 20여리哩의 운행을 개시하였다. 조선에서 철도운수 영업은 이것이 효시이다. 이어 1900년明治33 7월 노량진과 서대문 사이 5리 여의 공사를 준공하고, 같은 해 10월에 경성과 인천 사이의 운수영업을 개시하였다.

경부선은 1894년 일한 양국 간 협정한 잠정조약, 1898년 9월 체결된 경부철도 합동조약, 1900년 9월 발포된 법률칙령 등에 의하여, 1901년 6월에 성립한 경부철도주식회사가 8월에 남쪽의 초량과 북쪽의 영등포에서 각각 공사를 시작하였다. 1903년 10월 경부철도주식회사는 경인철도의 일체를 합병하여 조선철도 통일의 발단을 알렸다. 같은 해 12월에 일로日露 양국의 형세가 점점 긴박해지자 정부는 경부철도 속성速成 명령을 내리고, 대대적으로 공사를 추진하여 1904년明治37에는 남북의 각 구간 113리에 걸쳐 수하물 운송을 취급하게 되었으며, 같은 해 11월 말에는 전 노선 267여 리를 준공하여 1905년 1월 1일에 운수영업을 개시하였다.

경의선 및 마산선은 1904년 2월 전쟁 개시 후 병참총감兵站總監 하에 임시군용철도감부臨時軍用鐵道監部를 두고 전쟁 수행으로 바쁜 와중에 각종 곤란을 극복하고 빠른 완공을 지향하였다. 경의선은 1904년 3월에, 마산선은 같은 해 8월에 공사를 시작하였다. 1905년明治38 5월에는 마산선을 개통하고 이어서 1906년 3월에는 경의전 전 노선을 개통하고, 열차운전을 개시하여 마찬가지로 수하물 운송을 취급하기 시작하였다.

1906년明治39 철도 국유가 결의되자 같은 해 3월 경부선매수법京釜線買收法이 발포되었다. 정부는 같은 해 7월 1일자로 경부선과 경인선 293리哩 6분分을 매수하고 같은 날 통감부 철도관리국을 설치하였다. 이리하여 경의선과 마산선은 같은 해 9월 1일자로 육군 운영에서 통감부 철도관리국 소관으로 이관되었으며, 이로써 조선철도 통일은 비로소 결실을 맺었다.

통감부 철도관리국은 이렇게 조선철도의 경영을 맡게 되었다. 1908년明治41 4월 1일 초량 부산 간 1리哩가 연장됨으로써 부산 경성 간 전 노선이 개통되었으며, 동시에 경의선과 마산선은 수하물 운송 취급을 개선하여 일반운수영업을 개시하였다. 이후 조선철도는 통감부철도청統監府鐵道廳, 철도원한국철도관리국鐵道院韓國鐵道管理局, 조선총독부철도국朝鮮總督府鐵道局 등 누차 관리관청이 달라짐에 따라 호칭이 바뀌었다. 그렇지만 철도운영 방침은 항상 일정하여 변함이 없었으며 운수영업의 발전은 물론 각 노선의 개량공사도 착실히 진척되어, 이제는 그야말로 영업노선으로서 기초가 완전하게 되었다.

이후 노선을 신설한 것은 진남포지선평남선으로 1909년明治42에 공사를 시작하여 1910년 10월 16일 운수영업을 개시하였다.

현재의 영업선로 상태를 간략히 서술하겠다. 우선 노선별 및 이정은 다음과 같다.

경부선 380리哩 1

경부본선 274리 9

마산지선 240리 8

인천지선 18리 4

경의선 352리 9

경의본선 309리 7

겸이포지선 8리 9

진남포지선 34리 3

전 노선의 합계는 671리이며 이를 경부선과 경의선의 2대 간선으로 크게 구분하고, 또 6선으로 구분한다.

경부본선은 부산에서 대구, 대전을 지나 서대문에 이르며, 경의선은 경부본선 중 용산을 기점으로 하여, 개성, 평양을 거쳐 신의주에 도달한다. 두 간선은 중앙인 용산에서 서로 연결되며 조선의 남북을 종으로 관통한다. 남쪽은 관부關釜 간 철도연락선으로 내지와의 교통이 편리하고, 북쪽은 가까운 시일 내 준공될 압록강 가교를 통해 곧바로 청나라로 들어가며, 남만주철도회사南滿洲鐵道會社에서 개축 중인 안평선安奉線을 경유하여 멀리는 대륙 철도에 접속할 수 있는, 실로 세계적 교통의 주요 선로를 형성하는 것이다. 그리고 마산지선은 경부본선 중 삼랑진에서, 인천지선은 영등포에서 분기하며, 겸이포지선은 경의본선 중 황주에서, 진남포지선은 평양에서 분기한다. 모두 주요 항만 또는 하구로 연결되어 조선 서해안 연도沿道의 교통을 도움과 동시에, 종관 본선과 해외 여러 항구 간의 연락과 접속을 꾀하고 있다. 만약에 공사가 진행 중인 신노선의 원산선과 호남선이 준공되면, 철로는 동서를 가로지르게 되니 조선의 개발이 기대된다.

조선철도 선로 안내 목차

1 목차에는 興자가 누락되어 있다. 조판과정의 오류로 보인다.

조선철도 선로 안내 목차 끝

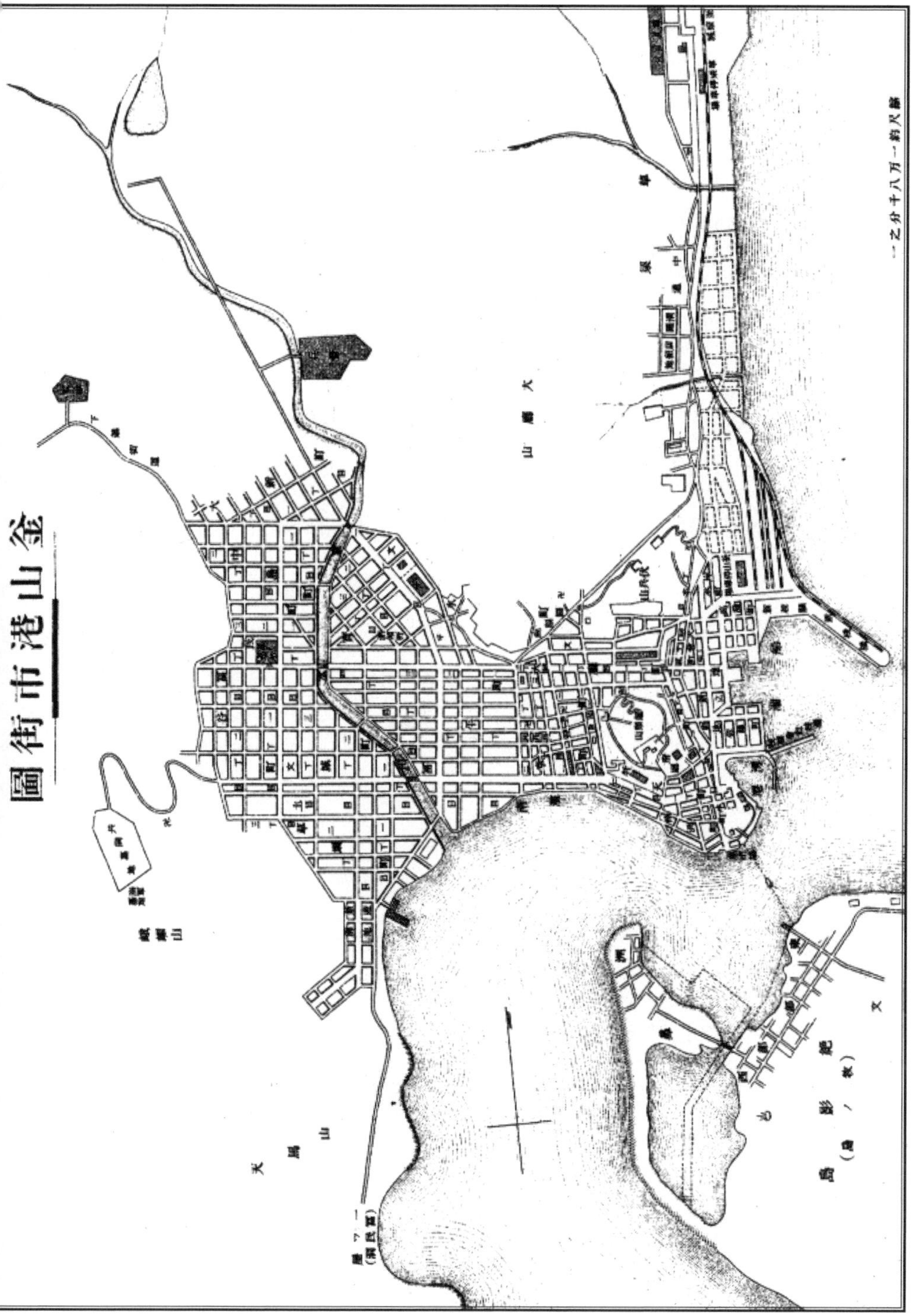

부산항 시가도

경부본선京釜本線

◉ 부산역

경상남도(慶尙南道) 동래부(東萊府) 부산항(釜山港) 북빈(北濱)해안, 동경129도, 북위35도6분, 경부선 기점, 서대문에서 274리(哩) 9분(分)[1]

부산은 조선의 남단에 위치하며 해로로 멀리 120여 리浬 떨어진 시모노세키下關와 마주한다. 조선 종관철도縱貫鐵道의 기점이자 동아시아 대륙으로 통하는 문호이다. 최근 연표에 따르면 호수는 8,094호, 인구 38,212명, 수출입액 1,346만 3,927원으로 해마다 액수가 증대하여 거침없이 번영하고 있으며 한없이 부유하다. 근래에 수도가 완성됨에 따라 일반 도시로서 필요한 기관이 대부분 갖춰졌으며 해륙을 연결하는 설비 역시 대략 정돈되었다. 더욱이 반도 1,700리哩의 연해는 가는 곳마다 어업이 활발한데, 부산은 실로 그 중심 지점이다. 바야흐로 어항漁港의 냉장고 등 필요한 어업 설비가 점차 정비되어 부산항의 번영은 자못 심대하리라 기대된다.

항구 바깥쪽에 웅크리듯 하늘에 닿을 것 같은 섬이 절영도絶影島이고, 항구 어귀에 큰 바위 대여섯이 우뚝 솟아있는 섬이 오륙도이다. 적기赤崎[2]에 있는 산이 소맷자락처럼 북쪽에서 돌출하였고 만灣은 커다란 쟁반 같은 모양이라서 이제껏 바람과 파도의 무서움을 모른다.

시가지의 구획은 용두산龍頭山 중턱을 둘러싸고 있고 산뜻한 정방형[3]의 형태로,

1 본서의 각 역명에 기점으로부터의 거리는 모두 哩와 分을 쓰고 있으므로, 이하 한자는 생략한다. 分은 10분의 1(1/10) 마일(mile)이다.

2 지금의 남구 감만동 일대에 있던 마을 이름으로, 1899년 편찬된 『동래부읍지(東萊府邑誌)』에는 보이지 않는 지명이다. 1916년 2월 15일자 『부산일보』에는 '아카사키 반도(赤崎半島)'라고 나오는데, 당시 새롭게 만들어진 지명으로 보인다. 지금은 우암(牛巖) 반도라고 한다.

3 원문에는 一天地라고 되어 있다. 『한국근현대사료집성(韓國近代史資料集成)』 3권에 실려 있는 「한인상황에 관한 건(韓人狀況ニ關スル件)」(문서번호 公第一七號, 발신일 1910년 03월 30일)에는 "일천지는 육묘를 일컫는다(一天地ハ六畝ナリト稱ス)"고 나온다. 묘는 중국 주공(周公)대에 제정한 면적의 단위로, 1묘는 주척

부산 정거장

부산 전경

멀리서 바라보면 석회암의 흰 색과 산의 빛깔이 서로 비추어 항구의 아름다운

8척을 한 변으로 하는 정사각형 넓이의 100배인 6,400평방척이다. 한편 일제강점기에는 산지 면적 단위로 묘가 사용되는데, 1묘는 30평이었다. 본문에서는 면적의 단위보다는 정방형의 형태를 비유하는 것으로 풀이하였다.

풍광은 말로 다할 수 없다.

연혁

고하나조노後花園 천황[4] 때인 1442년嘉吉2에 쓰시마對馬와 조선 사이에 통신조교通信條交의 친교를 맺어[5], 사선使船 왕래와 방물方物 증답을 행하고 통상을 기약하였다. 그리하여 울산군의 염포鹽浦, 웅천군의 제포薺浦, 동래군의 부산포釜山浦 등 삼포를 열어 교역장으로 만들었다[6]. 고가시와라後柏原 천황[7] 때인 1510년永正7에 어떤 사건으로 조선 관리와 갈등을 일으켜, 삼포의 일본인이 일치하여 이에 반항하였다[8]. 중과부적이라 결국 무역을 중지하고 교린을 단절하게 되었다.

1544년天文13에는 옛 동맹을 회복하였으나 염포와 제포의 두 항은 철폐되고 겨우 부산포 하나만 남았다[9]. 바로 지금의 고관古館 터이다.

도요토미 히데요시豐臣秀吉의 정한征韓의 역役[10] 후 다시금 교린이 두절되었지만 1609년慶長14 쇼군將軍 도쿠가와德川 씨의 명에 따라 쓰시마의 국주國主 소 요시토시宗義智가 공매公賣, 구청求請, 개시開市 등 세 가지로 조약을 맺었다. 이를 기유조약己酉條約이라고 한다. 같은 해 부산포지금의 고관 영관營館의 공사를 시작한 것도 이곳은 수심이 얕아 선박의 정박이 불편하므로, 가신 쓰노에 효고津江兵庫로 하여금 이관을 교섭하게 하여 1672년寬文12에 이윽고 목적을 달성했다.[11] 이것이 바로 지금의 부산으로, 지금으로부터 260여 년 전 일이다. 1876년明治9 수교조약이 체결되자 정부는 새롭게 관리관청을 두었으며 이로부터 새로운 무역의 시대로 들어간다.

---

4 일본 무로마치(室町) 시대 천황으로 재위기간은 1428~1464년이다.

5 1443년(세종25) 세견선(歲遣船) 등 무역에 관해 맺은 계해약조(癸亥約條)를 가리키는 것으로 보인다.

6 삼포를 개항한 것은 1426년이지만 계해약조로 더욱 구체화되었다.

7 일본 전국시대 천황으로 재위기간은 1500~1526년이다.

8 1510년(중종5) 4월에 발생한 삼포왜란을 가리킨다.

9 삼포왜란 후 왜관이 폐쇄되고 일본과의 교역은 단절되었다. 조선은 이전의 계해약조를 폐기하고 1512년 임신약조(壬申約條)를 체결하여 국교가 회복되었다. 단, 당시에는 제포만 다시 개항하였다. 그러나 1544년 사량진 왜변으로 임신약조는 파기된다. 1547년 2월에 정미약조(丁未約條)의 체결로 통교가 재개되고 부산포만 개항하여 임진왜란 전까지 부산포 단일 왜관이 유지된다. 본문에 나오는 고관은 임진왜란 이후 절영도 왜관에 이어 1607년에 조성된 두모포 왜관을 가리킨다. 부산포는 두모포의 인근에 있다.

10 『한국철도 선로 안내』(1908)에서는 임진왜란을 일관되게 '분로쿠·게이초의 역'으로 표기하고 있으나, 이 책에서는 달리 표현되기도 한다.

11 초량으로 왜관이전이 결정된 것은 1673년 9월이며, 초량왜관은 1678년에 완공된다.

부산해안 일부

1880년明治13 관리청管理廳은 영사관領事館으로 개칭되고, 1906년明治39 2월에 이사청理事廳으로 바뀌었으며, 1910년明治43 9월 합병과 동시에 부청府廳을 두었다.

관아官衙

부산경찰서상반정常磐町

부산부청상반정

부산구재판소초량언덕 아래

육군운수부 부산지부금평정琴平町 1

부산지방재판소서정西町 4

내무부 부산수도사무소서산하정西山下町 9

부산수비대대신리大新里

부산감옥대신리

부산거류민단사무소금평정 1

탁지부 세관공사과 부산출장소북쪽 해안 매립지

주민호구

	호수	인구(남)	인구(여)	합계
내지인	4,508호	12,194인	9,734인	21,928인
조선인	3,566호	8,305인	7,979인	16,284인
미국인	2호	3인	2인	5인

연안항로

항구	거리(리浬)	기선운임	2등	3등
울산항	36리		1원80전	2원20전

마산항	40리	편도	1원50전	1원
		왕복	2원50전	1원70전
통영	65리	편도	1원50전	1원
		왕복	4원25전	2원55전
삼천포	93리	편도	1원50전	1원
		왕복	5원10전	3원10전

이상 매일 1회 왕복 기선 있음.

항구	거리(리浬)	기선운임	1등	2등	3등
목포	210리	상선	9원	6원	3원
		우편선	7원50전	5원	3원
군산	257리	상선	12원	8원	4원
		우편선	10원	7원	4원
원산	318리	상선	13원50전	9원	4원50전
		우편선	15원	10원	4원50전
서호진(西湖津)	361리	상선	15원	10원	5원
		우편선은 기항하지 않음			
성진(城津)	471리	상선	21원	14원	7원
		우편선은 기항하지 않음			
청진(清津)	541리	상선	25원50전	17원	8원50전
		우편	25원50전	17원	8원50전

정거장부터 인력거 운임

기점	운임	시간
부산연락선 잔교(棧橋)	10전	8분
변천정(辨天町) 행정(幸町) 1·2정목(丁目), 본정(本町)1·2정목, 금평정, 입강정(入江町)	12전	13분 내지 15분
서정(西町), 대청정(大廳町), 행정 3정목	16전	15분
부평정(富平町), 보수정(寶水町)	20전	20분
부민동(富民洞)	24전	25분
우천 및 야간 2할증, 야간 중 우천 시 3할증, 대기시간 1시간 8전		

수하물 운반

정거장 구내 적모赤帽 운임 3전, 정거장과 연락선 잔교 간 10전, 조선인 운반인지게 운임 5전

통신

부산우편국행정 1

부산우편국 대창정大倉町 분실

본정우편취급소본정 1

부산전화교환국본정 1

부산역전신취급소정거장 내

대구, 마산, 안동 등 기타 장거리 전화편 있음.

여관

오이케大池여관변천정1, 객실25

마쓰이松井여관행정1, 객실6

아라이荒井여관금평정, 객실13

나루토鳴戶여관정거장 앞, 객실13

오카노岡野여관금평정, 객실12

나카가미中上여관본정 1, 객실11

모리야守屋여관변천정2, 객실8

오이치大市여관매립신정埋立新町, 객실12

각 여관의 숙박운임 특실 3원, 1등실 2원50전, 2등실 1원50전, 3등실 1원25전, 등외 90전, 점심식사 운임 특실 1원50전, 1등실 1원, 2등실 75전, 3등실 60전, 등외 50전

요리점

나루토로鳴戶樓, 행정 1, 객실7

마치아이테이待合亭, 행정 2, 객실7

가스가테이春日亭, 남빈정南濱町, 객실9

미카사테이三笠亭, 남빈정, 객실6

게이한테이京阪亭, 금평정, 객실7

극장

부산좌釜山座, 부평정

사이와이자幸座, 행정 2

학교

부산상업학교보수정

부산고등여학교보수정

부산심상고등소학교보수정

부산심상소학교대청정

부산심상소학교 목도牧島분교절영도

신문사

조선시보사朝鮮時報社, 변천정1

부산일보사대청정

병원, 의원

부산거류민단립병원변천정3

구보久保병원대청정

이시카와石川 요병원療病院, 서정2

기진도爲人堂병원변천정1

구리야厨병원행정2

미쓰후지光藤안과병원서정4

후카에深江치과의원행정1

부산거류민단립 전염병원부평정

교회

미인설립기독교회米人設立基督敎會, 초량언덕 위

성공회대청정

일본기독교회산하정山下町

금광교회金光敎會

신사

용두산 신사용두산 공원 산꼭대기

용두산 신사[12]용미산 산꼭대기

사원

본파本派 본원사本願社 별원서정4

동본원사東本願寺 별원서정1

진언종眞言宗 고야산사高野山寺, 대청정

정토종淨土宗 지은사智恩寺, 대청정

아미산峨嵋山 총천사總泉寺, 아미산 산기슭

주산물

품종	최근 1년간 산출액	기사
술	7,290석	주조장 13개소
간장	4,070석	양조장 14개소
벽돌	700,000개	제조소 1개소
담배	궐련[卷] 36,000,000개	제조소 1개소
	살담배[刻] 3,600관	

12 용미산 신사의 오류로, 이 신사는 1678년 초량왜관 설치와 동시에 건립되었으며 옥수신사(玉垂神社)라고도 한다.

소주	114석	양조장 5개소
기와	150,000개	제조소 2개소
비누	22,640상자	제조소 1개소
초	양초 250,000개	제조소 1개소
	일본초 15,000근	

공장

정미소 8곳

담배제조공장 1곳

벽돌제조소 1곳

비누제조소 1곳

제지소 1곳

부산수산업조합제빙소 1곳

대염재제소臺鹽再製所 1곳

양초제조소 1곳

통조림제조소 2곳

철공소 3곳

제분소 2곳

시장

어시장(남빈정南濱町)	최근 1년간 매상고	621,299원
야채시장(남빈정)	최근 1년간 매상고	68,391원

부산 어시장

은행, 회사

부산상업회의소서정2
부산수산업주식회사남빈정3
부산전등주식회사매립신정
부산제분주식회사보수정
부산창고주식회사남빈정
한국대염판매합자회사남빈정
제일은행 부산지점입강정
18은행 부산지점본정2
오사카상선주식회사 부산지점본정1
동아연초주식회사 부산지점좌등정
산인도山陰道산업주식회사 지점본정1
한국흥업주식회사 부산지점좌등정佐藤町
부산잔교주식회사본정1
한국산업주식회사절영도
부산연초주식회사북빈정北濱町
부산식품시장주식회사남빈정
오이케大池회조합자회사回漕合資會社, 남빈정
한국은행 부산지점본정2
130은행 부산지점본정1
부산매축주식회사釜山埋築株式會社, 대청정
내국통운주식회사 부산지점고도정高島町
일한임업주식회사 지점서정1

| 명승지 |

용두산龍頭山

우뚝 솟은 노송은 천년의 빛깔을 깊이 머금고, 바람에 흔들리는 가지는 때때로 시끄러운 소리를 낸다. 저 멀리 외롭게 떠 있는 배가 닿는 곳에 쓰시마가 바라보인다. 멀리 절영도부산항에 있는 섬 이름의 푸른 산과 아미峨嵋[13], 부산관 밖에 있는 산 이름의 아름다운 모습은 모두 으뜸가는 경치이다. 이를 대하는 나그네의 심정은 황홀하다. 전하기를 덴분天文 연간1532~1555에 소씨宗氏가 묘목을 쓰시마에서 가져와 이식한 데에 힘입었다고 한다. 산 정상에 금평신사琴平神社가 모셔져 있다.

절영도絶影島, 일명 목도牧島. 옛날에 방목지여서 유래된 이름이다

둘레 7리里. 우뚝 솟아 위풍당당하게 항구 안팎을 둘러보고 있다. 남쪽은 소나무가 무성하고, 모래해안은 여름철 해수욕에 적합하다. 또 서쪽 기슭에는 목도 광천 온욕장溫浴場이 있다.남빈에서 절영도 북쪽 기슭까지 배편이 있으며, 운임은 1전 5리

13 앞의 사원 항목에서는 아미산(峨嵋山)으로 표기하고 있다.

◉ 초량역

경상남도 동래부 사중면(沙中面) 초량동(草梁洞), 부산에서 1리

초량은 부산항내의 일부로 근래 세관산稅關山을 깎아 평평하게 하는 공사를 마친 뒤에는 두개의 시市가 서로 접하게 되어, 일본의 고베神戶와 산노미야三の宮같은 모습이 만들어졌다. 원래 이 땅은 적막한 어촌이었다. 하지만 1901년明治34 경부철도를 창설하고 이곳을 기점으로 삼게 되면서, 비로소 어느 정도 시가지를 이루기 시작하여 점차 오늘날의 번영을 이루었다.

관아

조선총독부 철도국 초량파출원 대기소　부산세관 초량출장소

중국영사관

주민호구

	호수	인구 남	인구 여	계
내지인	580호	2,150인	890인	3,040인
조선인	617호	1,413인	1,498인	2,911인
중국인	32호	154인	4인	158인

통신

정거장 앞에 초량 우편소가 있으며, 우편, 전신, 전화업무를 취급한다. 또 초량역에서도 공중전보를 취급한다.

여관

정거장 앞에 나다미쓰灘光여관이 있으며, 객실 7칸, 숙박료는 1원 30전 내지 2원.

학교, 의원, 교회

초량심상소학교　보통학교

실업학교
동립洞立초량학교
동립초량여학교
안동安東의원
와타나베渡邊의원
기독교회미국인 설립
천주교회

은행, 회사

경상남도 농공은행 초량출장소
동래부 상업회의소
중국상업회의소
내국통운주식회사 초량출장소
대한운수회사
대동회사大東會社

| 명승지 |

쓰노에 나리타 군 초혼비津江成太君招魂碑

비석은 고관古館 언덕 위에 있다. 삼포의 난 이후, 이관과 관련하여 담판을 지어 오늘날의 부산항을 존재하게 만든 공부산의 연혁에 자세하다은 잊어서는 안 될 것이다. 1879년明治12 재류하던 유지들이 비를 세우고 사적을 기록하여 그의 고심에 보답한 것이다. 경내는 넓지는 않지만 숲이 울창하고 관망하는 데 부족하지 않다.

◉ 부산진역

경상남도 동래군 부산면 부산진 수동(首洞), 부산에서 2리 8분

역은 부산진 시가의 북단에 있다. 이곳은 부산 및 초량과 인접하고, 동래, 좌수영, 기장 및 울산의 통로에 해당하여 부근의 지방 일대 물자의 집산지이다. 철도 개통 이래 현저히 번영하였으며 장래는 더더욱 유망할 것이다. 원래 진장鎭將을 두어 수사水師를 감독한 곳으로 역사상 유명한 곳이다.

주민호수

	호수	인구(남)	인구(여)	계
내지인	196호	358인	317인	675인
조선인	2,606호	6,468인	6,200인	12,668인

경편철도

부산진 성 안에서 동래온천에 이르는 경편철도가 있다. 그 거리는 6리哩이며, 약 50분 걸린다. 운임은 1등 30전, 2등 24전, 3등 12전.

통신

부산진 우편소는 수동에 있다. 우편, 전신, 전화업무를 취급한다.

여관

정거장 앞에 시마다島田여관이 있으며, 숙박료는 1박 70전부터 2원 50전까지.

학교, 의원, 기타

육영보통학교

사립사가와보통학교私立佐川普通學校

사립여자학교私立女子學校

마쓰다松田박애의원

본원사 포교소

주산물

주산물은 미곡, 야채, 대구, 정어, 정어리, 해초 등이다.

시장

시장은 부산진 성내에서 매월 정례로 4일, 9일에 열린다. 또 같은 날 산수동(山首역에서 2정丁)에서 우시장이 열린다.

회사, 기타

홍업주식회사 부산진출장소

활우活牛수출입 검역소

하라다주양조소原田酒釀造所

가미야마上山장유양조장

| 명승지 |

진성鎭城

역에서 동남쪽으로 3정 거리에 해변에 임한 구름 위에 있다. 올라가면 절영도의 푸른 산봉우리가 그림자를 드리우고, 물은 푸르고 파도가 잔잔하며 백사장이 멀리 이어진다. 자못 경치가 좋은 땅이다.

고니시 성지小西城址

역의 뒤쪽으로 3정 거리에 있다. 봉대산烽臺山의 산줄기에 이어지며, 진성과 시가지를 사이에 두고 서로 접한다. 분로쿠文祿의 역役 때 고니시 유키나가小西行長가 쌓은 곳으로 지금도 산꼭대기에 보루가 남아있다.

영가대永嘉臺

대는 역의 남쪽으로 1정丁, 해안의 작은 언덕 위에 있다.

원래 순풍을 기원하던 장소로 이용되었지만, 지금은 황폐하여 보잘 것 없다.

동래읍東萊邑

읍은 역의 북쪽으로 2리里 떨어진 곳에 있다. 인가가 조밀하고, 내지인의 상가도 많다. 옛날 군치郡治 소재지로 여전히 작은 지방도시의 모습이다. 온천리溫泉里로 통하며 경편철도가 있다. 또 동쪽으로 1리 떨어진 곳에 좌수영이 있는데 원래 절도사를 두고 좌도수군의 진영을 통제하던 곳이다.

울산성蔚山城

동래에서 동쪽으로 9리里 정도 떨어진 곳에 울산성 터가 있다. 성은 1597년慶長2

말에 가토 기요마사加藤清正와 아사노 요시나가淺野幸長 두 명장이 여러 겹으로 에워싸 함락시켰다.

동래온천東萊溫川

동래시가의 동북쪽으로 약 0.5리里에 있으며, 무취 투명한 염류천鹽類泉으로 여러 병에 효과가 있다. 조망 또한 뛰어나며 욕장의 설비도 완전히 갖추어졌으며, 여관은 동래관, 야토지八頭司여관, 전기루電氣樓 지점이 있다. 숙박운임은 50전에서 2원이다.

범어사梵魚寺

동래온천에서 2리里 떨어진 곳으로, 경내는 수목이 울창하고, 맑고 깊은 물이 나와 졸졸 흐르는 소리가 끊이지 않는다. 그윽하고 한적하여, 실로 세속을 벗어난 땅이다. 절은 신라의 승려 원효元曉가 터를 열었으며, 규모 또한 볼만 하다. 현재의 건물은 분로쿠의 역 당시 전란에 휩싸였던 것을 나중에 재건한 것이라고 한다.

범어사 경내

○**제1 개금천**開今川 **철도교** 역에서 1리哩 27쇄鎖 떨어져 있으며, 길이는 130척呎.

○**제2 개금천 철도교** 역에서 2리 66쇄 떨어져 있으며, 길이는 107척.

◉ 구포역

경상남도 동래군 좌이면(左耳面) 구포동(龜浦洞), 부산에서 11리

역은 구포시가에 접하며 낙동강 왼쪽 강변에 있다. 낙동강 본류의 강어귀에 위치하며 예로부터 강운江運에 기대어 화물과 승객의 왕래가 극히 빈번하였으나, 지금은 철로 개통에 힘입어 경상도 각 지역으로의 해륙 운송 중계지가 되었으며 상업이 매우 번성하였다. 부근에는 기름진 논밭이 많고 기후가 온화하며, 땅이 기름지고 메마른 정도가 농업상 드물게 좋은 지역이다. 하류 2리里에 명호鳴湖가 있다. 명호는 염전으로 유명한데 생산량이 대단히 많다.

구포 전경

주민 호구

	호수	인구(남)	인구(여)	계
내지인	65호	131인	112인	243인
조선인	385호	1,757인(남녀 구별은 미상)		

교통

김해 육로 3리

동래온천장 육로 1리 10정, 마배馬背 운임 1리 당 30전, 가마 운임 1정挺 1일 손료損料 1원, 가마꾼 1일 1원

통신

우편취급소정거장에서 3정

전신취급소정거장 내

여관

이세토伊勢戶여관객실5

후쿠이福井여관객실3

숙박료 1등 1원 50전, 2등 1원, 3등 70전.

학교 및 사원

구포 심상고등소학교

구명龜明학교

구포 동본원사 포교소

주산물(최근 1년간 산출액)

쌀 46,850석

대두 37,000석

보리 5,300석

돗자리 42,500매

회사

구포저축주식회사

한국농사주식회사

한국기업주식회사 출장소

고지마양패합자회사兒島養貝合資會社 출장소

| 명승지 |

김해金海

역에서 서쪽으로 약 3리里 떨어져 있다. 후한後漢 광무제光武帝18년[14] 수로왕이 건국한 옛 터로, 성 안의 전당殿堂과 문루후대에 건조됨는 대부분 황폐해져 쓸쓸한 풍경이다. 낙동강 기슭에 가까우며 배편이 있다. 연안은 비옥한 들판이 몇 리에 걸쳐있어 실로 좋은 농업지이다.

웅천의 제포薺浦

김해에서 2리里 떨어져 있다. 진해만의 목에 해당하며 물줄기가 굽이치는 곳에 제포가 있다. 이 곳은 쓰시마 무역 시대에 삼포 중 하나였던 터로 지금은 쓸쓸한 어촌이다. 또 당시의 모습을 판단할 만한 방법이 없지만, 웅천熊川, 일본식으로는 읽으면 고무가이コムガイ[15]이라는 이름은 상대上代부터 일본 역사에 보인다.[16] 김해가 도성이었던 무렵에는 대부분 이 곳을 경유하여 일본[17]과 교통했던 중요한 지역이었다.

낙동강洛東江

남한에서 가장 큰 강으로 경상도를 종으로 관통하여 흐른다. 그 지류는 도내를 두루두루 미쳐 물을 대기가 매우 편리하다.

본래의 수원은 강원도 경계에 우뚝 솟은 태백산의 남쪽 기슭에서 발원하며 안동, 상주 등을 지나 왜관에서 경부선을 가로지른다. 영천, 하양, 대구의 평야를 관통하여 금호강과 합류하고 현풍, 창녕 등의 비옥한 들을 적신다. 더욱이 전남 운봉雲峰에서 나와 진주, 의령 등의 지방을 거쳐 한데 모인다. 형강瀅江과 합류하

---

14 광무제 18년은 서기 42년이다. 『삼국유사』에 인용된 『가락국기』에는 광무제 건무 18년에 김수로왕이 탄생했다고 나온다.

15 웅천을 읽본식으로 훈독하면, 곰을 뜻하는 '구마' 강을 뜻하는 '가와'로 읽어 '구마가와'라고 읽을 수 있다. '구마'의 고훈(古訓)이 '고무'이며, 이는 우리말 '곰'에서 온 것이라고 한다. 본문의 '고무가이'는 불분명하나, 웅천의 우리말 표기인 '곰내'를 일본어 발음으로 표기한 것이 아닌가 한다.

16 『일본서기』 계체천황조(529.4) "신라왕과 백제왕을 소집하였으나 사신(使臣)을 보냄. 신라가 4개 촌을 공략" 기사에 웅천이 나온다.

17 본문에서는 본조(本朝)라고 표기하고 있다.

낙동강 강변

여 삼랑진에서 마산선을 가로질러서 모두 바다로 흘러든다. 전체 길이는 70여 리里로 기차는 강을 따라 약 20리哩를 달리는데 강변 풍경이 매우 정취가 있다.

○ **호포천**狐浦川 **철도교** 역에서 6리哩 2쇄, 길이는 454척呎.

◉ 물금역

경상남도 양산군(梁山郡) 화산리(華山里), 부산에서 19리 3분

역은 김해지방의 도선장으로 중요한 곳이다. 근래에 내지인이 이주하여 농업에 많이 종사하며 현재 거주자는 150여 명을 헤아린다.

주민호구

	호수	인구(남)	인구(여)	계
내지인	39호	82인	73인	155인
조선인	368호	730인	620인	1,350인

교통단위 리里

수로

구포까지 3리 반 곡물 백 근 당 운임 7전

부산까지 10리 곡물 백 근 당 운임 14전

사문진沙門津까지 28리 곡물 백 근 당 운임 60전

육로

양산까지 2리, 짐말[駄馬] 운임 45전, 인력거 운임 45전

언양까지 9리

통도사까지 6리

범어사까지 5리

김해까지 6리

이상, 물금에서 양산 간 차도를 제외하고는 도로가 험하여 차가 다닐 수 없고, 짐말, 담차擔車, 가마에 의존할 수밖에 없다. 짐말 운임 1리 30전, 가마 운임 1리 60전의 비율.

통신

물금우편소정거장 앞에 있음

전신취급소정거장 내에 있음

전신, 전화 설비 없음.

여관

요시다吉田여관역 앞 숙박료 1원 50전

학교, 의원

물금심상소학교, 정명正明학교, 이데井出의원

농장, 시장

정거장 부근에 내지인이 경영하는 아래의 농장이 있음.

농사조합수리藪里, 흥업주식회사, 마쓰무라松村농장가촌佳村

시장은 4일과 9일 정해진 날에 역 앞 화산리華山里에서 열리며, 부근의 촌락 사람들이 많이 모인다.

회사 기타

일한공동주식회사, 금융조합

| 명승지 |

통도사通度寺

역에서 6리里 떨어진 영취산靈鷲山[18] 아래 있다. 당나라 정관貞觀 20년 신라 왕자 김자장金慈藏이 창건한 거찰로 당탑堂塔과 문루 등이 울창한 숲 사이로 보일락 말락 한다. 맑은 물이 감싸 흐르는데 문 밖에 이르면 몇 길 폭포가 되어 떨어진다. 옛날 신라왕이 이를 퍼내서 몇 리 떨어진 경주 땅으로 옮겨 일상의 마실 물을 공급했다고 전한다.

○ **단주막**斷酒幕 **터널** 역에서 3리哩 60쇄 떨어져 있으며, 길이는 39척呎.

◉ 원동역

경상남도 양산군 서하면(西下面) 원동(院洞), 부산에서 34리 8분

역은 원동천院洞川이 낙동강으로 들어가는 곳, 물이 세 갈래로 나뉘어 강을 사이에 두고 김해군 감로동甘露洞을 마주하는 곳에 있다. 여기서부터 강의 양 기슭에는 험준한 산봉우리가 있다. 매우 깊고 검푸른 강 위에 돛단배가 점점이 바라보이며 바위에서 낚시질 하며 세월을 잊은 듯한 노인의 모습은 진정 속세를 떠난 운치이다.

18 영취산은 영축산(靈鷲山)의 다른 이름으로 울주군 삼남면 방기리와 경상남도 양산시 사이에 위치한 산으로, 취서산(鷲棲山), 대석산(大石山), 축서산 등으로도 불렸다. 『세종실록지리지』, 『신증동국여지승람』 등 고문헌과 『한국철도 선로 안내』(1908)에는 취서산으로 나온다. 최근에는 영축산으로 통일하여 부른다.

주민호구

	호수	인구(남)	인구(여)	계
내지인	22호	40인	22인	62인
조선인	213호	746인	266인	1,015인

학교, 교회

향룡사숙向龍私塾 야소교회당耶蘇敎會堂

| 명승지 |

백운암白雲庵

역에서 1리里 남짓 떨어진 김해군 상동면 백운산에 있다. 물결이 일렁이는 강을 내려다보며 멀리는 작원鵲院의 아름다운 경치가 바라보인다. 산과 물이 있는 풍광의 오묘함은 말할 바가 아니다. 산은 그윽하고 한적하다. 따뜻한 봄으로 계절이 바뀌는 때가 되면 온 산에 진달래가 붉게 타오르고, 더구나 물에 비치는 풍경은 정취가 배가 된다. 방문하는 시인도 많다. 절의 편액의 절반은 나그네가 지은 시이다.

○ **작원관鵲院關 터널** 역에서 3리哩 11쇄 떨어져 있으며, 길이는 194척呎.

○ **원동천 철도교** 역에서 30쇄 떨어져 있으며, 길이는 322척.

◉ 삼랑진역

경상남도 밀양부(密陽部)[19] 하동면(下東面) 송지동(松旨洞), 마산선 기점, 부산에서 30리 5분

삼랑진은 낙동강변에 있는 유명한 도선장으로 예전에는 부산항까지 작은 기선이 왕복하여 자못 북적이던 곳이었다. 철로 개통 후 마산선의 분기점이 된 이래 진해, 거제, 통영, 진주 등 여러 지방과 새롭게 연결되어 경부선의 중요한 역이 되었다. 또 부근은 비옥하고 광활하여 농경지가 풍부하다. 근래에는 내지인이 과수를 심고 야채를 생산하여 장기계획을 세우는 사람이 많다. 특히 복숭아,

19 밀양부(密陽府)의 오기이다.

작원관

배, 능금 등은 이 지역의 명산으로 고객의 환영을 받는다.

관아

삼랑진 경찰서낙동강읍에 있음

주민호구

	호수	인구(남)	인구(여)	계
내지인	179호	347인	256인	603인
조선인	984호	2,423인	2,175인	4,598인

통신

삼랑진 우편소전신, 전화 취급 안 함 전신취급소정거장 내

여관

모리타森田여관역 앞에 있음 객실 4칸 숙박운임 60전부터 2원까지.

학교, 사원, 회사

삼랑진심상고등소학교	본원사 포교소
삼랑진잠업전습소	한국흥업주식회사 출장소

주산물(최근 1년간)

보리	5,400석	야채	1,518,000관
대두	1,200석	담배	5,000관
쌀	750석	과일	25,000관
각종 묘목	6,000,000본		

시장

매월 4일, 9일 정해진 날에 송지松旨에서 열리며, 1년간 판매액 약 5천 원.

| 명승지 |

작원관鵲院關

역에서 동남쪽으로 약 0.5리里 떨어진 곳에 터가 아직 남아 있다. 누각에서 바라보면 강이 흘러 벼랑에 부딪쳐 물결이 일었다가 절벽을 타고 흘러내린다. 1592년文祿1 4월 고니시 유키나가는 동래성을 비롯하여 여러 성을 함락시키고 이곳에 이르렀다. 밀양부사 목진牧晋[20] 등이 지키고 있었는데 일본군은 배후의 험한 곳을 고기 떼처럼 줄지어 올라가 큰 파도처럼 돌격하였다. 목진이 겨우 몸을 피신하며 허둥대면서 밀양성으로 들어갔다. 영남 제일의 길목이며 중요한 관關도 이처럼 허무하게 부끄러운 사실史實을 남길 뿐이다.

○**무월산 터널**　역에서 2리哩 6쇄 떨어져 있으며, 길이는 1,452척呎.

○**청룡산 터널**　역에서 3리 59쇄 떨어져 있으며, 길이는 548척.

20 1592년 밀양부사로 임명된 박진(朴晋, 1560~1597)의 오류이다. 300명의 조선군으로 왜군 18,000명을 대적했던 작원관 전투에서 패하여 포위되자 밀양성에 불을 지르고 후퇴하였다.

◉ 밀양역

경상남도 밀양군 부내면(府內面) 가곡동(駕谷洞), 부산에서 38리 4분

역은 밀양읍에서 24정丁 남짓 떨어져 있다. 북동쪽으로는 산을 등지고 응천凝川을 향하며 서남쪽으로는 멀리 펼쳐져 있다. 기후가 온화하고 땅이 비옥하다. 이곳은 망망한 초원이었지만 내지인들의 경영으로 이미 수백 정보町步의 기름진 밭으로 바뀌어 해마다 재력이 증대되고 있다. 정거장 부근까지 시가지는 철도 개통 당시 내지인이 창설하였으며 현재 이미 백여 호를 헤아려 점차 번창하는 추세이다. 밀양읍은 인구 4천으로 매 장날에는 사방에서 모여드는 상인들이 많으며, 안팎으로 직물, 잡화, 해산물 등을 수입하고 곡류, 소가죽, 담배 등의 산출이 매우 많다. 정거장과 시장 사이의 도로는 평탄하여 인력거가 다니며 가까운 장래에 인차철도人車鐵道 시설 계획이 있다. 생각건대 남쪽 지방 유수의 번화한 지역이다.

영남루

관아

밀양읍재판소 밀양군아郡衙

헌병분견소 금융조합

이상은 모두 읍내에 있다.

주민호구

	호수	인구(남)	인구(여)	계
내지인	336호	625인	278인	903인
조선인	3,000호	8,618	3,382인	12,000인
지나인	5호	15인		

교통

정거장과 읍내 사이에 인력거 설비가 있다. 거리 24정丁, 운임 편도 25전, 왕복 20전

우배牛背 운임 1태駄, 약 60관 1리里 당 28전, 가마 운임 1리 당 40전.

통신

우편전신취급소역 앞 통신취급소정거장 내

여관

시고모리下郡여관객실 3칸, 야기八木여관객실 4칸 이상 역에서 2정

나가미쓰長光여관객실 3칸, 읍내에 있음.

학교, 의원 등

밀양심상소학교삼문동에 있음 공립밀양보통학교읍내에 있음

고지마兒島의원 출장소, 나카시마中島의원 출장소 이상 읍내에 있음

고지마의원정거장 앞에 있음 본원사 포교소삼문동에 있음

주산물

곡물, 담배, 야채, 은어 등.

시장

읍내에서 2일, 7일 정해진 날에 개시.

중심 거래물은 소, 곡물, 소금, 건어, 기타 선인鮮人 대상 잡화로, 매 장날의 거래액은 2만원이 넘는다고 한다.

은행, 기타

밀양은행 오카야마현岡山縣 농업장려조합農業奬勵組合

| 명승지 |

영남루嶺南樓

역에서 서쪽으로 밀양 시가지 동쪽 끝, 밀양강 기슭 언덕 위에 솟아있다. 원래 영남사嶺南寺의 일부였으나 절이 쇠퇴하자 훗날 군수 김계지金溪知가 개축하여 영남루라고 이름 지었다. 누각에 오르면 앞에 밤나무 숲이 있고 멀리 평야가 바라보이며, 용두산과 종남산終南山이 좌우로 높이 솟아있고, 그 사이로 출렁이는 푸른 물이 감아 도는 풍광이 아름답다. 밀양강 일대에서 은어가 난다.

밀양강 철도교

밀양성密陽城

밀양읍내에 있다. 분로쿠의 역 때 밀양부사 목진牧晉[21]이 동래에서 도망와서 작원관을 차지하려 했으나 실패하고 성으로 돌아와 군기 창고에 불을 지르고 산속에 숨어서 나오지 않았다. 이각李珏[22]이 그를 대신하였으나 성안은 흉흉하여 한사람도 싸우려고 하지 않았다. 이윽고 이각이 새벽을 타서 몰래 도망치자 나머지도 무너져 흩어졌다.

○ **제1 월연**月淵 **터널** 역에서 2리哩 17쇄 떨어져 있으며, 길이는 247척呎.

○ **제2 월연 터널** 역에서 2리 22쇄 떨어져 있으며, 길이는 600척.

○ **제1 방천**防川 **터널** 역에서 6리 34쇄 떨어져 있으며, 길이는 130척.

○ **제2 방천 터널** 역에서 6리 44쇄 떨어져 있으며, 길이는 158척 .

○ **밀양강 철도교** 역에서 49쇄 떨어져 있으며, 길이는 1,928척.

◉ 유천역

경상남도 밀양군 상동면(上東面) 여수동(麗水洞), 부산에서 46리

주민호구

	호수	인구
내지인	10호	31인
조선인	500호	1,500인

학교

사립의명학교私立義明學校

주산물

쌀, 보리, 대두 등이다.

21 박진의 오류이다. 236쪽 각주 20 참조.

22 『대동야승(大東野乘)』에 실린 『난중잡록(亂中雜錄)』 1592년 4월 16일자에는 좌병사(左兵使) 이각은 동래성으로 갔다가 부산이 함락되었다는 소식을 듣고 성을 빠져나간 것으로 나오며, 밀양성과 관련해서는 등장하지 않는다. 또 『선조실록』 선조 25년 임진년 6월 28일 기사에는 박진이 작원관에 진을 치고 황산(黃山)의 잔도(棧道)를 방어하고 있을 때, 이각은 화현 내(化縣內)에 있다가 먼저 도망친 것으로 나온다.

시장

매월 3일, 8일 정해진 날에 유천동에서 개시한다. 상품은 곡물, 잡화 등이다.

| 명승지 |

적천사磧川寺

역에서 북쪽으로 2리里 떨어져 있다. 절은 신라시대 승려 보조국사가 창건하였으며[23] 불상 수백 개가 안치되어 있다. 그중에서도 사천왕상은 높이 1장丈 2척尺으로, 눈빛이 밝게 빛나 사람을 쏘아보는 듯하다. 생각건대 명작으로서 후대에 전하기에 충분하다.

○ **유천 철도교** 역에서 40쇄 떨어져 있으며, 길이는 13척呎.

○ **유천터널** 역에서 60쇄 떨어져 있으며, 길이는 171척.

○ **제1 용수천 철도교** 역에서 2리哩 84쇄 떨어져 있으며, 길이는 322척.

○ **제1 은곡터널** 역에서 4리 31쇄 떨어져 있으며, 길이는 306척.

○ **제2 은곡터널** 역에서 4리 39쇄 떨어져 있으며, 길이는 89척.

◉ 청도역

경상북도(慶尙北道) 청도군(淸道郡) 하남면(下南面) 고수동(高樹洞), 부산에서 45리 8분

역은 청도성을 사이에 두고 동남쪽으로 1리里 떨어져 있다. 대구로 통한다. 본가도街道는 역 끝에서 서북쪽으로 들어가는데 이 사이에 험준한 팔조령八助嶺이 가로 놓여 있다. 분로쿠의 역 때 가토 기요마사의 부장部將인 사야가沙也可는 조선군에 항복하여 이름을 김충선金忠善으로 칭하고 정2품 정헌대부正憲大夫에 올랐다. 녹동鹿洞에 저택을 지어 모하당慕夏堂이라 일컬었다고 한 것이 바로 팔조령 아래에 있는 녹동으로, 사야가의 자손은 지금도 이어지고 있다고 한다.

23 보조국사 지눌은 고려시대 중기의 승려이며, 적천사는 신라시대 원효가 창건하였다고 전한다. 이 부분의 서술은 『한국철도 선로 안내』(1908)와 동일하다.

관아

청도군아읍내

주민호구

	호수	인구(남)	인구(여)	계
내지인	95호	151인	111인	262인
조선인	1,434호	3,134인	2,609인	5,743인

교통

정거장에서 청도읍내까지 약 1리로, 말을 타고 30분, 가마로 40분이 걸린다.

운임은 말 30전, 가마 40전, 짐꾼 15전.

통신

청도우편취급소정거장 부근

전신취급소정거장 내

여관

우라카와浦川여관역에서 2정 객실 4칸, 숙박료 1원 50전, 1원, 70전

학교

청도심상소학교

청도보통학교

시장

5일, 10일 정해진 날에 역 부근에서 열린다. 1회 거래액은 약 1,200~1,300원이다.

| 명승지 |

약수폭포

역에서 서남쪽으로 약18정丁 떨어진 화악산華嶽山 기슭에 있다. 70척尺 낭떠러지로 한여름에는 한번 여행할 만하다.

○ **청도천 철도교** 역에서 60쇄 떨어져 있으며, 길이는 322척呎.

○ **성현省峴 터널** 역에서 6리哩 13쇄 떨어져 있으며, 길이는 3,948척.

○ **하도河圖 터널** 역에서 7리 61쇄 떨어져 있으며, 길이는 115척.

◉ 경산역

경상북도 경산군(慶山郡) 읍내면(邑內面) 사정법동(士亭法洞), 부산에서 67리 6분

역은 경산읍에서 9정丁 떨어져 있으며 농산이 풍부하여 내지인이 많이 이주한다. 영일만으로 통하는 새 도로는 역에서 북쪽으로 1.5리里 정도 떨어져 있다.

관아

경산군아읍내

주민호구

	호수	인구(남)	인구(여)	계
내지인	64호	124인	87인	211인
조선인	411호	775인	684인	1,459인

교통

자인慈仁 육로 2리里, 하양 3리, 영천 6리, 경주 14리

통신

경산우편소전신, 전화 사무를 취급, 전화는 대구, 자인, 영천, 경주 등으로 통화가능

전신취급소정거장 내

여관

오타후쿠於多福 여관정거장 앞 객실 5칸, 숙박료 1원 20전, 1원, 80전.

학교, 의원

공립경산심상소학교 사립명륜학교

야마시타 게이지山下慶慈의원

회사

한국흥업주식회사 경산출장소 한국식산주식회사

| 명승지 |

금호강琴湖江

역에서 북쪽으로 1리里 떨어져 있으며, 경주 동대산東大山에서 발원하여 여러 냇물이 합류하여 낙동강으로 들어간다. 강물은 맑고 깨끗하며 곳곳에 깊은 못과 얕은 여울이 있다. 또 은어가 난다.

◉ 대구역

경상북도 대구(大邱) 북문(北門) 밖, 칠성리(七星里), 부산에서 77리 6분

대구는 경상남도와 경상북도의 중심에 위치하며 조선 남부의 대도시로서 부산과 경성 사이의 중요한 길목에 해당한다. 경상도 40여 개 군 및 전라도, 충청도, 강원도 각 도의 중요한 시와 읍으로의 교통이 매우 편리하며, 더욱이 낙동강 수운은 이런 요지 간 연락 통운에 크게 이롭다.

지세는 남쪽으로는 비파산琵琶山, 서쪽으로는 와룡산臥龍山을 등지고 있다. 팔공산八公山이 동북쪽으로 우뚝 솟아있고, 동·북·서쪽으로는 5리里 혹은 2리에 걸쳐 드넓은 평야가 있다. 또 서쪽으로 금호강이 있는데 발원지는 동쪽의 영천군으로, 하양과 경주 등을 흐르는 지천과 합류하여 대구의 북쪽을 우회하여 평야를 가로질러 서쪽으로 약 3리를 흘러 사문진沙門津에서 낙동강으로 들어간다.

대구부성은 대략 200년 전, 당시 관찰사였던 민응주閔應珠[24]가 쌓은 곳이라고

24 민응수(閔應洙, 1684~1750)의 오류이다. 1590년 토성으로 축조된 대구읍성은 임진왜란으로 파괴되었

대구시가

전한다. 성벽은 이제는 대부분 파괴되었고 성벽의 터는 도로로 변하였다. 여기에 신시가지가 건설되어 정거장 부근을 중심으로 나날이 발전을 멈추지 않는다. 특히 토질과 기후가 좋은 까닭에 내지 농민의 이주에 적합하며 과수가 풍부하게 생산된다. 담배와 기타 농작물의 증대가 실로 놀랄 만하다.

관아

임시조선파견대 사령부달성정1

조선주재 경성위수병원京城衛戍病院 대구분원상정上町

대구헌병부대상정

대구공소원大邱控訴院, 용강정龍岡町

대구구재판소大邱區裁判所, 용강정

경상북도청용강정

대구경찰서본정

임시토지조사국 대구출장소상정

대구측후소본정 1정목

다가, 1736년에 관찰사 민응수가 영조의 윤허를 얻어 석축으로 재건하였다. 대구군수 겸 경상북도 관찰사 서리 박중양(朴重陽, 1874~1959)이 1906년 10월 읍성철거에 착수하여 1907년 4월 성벽이 완전히 철거되었다.

내무부 지방국 토목과 대구출장소본정 1정목

권농모범장 대구출장소이취정伊吹町 4정목

농상공부 대구임업사업사무소이취정 4정목

대구면화재배소동운정東雲町

대구세관금정錦町 4정목

대구잠업전습소욱정旭町 4정목

대구부청본정 1정목

대구거류민단사무소 상정

대구감옥서

주민호구

	호수	인구(남)	인구(여)	계
내지인	1,805호	3,112인	2,661인	5,773인
조선인	6,101호	13,475인	10,240인	23,715인
미국인	13호	16인	13인	29인
프랑스인	2호	2인		2인
중국인	18호	81인	3인	84인
영국인	1호	2인		2인

교통

수로

대구에서 육로로 3리里를 가면 사문진에 이른다. 여기서 낙동강 수운에 의해 물자를 연안 및 부산에 수송편이 있다.

사문진에서	물금까지	수로 28리	곡물 1표俵 운임	60전
	구포까지	30리		60전
	부산까지	38리		70전

육로

	거리	승합마차 1인	짐마차 1대	인력거 운임
하양	4리	40전	1원 70전	1원
영천	8리	80전	3원 50전	2원
경주	16리	2원	8원	

포정浦頂[25] 22리, 현풍 6리, 사문 3리, 마산 28리, 안동 25리

25 포항의 오기이다.

이 가운데 경주가도를 제외한 다른 지역은 도로가 험악하여 겨우 짐말이 통과하는 정도이다.

마배馬背 운임 1리 30전, 가마 운임 1리 60전이 보통이다.

인력거(정거장에서 거리 및 운임)

지점	거리(정町)	운임(전錢)
여단사령부	1	5
고야산	6	12
서문파출소	7	15
서문시장	10	20
본정 우편국	6	12
도청	6	12
경찰서	6	12
남문	8	17
남문 밖	10	20
신 감옥	12	24
공소원	8	18
공소원 관사	11	22
본문(本門) 터	5	10
달성산	12	24

야간에는 1할증, 비바람으로 진창일 때는 2할증.

통신

대구우편국원정元町

본정 우편소본정 1

전신취급소정거장 내

시내전화 설비 있으며, 부산, 마산, 동래, 안동 등 기타 장거리 전화 편 있음.

여관

여관명	장소	객실(칸)
대구관	역 앞	7
요시다(吉田)여관	5번정	12
요시다 여관 지점	원정 1	12

다치바나(立花)여관	원정 2	12
유이야(唯家)여관	은정(銀町)	17
다나카(田中)여관	삼번정	7
지카라(力)여관	달성정 2	10
고바야시(小林)여관	이취정 2	6
고토(後藤)여관	은정 3	7
모리(毛利)여관	원정 1	5
고야마(小山)여관	은정 1	8

숙박요금 75전 내지 30원.

요리점

바이린칸梅林館

지토세관千歲館

달성관達城館

극장, 연예장, 구락부俱樂部

긴자銀座

시노노메자東雲座

용기구락부龍技俱樂部

학교

대구거류민단립 심상소학교

대구유치원

사립속성일어 야학교

사립대구협성학교協成學校

대구농림학교

대구동인의원부속 의학교

공립대구보통학교

달성일어야학교

사립대구수창학교壽昌學校

신문사, 의원

대구신문사

대관병원大觀病院

대구동인東仁의원

교회, 사사社寺, 사당

태신궁요배전太神宮遙拜殿 본원사 포교소

정토종 포교소 일연종 포교소

고야산 대사당大師堂

동화사桐華寺, 팔공산 선북촌면鮮北村面 학부동鶴浮洞

용연사龍淵寺, 성평곡면省平谷面 기동岐洞

남지장사南地藏寺, 상수남면上守南面 백록동白鹿洞

파계사把溪寺, 해서촌면解西村面 택리동宅里洞 임휴사臨休寺, 월배면月背面 원덕동遠德洞

안일암安逸庵, 하수서면下守西面 서괘진西掛津 은적암隱跡庵, 하수서면 동괘진

미국인설립 교회당 프랑스 교회당

공자묘

주산물최근 1년간

쌀	492,218석	보리	587,599석
콩	261,623석	잡곡	59,864석
잎담배	상세하지 않음.	생과	6,000관
궐련	35,000,000개비1910년 상반기중	다다미	6,463매1910년 상반기중
별문석	2,048매1910년 상반기중		

시장

동문 밖과 서문 밖 두 곳이 있으며 서문 밖 시장은 7일, 동문 밖 시장은 4일, 9일에 열린다. 당일 고객은 실로 수만 인에 달하며 조선 내 큰 시장이다. 주된 거래 품목은 곡류, 말린 생선, 명태, 야채, 소금, 소, 도기, 가마, 마포, 일용식료품 및 잡화류이다.

은행, 회사, 신문사

한국은행 대구지점 경상농공은행

대구시장

대구수산주식회사

한국제연합자회사韓國製莚合資會社

대구상업회의소

대구신문사

| 명승지 |

달성達城

성곽은 역에서 서쪽으로 12정町 정도 떨어져 있다. 작은 언덕이 병풍처럼 서 있고 오래된 나무가 이를 감싸고 있다. 지금은 언덕의 경관을 정비하여 공원으로 만들었으며, 도로와 목석의 배치가 마음에 들 만한 경치와 정취가 가득하다. 공원 중앙에 대신궁사大神宮祠가 있으며 근년에 내국인[26]들이 창설하였다. 이곳은 또 사방의 조망이 트여 대구 팔경을 한 눈에 담을 수 있다. 팔경이란 아래와 같다.

금호범주琴湖泛舟 노량송객鷺梁送客 침산낙조枕山落照 동사귀승桐寺皈僧

입암조어笠岩釣魚 남소낙화南沼洛花 은적모종隱跡暮鐘 만림취연滿林炊煙

26 내지인, 즉 일본인을 가리킨다. 대구신사 건립계획은 1905년에 시작되어, 1906년 11월 3일 황태신궁 요배전의 낙성 봉헌식이 거행되었고, 달성공원이 조성되었다. 이후 대구신사로 개칭, 1906년 공식 건립허가를 받아 6월 18일 봉고제(奉告祭)가 행해졌다. 1937년에는 국폐소사로 승격하였다.

달성공원

공자묘孔子廟

사당은 동문 밖 동본정東本町에 있다. 대성전에 걸린 편액은 주희의 글씨이며 건축 방식은 전문가가 참고할 만한 것이 적지 않다.

망향루望鄕樓

처음에는 성벽 북쪽에 있었으나 1909년明治42 가을에 달성공원으로 옮겼다. 지어진 연도는 상세하지 않지만 건축의 정교함은 볼만한 가치가 있다.

도수원刀水園

원래 영귀정詠歸亭이라고 불렀다. 공원 안은 그윽하고 깊으며 정자 역시 꽤 우아하다고 이름났다. 정원에는 맑은 샘물이 솟아나 영롱한 옥을 무색케 한다. 기존에는 풍류를 즐기고 시를 짓는 선비들이 모이는 장소였으나, 수년 전에 지금의 공원 주인[27]이 매입하여 보수하고 도수원으로 개칭하여 관광객의 방문을 기다리고 있다.

27 『별건곤』 제33호(1930.10.1)에 실린 대구의 명승고적 소개 기사는 도수원을 "대구 유일의 가정적 유원지"라고 소개하고 있다. 개장 당시의 일본인 소유주는 불확실하지만, 1929년 4월 17일자 『부산일보』의 「부활하는 도수원」이란 기사에서 "한두 해 전부터 경영자도 없이 황폐하였으나 세라 아사키치(世良朝吉) 씨가 수천 원을 투자하여… 5월 1일부터 개방할 예정"이라고 전하고 있다.

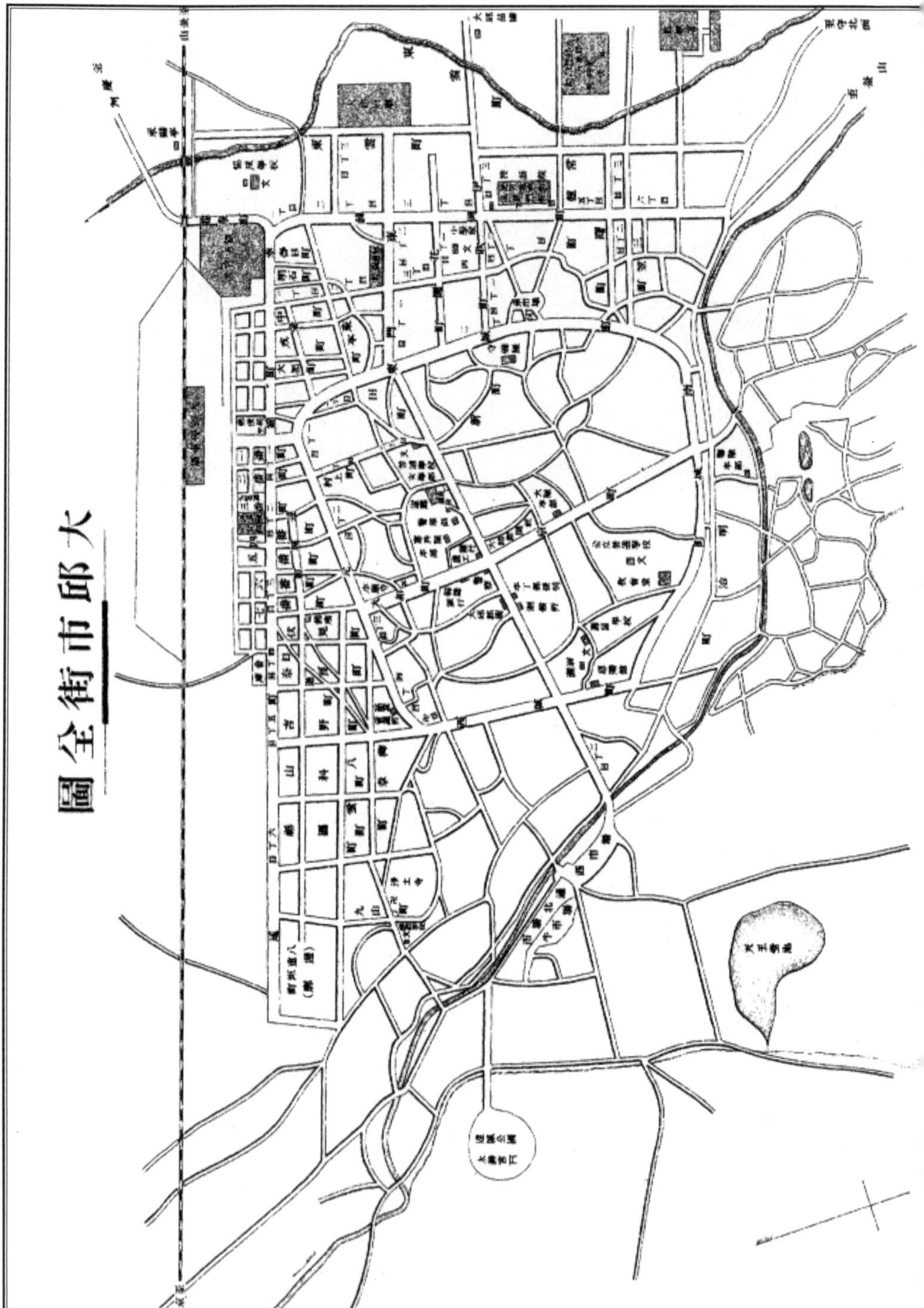

대구시가전도

대구 공자묘

동화사桐華寺

역에서 5리里 떨어진 팔공산에 있다. 신라 문성왕文聖王 때 승려 보조가 창건하여[28] 처음에는 유가사瑜伽寺라 칭하였으나 나중에 동화사로 바꾸었다. 면적은 122만 4,236평, 가람 15동棟 114칸으로 대대전大確殿[29], 금당金堂, 비로전毘盧殿, 부도암浮屠庵, 내은암內隱庵, 염불암念佛庵 등이 있다. 볼 만한 전우殿宇와 당탑堂塔이 많다.

용연사龍淵寺

역에서 남쪽으로 2리里 떨어진 비파산[30]에 있다. 경내는 한적하고 아취가 있으며 깊고 그윽하여 좋아할 만한 풍광이다. 피서지로 적합하다.

28 493년 신라 소지왕(炤智王) 때 극달(極達)이 창건하였으며, 1190년에 보조국사가 중창하였다.

29 대웅전(大雄殿)의 오기이다.

30 역에서 2리에 있는 산은 비파산이 맞지만, 용연사는 그보다 더 남쪽에 위치한 비슬산(琵瑟山)에 있다. 달성의 진산(鎭山)은 비슬산이다. 시인 이상화(1901~1943)가 1930년 『별건곤』에 발표한 「대구행진곡」은 "앞으로는 비슬산(琵瑟山) 뒤로는 팔공산(八空山) 그 복판을 흘러가는 금호강 물아"로 시작한다.

경주慶州

신라의 옛 도읍으로 박혁거세朴赫居世가 나라를 세운 때부터 54대, 992년[31] 경순왕敬順王에 이르러 고려에 항복하였다. 일찍부터 한漢, 위魏, 육조六朝의 문화를 받아들여 온갖 법률과 제도가 크게 발전하였으며, 백제를 병합하고 고구려를 압박하여 일시적으로 동방에서 크게 위세를 보였다.

그 유래인 한남韓南의 땅은 일본의 보호국으로 야마토大和 조정의 종주권 아래 복종하여 조공하는 선박의 왕래가 끊이지 않았다. 따라서 대륙의 문명은 이곳을 통하여 도도히 일본에 옮겨왔으니, 실로 일본의 상대 문화의 연원이었다고 할 만하다. 그 옛 터는 지금도 당대를 그릴 수 있는 것이 적지 않다. 그 중에서도 명승지는 다음과 같다.

월성月城 호공瓠公의 저택 터

숭덕전崇德殿 신라 박씨 10대의 사당

숭신전崇信殿 석씨 8대의 사당

숭혜전崇惠殿 김씨 38대의 사당

첨성대瞻星臺 동양 최고最古의 천문대

봉황대鳳凰臺 옛 신라 왕행 시 놀이 장소

포석정鮑石亭 옛날에 즐겁게 놀던 장소

사량원蛇梁園 혁거세 및 기타 왕릉

불국사佛國寺 유명한 석조 다보탑과 등롱이 있음.

분황사芬皇寺 9층탑과 인왕상, 돌사자 등이 있음.

백률사栢栗寺 경치가 깊고 그윽하며 한적하고 향나무에 조각한 높이 7척尺의 약사여래상이 있다.

천룡사天龍寺**거종**巨鐘 신라 공민왕이 주조함.

계림鷄林 계괴鷄怪[32]의 옛 자취

문천蚊川 일정日精과 월정月精, 두 다리의 터가 있다.

---

31 경순왕은 신라의 제56대 마지막 왕으로 935년에 고려에 항복하였다.

32 닭을 귀하게 여겼던 신라의 국명은 '계림' '계괴' 등 닭과 관련된 여러 가지 이칭이 있다. 계림은 신라, 또는 경주를 뜻하기도 하나, 좁게는 경주시 교동에 있는 숲을 가리킨다. 경주김씨의 시조인 김알지(金閼智) 탄생과 관련된 곳이다.

영일만迎日灣

경주에서 동북쪽으로 6리里[33] 남짓 떨어져 있다. 연안어업지로 매우 유명하다. 근년에 내지인이 여기로 이주하여 어업에 많이 종사한다.

만의 북쪽으로 육지에 접한 작은 섬을 아진포阿珍浦라 하는데 신라의 시조인 박혁거세[34]가 다파나국多婆那國에서 표착한 옛 터로(『삼국사기』에 다파나국은 왜국에서 동북쪽으로 1천 리에 있다고 하여 일본의 단바국(丹派國) 혹은 히고국(肥後國) 다마나군(玉名郡)에 해당한다는 고증이 있다), 수심은 3심尋에서 9심에 이르며 경주의 문호를 자처한다. 만의 남쪽에 영일군이 있으며 고려 충신 정몽주가 이곳에서 태어났다.

○**금호강 철도교** 역에서 5리哩 27쇄 떨어져 있으며, 길이는 1,167척呎.

○**이언천**伊彦川 **철도교** 역에서 7리 75쇄 떨어져 있으며, 길이는 173척.

◉ 신동역

경상도(慶尙道) 칠곡군(漆谷郡) 상지면(上枝面) 신동(新洞), 부산에서 88리 4분

경상남도와 경상북도의 경계에 위치하며 사면이 산으로 둘러싸인 한촌이다.

주민

내지인 12명 조선인 36명

| 명승지 |

칠곡

역에서 동남쪽으로 2리里 떨어진 곳이며, 옛날 칠곡, 인동, 군위, 의흥, 하양 등 여러 군을 통치하였고, 가산도호架山都護가 있던 곳이다. 지금은 군아郡衙, 우편소, 사립학교, 순사파출소 등이 있다.

---

33 『한국철도 선로 안내』(1908)에는 1리 떨어져 있다고 되어 있다. 현재 지도상으로는 약 40km 떨어져 있다.

34 『삼국사기』, 「신라본기」에는 다파나국이 탈해왕의 출생국이라 하였으며, 아진포 역시 탈해왕 탄생설화와 관련되는 지명이다.

○ **신동천 철도교** 역에서 5리哩 30쇄 떨어져 있으며, 길이는 175척呎

◉ 왜관역

경상북도 칠곡군 파녜면(巴禰面) 회동, 부산에서 94리 8분

역은 칠곡군의 북쪽 귀퉁이에 위치한다. 동쪽으로는 낙동강에 바라보며 서북쪽으로는 산을 등지고 있다. 남쪽 일대는 들판인데 자못 광활하다. 이곳은 낙동강을 오르내리는 배의 계류지로 근년에 현저하게 발전하였다. 현재 내지인 83호가 거주하는데 모두 영주할 목적으로 곡물 거래 등의 업무에 종사하고 있다. 원래 왜관은 건너편 기슭인동군에 속함에 사는 토착 주민의 부락명칭으로 이 역의 소재지 이름은 아니다. 그러나 이곳이 분로쿠의 역과 관련이 있고 또 낙동강 기슭의 이름난 요진要津인 연유에서 역 이름으로 하였다. 지금은 번영하게 되어 거의 옛 왜관의 존재를 잊어버린 듯한 상황이다. 덧붙이자면 구 왜관에는 당시 잔류한 일본 병사가 적지 않았으나 지금은 그 후예가 분명하게 밝혀지지는 않는다고 한다.

관아

대구헌병대 왜관분경소　　　왜관수비대

주민호구

	호수	인구(남)	인구(여)	계
내지인	83호	110인	80인	190인
조선인	895호	2,142인	2,112인	4,254인

교통

수로

해평海平, 낙동강 상류 5리　낙동洛東, 10리　신촌新村, 12리　광대정光大亭, 12리

토진兎津, 11리　안동安東, 22리　풍산豐山, 18리　예안禮安, 28리

영천榮川, 27리 현풍玄風, 하류 6리 고려[35]高麗, 6리 사문沙門, 7리 부산40리

이상 모두 낙동강 수운에 의하는데 승선객은 받지 않으며 화물 운임은 곡물 1석당 1리 20전의 비율

육로

성주星州, 3리 18정丁, 승마 편도 90전, 왕복 1원 50전, 가마 1원, 화물운반 짐꾼 운임 80전.

인동부仁同府, 3리 14정, 승마 운임 및 기타는 성주와 같음.

통신

왜관우편소　　전신취급소정거장 내

여관

가와노야河野屋요리겸업 객실 4칸, 숙박료 1원 50전.

학교, 의원

왜관조합심상소학교　　박애의원

회사, 기타

왜관식염합자회사　　왜관곡물구매 판매조합

| 명승지 |

성산城山

왜관에서 북쪽으로 15정丁 떨어져 있다. 작은 언덕으로 분로쿠의 역 때 일본군이 일시 주둔 당시 구축한 성벽인데 지금은 겨우 그 터만 남아있다.

35 고령(高靈)의 오기이다.

성주星州

성산가야星山加耶의 옛 땅으로 경상도 서로西路의 요충지에 위치하며 왜관에서 서쪽으로 3리里 떨어져 있다. 동쪽은 드넓은 논으로 서쪽으로 산을 등지고 있어 자못 지세와 풍경이 뛰어난 곳이다. 성주관아, 경찰서, 금융조합 등이 있다. 분로쿠의 역 당시 고바야카와 다카카게小早川隆景, 구로다 나가마사黑田長政 등이 이곳에 주둔하여 진을 치기도 하였다. 또 성주에서 남쪽으로 5리 거리에 고령이 있는데 옛날 안라安羅였던 곳으로[36], 일찍이 여러 소가야의 종국으로서 대가야로 일컬어졌으며 임나일본부의 소재지였다.

인동仁同

역의 북동쪽에 위치하며, 서쪽으로 평야를 끼고 낙동강을 바라본다. 인동관아와 헌병소 등이 있다. 이곳에서 약 10정町 떨어져 높은 봉우리가 구름 위로 치솟아 있는 곳이 옛 성터, 즉 천생天生산성이며 옛 신라의 시조인 박혁거세가 쌓은 곳으로, 분로쿠의 역 때 재유再裕[37]라는자가 거점으로 삼아 일본군에 대항한 곳이라고 한다.

함창읍咸昌邑

낙동강 상류에 광대정光大亭에서 육로로 3리里 떨어져 있는 4, 5백 호의 작은 읍으로, 옛 가야국의 땅이다. 읍 부근에 독일인 C.B.H. 스크리퍼シー・ビー・エッチスクリッパ 상회가 경영하는 흑연광산이 있다.

선산읍善山邑

왜관에서 동북쪽에 육로로 7리里 떨어져 있으며 군아 소재지이다. 읍은 옛날에 승려 묵호자墨胡子가 불법을 시작한 곳으로 예로부터 많은 학자를 배출하였다.

---

36 안라국은 지금의 함안 지역이다. 안라국의 명칭은 문헌마다 조금씩 다르게 나타난다. 광개토왕릉비와 『일본서기』에는 안라, 『삼국사기』에는 아시라국(阿尸良國), 아나가야(阿那加耶), 『삼국유사』에는 아라가야(阿羅加羅), 아야가라(阿耶加羅)로 나온다.

37 곽재우(郭再祐)의 오기이다.

세상에서 일컫기를, 조선에서 인재의 반은 영남에 있고 영남에서 인재의 반은 선산에 있다고 하는데, 생각건대 풍요롭고 생활이 여유로워서 그럴 것이다. 부근에 내지인이 경영하는 사금 채취소가 있는데 해마다 성황을 이룬다.

○ **낙동강 철도교** 역에서 49쇄 떨어져 있으며, 길이는 1,544척呎.

○ **제1 왜관 터널** 역에서 39쇄 떨어져 있으며, 길이는 264척.

○ **제2 왜관 터널** 역에서 1리哩 15쇄 떨어져 있으며, 길이는 825척.

○ **신만천新滿川 철도교** 역에서 3리 75쇄 떨어져 있으며, 길이는 175척.

◉ 약목역

경상북도 인동군(仁同郡) 약목면(若木面) 지내동(池內洞), 부산에서 98리 9분

역은 높고 험준한 산봉우리가 서북쪽을 둘러싸고 있고 동남쪽으로는 조금 트여 들판이 있다. 낙동강을 끼고 칠곡의 잇닿은 산봉우리를 마주한다. 원래 약목현을 두었는데, 신라 때는 대목현大木縣, 또는 곤산昆山, 계지谿子[38]같은 옛 이름이 있다. 옛날에는 황운원黃雲院이나 정두사淨兜寺 같은 고찰이 있었으나, 지금은 황폐하여 겨우 터만 남아있을 뿐이다.

주민호구

	호수	인구(남)	인구(여)	계
내지인	33호	49인	33인	82인
조선인	38호	89인	86인	175인

교통

인동 육로 2리里 18정町, 가마 운임 20전.

38 신라 때는 대목현, 곤산현, 칠촌현(七村縣) 등으로 불리다가 통일신라 경덕왕 때 계자현이 되었고, 고려 때 약목현이 되었다.

통신

약목 우편소역에서 2정, 통신과 전화는 취급하지 않음.

시장

역에서 동남쪽으로 5정町 떨어져 있으며 매월 두 번 정기적으로 열린다. 근교에서 모여드는 사람이 많아 인동군 제일의 시장이라 일컬어진다.

○ **정주천丁周川 철도교** 역에서 3리哩 54쇄 떨어져 있으며, 길이는 125척呎

◉ 금오산역

경상북도 김산군(金山郡) 김천면(金泉面) 갈마동(渴馬洞), 부산에서 105리

역은 경부선에서 두 번째로 높은 지대해발 600척呎에 위치한다. 사방이 높은 봉우리로 둘러싸여 있고 모사산茅舍山 모퉁이에 있어 지극히 황량하다. 그러나 영남 유수의 오래된 역으로 부상역扶桑驛이란 이름은 일찍부터 해동海東에서 유명했으며 옛날 철로가 다니지 않았던 무렵은 여행하는 인마人馬 덕분에 자못 번성한 곳이었다. 뒤편에 있는 높은 고개와 금오산 북쪽의 개령開寧은 감문국甘文國의 옛 터로, 궁궐터나 금효金孝 왕릉과 장릉獐陵 등이 지금도 남아있어 옛 것을 좋아하는 이들이 한번 들르기를 기다리고 있다.

관아

헌병분견소

주민호구

	호수	인구(남)	인구(여)	계
내지인	14호	25인	15인	40인
조선인	105호	188인	208인	496인

교통

성주 육로 4리里 마배 운임 1원 50전, 가마 운임 1원 75전, 짐꾼 운임 50전
개령 3리 1원 20전, 1원 75전, 40전
인동 5리 마배 운임 및 기타, 성주와 같음.

| 명승지 |

금오산金烏山

역 앞에 구름 사이로 우뚝 솟아있는 높은 봉우리가 바로 금오산이다. 산 정상에 평지가 있어서 이 주위 1리里에 암석으로 성벽을 만들었다. 사면이 깎아지른 낭떠러지로 자못 요해지이다. 분로쿠의 역 때 관찰사 이구익李九翼[39]과 원수 권율權慄 등이 영남 각지의 산성을 수리함에 우선 공산公山, 금오산, 용기산龍紀山, 주산宙山, 화왕산火王山, 황석산黃石山 등을 보수하였다. 공산성과 금오산성은 백성들의 힘을 가장 많이 이용하였고 가까운 곳의 기구와 군량을 모조리 이곳으로 들여와서 수령을 독촉하여 남녀노약자를 데리고 들어와 굳건히 지켰다고 한다. 산봉우리가 우뚝 솟아 나와 있어 사방의 이웃한 산천을 일일이 손가락으로 가리킬 수 있을 정도로 장관임은 두말할 나위가 없다.

풍혈風穴

역에서 동북쪽으로 1.5리里 떨어진, 금오산의 해발 약 640미터[40] 지점에 있다. 풍혈소재지로서는 내지에서도 그다지 없는 편리한 곳으로, 여름 가을 누에씨의 저장소로서 매우 유망하다고 한다.

○ **부상扶桑 터널** 역에서 21쇄 떨어져 있으며, 길이는 1,235척呎.

○ **개령천開寧川 철도교** 역에서 2리哩 13쇄 떨어져 있으며, 길이는 218척.

○ **율곡천栗谷川 철도교** 역에서 5리 60쇄 떨어져 있으며, 길이는 265척.

○ **풍곡천豊谷川 철도교** 역에서 7리 31쇄 떨어져 있으며, 길이는 130척.

---

39 『국조방목(國朝榜目)』에 따르면 이구익은 1827년에 태어난 문관이다. 본문은 임진왜란 당시 관찰사겸 순찰사였던 이원익(李元翼, 1547~1634)의 오류로 보인다.

40 본문은 미터의 한자식 표기인 미돌(米突)로 표기하고 있다.

조선부인 풍속

○ **경호강**鏡湖江 **철도교** 역에서 8리 67쇄 떨어져 있으며, 길이는 913척.

◉ 김천역

경상북도 김산군 김천면 갈마동, 부산에서 115리

김천은 경상북도 서남부에 있는 중요한 시장으로 개령, 김산, 상주, 선산, 지례知禮, 거창 등 각 읍과의 상업이 밀접하다. 특히 시장이 열리는 날은 극히 번화하고 홍성하여, 백 가지 재화가 모여들고 곡류 거래는 연선沿線에서 드물 정도로 활발하다. 감천甘川이 남쪽으로 흐르며 물이 맑고 백사장이 멀리까지 이어진다. 제방 위 버드나무의 빛깔은 연기가 피어나는 듯하며 얕은 여울은 외나무다리로 건넌다. 고관古館[41]이 산록에 기댄 정취는 그야말로 그림 속 풍경이다.

41 김천은 예로부터 역(驛)이 설치되었던 교통의 요지인데, 고관은 역의 객사를 가리킨다. 목은 이색의 문인인 이참(李塹, 1345~1405)은 김천의 아름다운 경치를 시로 읊어 "古館依山麓 危橋涉淺沙 地肥秋大稔 木老歲無花 使騎驚郵吏 鄕風聽野謌 悠然動懷抱 佳節客中過(고관은 산기슭에 섰는데 위태로운 다리는 사천(沙川)에 떴네. 땅이 기름지니 풍년이 들고 늙은 나무에는 꽃도 없구나. 우리(郵吏)는 역마(驛馬)를 채찍하고 향풍(鄕風)은 시골 노래를 즐기네. 수수히 회포가 동하는데 계절의 길손으로 지나는구나)"라고 하였다(『쌍매당선생협장문집(雙梅堂先生篋藏文集)』 卷之一, 「김천역을 지나며(過金泉驛)」).

철로 개통 이후는 내지인이 이주하여 농업과 상업에 종사하는 사람이 많고, 지금은 나날이 끊임없이 진보하는 성황을 보여주고 있다.

관아

금오군아정거장에서 20정, 군내면에 있다

김산구재판소

김천경찰서

김천헌병분대

김천수비대

주민호구

	호수	인구
내지인	182호	588인
조선인	896호	3,810인

교통

지역	거리(리里)	마배 운임
선산	5	1원 25전
낙동	8	2원
상주	9	2원 25전
함창	16	4원
안동	19	4원 75전
문경	21	5원 25전
성주	5	1원 25전
지례	5	1원 25전
거창	16	4원
남원	32	8원
가마 운임은 1리당 40전, 짐꾼 운임은 1리당 12전의 비율		

통신

우편전신취급소 있으며, 일반 통신사무를 취급한다.

전신취급소정거장 내에 있음

여관

비젠야備前屋, 정거장 앞에 있음 객실 7칸 아사히야旭屋, 정거장에서 남쪽으로 1정 객실6칸
히가시야東屋, 정거장 앞에 있음 객실 4칸 가와치야河內屋, 시장에 있음 객실3칸
숙박료 60전 이상 2원까지.

학교, 의원, 사묘(寺廟)

김천심상고등소학교 광흥학교廣興學校
성의학교聖義學校 보명학교普明學校
야마나카山中의원 사토佐藤의원 출장소
본원사 포교소 공자묘군내면에 있음

주산물

쌀, 대두, 보리, 면화, 면포, 마포, 종이 등이다.

시장

경부선 중 대구에 버금가는 큰 시장으로 부근의 선산, 상주, 개령, 지례 등 각 군에서 모여들어 자못 번화하고 흥성하다. 5·10일 정해진 날에 시장이 열린다. 주된 상품은 미곡, 소금 및 말린 생선 등이며 거래액은 매 시 2만원 밑으로 떨어지지 않는다고 한다.

은행, 회사

경상농공은행 지점 산인도山陰道산업주식회사 출장소
부산군 금융조합

| 명승지 |

직지사直指寺

역에서 서북쪽으로 약 3리里 떨어진 황학산黃鶴山[42] 기슭에 있다. 경치가 고요하고 그윽하고 볼만한 전당과 누각이 많다. 절에 불상이 많고 불상의 높이는 한 장丈이 넘는다. 특히 이 절의 황금불상은 유명한 보체寶體이며 경전과 오래된 불구佛具등 찬탄할 만한 것이 많다.

봉황대鳳凰臺

역에서 서쪽으로 15정丁 남짓 떨어진 곳에 있는 연못 중앙의 건물이 봉황대이다. 여름에서 가을로 바뀌는 때에 연꽃을 감상하고 더위를 피하려는 객이 끊이지 않는다.

약수계藥水溪

역에서 5정丁 떨어진 곳에 맑은 샘이 있다. 세차게 시냇물이 흐르는데 옛날에 신라왕이 이 맑은 물로 순주醇酒를 만들어 과하주過夏酒라 이름을 붙였다. 지금도 양조법이 전한다.[43]

상주성尙州城

역에서 동쪽으로 9리里 떨어져 있다. 신라 신문왕神文王 7년에 축조하였다. 분로쿠의 역 때 순찰사 이일李鎰이 성을 지켰지만 고니시의 선봉先鋒에 무너져 겨우 몸만 피하여 충주로 도망쳤다.

42 학이 많이 산다하여 이름이 붙여진 황학산은 『세종실록지리지』에 처음 나온다. 황악산(黃岳山)의 다른 이름이다. 『한국철도 선로 안내』(1908)의 직지사 항목에는 황악산(黃嶽山)으로 표기하고 있다.

43 순주란 다른 재료가 섞이지 않은 술로 무회주(無灰酒)라고도 한다. 본문의 시냇물은 김천 남산동에 있는 과하천을 가리키는 것으로 보인다. 과하천 물로 빚은 술이라 하여 과하주라 하는데, 여이명(呂以鳴, 1650~1737)의 『금릉승람(金陵勝覽)』(1718)에 이름난 술로 소개되었다. 『개벽』 제36호(1923.6.1) 「조선문화의 기본조사」 기사에도 명나라 장수 이여송(李如松)이 물맛을 칭찬했다는 일화를 싣고 있다. 또 조선주조협회가 간행한 『조선주조사』(1935)와 『주조독본』(1938)에는 과하주의 제조법이 소개되어 있다.

낙동금광洛東金鑛

낙동강 상류, 선산군 낙동에 있다. 역에서 동쪽으로 7리里 떨어져 있으며, 내지인이 경영에 관계하여 현재 인부 5~6천을 부리며 활발하게 채굴하고 있다.

○**용복천 철도교** 역에서 3리哩 63쇄 떨어져 있으며, 길이는 130척呎.

○**남전천 철도교** 역에서 4리 54쇄 떨어져 있으며, 길이는 322척.

○**제2 신촌 철도교** 역에서 7리 43쇄 떨어져 있으며, 길이는 130척.

◉ 추풍령역

충청북도(忠淸北道) 황간군(黃澗郡) 전소면(全所面) 추풍령(秋風嶺), 부산에서 125리 8분

역은 해발 712척呎에 있다. 전 노선에서 가장 높은 곳으로 마치 남서쪽을 향하여 말을 타고 내달리는 것 같은 모습이다. 중앙의 산맥은 이 부근에서 더욱 현저하게 가로지르는 형상으로 전라도와 경상도의 분계가 되고 운봉雲峰을 거쳐 경남 지리산의 험준한 고개에서 끝난다. 역은 이 분수령의 꼭대기에 있다. 남쪽으로는 낙동강, 북쪽으로는 금강이 흐른다. 철로는 중첩된 산악 사이를 구불구불하게 지난다. 차창으로 기이한 봉우리가 많이 보이고 경치가 시시각각 변화하여 많은 여행객이 시를 읊게 된다.

관아

추풍령수비대　　추풍령헌병분견소

주민호구

	호수	인구(남)	인구(여)	계
내지인	51호	86인	71인	157인
조선인	863호	1,605인	1,484인	3,089인

교통

육로

상주 7리里, 낙동강 9리, 개령 5리, 함창 12리, 문경 17리

용궁龍宮 13리, 예천醴泉 16리, 안동 20리, 영천 20리, 연풍延豊 20리

마배 운임 1리 당 25전, 가마 운임 46전, 짐꾼 운임 12전의 비율.

통신

추풍령 우편소정거장에서 1정 　　　　 전신취급소정거장 내

여관

정거장 앞에 아리노有野여관, 쓰보카와坪川여관이 있다. 숙박료 60전 이상 1원까지.

학교, 회사

추풍령심상고등소학교 　　　　 장로교회

천주교회

도기제조소

역에서 남쪽으로 10정丁 남짓 떨어진 건천동乾川洞과 동쪽으로 13정 떨어진 각점동角店洞 두 곳에 있다. 모두 조선인이 경영하며 정교하지는 않지만 저렴해서 판로가 넓다.

| 명승지 |

대덕산大德山[44]

역에서 10여 정丁 떨어진, 높게 솟은 험준한 산이다. 기암괴석이 겹겹이 포개졌으며 정상에서는 경상도, 전라도, 충청도 일부를 내려다 볼 수 있다. 산위에 봉

44 덕대산의 오류이다.

화대 유적이 있는데, 옛날 변경에 일이 있을 때나 국란이 있는 경우에 곧바로 봉화를 올려 신호하는 곳이다. 이 제도는 팔도 전역에 두루두루 갖추어져 있으며 경성의 남산 봉화대는 실로 이 중심이었다.

장지현비張智賢碑

역에서 15정丁 남짓 떨어져 있으며 분로쿠의 역 때 한장韓將 장지현이 가토 기요마사의 군을 방어하다 전사한 고적이다. 옆에 "사헌부감찰증병진참의삼괴당장공순절司憲府監察贈兵晋參議三槐堂張公殉節"이라 쓴 묘비가 있다.

○ **제2 군정천軍亭川 철도교** 역에서 1리哩 60쇄 떨어져 있으며, 길이는 110척呎.

○ **제3 군정천 철도교** 역에서 2리 20쇄 떨어져 있으며, 길이는 173척.

○ **제2 군정천 철도교** 역에서 4리 23쇄 떨어져 있으며, 길이는 663척.

◉ 황간역

충청북도 황간군 내면(內面) 마산리(馬山里), 부산에서 131리

역은 황간 군아의 소재지인 하서리下西里에서 12정丁 떨어져 산악이 줄줄이 겹쳐진 사이에 있다. 동남쪽에 솟은 것이 황악산黃嶽山이며, 북쪽에 두드러진 것이 백화산白華山, 남쪽에 있는 것이 산도봉山道峰이다. 물이 맑고 차가우며 고래로 문인과 묵객墨客이 와서 노는 일이 적지 않다.

관아

황간군 군아　　황간수비대 파견소

대로천大老川헌병분경소역에서 40정

주민호구

	호수	인구(남)	인구(여)	계
내지인	48호	66인	61인	127인

조선인	296호	761인	687인	1,448인

교통

상주 육로 7리里, 청산 4리, 지례 9리

마배 1리 당 30전, 가마 40전, 짐꾼 운임 15전의 비율.

통신

황간우편소전신, 전화 설비 없음

학교, 의원, 사당

공립보통학교 가와노河野의원

공자묘

흑연광

역에서 북쪽으로 5리 떨어진 덕수동德水洞[45]에 한국흑연상회가 경영에 관계된 흑연광산이 있다. 현재 이것의 수송을 위해 경편철도를 부설중이다. 최근 1년의 산출액은 약 1만 톤이다.

| 명승지 |

교촌校村

황간군아에서 동쪽으로 6정丁 정도 떨어져 있다. 이조 태종 때[46] 현감 이은李誾이 쌓은 토성으로 촌내에 공자묘와 가학루駕鶴樓가 있다. 이 주변에 암석이 깎아지

45 득수동(得水洞)의 오기이다.

46 『신증동국여지승람』(1530)에는 "이첨(李詹)의 기문에 경오년에 공주목사 이은이 황간현의 감무가 되어 석축을 쌓았다.", "돌로 쌓았으니 둘레가 1,646척이요, 높이가 7척이며, 안에 우물 하나가 있다."라고 나온다. 『여지도서(輿地圖書)』(1760)에는 태종 때 황간현감 이은이 장천 위 산기슭으로 읍성을 이설했다고 나온다. 『호서읍지』(1871)에는 태종 때 현감 이은이 새로 쌓았다고 나오고, (뒤에 1899년에 간행된~으로 이어짐) 1899년에 간행된 『충청북도황간군지도읍지(忠淸北道黃澗郡地圖邑誌)』에 실린 「토성구기(土城舊基)」에는 "현의 동쪽 2리의 교촌에 조선 태종 때 현감 이은이 읍을 옮겨 석성을 쌓았다"라고 나온다.. 참고로 황간읍성과 관해서는 중원문화재연구원의 『영동 황간읍성 지표조사 보고서』(2006)에 상세하다.

른 듯이 서 있어 자못 경치가 기이하다. 사군봉使君峰, 월류봉月留峰, 산양벽山羊壁, 용연대龍淵臺, 청학굴青鶴窟, 화헌악花軒嶽, 법존암法尊庵을 색천塞泉[47] 팔경이라 한다.

○**황간 터널** 역에서 1리哩 30쇄 떨어져 있으며, 길이는 1,003척呎.

◉ 영동역

충청북도 영동군(永同郡) 군내면(郡內面) 영동읍(永同邑) 남정리(南丁里), 부산에서 140리 6분

영동 땅은 길동吉同, 계주稽州, 영산永山 같은 옛 이름이 있다. 원래 현감을 두었던 곳이며, 송천松川과 동천東川이 만난다고 하여 이조 태종 12년1412에 지금의 이름으로 개칭했다고 한다. 천마天摩, 박달朴達, 마니摩尼 등 여러 높은 산봉우리가 사방에 둘러섰으며, 박달산성은 옛날에 신라와 백제의 쟁탈 초점이 되기도 하였다. 토질이 비옥하고 사금이 산출되며 목재와 신탄薪炭의 생산량이 많다.

관아

영동구재판소永同區裁判所

영동경찰서

영동관아

수비대 분견소

주민호구

	호수	인구(남)	인구(여)	계
내지인	82호	138인	121인	259인
조선인	286호	770인	696인	1,466인

교통

청산 육로 5리里, 금산錦山 5리, 무주 6리, 김산金山 8리, 보은 10리, 상주 7리

마배 운임 1리 당 30전, 가마 40전, 짐꾼 15전.

47 한천(寒泉)의 오기이다.

통신

영동우편취급소전신, 전화 설비 없음

전신취급소정거장 내에 있음

여관

혼고야本鄕屋 객실 3칸

요로즈야萬屋 객실 4칸

숙박료 1원 50전

학교, 기타

영동심상고등소학교

영동공립보통학교

금융조합

면화재배소

시장

4일, 9일 정해진 날에 시가지에서 개시한다.

| 명승지 |

낙화대落花臺

역에서 서쪽으로 20정町 떨어진 금성산 중턱에 있다. 수십 길 낭떠러지로 용두龍頭의 푸른 못을 바라보고 있어 한 폭의 그림 같은 풍경이다. 옛날 한성漢城 기생이 객을 배웅하며[48] 이곳에 이르러 이별의 시름을 금하지 못하고 지극한 슬픔에 결국 바위 위에서 몸을 깊은 곳으로 던졌다고 전한다. 낙화대란 이름은 생각건대 이에 근거한다.

○ **각계覺溪 터널** 역에서 3리哩 53쇄 떨어져 있으며, 길이는 316척呎.

○ **제2 영동천 철도교** 역에서 1리 24쇄 떨어져 있으며, 길이는 322척.

○ **제1 영동천 철도교** 역에서 2리 71쇄 떨어져 있으며, 길이는 322척.

○ **심천 철도교** 역에서 6리 15쇄 떨어져 있으며, 길이는 716척.

48 『한국철도 선로 안내』(1908)에는 한 기생이 한성에서 온 객을 배웅하였다고 되어 있다.

조선 짐꾼 풍속(지게)

◉ 심천역

충청북도 영동군 서일면(西一面) 심천(深川), 부산에서 147리 4분

동쪽으로는 심천의 급류에 접하고 북쪽으로는 철마산鐵馬山을 등지고 있으며 서남쪽은 금강錦江 유역을 마주하여 이른 바 산천으로 둘러싸인 곳이다.

주민호구

	호수	인구(남)	인구(여)	계
내지인	19호	38인	22인	60인
조선인	92호	196인	190인	286인

교통

청산青山 육로 3리里 반, 무목茂木[49] 7리, 보은報恩 7리, 양산陽山 4리

이상 모두 도로가 험하여 마차가 다니지 못한다.

49 무주(茂朱)의 오기로 보인다.

| 명승지 |

옥길폭포玉吉瀑布

역에서 1리里 남짓 떨어진 옥산玉山 산중에 있으며, 수구水口는 2척尺이고 아래쪽은 7척, 높이는 10간間 정도이다. 바람에 이는 물거품이 마치 연기가 나는 것 같고 서늘한 기운이 피부에 닿아 삼복더위를 잊는다. 또 산기슭은 금강 지류가 감싸고 있어 풍경이 더할 나위 없이 아취가 있는 곳이다.

금강錦江

본 역 부근에서 영동천과 만나 유유히 큰 강을 이루며 수많은 강과 합하여 동쪽으로 흐른다. 연기燕岐에 이르러 충주의 평야를 관통하는 미호천美湖川과 합류하여 더욱 커져서 일대 회선回線을 그리면서 강경과 군산을 거쳐 바다로 들어간다.

○ **제2 금강 철도교** 역에서 3리哩 떨어져 있으며, 길이는 953척呎.

○ **이원천**伊院川 **철도교** 역에서 5리 8쇄 떨어져 있으며, 길이는 173척.

◉ 이원역

충청북도 옥천군(沃川郡) 이남면(伊南面) 이원(伊院), 부산에서 153리

역은 사방이 높이 솟은 산악으로 둘러싸여있다. 철도선로는 역의 북쪽에서 만형灣形을 이루어 구복龜卜터널로 올라가는데 경부선에서 색다른 경관이다.

주민호구

	호수	인구(남)	인구(여)	계
내지인	14호	19인	20인	39인
조선인	1,224호	2,825인	1,913인	4,738인

교통

양산 육로 4리里, 금산 5리, 무주 7리

마배 운임 1리 당 15전, 가마 30전, 짐꾼 운임 10전.

통신

우편전신 설비 없음. 다만 우편물은 4일마다 옥천 우편소에서 집배한다.

○**제2 진평천**榛平川 **철도교** 역에서 70쇄 떨어져 있으며, 길이는 125척呎.

○**구복**龜卜**터널** 역에서 1리哩 69쇄 떨어져 있으며, 길이는 950척.

◉ 옥천역

충청북도 옥천군 군내면(郡內面) 가화리(佳化里), 부산에서 159리 6분

옥천군아 소재지에서 26정丁 떨어진 곳에 있으며, 보은군과 청산군의 교통에 중요한 길목이다.

관아

옥천군아 읍내에 있으며, 역에서 26정

옥천헌병대 역 앞에 있다

주민호구

역부근

	호수	인구(남)	인구(여)	계
내지인	33호	89인	25인	124인
조선인	27호	76인	52인	128인

읍내

	호수	인구(남)	인구(여)	계
내지인	8호	14인	8인	22인
조선인	335호	888인	635인	1,523인

교통

보은 육로 6리里, 청산 5리, 회인懷仁 6리, 문의文義 6리, 진산彌山[50] 6리, 금산錦山 6리

50 본문의 彌는 독음 미상이다. 그러나 爾의 속자가 尔이므로 珎으로 볼 수 있고, 그렇게 보면 충청남도 금산군의 진산(珍山)으로 추정할 수 있다. 실제 지도상 거리를 보아도 크게 다르지 않다.

마배 운임 1리 당 30전, 가마 40전.

통신

옥천군 우편전신취급소역 앞에 있음

대전 · 보은 · 연산連山 · 강경江景 · 금산 · 용담龍潭 · 진안鎭安 간 장거리 전화설비 있음.

여관

후치카미淵上여관객실 5칸 숙박료 1원 20전 이상.

학교, 의원

공립옥천창명학교彰明學校, 읍내에 있음

사토佐藤병원 출장소읍내에 있음

교회, 사당

야소교회

시천侍天교회

문묘

이상 모두 읍내에 있음

시장

읍내에 2, 7일에 개시한다. 주요한 상품은 소, 쌀, 대두, 신탄, 옥양목, 마포, 담배, 건어 등이다.

| 명승지 |

이지당二止堂

역에서 북쪽으로 0.5리里에 서정자천西亭子川의 기슭 위에 있다. 임진의 역[51] 때 일본의 구로다 나가마사와 싸운 문열공文烈公 조헌趙憲이 남긴 자취라고 한다.

51 본서에서 임진왜란은 대부분 '분로쿠의 역'으로 표기하나, 여기서 처음으로 "임진의 역"이 나온다.

양산陽山

역에서 6리里 떨어진 곳에 있다. 신라의 장수 운연䫉連이 양산 산기슭에 진을 치고, 나아가 백제의 조천성助川城을 에워쌌으나 오히려 적의 술수에 빠져 결국 전사한 곳이다.

속리산俗離山

보은군에서 동쪽으로 9리里 떨어져 있다. 광명산光明山 혹은 미지산彌智山이라고도 일컬으며, 아홉 개의 봉우리가 구름위로 우뚝 솟아 나와서 구봉산이라고도 한다. 신라의 승려 진표율사眞表律師가 전주의 금산사金山寺에서 옮겨와서 이 산으로 들어갔다고 한다. 수목은 대부분 낙엽송의 일종으로 산 전체가 울창하다.

속리사俗離寺

보은읍에서 동북쪽으로 약 3.5리里 떨어진 속리면에 있으며 충청북도에서 큰 사원이다. 대웅보전은 신라 진평왕眞平王이 건조에 관여하였으며[52], 불당의 모습은 흡사 일본 나라奈良의 대불당과 비슷하고 그 안에는 삼체의 대좌불이 있다. 높이 1장 5척 여, 허리둘레 1장 2척에 달한다. 전주 송광사와 홍산鴻山 무량사의 삼불체를 아울러 구체불九體佛이라고 일컫는다. 좌상의 높이는 7척 남짓, 허리둘레는 5척 정도로 화관을 쓰고 있으며 변재천辨財天과 꼭 닮은 것도 있고 오백나한이 어지러이 줄지어 있기도 하다.

이밖에 돌로 만든 수수대漱水臺[53], 석불, 쇠솥 등은 모두 거대하게 제작되었고 푸릇푸릇한 이끼가 덮고 있어 옛 풍취를 헤아릴 만하다. 또 경내는 세속의 때에서 멀리 벗어나 있어 마치 선경仙境에 있는 느낌이 든다.

○**옥천 철도교** 역에서 72쇄 떨어져 있으며, 길이는 257척呎.

---

52 법주사는 진흥왕 14년인 553년에 의신(義信)이 창건한 사찰이며, 이후 여러 차례 왕실의 비호를 받아 중창된다. 임진왜란으로 전소되었다가 이후 1605년~1626년에 유정(惟政)이 팔상전을 중건하였고, 대웅보전은 1624년 벽암(碧巖)이 중창할 때 건립되었다. 『한국철도 선로 안내』(1908)에는 '신평왕(信平王)'으로 오기되어 있다.

53 신사나 절에 들어갈 때 정화의 의식으로 손을 씻고 입 안을 물로 헹구는 시설을 뜻한다. 수수사(手水舍)라고도 한다.

○ **제3 증약增若터널** 역에서 4리哩 78쇄 떨어져 있으며, 길이는 858척.

○ **제2 증약터널** 역에서 5리 46쇄 떨어져 있으며, 길이는 297척.

○ **제1 증약터널** 역에서 5리 34쇄 떨어져 있으며, 길이는 528척.

○ **구정리九丁里터널** 역에서 6리 61쇄 떨어져 있으며, 길이는 759척.

◉ 대전역

충청남도(忠淸南道) 회덕군(懷德郡) 대전읍(大田邑), 호남선 분기점, 부산에서 170리 4분

충청남도 남단에 위치한다. 동북쪽 일대는 산악을 등지고 서남쪽은 광활하고 비옥한 들이 이어진다. 이곳은 본래 적막하고 외진 작은 촌에 지나지 않았지만, 경부철도의 완공과 더불어 내지인의 왕래가 날로 더하여 몇 년이 채 지나지 않았는데 오늘날의 신시가를 출현시켰다. 더욱이 호남선의 분기점으로서 장래의 발전을 기대할 만하다.

관아

대전경찰서 연대본부 대대본부

구재판소區裁判所 헌병분견소

주민호구

	호수	인구(남)	인구(여)	계
내지인	548호	1,039인	817인	1,856인
조선인	209호	491인	417인	908인

교통

진령鎭嶺 육로 3리里, 연산 6리, 공주公州 7리, 금산 7리, 논산 10리, 강원 11리, 전주 11리, 군산 25리

이상 모두 신설 도로가 있으며 평탄하여 왕래가 자유롭지만, 아직 인력거나 마차가 다니지는 못하므로 여객화물은 마소의 등에 의존할 수밖에 없다. 또 강경

과 군산 간에 금강을 항행하는 기선편이 있다.

통신

정거장 앞에 대전우편국이 있으며, 우편통신사무를 취급한다. 연산, 논산, 공주, 강경, 군산, 금산, 전주, 옥천, 보은 간에 장거리 전화설비가 있다.

시내 전화는 현재 가설중이라 머지않아 완성될 것이고, 또 정거장에서도 전신사무를 취급한다.

여관, 요리점

나카카와中川여관객실 14칸, 대전여관객실 10칸, 지토세여관객실5칸, 사사야마笹山여관객실7칸

숙박료 1등 2원, 2등 1원 50전, 3등 1원 20전.

아라카와로荒川樓, 도키와로常盤樓, 야마토가와로大和川樓, 바이케쓰로梅月樓, 이상 요리점

극장, 구락부

대전좌大田座

도키와구락부

학교, 신문사, 의원, 사원

공립심상고등소학교

삼남신문사三南新聞社

가와무라河村의원

사토佐藤의원

후지나가藤永의원

후지이藤井치과의원

대곡파大谷派 본원사 포교소

정토종 교회소

선종대전사禪宗大田寺

시장

역에서 남쪽으로 8정 남짓 떨어진 곳에 있으며, 매월 1일, 6일에 열리는데 자못

성황을 이룬다.

은행, 회사

한성농공은행지점	한국흥업주식회사 출장소
한국흥산주식회사	대전운수합자회사

주산물(최근 1년간)

현미	12,213석	쌀	6,732석
대두	11,597석	소두	8,843석
가지	1,037석	면화	24,024근
담배	25,489근	보리	19,928석

| 명승지 |

철부鐵釜

연산읍에서 서쪽으로 약 1리里 떨어진 논 가운데 가로놓여있다. 직경 9척尺 35촌 5분, 깊이 3척 8촌 5분, 두께는 1촌, 둘레는 2장 9척 8촌 6분이다. 약 천 년 전에 주조되었으며 호서 3대 거물의 하나로 일컬어진다.

은진미륵恩津彌勒

역에서 서남쪽으로 8리里, 은진군 죽암리竹岩里 관촉사灌燭寺에 있다. 불상의 높이는 74척 남짓, 몸통 둘레는 34척으로 호서 최대의 거물이다.

계룡산鷄龍山

역에서 6리里 떨어진 마이馬耳산맥이 끝나는 곳에 돌출되어 하늘로 우뚝 솟아 있다. 춘천의 우두산牛頭山과 함께 신대神代의 스사노오素尊[54]가 추방된 터라고

54 일본신화에서 이자나기의 아들이자 아마테라스의 남동생이며 바다를 관장하는 신으로 일컬어진다. 성격이 흉폭하며, 하늘에서 난동을 부린 죄로 다카마노하라(高天原)에서 추방되어 신라의 '소시모리(曾尸茂梨)'로 내려왔다가 이즈모(出雲)로 갔다고 전한다. 또 신라로 건너가 배를 건조하는 데 필요한 수목을 가져 와

전한다. 계곡이 깊고 오래된 나무가 많다. 졸졸 흐르는 맑은 물은 때때로 물살이 센 여울이 되기도 하고 검푸른 연못이 되기도 한다. 산중에는 사원이 많은데 그중에서 계룡산 갑사岬寺는 규모가 크고 풍경이 활짝 트여있어 일망팔주一望八洲라고 일컬어진다. 풍수가가 산의 양陽이 왕도의 기가 있다고 한 곳으로서, 이조 초기에 도읍을 세우자는 논의가 있었다. 태조 강헌왕康獻王은 산의 남쪽 지세를 살펴서 구획을 정하여 공사를 시작하게 하였다. 그러나 결국 조운하는 수로가 멀어 공사를 끝마치기가 어렵다고 해서 공사를 중지하고 다시금 지금의 경성을 선정했다고 한다. 인공수로와 주춧돌, 섬돌이 여전히 남아있다.

◉ 신탄진역

충청남도 회덕군 북면(北面), 부산에서 179리 2분

역 끝이 바로 금강의 본류를 마주한다. 충청남도와 북도는 금강으로 나뉘며 마주보는 기슭은 즉 충청북도 문의군에 속하고 하류로 3정 남짓에 도선장이 있다. 신탄의 나루는 여기에서 역명의 유래가 되었다.

주민호구

	호수	인구(남)	인구(여)	계
내지인	20호	38인	27인	65인
조선인	97호	236인	175인	411인

교통

회덕 육로 2리里, 문의 3리, 청주 5리, 회인 8리, 보은 10리

통신

통신기관 설비 없음

식림(植林)의 도를 가르쳤다고도 한다. 학계에서는 일반적으로 신라의 '소시모리'를 '소머리'라 하여 우두산으로 보고 있는데, 우두산은 춘천과 거창 등 여러 지역에 있어서 어느 곳을 지칭하는지는 명확하지 않다.

부강 - 공주 간 정기선

○ **제1금강 철도교** 역에서 38쇄 떨어져 있으며, 길이는 953척呎.

○ **맥포월麥浦越 터널** 역에서 1리哩 8쇄 떨어져 있으며, 길이는 297척.

○ **마미포천馬尾浦川 철도교** 역에서 4리 떨어져 있으며, 길이는 322척.

○ **부용터널** 역에서 6리 31쇄 떨어져 있으며, 길이는 396척.

◉ 부강역

충청북도 문의군(文義郡) 삼동면(三洞面), 부산에서 187리

부강芙江은 금강수운의 중요한 나루로 유명하다. 하류로 6리里 지점에 공주가 있으며 북쪽으로 4리 지점에 청주가 있다. 금강을 거슬러 올라가는 선박은 이곳을 종점으로 삼는다. 해산물을 운반하여 육지의 산물과 바꾸는데 왕래가 빈번하여 오가는 돛배가 이어진다. 몇 해 전부터 공주와 사이에 철도연결을 위한 배편이 개시되어 교통이 매우 편리하다.

주민호구

	호수	인구(남)	인구(여)	계
내지인	49호	84인	79인	163인
조선인	475호	937인	871인	1,808인
중국인	2호	8인		8인

교통

육로

청주 4리, 공주 6리, 문의 2리, 연기燕岐 2리

마배 운임 1리 당 30전, 가마 60전, 가마의 손료損料 1일 35전 내지 50전

짐꾼 1리 당 15전

수로

공주 6리, 강경 18리, 군산 24리

이상은 모두 금강의 수운에 의하며 매일 1회의 선편이 있다. 다만 공주까지는 보통의 하선이며, 공주부터 하류까지는 소형 소증기선으로 항행한다.

운임 공주까지 70전, 강경까지 95전, 군산까지 1원 10전

통신

부강우편취급소

통신취급소정거장 내에 있음

여관

하나야花屋객실 4칸 숙박료 80전 내지 1원

학교

심상고등소학교

보통학교

주산물

담배, 대두, 쌀, 보리, 사금, 야채 등이다.

공주산성 공북루에서 바라본 금강

사금은 문의군 광암면廣岩面 부근에서 가장 많이 산출되며, 현재 채굴에 종사하는 사람이 약 3천 명이다.

시장

도내에서 큰 시장으로 부근에서 모여드는 사람이 매우 많아 자못 번화하다. 중요 거래품은 쌀, 대두, 소금, 담배, 면화, 목면, 사금 등이다.

| 명승지 |

부용산芙容山, 독락정獨樂亭, 부용사, 현사懸寺 모두 역에서 1리 내외인 곳에 있다.

공주

역에서 서쪽으로 금강의 하류 6리里 지점, 충청남도 도청이 있는 곳으로 홍주洪州 이하 37군을 관할한다. 시민 대부분은 상업에 종사하며, 내지인도 상인이 많고 상업구역도 자못 넓다. 2월과 8월에 연일 개시하면 가깝고 먼 곳의 상인들이 떼 지어 모여들어, 활발한 거래양상은 반도 제일이라 일컬어진다.

이곳은 마한의 웅진熊津으로 『일본서기日本書紀』의 구마나리久摩奈利와 스사노오의 자취가 있는 웅성봉熊成峰[55]과 관계가 있다. 백제의 문주왕文周王이 위례성에서 옮겨와 도성을 설치한 후에, 한대漢代의 제도를 모방하여 온갖 제도를 새롭게 개혁하여 문화가 일시적으로 진흥되었다. 또 삼국신라, 고구려, 백제에서 위세를 떨쳤으며 항상 본조에 신뢰를 잃지 않았고, 신라와 함께 우리 상대의 문명에 공헌한 것이 적지 않다. 부여 천도 후에 나당 동맹군에 멸망하여 도독부가 설치되었으며, 당의 장수 유인원劉仁願이 이곳에 거점을 두었다.
공주는 처음에 쌍수산성雙樹山城이라고도 일컬어졌으며, 흐르는 금강이 바라보이고 산수의 경치가 맑고 아름다우며 역대 왕조의 인재가 많이 모이는 곳이었다.

○ **백천百川 철도교** 역에서 47쇄 떨어져 있으며, 길이는 322척呎.
○ **내판內板 터널** 역에서 1리哩 77쇄 떨어져 있으며, 길이는 610척.
○ **양인동養仁洞 피일교** 역에서 4리 22쇄 떨어져 있으며, 길이는 454척.
○ **미호천尾湖川 철도교** 역에서 4리 75쇄 떨어져 있으며, 길이는 782척.
○ **중소中沼 피일교** 역에서 5리 21쇄 떨어져 있으며, 길이는 130척.
○ **조천鳥川 제2 철도교** 역에서 5리 46쇄 떨어져 있으며, 길이는 257척.

◉ 조치원역

충청남도 연기군(燕岐郡) 북면 침산(砧山) 앞 조치원(鳥致院), 부산에서 193리 5분

조치원의 평야는 경부선 노선에서 드물게 넓은데 동쪽으로 청주를 거쳐 충주로 들어가는 십 수리 가 한눈에 아득하게 바라보인다. 미호천이 그 사이를 돌아 흐르는데 때로 큰 비가 내리면 범람하여 넘쳐 큰 호수가 된다. 그렇게 되면 해마다 깊게 쌓인 토양의 두께가 수십 척에 이르러 토질이 비옥해 져서 비교할 바를 찾지 못한다.

55 『일본서기』 웅략천황조(477.3)에는 "구마나리(久麻那利)는 임나국(任那國)의 하치호리현(下哆呼唎縣)의 별읍(別邑)이다"라고 나온다. 웅성봉은 '구마나리노타케'로 읽는데, 모두 스사노오가 고천원에서 추방당하여 한반도를 경유했다는 신화와 관련된다.

역은 공주와 청주의 요로에 해당한다. 농업지이자 상업이 번영하여 장래의 발전을 기대할 만하 다.

관아

조치원 헌병분견소 공주수비대 조치원분대

내무부 지방국 토목과 파출소

주민호구

	호수	인구(남)	인구(여)	계
내지인	122호	240인	185인	425인
조선인	240호	538인	503인	1,041인
중국인	3호	12인		12인

교통

공주 육로 6리里 18정町, 청주 4리 27정 인력거운임 1리 당 35전의 비율

공주까지 2원 10전, 4시간에 도달함. 청주까지 1원 70전, 3시간에 도달.

조치원 시내 10전

마배 운임(운임 1리 당 30전의 비율)

공주까지 1원 80전, 6시간에 도달함. 청주까지 1원 20전, 4시간에 도달.

가마 운임(운임 1리 당 60전의 비율)

공주까지 4원, 6시간에 도달함. 청주까지 2원 80전, 4시간에 도달.

짐꾼 운임(운임 1리 당 15전의 비율)

공주까지 90전, 7시간에 도달함. 청주까지 60전, 5시간에 도달.

통신

조치원우편소

통신취급소정거장 내에 있음

여관

메이지칸明治館객실 15칸, 숙박료 1등 1원 80전, 2등 1원 50전, 3등 1원 20전.

다무라田村여관객실 6칸, 숙박료 1등 1원, 2등 80전, 3등 60전.

학교, 사원

조치원심상소학교

본파 본원사 조치원 포교소

주산물(최근 1년간)

쌀 12,577석

보리 3,037석

대두 765석

농장

청주가도를 따라 20정丁을 가면 오송리五松里농장이 있는데 과수원만 약 40정보町步를 헤아린다.

시장

신구 두 시장이 있다. 경부노선 중 드물게 큰 시장으로서 매월 4일, 9일 정해진 날에 열리며, 당일 모여드는 사람이 6~7천명, 거래액은 만원을 초과한다.

회사, 기타

조치원운수창고주식회사

조치원지방금융조합

| 명승지 |

청주

역에서 4리里 27정町 떨어진 곳에 있으며 충청북도 도청 소재지이다. 청주구재판소, 우편국 등이 있다. 또 보살사, 용화사龍華寺, 당산신당當山神堂, 탄금대彈琴臺, 조헌 사적비, 압각수鴨脚樹, 상당산성上黨山城, 낙영산落影山, 화양동華陽洞 등은 각각 청주 부근에 있는데 역사적 사실은 듣거나 관람할 가치가 있으며 모두 나그네의 감상을 기다리고 있다.

○ **조천鳥川 제1철도교** 역에서 2리哩31쇄 떨어져 있으며, 길이는 310척呎.

○ **성곡城谷 터널** 역에서 7리 12쇄 떨어져 있으며, 길이는 570척.

○ **제산천第山川 철도교** 역에서 8리 75쇄 떨어져 있으며, 길이는 128척.

◉ 전의역

충청남도 전의군(全義郡) 내면(內面) 남부리(南部里), 부산에서 202리 6분

전의는 분로쿠의 역 때 구로다 나가마사가 주둔하고 진을 친 자취가 있는 곳으로 산간의 작은 도회였다. 지금은 지극히 황폐하여 겨우 군아 하나만 남아 있을 뿐이다.

관아

전의헌병분견소　　전의군아

주민호구

	호수	인구(남)	인구(여)	계
내지인	21호	38인	31인	69인
조선인	144호	651인		

통신

전의우편취급소역에서 0.5정町　　우편, 통신, 전화 사무를 취급한다.

학교

대동학교大東學校

시장

정거장 부근에서 2일, 7일 정해진 날에 열린다.

주산물(최근 1년간)

쌀 19,444석 보리 4,784석

대두 1,330석

◉ 소정리역

충청남도 전의군 북면 소정리(小井里), 부산에서 207리 3분

역은 공주로 통하는 요로에 해당하며 국도가 신설되어 왕래하는 객이 끊이지 않는다. 요릿집이나 여관 등이 새롭게 많이 생기고 있다.

관아

소정리헌병분견소

주민호구

	호수	인구(남)	인구(여)	계
내지인	11호	20인	16인	36인
조선인	171호	383인	354인	737인

교통

공주까지 육로 7리里 29정丁, 폭 3간間의 신설 국도가 완성되었고 마차·인력거 편이 있다.

유구維鳩까지 14리

인력거 운임 1리 30전의 비율, 우천 시 3할증

마차 운임 1리 20전의 비율, 공주에 직통 시에만 1원 20전

짐마차 운임 공주까지 1톤 5원의 비율

마배 운임 1리당 30전의 비율

가마운임 60전의 비율

통신

우편국 설비 없음.

여관

소정리여관객실 3칸 요리점 겸업. 숙박료 1원 20전, 1원 80전, 점심 60전.

| 명승지 |

광덕사廣德寺

역에서 서남쪽으로 3리里 떨어진 천안군 원일면遠一面 대거리袋巨里 태화산泰華山 중턱에 있으며, 신라 흥덕왕興德王 시대에 건축되었다고 전한다.

○ **천안천 제3 철도교** 역에서 5리哩 44쇄 떨어져 있으며, 길이는 175척呎.

○ **천안천 제2 철도교** 역에서 5리 74쇄 떨어져 있으며, 길이는 175척.

◉ 천안역

충청남도 천안군(天安郡) 천안읍 하리면(下里面), 부산에서 213리 9분

역은 군아의 소재지와 가깝고 온양온천과도 연결되는 곳이다. 서쪽으로는 홍주와 예산의 통로에 해당하며 사금 채취지로 유명하다.

관아

천안관아 천안헌병분대

천안구재판소　　내무부 지방국 토목과 파출소

주민호구

	호수	인구(남)	인구(여)	계
내지인	105호	128인	96인	224인
조선인	544호	1,271인	1,172인	2,443인
중국인	6호	21인		21인

교통

	거리(리里, 정丁)	승마운임	인력거운임	가마운임	짐꾼운임	마소 등짐 운임
온양	3리 18정	90전	1원 50전	2원	50전	90전
홍주	14리 5정	4원 20전	5원 60전	4원 40전	2원 15전	4원 20전
예산	9리 11정	2원 70전	3원 60전	5원 40전	1원 40전	2원 70전
진천	8리	2원 40전	3원 20전	4원 80전	1원 20전	2원 40전

온양온천까지 마차 편 있음. 마차 운임 60전

통신

천안우편취급소역에서 7정町 우편 전신 전화 사무를 취급한다. 또 경성, 인천, 온양온천 기타 지역으로 장거리 전화편이 있다.

전신취급소정거장 내에 있음

여관

천안여관객실 10칸 와카마쓰칸若松館객실 5칸 가이소로海草樓객실 5칸

숙박료 1등 2원, 2등 1원 50전, 3등 1원, 4등 80전

학교 및 병원

천안심상소학교　　천안병원

| 명승지 |

온양온천溫陽溫泉

역에서 3리里 18정町 떨어져 있으며 도로가 평탄하고 마차, 인력거, 가마 편이 있다. 이조 세조가 일찍이 속리산에 행유行遊하고 돌아가는 도중에 가마를 이곳으로 향하였다고 한다. 또 섭정 대원군은 목욕장을 중수하고 궁실을 설치하여 때때로 행유하였으며, 서울과 시골의 벼슬아치들이 호화롭게 노는 일이 적지 않았다.

온양온천장

온천의 수질은 약알칼리성으로 여러 병에 효능이 있다. 유모토湯元온양관은 몇 해 전부터 새롭게 건축하여 설비와 손님 대접이 모두 일본 규슈九州와 다를 바가 없다. 그밖에 이노우에井上, 후쿠시마福島, 가나자와金澤 등 일본인이 경영하는 여관이 있으며, 숙박료는 특등 3원 이상, 1등 2원, 2등 1원50전, 3등 1원이다. 이곳에서 경인京仁 외 각지로의 장거리 전화편이 있다.

철도는 온천객의 편의를 꾀하여 21일간 통용되는 왕복 3할 할인의 승차권을 발매하고 있으며, 이 승차권을 소지한 온천객에 대해서는 온양관에서 숙박료 기타 제 비용을 2할 할인하는 특전이 있다.

◯ **천안천 제1철도교** 역에서 34쇄 떨어져 있으며, 길이는 175척呎.

◉ 성환역

충청남도 직산군(稷山郡) 이서면(二西面) 성환리(成歡里), 부산에서 221리 6분

성환은 일청전쟁 초기에 일격을 가하여 적의 보루를 섬멸한 일본 민족의 영광스러운 전적이었다는 것은 세상 사람의 기억에 새롭다. 역에서 십수 보 떨어진 곳에서 남아있는 당시의 보루를 찾고자 언덕 위에 서 보니, 안성천安城川은 구불구불 긴 뱀처럼 늪지대를 통과하며 흐르고, 파도 모양 같은 구릉은 서쪽으로 뻗어 아산牙山과 둔포屯浦로 이어진다. 구릉 뒤 저지대에는 초가집이 점점이 있다. 성환은 옛날에 역驛이자 적의 본진이었으며, 울창한 소나무 숲이 가로놓인 촌락은 일본군이 먼저 점거하고 적을 압박했던 곳으로 산천초목 모두 당시를 회고하기에 충분한 자료이다.

관아

헌병분견소　　　　금융조합

수비대

직산군아성환에서 약 1리里 떨어진 동변면 군동리에 있음

주민호구

	호수	인구(남)	인구(여)	계
내지인	62호	117인	76인	193인
조선인	221호	542인	475인	1,017인

교통

직산稷山 육로 1리, 삼곡리三谷里 1리 10정町, 입장立場 2리 10정, 양대良岱 3리

진천鎭川 8리 27정丁, 안성 4리 15정, 둔포 2리 15정, 아산 5리

승마 운임 1리 30전, 가마 운임 60전, 짐꾼 15전, 우배牛背 운임 30전의 비율.

직산금광 사금 채취

통신

성환우편소학소리鶴巢里에 있음 우편 · 전신사무를 취급하며, 경성과 인천 기타 각지에 장거리 전화 편 있음.

전신취급소정거장 내

여관

모리히사森久여관학소리 객실 4칸 숙박료 1원 50전, 1원, 75전.

학교 및 의원

성환심상소학교

의성학교義成學校

가타오카片岡의원

주산물(최근 1년간)

쌀 36,000석

대맥 4,500석

소맥 1,154석

대두 2,594석

소두 1,223석

직산금광

시부사와澁澤와 아사노淺野 씨가 경영에 관여하며, 한창 작업 중인데 훗날 큰 성공이 예측된다.

| 명승지 |

월봉산月峰山

역에서 동북으로 56정町 떨어져 있다. 전망이 매우 트였으며 청나라 군대가 포열砲列하여 사수했던 곳이다.

안성도安城渡

역에서 북쪽으로 1리里 떨어져 있다. 이 주변 일대는 저습지여서 거슬러 올라가는 조수潮水의 깊이가 십 수 척尺에 이르고, 이에 더하여 개펄이 깊어 건너기 어렵다. 마쓰자키松崎 대위가 전사한 땅이다.

아산만

일청전쟁 때 청나라 군대가 상륙한 지점으로 유명하다. 만내는 수심이 깊어 거선이 정박하기에 충분하며 역대로 공창貢倉[56]을 둔 곳이다.

○**안성천 철도교** 역에서 3리哩 67쇄 떨어져 있으며, 길이는 388척呎.

○**간포천**間浦川 **철도교** 역에서 4리 46쇄 떨어져 있으며, 길이는 202척.

◉ 평택역

경기도(京畿道) 진위군(振威郡) 병파면(丙坡面) 통봉리(通峰里), 부산에서 227리 4분

역은 안성천을 따라 있고, 배편이 있어서 경기도와 충청도 연안과의 교통이 지극히 편리하다. 평택의 평야는 동서로 약 8리里, 남북으로 3리에 걸치는 대규모로, 토질이 비옥하고 또 수리水利에 부족함이 없어서 요사이 내지인이 농업을 눈여겨보고 있다. 미쓰이三井물산, 한성공동창고, 조선흥업회사 등의 출장소가 있다.

56 조선 전기에 설치된 조창(漕倉)으로 아산창, 공진창(貢津倉), 공세창(貢稅倉)이라고도 한다.

주민호구

	호수	인구(남)	인구(여)	계
내지인	66호	95인	86인	181인
조선인	1,438호	3,523인	3,096인	6,619인
중국인	1호	5인		5인

교통

수로

둔포까지	6리里	화물선 편 승객 1인당	70전	화물 1개 10전
백석포白石浦까지	12리	화물선 편 승객 1인당	1원 50전	화물 1개 15전

육로

둔포까지	2리里	가마 운임	80전	짐말 운임 한 짐당	60전
아산까지	5리	가마 운임	2원	짐말 운임 한 짐당	1원 50전
안성까지	4리	가마 운임	1원 50전	짐말 운임 한 짐당	80전
양성陽城까지	2리	가마 운임	1원	짐말 운임 한 짐당	80전
죽산竹山까지	3리	가마 운임	1원 10전	짐말 운임 한 짐당	70전
진천까지	9리	가마 운임	3원	짐말 운임 한 짐당	1원 80전
장호원長湖院까지	12리	가마 운임	4원 40전	짐말 운임 한 짐당	2원 50전

통신

우편취급소

전신취급소정거장 내

여관

가노加納여관객실 5칸 숙박료 1원 50전

학교 및 병원

평택심상고등소학교

동명의숙東明義塾

평택민회병원平澤民會病院

주산물(최근 1년간)

쌀 81,368석 대두 25,992석

보리 952석 소금 43,832석

회사

조선흥업회사 출장소 한성공동창고회사 출장소

미쓰이물산회사 대리점

농장

나베시마鍋島농장 아키타秋田농장

| 명승지 |

소사동素砂洞

평택역에서 1리里 30정町 떨어져 있다. 일청전쟁 때 오시마大島 혼성여단混成旅團의 포병진지였던 곳으로, 마쓰자키 대위의 비석이 산꼭대기에 세워졌다.

안성

역에서 동쪽으로 4리里 떨어져 있다. 유명한 시장이며 구재판소, 경찰서, 우편전신취급소가 있다.

둔포

역에서 서쪽으로 2리里 떨어져 있는 상업이 번성한 구역이다.

구만포九萬浦

역에서 남쪽으로 16리里 떨어져 있다. 충청 연안에서 유수한 시장으로 곡류 산출이 1년에 대략 9만 석에 달한다. 인천과의 정기 소증기선이 왕복한다.

◉ 서정리역

경기도 진성군(振城郡)[57] 송장면(松庄面) 서정리(西井里), 부산에서 232리 6분

진위군振威郡에 속하며 군아에서 1리里 떨어져 있다.

주민호구

	호수	인구(남)	인구(여)	계
내지인	6호	16인	14인	30인
조선인	87호	300인	230인	530인

교통

진위까지 육로 1리里, 승마 운임 20전, 가마 운임 40전, 짐꾼 운임 15전

시장

매월 2일, 7일 정해진 날에 개시하며, 주요 집산물은 곡류와 소이다.

○ **진위천 피일교** 역에서 2리哩 63쇄 떨어져 있으며, 길이는 132척呎.

○ **진위천 철도교** 역에서 3리 6쇄 떨어져 있으며, 길이는 191척.

◉ 오산역

경기도 수원군(水原郡) 서호면(西湖面) 오산동(烏山洞), 부산에서 238리 9분

오산은 양성, 안성, 진위, 안중安仲, 발안성發安城, 용인龍仁 같은 유명한 시읍에 가까이 위치하며 철로 개통 후에 급속하게 상업이 번성하였다. 특히 개시일에는 멀리 경성 등에서도 장사하러 오는 사람이 많아 경부노선의 주요 역으로 꼽힌다.

주민호구

	호수	인구(남)	인구(여)	계
내지인	30호	67인	46인	103인

57 진위군의 오기로 본문 설명에서는 진위군으로 되어 있다.

조선인	225호	616인	524인	1,140인
중국인	2호	6인	4인	10인

교통

수원水原까지 육로 4리里, 용인까지 4리, 안성까지 6리, 양성까지 4리, 진위까지 1리 반.

위 시읍으로 가는 도로는 어느 정도 양호하여 교량 두어 개를 개축하면 마차 통행도 가능하다.

발안성까지 육로 3리, 안중까지 5리, 남양南陽까지 8리.

위 시읍으로 가는 도로는 좁아서 수레나 말이 다니지 못한다.

마소 등짐 1리 당 20전, 가마 운임 30전, 짐꾼 운임 20전.

통신

오산우편국전신 전화 없음　　전신취급소정거장 내

여관

다케다竹田여관역 앞, 객실 3칸 숙박료 1원, 70전, 50전.

학교, 의원, 기타

오산심상소학교　　명진학교明進學校

마쓰나가松永의원　　오산농장 오산출장소

주산물(최근 1년간)

쌀 14,000석　　대두 8,000석

보리 160석　　소 800두

돼지 400두

멀리 보이는 수원권업모범장의 풍경

시장

매월 3·8일 정해진 날에 열리며 주요 집산물은 곡류와 소이다.

○ **오산천**烏山川 **철도교** 역에서 41쇄 떨어져 있으며, 길이는 258척呎.

◉ 병점역

경기도 수원군 대촌면(臺村面) 병점동(餠店洞), 부산에서 244리

주민호구

	호수	인구(남)	인구(여)	계
내지인	6호	15인	6인	21인
조선인	17호	18인	22인	40인

| 명승지 |

세마대洗馬臺

역에서 서쪽으로 약 1리里에 떨어진 곳에 울창한 소나무 숲이 있는데 세마대라고 한다. 산위에 성터가 있으며 임진 역 때 전장이었다.

용주사龍珠寺

역에서 서쪽으로 18정町 떨어진 안성면에 있으며, 이조 장종莊宗의 묘릉으로 삼았다. 경내에 노송이 울창하고 철쭉이 많다. 봄철에 속세를 떠나 자연을 즐기기에 좋은 곳이다.

◉ 수원역

경기도 수원군 남부면(南部面) 매산리(楳山里), 부산에서 248리 5분

여행객이 남쪽에서 와서 수원 땅에 한번 들어온다면 우선 푸르른 화산華山이 시야에 들어온다. 화산은 이조 정종장효왕正宗莊孝王[58]을 장례한 곳으로 능의 둘레는 40한리韓里[59]이다. 앞뒤로 43년 동안 심은 소나무는 대부분 아름드리나무가 되었는데 그 수가 무려 600여만 그루이다. 푸른 소나무로 깊게 뒤덮여 낮에도 어둡다. 실로 민둥산이 대부분인 반도에서 유일한 모범적 인공림이다.

수원역에 이르러 북쪽으로 더 가면 푸른 그림자가 끝없이 차창으로 비치는데 바로 만석제萬石堤이다. 이것은 인공제방으로 매우 모범이 된다. 수원은 이미 이 두 가지가 있으므로 다른 지역보다 훨씬 낫다. 그리고 팔달산八達山과 화홍문華虹門, 운치가 넘치는 성시城市와 숱한 명승지가 있다. 특히 근래 설치된 권업모범장은 고갈된 반도의 산업계에 새로운 복음을 부여하기 위해 각종 유익한 범주範疇와 교훈을 보여준다. 이로 인해 수원의 멋은 더욱 금상첨화가 될 것이다.

최근에 북쪽의 이천利川으로 통하는 차도가 신설되었고 또 서쪽의 남양南陽에 이르는 새 도로가 개착되어 교통이 자못 편리하게 되었다.

---

58 정조(1752~1800)를 가리킨다. 대한제국을 선포한 고종 때 정종에서 정조황제로 추존되었으며, 정조의 시호는 문성무열성인장효왕(文成武烈聖仁莊孝王)이다.

59 현재 융릉과 건릉을 잇는 둘레길은 약 3.3km에 지나지 않지만, 능원(陵園) 조성 당시 사방의 경계 영역은 지금보다 훨씬 넓었다. 현륭원의 능역은 시기에 따라 다른데 1821년 건릉의 천장(遷葬)을 계기로 능역이 확장되었다고 하며, 『정종대왕건릉지(正宗大王健陵誌)』에 따르면 15,038보(步)라고 나온다. 세종 때 정한 1보=주척 6척으로 계산하면 약 18km에 해당하며 이는 약 45리이다.

연혁과 지리

수원은 화성이라는 별명으로 일컬어지며, 역에서 동쪽으로 15정町 정도 떨어진 곳에 남문이 있다. 옛날 고구려 때는 매홀군買忽郡, 신라 때에는 수성군水城郡이라 불렸다. 고려 태조는 수주도호부水州都護府를 두었고, 선충왕宣忠王[60]이 수원부水原府라고 하였다. 공민왕恭愍王 때 부인府人들이 강건江巾의 적[61]에게 투항하였다. 이조 세조는 이곳에 진영을 두었고 선조 대에 이르러 부사府使가 방어사를 겸하게 하였다. 정종 대에 유수부留守府[62]로 삼았으며 근대에 이르러 관찰부觀察府를 두고 경기 일원을 관할하게 하였다.

지세

남쪽으로 울창한 팔달산이 있고 동북쪽으로 광교산 산맥이 높아졌다 낮아졌다 한다. 높이 20여 척尺의 성벽으로 둘러져 있는데 동쪽에 창룡, 서쪽에 화서, 남쪽에 팔달, 북쪽에 장안 등 4개의 큰 누문樓門을 두었다. 이조 정조가 갑인년에 공사를 시작하여 병진년에 끝냈고, 성벽은 연장 1만 3,200척이며[63] 맑은 시내가 성시를 가로지르고 자못 오래된 나무가 많다. 수원은 나무의 도시이자 물의 도시이다. 생각건대 반도에서 드물게 보이는 풍경이다.

관아

수원군아	권업모범장
농상공부임업사무소 수원묘포苗圃	수원경찰서
수원구재판소	헌병분대

60 충선왕의 오류이다. 『세종실록지리지』에 "고려 충선왕 때 수주목(水州牧)을 수원부(水原府)로 강등하였다"고 나온다.

61 홍건적의 오류이다. 공민왕 때 홍건적은 1359년과 1361년 두 차례 고려를 침공하였다. 『고려사절요』 권27, 공민왕 11년 4월 기사에는 전후 처리 시 수원부는 수원군으로 강등되었는데, 홍건적이 양광도를 항복시켰을 때 가장 먼저 항복하였기 때문이라고 나온다. 이 같은 내용은 『신증동국여지승람』 제9권 「경기」의 수원도호부 항목에도 나온다.

62 『대동지지』의 「수원도호부」 건치연혁에 정종 17년인 1793년에 유수부로 승격되었다고 나온다.

63 화성축조는 정조 18년인 1794년 갑인년에 시작되어 1796년 병진년에 완성되었다. 성곽의 전체 길이는 5.74km에 이른다.

수원우편국

주민호구

	호수	인구(남)	인구(여)	계
내지인	306호	637인	503인	1,140인
조선인	2,407호	5,803인	5,581인	11,384인

이상 외에 영국인 1인, 미국인 3인, 프랑스인 1인, 중국인 10명 있음.

교통

원주原州까지 육로 24리里, 여주驪州까지 16리, 이천利川까지 10리, 양지陽智까지 7리, 빈정포濱汀浦까지 3리, 남양까지 5리.

이중에서 이천, 빈정포까지는 마차, 인력거 편이 있음. 1리 당 25전의 비율.

정거장에서 시가까지 가는 인력거 운임 1인 당 20전, 이 사이는 20분에 도달한다.

정거장에서 상등 마차 운임 1인 당 15전, 아래 등급 마차 운임 1인 당 10전, 이 사이는 15분에 도달한다.

승마 운임 1리 당 25전, 가마 1리 당 60전, 짐꾼 1리 당 30전의 비율

통신

수원우편국시내에 있음 수원역전 우편소

이상 모두 우편 전신 전화사무를 취급하며, 또 경성, 인천 등 주요 지역에 전화편이 있다.

전신취급소정거장 내

여관, 구락부

야마모토山本여관역앞에 있음 객실 5칸 팔달관시내에 있음 객실 10칸

산요山陽여관시내에 있음 객실 10칸

숙박료 1등 2원50전, 2등 2원, 3등 1원 50전.

중식료 1등 80전, 2등 60전, 3등 30전.

학교, 의원

수원심상고등소학교 / 수원보통학교
관립농림학교 / 야마구치山口의원

교회, 사원

불국성공회佛國聖公會 / 본원사 포교소
정토종 수원사 / 고야산 출장소

주산물(최근 1년간)

미곡 6,000톤 / 석재 200,000재才
재목 2,500톤

농장

히가시야마東山농장 / 구니타케國武농장
상로尙老농장 / 야마모토山本농장
이상 모두 내지인이 경영하고 있다.

시장

시장은 성 안과 밖 두 곳에서 4일, 9일 정해진 날에 개시한다.

은행, 회사

한성은행 지점 / 한성수형조합漢城手形組合
동양척식회사 수원출장소 / 금융조합

| 명승지 |

화성장대華城將臺, 일명 서장대

역에서 28정丁 떨어진 팔달산 꼭대기에 있다. 장대 위에서는 성의 안팎이 내려다보이며 광교산과 화산의 높이 치솟은 산봉우리를 마주한다. 사방을 전망하는 광경은 완만하여 마치 평화의 기운이 충만한 듯하다.

문묘文廟

팔달산 기슭에 있으며 정원 내에 대성전과 명륜당 등이 있다. 위치와 구조가 모두 장엄하여 저절로 옷깃을 여미게 한다.

미로문정未老聞亭[64]

팔달산 중턱에 있는 작은 정자로 풍광을 감상할 만하다.

화성행궁華城行宮

본조[65] 정종正宗, 연대 120여 년이 건조하였으며 볼만한 것이 꽤 많다.

화령전華寧殿

역에서 26정T 떨어진 팔달산 동쪽 기슭에 있다. 이조 정종이 수원의 풍색을 동경하여 마침내 천도하려는 논의를 하게 되었다. 개국 396년 마지막 행차를 하고 화성궁에서 서거하였다[66]. 화령전은 그 영을 제향하는 곳이다.

칠간수七間水

역에서 30정T 정도 떨어진 곳에 있다. 석축의 수문이 7개가 있고 구조가 자못 특이하여 풍경을 감상할 만하다. 특히 여름과 가을에 놀기 좋은 곳이다.

---

64 미로한정(未老閒亭)의 오기이다.

65 본서에서 조선조를 가리켜 "본조"라는 용어를 쓰는 것은 이 항목이 유일하다. 대부분 일본을 가리켜 본조라고 표현하고 있으며, 그럴 경우 독자의 오해를 피하기 위하여 일본으로 번역하였다.

66 정조는 재위 기간(1777~1800) 동안 총 66회 행행을 하였는데 그 중 절반 이상이 화성의 현륭원 행차였다. 특히 1795년 혜경궁 홍씨의 회갑연을 겸하였던 을묘원행(乙卯園行)이 유명하다. 『정조실록』 정조 24년 경신년(1800) 1월 18일 기사에 마지막 행행을 마치고 돌아왔다고 나오므로, 개국396년(1788)은 사실에 부합하지 않으며, 6월 28일 기사에 따르면 정조는 창경궁 영춘헌에서 승하하였다.

수원 서호

방화수류정訪花隨柳亭

성의 동북쪽 모퉁이에 있으며 역에서 30정丁 남짓 떨어져 있다. 건축이 매우 아취가 있다.

연무대鍊武臺

동문 안에 있으며 동장대라고도 한다. 옛날에 무술을 연마하던 곳이다.

청련암靑蓮庵

역에서 동쪽으로 1리里 10정丁 떨어진 광교산 남쪽 기슭에 있다. 본당을 극락풍전極樂豊殿이라고 하며 칠성각七星閣, 독성각獨聖閣, 봉향각奉香閣 등이 있다. 경치가 그윽하고 한적하다.

구산龜山

남문 밖에 있는 작은 공원이다. 소나무가 울창하고 맑은 물이 이를 감싸 흐르고 있어 풍류를 즐기는 객이 소요하기에 적합하다.

화홍문 부근

서호西湖

역에서 북쪽으로 선로를 따라 1리哩 정도 가면 호수가 하나 있다. 둘레는 1리里가 못 되지만 관개지역이 넓고 여름철에는 낚시꾼이 끊이지 않는다.

구간수九間水

과천果川[67]을 성 밖으로 보내는 수문이다. 구조는 칠간수와 서로 백중을 이룬다.

화홍문華虹門

성의 동북쪽 모퉁이에 있다. 건축과 풍경의 아름다움을 겸하고 있는 것은 성안에서 제일이다. 수원 풍경을 이야기 하는 데 화홍문을 빼놓을 수 없으며, 이 문루가 있기 때문에 부근 풍경의 정취가 더욱더 눈부시게 보인다.

화산華山

역에서 남쪽으로 1리里 떨어져 있다. 건릉과 융릉이 있는 곳으로 이조 정종왕

67 『한국철도 선로 안내』(1908)의 87쪽 각주 124 참고.

화산릉

13년일본 간세이寬政 원년에 선친 장헌왕세자莊獻王世子의 능묘를 양주의 배봉산拜峰山에서 옮겨 와서 현릉원顯陵園이라 하였다.[68] 주위 40한리韓里에 식수 계획을 세워서 부근 열 개 읍의 민중을 사역하여 심게 하였다. 소나무 묘목 550여만 주, 잣나무, 도토리나무, 가래나무, 개오동나무, 단풍나무, 밤나무, 호두나무 등의 씨앗을 1,997석 2두 2승 및 측백나무 1,692과顆를 파종하였다.

정종은 사업 창시 후 12년 만에 서거하였다. 순조왕이 선왕의 유지를 받들어 2년 후에 완성하였다. 왕은 또한 건릉정종의 능에도 5년에 걸쳐 나무를 심었는데 소나무와 잡목이 602만 6,600여 주를 웃돈다. 두 차례에 실로 43년이 걸렸다. 정종이 숲을 조성한 후 몇 년 동안 해충이 심하게 발생하여서 왕이 구제驅除를 명하였으며, 벌레를 한 사발 잡으면 엽전 7문文을 주었는데 다 모은 것이 몇 천 석인지 모른다고 한다. 이후 120여 년이 지났으나 역대 조정이 지극히 엄중히 보호하여, 꼿꼿한 아름드리나무가 울창하게 온산을 뒤덮었다. 반도에서 드물게 볼 수 있는 곳이다.

○**화산천 철도교** 역에서 1리哩 55쇄 떨어져 있으며, 길이는 175척呎.

68 정조 13년, 1789년의 일이다.

◉ 군포장역

경기도 과천군(果川郡) 남면(南面) 도리(道里), 부산에서 255리 8분

역은 과천읍에서 약 8정丁 남짓 떨어져 있다. 땅이 산간에 치우쳐 있으며 목재와 신탄의 공급처이다.

관아

헌병파출소정거장 앞에 있음

주민호구

	호수	인구(남)	인구(여)	계
내지인	16호	30인	21인	51인
조선인	96호			426인

공장

기와공장 두 곳이 있다.

| 명승지 |

지지현遲遲峴

역에서 동쪽으로 약 1리里 떨어져 있다. 이조 정조가 화산의 능묘에서 제사지내고 돌아오는 길에 우연히 이곳에 이르러, 멀리 산릉을 바라보며 차마 발길이 떨어지지 않는다고 한 데서 유래하여 지지현이라는 이름이 되었다. 노송과 사시나무가 들쭉날쭉 뒤섞여 있고, 풍광을 감상하기에 좋다.

◉ 안양역

경기도 과천군 하서면(下西面) 발사동(撥舍洞), 부산에서 259리 5분

관아

안양헌병파출소

주민호구

	호수	인구(남)	인구(여)	계
내지인	7호	10인	10인	20인
조선인	150호	130인	96인	226인

교통

과천 육로 1리里 20정町, 안산安山 1리 15정, 시흥始興 1리 25정.

여관

다니야谷野여관객실 4칸, 숙박료 60전.

| 명승지 |

부근에 밤나무 숲이 많고 좌우로 산악이 가까워 경치가 범상하지 않다. 가을색이 점차 짙어지면 도회지 사람들이 도시락을 들고 하루를 즐기는 일이 적지 않다.

◉ 시흥역

경기도 시흥군(始興郡) 동면(東面) 독산리(禿山里), 부산에서 263리 6분

시흥군아의 소재지이다.

관아

시흥군아 내면군內面郡 내동에 있음

주민호구

	호수	인구(남)	인구(여)	계
내지인	8호	21인	10인	31인
조선인	222호	542인	518인	1,060인

통신

시흥우편소 내면군 내동

| 명승지 |

낙성대落星臺[69]

역에서 동쪽으로 2.5리里 떨어져 있다. 대에 있는 칠륜탑七輪塔은 대사大師[70] 강감찬姜邯贊의 탄생비이다. 감찬은 고려조 목종穆宗 때 거란의 병화兵禍로 사직社稷이 매우 위태로워졌을 당시, 적을 귀주龜州, 지금의 구성군龜城郡일 것이다에서 무찌르고 낙타, 말, 수레, 병장기를 얻은 것이 헤아릴 수 없었던[71], 전에 없는 큰 승리를 이룬 용맹한 장수이다.

영회원永懷園

역에서 남쪽으로 1리里로 떨어져 있는 이조 조현왕세자照顯王世子[72]의 능으로 둘레가 1리이다. 경내에는 오래된 나무가 울창하다.

관악산冠嶽山

등산하려면 이 역에서 시작하는 것이 가장 가까운 길이다. 산은 과천군에 속하

69 낙성대(落星垈)의 오류이다. 垈는 집터를 뜻하고, 臺는 높고 평평한 곳을 가리킨다.

70 강감찬은 1031년 덕종 즉위 후, 개부의동삼사 추충협모안국봉상공신 특진 검교태사 시중 천수현개국후 식읍일천호(開府儀同三司推忠協謀安國奉上功臣特進檢校太師侍中天水縣開國侯食邑一千戶)에 봉해졌다.

71 원문에는 "駝馬車伏を得ること算なく"라고 되어있으나, 伏은 仗의 오자이다.

72 인조의 장자인 소현세자(昭顯世子)의 오류이다.

한강을 건너는 배

며 경성 남부의 큰 산이다. 멀리서 바라보면 산체가 마치 하나로 보인다. 뾰족하게 깎은 듯하고, 우뚝 솟은 산봉우리들이 많아 등반이 쉽지 않다. 산꼭대기의 전망대에 이르면 비할 바 없는 장관이며, 남북 두 개의 한산漢山과 더불어 솥발과 같은 형상이다. 한수漢水는 띠처럼 한양성 밖을 둘러 도도하게 흘러 멀리 서쪽 하늘에서 사라진다. 산 중턱에는 오래된 절이 하나 있는데 삼막사三幕寺라 한다. 한漢의 원봉元鳳 원년, 일본의 스진崇神 천황 18년[73]에 창건되었다고 한다.

◉ 영등포역

경기도 시흥군 하북면(下北面) 중숭리(重崇里), 경인선 분기점, 부산에서 268리 6분

경인선의 분기점으로 한강 지류의 남쪽 기슭에 잇닿아 있다. 부근에는 저습한 초생지가 많고 예로부터 옹기를 생산하는 곳이었으나, 철로 개통 후에는 벽돌

73 한나라 원봉 원년과 스진천황 18년은 기원전 80년이다. 스진천황은 일본사에서 초대 천황이라 일컫는 진무(神武)천황의 모델이 된 것으로 알려졌다. 한편 삼막사의 창건 시기는 신라 문무왕 17년인 677년이므로, 본문의 서술이 가리키는 바가 명확하지 않다.

이나 기와 제조소, 간장 등의 양조장이 설치되기도 하였다. 경성과 인천 사이에 있어 교통이 매우 편리하므로 농업지를 겸하여 장차 공업지가 될 것이다.

관아

영등포감옥서
영등포금융조합
영등포경찰서

주민호구

	호수	인구(남)	인구(여)	계
내지인	212호	371인	280인	651인
조선인	481호	1,185인	1,096인	2,281인

교통

부산과 시흥 간 각 역에서 인천방면으로 왕래하는 기차 여객은 영등포에서 갈아타야 한다. 경성방면으로는 모든 열차가 직통이다.

탕천湯川[74] 육로 2리里, 김포金浦 5리, 통진通津 9리

김포까지는 인력거 편이 있다.

통신

영등포우편국정거장 앞 전신, 전화 설비 있음.

경성, 인천, 수원매산리를 포함, 개성, 평양 등 기타 지역으로 전화편이 있다.

여관

야마하山本여관정거장 앞 대합소 겸업, 객실12칸, 당구대와 대궁大弓 설비가 있으며, 숙박료는 80전~3원까지.

74 양천(陽川)의 오기로 보인다. 1914년에 김포군, 통진군, 양천군이 통합되어 김포군이 되었다.

학교, 의원, 사사寺社

영등포심상소학교

다카하시高橋의원

제2 사토佐藤의원

대신궁사大神宮祠

본파 본원사 출장소

주산물(최근 1년간)

벽돌, 기와	3,300,000개
토관土管	500,000개
장유醬油	2,000석
야채류	1,200관

공장 및 농장

탁지부 공업부 영등포 분공장

벽돌 및 기와공장 2곳

모리백경원森百耕園

니시카와西川농장

에구사江種농원

월파정

우시장

3일, 8일 정해진 날에 열린다.

◉ 노량진역

경기도 과천군 하북면 노량진(鷺梁津) 옹막(甕幕), 부산에서 270리 6분

노량진은 한강의 중요한 나루 중 하나이다. 시가지는 역에서 몇 정丁 떨어져 있으며, 근래 인천수도의 수원저수장이 되었다. 점토가 많은 지질이라 기와와 옹기를 생산한다.

주민호구

	호수	인구(남)	인구(여)	계
내지인	54호	118인	81인	199인
조선인	672호	1,679인	1,227인	2,906인
중국인	3호	6인		6인

통신

노량진우편소 전신·전화 설비 없음

한강 얼음 위에서의 잉어 낚시

한강 철도교에서 바라본 용산 구시가지

학교, 의원, 교회

은로소학교恩露小學校
용산 아오키青木병원 출장소
야소교회

주산물

얼음, 기와, 담배 등이다.

| 명승지 |

월파정月波亭

역 앞 언덕 위에 있다. 시야가 넓고, 지금은 한 개인의 소유지만 주인이 호의적으로 개방하고 있어 방문객을 기다린다. 또 수목이 많아서 여름에 더위를 피하기에 적합하다.

용산정거장

사충서원四忠書院

역 옆에 있는 작은 사당으로 편액에 사충서원이라 쓰여 있다. 이조 경종景宗 때 노론과 소론의 당쟁이 심해져, 노론파의 전 영의정 김창집金昌集, 영중추부사 이이명李頤命, 전 좌의정 이건명李健命, 판중추사 조태채趙泰采 등 네 명의 대관이 소론파의 모함을 받아 역모란 죄명으로 마침내 죽임을 당하였다. 훗날 영조가 네 대관의 관직을 회복하고 사당을 지어 이들을 제사하였다.

한강漢江

상류에 두 줄기로 갈라져 하나를 남강南江이라 하고 다른 하나를 북강北江이라 한다. 남강의 수원은 오대산강원도 강릉과 태백산충청, 경상, 강원의 분계령에서 발원하고, 조령鳥嶺계곡의 여러 시냇물을 아울러 충주와 여주를 지나 용진龍津[75]에서 북강北江과 만난다. 이것이 남강의 본류이다. 북강은 강원도와 함경도의 분수령으로 황룡산黃龍山에서 발원하여 금성金城과 춘천을 거쳐 본류와 만난다. 북강이 지나

75 『동사강목(東史綱目)』 부권하(附卷下) 「열수고(列水考)」에 "한강의 수원이 하나는 태백산에서 나오고, 다른 하나는 오대산에서 나와 서남쪽으로 용진(龍津)과 합하여 한강이 된다"고 하였다. 용진=용나루는 양수리의 옛 이름이다.

용산 철도공장

는 곳은 높은 산과 가파른 고개, 삼림이 많고 인가가 드물어 흡사 태고와 같다. 용진을 지나면 강물은 유유히 흘러 용산龍山, 교하交河, 통진通津을 가로지르고 임진강臨津江과 만나 교동喬桐과 강화도를 끼고 바다로 들어간다. 뱃길로 50여 리里에 있는 충청북도 영춘永春이 작은 배로 강을 건널 수 있는 최상한이다. 상류에서 목재를 흘려보내는 양이 엄청나다. 그 중에서도 특히 좋은 소나무 목재가 많은데 매우 크고 튼튼하여 놀랄 만하다.

○ **제2 한강 철도교** 역에서 38쇄 떨어져 있으며, 길이는 2,059척呎.

○ **제1 한강 철도교** 역에서 1리 3쇄 떨어져 있으며, 길이는 651척.

◉ 용산역

경기도 한성부(漢城府) 남부(南部) 둔지방(屯芝坊) 와서(瓦署)[76], 경의선 기점, 부산에서 272리 3분

용산은 본 철도노선의 수뇌부의 소재지이다. 외곽에 용산공장 등이 있다.

76 고종 2년인 1864년에 반포된 『육전조례(六典條例)』에 따르면 용산은 한성부 서부 용산방에 속하여 20계를 관할하였다. 한강방과 둔지방은 남부 성외에 속하였었는데, 1911년 용산방은 경기도 경성부 용산면이

조선총독저(朝鮮總督邸)

원래 한강 기슭에 있는 적막한 모래사장에 지나지 않았으나 지난 1904년明治37 3월 임시 군용철도의 간부幹部[77]를 이곳에 두면서부터 점차 오늘날의 발전을 이루었고, 지난번에는 또 주차군駐箚軍 사령부를 두어, 병영, 육군창고, 병원 등을 비롯한 각종 군용 기관이 창설되었다. 종횡으로 뻗은 대로는 구획이 정연하여 훌륭한 구경거리가 된다. 철도선로는 새롭게 경원선이 더해지면서 이곳에서 십자형을 이루며, 부산에서 272여 리哩, 신의주에서 309여 리, 원산에서 136여 리, 또 인천에서 22여리 거리로 실로 운수와 교통의 중추이다. 경성과는 2리남대문에 이른다 떨어져 있으며 시가의 구획이 대부분 서로 접해 있고 전차편이 있다. 구舊 용산 시가는 한강 강변에서 시작하여 북쪽으로 펼쳐지며 남대문 밖에서 경성과 이어진다. 별도로 전차선이 하나 있어 왕래가 지극히 빈번하다. 몇 해 전부터 두 시市를 합하여 한 구역민이 되었다.

관아

주차군사령부 사단사령부

되었고, 한강방과 둔지방은 한지면이 되었다.

77 육군소장 야마네 다케스케(山根武亮)가 이끄는 임시군용철도감부(臨時軍用鐵道監部)이다. 러일전쟁을 계기로 군용철도로 부설한 경의선의 분기점으로 용산이 설정되면서 지역의 위상이 크게 변화하였다.

용산 신시가

위수병원 군악대

육군병기창 헌병분대

이밖에 보병 1개 연대, 야포병 1개 중대, 공병 1개 중대, 기병 1개 중대가 주둔한다.

경성민단 용산출장소남산복정南山卜町 용산경찰서천단정川端町

탁지부 인쇄국영정榮町 영림창營林廠 용산출장소백빈정白濱町

조선총독부 철도국정거장 앞

주민호구

	호수	인구(남)	인구(여)	계
내지인	2,741호	6,021인	4,687인	10,708인

교통

전차철도

용산 철도시鐵道舍를 기점으로 하여 남대문을 거쳐 종로에 이른다. 동대문, 서대문, 마포에 이르는 것과, 구시가를 기점으로 남대문 밖 고시정古市町에서 앞의 노선과 합류하는 두 노선이 있으며, 운행이 끊이지 않는다. 운임 1구역 5전.

인력거

지점	정거장부터 소요 시간	운임
다이요(太陽)여관	5분	10전
우치다(內田)여관	15분	15전
군사령부	20분	15전
사단사령부	20분	32전
위수병원	20분	32전
모모야마(桃山)유곽	30분	30전
마포	30분	40전
서대문	30분	40전

야간은 2할증, 우천 시 4할증, 2인 두 배, 대기 한 시간 10전, 반일 고용 1원, 1일 고용 80전, 식사는 인력거꾼 자기 부담, 왕복은 편도 두 배의 1할 감소.

통신

용산우편국앵전정櫻田町 1정목

용산전화교환소앵전정 1정목

용산원정元町 우편소

경성, 인천, 수원, 평양, 개성 등 기타 지역으로 통화편 있음.

여관, 요리점

다이요여관정거장 앞 객실 16칸

우치다여관본정 2정목 객실 8칸

숙박료 1원 20전 이상 3원까지

핫케이엔八景園, 본정 2정목 객실 10칸

와카노야和歌酒家, 욱교통旭橋通 객실 11칸

도센카쿠桃仙閣, 모모야마桃山 객실 8칸

이상 요리점

극장, 구락부

용산좌영정

사쿠라자佐久良座본정

군인구락부

철도구락부

학교, 병원, 교회, 사사

용산심상고등소학교본정 2정목

동인同仁병원철도 구내

용산병원영정

사토佐藤병원원정 2정목

십자병원노송정老松町

청파靑坡병원청파

불국천주교회방탄항계坊灘項契

본파 본원사원정 3정목

조동종 포교소청파사계靑坡四契

용산사영정

은행, 회사, 기타

130은행 용산출장소원정 3정목

18은행 용산출장소욱교통

한성은행 동막東幕출장소마포

일한와사전기주식회사日韓瓦斯電氣株式會社, 본정 4정목

용산정미소원정

용산수산주식회사천단정

| 명승지 |

공덕리孔德里

대원군의 한적한 누정으로, 대원군이 이곳 산장에서 사람들을 초대하여 시를 짓고 술을 마시며 한가롭게 즐기던 일이 거의 30년이 지났다. 당시 뿜어내던 영웅의 기운이 얼마나 천지를 뒤흔들었던가! 아아, 늙은 영웅이 서거한 지 십몇 년이 지났다. 그 자취를 한번 애도하자니, 차디찬 폭풍이 낙엽을 휘감고 올빼미가 나무 어두운 곳에서 울고 귀신이 나올 것 같은 기운이 밀려와서 오랫동안은 버티기 힘들다. 원래 늙은 영웅의 무덤이 있었지만 방문객이 없어 파주 대덕리로 이장시켰다.

마포麻浦

역에서 서쪽으로 약 20정町 정도 떨어진 한강 5강五江의 중요한 나루로, 공덕리 전면에 강기슭을 따라 있다. 호수는 대략 1천여 호로 상업이 번성하였다. 서강과 양화진 등은 마포의 하류에 이어진다.

율도栗島

마포 건너편 기슭에 맑은 모래가 멀리까지 펼쳐져 있고 풍광이 매우 아름다운 구역이다. 섬 안은 오래된 버드나무가 들쭉날쭉하여 녹음이 우거졌고, 삼복더위에는 교제하는 도시 남녀가 용산 강기슭에서 빌린 배를 띄워 노래 부르며 한가롭게 노는 일이 많다. 또 이곳은 모래톱이 낮아 물고기와 조개를 줍는 데 편하여 남녀노소가 옷을 걷고 즐겁게 놀기 좋은 곳이다.

◉ 남대문역

경기도 경성부(京城府) 어성정(御成町), 부산에서 274리 3분

◉ 서대문역

경기도 경성부 죽첨정(竹添町), 부산에서 274리 9분

경성의 위치 북위 37도 35분, 동경 127도

백산록수白山綠水[78]의 남쪽, 1만 4천 방리方里의 반도는 이제 새롭게 제국의 도판에 들어왔다. 오래도록 그 울타리 안에서 편안하지 못했던 1천 2백만 민중은 이제 제국의 새로운 부府의 신민이 되었다. 동양의 평화는 이로써 유지되고 제국의 안전은 이로써 장래가 보장된다. 이는 실로 일본 고래의 역사적 현안을 해결하는 것이며 또 불행하고 도탄에 빠져 괴로워하는 백성을 구제하는 천직天職을 수행하는 것이다.

내가 여기서 새롭게 변화하는 시기의 획을 긋고 새로운 희망이 넘치는 반도의 수부首府 경성을 소개함에, 우선 경성부의 연혁을 서술한 다음에 근세사를 약간 설명하고 나아가 현황을 소개하면서 점차 명소와 고적을 소개하도록 하겠다.

경성부 연혁

경성은 한성 또는 한양이라고도 일컬으며 통속적으로 '서울'이라고 한다. 옛

78 백산록수는 백두산과 압록강을 가리킨다.

마한 지역으로 북으로는 용이 서리고 호랑이가 웅크리고 앉은 기세로 북한산이 솟아있고, 남으로는 남산을 끼고 기다란 한강이 마치 금대襟帶 같은 형상으로 도도하게 서쪽으로 흐른다. 그 형세가 8주洲에서 으뜸가며 진실로 산하백이山河百二의 땅이다[79]. 고구려왕 주몽朱蒙의 두 아들인 온조溫祚와 비류沸流가 함께 남천일본 스이닌垂仁 천황 12년하여 한산漢山에 이르러 부아악負兒嶽에 올라 거주할만한 땅을 보았다[80]. 한산은 경성 일대의 옛 명칭으로 부아악은 북한산 중의 삼각산이다. 신라의 통일백제는 일본 덴치天智천황 즉위 원년에, 고구려는 덴무天武천황 하쿠호白鳳 5년에 멸망함 후, 경덕왕景德王 15년에 한양군이라 칭하였으며 고려조 초년에 양주楊州라 고쳤다. 고려 숙종肅宗 원년에 승려 도선의 도참을 믿어 양주 목멱양木覓壤경성 남산의 옛 이름에 궁궐을 건립하여 남경이라 일컬었으며 여러 차례 임행臨幸하였다. 인종仁宗 6년 화재로 완전히 소실되었다[81]. 이때 승려 보우普愚의 도참설에 한양에서 왕이 되는 자는 이씨라고 하자 오얏나무를 심어 새싹을 따서 성장을 방해하고 왕의 기운을 박멸하는 주문을 외웠다. 또 궁궐을 세워 신우辛禑 8년에 도읍을 이곳으로 옮겼다가 다음 해 송도松都로 돌아갔다. 14년 중흥산성북한산성을 수축하였다. 고려조는 그 후 4년이 지나 이성계李成桂에게 멸망했다.

조선 태조 이성계는 송도에서 즉위하자 우선 남쪽의 충청도 공주 계룡산 땅의 풍수를 살피고 궁궐 공사를 시작하였으나, 조운이 불편하였으므로 얼마 지나지 않아 중지하고 유관柳觀의 상표에 따라 한양에 도읍을 정하기로 결정하였다. 승려 무학無學, 유학자 정도전鄭道傳, 남은南誾, 이직李稷 등에게 백악의 남쪽이자 목멱의 북쪽 땅의 풍수를 살펴 우선 궁전을 조영하기를 명하였다. 당시 무학은 동향을 주장하였고 정도전을 남향을 주장하였는데 마침내 남향으로 결정되어 정전正殿을 세우고 경복궁이라 명명하였다. 종묘와 궁궐 모두 태조 3년 가을 9월에 준공하였으며, 11월에 신궁으로 옮겨 온갖 정사를 보았다. 5년 정월 조준趙浚에게 명하여 성곽을 축조할 때 서북 3도의 민부 1만 9천명을 부렸으며, 가

79 여기까지의 서술은 『신증동국여지승람』 제2권 비고편 「동국여지비고」 제1권 「경도」의 표현과 매우 유사하다. '백이'란 방어가 튼튼하여 적의 백배가 될 정도로 유리한 지세를 뜻한다.

80 스이닌 12년은 기원전 18년이다. 남천과 부악산은 『삼국사기』, 「백제본기」에 나오는 내용이다.

81 『고려사절요』 권9 인종 6년(1128) 2월 기사 "남경 궁궐에 화재가 발생하다."

을 8월에는 강원, 전라, 경상의 백성 7만 9천명을 모았다. 석축의 높이는 주척周尺으로 40척 2촌주척은 일본 곡척曲尺의 약 7촌, 둘레는 9천 7백 75보이며, 도성에 8문을 설치하고 성내를 다섯 구획으로 나누어 중서中署, 동서, 서서, 남서, 북서라고 칭하고 각 서署에 방坊을 두었다. 그 수가 49개이며 방을 나누어 340동계洞契로 하였다[82]. 이렇게 경성으로 천도한 이래 이조의 정치적 측면에서 변천을 보자면 다음과 같다.

이조의 사적史的 개요

태조 이성계는 조선을 통일한 뒤에는 주로 내치에 힘써 큰 치적을 남겼다. 동시에 사직의 깊은 근심은 왜구의 창궐이었다. 이에 대해 일본의 아시카가씨足利氏[83]와 자못 정중한 교섭을 하였으나, 당면한 우환은 여전하여 끊이지 않았다. 이때 바야흐로 일본의 도요토미 히데요시豊臣秀吉가 이미 국내를 평정하고 장차 국외에 위세를 떨치고자 하여, 소 요시토시宗義智[84]로 하여금 조선의 내빙을 재촉하고 또 정명군征明軍의 향도로 삼았다. 조선은 이 전쟁으로 전후 7년의 병화를 입었으며 참상은 말로 다 할 수 없었다. 도쿠가와씨德川氏가 일어나자 소 요시토시로 하여금 인의隣誼에 힘쓰게 하였으며, 다시 1607년慶長12에는 조선이 국서와 방물을 가져와 빙문聘問하기에 이르렀다. 이래로 한정韓廷은 일본의 쇼군將軍이 새롭게 취임할 때마다 사신을 보내어 축하함을 항례로 삼았다. 애친각라씨愛親覺羅氏[85]가 만주에서 일어나자 조선은 군사를 보내 명의 구의舊誼에 보답

82 조선 태조가 한양으로 천도한 이듬해인 1395년 한양부를 한성부로 고치고, 관할구역을 중부, 동부, 서부, 남부, 북부의 5부로 나누고 그 아래 52방을 두었다. 세종 때에 49방, 영조 때 43방, 고종 때 47방으로 변화한다. 1894년 갑오개혁 때 5부가 5서로 개칭되고 방 아래 설치된 340계도 288개로 줄었으며 775개의 동이 설치되었다. 1895년 지방행정 개혁에 따라 한성부는 한성군으로 격하되었다가 이듬해 다시 제자리를 찾았다. 1910년에 한성부는 경성부로 개칭된다.

83 태조가 조선을 건국하였을 당시 일본은 무로마치(室町) 막부의 제3대 쇼군 아시카가 요시미쓰(足利義滿)가 실질적으로 조정의 권력을 흡수하여 최전성기를 맞이하였다. 당시 조일의 공통 현안이 왜구문제였다. 1404년에는 조선이 아시카가의 국서를 접수하면서 정식으로 국교를 체결하였다.

84 쓰시마번의 초대 번주로 임진왜란 당시 고니시 유키나가 군의 선진(先陣)이었으며, 전후에는 도쿠가와 이에야스의 명에 따라 조일국교회복에 힘썼다.

85 애신각라(愛新覺羅)로도 표기하며, 후금을 건국한 태조 누루하치를 가리킨다. 애친각라는 누르하치가 태어난 만주족의 한 부족명이다.

남산에서 바라본 경성 시가

하고자 하였다. 청 태조[86]가 사정을 알고 군사를 팔도에 보냈으며 뒤이어 국왕으로 하여금 군문軍門에 항복하게 하였다. 이것이 소위 정묘丁卯의 변이다. 서력 19세기 초 프랑스 선교사가 선교하여 그 기세가 팔도에 떨쳤다. 조정이 이를 싫어하여 1864년元治원년 2월 프랑스인 선교사 9명과 신도 1만여 명을 경성에서 학살하자, 프랑스가 이 소식을 듣고 바로 군함 세 척을 파견하여 강화도 성채를 함락시켰다. 이 무렵 또 미국인이 평양에서 학살되는 일이 있었는데 미국이 먼저 청나라 조정을 힐난했으나, 청나라 조정이 대답하기를 조선은 자치국이니 자신들이 간섭할 바가 아니라고 하였다. 이에 수사水師 제독 로저스Rodgers, J.를 파견하여 강화도에서 포대를 함락시켰다. 메이지 초기 일본 사신을 파견하여 수호를 맺고자 하였으나 조선이 시기하고 의심하여 응하지 않았다. 하나후사 요시모토花房義質로 하여금 부산에서 통상을 논의하게 하였으나 끝내 성과를 얻지 못하였다. 1875년明治8 9월 군함 운양호雲揚號가 측량을 위해 강화도에 이르자, 영종도 포대가 포문을 열고 덤벼들었다. 12월에 일본 정부 구로

86 정묘호란 당시 청의 황제는 태종 애신각라황태극(愛新覺羅皇太極)이다. 청 태조는 1626년에 사망하였다.

다 기요타카黑田清隆를 전권변리대신全權辨理大臣으로, 이노우에 고와시井上毅를 부대신으로 임명하여 이를 힐문하였다. 두 사신이 강화부에서 판중추 신헌申櫶, 부총관 평자승平滋承[87]과 회견하여 수호조규를 교환하고 강화도 사건에 대해 사죄한 의정부의 문서를 가지고 돌아왔다. 얼마 지나지 않아 조선의 수신사 김기수金綺秀가 일본에 왔고, 뒤이어 통상장정通商章程을 제정하여 인천과 원산을 개항하였다.

조선 이희왕李熙王[88]이 즉위하였으나 나이가 어려 생부 이하응李昰應이 섭정하여 대원군이라 하였다. 왕이 직접 통치를 하게 되자 대원군이 왕비와 불화하여 운현궁으로 물러났다. 1882년明治15 5월 경성을 지키는 병사들이 군료가 제대로 지급되지 않자 정부를 원망하였다. 대원군이 이를 기회로 선동하여 우선 외척 민씨의 저택을 훼손하고 나아가 왕궁을 무단침입하게 하였다. 그러는 사이 일본 공사관이 습격을 당하자 변리공사 하나후사 요시모토가 포위를 뚫고 인천에 이르러 영국 선박에 탑승하여 나가사키長崎로 돌아가 사변을 보고하였다. 정부가 군함 수척을 보내는 한편 외무경 이노우에 고와시를 마관馬關[89]으로 파견하여 정부명령을 전하고 병장기로 일행을 보호하였다. 재차 조선에 가서 국왕을 알현하고 서書를 올려 담판 후 3일을 기한으로 답하게 하였다. 한정韓廷은 전권대신 이유원李裕元 등을 보내어 규약과 속약을 의정하여 조인하였다. 청나라는 변을 듣고 마젠중馬建忠이 병사를 이끌고 입국하여 대원군을 잡아 청나라로 보냈다. 조선특파전권공사 박영효朴泳孝 등이 도쿄에서 국서와 방물을 바치고 사죄하여 사건이 종결되었다.

일본은 조약에 따라 경성에 군대를 주둔시키고 청나라도 병사 2천을 경성에 주둔시켰다. 얼마 지나지 않아 사대당事大黨의 신하들이 청나라 장수 위안스카이遠世凱와 결탁하여 위세를 떨쳤다. 독립당의 박영효, 김옥균金玉均이 불안을 느껴 1884년明治17 12월에 창덕궁에서 사대파의 영수 이하 몇 명을 죽이고 돌아와 일본 공사에게 보호를 요청하였다. 공사 다케조에 신이치로竹添進一郎는 병

87 윤자승(尹滋承)의 오기이다.

88 고종 이희의 한자는희(㷩)를 쓴다. 본서에는 熙, 凞 등이 혼용되고 있다.

89 시모노세키(下關)의 별칭이다.

급행열차 출발 광경(남대문역)

사를 이끌고 왕궁을 보호하였다. 청나라 군대는 사대당을 지원하여 이들을 공격하고 일본 공사관을 습격하였다. 이에 보병 대위 이소바야시 신조磯林眞三 이하 39명이 죽었다. 공사가 난을 피하여 인천으로 도망가고 김옥균 등은 일본으로 망명하였다. 이를 갑신의 난이라 한다. 일본 정부는 이노우에 고와시를 전권대사로 삼아 군대를 이끌고 가서 그 죄를 묻게 하였다. 청나라 역시 우다정吳大徵[90]으로 하여금 해군과 육군을 이끌고 조선으로 들어가게 하였다. 다음 해인 1885년 1월 한정韓廷은 일본의 요구를 수용하고 사신을 파견하여 사죄하였으며 배상금 13만원을 납부하고 흉도를 처형하였다.

일본 정부는 또 이토 히로부미伊藤博文를 특파전권대사로 하여 청나라에 보내 논의한 바, 4월 11일 청나라 전권위원 리훙장李鴻章과 톈진天津에서 일본과 청나라가 똑같이 철병하고 장차 출병에 앞서 통지할 것을 약속하였다. 이른바 톈진조약이다.

1894년明治27 6월 조선 동학당이 난을 일으켰다. 청나라는 아산에 군대를 보냈고 일본도 혼성여단을 편성하여 오시마 요시마사大島義昌를 수장으로 하여 경성으로 들어가 거류민을 보호하게 하였다. 7월 3일 전권공사 오시마 게이스케大

90 우다청(吳大澂)의 오기이다.

종로 권공장(勸工場)

島圭介가 국왕을 알현하여 개혁 5개조를 내걸어 해결을 촉구하였다.

18일이 되어 위안스카이가 일본에 철병을 요구하였다. 23일 공사가 왕성에 들어가려고 하자 한병韓兵이 이를 거부하였다. 호위병을 공격하여 물리치고 국왕을 알현하여 아뢰자 국왕이 그에 따랐다. 다음날 국왕이 정권을 대원군에게 위임하고, 공사에게 아산의 청나라 군사를 물리쳐달라고 부탁하여 청한淸韓조약 폐기를 선언하였다. 26일 한일공수동맹조약韓日攻守同盟條約이 체결되었다. 이로써 청일의 평화가 깨지고 이른바 27~28년 전쟁[91]이 시작되었다. 이 전쟁에서 일본 군대는 육해군 모두 승리하였고, 청나라가 배상요구를 받아들이고 화친을 청하여 평화가 완전히 회복되었다. 때는 1895년明治28 3월이었다. 얼마 지나지 않아 반도는 다시 러시아가 동점하는 형세가 되자 분규 국면이 더욱 심해졌다. 뜻밖에 다시 37~38년의 대전[92]을 야기하여 일본군은 다시 육해군 모두 연전연승을 거두었다. 적을 멀리 만주 이북으로 구축하고 반도의 문제를 확실하게 해결하였다.

1907년明治40 7월 20일 대한황제 이희李㷩 폐하이보다 앞선 1895년 1월 조선은 국위를 개정하여

91 메이지 27~28년에 발생한 청일전쟁을 가리킨다.

92 메이지 37~38년에 발생한 러일전쟁을 가리킨다.

제국이라 하고 국호를 대한으로 바꾸었다가 이척李拓[93] 폐하에게 양위하였다. 이에 앞서1906년 7월 통감부가 설치되고, 공작 이토 히로부미를 통감으로 하여 경성에 주재하게 하였다. 동시에 국정개혁을 착실히 실행하여 1907년 7월 보호조약을 체결하고 이어서 1910년明治43 8월 29일 대일본제국의 주권 아래 이씨 5백 년 산하의 합방을 완료하였다.

경성의 현황

지금의 경성은 통감부 설치 이후 현저하게 발전하였으며 그 변화의 빠름은 실로 놀랄 만하다. 철도는 이즈음통감부 설치 당시 관통한다는 목적을 이미 달성하였다. 37~38년 전쟁의 끝이 눈앞이라 전승의 결과를 거둘 제국의 앞날은 희망으로 가득차고 국민의 의기가 심대하게 진작되었으니, 이 땅에도 도도히 흐르는 대하大河처럼 도래할 것이다. 기존에 지극히 시들고 피로하여 오래도록 세상에서 악의 근거지로 간주된 경성의 하늘과 땅은 돌연 맑고 새로운 공기로 일제히 쓸려갔다. 마치 함부로 날뛰는 여우를 방치한 듯 했던 시가는 가는 곳마다 활기찬 일본 기풍이 충만하고, 높다란 갓과 기다란 소매의 누습은 단발과 통 좁은 소매로 혁신되었다. 도로는 개축되고 위생이 보급되어 오백년 이래의 먼지와 진흙, 개천의 불결함은 엄중한 감독 하에 하루아침에 청소되었다.

반도에서 정치적 수뇌부인 총독부를 비롯하여 여러 관아와 병영, 학교, 병원, 은행, 회사, 극장 등을 당당하게 건축하게 되었고 성 안팎에서 지대한 변화가 보였다. 아울러 근대적 도시 설비전등, 전화, 전차, 수도, 가스 등가 대략 정비되었다. 남산 기슭의 일대와 남대문 밖 종로 사이 좌우로 변화한 모습은 이른바 어깨가 부딪히고 수레바퀴가 서로 닿을 정도로, 경성이 개부한 이래 오늘날과 같은 성황은 일찍이 본 적이 없다. 게다가 해마다 점점 더 크게 번영하여 멈추지 않으리라는 것은 새삼스레 말할 것도 없다.

현재 경성부 관내의 총 호수는 64,157호, 인구 277,611인이며, 그 중에 내지인 호수는 11,275호, 인구는 38,397인, 조선인 호수는 52,697호, 인구는

93 이척(李拓)의 오기이다.

238,497인, 외국인 호수는 185호, 인구 815인이상 1910년 조사이다. 수출입 총액은 4,944,402원이고 그 중 수입은 4,902,640원, 수출은 41,762원이상 1909년 조사이다.

또 내지인의 호수와 인구수가 해마다 급증하는 데 반해 조선인의 호수는 점차 감소하는 경향이 현저하게 나타나는데, 이것은 해당 지역이 번영함에 따라 생활수준이 날로 향상하기 때문에 지방으로 이주하는 사람이 많은 결과이다. 또 수출과 수입이 비교할 수 없는 상황이라는 것은 이곳이 절대적으로 소비지임을 나타낸다고 봐야한다. 또 상세한 것은 이하 각 항목에 기록한다.

관아

조선총독부 총무부왜장대

조선총독부 내무부왜장대

조선총독부 탁지부서부 황화방皇華坊 정동

조선총독부 농상공부영락정永樂町 2정목

조선총독부 사법부서부 황화방 정동

조선총독부 취조국서부 황화방 정동

조선총독부 전매국서부 황화방 정동

조선총독부 임시토지조사국서부 황화방 정동

조선총독부 통신국광화문 앞거리

조선총독부 경무총감부대화정大和町 1정목

조선총독부 중추원서부 황화방 정동

조선총독부 의원동부 황교통黃橋通 마두산

경기도청광화문 앞거리

경성부청본정 1정목

고등재판소중부 종로통

경성공소원중부 종로통

경성지방재판소중부 종로통

경성구재판소중부 종로통

남부경찰서본정 1정목

북부경찰서중부 종로통

경성감옥서부 독립문통

인천관세 남대문출장소남대문 정거장 구내

경성거류민단사무소본정 1정목

일본인상업회의소수정壽町 1정목

경성상업회의소조선인측중부 종로통

중국총영사관본정 1정목

미국총영사관황화방 정동

영국총영사관황화방 대정동

독일총영사관서대문 밖 반송방盤松坊

벨기에총영사관욱정 2정목

러시아총영사관황화방 정동

프랑스영사관서부 반송방 합동蛤洞

주민호구

	호수	인구(남)	인구(여)	합계
내지인	11,175호	20,045인	18,352인	38,397인
조선인	52,697호	124,198인	114,301인	338,499인
중국인	170호	647인	123인	770인
영국인	3호	5인	4인	9인
미국인	3호	4인	9인	13인
독일인	3호	2인	3인	5인
프랑스인	1호	4인	5인	9인
터키인	4호	6인		6인
러시아인	1호		2인	2인
스위스인			1인	1인

교통

전차철도

경성의 전차철도는 미국인 콜브란コールブラン 씨가 경영하였는데, 1909년明治42 일한와사전기주식회사가 이를 계승하여 착실히 개선되고 있다. 가장 번화한 종로를 가로질러, 청량리와 동대문에서 서대문과 멀리는 마포와 공덕리까지 연장·운행한다. 다른 노선은 종로에서 이 노선에 접속하는데 이곳을 기점으로 이현가泥峴街 부근을 통과하여 남대문통과 만난다. 남대문 정거장 앞을 지나 고시정古市町 부근에서 하나는 신용산으로, 다른 하나는 구용산으로 달린다. 전 구간을 아래의 8구역으로 나누고 한 구역의 승차 운임은 5전으로 하여 각 구간 마다 별도로 지불하는 방식이다.

1. 종로-동대문 간
1. 동대문-청량리 간
1. 종로-서대문 간
1. 서대문-공덕리 간
1. 공덕리-마포 간
1. 종로-고시정 간
1. 고시정-신용산 간
1. 고시정-구용산 간

이 밖에 총독부의원 앞에 지선이 있으며 운임은 특별히 3전으로 한다.

남대문 정거장부터 각 주요 시가에 이르는 전차철도 거리 및 운임은 아래와 같다.

종로	1리(哩) 16쇄	5전
동대문	2리 46쇄	10전

청량리	4리 61전	15전
총독부 의원 앞	2리 57쇄	13전
서대문	2리 13쇄	10전
마포	2리 13쇄	10전
공덕리	3리 57쇄	15전
신용산	2리 22쇄	10전
구용산	2리 13쇄	10전

시내 외 육로 거리 및 운임남대문 정거장부터

지점	우마차 1대(전)	짐수레[荷車] 1대(전)	짐꾼(전)
남대문 밖	30	15	5
남대문 내	40	20	7
수표교 부근	60	30	17
본정 1, 2정목	40	20	6
본정 3,4정목	55	27	6
본정 5,6정목	60	30	10
본정 7,8정목	60	30	15
영락정 적문(赤門)부근	60	30	15
종로	60	30	15
창덕궁 부근	80	40	17
신정(新町) 부근	70	35	16
서소문 부근	55	27	7
동대문 부근	80	40	20
이현(梨峴)	80	40	25
서대문 부근	55	27	14
독립문 부근	70	35	15
청파 부근	45	22	7
강기정(岡崎町)	50	25	12
용산 구시가	60	30	15
용산 정거장 부근	70	35	15
용산 피병원(避病院)부근	60	30	15
마포	1원	50	20
1일 고용	2원 10전	1원	60

동호(東湖)	1.5리(里)	가평	16리
서빙고	1.5리	포천	13리
안천봉(安川峰)	1.5리	양근(楊根)	13리
한강	2리	지평(砥平)	16리
왕십리	2리	영평(永平)	17리

현호(玄湖)	2.5리	춘천	21리
수유리	2.5리	여주	21리
독도(纛島)	3리	김화(金化)	27리
과천	3리	홍천	29리
교하	4리	철원	33리
고양	4.5리	금성(金城)	33리
광주	5리	횡성	35리
의정부	6.5리	연천	38리
양주	7.5리		

운임은 짐말 1두頭 1리당 25전, 우차牛車 1대 1리당 90전, 짐마차 1대 1리당 70전, 짐수레 1대 1리당 40전, 짐꾼 1인, 1리 당 20전, 가마 1리당 60전의 비율.

1. 시내는 마배馬背를 이용하는 짐 든 손님은 거의 없고, 모두 인력거, 짐수레, 우마차 편을 이용한다. 가마로 시내를 왕복하는 일은 드물다. 가끔 왕복하는 일도 있지만, 대개는 1일 고용1원 50전 정도으로 주로 지방에 갈 때 이용한다. 운임은 보통 거리에 따라 산출한다.
1. 지방행 승마 운임은 짐말 운임과 같다. 짐꾼은 주로 시내를 왕복하며 시외 2리 이상 떨어진 곳에 가려면 역참에서 중계할 필요가 있다. 역참은 5정 내지 10정마다 설치되어 있다.
1. 춘천, 여주, 가평은 보통 구용산에서 한강을 거슬러 오르는 배편을 이용한다. 각각 5일에서 7일 정도 걸린다. 배 한척에 대강 2톤 반의 화물을 실을 수 있다. 이 운임은 18~19원이다.
1. 우마차, 기타 보통 적재량은 우마차 시내 1,400근, 시외 1,200근, 수레 시내 700근, 시외 600근, 짐말 150근, 짐꾼 시내 60근, 시외 50근 정도로 한다.

인력거(남대문 정거장부터 거리 및 운임)

지점	거리(里,町,間)	운임	지점	거리	운임
남대문	4정 40간	5전	본정 3정목	14정 30간	19전
총독부	21정 10간	25전	남부경찰서	10정 40간	14전
본정 5정목	17정 10간	21전	경무총감부	24정 10간	27전

본정 7정목	22정 10간	25전	신정	29정 40간	32전
동사헌정(東四軒町)	1리 1정 20간	37전	다이칸테이(大觀亭)	12정	16전
대한문	11정 40간	16전	서소문	12정 30간	17전
손탁호텔	13정	17전	서대문	15정 40간	20전
서대문경찰서	17정 35간	22전	독립문감옥서	29정 40간	32전
경희궁	18정 50간	22전	통신국	21정 40간	25전
경기도청	23정 40간	27전	경복궁 횡정(橫町)	35정 40간	36전
수문동(水門洞)경찰서	27정	29전	종로재판소	23정 40간	27전
북부경찰서	27정 40간	30전	동아연초회사	35정 50간	36전
동대문경찰 분서	1리 9정 40간	46전	총독부 의원	1리 5정 40간	42전
창덕궁	1리	36전	동소문	1리 19정	55전
공업전습소	1리 7정 40정	44전	동대문	1리 11정	47전
수표교	26정 10간	28전	광희문	1리 6정 30간	43전
동현(銅峴)경찰서	20정 10간	24전	18은행 지점	16정 10간	20전
명치정(明治町)교회당	15정 40간	20전	한국은행	14정 40간	19전
미창정(米倉町), 와라쿠엔(和樂園)	8정 40간	12전	중신지(中の新地)94	6정	8전
용산모모야마(桃山)유곽	34정 50간	35전	용산정거장	1리 2정 20간	38전
용산철도관사	1리 5정 20간	41전	용산경찰서	25정 20간	28전
용산육군관사	1리 9정 20간	45전	용산위수병원	30정 20간	32전
용산병기창	19정	23전	용산군사령부	1리	36전
마포	1리 4정	40전	청파 피병원	15정	19전
봉래정(蓬萊町)철도관사	8정 20간	10전	하조칸(巴城館)	15정	23전
우라오(浦尾)여관	17정	23전	하라가네(原金)여관	16정 20간	23전
동해여관	10정	18전	아스토르하우스[95]	16정 50간	20전
덴신로(天眞樓)	14정 50간	20전	아사히칸(旭館)	17정	23전
사토(佐藤)여관	14정	20전	규슈(九州)여관	10정	20전
가나자와(金澤)여관	17정	20전	미카즈키(三ヶ月)여관	12정 40간	20전
시라누이(不知火)여관	12정	20전	쇼주(松壽)여관	22정 30간	25전
경성호텔	16정	23전			

1리 이상 시내는 1리 당 36전, 시외는 40전의 비율, 심야 새벽은 1할증, 눈비가 오거나 진창의 경우는 3할증, 언덕길 1할 이상 2할증, 폭풍우 때는 4할증, 대기 시간 1시간 당 8전, 1일고용 1원 80전, 반일고용 90전.

94 나카노신치(中之新地)라고도 표기된다. 일본 거류민단의 발전 계획에 유곽 건설은 큰 부분을 차지하였다. 1904년 신정유곽이 조성된 이후 1907년에는 남묘(南廟) 앞 언덕에 '나카노신치' 유곽이 조성된다. '요시노신치(吉野新地)'라고도 한다.

95 애스터 하우스(Astor House)의 일본식 표기이다. 1901년 개업한 스테이션 호텔을 가리킨다. 『한국철도 선로 안내』(1908) 120쪽 각주 168 참고.

통신

우편, 전신, 전화 설비 있음. 국소局所의 소재지 및 장거리 전화 운임은 아래와 같음.

남대문우편국고시정, 경성우편국본정 1정목, 광화문우편국종로 2정목, 서대문우편국죽칠정竹漆町

이 외에 본정 6정목, 영락정, 본정 9정목, 사동寺洞, 남대문통, 종로, 본정 4정목, 대평정大平町, 명치정, 청엽정青葉町, 남대문 내, 황교통에 각각 우편소가 설치되었으며, 또 전신은 남대문 정거장 내에서 취급한다.

전화통화료

지명	1회 통화 운임	호출료	지명	1회 통화 운임	호출료
해주	50전	25전	연안	40전	20전
개성	30전	15전	직산금광	40전	20전
온천리	40전	20전	성환	40전	20전
천안	40전	20전	광양	90전	30전
진남포	90전	30전	평양	70전	30전
춘천	40전	20전	수원	20전	10전
인천	20전	10전	영등포	10전	5전
용산	5전	5전			

시내 속달우편

경성 및 용산 시내 7전.

경성-용산 간은 12전.

여관

여관명	위치	객실	전화번호	여관명	위치	객실	전화번호
경성호텔	남산정 3정목	14	493 장(長) 123	하조칸	남산정 3정목	24	31
천진루	남산정 2정목	16	649	우라오여관	수정 1정목	18	103
야마모토(山本)여관	서정(曙町) 1정목	22	325	하라가네여관	남산정 4정목	15	115
미카즈키여관	욱정 3정목	21	259	시라누이여관	욱정 2정목	20	719

동해여관	욱정 1정목	14	797	가나자와여관	남산정 4정목	10	181
혼다(本田)여관	본정 1정목	8	350	사카에야(榮屋)여관	고시정	8	966
아사히칸	수정(壽町)1정목	23	645	사토여관	욱정 2정목	28	828
사에키(佐伯)여관	일출정(日の出町)	8	736	야마구치야(山口屋)	남대문역앞	9	228
규슈여관	욱정 2정목	9	83	쇼주여관	수정 3정목	12	1198
손탁호텔	정동	23	739	아스토르하우스	서대문역앞	18	555

숙박료	특등 3원 50전	1등 3원 50전	2등 2원	3등 1원 50전	4등 1원 20전
중식료	1원	80전	60전	50전	40전
손탁호텔	1등 숙박료 8원	2등 숙박료 7원			
아스토르 하우스	8원 50전	6원 50전			

요리점

점명	위치	객실	전화번호
가케쓰로(花月樓)	남산정 4정목	25	57
기쿠스이로(掬翠樓)	남산정 3정목	16	16
세이카테이(淸華樓)	영락정	11	장(長) 25
반센카쿠(萬千閣)	욱정 1정목	12	12
이몬로(井門樓)	수정 1정목	16	100
마쓰바테이(松葉亭)	남산정 1정목	5	235
조초(蝶蝶)	욱정 2정목	7	630
하슈테이(巴州亭)(서양요리)	남산정 4정목	3	3
메이케쓰로(明月樓)(조선요리)	광화문 앞길	7	725
경성호텔(서양요리)	남산정 3정목	식당 160명	장 123, 493

극장, 연예장, 구락부(俱樂部)

가부키자歌舞技座, 욱정 1정목

경성좌본정 7정목

고토부키자壽座, 수정 3정목

오나리자御成座, 어성정御成町

경성고등연예관황금정黃金町

나니와칸浪花館, 명치정 2정목

남산구락부남산정 3정목

왜장倭將구락부왜장대

아카몬赤門구락부영락정 2정목

학교

조선총독부 공업전습소동부 전화문통專化門通[96]

조선총독부 중학교서대문통 1정목

조선총독부 법학부광화문 전통前通

관립 한성사범학교중부 수진방壽進坊 전동磚洞

관립 한성고등학교북부 안국방 홍현紅峴

관립 한성고등여학교북부 가금방嘉今坊 재동齋洞

관립 한성외국어학교중부 경행방慶幸坊 교동

성균관동부 숭교방崇敎坊

경성거류민단립 고등여학교남산정 2정목

경성거류민단립 히노데日の出심상소학교일출정

경성거류민단립 남대문심상소학교남대문통 1정목

경성거류민단립 유치원남산정 2정목

경성거류민단립 유치원남대문통 1정목

사립 선린상업학교명치정 1정목

신문사

경성일보대화정 1정목

매일신보대화정 1정목

경성신보서소문통

서울프레스대화정 1정목

병의원

조선총독부의원동부 황교통

한성병원명치정 1정목

안동安東병원욱정 1정목

주젠十全병원욱정 3정목

경성의원수정 1정목

나카시마中島의원수정 3정목

다카이高井병원수정

마쓰오카松岡병원남산정 2정목

산키贊化병원본정 4정목

오가와小川병원대화정 1정목

요시다吉田의원대화정 3정목

다타미多多見의원일출정

이슌도爲春堂의원대화정 1정목

마루야마丸山의원길야정吉野町 1정목

무라카미村上의원명치정 3정목

이케가미池上의원영락정 2정목

경성매독병원상생정相生町

세브라스セブラス[97]병원어성정

96 혜화문(惠化門)의 오기이다.
97 세브란스병원을 가리킨다.

와다和田외과의원약초정若草町 2정목
스즈키鈴木의원욱정 1정목
쓰루타鶴田의원명치정 1정목
경성부인병원북미창정北米倉町
이케다池田소아과의원욱정 2정목
이비인후기관과병원본정 2정목
사토佐藤병원본정 1정목
무카무라中村이비인후과의원본정 2정목
가나이金井안과의원대화정 2정목
에가시라江頭안과전문의원본정 1정목
노다野田치과의원욱정 4정목
나라자키楢崎치과의원남산정 3정목
나카무라中村치과의원본정 6정목
이즈카飯塚치과의원남산정 3정목
혼마本間산부인과의원명치정 1정목
이토伊藤이비과의원일출정

교회, 사사, 사당

일본메소디스트교회욱정 2정목
경성성공회본정 1정목
일본기독교회욱정 4정목
프랑스천주교회명치정 2정목
히모로기神籬교회왜장대
상동尙洞기독교회상생정
경성기독교회일출정
경성선교소수정 3정목
천리교 선교소길야정 1정목
정토종 개교원명치정 1정목
경성 본원사 별원남산정 3정목
서본원사 출장소장곡천정長谷川町 1정목
신리교神理敎 경성분원본정 9정목
일연종日蓮宗 호국사욱정 3정목
조동종 남본산南本山 임시별원약초정 1정목
진언종 봉각사鳳覺寺, 욱정 3정목
히모로기신사왜장대
남묘南廟, 길야정
동묘東廟, 동대문 밖
북묘北廟, 동소문 내
문묘文廟, 동소문 내

주산물(1909년도 조사)

벽돌	6,191,865개	78,389원
기와	263,000매	5,200원
간장	813석	16,370원
된장	347,000근	13,840원
술	550석	26,170원

소가죽	20,450매	122,700원
소뼈	316,000근	5,300원
우지(牛脂)	245,000근	41,600원
궐련	960,000,000본	288,000원
토기	11,300개	3,850원
살담배	1곤(梱) 40문(匁) 옥(玉) 150들이 3,600곤	123,480원
한지	28,000근	18,500원
쌀겨	12,700석	13,600원
석회	25,000섬	14,800원

농, 목장

독도纛島농사시험장독도

히라야마平山목장대화정 1정목

오카노岡野목장신정 동사헌정東四軒町

아라이荒井목장봉래정 2정목

한국축산주식회사고시정

공장

마포연와제조소마포

하마모토濱本와제조소瓦製造所, 마포

요시카와吉川철공장대화정 2정목

동아연초주식회사연화동蓮花洞

히로에廣江연초공장장곡천정

에야마江山연초제조소동대문통

히라이平井석회제조소강기정岡崎町

아사히旭비누제조소욱정 1정목

도요豐비누제조소본정 9정목

한성미술제조공장교통교동

경성제지장상평방常平坊

무라다村田간장 · 된장제조장남대문통

사케미酒見간장 · 된장제조장남산정 2정목

안도安藤간장 · 된장제조장앵정정櫻井町 2정목

미쓰도모에三巴청주양조장본정 1정목

이와타岩田청주양조장신정 3정목

시게카네重兼청주양조장대화정 3정목

일한인쇄회사공장명치정 2정목

야마토大和상회인쇄소본정 6정목

경성인쇄소욱정 2정목

미쓰도모에 정미소봉래정 2정목

마치이待井정미소고시정

경성정미소봉래정 2정목

초동草洞정미소북미창정

시장

수산주식회사시장남대문통 2정목
히노마루日の丸어시장남대문통 2정목
식량품시장남대문통 2정목
남대문시장남대문 내
동대문시장동대문 내
서대문시장서대문 내
이상 모두 매일 열림.

은행, 회사

제일은행 경성지점남산정 3정목
18은행 경성지점남대문통
130은행 경성지점본정 2정목
한국실업주식회사 경성지점명치정 1정목
동아연초주식회사 경성지점명치정 1정목
한국식산주식회사욱정 2정목
한국축산주식회사남대문통
대한권농주식회사욱정 2정목
내국통운주식회사 경성지점남대문역 앞
동양생명보험주식회사 경성지점남대문 뒷골목
일한무역주식회사 경성지점본정 4정목
미쓰코시三越오복점 경성지점본정 2정목
일한인쇄주식회사명치정 3정목
지토세千歳청주주식회사 경성지점어성정
동양척식주식회사명치정
미쓰이三井물산 합명회사 경성지점본정 2정목
합명회사 일한식품조남대문통 1정목
도사土佐지주식회사紙株式會社 경성지점남대문통 3정목
합명회사 메이지야明治屋 경성지점본정 3정목
동아흥업합자회사장곡천정 2정목
일한염물합자회사종로
경성십우十友합자회사영락정 2정목
한국임업주식회사어성정
경룡京龍두부합자회사고시정
합명회사 공익사共益社, 남부 공동公洞
합명회사 창신사彰信社, 광교

무역(1909년도 조사)

수출 41,762원
수입 4,902,640원

창덕궁 인정전

| 명승지 |

사대문四大門과 사소문四小門

경성을 둘러싼 성벽은 연장 약 2.5리里로 경복궁 뒤 백악白岳에서 동서로 나뉜다. 동쪽으로는 응봉鷹峰, 낙타駱駝의 여러 산에 걸쳐 내달리며 동대문흥인지문으로 나와서 남산으로 이어져 숭례문에 이른다. 서쪽으로는 인왕산 꼭대기를 지나 사대문돈의문으로 나와 마찬가지로 숭례문에 도달한다. 사대문과 사소문은 각기 통행의 요충지이다. 남쪽에 있는 것이 숭례문남대문이고 서남쪽에는 소의문서소문과 돈의문서대문이 있다. 홍인지문동대문은 동쪽에 위치하며 좌우에 혜화문동소문과 광희문수구문이 있다. 서북쪽에는 창의문과 숙정문이 있다. 그 중에서 숭례문과 홍인지문이 굉장하고 지극히 웅대하여 자못 경관이 아름답다.

창덕궁昌德宮

종로에서 동쪽으로 꺾어서 큰 길을 따라 약 6정丁 떨어진 북측에 있다. 현재 이왕李王 전하가 거하는 궁으로서 종래 동대궐東大闕이라 불렀으며 태조 이성계가 건조하였다. 현재의 건물은 분로쿠의 역 때 한번 소실된 것을 광해군 원년慶長

경복궁 근정전

14[98]에 재건한 것이다. 지성地城인 응봉鷹峰[99]의 남쪽 기슭에 위치한다. 전당, 누각, 유원囿園, 임천林泉이 갖춰졌으며, 특히 비원은 구불구불한 구릉에 노송이 울창하고 시냇물이 흐른다. 연못이 있고 정자 역시 적합하게 배치되어 있고, 이끼가 낀 길은 메워서 사방이 고요하니 인간세계가 아닌가 하는 생각이 든다. 돈화문은 궁의 정문으로 남면하며 서쪽에는 금호문金虎門이 있다. 인정문仁政門으로 들어가면 인정전이 있고 전을 중심으로 선정문宣政門, 내반원內班院, 성정각誠正閣, 영춘정迎春亭 등이 있다.

98 창덕궁 중건은 광해군 2년인 1610년에 완성되었다.

99 지성은 지성(枝城)의 오기로 보인다. 응봉은 북한산의 응봉을 가리킨다.

경복궁 경회루

창덕궁 비원

남대문(경성)

창응궁昌應宮[100]

지금은 창덕궁의 일부이다. 전면은 마두산馬頭山, 총독부의원 소재지을 마주하며, 정문을 홍화문弘化門이라 한다. 내부에 통명전通明殿, 명정전明政殿 등이 있다. 태조 이성계 때 수강궁壽康宮이라 부르던 궁터에 성종 14년에 건조한 것이다. 몇 해 전부터 전을 이왕가의 박물관으로 삼고, 신라 이래의 옛 기물과 서화 등을 진열하여 공개한다. 생각건대 반도의 상대 문화의 일단을 엿볼 수 있는 좋은 자료이다. 또 동물원과 식물원이 있다[101].

경복궁景福宮

경복궁은 태조 이성계가 창건하였으며 분로쿠의 역 때 일본의 정명군征明軍의 입성에 앞서 전소하였다[102]. 이래 2백여 년 동안 조각난 주춧돌이 겹겹이 쌓여

100 창경궁(昌慶宮)의 오기이다.

101 창경궁에 동식물원이 개원한 것은 순종 2년인 1909년의 일이다. 1983년 동식물을 서울대공원에 인계하고 창경궁의 이름을 환원하였다.

102 조선 중기의 문신인 이기(李墍)의 『송와잡설(松窩雜說)』에는 "왜적은 채 입성(入城)하기도 전인데, 성안 사람이 궐내에 다투어 들어가서 내탕 부고(內帑府庫)에 있던 재물을 서로 탈취(奪取)한 것이다. 뿐만 아니라, 세 궁궐(경복궁 · 창덕궁 · 창경궁) 및 육부(六部), 크고 작은 관청에다 일시에 불을 질러 연기와 불꽃이 하늘

서대문(경성)

황폐한 땅이었던 곳을 대원군이 섭정 당시 국력을 고갈시키면서 재건하였다. 역사서의 기록에 따르면 궁의 건축을 위해서 공조貢租를 크게 징수하고 부근의 민중을 핍박하여 요역에 복종시키고, 좋은 재목을 징집하여 멀리는 함경도 벽지까지 바다를 돌아 운반해 오게 하였다고 한다.

어느 날 밤 광화문 밖에 화재가 나서 산적한 목재가 모두 재가 되어 버리고 윗사람이나 아랫사람이나 통석하고 실망하여 조심스레 공사 중지를 예상하였다. 그러나 대원군이 조금도 놀라지 않고 다시금 전국에서 목석을 구하고, 이에 더해 원납전願納錢을 징발하고 공역을 보조할 현금을 강제 징수하였다. 적어도 죽을 먹을 수 있는 정도 이상의 집은 이를 면제받기 어려워서 인심이 흉흉하고 왕왕 도피하고 잡혀 죽는 일이 있었지만 조금도 사정을 봐주는 일이 없었다고 한다. 경복궁이 겨우 완성되자 또다시 육조의 각 관아를 수축하였으며 마침내는 국왕은 창덕궁에서 옮겨 와 정사를 보았다. 대원군이 기분 좋게 스스로 만족하여 신궁의 아름다움을 조정대신들에게 과시하면서 이를 앞대에는 드문 훌륭한 일로 삼았다. 때는 1865년慶應1이다.

에 넘쳐서, 한 달이 넘도록 계속해서 불탔다"는 기록이 있다.

광화문은 궁의 정문으로 문을 들어가면 홍례문興禮門이 있다. 정면은 근정문勤政門이고 오른쪽을 일화문日華門, 오른쪽을 월화문月華門이라 한다. 다리가 있는데 난간에 괴수를 석각하였다. 이를 금천교錦川橋라 일컫는다. 근정문으로 들어가면 바로 근정전이 마주한다. 전 앞에는 9품에서 1품까지 석표가 있고 뒤에는 사정문思政門이 있다. 정면은 사정전思政殿으로 국왕이 만사를 살피는 곳이다. 오른쪽으로 천추전千秋殿, 왼쪽으로 만춘전萬春殿이 있다. 전 뒤에는 용부문用敷門으로 강녕전康寧殿이 있는데 국왕이 평상시에 한가로이 거하는 곳이다. 오른쪽에 연생전延生殿, 왼쪽에 경성전慶成殿이 있고 전의 뒤에 양의문兩儀門이 있다.

교태전交泰殿은 왕비가 거하는 곳이다. 오른쪽을 원길헌元吉軒, 왼쪽을 사광각舍光閣이라 한다. 전의 뒤 북쪽에 돌출된 전각은 건순각建順閣이다. 왕비의 침실이 있는 곳은 경호가 삼엄하여 어디건 자물쇠가 3중으로 채워져 있다. 뒤쪽 뜰에는 모란 같은 화초를 심었다. 꽃이 필 때의 아름다움이 상상된다.

교태전을 나와 대재문大哉門을 지나면 한 갈래 도로가 나 있다. 좌우에 장벽이 있고 높게 벽이 둘러져 있는 곳이 경회루慶會樓이다. 작은 문으로 들어가면 안쪽에 돌다리가 3개 있다. 누 주위는 큰 연못이다. 누는 동서 19간間, 남북 15간이며 돌기둥은 높이 15척尺, 직경 3척 정도이고 남북 6열列, 동서 8열이다. 누상에서는 인왕산과 백악산 등 여러 산이 바라보이며 궐내 전각 역시 한눈에 들어온다. 누를 나와 더 북쪽으로 가면 옹화문雍和門이 있고 또 원형의 연못이 나온다. 못 주변에는 오래된 나무가 많다. 원래 건천궁乾淸宮과 옥호루玉壺樓 등이 있던 곳이다.

경운궁慶運宮

서서西署 황화방皇華坊에 있다. 원래 월산대군月山大君의 옛 저택이었지만 분로쿠의 역 전후로 각 궁궐이 불에 탔다. 선조가 의주에서 환도한 후 수리하여 궁궐로 삼았다. 광해군 대에는 경희궁慶熙宮을 건축하여 거하였다. 이곳은 뒷날 서궁西宮으로 개칭되었고 그 후 다시 명례궁明禮宮으로 바뀌었다. 고故 민비의 사궁私宮이었다. 1896년明治29 이희왕이 러시아 공관으로 잠행하였다가 결국 경운궁

동대문(경성)

으로 옮겨온 후 9년 간 정사를 움직이는 근원처가 되었다. 한번 화재를 입었지만 점차 고쳐 지어 지금은 옛 모습을 되찾았다. 1907년明治40 새 왕이 창덕궁으로 옮겨가서 지금은 부친 이희 전하의 저택이 되었다. 정문을 대한문大漢門이라 부르며 동북쪽에 포덕문布德門이 있다.

남산공원南山公園

남산은 별도로 목멱산木覓山, 종남산終南山 등의 이름이 있다. 북한산이 우뚝 솟은 위세가 대단한 데 비해 남산은 온화하며 모양이 친근하다. 북한산이 높고 험하고 벌거벗은 데 비하여 이 산은 온 산이 푸르고 평온한 기운이 충만하여 견줄 만하다. 산기슭은 깊은 계곡을 이루어 물이 조용하고 잔잔하게 흐른다. 산꼭대기는 때로 높고 깎아지른 것 같은 형상을 이루어 기이한 모양의 소나무가 구불구불하게 감싸고 있다. 가까이에 도로가 통하며 외나무다리를 두어 한가로이 걷는데 편하다. 정상에는 봉수대 유적이 있으며 국사당國師堂도 있다. 경성의 온 시가지가 내려다보인다. 멀리는 양주와 광주의 여러 산을 마주하고 남쪽으로는 기다란 한강을 끼고 관악산이 바라보인다. 경치가 웅대하고 산천이 똑똑히 보여 한 폭의 지도가 펼쳐진 것 같다.

왜장대倭將臺

총독부의 위치는 이른바 왜장대에 있으며, 남산을 산책하려면 여기서 출발하는 것이 편리하다. 마주보는 위치에 갑오전승기념비甲午戰勝紀念碑가 있는데 1894~5년 전쟁 후에 거류민이 건설하였다. 여기서부터 왼쪽으로 가서 맑은 물을 건너면 황대신궁皇大神宮의 영전靈殿이 있는데 이 주변에는 노송이 매우 많다. 기슭 아래에는 검푸른 빛의 연못이 하나 있는데 일부 거류민이 쓰는 수도의 원천으로 신천神泉이라 새겼다. 이곳은 분로쿠의 역 때 마시타 나가모리增田長盛가 주둔한 곳이라 한다. 그 후 왜장대란 이름이 붙여졌다. 전망이 매우 좋아서 시가지를 끼고 북한산, 백악산, 인왕산의 여러 산이 바라보이며 성 안의 풍경이 한눈에 들어온다. 특히 여름철 서늘한 저녁에 산책하기 좋다.

노인정老人亭

남산 기슭에 작은 정자이다. 지난 1894년明治27 7월 청나라 군대가 아산에 상륙하여 살기가 반도의 하늘을 뒤덮었을 때, 오시마大島 공사가 개혁안을 올려 한정韓廷을 압박하고, 이를 상의하기 위하여 조선의 조정대신과 이 산장에서 회동하였다. 산장의 이름이 여기에서 지어졌는데 이후에는 관광객 중에 방문하지 않는 이가 드물다. 그런데 원래 이곳은 민가閔家의 별장으로 대문 안이 넓지는 않고 정자가 있지만 규모를 말할 정도는 아니다. 다만 사방이 한적하여 시를 읊는 정취가 가득할 뿐이었다대화정 3정목에서 우회전하여 시냇물을 따라 5정丁 정도 올라가면 있다.

장충단奬忠壇

신정新町에서 동쪽으로 3정丁 남짓 떨어진 남산 동쪽 기슭의 계곡 사이에 있다. 버드나무와 산골짜기를 흐르는 물을 끼고 멀리 이어지며 이를 따라 길 하나가 나 있다. 경사진 언덕에 오래된 나무가 울창하고 사방이 한적하여 산책하기에 매우 좋다. 원래 한국 사졸士卒의 초혼장招魂場이었다.

훈련원訓鍊院과 하도감下都監

훈련원은 이전에는 한병韓兵의 훈련장이었다. 하도감은 같은 훈련장 안에 있었다. 1882년明治15의 변란 당시 호리모토堀本대위가 전사한 곳으로 그 후 위안스카이袁世凱의 숙사로 쓰였으며 1884년明治17 변란 때는 한황韓皇이 이곳으로 피난한 일도 있었다. 그 터가 자못 넓어 지금은 여러 학교의 운동회 장소 등으로 사용된다. 남서南署 명철방明哲坊 광희문 안 북쪽 가장자리에 있다.

청량리淸凉里

동대문 밖으로 약 1리里 떨어진 곳으로 전차 편이 있다. 고 민비의 묘릉이 있으며 경내는 자못 넓고 수목이 울창하다. 교외 산책에 썩 알맞은 곳이다. 주변에는 사원이 많다. 경원선은 능의 부근에서 매우 가까우며 뒤편 아름다운 산기슭을 따라 북행한다.

남묘南廟

남대문역 앞에 있으며 촉蜀의 관우를 제사하는 곳이다. 정전에는 관우상을 두었고 양측에 삼국사 중 관우와 관련된 그림이 있는데, 왕보王甫, 조루趙累, 관평關平, 주창周倉 같은 무리와 활약하는 모습이다. 분로쿠의 역 때 명나라 군의 장군 진인陳寅이 울산 전투에서 부상을 당하여 한동안 이곳에 거하며 치료한 뒤에 자금을 추렴하여 이 묘를 세웠으나, 화재가 한번 발생하여 재가 된 것을 훗날 다시 세워 옛 경관을 되찾았다.

동묘東廟

동대문 밖으로 몇 정丁 떨어져 있으며 이조 선조 35년1602에 건조되었다. 남묘보다 4년 뒤에 세워졌다. 규모는 거의 비슷하다.

북묘北廟

동소문 안에 있으며 이희왕이 건립하였다. 규모는 모두 남묘를 본떴다.

문묘文廟

동소문 안에 있다. 전 안 정위正位에 공자를 두고, 그 동쪽에 안자와 자사를, 서쪽에 증자와 맹자를 두었다. 동쪽 벽에 민손閔損 이하 7자子, 서쪽 벽에 염경冉耕 이하 7자의 화상을 걸었다. 이조 태조 7년에 건립된 이후 역대 조의 전사典祀가 끝이 없다. 대성전의 편액은 당대의 서예가인 한석봉韓石峰의 글씨이다.

파고다 공원パコタ公園

이 공원은 전에 총세무사청總稅務司廳의 한 외국인이 경성시가도京城市街圖를 제작할 당시에 편의상 이름을 붙인 데서 기인하는데 지금은 거의 보통명칭이 되었다. 이곳은 태조 이성계 때 조계종의 본산인 흥복사興福寺의 유적으로, 한때 폐허가 된 것을 1465년寬正6에 다시 원각사圓覺寺로 개창하였다. 이후 또 폐허가 되어 민가가 들어섰으나 지난 해 부근 일대를 매수하여 주위 300여 간間의 동산을 조성하였다. 원내에는 유명한 13층 한수석탑寒水石塔[103]이 있다. 이 탑에 대해서는 고증이 구구하여 여전히 정확하지 않은데, 원나라 순제順帝 11년1351에 고려 충순왕忠順王의 딸 금동金童공주가 순제의 비가 되자[104] 원나라에서 석탑 두 개를 만들어 이 나라로 옮겨 왔다. 하나는 풍덕豐德, 개성의 서쪽의 경천사擎天寺에, 다른 하나는 한양의 원각사에 세웠다고 하는 것은 믿을 만하다[105]. 석질과 수법 등이 원래 조선 일류의 제작물이 아님은 여러 설에서 동일하게 나타난다. 분로쿠의 역 때 일본의 장사將士가 본국으로 가져가려고 하였으나, 수송이 곤란하여 그만두었다는 얘기가 전한다. 상층의 3기는 지금도 땅에 떨어뜨려 놓은 채이다. 조각의 기교와 정돈된 형체는 연대가 오래된 반도에서 달리 보이지 않는 것

103 원각사지 십층석탑을 가리킨다. 당시 사진엽서에는 "파고다공원납석탑(パコタ公園蠟石塔)"으로 표기되기도 한다.

104 고려조에 충순왕은 없다. 금동공주는 원나라 순종의 아들인 위왕(魏王) 아목가(阿木哥)의 딸로, 고려 제27대 충숙왕의 왕비였다. 『고려사』 충숙왕 11년(1324) 8월 5일조에는 "왕이 위왕 아목가의 딸 금동공주에게 장가들었다."라고 나온다. 조선후기 문신이자 서예가인 남공철(南公轍)의 『금릉집(金陵集)』 권12 「고려불사탑기(高麗佛寺塔記)」에는 "원 순제 11년, 충순왕(忠順王)의 딸 금동공주가 원 순제에게 시집갔다."라고 나오는데 본문의 내용은 이를 참고한 것으로 보인다.한편 『금릉집』에 서술된 내용은 『서우』 제11호(1907.10.1) 「경성고탑」과 『대한흥학보』 제5호(1909.7.20) 「동서 고적의 일반」에도 동일하게 실려 있다.

105 경천사지 십층석탑은 형태상 원각사지 십층석탑의 모델이 되었다고 평가되나, 탑에 남아 있는 기록을 보면 세조 13년인 1467년에 만들어졌다.

으로서, 옛것을 좋아하는 사람이라면 탐이 나 갖고 싶어서 내버려 둘 수 없다. 원내에는 또 대원각사大圓覺寺의 비가 있는데, 비의 길이는 십 몇 척尺으로 대리석에 쌍룡이 구슬을 다투는 형상을 새겼으며 조각 기법이 평범하지 않다. 비문은 서거정徐居正이 찬한 것으로 정난지鄭蘭之[106]의 글씨이다. 두 사람 모두 당대의 석유碩儒로 특히 난지의 글씨는 탁본하여 법으로 삼아야 할 만하지만 세월이 오래 흐른 탓에 마모되어 분명하지 않아 한스럽다. 비기碑基 역시 10척 정도로 큰 귀부龜趺로 견고하고 정치한 화강석으로 만들었다.

보신각普信閣

종로의 종은 소리가 크기도 하고 반도에서 인구에 회자되는 것이 마치 일본의 아사쿠사淺草의 종[107]에 비견될 만하니, 한밤중 온갖 소리가 잦아들어 고요하고 은은할 때 나그네의 꿈이 멀리 긴류잔金龍山[108]까지 날아가지 않는 자가 몇이나 되겠는가! 종은 일본의 오닌應仁 2년지금부터 440여 년 전 이조 세조 13년[109]에 판의금부사 윤자허尹子虛[110], 대제학 서거정에게 명하여 주조하게 하였다. 이후 위치를 몇 번 바꾸어 이곳으로 옮겨왔다. 높이는 1장丈이고 둘레 2장 남짓이다. 생각건대 반도의 큰 종의 하나이다.

환구단圜丘壇

고려조 숙종 목멱양木覔壤 궁궐경성부 연혁 참조에 위치하며 예전에는 남별궁南別宮이라 일컬었다. 이희왕이 일찍이1897년 황제 즉위식을 이곳에서 거행하여 지금의 이름으로 개칭하였다. 팔각형의 높은 누각은 성내에서 이채를 띤다. 문 안쪽으로는 관계없는 사람이 멋대로 드나드는 것을 금한다. 장곡천정통長谷川町通에 있다.

---

106 정난종(鄭蘭宗)의 오류이다.

107 도쿄 다이토구(台東區) 아사쿠사 센소지(淺草寺)에 있는 동종으로 1692년 주조되었다.

108 도쿄도에서 가장 오래된 센소지의 산호(山號)이다.

109 세조 13년은 오닌 원년으로 1467년이다. 보신각종은 조선 세조 14년인 1468년에 주조되어 정릉사에 있었으나 절이 없어지면서 원각사로 옮겨졌다. 임진왜란 이후에는 종루에 보관되었다. 고종 32년인 1895년에 종루에 보신각이라는 현판을 걸게 되면서 보신각종이라고 불렸다.

110 윤자운(尹子雲)의 오류이다. 종에 새겨진 종기(鍾記)는 권근(權近)이 지었는데, 여기에 윤자운과 서거정의 이름이 보인다.

북한산

가지하라梶原 대위[111] 기념비

남대문 심상고등소학교 교문 안에 있다. 1907년明治40 8월 한병韓兵 해산식 당시, 불평하는 무리들이 저항을 꾀하였는데 대위가 진압하다가 전사한 유적이다.

석파정石坡亭

북문창의문을 나와 1정丁 남짓 내려가면 시냇물을 끼고 좌측 언덕 위에 한적한 정자 하나가 있다. 노웅老雄 대원군의 별장으로 정원에는 오래된 수목이 있으며 꽃이 필 무렵은 매우 아름답고, 저택 뒤편은 단풍나무가 많아 사계절을 조망하는 데 부족함이 없다. 또 이희李熹 저하[112] 소유이며 부근에 복숭아나무가 많고 교외 산책에 적합하다.

홍지문弘智門과 세검정洗劍亭

석파정에서 10여 정丁 내려오면 깊은 계곡이 있는데 별천지를 이룬다. 경성 외

111 이른바 남대문 전투에서 사망한 가지하라 요시히사(梶原義久)이다.

112 흥선군 이하응과 여흥 민씨(驪興閔氏) 사이의 장남으로 흥친왕에 봉해졌다.

곽에 인왕산부터 시작하여 계곡을 건너 산꼭대기로 오르면 구불구불하게 북한산성을 향하여 뻗어 있다. 시냇물을 가로지르는 곳에 세 개의 수문[113]을 설치하였는데 이곳이 바로 홍지문으로, 문의 형태는 아치형이고 사방의 경치와 어울려 지극히 좋은 경관을 이룬다. 문에서 왼쪽으로 1정 정도 떨어진 바위 위에 육각형의 정자 하나가 있다. 사방의 풍경이 더할 수 없이 깨끗하다. 이를 세검정이라 한다.

선조의 셋째아들 광해군이 왕위를 찬탈하여 포악함이 계속되자 민심이 이반하고 사직이 위태로워졌다. 능양군陵陽君[114]인조이 분개하여 거사를 일으켜 무신 이서李曙, 신경전申景禛 등과 이곳에서 회동하여 광해군 폐위를 거론하였다. 정자의 이름은 당시 의사義士가 피로써 죽음을 맹세하고 검을 갈았던 데서 기인한다.

탕춘대성蕩春臺城

세검정에서 왼쪽으로 몇 정 떨어지지 않은 곳에 성곽 하나가 있다. 이곳은 일찍이 신라와 고구려의 전장이었으며 장춘랑長春郞과 파랑罷郞이 전사한 곳이다. 훗날 신라 태종무열왕이 두 사람을 위해 의장사義藏寺[115]를 세워 혼을 위로하니 향의 연기가 오래도록 끊어지지 않았다. 이조 세종에 이르러 사찰을 집현전의 여러 신하들이 독서하는 장소로 삼아, 오래도록 문신들의 학문연구소가 되었다. 훗날에는 또 관방關防으로 삼아 탕춘대를 쌓고 총융청摠戎廳, 군창軍倉, 선혜별창宣惠別倉 등을 설치하였다. 지금은 황폐하고 퇴락하여 볼 것이 없다.

북한산北漢山

유래 : 한성의 진을 일컫는다. 성 북쪽의 창의문彰義門에서 약 3리里 떨어져 있다. 북쪽에는 백운대白雲臺, 동쪽에는 인수봉仁秀峯, 남쪽에는 국망봉國望峯이 있어서 달리 삼각산이란 이름이 있다. 백운대는 해발 2,600척尺으로 가장 높으며 험준하고 가팔라서 등산하기가 쉽지 않다. 겨우 기어올라 정상에 도달하면 약 천명

113 수문이 세 개가 있는 것이 아니라 홍지문 옆에 설치된 수문은 수구(水口)가 다섯 개 설치된 오간수문이다.
114 능양군(綾陽君)의 오기이다. 『조선철도 여행 안내』(1921)에도 능양군의 한자가 잘못되어 있다.
115 장의사(藏義寺)의 오류이다. 장의사(莊義寺)라고도 쓴다.

이 앉을 정도로 넓고 평평한 곳이 있다. 중흥사重興寺의 뒤편에서는 10여 정이면 도달한다. 정상의 전망은 심히 장대하고 상쾌하여 경기의 크고 작은 산들이 발아래 엎드려 있고 끝없이 높은 하늘은 푸르며, 멀리 강화도와 영종도같은 섬들을 손가락으로 가리킬 수 있을 정도로 가까이 보인다.

남쪽 산허리에 백운사白雲寺의 유허遺墟가 있다. 맑은 솟는 샘물은 백운수라 하는데 맛이 산뜻하고 시원하며 또 달아서 음료로 마실 만하다. 더욱 주의 깊게 살펴보면 바위 사이에서 진기한 꽃과 풀이 자라고 주변에는 기이하게 생긴 나무들이 천년의 풍로風露를 말해준다. 눈길이 닿는 곳 모두 인간세상이 아닌 듯하다.

인수봉은 백운대 동쪽에 솟아 있다. 봉우리가 모두 암석으로 되어 있어 마치 종을 엎어놓은 것 같다. 그래서 이종覆鐘이란 이름도 있다. 최정상에 작은 탑이 하나 있는데 작은 돌을 포개어 쌓아 만든 것이다. 있는지 없는지 모를 정도로 겨우 존재만 확인할 수 있다. 국망봉 역시 돌무더기가 높이 쌓여 있는 기이한 봉우리로, 고려 예종 2년1107과 공민왕 2년1353에 큰 비가 와서 붕괴되었고 또 14년이 지나 아래로 떨어졌다. 이조 선조 34년1601에는 산이 한번 진동하여 그 소리가 천둥과 같았다고 한다. 문수봉文殊峯과 보현봉普賢峯은 그 남쪽에 있는데 성내에서 보이는 것은 이 봉우리들이며 또 서쪽으로 뻗어 비봉碑峯이 된다. 봉우리 정상에는 옛날 비석이 있는데, 신라 진흥왕 16년긴메이欽命천황 17년에 왕이 친히 북쪽을 순행하고 정계비를 세웠다는 것이 바로 이것이다. 비봉 동쪽에 사모암紗帽岩이 있는데 백제의 시조 온조가 형 비류와 한산에 이르러 부아악負兒嶽에 올라 거주할 땅을 살폈던 유지라고 한다.

북한산성北漢山城

달리 중흥산성이라고 일컫는다. 고려 신우辛禑 8년[116]에 중수한 이래, 이조 숙종 37년나카미카도中御門천황 쇼토쿠正德원년 좌상 이유李濡에게 명하여 더욱 규모를 확장하

116 북한산성을 중수한 것은 고려 우왕 13년, 1387년의 일이다. 우왕 8년이 언급된 것은 당시 일시적으로 서울로 천도하였던 일과 혼동한 것으로 보인다.

고 성벽을 쌓았다. 총 둘레는 7,620보이며 4개의 문과 두 개의 암문暗門이 있으며, 서쪽으로는 중성重城을 쌓고 삼영三營을 두었다. 군량을 비축하고 또 행궁을 건립하였다. 안팎의 전각에는 왕실서적과 역대 왕들의 옥새, 금책金冊, 은책, 옥책, 죽책, 의궤 등을 보관하였는데 지금은 모두 창덕궁 규장각으로 옮겨서 보존하고 있다. 성 안의 중흥사는 유명한 사찰로 대웅전은 매우 웅장하며 단청한 건물과 채색된 기둥이 찬란하였지만, 근래에 화재를 입고 한낱 재가 되어 옛날의 경관은 사라졌다.

절을 나와 약 1정 거리에 있는 산영루山映樓는 계곡 어귀를 가로지른다. 누 아래 골짜기에는 물이 졸졸 흐르고 난간에 기대면 멀리 흰 구름이 여기저기 솟은 산봉우리에서 걸려 흔들린다. 붉은 누각과 푸른 산이 서로 비추며 앉아 있는 주변에는 맑고 밝은 기운이 가득하다. 또 그 동쪽에는 대고사大古寺가 있는데, 태조 이성계가 유년시절에 태고조사에게 나아가 학문을 연마한 곳이라고 한다. 문수암文殊庵과 승가사僧伽寺가 이 부근에 있다.

독립문獨立門과 독립관獨立館

서대문을 나와 북쪽으로 꺾어 약 8정丁을 가면 좌측 길가에 반쯤 구멍이 뚫린 돌문이 있고, 그 좌측 언덕에 큰 집 한 채가 있다. 전자는 독립문이고 후자는 독립관이다. 독립관은 원래 명의 사신을 송영하기 위해 지은 것으로 모화관慕華館이라 일컬었으며, 독립문은 영은문영은문은 당시 돌기둥이 도리이鳥居 형태였으나 지금은 철거됨[117]이라 불렀지만, 지난 1895년明治28 한국독립을 선언하여 지금의 이름으로 바뀌었다.

천연정天然亭

독립문에 이르기 전 우측 산기슭에 정자 하나를 설치하였는데 이것이 천연정이다. 정자 앞에는 맑은 샘이 있는데 샘물이 넘쳐 연못을 이룬다. 넓이는 약

117 영은문은 1537년 모화관 남쪽에 있던 홍살문을 개축한 문이다. 영은문은 1606년 재건되었다가 청일전쟁 후인 1896년 헐리고 대신 독립협회 주도로 독립문이 세워졌다. 도리이는 신사의 참도 입구에 세워 신역을 나타내는 문으로, 형태는 좌우에 두 개 기둥을 세우고 그 위에 가로대를 놓았다.

3천여 평으로 꽃이 필 때면 산책을 하는 사람들이 적지 않다. 연못 주변에는 원래 청수관清水館 일곽一廓이 있었는데 하나후사花房공사가 주재했던 곳이다. 1882년明治15 7월 한민韓民의 폭거로 관원 20여 명과 장장 7시간에 걸쳐 싸웠다. 결국 국기國旗를 돌돌 말아 쥐고 인천으로 철수한 뒤근세사 개요 부분 참조 얼마 지나지 않아 횃불에 재가 되었다. 지금은 수풀 사이로 조각 난 주춧돌만 보일 뿐이다.

경성 용산시가 전도

경의본선京義本線

◉ 수색역

경기도 한성부 북서 연희방 증산하리(甑山下里) 안양동(安陽洞), 용산에서 6리 1분

경성에서 겨우 2리里 정도 떨어져 있다. 부근에서 한강이 매우 가까워 차창 밖으로 흰 돛이 수풀 사이로 보이다 안보이다 한다. 물새를 사냥하는 장소로도 매우 알맞은 곳이다.

주민호구

	호수	인구
조선인	50호	200인

○**성산리천城山里川 철도교** 용산역에서 4리哩 18쇄 떨어져 있으며, 길이는 300척呎.

○**중리동천中里洞川 철도교** 용산역에서 5리 18쇄 떨어져 있으며, 길이는 128척.

○**가라산천加里山川 철도교** 역에서 2리 40쇄 떨어져 있으며, 길이는 180척.

◉ 일산역

경기도 고양군(高陽郡) 중면(中面) 와동(瓦洞), 용산에서 16리 2분

역은 고양군에 속하며 군아에서 3리里 떨어져 있다. 고양은 벽제관碧蹄館 터로 유명하다. 고바야카와 다카카게小早川隆景, 다치바나 무네시게立花宗茂가 명나라 이여송李如松의 10만 대군과 격돌하여 크게 무찔러서 명군의 기가 죽게 만든 곳이다. 여석령礪石嶺, 혜음령惠陰嶺 등이 부근에 있다. 경성에서 출발하면 거리는 4리 남짓이다.

관아

경성헌병 제2분대 일산리 출장소

주민호구

	호수	인구(남)	인구(여)	합계
내지인	8호	15인	13인	28인
조선인	87호			437인

교통

고양 육로 3리里, 우배牛背 운임 60전, 가마 운임 1리 40전의 비율.

통신

전신취급소정거장 내

편의상 우편물은 정거장에서 수집하고 배달은 고양우편소에서 한다.

시장

역 앞에서 매월 5일, 10일에 열리며 당일 고객은 1천명 아래로 떨어지지 않는다. 주요 집산물은 쌀, 대두, 소금, 담배, 목면 등이다.

| 명승지 |

고봉산성지高峯山城趾

역의 부근에서는 진관사津寬寺, 흥국사興國寺, 고려 공양왕 능묘 등이 경치가 뛰어난 곳이다.

잔산盞山

역에서 서남쪽으로 약 2리里 떨어진 구지도면求知道面 행주杏洲의 남쪽에 한강을 따라 있다. 달리 일산一山이라고 한다. 분로쿠의 역 때 도원수 권율權慄의 예상치 못한 승리로 널리 알려진 행주성幸州城 터로 정상에는 대첩비가 여전히 남아있다. 기사는 과장되어서 역사가라면 웃지 않을 수 없다.

○**금성리천**金城里川 **철도교** 역에서 4리哩 69쇄 떨어져 있으며, 길이는 164척呎

◉ 금촌역

경기도 교하군(交河郡) 아동면(衙洞面), 용산에서 22리 6분

역은 교하군아에서 거리로 1리里에 못 미치며 상당히 좋은 수렵지이다.

관아

교하경찰서, 교하군아이상 지석면支石面에 있으며, 역에서 25정町

주민호구

	호수	인구(남)	인구(여)	합계
내지인	3호	10인	12인	22인
조선인	124호	286인	269인	555인

교통

교하읍내 육로 25정丁, 짐꾼 운임 20전, 우배 운임 30전, 가마 운임 1리 60전의 비율.

학교, 교회, 절

선성宣城학교지석면

선명宣明학교아동면

야소교회지석면

검단사黔丹寺, 갈현리葛峴里

시장

역에서 동쪽으로 1리里 떨어진 곳에 춘일천春日川 시장이 있다. 경기도에서 유명한 우시장으로 2일, 7일에 열린다. 당일 시장에 모이는 소는 천 두 이상이며 거래액은 3만원 아래로 떨어지지 않는다.

| 명승지 |

검단사黔丹寺

역에서 남쪽으로 약 30정町 떨어져 있다. 절에 미륵보살을 안치하고 있으며 봄과 가을이면 굿하는 사람들이 끊이지 않는다.

○ **송강천**松岡川 **철도교** 역에서 2리哩 77쇄 떨어져 있으며, 길이는 175척呎.

◉ 문산역

경기도 파주군(坡州郡) 칠정면(七井面) 문산리(汶山里), 용산에서 29리 4분

문산은 임진강의 구부러진 포구로 배편이 있다. 부근은 농경지가 많아 미곡산지이다. 상류로 4리里를 가면 유명한 고랑포高浪浦가 있는데 적성積城, 마전麻田, 연천漣川, 파주, 교하 등과 관계가 밀접하다. 상업도 상당히 번성하였다. 내지인이 이주하여 상업에 종사하는 사람이 점차 증가하고 있다.

관아

파주군아역에서 1리

문산포 헌병분견소

주민호구

	호수	인구(남)	인구(여)	합계
내지인	32호	54인	40인	94인
조선인	328호			1,321인

교통

수로

인천 약18리里, 강화도 약 10리, 용산 약 10리

육로

파주 1리, 적성 5리 13정

고랑진 4리 20정

마전 11리

승마 운임 1리 당 30전, 가마 운임 1리 당 60전의 비율.

통신

문산우편취급소

전신취급소정거장 내

여관

아리타야有田屋여관객실 4칸 숙박료 60전 이상 1원까지.

학교, 의원, 교회, 기타

문산소학교

문창汶昌학교

사토佐藤병원 출장소

장로파교회

금융조합

시장

경성과 개성 사이에 있는 유수의 시장으로 매월 5일, 10일에 열리며 거래가 활발하다.

| 명승지 |

파주坡州

역에서 동쪽으로 1리里 떨어진 봉서산鳳棲山 동쪽 기슭에 있다. 의주가도를 따라 있고 호수는 250호, 인구는 1,400여 명이다. 군아와 헌병분견소, 공립보통학교 등이 있다.

봉서산성지鳳棲山城趾

역에서 동쪽으로 30정町 떨어진 파주 읍내 서쪽에 있다. 높은 봉우리에 성을 쌓았다. 임진의 역 때 도원수 권율이 거점으로 삼은 곳이며 정상에서 바라보는 전망이 자못 상쾌하게 트였다. 댓잎 모양의 숫돌과 벼룻돌을 생산한다.

대덕리大德里

역에서 동북쪽으로 약 30정町 떨어진 고故 대원군과 대원군 비妃[118]의 묘역이다. 문산터널을 나와서 북쪽으로 가다가 좌측으로 바로 차창에서 보인다.

임진강 및 임진진臨津津

강은 역에서 북쪽으로 1리里 떨어져 있다. 수원지는 멀리 함경도 마식령에서 발원하여 이천에 이르러 철령협곡의 여러 물줄기와 합쳐진다. 연천을 거쳐 고랑포에 이르러서는 점점 더 물길이 커지며 교하에서 한강과 합류한다. 배편으로 통하는 길은 40여 리이다. 임진진은 철도교를 지나 상류 2리 떨어진 곳에 있다. 의주가도에서 중요한 관關으로서 옛날부터 숱하게 피비린내 나는 지역이었다. 관의 터가 여전히 남아 있으며, 여행객에게 현재와 과거를 떠도는 기분이 들게 한다.

○**문산터널** 역에서 1리哩 15쇄 떨어져 있으며, 길이는 759척呎.

○**임진강 철도교** 역에서 4리 33쇄 떨어져 있으며, 길이는 1,786척.

◉ 장단역

경기도 장단군(長湍郡) 중서면(中西面) 동장리(東場里), 용산에서 36쇄 7분

장단군아의 소재지이며 장단 읍내에서 1리里 29정町 떨어져 있다. 대두 산지로 유명하다.

관아

개성헌병분대 장단분견소　　장단수비대

장단군아이상 모두 장단 읍내에 있다

118 『한국철도 선로 안내』(1908) 146쪽 각주 190 참고.

주민호구

	호수	인구(남)	인구(여)	합계
내지인	15호	18인	9인	27인
조선인	417호	1,025인	959인	1,984인

주산물(최근 1년 간)

대두	250,000석	벼	300,000석
잡곡	17,000석	땔나무	1,100,000관
목탄	900,000관		

| 명승지 |

덕적산德積山

역에서 서쪽으로 2리里 떨어져 있다. 산줄기가 험준하고 높으며 산꼭대기에는 사당이 있다. 고려 재상 최영崔榮[119]의 화상畵像을 안치하였다.

○ **마미천馬尾川 철도교** 역에서 1리哩 13쇄 떨어져 있으며, 길이는 834척呎.

◉ 개성역

경기도 개성군(開城郡) 서부(西部) 관전리(館前里), 용산에서 46리 5분

개성은 달리 송도라고 일컫는다. 일본의 엔기延喜의 제帝[120]가 정치에 부지런히 힘쓰고자 추운 밤에 어의御衣를 벗어 백성의 추위와 배고픔을 생각하시니, 세상이 지극히 태평하고 칭송하는 소리가 점점 가득 차는 시절이었다. 그때 반도의 천지는 신라가 점점 더 쇠퇴하여 끝내 기와집이 와르르 무너지는 형세가 되었다. 궁예弓裔는 철원강원도 철원에 거점을 두고 국호를 태봉泰封이라 하였으며, 견훤甄萱은 완산전라도 전주에 거점을 두고 후백제라 일컬으며 각기 패권을 다투었으니 마치 솥이 끓는 것 같았다.

---

119 최영(崔瑩)의 오기이다. 『한국철도 선로 안내』(1908)에도 동일하게 오기하고 있다.

120 엔기(901~923)는 헤이안(平安) 전기의 연호로 '엔기의 제'는 다이고(醍醐)천황의 별칭이다. 섭관(攝關)을 두지 않고 친정을 행하였으며 당대의 치적은 훗날 '엔기의 치(治)'로 일컬어진다.

개성시가

이때에 송악산개성성 북쪽 아래 포의布衣의 왕건王建은 부자가 함께 궁예에게 복속하여 한동안 궁예의 막하에서 바쁘게 움직였으나, 천성이 너그럽고 후하여 세상을 구할 도량이 있어 민심을 얻었다. 마침내 궁예가 방종하여 장사將士에게 인심을 잃고 부양斧壤으로 도망쳐 농민을 죽이기까지 하자 추대되어 왕이 되었고, 국호를 고려라 하고 도읍을 송악으로 정하여 완전히 반도를 통일하는 대업을 이루었다. 왕건은 즉 고려의 태조이며 송악은 지금의 개성이다지금 1911년으로부터 1,008년 전이다[121].

태조가 깊이 불교를 믿어, 국가의 대업은 반드시 불법의 가호로 이루어진다고 하여 크고 작은 일을 가리지 않고 불승에게 자문한 뒤에 시행하였다. 그러자 역대로 삼보三寶에 미혹되어 폐해가 결코 적지 않았다. 고려가 결국 불교로 망하였다는 후대의 평가를 벗어날 수 없다 해도, 반도 상하 3천년 동안 건축, 미술, 공예 등 융성한 발달은 당대에 견줄 바가 없으며, 그것은 대개 불법이 번성한 덕이라고 할 수 있다. 현대에는 오히려 전국 각지에 잔존하는 사원을 비롯하여

121 본문에서는 903년이라 하고 있으나 고려건국은 918년이다. 『삼국사기』에는 903년에 왕건이 수군을 거느리고 금성 등 10여 성을 공격하였다고 나온다.

기타 주목할 만한 대부분의 건축과 제작물이 고려 유물과 관련되니, 불법은 고려를 망하게 한 동기가 되었지만 동시에 천년동안 찬란하게 발하는 기회를 주었다는 것은 의심할 바가 아니다.

개성이 번영한 시기는 466년에 걸치며, 공양왕 4년에 이르러 이조 태조에게 멸망된 이래 오백 십여 년이다. 그런데 지금의 개성은 어떠한가?

개성 인삼밭

대체적으로 개성 전체의 풍경은 쓸쓸하고 적막하다. 선죽교 위의 선명한 핏자국이나 만월대에서 바라보는 풍경 모두 어쩐지 슬픈 느낌이 들지 않은 것이 없어 울적하다. 온 지역에서 조금도 활기를 느끼기 어렵지만 오히려 오늘날 개성에 많은 자원이 되는 두 가지가 있다. 바로 조선인삼과 고려자기이다.

인삼은 지질과 기후 관계로 개성이 아니면 우수한 제품홍삼을 생산할 수 없다. 마치 일본의 고쿠부國分 담배[122]가 고쿠부에서 차지하는 것과 같다. 지금은 특히 전매국 삼개과蔘改課[123]가 설치되어 배양, 제조, 판매 일체에 관여하고, 크게

122 가고시마의 고쿠부 지방은 담배로 유명하다. 18세기 초 일본 전국에 이름이 알려졌으며 1898년 전매제 도실시 당시 배상가격은 전국 최고로 취급되었다.

123 삼정과(蔘政課)의 오류이다.

보호하여 평판이 해마다 높아지고 생산액도 증가하고 있다. 1년 생산액은 200여만 원이며 모두 중국에 수출된다. 고려자기 역시 개성이 중심인데 사방 5~6리里 떨어진 촌락에서 발굴해 온다. 일용하는 그릇부터 화병, 술그릇, 화장품 등 여러 종류가 나오며, 품질이나 색채도 정밀하거나 조잡하거나 하여 일정하지 않다. 가격도 차등이 있어 우연히 우수한 상품이면 천금의 가치가 있으며 싼 것도 적지 않다. 아울러 은동제의 옛날 거울, 수저 같은 것도 나온다. 이상 두 가지는 현재 개성의 큰 자원이자 반도의 특별한 것이다.

개성 시가는 성벽으로 둘러져 있고 동서남북에 사대문을 설치하였다. 시가지를 크게 네 구역으로 구분하였는데 남대문 길과 남대문 밖이 가장 번화한 곳이다. 정종定宗 원년 왕성을 한양으로 천도한 이래 개성부가 되었고[124], 이후 숱한 변혁을 거쳐 오늘날에 이른다. 지금은 군아, 삼정과蔘政課, 구재판소區裁判所 등이 있다.

관아

전매국 삼정과	개성관아
개성경찰서	개성구재판소
개성거류민사무소	개성헌병분대

주민호구

	호수	인구(남)	인구(여)	합계
내지인	434호	725인	654인	1,379인
조선인	7,244호	15,540인	16,196인	31,736인
중국인	21호	27인		27인
미국인	7호	9인	6인	15인
영국인	2호	2인		2인
프랑스인	1호	1인		1인

124 한양천도는 태조 3년 1394년의 일이며, 정종 원년인 1399년에는 개경으로 환도하였다. 개성부가 된 것은 세종 20년 1438년의 일이다.

교통

육로

장단 4리里, 토성 2리, 풍덕 4리

가마 운임 1리 70전, 승마 운임 1리 50전, 짐말 운임 1리 40전, 짐꾼 운임 1리 30전의 비율.

인력거정거장에서

삼정과 10전, 경찰서 12전, 우편국 12전, 남대문 부근 15전, 개화관開和館 15전, 야마토大和여관 15전, 경덕관敬德館 30전, 선죽교 35전, 동대문 부근 40전, 만월대 부근 40전, 목청전穆清殿 부근 50전

참정과, 만월대, 선죽교, 경덕궁의 각소 순람 1원

시외 1리 30전의 비율, 비나 눈이 올 때 주간 1할증, 야간 3할증

통신

개성우편소서부 관전리館前里에 있음 시내전화 설비가 있으며, 경성, 인천, 평양 등 각지에 통화할 수 있다.

여관

가이와칸開和館, 서부관전리 객실 7칸

야마토칸大和館, 북부성가리城架里 객실 6칸

오가와小川여관역 앞 객실 6칸

숙박료 1원내지 5원

학교, 신문사, 병원, 교회

개성거류민소학교

개성학당

고의塙義학교

한영韓英서원

송명崧明학교

삼인三仁학교

보통학교

호수好壽학교

개성신보사

후쿠치福地병원

개성병원

가타다片田병원

구부히久布日[125]병원

북부예배당

남부예배당

서부예배당

동부예배당

동본원사 포교소

정토종 포교소

주산물

인삼은 이 지역의 특산물로 1년 생산량이 2천여 근으로 가격은 1관에 2백만 원에 이른다고 한다. 작년 정부의 전매가 되어 삼정과를 두었다. 차창에서 보이는 낮은 섶나무 울타리로 둘러싸고 짚이나 거적으로 덮어 놓은 것이 인삼밭이다. 또 고려자기는 고려시대 유물로 지금도 여전히 발굴된다. 기타 백채白菜, 일명 개성채, 밤, 복숭아, 소가죽 등의 생산이 많다.

시장

2곳이 있다. 매시 거래액은 1만 원에 달하며, 개시일은 1일, 6일이다.

은행, 회사

한성농공은행지점

개성사

| 명승지 |

만월대滿月臺

고려왕궁 터이다. 역에서 20정町 떨어진 북부 이정리梨井里에 있는 작은 언덕으로 송악산을 등지고 좌우로 맑은 물이 감아 흐른다. 지금은 고작 주춧돌만 남아 있을 뿐이다.

125 인명으로서는 구부시로(久布白)가 일반적이며, 조선총독부 『관보』에 1914년 개성부의 개업의로 나오는 것으로 보아 구부시로의 오류로 보인다.

경덕궁敬德宮

남부 추동楸洞에 있다. 역에서 17정町 떨어져 있다. 이조 태조의 잠저潛邸였던 곳이다.

목청전穆淸殿

태조의 옛 저택으로 동부 태조리太祖里에 있다.

선죽교善竹橋

달리 장죽교長竹橋라 한다. 역에서 15정丁 떨어진 동부 문충동文忠洞에 있다. 고려 말 무신의 권세가 사직을 쓰러지게 만들 것이라 개탄한 유신儒臣들을 이끌고 일어난 이가 포은 정몽주鄭夢周이다. 포은은 비범한 자질이 있는데다 학문에 정진하여 대의大義에 통하였다. 일찍이 일본에 사신으로 가서 규슈탄다이九州探題 이마가와 료슌今川了俊과 변방 왜구에 관하여 절충하고[126] 또 여러 차례 명에 사신으로 가는 등, 중요한 국사를 맡아 중임을 진 신하였다.

선죽교

126 고려 우왕 3년(1377)에 정몽주를 규슈에 파견하여 료슌에게 왜구 금지를 요청하였다.

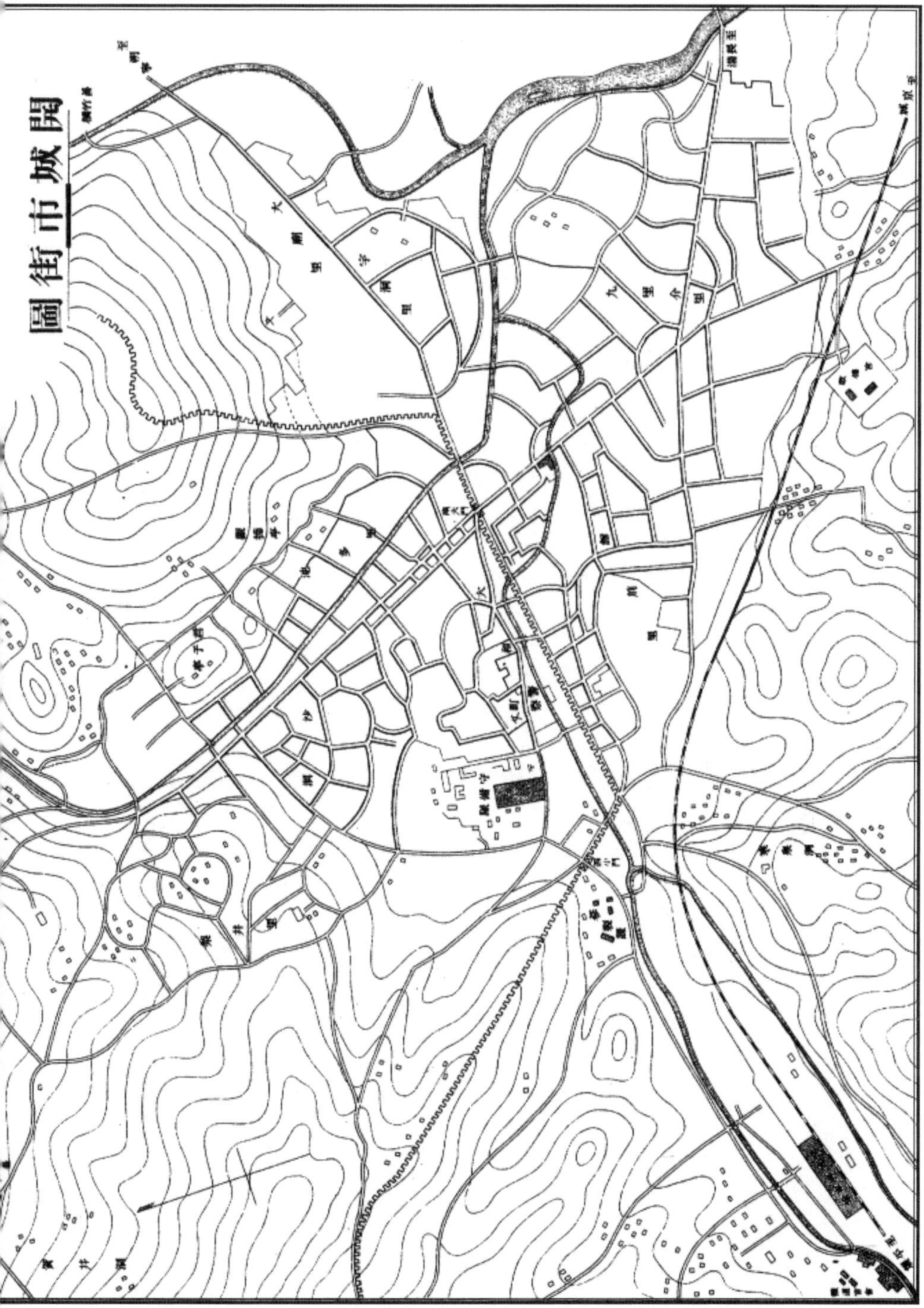

개성시가도

무신파의 수령 이성계이조 태조가 둘째아들 방원을 보내서 포은의 귀갓길을 막고 선죽교에서 찔러 죽였다. 다리 위에 푸른빛을 띠는 진한 피는 지금도 지워지지 않아서 나그네의 마음속을 흔든다.

숭양서원崧陽書院

정몽주의 저택 터로 화상畵像과 그 밖의 것들이 남아있다. 역에서 15정丁 떨어진 동부 문충동에 있다.

두문동杜門洞

역에서 서쪽으로 1.5리里 정도 떨어진 곳에 있다. 고려 유신遺臣 조의생曺義生[127] 등 72인이 이씨의 정치에 따르지 않다가 끝내 종용을 당하여 분사憤死하였다. 후세에 그 의기를 장하다 하여 혼을 위로하는 자가 많았다. 비는 훗날 이성계가 세운 것이다.

관덕정觀德亭**, 군자정**君子亭

모두 역에서 13정町 떨어진 자남산子男山 위에 있다. 시 전체가 눈앞에 펼쳐져 전망이 매우 아름다운 곳이다.

127 조의생(曺義生)의 오기이다. 『한국철도 선로 안내』에도 동일하게 오기되어 있다.

관덕정

남문루南門樓

이조 태조 2년에 건조되었으며 누 위에는 큰 종이 있다. 옛 것을 좋아하는 사람이라면 한번 볼 만하다.

고려 태조릉太祖陵

역에서 서북으로 1.5리里 떨어진 지파리地波里에 있다. 고려 역대 능이 대개 이 부근에 점점이 있다.

수창궁壽昌宮

이조 태조가 즉위한 곳으로 지금은 수비대와 관아로 사용한다.

성균관成均館

역에서 동쪽으로 1.5리里 떨어진 송악산 동쪽 기슭의 탄현문炭峴門 안에 있다. 주요한 곳에 오성십철五聖十哲의 소상塑像을 배치하였다.

자로동紫露洞, 부산동扶山洞, 채로동彩露洞

모두 송악산 기슭에 있다. 경치가 그윽하고 깊으며 이끼가 좁은 길을 뒤덮은 풍취가 좋다.

박연폭포朴淵瀑布

역에서 동북쪽으로 4리里 떨어져 있다. 성거봉聖居峰과 천마봉天磨峰이 나란히 우뚝 솟아 깊은 계곡을 만들고, 이를 휘감는 몇 줄기의 물이 서로 만나 박연에서 뚝 떨어져 백여 척의 폭포가 된다. 둥둥 울리는 소리는 산악을 뒤흔든다. 행로는 험난하지만 사방을 둘러보면 경치가 평범하지 않다. 갈 때는 탈 것을 타고 가야하고 내려 올 때는 걸어와야 한다. 특히 여름에서 가을로 바뀌는 때가 좋다.

○**개성 터널** 역에서 1리哩 떨어져 있으며, 길이는 1,188척呎.

◉ 토성역

경기도 개성군 중서면(中西面), 용산에서 52리 1분

역에서 1리里 24정町을 가면 예성강 기슭에 있는 벽란도碧瀾渡에 도달한다. 벽란도는 인천에서 약 30리浬 떨어져 있으며 작은 선박이 계류하기 편하다. 경의선 건설 당시 이 역에서 분기하는 재료 운반용 지선을 부설하였다. 지금은 특약 화물운송을 할 경우에만 열차를 운전한다.

관아

토성헌병분견소

주민호구

	호수	인구(남)	인구(여)	합계
내지인	23호	48인	35인	83인
조선인	480호	1,253인	1,184인	2,437인

교통

백천白川 육로 4리 20정, 연안延安 육로 8리, 벽란도 육로 1리 24정.

이곳에서 예성강으로 수운편이 있다. 인천까지 30여 리浬

통신

전신취급소정거장 내

여관

토성관객실 4칸 숙박료 1등 1원 20전, 2등 1원, 3등 80전.

학교, 사원

풍류豐流학당 일수사一水寺

| 명승지 |

토성

역에서 서북쪽으로 약 10정町 떨어진 작은 언덕에 있다. 흙담으로 둘러싸여 있다. 분로쿠의 역 때 고바야카와 다카카게가 쌓은 것이라고 한다.

대정동사大井洞祠

벽란도 부근 대정동에 있다. 고려 태조 왕건이 건립하였다. 사당 안에 작은 연못이 있는데 맑은 물이 고여 있다. 왕건의 모친은 이 연못에 빠져 모습을 감추었다고 전한다.

○ **건천乾川 철도교** 역에서 3리哩 58쇄 떨어져 있으며, 길이는 105척呎.

○ **파동破洞터널** 역에서 8리 10쇄 떨어져 있으며, 길이는 660척.

◉ 계정역

황해도(黃海道) 금천군(金川郡) 동면(東面) 파동(破洞), 용산에서 61리 1분

역은 개성과 해주 사이의 통로에 해당하는 숙참宿站이다.

주민호구

	호수	인구(남)	인구(여)	합계
내지인	15호	57인	34인	91인
조선인	29호	134인	47인	181인

통신

우편국 설치 안 됨. 편의상 정거장에서 우편물을 취급하며 우편 담당자는 승차하는 열차에 위탁한다. 또 전신은 정거장 내에서 취급한다.

| 명승지 |

청석관青石關

역에서 동남쪽으로 약 20정町 떨어져 있다. 경기와 황해의 분계점이다. 예전에 수비군을 둔 곳이었지만 지금은 석문만 있을 뿐이다.

○ **병점리천**餅店離川 **철도교** 역에서 73쇄 떨어져 있으며, 길이는 120척呎.

○ **병동천**餅洞川 **철도교** 역에서 1리哩 24쇄 떨어져 있으며, 길이는 100척.

○ **장위천**張位川 **철도교** 역에서 7리 11쇄 떨어져 있으며, 길이는 180척.

◉ 금교역金郊驛

황해도 금천군 내면(內面) 마산현(馬山峴), 용산에서 68리 9분

역은 금천군아의 소재지이며 높은 산이 에워싸고 있다. 예성강 기슭의 작은 부락이다. 하류로 3리里를 가면 백천군白川郡 조포助浦로 통한다. 조포는 종래 작은 기선으로 인천을 왕래한 중요한 나루이다. 또 곡류 산출지로 유명하다.

관아

금천군아

금천 헌병분견소

이상 금천읍내에 있으며 역에서 9정.

주민호구

	호수	인구(남)	인구(여)	합계
내지인	70호	201인	103인	304인
조선인	558호	1,560인	1,300인	2,860인

부기 : 현재 철도선로 개량공사 중이라 거주하는 내지인이 평상시의 4배 이상 이다.

통신

금천읍내에 금천우편소가 있으며, 우편전신 사무를 취급한다.

여관

다마야玉屋여관읍내에 있다 온돌식으로 객실은 3칸이 있다. 숙박료 50전 이상 1원 50전.

주산물(최근 1년간)

대두 11,625석

조 8,832석

소맥 9,650석

대맥 3,815석

소두 1,544석

담뱃잎 5,000관

| 명승지 |

온정원溫井院

역에서 서남쪽으로 5리里 24정町 떨어져 있으며 온천수량이 풍부하고 온도가 높다. 그러나 어떤 추가 설비 없이 여전히 원시적이어서 아쉽다.

무동산舞童山

역에서 남으로 10정町 떨어져 있다. 산꼭대기에는 오정五井이 있다. 매년 아름다운 단오절에는 가까운 향리의 선비 등이 이곳에 와 우물물의 증감을 보고 그 해의 풍흉을 점치는 구습이 있다.

○ **용진강**龍津江 **피일철도교** 역에서 5리哩 14쇄 떨어져 있으며, 길이는 452척呎.

○ **용진강 철도교** 역에서 5리 39쇄 떨어져 있으며, 길이는 1,011척.

◉ 한포역

황해도 평산군(平山郡) 금엄면(金嚴面)[128] 한포(汗浦), 용산에서 74리 9분

역은 평산平山군아에서 2리里 정도 떨어져 있다. 남쪽은 바로 예성강달리 용진강이라고 한다을 향해 있고 멀리는 개성군 경계와 천마산天摩山, 성거산聖居山 등 여러 산을 바라본다. 동쪽은 강 연안에 평야가 펼쳐지며, 서북쪽은 황해도의 등마루인 철현鐵峴의 여러 산들의 지맥支脈을 등지고 있다. 원래 20여 호의 농촌에 지나지 않았으나 철도 개통 이래 수륙 교통의 편리함으로 점차 발달이 촉진되어 근 몇 년 만에 오늘날과 같은 작은 시가를 구성하였다. 부근 일대의 광활한 평야는 토질이 대체적으로 비옥하지만 관개가 편리하지 않아 한전旱田이 많다. 대두의 산지이다.

관아

한포헌병분견소역 앞 평산군아

평산우편취급소 이상 평산읍내에 있으며 역에서 1리

주민호구

	호수	인구(남)	인구(여)	합계
내지인	30호	64인	36인	100인

128 금암면(金巖面)의 오기이다.

조선인	189호	383인	333인	716인
중국인	2호			12인

교통

평산平山 육로 1리里 봉산鳳山 육로 2리

금천金川 육로 3리 송정松亭 육로 2리 18정町

조포助浦 육로 4리 18정

이 중에서 금천을 제외한 지역은 소달구지로 통행해야 하며 운임은 수레 당일본 가마니로 8~10가마니 들이 1리 50전 내지 90전, 우배 운임은 1리에 20전의 비율

용진강龍津江의 수운은 매년 해빙기4월부터 결빙기11월까지 배편이 있다. 하류는 저탄마猪灘馬, 탄조포灘助浦, 대교포大橋浦, 철포鐵浦를 거쳐 바다로 나가 해로를 통해 해주와 인천 방면에 이른다. 상류는 전탄箭灘, 기탄岐灘을 거쳐 신계新溪의 반석포盤石浦에 이른다. 그리고 조포에서 하류 방면으로는 백석 이상의 하주河舟도 운행할 수 있으나 상류로는 50석 이상의 배는 다닐 수 없다.

통신

우편취급소평산읍에 있으며 역에서 1리 전신취급소정거장 내

여관

요코타横田여관정거장 앞에 있음 온돌식이지만 신축으로 청결하다.

객실 8칸, 숙박료 50전 내지 1원.

주산물(최근 1년)

대두 2,380톤 소두 329톤

잡곡 1,000톤 목탄 1,331톤

참고로 이 지역 부근의 산야는 졸참나무와 떡갈나무 증식에 기후가 적당하고 멧누에 사육에 적합하다고 평가되었다. 작년에 처음으로 작잠柞蠶경영조합사무소를 설치하고 대규모의 시험 사육을 하고 있는데 경과가 양호하다고 한다. 이

것이 동기가 되어 조선인 역시 시험 사육하는 사람들이 많다. 만약 적절한 방법으로 장려하면 반드시 후회하지 않을 물산이 될 것이다.

| 명승지 |

대백산성지大白山城趾[129]

일명 황산성隍山城[130]이라고 한다. 역에서 북쪽으로 약 1리里 떨어진 평산읍의 동쪽에 있다. 성벽의 둘레는 2리, 높이는 20척이며 동서남북에 문을 설치하였다. 동문과 서문은 다층 누각으로 안에는 오정五井이 있다. 그밖에 남쪽과 북쪽에 장대將臺가 있고, 표충사表忠祠, 망월사望月寺, 군기고軍器庫 등이 있다. 지금은 황폐하여 차마 볼 수 없지만 용진강의 푸른 물이 성 밖을 둘러 흐른다. 자연의 풍광은 유유자적하여 시를 읊는 정취가 솟구친다.

용진강龍津江

수안遂安과 아달산阿達山에서 나와 곡산谷山, 신계新溪, 백천百川 등 여러 군郡을 관통하여 한강과 합쳐진다. 물이 맑고 강기슭의 경치가 뛰어난 곳이 많다.

○ **평산터널** 역에서 2리哩 17쇄 떨어져 있으며, 길이는 528척呎.

◉ 남천역

황해도 평산군 남천동(南川洞), 용산에서 83리 5분

역은 신탄 산지로 유명하다. 남천의 옛 역참은 서쪽으로 14정町 정도 떨어져 있다.

관아

남천경찰서

129 태백산성과 통한다.

130 성황산성(城隍山城)의 오류이다. 『신증동국여지승람』, 「평산도호부 고적」에는 신라 경덕왕(敬德王) 21년에 쌓았으며 뒤에 성황산성이라 개칭하였다고 나온다.

주민호구

	호수	인구(남)	인구(여)	합계
내지인	44호	66인	46인	112인
조선인	130호	298인	239인	537인

교통

평산 육로 2리　　　　　　　　　　신계 육로 6리

소달구지 운임 1일 2원, 마배 1리 30전, 가마 운임 1리 50전의 비율.

통신

우편취급소정거장 내

○**제2 남천 철도교**　역에서 2리哩 33쇄 떨어져 있으며, 길이는 265척呎.

○**총수葱秀터널**　역에서 3리 2쇄 떨어져 있으며, 길이는 231척.

○**제4 남천 철도교**　역에서 3리 7쇄 떨어져 있으며, 길이는 171척.

◉ 물개역

황해도 평산군 안성동(安城洞), 용산에서 89리

앞쪽으로는 신학新鶴산맥의 험준한 봉우리를 마주보고 뒤쪽으로는 우비천牛鼻川의 격류를 끼고 장양산長陽山과 보암산補岩山을 등진다. 두메산골 부락이다.

주민호구

	호수	인구(남)	인구(여)	합계
내지인	21호	38인	29인	67인
조선인	37호	72인	57인	129인

○**쌍교천雙橋川 철도교**　역에서 65쇄 떨어져 있으며, 길이는 175척呎.

○**차수령車輸嶺 터널**　역에서 4리哩 61쇄 떨어져 있으며, 길이는 1,161척.

◉ 신막역

황해도 서흥군(瑞興郡) 화회방(禾回坊) 석교동(石橋洞), 용산에서 95리 5분

역은 원래 거의 무인역이라 할 정도였지만, 철도 개통 이래 놀랍게 발달하여 오늘날에 이르렀다. 신계, 곡산, 수안 등으로 가는 길은 이 역에서 가장 가깝다. 수안에는 영국인이 경영하는 금광이 있다. 또 본 노선 중에서 신탄의 최다 공급지이다.

관아

헌병분대

수비대

주민호구

	호수	인구(남)	인구(여)	합계
내지인	215호	360인	261인	621인
조선인	705호	1,598인	1,372인	2,970인

교통

서흥 육로 1리里

신계 육로 8리

곡산 육로 18리

이천伊川 육로 17리.

짐꾼 운임 1리 당 15전, 짐말 1리 당 30전, 가마 1리 당 50전의 비율.

통신

신막 우편전신취급소

전신취급소정거장 내

여관

이시카와石川 여관객실 9칸

신막관객실 8칸

마쓰오카松岡여관객실 7칸

숙박료 1원 이상 3원 50전까지.

학교, 의원, 교회, 사원

신막심상소학교 / 신흥新興보통학교
아키야마秋山병원 / 스기야마杉山병원
야소교회 / 정토종 포교소

주산물(최근 1년간)

목탄 850,000관 / 땔나무 151,000관
소맥 20,000석 / 조 50,000석
대두 15,000석 / 소두 10,000석
녹두 500석 / 깨 100석
메밀 5,000석

시장

매월 3일, 8일 정해진 날에 열린다.

○ **평송천坪松川 철도교** 역에서 35쇄 떨어져 있으며, 길이는 130척呎.

○ **구향천舊鄕川 철도교** 역에서 35쇄 떨어져 있으며, 길이는 130척.

◉ 서흥역

황해도 서흥군 용연면(龍淵面) 금천(金川), 용산에서 100리 6분

역은 서흥읍에서 동서쪽으로 약 30정町 떨어져 있다. 돌출된 산봉우리가 사면을 감싸고 있다. 서흥읍은 군아소재지로 예전에는 서흥도호부가 있었다.

서흥 공자묘

관아

서흥군아

서흥경찰서

서흥읍재판소

서흥지방 금융조합

이상 서흥읍내에 있음.

주민호구

	호수	인구(남)	인구(여)	합계
내지인	44호	64인	36인	100인
조선인	654호	1,704인	1,540인	3,244인
구미인	2호			2인

교통

육리陸里 육로 6리里

수안 육로 9리

신계 육로 8리

곡산 육로 18리

해주 육로 18리

이상은 도로가 대개 험악하여 교통이 불편하다.

정거장 읍내 간 인력거 운임 40전, 짐꾼 운임 15전, 가마 운임 50전.

통신

읍내에 우편전신취급소 있음. 장거리 전화를 취급한다. 또 정거장 내에서 전신을 취급한다.

여관

정거장 부근에 나카무라中村여관이 있다객실 5칸. 숙박료 1원 20전.

학교, 의원, 교회

서명瑞明보통학교 광리廣理학교

다카키高木의원 야소교회

전도傳道교회 이상 모두 읍내에 있다

시장

중부면中部面 삼리三里에 상시장上市場, 사리四里에 하시장이 있다. 전자는 2일, 후자는 7일에 열린다.

주산물

보리, 대두, 소두, 조, 소, 목탄 등이다.

| 명승지 |

용골산龍骨山, 대현산大峴山

용골산은 읍에서 서북으로 2.5리里, 대현산은 서남으로 2리 떨어져 있다. 모두 송이버섯의 산지로 유명하다.

○ **서동棲洞터널** 역에서 2리哩 3쇄 떨어져 있으며, 길이는 514척呎.

○ **부안浮雁터널** 역에서 4리 21쇄 떨어져 있으며, 길이는 389척.

○**서흥천 철도교** 역에서 7리 19쇄 떨어져 있으며, 길이는 309척.

○**흥수원興水院터널** 역에서 8리 43쇄 떨어져 있으며, 길이는 557척.

○**흥수원 철도교** 역에서 9리 12쇄 떨어져 있으며, 길이는 321척.

◉ 흥수역

황해도 봉산군(鳳山郡) 구연방(龜淵坊) 신원(新院), 용산에서 108리 9분

역은 흥수원에서 남쪽으로 5정町 떨어져 있고 그 남쪽으로 흥수원천이 흐른다. 지세가 완만하고 트여있어 경작지가 많다. 곡류 산출지로 유명하다.

주민호구

	호수	인구(남)	인구(여)	합계
내지인	32호	49인	32인	81인
조선인	367호	861인	746인	1,607인

통신

정거장에서 전신을 취급한다. 기타 통신기관의 설비는 없다.

학교, 교회

흥명興明학교 신흥新興기독학교

기독교회

시장

흥수원과 정거장 부근의 두 곳에서 4·9일에 열린다.

주산물(최근 1년간)

쌀 710석 보리 1,310석

조 3,580석 대두 1,365석

소두 1,985석 목탄 350톤

소 1,000두

| 명승지 |

귀진사歸眞寺

역에서 서북쪽으로 약 3리哩 떨어진, 서흥군 속리면 송전에 있다. 멀리 세속의 때를 피하여 빈 골짜기를 거닐며, 도심道心이 동하는 것을 금할 수 없게 한다.

○ **검수천**劍水川 **철도교** 역에서 3리哩 57쇄 떨어져 있으며, 길이는 220척呎.

○ **화계천**花溪川 **철도교** 역에서 4리 2쇄 떨어져 있으며, 길이는 132척.

◉ 청계역

황해도 봉산군 구연방, 용산에서 113리 8분

주민호구

	호수	인구(남)	인구(여)	합계
내지인	8호	16인	8인	24인
조선인	34호	85인	70인	155인

○ **천용천**泉湧川 **철도교** 역에서 1리哩 7쇄 떨어져 있으며, 길이는 175척呎.

○ **산수원천**山水院川 **철도교** 역에서 1리 28쇄 떨어져 있으며, 길이는 220척.

◉ 마동역

황해도 봉산군 토성방(土城坊) 마산동(馬山洞), 용산에서 118리 2분

주민호구

	호수	인구(남)	인구(여)	합계
내지인	5호	12인	5인	17인
조선인	698호	1,566인	1,344인	2,910인

교통

봉산 육로 1.5리里 은파銀波 육로 2.5리

재령載寧 육로 7리 해주海州 육로 17리

사리원沙里院 육로 2리

주산물

보리, 조, 녹두, 소두이며 1년 생산액은 1만2천석이다.

공장

곡물면류 제조공장이 하나 있다. 재작년에 창업하여 제분기계 12대와 면류제조기 1조組를 보유하고 있으며, 1년 생산력은 4,320석이라 한다.

○**제1 봉산천 철도교** 역에서 1리哩 73쇄 떨어져 있으며, 길이는 220척呎.

◉ 사리원역

황해도 봉산군 사리원면(沙里院面) 사리원, 용산에서 124리 4분

역의 서남쪽에 있는 광활한 땅이 재령평야이다. 토양이 비옥하여 반도에서 달리 필적할 곳이 많지 않다고 일컬어진다. 재령강이 그 사이를 흐른다. 여러 강줄기가 강 양쪽의 들판을 지나 재령강으로 기운차게 흘러 들어간다. 운송의 편리함과 관개의 이로움이 어우러져 오직 이 땅에만 하늘이 내려준 혜택이 풍부함에 놀랍다. 게다가 철광이 있는데 성분이 양호하고 풍부하여 채수採收와 운송이 용이하니 더더욱 놀랄 만하다. 끊임없이 일본의 에다미쓰枝光[131] 로 운송되어 제철원료로 쓰인다.

역 부근에 동양척식회사와 조선흥업회사 등 각 출장소가 있으며 농사경영에 종사한다. 또 농공은행 지점이 있다.

131 일본의 기타큐슈시(北九州市) 야하타히가시구(八幡東區)에 있는 지역명이다. 1901년에 조업을 개시한 야하타제철소는 군수산업의 중심으로 일본 철광업을 이끈 국영 제철소이다.

관아

헌병분견소　　　　내무부 지방국 토목과 사리원출장소

주민호구

	호수	인구(남)	인구(여)	합계
내지인	102호	174인	149인	323인
조선인	800호			1,186인

교통

지역	거리(육로) 리(里)	가마운임	마소 짐 운임
화역포(禾易浦)	1리 반	1원	25전
봉산	2리	1원 50전	70전
재령	5리	4원	2원 50전
은파	3리	3원	1원 50전
철산	3리	3원	1원 50전
안악(安岳)	7리	7원	3원 50전
신천(信川)	7리	7원	3원 50전
송화(松禾)	18리	15원	8원
해주	18리	15원	8원

화역포에서 재령강의 수운 편이 있다. 하류에서 겸이포는 5리, 진남포는 10리 거리.

통신

사리원 우편전신취급소궁본정宮本町　　　　전신취급소정거장 내

여관

빈고칸備後館역에서 3정, 궁본정에 있음 객실 8칸, 숙박료 1원 50전부터 2원 50전까지.

봉산관사리원 읍내에 있음 객실 4칸, 숙박료 1원 50전.

학교, 의원

사리원심상소학교　　　　삼성三聖학교

사립 경산景山보통학교　　우지이에氏家의원

주산물(최근 1년간)

미곡류 350,000석

철은 철산에서 채굴되는 것이 4만 톤 내지 4만 5천 톤, 안악에서 채굴되는 것이 3만 톤 내지 3만 5천 톤으로 모두 에다미쓰 제철소로 운송된다. 또 역에서 동쪽으로 3리哩 떨어진 곳에 후나바시船橋 모씨가 경영하는 석탄광이 있으며 1년에 2만 톤을 산출한다. 족히 10년은 지속할 수 있다고 한다.

시장

5일마다 읍내에서 열린다. 매번 장날 거래액은 1만 5천원을 밑돌지 않으며 자못 성황을 이룬다.

회사

동양척식주식회사 사리원출장소　　농공은행 사리원지점

조선흥업주식회사 사리원출장소

| 명승지 |

봉산鳳山

역에서 동쪽으로 2리里 떨어져 있으며 봉산군아 소재지이다.

재령載寧

역에서 5리 떨어져 있다. 철광산지로 재령군아 소재지이다.

온천

신천, 안악, 은율殷栗 등 각 지역에서 용출하지만 설비는 아직 완전하지 않다.

○ **사동천沙洞川 철도교**　역에서 2리哩 63쇄 떨어져 있으며, 길이는 129척呎.

◉ 심촌역

황해도 황주군(黃州郡) 청룡면(靑龍面) 심심촌(深深村), 용산에서 133리

주민호구

	호수	인구(남)	인구(여)	합계
내지인	10호	15인	10인	25인
조선인	63호	200인	100인	300인

교통

흘홍屹紅온천까지 육로 7리里, 가마 운임 3원 10전, 짐꾼 운임 1원 20전.

산신蒜山까지 육로 30정丁, 가마 운임 60전, 짐꾼 운임 20전.

| 명승지 |

정방산正方山

역의 동남쪽에 해당하며 산꼭대기를 둘러싸고 있는 성곽이 정방산성이다. 골짜기 밑에는 성문이 있고 그 안에 성불사成佛寺, 원통암圓通庵, 안국사安國寺, 상원암上院庵 등 네 개의 사찰이 있다. 사찰 안의 오백나한은 진기하다고 할 만하다. 경내에는 오래된 나무가 울창하여 그윽하고 적막한 정취가 있다.

○ **제1 황주천 철도교** 역에서 4리哩 75쇄 떨어져 있으며, 길이는 352척呎.

○ **제2 황주천 철도교** 역에서 5리 27쇄 떨어져 있으며, 길이는 530척.

◉ 황주역

황해도 황주군 재안방(齋安坊)[132] 덕명리(德明里), 겸이포선 분기점, 용산에서 139리 3분

역은 겸이포선의 분기점으로 황주군아에서 34정丁 정도 떨어져 있다. 강 하나

132 재안은 제안(齊安)의 오기이다. 『세종실록지리지』, 「황해도 황주목」에는 황주의 연혁을 설명하면서 "별호는 제안, 또는 용흥(龍興)이라 하는데 순화(淳化) 때 정한 것이다"라고 하고 있다. 또한 방(坊)은 조선시대 지방 행정구역의 명칭인데, 고문헌에 '제안방'은 보이지 않는다. 1789년 편찬된 『호구총수(戶口總數)』에는 황해도는 해주를 비롯한 12관(官)이 면 대신 방을 칭하였다고 나오지만, 역시 '제안방'은 보이지 않는다. 제안면(齊安面)은 1929년에 황주면으로 개칭되고, 1938년에는 황주면이 황주읍으로 승격된다. 한

가 평야를 느리게 흐른다. 토지가 광활하고 토양이 비옥하여 일본의 농업종사자들이 특히 주목하는 곳이다. 부지런하여 경영 성공의 단초를 이룬 것이 조선흥업회사 외 4곳을 헤아린다.

관아

황주수비대　　황주경찰서
황주구재판소　　황주관아
이상 성내에 있음

주민호구

	호수	인구(남)	인구(여)	합계
내지인	146호	261인	132인	393인
조선인	1,560호	3,150인	2,590인	5,740인

교통

정거장과 성내 사이에 인력거와 마차 편이 있다. 인력거 운임 25전, 마차 운임 15전.

통신

성내에 우편취급소가 있으며 우편과 전신사무를 취급한다. 또 정거장 내에서 전신을 취급한다.

여관

이타미伊丹여관역 앞 객실 2칸　　요시카와吉川여관역 앞 객실 3칸
오카岡여관성내 객실 7칸　　숙박료 1원 50전

편, 『한국철도 선로 안내』(1908)에는 제안방이 아니라 남방(南坊)으로 나온다.

학교, 의원

황주심상소학교역과 성내 중간에 있음

공립 보통학교성내

사립 양정養正학교성내

숙선淑善여학교성내

황주병원역에서 8정

주산물(최근 1년간)

대두 3,525톤	소맥 1,200톤
소두 1,880톤	조 7,010톤

시장

성내에 한 곳, 성 밖 남천리에 한 곳이 있다. 성내는 6일, 남천리는 1일에 열린다.

농장, 회사

메이지농회明治農會

후지야마藤山농장

가타쿠라片倉농장

조선흥업회사

| 명승지 |

월파루月波樓

황주성터 안에 있다. 성의 남쪽은 느리게 흐르는 강을 바라보고아명雅名적벽강, 전망이 좋아 특히 달을 보는 데 적합하다.

○**후강천後江川 철도교** 역에서 44쇄 떨어져 있으며, 길이는 131척呎.

○**백석천白石川 철도교** 역에서 4리哩 39쇄 떨어져 있으며, 길이는 130척.

○**흑교리천黑橋里川 철도교** 역에서 6리 7쇄 떨어져 있으며, 길이는 120척.

◉ 흑교역

황해도 황주군 고정면 흑교리, 용산에서 146리 8분

흑교리의 북쪽 12정에 있으며, 부근에서 농산물의 집산지이다.

주민호구

	호수	인구(남)	인구(여)	합계
내지인	30호	58인	44인	102인
조선인	130호	240인	285인	525인

교통

역에서 1.5리里 떨어진 흑교천 하류에 삼가포三街浦가 있으며, 이곳에서 대동강의 배편이 있다. 곡물 한 가마니5말들이의 운임은 진남포까지 8전, 평양까지 8전.

통신

우편취급소정거장 내

전신취습소정거장 내

여관

흑교여관객실 2칸, 숙박료 70전

학교, 교회, 의원

흑교소학교

기독교회

구와노桑野의원

갈철광褐鐵鑛

역에서 3리哩 떨어진 곳에 미쓰이三井물산회사가 경영하는 갈철광이 있다. 역 부근에 경편철도를 부설하였다.

회사, 농장

일영한흥업회사 흑교철산사무소

모리森농장　　오타大田농장

○ **중화터널**　역에서 1리哩 38쇄 떨어져 있으며, 길이는 1,386척呎.

◉ 중화역

평안남도(平安南道) 중화군(中和郡) 하도면(下道面) 오리(五里), 용산에서 151리

역에서 서남쪽으로 13정町 정도 떨어진 곳에 중화군아 소재지가 있다. 중화는 옥녀봉玉女峰을 등지고 의주가도를 따라 시가를 이루고 있는데 자못 번성한 구역이다. 부근 일대는 비옥한 평야가 이어지며 대두 산지로 유명하다.

관아

중화군아

주민호구

	호수	인구(남)	인구(여)	합계
내지인	5호	6인	11인	17인
조선인	551호	1,214인	1,161인	2,375인

교통

정거장에서 읍내까지 가마 운임 40전, 마배 운임 30전, 소달구지 운임 40전

간동看東 육로 5리里 16정町　　무진戊辰 육로 2리

곤양昆陽 육로 3리 20정　　요포瑤浦 육로 4리 25정

통신

중화우편취급소읍내　　전신취급소정거장 내

주산물(최근 1년간)

쌀 1,000석 대두 1,300석

소두 1,000석 보리 1,300석

조 2,000석

시장

읍내에서 3·8일에 열리며 자못 성황을 이룬다.

| 명승지 |

주천정朱泉亭

역에서 동남쪽으로 1리里 떨어져 있다. 일청전쟁 때 마치구치町口 보병 중위, 다케타竹田 기병 소위[133] 등이 적의 정황을 정찰하던 중에 청나라 병사에게 붙잡혀 참살된 곳으로 두 사람의 비가 있다.

청룡원靑龍園

역에서 동북쪽으로 25정丁 떨어진 청량산淸凉山 기슭에 있다. 복숭아와 자두가 많고, 꽃이 필 때면 멀리 평양 부근에서 오는 관광객도 많다. 이 시기에는 임시열차를 다니게 하여 뛰어난 풍경을 즐기는데 편리하게 한다.

◉ 역포역

평안남도 평양군(平壤郡) 용연면(龍淵面), 용산에서 155리 5분

중화군과 평양군의 경계에 위치하며 경의가도를 따라 있는 부락이다.

133 『한국철도 선로 안내』 167쪽 각주 208 참고.

평양 전경

주민호구

	호수	인구(남자)	인구(여자)	합계
조선인	180호	591인	492인	1,083인

○ **영제강永濟江 철도교** 역에서 4리哩 51쇄 떨어져 있으며, 길이는 130척呎.

○ **제1 대동강 철도교** 역에서 5리 16쇄 떨어져 있으며, 길이는 1,502척.

○ **제2 대동강 철도교** 역에서 5리 56쇄 떨어져 있으며, 길이는 1,436척.

◉ 평양역

평안남도 평양군 외천방(外川坊), 동경 125도 41분, 북위 39도 1분, 평남선 분기점, 용산에서 162리

평안도는 오래도록 반도의 보고로 일컬어졌다. 산에는 도끼질이 힘들 정도로 빽빽한 삼림이 있고 땅에는 풍부한 광맥이 숨어 있다. 지역이 넓고 민중이 풍요로우며 특히 곡류 생산량은 평안도에서 여기보다 나은 곳이 없다.

평양은 그 중심지점으로 배편이 있고 상업이 왕성하며 거리는 항상 사람들로

가득하다. 수도 경성을 제외하면, 평양의 번화하고 부유함은 수도 경성을 빼고 다른 곳에서는 볼 수 없다. 또 풍경으로 말하자면 맑은 대동강 물은 능라도綾羅島와 반각도半角島를 품어 성 밖으로 조용히 흐른다. 부벽浮碧, 연광練光, 대동大同의 높고 커다란 누각은 맑은 모습이 강물에 비친다. 모란牡丹과 을밀乙密의 뾰족하게 솟은 산봉우리는 오랜 세월동안 푸른 옷에 휘감겨 성 위에 초연히 서 있다. 산과 물, 성곽, 높은 누각이 서로 가까워서 조망의 아름다움은 말할 바가 아니다.

또 평양은 역사적 사실이 풍부하다. 신인神人 단군은 대백산大白山 박달나무 아래로 강림하여 국인國人에게 옹립되어 임금이 되었다. 나라를 조선이라 일컫고 이곳을 도읍으로 삼았다. 기자箕子의 자손이 요동遼東에서 이곳으로 옮겨와서 거하였고, 주몽朱蒙과 위만衛滿의 무리 역시 이곳을 도읍으로 하였다. 고려의 태조 왕건은 서경西京이라 일컬었고 성종은 이를 서도西都로 개칭하였다. 고려 말에는 묘청妙清의 난이 일어났다. 이조에 이르러서는 대대로 관서關西의 중요한 요충지였다.

고니시 유키나가는 평양성에 거점을 두었는데 명군에게 대패하였다. 일청전쟁 때에는 일본 군대가 이곳을 포위하여 적을 멀리 요동으로 패퇴하게 하였다. 이래 16년의 세월동안 러시아 군대에게 한번 유린될 뻔하였지만, 다행히 면하여서 지금은 신시대의 부흥기에 들어섰다.

철도는 이곳을 분기점으로 연장 34리哩 정도의 진남포鎮南浦 지선이 있으며, 또 6리 정도의 고방산高坊山에 이르는 석탄 운반 전용선이 있다. 석탄은 무연탄으로 질이 좋아 일본 해군 전용으로 사용한다. 한번 스오周防 도쿠야마德山[134]에 수송하여 제련하였는데 그 양이 상당히 풍부하였다. 평양은 전도유망한 곳이다.

관아

공소원控訴院, 외천방 2리

지방재판소외천방 2리

구재판소외천방 2리

여단사령부대수통大手通

평양우편국연광정동練光亭洞

헌병대외천방 2리

134 지금의 야마구치현(山口縣) 동부에 있는 지역으로 석탄 산업으로 유명하다.

주차군 육군창고 평양지고평천방平川坊 2리

주차경 군리부[135] 평양파출소대수통 서정西町

주차군 위무병원대수통

평양감옥내천방 2리

거류민단사무소욱정

평안남도 도청대흥부大興部

경찰서남문통

평양군아융흥부隆興部

측후소대흥부

광업소항정港町

수도사무소신통新通

권업모범장 평양출장소칠성문七星門 밖

평양임업사무소칠성문 밖 임원방林原坊 상원上元 3리

내무부 지방국 토목과 파출소

주민호구

	호수	인구(남자)	인구(여자)	합계
내지인	2,469호	4,264인	3,053인	7,317인
조선인	8,166호	16,947인	16,275인	33,222인
중국인	87호	537인	8인	545인
미국인	17호	44인	31인	75인
영국인	1호	5인	2인	7인
프랑스인	1호	1인		1인

교통

진남포까지 육로 기차로 35리哩, 수로 대동강 수운으로 40리浬

성천成川까지 육로 15리, 대동강 사류에 있으며 수운 편 있다.

평양에서 오는 배는 보통 약 8톤을 적재하며 1회 운임은 23원 내외, 일수는 5~6일을 요한다.

인차철도人車鐵道

구시가 입구까지 인차철도가 있으며 구간 운임은 편도 16전, 왕복 18전.

인력거 운임

신시가까지 25전

구시가까지 40전

135 주차군 경리부의 오기이다.

대동강 기슭 대동문까지 40전

구시가 끝에 있는 진영대鎭營隊 터와 관찰도觀察島까지 50전.

단, 야간에는 5전, 비나 눈으로 진창일 때 5할증.

마차꾼 운임

신시가까지 1인당 15전, 구시가까지 1인당 25전.

짐마차 운임

신시가까지 1대당 50전, 구시가까지 1대당 70전.

가마운임

신시가까지 60전, 구시가까지 80전.

통신

평양우편국연광정동, 대화정 우편전신취급소대화정. 모두 일반 통신사무를 취급함.

시내전화 있으며, 경성, 인천, 진남포 등 각지에 전화편 있음.

정거장 앞 우편소강매정江梅町, 전신을 제외한 기타 모든 사무를 취급함.

전신취급소정거장 내

여관, 요리점

야나기야柳屋여관산수정山手町 객실 18칸

미네三根여관연정緣町 객실 16칸

가쿠라야櫻屋여관욱정旭町 객실 11칸

후타미二見여관연정 객실 12칸

북진北辰여관대화정 객실 11칸

마쓰오카松岡여관 본점대화정 객실 8칸

마쓰오카 여관 지점역 앞 객실 9칸

이상의 여관 숙박료 1원 50전 이상 4원까지.

칠성관외천방 1리 객실 7칸

대동관연정 객실 11칸

잇신로一進樓, 신통新通 객실 5칸

고토부키로壽樓, 수정壽町 객실 5칸

제2 칠성관연정 객실 6칸

우오신魚新, 수정 객실 6칸

이상 요리점

극장, 구락부

평양좌수정

아키타자和田座, 화전통和田通

기요箕陽구락부산수정

엔켄緣軒, 연정

학교, 신문, 병원, 교회 및 절·신사·사당

평양심상고등소학교남소정南小町

관립 평양고등학교대흥부

공립 평양보통학교대흥부

평양일보사대화정

평양신문사욱정

평양동인同仁병원서문통西門通

평안平安병원수정

도케이도桃溪堂병원서기통瑞氣通

오제키大關치과의원대화정

가와노河野병원대화정

시부야澁谷병원수정 강안통江岸通

고세이도好生堂병원연정

기쿠치菊地병원대화정

우치다內田병원수마통須摩通

후지모토藤本병원대화정

메소디스트교회남산정

일본기독조합교회외방천 1리

본원사 출장소남문통 2정목

화정사華頂寺, 남문통 3정목

단군전檀君殿, 정별청동靜別廳洞

기자 사당칠성문 밖

서묘西廟, 대흥부 2리

주산물(최근 1년간)

쌀 49,874석

보리 50,057석

조 54,904석

대두 20,465석

면화 187,520근

석탄 100,000톤

은행, 회사, 기타

평안농공은행남문통 4정목

조선은행 평양지점대동문통

103은행 평양출장소남문통

평양시가철도합자회사대화정

동아연초주식회사 평양출장소대동문통

조선흥업주식회사 평양출장소대화정

평양어채魚菜시장대화정

평양무연탄소정거장 구내

부벽부에서 바라본 대동강

| 명승지 |

경의선 철도창설기념비京義線鐵道創設紀念碑

역 앞에 있으며 높이는 30척尺이다. 구내에 7중의 옛 석탑이 있으며, 고려시대 작품으로 기법이 볼 만하다. 또 기자의 정전井田 유적이 있다.

평양시가도

풍경궁豊慶宮

이희왕李熈王의 이궁으로 약 10년 전 건조에 착수하였으나 준공하지 못하였다. 지금은 이미 무너져서 볼 것이 없다.

대동문大同門

역에서 30정T 떨어져 있다. 성의 동문으로서 대동강 기슭에 높이 솟은 삼층 누각이다. 누각의 이름은 읍영루挹瀯樓[136]라고 한다.

연광정練光亭

대동문과 나란히 절벽에 서 있으며 푸른 물을 내려다본다. 분로쿠의 역 때 고니시 유키나가와 명나라 심유경沈惟敬이 협상한 곳이라고 한다. 조망이 매우 아름답다.

선교리船橋里

대동강을 사이에 두고 시가와 마주하여 큰길을 따라 초가집 40~50호가 있는 촌락이다. 일청전쟁 때 정면공격군이었던 오시마大島혼성여단이 고전한 곳이다. 오래된 버드나무 아래 기념비 1기가 있다. 부근 비각에는 무수한 탄흔이 남아 있다.

모란대牡丹臺

시가의 서북쪽인 금수산錦繡山 꼭대기에 있다. 우뚝 솟아 성의 안팎이 바라보인다. 일청전쟁 때 적군이 대포를 밀집시켜 일본군을 괴롭혔다. 결국 삭령朔寧과 원산元山 두 지대枝隊덕분에 함락시켰던 곳으로 현무문玄武門은 바로 그 아래에 있다. 저절로 당시 용사들의 분투를 떠올리게 한다.

---

136 읍호루(挹灝樓)의 오기이다. 대동문 현판에 읍호루라고 쓰여 있으며, 문루에서 대동강의 맑은 물을 손내밀어 떠 올린다는 뜻이다.

모란대

평양 기자묘

평양 보통문

을밀대乙密臺

모란대와 서로 마주보는 높은 곳에 있다. 을밀대 위에는 사허정四虛亭이 있다. 정자 기둥에는 또한 무수한 탄흔이 남아있다. 일청전쟁 때 청나라 장수 좌빈귀左賓貴가 거점으로 삼고 지킨 곳이다.

부벽루浮碧樓**와 영명사**永明寺

모란대와 을밀대에서 가까이 있다. 그 기슭아래에 대동강이 흐르며 능라도 역시 그 아래에 있다. 앞쪽은 숲으로 보이는 대평야이고 강기슭은 멀리 버드나무가 줄지어 있다. 경치가 그윽하고 깊으며 부벽루라는 누각이 있다. 또 영명사라는 사찰이 있다. 오층탑이 있는데 천년세월 이끼로 된 옷을 걸쳤으며 석감石龕이 있다. 팔각으로 형체가 기이하다.

기자묘箕子廟

을밀대 아래 서쪽 구릉에 울창한 노송 사이에 단청의 전각이 기자묘이다. 고려

숙종 10년에 창설하였고 성종 12년에 비를 세워 글을 새겼다고 한다.[137]

충혼비忠魂碑

만수대萬壽臺 위에 있으며 역에서 약 20정町 떨어져 있다. 일청전쟁 때 일본군 전사자의 영령을 제사한다.

칠성문七星門

문의 양측은 낭떠러지이며 그 앞에는 보통강普通江이 흐른다. 오른쪽으로 점차 높이가 높아지는데 기자묘의 울창한 숲과 이어진다. 자못 형세가 좋은 땅이다. 가까이는 일로전쟁 때 일본군과 적군의 척후병이 처음으로 이곳 안팎에서 충돌하였다.

성천成川

평양에서 육로로 15리里 떨어진 대동강 상류에 있다. 호수는 500호이고 인구는 3천 명이다. 상업이 번성하였으며 평양과 원산 사이의 가도에 해당한다. 부근 각지의 산물은 일단 이곳에 모여 다시 대동강 수운을 이용하여 평양으로 모인다. 옛날 송양국松讓國의 도읍이었다[138].

대동강大同江

북방 함흥咸興의 경계인 낙림산樂林山에서 발원하여 남쪽으로 흘러 영원寧遠과 은산殷山을 거쳐, 성천에서 발원하는 물줄기와 강동江東에서 만나고, 또 관여령串餘嶺 산맥 및 곡산谷山, 신계新溪 등에서 시작하는 지류와 합류하여 평양에 이른

---

137 기자를 제향하기 위한 사당의 건립년도는 고문헌마다 조금씩 차이가 보인다. 『신증동국여지승람』 권51 「평안도 평양부」에 나오는 기자사(箕子祠) 항목에는 "고려 숙종(肅宗) 10년(1105)에 왕이 서경에 행행하였을 때 정당문학(政堂文學) 정문(鄭文)이 사(祠)를 세우기를 건의하여 중사로 제사 지내 왔고, 본조 세종 12년 경술에 비(碑)를 세웠다."라고 나온다. 그러나 『동사강목』 제7하 임오년 숙종7년 조에는 같은 해 10월에 기자사를 세웠다고 나온다. 『고려사』, 「예지」에도 숙종 7년 10월에 "숙종이 예부의 건의로 기자사당의 건립과 제사를 시행하다."라고 나온다.

138 성천에 송양국이 있었다는 내용은 『연려실기술(燃藜室記述)』, 『임하필기(林下筆記)』 등의 고문헌에 보인다. 한편, 『삼국사기』, 「지리지」에는 송양국을 위치 미상으로 분류하고 있다.

다. 철도鐵島에서 재령강과 한데 모여 흘러 진남포를 거쳐 바다로 들어간다. 유역이 1백여 리里이며 배가 통하는 길은 대략 60리 이다. 상류는 목재가 풍부하며 수안과 은산에는 금광과 사금산지가 많다.

◉ 서포역

평안남도 평양군 서천면(西川面), 용산에서 168리 8분

주민호구

	호수	인구(남자)	인구(여자)	합계
내지인	8호	13인	14인	27인
조선인	102호	224인	184인	408인

주산물(최근 1년간)

쌀 4,000석 대두 7,000석

소두 2,000석 보리 3,000석

조 7,000석 잡곡 5,000석

○ **제1 보통강 철도교** 역에서 5리哩 63쇄 떨어져 있으며, 길이는 668척呎.

○ **제2 보통강 철도교** 역에서 7리 8쇄 떨어져 있으며, 길이는 619척.

◉ 순안역

평안남도 순안군(順安郡) 군내면(郡內面) 신창리(新昌里), 용산에서 177리 6분

순안은 사금 산지로 유명하다. 근래 금의 생산량은 이전과 같지 않지만 여전히 채굴에 종사하는 사람이 많다. 또 운모와 흑연 등을 산출한다.

관아

순안관아 강서헌병대 순안분견소

주민호구

	호수	인구(남자)	인구(여자)	합계
내지인	15호	21인	16인	37인
조선인	493호	1,057인	1,019인	2,076인
미국인	2호	3인	2인	5인

교통

석암리石岩里 육로 2리里 11정町

영유永柔 육로 4리

금강리金崗里 육로 2리

용덕리龍德里 육로 29정

통신

순안우편취급소읍내

전신취급소정거장 내

교회, 사원, 사당

기독교회읍내

법흥사法興寺, 평천면平川面 표내리標內里

담화사曇華寺, 정방면定坊面 용화리龍化里

공자묘군내면 동리東里

주산물(최근 1년간)

사금 (미상)

운모 36,574근

흑연 5,170근

쌀 3,300석

조 12,000석

소두 3,000석

수수 1,200석

보리 1,800석

대맥 3,700석

사금은 군내를 통한다. 그 채취면허 평수는 2,606,700여 평에 달한다. 그 가운데 용흥면 석암리에 있는 아사노淺野 씨가 경영하는 것이 규모가 광대하여 현재 성황리에 채집하고 있다.

○ **용삼리천**龍三里川 **철도교** 역에서 6리哩 3쇄 떨어져 있으며, 길이는 131척呎.

○ **산성천**山城川 **철도교** 역에서 6리 36쇄 떨어져 있으며, 길이는 218척.

◉ 어파역

평안남도 순안군 자덕면(自德面) 병운리(兵雲里), 용산에서 187리 5분

주민호구

	호수	인구(남자)	인구(여자)	합계
내지인	5호	11인	10인	21인
조선인	120호	291인	281인	572인

교통

순안 육로 4리里　숙천肅川 육로 2.5리

영유永柔 육로 1.5리

주산물(최근 1년간)

벼 10,000석　대두 7,000석

보리 5,000석　조 5,000석

면화 12,000근

| 명승지 |

영유永柔

영유군아의 소재지로, 역의 동쪽으로 약 1리 반이다. 인가가 조밀하며 상업 역시 볼만한 곳이 있다. 분로쿠의 역 때 선조가 이곳에 머무른 것이 약 반년에 이르는데, 하루는 대신待臣에게 와룡산서쪽으로 3리에 있음의 승경을 듣고 예전 남양을 떠올리며[139] 오래도록 탄식하였다. 명하여 공명의 비를 세웠는데 비는 여전히 산 위에 남아있다.

○ **어파漁波터널** 역에서 70쇄 떨어져 있으며, 길이는 1,740척呎.

○ **고천古川 철도교** 역에서 5리哩 61쇄 떨어져 있으며, 길이는 130척.

○ **숙천강肅川江 철도교** 역에서 5리 77쇄 떨어져 있으며, 길이는 265척.

139 남양은 제갈공명이 출사하기 전에 살던 곳으로, 제갈공명의 별호인 와룡을 듣고 그를 생각했다는 의미이다.

◉ 숙천역

평안남도 숙천군 서부면(西部面), 용산에서 194리 2분

숙천은 군아소재지로, 숙천강이 평야 사이를 흘러 관개에 이롭다. 자못 부유하고 풍요롭다.

관아

숙천군아

주민호구

	호수	인구(남자)	인구(여자)	합계
내지인	17호	28인	20인	48인
조선인	462호	1,211인	999인	2,210인

교통

평지원平地院 육로 2리里　　영유 육로 3리

자산慈山 육로 6리　　순천順天 육로 7리

은산 육로 10리

마배 운임 1리당 30전, 가마운임 1리당 60전.

소달구지 운임 1대, 1리당 80전, 짐꾼 운임 1리당 20전의 비율.

통신

숙천우편소읍내　　전신취급소정거장 내

여관

야마구치야山口屋여관 객실 2칸, 숙박료 1원.

학교

사립 숙명肅命보통학교　　사립 양성養成학교

주산물

쌀, 조, 보리, 대두, 목탄, 소, 석재, 목재

시장

매월 3·8일, 우시장은 4일, 9일에 열린다.

| 명승지 |

약정藥井

역에서 서쪽으로 약 1리里 떨어진 오룡동五龍洞에 광천이 있는데 약수라고 일컬으며, 가까이나 먼 곳에 사는 현지인이 와서 길어가는 사람이 많다.

당산堂山

역에서 8정町 떨어져 있으며 꼭대기에는 당우와 복숭아나무숲이 있다. 북쪽으로 험한 산을 등지고 있으며, 남쪽으로는 숙천을 내려다본다. 조망이 매우 아름답다.

◉ 만성역

평안남도 안주군(安州郡) 이산면(尼山面), 용산에서 200리 5분

주민호구

	호수	인구(남자)	인구(여자)	합계
내지인	8호	13인	7인	20인
조선인	40호	85인	68인	153인

교통

입석리立石里　육로 2리里, 우마 짐 운임 1원, 짐꾼 운임 1인 당 30전, 가마 60전.

공삼포公三浦　육로 3.5리, 여기서 청천강의 수운 편이 있다. 구안주舊安州까지 150섬, 즉 60석 적재 수로 운임 3원, 진남포까지 같은 양, 30원.

주산물

오곡

◉ 신안주역

평안남도 안주군(安州郡) 청산면(青山面) 원흥리(元興里), 용산에서 209리 1분

역에서 동쪽으로 2리里 거리에 안주가 있다. 높고 가파른 고개에 성곽을 쌓았다. 누문이 높아 청천강의 큰 흐름을 내려다보며, 전면에는 멀리 평야가 이어져 형세가 자못 웅장하다. 옛날에 고구려가 왕성했을 때 수나라 군의 침입을 이곳에서 저지하고 대첩을 이룬 곳이다. 그 후 몇 번 전장이 되었는데 가까이는 일청전쟁 때 병화를 당하였다. 지금은 옛날의 번화함을 볼 수 없다. 자수刺繡는 이곳의 특산으로 정교하다. 미국인이 경영하는 운산雲山금광은 이곳에서 20리 떨어져 있으며, 도로가 새롭게 개축되어 마차가 다니는 데 편리하다. 또 영변寧邊으로 통하는 새로운 도로가 있다.

관아

신안주경찰서

주민호구

	호수	인구(남자)	인구(여자)	합계
내지인	66호	114인	97인	211인
조선인	860호	2,329인	2,049인	4,378인

교통

영변 육로 7리里 18정町

개천价川 육로 8리 12정

운산雲山 육로 14리

강계江界 56리 18정

희천熙川 육로 26리 18정丁

덕천德川 육로 10리

운산철광 육로 20리

이상, 각지에 왕래하는 사람은 이 역에서 승하차하는 것이 편리하다. 영변까지는 평탄한 신설 도로가 있으며, 소달구지 운임은 1리 당 35전, 가마 운임은 1리 당 50전, 마배 운임은 1리 당 20전, 짐꾼 운임은 1리 당 20전의 비율.

청천강의 수운은 상류의 영변부근까지 거슬러 올라갈 수 있지만, 안주에서 상류는 물이 얕아 별도의 작은 배로 화물을 실어 날라야 하는 불편함이 있다. 하류는 하일리포何日里浦를 거쳐 진남포에 이르는 50리浬는 순풍이 불면 이틀이면 도달한다. 30톤 적재 배 한 척의 운임은 30원 내지 35원이다.

통신

신안주우편소, 전신취급소정거장 내. 또 우편소에는 평양, 진남포, 희천, 덕천, 개천, 영변 등으로의 장거리 전화 설비가 있다.

여관

안주관객실 7칸	송월여관객실 9칸

숙박료 1원 내지 3원.

학교

신안주심상소학교	대흥大興학교
학교조합	

주산물(최근 1년간)

금괴	(미상)	쌀	1,650톤
잡곡	1,230톤	목재	12,850톤
우피	200톤	벌꿀	100톤
목세공품	150톤	간즙干葺[140]	50톤

140 간즙의 의미는 명확하지 않으나, 즙(葺)은 용(茸)의 오자로 보인다. 『세종실록지리지』, 「평안도」에는 공물 목록에 느타리버섯, 사리버섯 등의 품목이 보인다. 따라서 본문의 간즙은 말린 버섯으로 추정된다.

말린 고사리 80톤　　　　마　120톤

| 명승지 |

백상루百祥樓

안주성의 북쪽 언덕 위에 있다. 청천강을 내려다보며 풍경이 웅장하다.

안주 백상루(百詳樓)[141]

안주공원安州公園

안주성의 동쪽에 있다. 공원 안에 일로전쟁 전사자를 제사하는 작은 사당이 있다. 지대가 높아서 조망이 좋다.

○**청천강 철도교**　역에서 1리哩 44쇄 떨어져 있으며, 길이는 2,583척呎.

○**대령강**大寧江 **철도교**　역에서 5리 75쇄 떨어져 있으며, 길이는 1,644척.

○**영택천**英澤川 **철도교**　역에서 7리 61쇄 떨어져 있으며, 길이는 150척.

141　백상루(百詳樓)의 오기이다.

◉ 영미역

평안북도(平安北道) 가산군(嘉山郡) 고면(高面) 영미(嶺美), 용산에서 217리 4분

역은 가산군아 소재지에서 18정町 떨어져 있다. 부근은 수십 개의 작은 촌락이 점점이 있고 청천강과 대령강 두 강을 따라 몇 리가 한눈에 들어오는 일대 평야이다.

관아

가산군아

주민호구

	호수	인구(남자)	인구(여자)	합계
내지인	41호	76인	46인	122인
조선인	127호	327인	323인	650인

교통

박천博川 육로 3리里, 마배 운임 50전, 가마 운임 1원 20전.

통신

영미우편소 전신취급소정거장 내

여관

간다야神田屋여관객실 7칸, 숙박료 1원 50전.

| 명승지 |

박천博川

역에서 동북쪽으로 3리里 떨어져 있으며, 평안북도 굴지의 상공업지로서 농공은행의 지점이 있다.

○ **장수탄長水灘 철도교** 역에서 3리哩 39쇄 떨어져 있으며, 길이는 277척呎.

◉ 운전역

평안북도 정주군(定州郡) 운전면(雲田面), 용산에서 225리 5분

역은 청천강과 대령강이 합류하는 지점인 하일리포에서 1리里 떨어져 있다. 한눈에 바라보일 정도로 평탄하며 논이 멀리까지 펼쳐져 운전이란 호칭이 헛되지 않다.

관아

하일리포 세관감시서

동양척식회사 제4 수산출장소

이상 하일리포에 있음

주민호구

	호수	인구(남자)	인구(여자)	합계
내지인	1호	1인	1인	2인
조선인	301호	955인	893인	1,848인

교통

청정淸亭 육로 3리里, 마배 운임 50전, 가마 운임 90전.

하일리포 육로 1리, 마배 운임 20전. 이곳에서 대령강 수운 편이 있으며, 진남포까지 108리, 곡물 1석의 운임 40전.

학교, 사원

운전학교

운룡雲龍학교

대명大明학교

극락사極樂寺

◉ 고읍역

평안북도 정주군 오산면(五山面), 용산에서 229리 9분

주민호구

	호수	인구(남자)	인구(여자)	합계
조선인	5호	88인	73인	161인

정주시가

정주남문

○ **오산터널** 역에서 1리哩 42쇄 떨어져 있으며, 길이는 495척呎.

○ **조니포천趙尼浦川 철도교** 역에서 4리 29쇄 떨어져 있으며, 길이는 175척.

○ **장도천獐島川 철도교** 역에서 7리 21쇄 떨어져 있으며, 길이는 650척.

○ **장도천 피일철도교** 역에서 7리 38쇄 떨어져 있으며, 길이는 114척.

◉ 정주역

평안북도 정주군 정주서부면(定州西部面) 1리, 용산에서 238리 7분

정주는 일로전쟁 때 가노加納 기병 중위[142]가 전사한 곳으로 근래에 널리 알려졌다. 다만 보기에는 황폐한 성가퀴가 산곽山廓을 에워싸고 있고, 고요하며 여기저기 풀이 무성하다. 게다가 이곳은 고구려 이래 역대의 요진으로서 번화한 지역이었다. 어필기적御筆紀績의 비碑[143]가 있다. 고려 공민왕 3년 최만생崔萬生이란 자가 원과 내통하여 난을 일으켰는데, 이성계가 이끄는 1천의 정예기병에게 유린되어 흔적조차 없어졌다고 기록하였다.

근래 내지인이 왕래하는 자가 많아 점점 활기를 띠는 듯하다. 알게 모르게 새로운 시대의 기운을 타고 지난날의 성황을 잘 회복하지 않겠는가.

관아

정주구재판소

정주헌병분대

정주군아

주민호구

	호수	인구(남자)	인구(여자)	합계
내지인	125호	172인	162인	334인
조선인	384호	1,046인	850인	1,896인

142 『한국철도 선로 안내』(1908) 186쪽 각주 219 참고.

143 『한국철도 선로 안내』(1908)에는 '어필성적비(御筆聖蹟碑)'라고 되어 있으며, 최만생은 최유의 오류이다. 이에 대해서는 같은 책 184쪽 각주 216, 217 참고.

교통

정거장과 시내 사이 짐꾼 운임 10전.

청정淸亭 육로 4리里

가산嘉山 육로 6리

곽산郭山 육로 3리

구성龜城 육로 9리

의두포蟻頭浦 육로 1리

짐꾼 운임 1리당 30전, 마배 운임 1리당 30전, 가마 운임 1리당 60전의 비율.

의두포에서 해운 편이 있는데, 100석 적재 배 한척의 운임은 진남포까지 25원, 안둥현安東縣까지도 마찬가지로 25원.

통신

정주우편국

전신취급소정거장 내

여관

이로하いろは여관 객실 5칸

정주관 객실 12칸

메이지칸明治館 객실 7칸

오타후쿠お多福 객실 11칸

다마미즈玉水여관 객실 5칸

료코쿠켄兩國軒 객실 3칸

숙박료 1원 내지 3원, 점심식사 50전 내지 1원 50전

학교, 병원, 교회, 절, 사당

정주심상고등소학교

공립보통학교

공립실업학교

야마다山田병원

야소교회

본원사 출장소

보현암普賢庵, 동부면 남동

심원사深源寺, 동부면 심동深洞

제석사帝釋寺오산면 용동龍洞

봉명암鳳鳴庵동부면 북동

공자묘동부면 북동

관제묘동부면 감동甘洞

충혼비

주산물(최근 1년간)

쌀 12,000석	조 13,000석
대두 5,150석	피 10,450석
소 500두	돼지 300두
우피 1,000매	목탄 45,000관

시장

남문과 북문 두 곳이 있다. 남문은 1일에, 북문은 6일에 개시한다.

회사, 기타

동흥同興회사	금융조합

| 명승지 |

기적사紀蹟寺

역에서 15정丁 떨어진 동문 안에 있다. 분로쿠의 역 때 이조 선조 소경왕昭敬王이

도망쳐 이곳에 이르렀다. 얼마 지나지 않아 안주가 함락되었다는 것을 듣고 마침내 의주로 달아났다. 나중에 환궁하게 되었을 때, 주필정駐蹕亭을 세워 사적을 기린 곳이다. 심히 일본을 욕하고 꾸짖는 문장이다.

충혼비忠魂碑

역에서 4정町 떨어진 남문 안에 있다. 일로전쟁 초기에 가노 기병 중위가 부하 7인을 이끌고 척후를 위해 이곳에 왔다가 러시아 병사 수백과 충돌하여 격렬하게 싸웠으나 중과부적으로 결국 적의 공세에 전사하였고, 이것이 세상에 널리 알려졌다. 생각건대 충혼비가 이 사적事蹟을 전하고 있다.

○ **오룡포천五龍浦川 철도교** 역에서 28쇄 떨어져 있으며, 길이는 231척呎.

○ **노취천鷺取川 철도교** 역에서 1리哩 8쇄 떨어져 있으며, 길이는 131척.

○ **동교포천東橋浦川 철도교** 역에서 2리 29쇄 떨어져 있으며, 길이는 164척.

○ **곽산터널** 역에서 6리 4쇄 떨어져 있으며, 길이는 462척.

◉ 곽산역

평안북도 곽산군 군면(郡面) 염창(鹽倉), 용산에서 246리 6분

곽산은 옛날에는 곽주라 불렀으며 방어사를 두었던 곳이다. 이래 몇 번의 변천을 거쳐 오늘에 이른다. 지세는 사방이 구릉이며 서남쪽으로 1리哩를 가면 서해안이 나온다.

관아

곽산군아읍내 조삼리造三里

주민호구

	호수	인구(남자)	인구(여자)	합계
내지인	41호	62인	49인	111인

조선인	937호	2,108인	1,918인	4,026인
중국인	2호	20인		20인

교통

정주 육로 2리里

선천宣川 육로 5리

구성 육로 9리

마배 운임 1리 30전, 가마 운임 1리 60전의 비율.

통신

곽산우편소읍내 조삼리

전신취급소정거장 내

학교, 교회, 절, 사당

공립 곽산보통학교

사립 곽산흥양興襄학교

천도교구소

야소교회

미역당彌亦堂

자운사慈雲寺

관제묘

주산물(최근 1년간)

쌀 60,825석

대맥 4,000석

소맥 4,000석

대두 22,812석

소두 7,600석

조 15,000석

시장

읍내 조삼리와 동면 송성리松盛里, 두 곳이 있다. 전자는 2일, 7일, 후자는 3일, 8일에 열린다.

| 명승지 |

능한산성지凌漢山城址

역에서 동쪽으로 1리里 남짓 떨어져 있는 옛 성터로 옛날에는 산성별장山城別將을 둔 곳이라 한다.

○**곽산천 철도교** 역에서 70쇄 떨어져 있으며, 길이는 803척呎.

○**오헌천**五軒川 **철도교** 역에서 2리哩 77쇄 떨어져 있으며, 길이는 131척.

○**호암리천**好岩里川 **철도교** 역에서 5리 10쇄 떨어져 있으며, 길이는 131척.

○**동뢰강**東瀨江 **철도교** 역에서 5리 22쇄 떨어져 있으며, 길이는 650척.

○**석교천**石橋川 **철도교** 역에서 6리 8쇄 떨어져 있으며, 길이는 299척.

능한산성지(곽산)

◉ 노하역

평안북도 선천군 동면(東面) 노하리(路下里), 용산에서 254리

주민호구

	호수	인구(남자)	인구(여자)	합계
내지인	4호	6인	3인	9인
조선인	165호	519인	514인	1,033인

교회

야소교회

○ **제1 용동강龍洞江 철도교** 역에서 51쇄 떨어져 있으며, 길이는 131척呎.

○ **제2 용동강 철도교** 역에서 1리哩 43쇄 떨어져 있으며, 길이는 131척.

○ **선천터널** 역에서 4리 59쇄 떨어져 있으며, 길이는 1,187척.

◉ 선천역

평안북도 선천군 선천읍 내면(內面), 용산에서 295리 8분

역은 대목산大睦山 북쪽 기슭에 있으며 사면이 산으로 둘러싸여 있다. 일청전쟁 때 병화를 당하여 지극히 황폐하였으나, 현재는 어느 정도 옛 모습을 회복하였다.

관아

선천군아

선천구재판소

선천경찰서

수비대

금융조합

주민호구

	호수	인구(남자)	인구(여자)	합계
내지인	79호	150인	91인	241인
조선인	834호	1,983인	1,860인	3,843인
중국인	7호	18인		18인
미국인	6호	10인	12인	22인

교통

구성 육로 10리里

내임포來臨浦 육로 3리 못 미침.

백현리白峴里 금광 육로 2리 못 미침.

통신

선천우편전신취급소 전신취급소정거장 내

여관

미쓰바시三ツ橋여관객실 4칸 숙박료 1원 50전 이상 3원까지.

학교, 의원, 교회, 사당

선천심상소학교 공립 보통학교

야소중학교 야소소학교

명신明信학교 대명大明학교

입신立信학교 야소병원

야소교회 공자묘

주산물(최근 1년간)

흑연 276톤 대두 390톤

금괴 (미상)

시장

평안북도 유수의 큰 시장으로 3일, 8일에 열린다. 자못 번성하였다.

○ **제1 동강東江 철도교** 역에서 1리哩 36쇄 떨어져 있으며, 길이는 265척呎.

○ **제2 동강 철도교** 역에서 1리 68쇄 떨어져 있으며, 길이는 263척.

○ **제3 동강 철도교** 역에서 3리 2쇄 떨어져 있으며, 길이는 441척.

◉ 동림역

평안북도 선천군 신부면(新府面) 청강리(淸江里), 용산에서 266리 1분

주민호구

	호수	인구(남자)	인구(여자)	합계
내지인	30호	35인	10인	45인
조선인	100호	220인	180인	400인
중국인	8호	10인		10인

교통

구성 육로 12리里

철산 육로 4리

학교, 교회

산영山英학교

삼육三毓학교

보명普明학교

천도교회

주산물(최근 1년간)

쌀 2,000석

대두 9,000석

조 1,500석

| 명승지 |

동림진성지東林鎭城址

역에서 북쪽으로 약 1리里 떨어져 있으며, 차량에서 바라볼 수 있다. 인조가 즉위 초기에 명나라의 구의舊誼에 보답하여 변경에서 여러 차례 청나라와 다투었다. 모신謀臣 임경업林慶業이 당시 의주에서 지부知府[144]였는데, 그가 병사를 잘 훈련시키고 무술을 가르쳐 몇 년 동안 청나라가 정명征明에만 힘을 쏟을 수 없게 만들었다. 백마白馬와 동림東林 등 여러 성의 대부분은 당시 그가 수축한 것이다.

144 임경업은 여러 관직을 거쳐 1634년 의주부윤 겸 청북방어사에 임명되었고, 의주진병마첨절제사를 겸하였다.

동림폭포東林瀑布

동림성 안에 있다. 사방이 고요하고 그윽하다. 특히 단풍 감상에 적합하다.

검산劒山

역에서 남동쪽으로 약 30정町 떨어진 옛 성터로서 산 전체에 단풍나무가 많다.

철산鐵山

역에서 서쪽으로 4리里 떨어져 있으며 상업이 번성한 구역이다.

○ **청강천 철도교** 역에서 32쇄 떨어져 있으며, 길이는 619척呎.

◉ 차련관역

평안북도 철산군 참면(站面), 용산에서 272리 7분

차련관은 역에서 북쪽으로 8정町 떨어져 있으며, 의주 도로를 따라 있는 숙참이다. 이곳은 이화포梨花浦와 묘지錨地에 가깝다는 이유로, 경의선 건설 당시 이 사이에 목재운반선을 특설하고 아울러 군수품을 수송한 곳이다.

주민호구

	호수	인구(남자)	인구(여자)	합계
내지인	62호	125인	75인	200인
조선인	426호	1,008인	856인	1,864인
중국인	16호	98인		98인

교통

철산 육로 3리里 이화포 육로 4리

마배 운임 1리 당 30전, 가마 1리 당 40전의 비율.

통신

차련관우편소　　전신취급소정거장 내

여관

삼락관三樂館, 역전 객실 8칸, 숙박료 70전 이상 2원까지.

학교, 의원, 사당

조흥朝興학교　　성진聖進학교

차련관소학교　　이와오岩尾병원

삼선당三選堂의원　　대학당의원

공자묘

주산물(최근 1년간)

쌀 10,471석　　조 7,027석

대두 5,143석　　소두 1,175석

생선이화포에서 잡은 것 1일 약 2,000관.

◉ 남시역

평안북도 용천부(龍川府) 외면(外面) 정차동(停車東), 용산에서 281리

남시는 역에서 남쪽으로 20정町 정도 떨어진 유명한 시장으로 곡류의 산출이 많다.

주민호구

	호수	인구(남자)	인구(여자)	합계
내지인	50호	180인	120인	300인
조선인	500호	1,800인	700인	2,500인

교통

용천 육로 2리里 용암포龍岩浦 육로 5리

통신

전신취급소정거장 내

여관

오카무라岡村여관역전 객실 5칸 이세야伊勢屋여관역전 객실 5칸

숙박료 1원 이상 2원까지.

주산물(최근 1년간)

벼	1,444석	대두	422석
소두	1,533석	조	11,516석
기장	34,581석	옥수수	73,620석

시장

5일장이 열린다.

| 명승지 |

용골산龍骨山

역에서 서북쪽으로 1.5리里 떨어져 있다. 산 전체가 암석으로 되어 있으며 산허리에 원도사圓道寺라는 고찰이 있다. 정상에는 일로전쟁 기념비가 있다.

연지蓮池

역에서 서쪽으로 2리里 떨어져 있다면적 약 3천 평. 꽃이 필 때는 아름다움을 다툴 정도지만 후미진 곳을 방문하는 사람은 드물다.

서림진고성지西林鎭古城址

철산군 서림면 안에 있다. 동림진을 마주보고 있는데 지금은 거의 무너져 내렸다.

◉ 양책역

평안북도 용천군(龍川郡) 동상면(東上面) 양책동(良策洞), 용산에서 286리 1분

주민호구

	호수	인구(남자)	인구(여자)	합계
내지인	23호	35인	8인	43인
조선인	69호	142인	106인	248인

학교

사립 의영義英학교 사립 광동廣東학교

○ **제2 양책천 철도교** 역에서 2리哩 71쇄 떨어져 있으며, 길이는 150척呎.

삼교천 철도교

◉ 비현역

평안북도 용천군 광화면(光化面) 회군동(回軍洞), 용산에서 290리 9분

비현동은 의주가도에 해당하며 약 400여 호가 있는 작은 시가이다. 역은 그 앞에 작은 개천을 사이에 두고 있다.

주민호구

	호수	인구(남자)	인구(여자)	합계
내지인	12호	17인	12인	29인
조선인	437호	1,216인	1,102인	2,318인
중국인	8호	25인		25인

○**구령龜嶺터널** 역에서 2리哩 26쇄 떨어져 있으며, 길이는 858척呎.

○**삼교천三橋川 철도교** 역에서 4리 73쇄 떨어져 있으며, 길이는 1,237척.

◉ 백마역

평안북도 의주부, 용산에서 296리 7분

역은 백마산 기슭의 평지에 있다. 그 남쪽으로 삼교천이 흐른다. 강은 쪽빛으로 푸르고 낭떠러지에 부딪치며 흐른다.

주민호구

	호수	인구(남자)	인구(여자)	합계
내지인	30호	51인	36인	87인
조선인	12호	37인	24인	61인

교통

의주 육로 3리里 18정, 승마 운임 1원 신의주 육로 5리, 승마 운임 1원

통신

백마우편취급소 / 전신취급소정거장 내

여관

후지이藤井여관객실 3칸, 숙박료 70전 이상 1원 50전.

학교

옥정玉井학교 / 백룡白龍학교
진영進永학교 / 명신明信학교
보칙普則학교 / 취명就明학교

| 명승지 |

백마산성지白馬山城址

역에서 동북쪽으로 약 30정町 떨어진 곳에 초연히 여러 봉우리들이 솟아있다. 산성은 인조 대에 의주부윤 임경업이 쌓은 것으로 반도 변경의 중요한 진영이 되었다. 산위에서 보면 압록강 기슭의 평야를 사이에 두고 만주의 여러 산들을 마주한다. 형세는 자못 웅장하나 지금은 그저 여우와 살쾡이 소굴이 되어 옛날의 경관은 없어졌다.

○ **백마터널** 역에서 3리哩 9쇄 떨어져 있으며, 길이는 1,782척呎.

◉ 석하역

평안북도 의주군 진리면(津里面) 석하동(石下洞), 용산에서 303리 7분

역을 나오면 압록강을 사이에 두고 만주의 여러 산들이 보인다. 종점인 신의주가 아주 가까이에 있다.

얼어붙은 압록강

주민호구

	호수	인구(남자)	인구(여자)	합계
내지인	1호	5인	2인	7인
조선인	50호	169인	164인	333인

교통

의주 육로 4리里 양시楊市 육로 2리

용암포 육로 5리 신의주 육로 2리

○ **제1 압록강 피일 철도교** 역에서 2리哩 45쇄 떨어져 있으며, 길이는 175척呎.

○ **제2 압록강 피일 철도교** 역에서 3리 41쇄 떨어져 있으며, 길이는 354척.

○ **제3 압록강 피일 철도교** 역에서 3리 78쇄 떨어져 있으며, 길이는 533척.

○ **제4 압록강 피일 철도교** 역에서 4리 34쇄 떨어져 있으며, 길이는 533척.

◉ 신의주역

평안북도 의주부 고성면(古城面), 용산에서 309리 7분

경의선의 종단역이다. 앞에는 압록강이 흐르며 크고 작은 선박이 왕래하는 것이 베를 짜는 듯 촘촘하다. 또 강 상류에서 흘러 내려오는 뗏목이 이어져 거의 끊어지지 않는다. 때문에 강 위에는 삐걱거리며 느릿느릿 노 젓는 소리가 뒤섞여 시끄럽다. 게다가 대부분은 중국인의 사업으로 건너편 기슭에 안동현이 번영하는 소리일 뿐이다.

신의주는 원래 강과 여울의 모래톱이 유일한 가교지점이었으므로 철도를 이곳에 가설하여 오늘날의 바탕을 이루었다. 그 후 겨우 몇 년 만에 더욱 발전하여 7백호, 인구 4천의 시가를 이루게 되었다. 생각건대 강이 주는 풍요로움에 힘입은 것이 적지 않다. 이 강의 철도 가교 공사는 이미 교각이 완성되었으며 가까운 시일 내에 전 공사가 완성될 것이다.

안평선安奉線[145]의 개축 공사 역시 공정을 서두르고 있어 하루하루가 짧다. 유럽과 아시아를 잇는 교통의 대동맥이 될 것이다. 이러한 공사가 유감없이 성공할 날이 실로 눈앞에 있다.

관아

조선총독부 영림창營林廠

신의주 경찰서

신의주 우편국

신의주 수비대

중국경찰지서

신의주 구재판소

신의주 거류민단사무소

신의주세관 지서

신의주 감옥분감

145 안평선은 안동역(지금의 단둥역)과 펑톈역(지금의 선양역)을 연결하는 경편철도이다. 1907년에 남만주철도가 영업을 개시한 뒤에는 남만주철도에 편입되었다. 1911년 11월에 표준궤로 변경되었고 압록강철교 완성 후에는 신의주역에서 연결되었다.

압록강 도강

주민호구

	호수	인구(남자)	인구(여자)	합계
내지인	725호	2,499인	1,644인	4,143인

교통

안둥현까지

끊임없이 도강선이 운항한다. 또 경의선과 안평선 철도가 접속하기 때문에 당국에서 정기연락선을 운항한다.

도강시간은 20분이 걸리며 도강료는 1인 당 10전이다.

안둥현 잔교棧橋에 당국은 신의주역 파출소를 두어 조선 각지 및 내지 방면과 안둥현 사이에 발착과 안평선으로 왕래하는 여행객과 화물을 취급한다.

의주까지

수륙 모두 4리里 거리이다. 작은 증기선이 다니며 승선 운임은 1인 당 50전이고, 화물 운임은 1톤 당 2원 백 근 당 25전이다. 약 3시간이면 도착한다. 지나 정크支那ヂャンク[146] 운임은 1인 당 35전, 화물 운임 백 근 당 20전, 인력거 운임 80전, 가

146 『한국철도 선로 안내』(1908) 197쪽 각주 224 참고.

마 운임 3원, 마배 운임 1원 80전, 짐수레 1대 2원.

용암포까지

수로 5리里 거리로 화선和船[147], 지나 정크선 및 작은 증기선 편이 있다. 화선과 정크선의 운임은 1인 당 50전, 화물 운임은 1톤 당 1원 80전, 백 근 당 33전이며, 증기선의 왕복표는 10원이다. 육로는 7리로 도로가 평탄하지 않으며, 가마 4원, 마배 2원 50전, 짐마차 운임 1대 3원 50전.

통신

신의주 우편국상반정常盤町 시내 및 의주, 안동현, 용암포와 통전 편이 있음.

전신취급소정거장 내

여관, 요리점

이와타岩田여관 본점상반점 객실 17칸

이와타 여관 지점욱정 객실 4칸

안라쿠安樂여관상반정 객실 16칸

나카쓰中津여관본정 객실 10칸

쇼요松陽여관상반정 객실 10칸

오타大田여관상반정 객실 11칸

숙박료 1원 50전 이상 2원 50전까지. 이상 여관

이리후네入船본정 객실 6칸

오마루大丸상반정 객실 4칸

가케쓰花月앵정 객실 6칸

이상 요리점

극장, 구락부

아사히자旭座

철도구락부

영림창구락부

학교, 신문사, 의원, 사원

신의주심상소학교악정樂町

동인同仁병원본정

147 일본에서 막부 말기 이후 서양식 선박 도입 전까지 이동과 어업에 사용된 구조선(構造船)을 가리킨다.

압록강 뗏목

오노小野의원욱정

신의주시보사時報社, 욱정

정토종 포교소상반정

본원사상반정

공장

영림창 경영에 관여하는 제재소가 있으며, 1년 제재 생산고는 12만 척尺 까지.

주산물(최근 1년간)

목재 180,000척 까지	대두 40,000석
쌀 150,000석	소 350두

은행, 회사

조선중앙금고 신의주 파출소

압록상 도강주식회사

주식회사 신의주상품진열관

내국통운주식회사 출장소

압록강 중도에서 바라보는 안둥현

무역(최근 1년간)

수출액	855,473원	수입액	232,103원
쌀	19,965석	대두	748석
보리	25,117석	잡곡	760석
생선	368,090근	식염	11,997,036근
잡곡	15,250석	야채 및 생과	66,336근
우지	51,144근	술	8,311말
장유	3,848말	중국술	64,581말
술	654말	식료품	84,250근
우피	632,475근	대두유	49,220근
기장	3,430석	차	4,747근
건어	22,031근	맥분(麥粉)	161,749근
땔감	1,535,760근	설탕	78,422근
모피	6,688근	석유	92,325와(瓦)[148]

148 와(瓦)는 그램(g)의 음역자인 와란모(瓦蘭姆)에서 왔다. 메이지 시대에 밀리그램을 뜻하는 모(瓱), 톤을 뜻하는 톤(瓲)의 음역자도 사용되었다.

의주 통군정

| 명승지 |

압록강鴨綠江

백두산에 호수가 하나 있다. 동쪽으로 흐르는 것이 두만강으로 러시아령인 연해주沿海州를 걸쳐 흐르는 국제하천이다. 함북의 무산茂山, 경성鏡城, 경흥慶興 등을 거쳐 일본해日本海[149]로 들어간다. 서쪽으로 흐르는 것이 바로 압록강이며 만주와 경계를 이룬다. 강 길이는 2백여 리里이며 도도히 흘러 서해로 들어간다. 압록강이 지나는 곳은 혜산惠山, 삼수三水, 후창厚昌, 자성慈城, 위원渭源, 초산楚山, 벽동碧潼, 창성昌城, 삭주朔州, 의주義州 등이다.

합류하는 큰 하천이 17개이다. 그 중에 훈강渾江[150]이 가장 큰데, 통화通化, 화이런懷仁, 콴뎬寬甸 등과 아직 개척하지 않은 만주의 큰 삼림을 가로지른다. 초산에

149 일본해란 표현은 처음 나온다. 본서는 『한국철도 선로 안내』(1908)에 비하여 한중일의 호칭에 관하여 일본인으로서의 자국의식이 더욱 뚜렷하게 나타난다.

150 중국의 지린성(吉林省)과 랴오닝성(遼寧省)을 흐르는 압록강 수계의 하천이다. 중국의 지형지물에 대한 우리말 표기법은 아직 논쟁의 여지가 있으나, 여기서는 이름에 해당하는 부분만 중국어음으로 표기하였다.

용암포 해안

서 합류하는데 배가 다니는 길이 80여 리里이다. 배로 실어 나르는 화물은 주로 목재이며 대두, 멧누에, 기타 각종 농산물인데 연간 액수는 2,500여만 원으로, 면포, 어염, 석유, 기타 잡화의 수입액과 거의 서로 비슷하다. 대체적으로 부유하다고 할 만하다.

안둥현安東縣

중국인이 압록강의 부원富源을 개발하기 시작한 것은 최근 40~50년 전의 일이다. 안둥현은 실로 그때 새롭게 시작되었다. 시가의 구획이 정연하며 넓고, 큰 집이 연이어져 부유하고 번성하였다. 반도 3백리里 경계 내에서 가는 곳마다 산이 메마르고 집집이 가난하며, 눈에 가득 들어오는 풍경이 황폐하고 적막한 데 비하여, 안둥현의 경제 발달은 나그네가 놀라움을 금하지 못할 정도이다.

의주부義州府

용만龍灣 또는 함안咸安이라고도 부른다. 압록강 상류 4리里 떨어진 강기슭에 있으며 반도 국경의 중요한 진영이다. 서북쪽은 강을 사이에 두고 주롄청九連城, 샤허전沙河鎮[151]과 어렴풋이 마주하고, 동북쪽은 구릉이 일대를 둘러싸고 있다. 성 안은 동서로 약 10정町, 남북으로 6정이며 성벽으로 사방을 에워싸고 있으며 동서남북에 문을 설치하였다. 남문과 북문은 층루로 되어 있으며 편액은 해동제일관海東第一關이라 쓰여 있다.

성 안은 자못 번성하였다. 외읍外邑은 내성의 동쪽에서 남서쪽을 둘러싸고 있는데, 대부분 초가집으로 나그네와 마차의 왕래가 번잡한 모양이 오히려 성 안보다 낫고 상업이 번성하였다. 관아는 평안북도청, 의주구재판소, 의주우편국, 의주경찰서, 의주부청 등이 있다. 현재 내지인이 121호에 인구 311인이며, 조선인은 2,319호에 인구는 9,896인이다.

통군정統軍亭

의주성 안 서북쪽의 구릉 위에 있다. 정자의 전망은 크게 트여 있고 그 절벽 아래를 압록강이 흐른다. 강을 사이에 두고 후산虎山, 주롄청, 샤허전 등과 마주한다. 일청전쟁과 일로전쟁 때 일본 포병의 진지였다.

수구진水口鎮

일청전쟁과 일로전쟁 때 일본군의 도하지점으로 강의 상류 3리里 거리에 있다. 언덕 위에 제1군의 기념비와 충혼비가 있다. 부근의 언덕 위에는 일본군 포병 진지의 흔적이 많다.

용암포龍岩浦

압록강 입구에 있다. 신의주의 하류 5리里 지점이며 용암산과 예산禮山이 감싸고 있다. 중국의 다둥거우大東溝와 비스듬히 마주한다. 항만의 수심은 밀물 때에 17척尺이고 만조 때는 20척인데, 간조 때는 겨우 5척에 지나지 않는다. 간만의

151 주롄청은 압록강을 끼고 의주 맞은편에 있는 작은 촌락으로 금나라 때 9성을 이어 쌓았다. 샤허전은 1903년 개항 이래 압록강 수운 개발로 동북부 지역에서 화물의 집산지가 되었다. 두 곳 모두 지금의 랴오닝성 단둥 지역에 있다.

차가 거의 15척에 이르며 만조 때는 넉넉히 1천 톤 이상 선박을 정박시킬 수 있다. 관아는 용천군아, 용천구재판소, 용암포 경찰분서, 헌병분견소가 있다. 현재 내지인이 132호에 인구 481인이고, 조선인은 118호에 인구 490인이다.

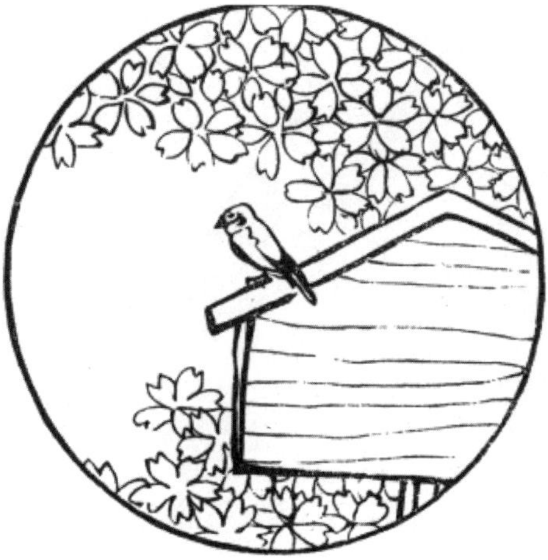

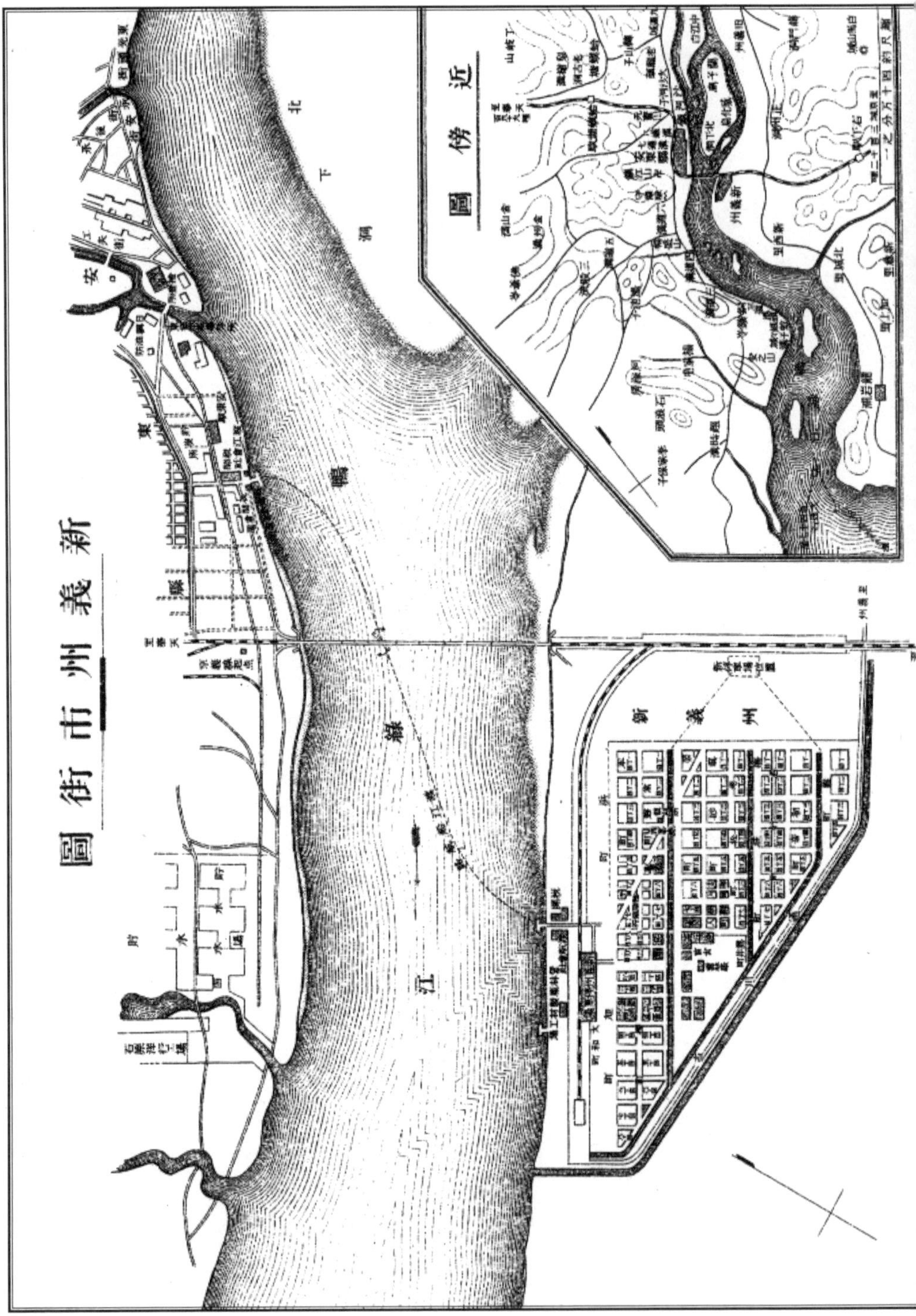

신의주 시가도

마산지선馬山支線

◉ 낙동강역

경상남도 밀양군(密陽郡) 하동면(下東面) 삼랑리(三浪里), 삼랑진에서 1리 2분

역을 출발하면 바로 낙동강교로 들어간다. 강 위의 풍광이 차창에 비쳐 맑고 새로운 기운이 밀려온다.

관아

삼랑진 경찰서

주민호구

	호수	인구(남자)	인구(여자)	합계
내지인	37호	72인	56인	128인
조선인	285호	602인	533인	1,135인

교통

낙동강 수운, 이정, 운임은 모두 곡물 1석에 대한 운임임.

장소	이정(리里)	운임	장소	이정	운임
멱례(覔禮)	1리	10전	박진(泊津)	10리	30전
수산(守山)	2리	15전	마미원(馬尾院)	11리	32전
곡성(谷城)	2.5리	15전	곡교(曲橋)	15리	40전
반월(半月)	3리	16전	적포(赤布)	13리	40전
유동(柳洞)	1.5리	10전	율지(栗旨)	14리	40전
신천(新川)	4리	20전	만지(蔓旨)	15.5리	42전
임해(臨海)	4리	16전	세암(洗岩)	16리	42전
송진(松津)	6리	20전	수내(水內)	20리	50전
상진(上津)	7리	22전	개포(開浦)	19리	50전
거임강(巨臨江)	8리	24전	구포(龜浦)	8리	16전
유포(柳浦)	9리	26전	하단(下端)	10리	20전

낙동강 철도교

학교, 의원, 절

진명進明학교

나미카와竝河의원

동본원사 포교소

회사

조선흥업주식회사 곡물매수부

조선흥업주식회사 운송부

○**삼랑진 터널** 역에서 27쇄 떨어져 있으며, 길이는 170척呎.

○**낙동강 철도교** 역에서 44쇄 떨어져 있으며, 길이는 1,838척.

○**중도中島 피일 철도교** 역에서 76쇄 떨어져 있으며, 길이는 126척.

○**마사馬砂터널** 역에서 2리哩 56쇄 떨어져 있으며, 길이는 1,080척.

○**제1 가월천加月川 철도교** 역에서 3리 51쇄 떨어져 있으며, 길이는 125척.

○**제4 가월천 철도교** 역에서 6리 23쇄 떨어져 있으며, 길이는 116척.

◉ 진영역

경상남도 김해군(金海郡) 하계면(下界面) 진영리(進永里), 삼랑진에서 11리

역의 동북쪽은 낙동강 좌측 기슭의 유수한 평지로 한눈에 바라보면 끝없이 넓고 아득하다. 침수해가 있어 아쉽다. 역 앞 일대는 무라이村井 농장이며 해마다 노력을 하고 있다.

주민호구

	호수	인구(남자)	인구(여자)	합계
내지인	56호	84인	79인	163인
조선인	303호	777인	677인	1,454인

교통

김해 3리里 27정丁, 마배 운임 1원 20전

통신

진영우편소역 앞

전신취급소정거장 내

학교, 의원

진영심상소학교

진영심상고등소학교

사쿠라지마櫻島의원

다케무라竹村의원

학교조합사무소

여관

오카야마岡山 여관객실 6칸

진영관객실 4칸

야마무라山村 여관객실 3칸

숙박료 80전 이상 1원 30전까지.

주산물(최근 1년간)

쌀 25,616석 보리 6,470석

대두 8,964석

시장

정거장 앞에서 5·10일에 열린다.

○ **무성천**茂城川 **철도교** 역에서 1리哩 74쇄 떨어져 있으며, 길이는 105척呎.

◉ 창원역

경상남도 창원부昌原府 서면(西面) 소전개동(召田介洞), 삼랑진에서 19리 4분

역에서 동쪽으로 19정町 떨어진 곳에 창원군아가 있다. 창원은 토지가 비옥하여 미곡 산지로 유명하다.

주민호구

	호수	인구(남자)	인구(여자)	합계
내지인	43호	88인	48인	136인
조선인	1,594호	4,300인	4,239인	8,539인

교통

읍내로 가는 인력거 편이 있음. 운임 20전, 우천 시 35전.

짐꾼 운임 읍내까지 백 근 당 60전.

통신

우편소읍내

학교

내지인 학교 1곳, 조선인 학교 1곳 있음.

주산물(최근 1년간)

쌀 400,000석 보리 20,000석

대두 10,000석

시장

읍내에 있으며 2일, 7일에 열린다. 1회 거래액 1,500원 내외.

| 명승지 |

증봉甑峰

역에서 남쪽으로 약 4리里 떨어져 있으며 웅천군의 경계이다. 산 정상에 시루 같은 바위가 있어서 붙여진 이름이며 멀리 쓰시마를 바라볼 수 있다.

○**금단천**金丹川 **철도교** 역에서 22쇄 떨어져 있으며, 길이는 164척呎.

○**외성천**外城川 **철도교** 역에서 1리哩 79쇄 떨어져 있으며, 길이는 129척.

○**근주천**近珠川 **철도교** 역에서 2리 47쇄 떨어져 있으며, 길이는 264척.

○**마산천 철도교** 구 마산역에서 11쇄 떨어져 있으며, 길이는 129척.

◉ 구 마산역舊馬山驛

경상남도 외서면(外西面) 성남리(城南里), 삼랑진에서 23리 2분

◉ 마산역

경상남도 외면리(外面里) 신동리(新同里)[152], 삼랑진에서 24리 8분

마산의 위치 동경 128도 4분, 북위 35도 12분

마산은 부산에서 육로로 12리里, 해로는 40리浬 떨어져 있고, 쓰시마와는 75리浬 정도 떨어진 진해만의 굽은 포구이다. 항구는 남쪽을 향해 있으며 서쪽으로는 칠원漆原, 동쪽으로는 웅천 의 여러 산이 병풍처럼 서 있다. 만내의 수심이 깊고 결점이 거의 없는 좋은 항구이다.

152 소재지의 이름이 중복되어 있어 불명확하다.

마산 전경

새로운 시의 마산은 바로 해안가부터 완만한 경사면이 산허리로 이어지고, 구획이 정연하고 단정하여 아름답다. 구 마산은 이곳과 철도 부지를 사이에 두고 밭두둑 끄트머리에 어지럽게 초가집이 모여 있다. 구 마산은 옛날에는 합포合浦라고 불렸으며, 고안弘安의 역役[153] 때는 몽고군의 근거지였다. 분로쿠의 역 때는 사쓰마薩摩 무사들이 오랫동안 주둔하면서 범 사냥을 하고 통쾌하게 유람하기도 하여 후대에 한바탕 이야깃거리를 남겼다. 마산성은 요새이기도 하다. 마산은 사쓰마의 마摩에서 전화하였는데[154] 결국 유명한 합포라는 이름조차 침식되어 없어졌다. 특히 왜구시대의 합포는 실로 살벌하여 역사적 사실이 풍부하다. 마산의 경제적 가치를 보자면 영남의 여러 지방의 공미貢米 집산장으로 전운어시轉運御使가 상주하던 곳으로서, 원산元山과 강원과 더불어 3대 대진大津으로 꼽히며 번영이 자자했던 시대가 있었다. 그 후 가까이에 있는 부산 같은 시장이 발흥하자 저절로 무너져서 오늘날처럼 퇴영하였다.

153 1274년(文永11)년에 이어 1281년(弘安4)에 10만의 여몽연합군이 일본을 침공한 것을 가리킨다. 일본에서는 몽고습래(蒙古襲來)라고도 한다.

154 『세종실록』에는 마산창, 『신증동국여지승람』에는 마산포라는 지명이 등장하지만, 사쓰마의 '마(摩)'와의 관련을 나타낸 고문헌은 보이지 않는다.

그러나 마산은 어업과 군항軍港의 새로운 관계가 자리를 잘 잡으면 전도양양하여 봄날의 바다와 같을 것이다. 덧붙이자면, 마산은 종래 개항장이었지만 군사 관계로 인해 1911년明治44 1월부터 폐쇄되었다.

관아

진해만 해군방비대송진포松眞浦

요새사령부자복동滋福洞

중포병대대重砲兵大隊자복동

해군임시건축부 진해지부현동縣洞

마산헌병대본정

마산경찰서파정巴町

부산지방재판소 마산지부 마산구재판소구 마산

부산감옥서 마산분감파정

마산우편국본정

조선주차군 경리부 마산파출소자복동

내무부 지방국 토목과 마산파출소구 마산

부산세관 마산지서본정

마산부청구 마산

러시아영사관대정臺町

마산상업회의소경정京町

마산거류민단사무소영정榮町

마산민의소구 마산

주민호구

	호수	인구(남자)	인구(여자)	합계
내지인	1,181호	2,714인	2,175인	4,889인
조선인	1,968호	4,532인	4,368인	8,900인
중국인	10호	55인	1인	56인
프랑스인	1호	1인		1인
러시아인	1호	2인	1인	3인

교통

수로

지점	행정(리浬)	2등기선 운임	3등기선 운임	소요시간	
현동縣洞	5리		25전	1시간	매일 3회 기선편
부산	30리	1원 50전	1원	4시간	매일 1회 기선편
통영	30리	1원 50전	1원	4시간	매일 1회 기선편
삼천포	60리	2원 50전	1원 50전	7시간	매일 1회 기선편

육로

지점	행리(리(里))	마배 운임	짐꾼 운임
함안	4리	1원 20전	48전
진해	2리	90전	16전

인력거

지점	운임	소요시간	지점	운임	소요시간
경찰서	20전	15분	요시카와(吉川)여관	15전	10분
민단사무소	20전	15분	다이코(大功)여관	15전	10분
요새 사령부	25전	25분	호리에(堀江)여관	10전	7분
우편국	20전	15분	이케다(池田)여관	10전	7분
세관	20전	15분	야간, 비나 눈이 올 시 3할증		

마차

신·구 마산 간 승합마차 편이 있음. 편도 1인 당 5전.

짐꾼, 마배 운임

짐꾼 운임 시내까지 3전 내지 5전, 마배 운임 1리 당 30전의 비율.

통신

마산우편국본정 시내전화 있으며, 부산, 동래, 대구, 기타 지역으로 통화할 수 있음.

전신취급소정거장 내

여관

요시카와여관본정 객실 2칸

다이코여관본정 객실 10칸

모치즈키望月여관본정 객실 10칸

아사히야朝日屋구 마산 객실 2칸

호리에여관빈정濱町 객실 7칸

이케다여관도정都町 객실 6칸

고조칸湖上館 구 마산 객실 12칸

숙박료 1원 내지 4원, 중식료 40전 내지 50전.

요리점

모치즈키로望月樓

이치라쿠一樂

이로하로いろは樓

신카이로新開樓

게이한테이京阪亭

이상 경정京町

하쓰노이에初乃家　　스이게쓰水月

이상 구 마산

극장, 구락부

마루니시자丸西座, 유정柳町　　다이코구락부경정

당구 기타 오락 설비 있음.

학교, 의원, 교회, 사사, 신문사

마산심상고등소학교도정　　마산보통학교구 마산

기독교신학교信學校, 구 마산　　마산병원도정都町

오오카大岡병원도정　　오카바야시岡林 병원본정

요쿠라與倉치과의원도정　　마산분병원分病院, 구 마산

마산기독교회경정　　본파 본원사 포교장빈정

정토종 포교소신월리　　조동종 포교소월영리

일연종 포교소월영리　　진언종 포교장구 마산

마산신사마산공원　　혜비수惠比壽[155]신사빈정

마산신보사빈정

주산물

마산을 중심으로 부근 각지의 산출액을 계상함. 최근 1년간.

쌀	275,000석	말린 정어리	950,000근
대맥	150,000석	해삼	300,000근
벼	500,000석	청각채	50,000근

155 일본어로는 '에비스'라고 한다. 칠복신의 하나로 원래 효고현(兵庫縣) 니시노미야(西宮)신사의 제신이다. 해상과 어업 또는 상업번창을 관장하는 신으로 신봉된다.

마산 시가

대두 180,786석
은행초銀杏草[156] 30,000근
생선 900,000근
소 12,000두

은행, 회사

마산수산주식회사빈정
마산금융주식회사구 마산
경상농공은행 마산출장소구 마산
동양척식회사 마산출장소구 마산
조선은행 마산출장소본정

무역

최근 1년간 수출액 142,636원
최근 1년간 수입액 358,976원

156 바위에 붙어 자라는 해조류인 도박을 가리키며, 주로 경북 연안에서 남해안에 분포한다.

마산항내

| 명승지 |

월영대月影臺

역에서 4정丁 떨어져 있다. 수목이 울창하여 여름에 피서하기에 적합하며, 특히 달이 뜬 밤의 조망이 가장 아름답다.

마산신사馬山神社

이세대묘伊勢大廟[157]의 분사로 마산공원에 있다. 올라가서 바라보면 마산 전경이 '파노라마'처럼 펼쳐진다.

저도猪島

해상으로 28정町 거리로 만내에 가로놓여 있다. 이 섬이 있어서 항내 풍광이 더욱 아름답다.

157 일본의 미에현(三重縣) 이세시(伊勢市)에 있는 이세 황대신궁(皇大神宮)의 별칭이다.

고노에 언덕近衛丘

신시가지 구석에 있다. 1901년明治34 고故 고노에 공작公爵이 이곳을 유람하며 풍광의 아름다움을 상찬하고 마침내 별장지로 택하여서 이 같은 이름이 붙여졌다.

광산사匡山寺

역에서 서북쪽으로 2리里 떨어진 광노산匡盧山 중턱에 있다. 수목이 울창하고 경내가 지극히 그윽하고 고요하여 아담하게 즐기기에 충분하다.

마산성지馬山城址

구 마산에서 동북쪽으로 몇 정町 떨어진 고구동古口洞 북쪽에 있으며, 분로쿠의 역 때 시마즈 요시히로島津義弘가 쌓은 곳이라고 한다.

몽고정호蒙古井戶

역에서 약 10정町 떨어져 있다. 고안弘安 연간에 몽고군이 파 놓은 우물이라고 한다.

통영統營

마산에서 해로 30리浬 거리이다. 일찍이 수군통제영이 있었다. 또 명장 이순신李舜臣이 분로쿠의 역 때 일본 해군의 여러 장수들을 힘들게 한 곳이다. 지금은 조선 남해안의 어업 근거지로 이름이 높다. 현재 내지인 거주자는 965명이며 대부분 어업에 종사한다. 마산에서 기선 편이 있다.

삼천포三千浦

마산에서 해상 60리浬 거리이다. 경상남도청 소재지인 진주에서 가장 가까운 해안으로, 마산에서 기선 편이 있다. 현재 내지인 거주자 216명.

진주晉州

삼천포에서 육로로 7리里 떨어져 있으며 경상남도 도청 소재지이다. 현재 내지인 거주자는 848명이며, 분로쿠의 역 때 전장이었다.

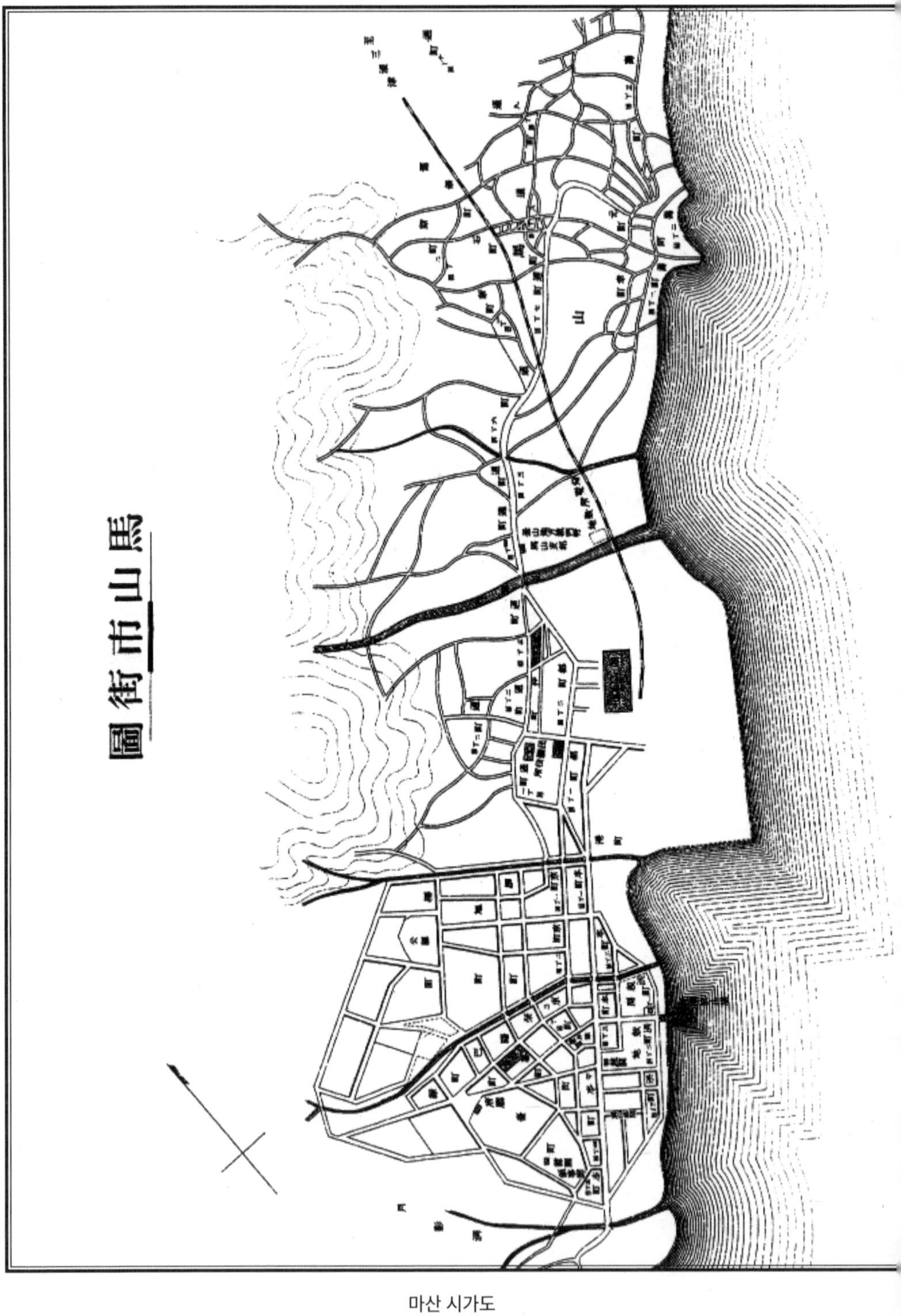

마산 시가도

인천지선仁川支線

◉ 오류동역

경기도 부평군(富平郡) 수탄면(水呑面), 영등포에서 3리 9분

주민호구

	호수	인구(남자)	인구(여자)	합계
내지인	2호	6인	6인	12인
조선인	287호	736인	683인	1,419인

학교

사립 보명普明학교

○ **고로리천古老里川 철도교** 영등포역에서 1리哩 79쇄 떨어져 있으며, 길이는 131척呎.

○ **가리봉천加里峰川 철도교** 영등포역에서 2리 39쇄 떨어져 있으며, 길이는 191척.

◉ 소사역

경기도 부평군 석천면(石川面), 영등포에서 7리 6분

역은 경인선의 거의 중앙에 위치하며 부평의 평원을 앞두고 있다. 토지가 비옥하며, 특히 과수 재배에 적합하여 능금, 복숭아, 포도 등의 산출이 많다.

주민호구

	호수	인구(남자)	인구(여자)	합계
내지인	75호	85인	51인	136인
조선인	272호	696인	629인	1,325인

통신

소사우편소 전신취급소정거장 내

주산물

쌀, 생과, 야채, 청과 등이다.

농원

역에서 남쪽으로 30정丁 거리에 농원이 있는데 1903년明治36에 창업하여 과수 재배를 주로 한다. 능금, 포도 각각 3만 주, 복숭아 1만 주를 재배한다. 꽃피는 계절의 아름다운 경관은 말로 다할 길이 없다.

◉ 부평역

경기도 부평군 동소정면(同所井面), 영등포에서 10리 9분

부평군아의 소재지로 군내면郡內面에서 1리里 정도 떨어져 있다. 김포金浦 및 통진通津, 강화江華에 이르는 중요한 길목에 해당하며, 교통량이 점점 늘고 있다. 몇 리에 걸친 비옥한 들이 한눈에 들어오나 절반은 침수를 면하지 못하고 있어 아쉽다.

주민호구

	호수	인구(남자)	인구(여자)	합계
내지인	15호	26인	18인	44인
조선인	154호	412인	351인	763인

교통

지점	행정(육로)(리里)	마배 운임	가마 운임	짐꾼 운임
군내면	1리 정도	50전	90전	30전
김포	4리 반	1원 50전	2원 70전	70전
통진	8리	3원	5원	1원 50전

학교

공립 보통학교군내면

사립 계창桂昌학교군내면

주산물

쌀, 보리, 대두, 들깨 등이다.

| 명승지 |

김포

역에서 북쪽으로 4.5리里 정도 거리에 한강 하류를 따라 있으며, 강화도와 서로 마주한다. 교통이 편리하여 물자의 집산지이다. 군아와 경찰분서, 우편소 등이 있다.

◉ 주안역

경기도 인천부(仁川府) 다소면(多所面) 충훈동(忠勳洞), 영등포에서 14리 3분

주안은 관영 제염소가 있는 곳으로, 작년에 처음으로 정거장을 설치하였다. 면적은 33만 4천 평에 이른다.

주민호구

	호수	인구(남자)	인구(여자)	합계
내지인	16호	45인	23인	68인
조선인	300호	649인	696인	1,246인
중국인	3호	5인	2인	7인

◉ 축현역

경기도 인천부 용강정龍岡町, 영등포에서 17리 3분

◉ 인천역

경기도 인천부 화방정花房町, 영등포에서 18리 4분

인천 전경

한강의 긴 줄기 하나가 남쪽으로 흘러, 강화와 통진 사이를 지나 황해로 들어가는 곳에 섬 하나가 있으니 월미도月尾島이다. 섬의 한쪽 경계 안쪽이 바로 인천의 내항으로, 소형 선박이 안전하게 닻을 내리고 정박하는 곳이다.

섬 밖으로는 멀리 영종도永宗島, 용류도龍流島[158], 무의도無衣島, 신도信島, 영봉도永峯島 등 여러 섬들이 바둑돌처럼 늘어서서 자연스레 큰 만灣의 형상을 이룬다. 면적은 10여 리里로 외항外港이 바로 이곳이다. 예전에 일본의 운양함雲揚艦이 이곳을

158 용유도(龍游島)의 이칭이다. 『신증동국여지승람』과 『대동여지도』, 1872년 제작된 『지방지도』에는 용류도(龍流島)로 표기되었다.

인천시가

순시하던 중에 강화도 포격사건이 있었다. 가까이는 러시아 함대 코레츠와 바리야크 두 척을 침몰시켜 일로전쟁의 첫 수를 두었다.

1882년明治15의 난에는 하나부시花房 공사 일행이 한주韓舟에 목숨을 맡기고 헤매었으며, 일청전쟁 때에는 항외의 풍도豊島 해상에서 영단을 내려 적함을 처치하였다. 다만 보기에는 만의 가장자리는 나무가 우거지고 갈매기는 무심히 날아오르며, 흰 돛배는 꿈을 꾸듯 섬 그림자에 걸려서 눈에 들어오는 모든 풍광이 태평하기만 하다. 그러나 말하자면 이처럼 많은 일이 있었다. 인천항의 경치를 대하는 여행객이라면 누구라도 감개가 적지 않을 것이다.

인천의 개항은 1883년明治16 1월이다. 경성에서 육로로 10리里 거리로 마치 일본의 요코하마横濱가 도쿄東京를 대하는 것과 같고, 그에 따른 빠른 번영은 필적할 바를 보지 못하였다. 개항 초기인 1885년明治18의 수출입 무역액은 111만 9천원이었으나, 1895년明治28에는 614만 8천원에 달하였다. 1905년明治38에는 1,978만원으로 나아갔으며 최근 1년간의 총액은 실로 1,672만원을 웃돈다.

인천의 가장 큰 걱정은 해수의 조수간만의 차가 심하고 항만이 불완전한 것이다. 따라서 축항 논의는 멀리 1906년明治39경부터 제창되었으며, 이에 대한 인천 유지의 노력이 불길처럼 맹렬히 일어나 마침내 조정의 의론을 움직여 가까운 시일 내에 착수하게 되었다. 인천항을 위해서는 실로 커다란 복음福音이라고 할 수 있다. 수도가 있으며, 수원水源은 멀리 떨어진 노량진이다.노량진역 부분 참조 기타 도시다운 설비가 대개 정비된 것으로 보인다.

철도는 축현에 역을 하나 두어서 시가 외측을 둘러싸고, 월미도의 맞은 편 기슭으로 나와 교통이 편리하여 화물과 손님이 몰려든다. 또한 축항과 아울러 해륙 접속 공사가 완성될 것이다. 시정이 단정하고 특히 해상에서 바라보는 장려한 항구 경관은 인천항이 자랑할 만하다.

관아

인천부청경정京町 1

중국이사부지나정支那町 2

인천경찰서중정仲町 1

탁지부 세관공사과 인천출장소항정港町 2

인천 수도공영소 및 수도사무소송판정松坂町

지방재판소 인천지부경정 1

관측소산근정山根町 1

중국순포청지나정 2

해군망루월미도

인천세관항정 1

항로표식 관리소항정 1

헌병분대사정寺町

경성감옥 인천분감경정 2

육군운송부 부산지부 인천출장소지나정 1

인천거류민단사무소중정 1

주민호구

	호수	인구(남자)	인구(여자)	합계
내지인	3,025호	5,635인	5,272인	10,907인
조선인	3,555호	7,894인	7,083인	14,977인
중국인	425호	2,410인	68인	2,478인
영국인	13호	14인	13인	27인
독일인	5호	8인	4인	12인
프랑스인	5호	6인	7인	13인

그리스인	3호	4인	3인	7인
포르투갈인	1호	1인		1인
미국인	6호	6인	8인	14인
이탈리아인	1호	1인	1인	2인

교통

수로 인천항에서의 거리 및 증기선 운임

지점	거리(리浬)	1등기선운임 (원)	2등기선 운임(원)	3등기선 운임(원)
군산	118	9	6	3
목포	182	15	10	10
부산	374	12	8	8
간몬(關門)	573	19	13	13
고베(神戶)	813	25	17	17
오사카(大阪)	829	25	17	17
나가사키(長崎)	546	17	12	12
진남포	206	9	6	6
따롄(大連)	300	18	12	12
강화도	20	-	-	60
해주	80	-	4	2
지부(芝罘)	277	-	-	4 지나정크
마포	34	-	-	65전 화선
문산포	32	-	-	65전 화선
둔포	55	-	2원 60전	1원 30전

인력거

지점	축현역부터 운임	인천역부터 운임
경찰서, 우편국 부근	25전	20전
인천세관 파지장(波止場), 항로표식관리소	20전	12전
오사카상선회사지점, 수산회사	25전	20전
아사히야(旭屋)여관, 시라이시(白石)여관, 가부키자(歌舞伎座) 부근	25전	25전
일본공원	25전	30전
모모야마(桃山)공원	35전	45전
핫케이엔(八景園) 부근	30전	20전
시키시마(敷島) 부근	30전	40전
비나 눈이 올 때는 2할증, 야간 1할증		

통신

인천우편국중정 1

화방정花房町 우편취급소화방정 2

화정花町 우편취급소화정

전신취급소정거장 내

시내전화 설비 있으며, 용산, 평양, 기타 주요 각지에 전화 설비 있음.

여관

아사히야 여관빈정濱町 1 객실 24칸

하라킨原金여관중정 1 객실 12칸

하야시다林田여관중정 1 객실 13칸

이나다稻田여관화방정 2 객실 16칸

핫케이엔八景園, 만석동 객실 12칸

인천구락부호텔산수정山手町

이태怡泰스튜어드호텔지나정 3

숙박료 80전 내지 3원 50전, 중식료 40전 내지 1원 50전

요리점

야사카로八坂樓, 궁정宮町 3정목

아사히로朝日樓, 중정仲町 1정목

우로코로鱗樓, 산수정 2정목

이치후지一富士, 중정 2정목

인천구락부중정 1정목

도요켄東洋軒, 궁정 3정목

극장, 연예장, 의원, 교회 및 사사

조선신문사빈정

인천심상고등소학교사정 1

인천상업야학교산수정

인천고등여학교산근정 1

인천유치원산수정

인천병원산수정

아사이淺井병원본정 4

오구라小倉병원궁정 2

사토佐藤병원본정 4

다카키高木병원신정 3

다나카田中병원본정 3

마쓰모토松田병원궁정 3

아카바네赤羽의원중정 2

가와바타川畑병원중정 3

야노矢野동물의원궁정 4

구다키久田木의원송판정松坂町 3

프랑스교회사정 1

메소디스트교회중정 3

동본원사 별원사정 2

서본원사 별원궁정 1

인천사사정 2

묘견사妙見寺사정 2

편조사遍照寺궁정 3

대신궁大神宮일본공원

금평琴平신사일본공원

주산물(최근 1년간)

품명	산출액	가격
생선	463,231관	310,599원
정미(精米)	127,000석	1,650,000원
잡곡	155,933,000근	1,373,923원
된장	60,000관	15,000원
청주	3,917석	109,676원
장유	6,400석	120,00원[159]
제염	5,280,000근	46,000원

은행, 회사 등

조선은행 인천지점

18은행 인천지점

130은행 인천지점

인천상업회의소

한성창고주식회사

오사카상선주식회사 인천지점

일본장유주식회사

일영무역합자회사

다쿠宅합명회사 인천지점

라이징선ライジングサン석유회사 인천출장소

구라치倉知상회

아키타秋田상회

미쓰이물산주식회사 인천지점

인천미두거래소

인천곡물협회

인천전기주식회사

인천지금고支金庫

인천목재합자회사

내국통운주식회사 인천출장소

인천수산주식회사

후지키藤木합자회사

합자회사 기무라구미木村組

159 백단위에 표기하는 ,의 위치가 잘못된 것으로 보인다. 당시 조선총독부 『관보』 등을 참고하면, 120,000원의 오기로 보인다.

인천 일본공원

무역(최근 1년간)

수출 3,316,498원　　　　수입 13,350,584원

| 명승지 |

도산공원桃山公園

축현역에서 동쪽으로 약 10정町 떨어진 우각동牛角洞 작은 언덕에 있다. 1882년明治15 및 1884년明治17의 변란에 전사한 호리모토堀本 중위, 이소바야시磯林 대위 이하가 매장된 곳이다. 경내에 복숭아와 자두나무가 많아 꽃이 필 때 산책하기에 적합하다.

일본공원日本公園

시의 동쪽 궁정宮町의 끄트머리에 있다. 남쪽으로 바다를 면하여 그지없이 넓고 아득하다. 멀리는 팔미도八尾島의 그림자가 바라보이고, 가까이는 월미도와 소월미도 등 여러 섬들이 부르면 바로 대답할 듯하다. 일본 황태자 전하께서 지난

인천항내 대월미도 · 소월미도

1907년明治40 조선에 행계行啓하셨을 때 황공하게도 시종들을 차견差遣하신 영광스런 곳으로 당시 어좌소御座所로 새로 지은 건물을 보존하고 있다.

월미도月尾島, 소월미도小月尾島

항구의 앞쪽에 가로질러 있다. 둘레는 1리里 정도이며 섬에는 자두 꽃이 많아 봄에는 경치를 즐기러 오는 방문객이 끊이지 않는다.

소월미도는 월미도의 남쪽으로 튀어나온 모퉁이에 있으며 지금은 회전 등대가 설치되어 있다.

강화도江華島

인천에서 약 3리里 떨어진 한강 하구에 가로질러 있다. 둘레는 30여 리이며 해안은 절벽으로 옛 포대의 흔적이 여전히 남아있다. 중앙의 마니산摩尼山에는 옛날 단군이 하늘에 제사 지냈다고 일컬어지는 석축 제단이 있다. 고려 고종 조에 이 산의 남쪽에 이궁離宮을 조영하여 강도江都라 불렀으며 역대 국왕의 피난소였다. 이조에 이르러서는 강화 유수留守를 두었고 근래까지 병영이 있었다. 온

섬의 경치가 매우 좋다.

인천항 시가도

겸이포지선兼二浦支線

◉ 겸이포역兼二浦驛

황해도 황주군 송림방(松林坊) 내 겸이포(兼二浦), 황주에서 8리 9분

역은 대동강 왼쪽 기슭을 바라보고 있다. 일청전쟁 때 노즈野津[160] 군대의 도하 지점이었으며 그 맞은편 기슭에는 유명한 기진포旗津浦가 있다. 항내 수심이 깊어서 4천여 톤의 기선이 충분히 정박할 수 있다. 옛날 경의선 건설 당시 재료를 육지로 올리던 곳으로 어느 정도 번화하였지만, 지금은 쇠퇴하여 예전의 모습은 없다.

관아

조선총독부 철도국 겸이포 공장

주민호구

	호수	인구(남자)	인구(여자)	합계
내지인	213호	350인	264인	614인

교통

진남포 수로 18리浬　　평양 수로 20리

통신

겸이포우편소　　전신취급소정거장 내

여관

에히매愛媛여관객실 6칸 숙박료 1원이상 2원까지

160 청일전쟁 당시 제1군사령관, 육군대장이었던 노즈 미치쓰라(野津道貫, 1841~1908)를 가리킨다.

학교, 의원, 사원

겸이포심상소학교

야마구치山口의원

본파 본원사 출장소

시장

조선인의 시장이 있으며 월 6회 열린다. 1회 거래액은 7백 원 내외.

농장 등

요시무라吉村농장

겸이포광산 우치야마內山사무소

진남포지선鎭南浦支線

◉ 대평역大平驛

평안남도 평양군 고수화면(古須和面) 하삼리(下三里) 광탄동(廣灘洞), 평양에서 9리 8분

진남포鎭南浦지선은 평양에서 분기하며 대동강 두둑을 따라 서쪽으로 이어진다. 대평역은 그 첫 번째 역이다. 개업한 지 얼마 되지 않아 아직 물자의 집산과 여객의 왕래가 바쁠 정도라고는 할 수 없지만, 대동강 왼쪽의 비옥한 들녘을 관통하며 장래 번영이 기대됨과 동시에 연선沿線, 수향水鄕 및 곡포曲浦의 풍광을 감상하기 좋다.

관아

대평동 헌병분견소역 앞

주민호구

	호수	인구(남자)	인구(여자)	합계
내지인	12호	20인	14인	34인
조선인	147호	430인	394인	824인

주산물

쌀, 보리, 대두, 생사 등

시장

신흥장新興場역에서 0.5리里에서 2일, 7일에 열리며 거래 월액은 2,600원에 달한다.

○ **제3 보통강普通江 철도교** 평양역에서 1리哩 33쇄 떨어져 있으며, 길이는 564척呎.

○ **동군강東軍江 철도교** 평양역에서 7리 73쇄 떨어져 있으며, 길이는 276척.

○ **목포강木浦江 철도교** 평양역에서 19쇄 떨어져 있으며, 길이는 192척.

○ **대보강大寶江 철도교** 평양역에서 59쇄 떨어져 있으며, 길이는 168척.

○ **대평강大平江 철도교** 평양역에서 1리 17쇄 떨어져 있으며, 길이는 120척.

○ **원동강院洞江 철도교** 평양역에서 6리 16쇄 떨어져 있으며, 길이는 186척.

○ **서강西江 철도교** 평양역에서 7리 6쇄 떨어져 있으며, 길이는 258척.

◉ 기양역岐陽驛

평안남도 강서군(江西郡) 사진면(沙津面) 기양리, 평양에서 17리 6분

강서군아에서 2리里 떨어져 있다. 지세는 남쪽으로 소학산巢鶴山을 등지고, 북쪽으로 인산因山산맥이 둘러있다. 서쪽의 귀퉁이와 동쪽 일대는 비옥한 평야로 군내 유일한 쌀 생산지이다. 또 부근 일대는 철과 무연탄 광맥이 있어 장래 유망한 땅이다.

관아

평안남도 농사시작소農事試作所, 역 앞

주민호구

	호수	인구(남자)	인구(여자)	합계
내지인	9호	22인	5인	27인
조선인	116호	305인	259인	564인

교통

청산포青山浦 수로 1리里 　 평양 수로 7.5리

진남포 수로 7리

이상 증파도강曾巴圖江[161] 하류는 대동강과 통함 수운 편이 있음.

강서江西 육로 2리 　 광량만廣梁灣 육로 9리

용강龍岡 육로 2리 33정町 　 온정리溫井里 육로 7리

161 각종 고지도에서 증파도강은 확인되지 않는다.

보산진保山鎭 육로 1리

마배 운임 1리 당 30전, 가마 운임 1리 당 40전, 짐꾼 운임 1리 당 15전의 비율.

주산물

쌀, 면화, 소 등이다.

시장

1일, 6일에 열리며 시장의 거래액은 매번 5백 원을 밑돌지 않는다.

| 명승지 |

약수동의 탄산천

강서가도를 따라 가다보면 1리 못 미쳐서 냉천이 용출하는 곳이 있다. 현지인이 이를 약수라 부르는데 가까이 또는 멀리에서 와서 음용한다. 또 여기서 10町정 떨어진 곳에 탄산천이 용출한다.

용강온천

용강군 온천리에 있다. 역에서 약 6리 떨어져 있으며, 온천은 무색투명하고 맵고 짠 맛이 난다. 위장병과 류머티즘에 특효가 있다. 현재 내지인의 여관이 하나 있다.

보산진保山鎭의 성곽

역에서 남쪽으로 대동강을 향해 1.5리 정도 떨어진 곳에 보산진이 있다. 예전에는 작은 섬이었으나 흙을 쌓아서 오른쪽 기슭을 막았으며 전체가 육지와 이어져 있다. 대동강이 내려다보이며 절벽이 높게 깎아질렀으며 성벽이 있다.

강서읍江西邑

역에서 북쪽으로 2리里 떨어져 있다. 군아와 헌병분대, 우편국 등의 소재지이다.

○ **석천천石泉川 철도교** 역에서 3리哩 35쇄 떨어져 있으며, 길이는 120척呎.

◉ 진지동역眞池洞驛

평안남도 용강군 일련지면(日蓮池面) 진지동, 평양에서 25리 3분

역은 용강군아에서 1里리 30정町 떨어져 있다.

주민호구

	호수	인구(남자)	인구(여자)	합계
내지인	11호	23인	9인	32인
조선인	60호	148인	172인	320인

교통

용강읍 육로 1리 30정

광량만 육로 4리 32정

진남포 육로 3리 15정

용강온천 육로 4리 18정

마배 운임 1리 당 30전, 가마 운임 1리 당 60전, 짐꾼 운임 1리 당 20전의 비율.

학교, 교회

야소교회

진眞학교[162]

주산물(최근 1년간)

조 16,000석

쌀 12,000석

대두 4,000석

소두 6,000석

소 1,000두

우피 700매

면화 45,000관

대두 8,000석[163]

소맥 3,000석

162 지운면(池雲面)에 있던 삼진(三眞)학교를 가리키는 것으로 보인다. 한국학중앙연구원의 『한국민족문화대백과사전』에는 1901년에 설립된 것으로 나오지만, 『동아일보』(1927. 1.2) 기사에는 광무 9년, 즉 1905년에 설립되었다고 나온다.

163 대두 생산이 중복되었으나 생산량의 차이가 있다.

| 명승지 |

황룡성黃龍城

역에서 서쪽으로 2리里 떨어져 있다. 용강읍의 뒤쪽에 하늘 높이 솟아 있다.

○ **일하지천**日荷池川 **철도교** 역에서 61쇄 떨어져 있으며, 길이는 144척呎.

○ **제2 사동포**沙洞浦 **철도교** 역에서 2리哩 23쇄 떨어져 있으며, 길이는 264척.

○ **조일강**朝日江 **철도교** 역에서 7리 13쇄 떨어져 있으며, 길이는 216척.

◉ 진남포역鎭南浦驛

평안남도 진남포부, 원통면(元統面) 상대리(上大里), 북위 38도, 동경 125도 40분, 평양에서 34리 3분

진남포는 대동강을 약 10해리海里 거슬러 올라가며, 수심은 30척尺 내지 70척이고 강폭은 약 2해리로 큰 군함과 선박이 충분히 정박할 수 있다. 1897년明治30 10월에 개항하였으며, 일청 · 일로 전쟁 때에 모두 일본군이 상륙한 지점이다. 다만 겨울 3개월 동안은 유빙이 장애가 되어 항해가 두절되는 것이 커다란 결점이다. 근래에 이 근심에서 벗어나기 위하여 완전한 선거船渠공사 작업 중에 있다. 비할 바 없이 풍요롭다고 일컬어지는 대동강과 재령강 유역은 실로 본 항의 자원으로, 곡류 수출지로서 반도 제일인 것도 이 덕분이다. 특히 아주 가깝게 마주보는 다롄大連, 즈푸芝罘 등 중국의 여러 항구와 상업상 새로운 관계가 생겨나고 있는 점은 본 항의 가장 큰 특색이라 할 것이다.

최근 1년 수출입액은 560여만 원이고, 인구는 4,250여 명이다. 북청北淸 항로를 보유하며 인천 이남의 내지와 항해가 빈번하다.

관아

진남부청욱정

진남포경찰서삼화통三和通

진남포 구재판소비석동碑石洞

지방재판소 진남포지점비석동

진남포세관명협통明鋏通

평양감옥 진남포분감신병동新兵洞

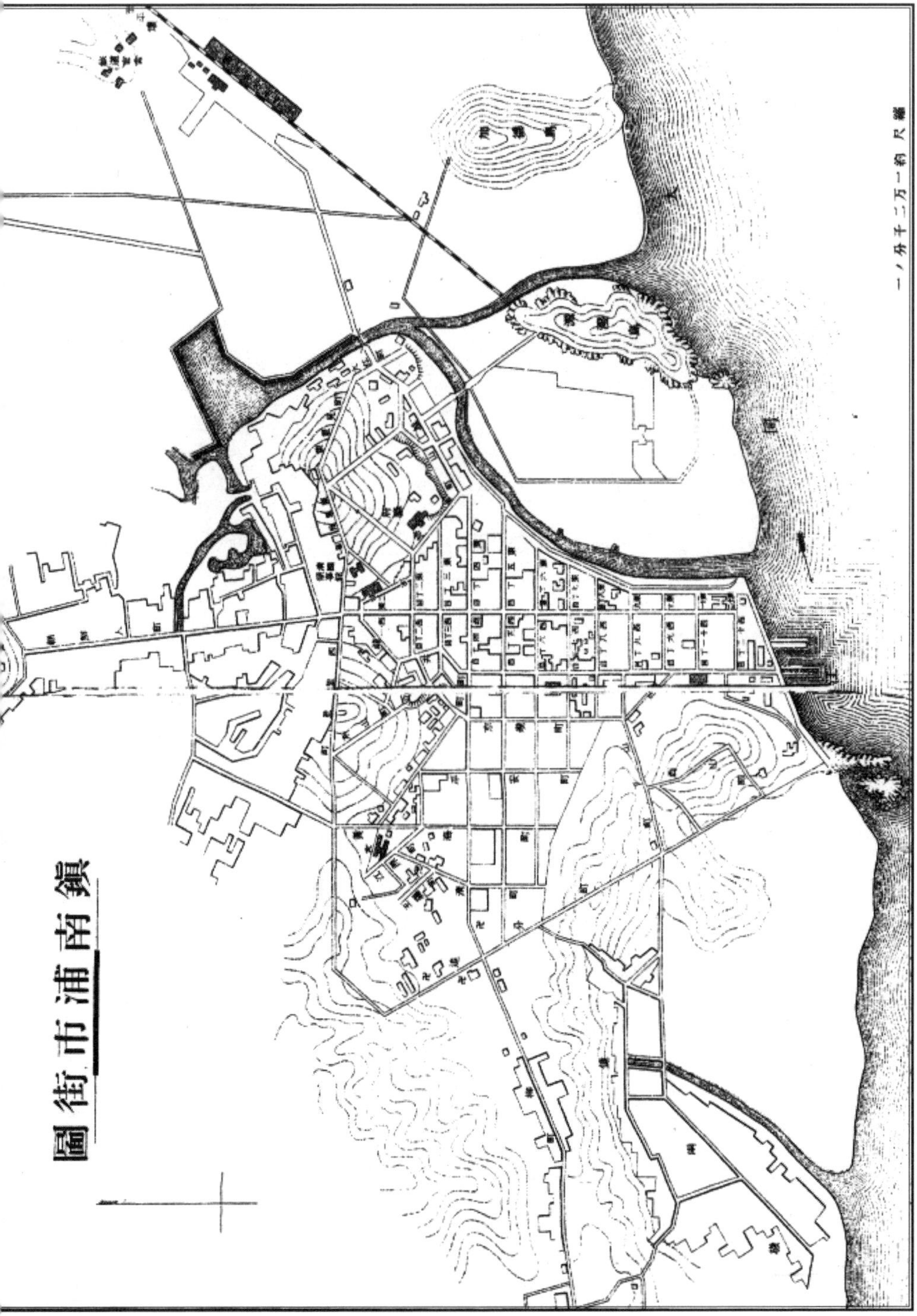

진남포 시가도

진남포 전경

탁지부 세관공사과 진남포출장소축항築港　제철소 출장소용정정龍井町

내무부 지방국 토목과 진남포파출소성산정城山町

진남포거류민단역소동東 2정목

주민호구

	호수	인구(남자)	인구(여자)	합계
내지인	1,122호	3,359인	1,893인	4,252인
조선인	2,348호	3,445인	4,497인	7,942인
중국인	101호	271인	25인	296인

교통

수로

지점	1등기선 운임	2등기선 운임	3등기선 운임
나가사키	25원	17원	9원
고노우라(郷ノ浦)	23원	16원	8원 50전
이즈하라(嚴原)	22원 50전	15원 50전	8원
부산	13원 50전	9원	4원 50전
목포	15원	10원	5원

인천	9원	6원	3원
용암포	9원	6원	3원
신의주	9원	6원	3원
안동현	9원	6원	3원
다롄	15원	10원	5원

이상은 오사카 상선 및 사외선社外船 편이 있다.

광량만까지 화선 편이 있으며 1인 당 60전.

인력거 운임정거장부터

욱정, 산성정山城町 15전

황해정黃海町, 충청정忠淸町, 북정北町, 강원정江原町, 임정林町 20전

추분정追分町 부근 30전

기정幾町, 수도정水道町, 궁정弓町, 평안정平安町, 용정정 25전

파지장波止場 35전

마산리麻山里, 억량기億兩機 40전

시외 1리 당 50전, 1일 1원 80전, 반일 1원, 대기 1시간 8전, 야간 및 눈비 올 때 2할증.

마차 운임정거장부터

부청 부근 10전

하나야마자花山座 부근 12전

파지장 20전

유정柳町 25전

삼화三和화원 20전

조선정朝鮮町 입구 15전

재판소 부근 20전

광량만 1원 10전

야간 및 눈이나 비가 올 때 2할증.

짐꾼 운임

정거장부터 시내까지 짐 1개 7전.

통신

진남포 우편국명협통

시내전화 및 평양, 경성, 개성, 광량만 등 기타 지역에 시외전화 설비 있음.

전신취급소정거장 내

여관, 요리점

아사히칸朝日館, 요리겸업 객실 11칸

후소칸扶桑館, 요리겸업 객실 6칸

메이게쓰칸明月館 객실 24칸

하라킨原金여관 객실 9칸

나니와칸浪華館 객실 12칸

지요마쓰千代松여관 객실 5칸

미카즈키三日月여관 객실 9칸

삼화관三和館[164] 객실 8칸

숙박료 1원 이상 4원까지, 중식료 40전 이상 1원 50전 까지.

다마야玉屋

다이아이테이大愛亭

(이상 요리점)

극장, 구락부

하나야마자

삼화구락부당구 및 바둑 설비 있음

학교, 신문사, 의원, 교회, 사사

민단립 심상고등소학교

공립 보통학교

진남포신보사

진남포병원

삼화병원

오오카大岡의원

나카야마中山의원

동본원사 출장소

서본원사 포교소

고야산高野山 출장소

삼화사三和寺

최승사最勝寺

천조황태신궁天照皇太神宮

가덕신사加德神社

은행, 회사, 기타

조선은행 진남포출장소

130은행 진남포출장소

평남농공은행 진남포지점

평양 수형조합手形組合 진남포출장소

---

164 진남포는 본래 증산 남쪽에 있는 포구라 하여 증산포로 불렸다. 고려 말에는 삼화현에 속하였고 조선 시대에는 삼화군에 속한 작은 어촌이었다. 진남포라는 이름은 1908년에 진남포부가 되면서 붙여진 이름이며, 1952년에는 남포시로 개칭되었다. 여관명이나 병원, 회사 등의 이름에 삼화가 들어간 것은 지명에서 유래한 것으로 판단하여 일본어 발음이 아닌 삼화로 쓴다.

광량만 염전

삼화三和금융조합 사무소

내지인 상업회의소

조선인 상업회의소

농회農會 진남포지점

삼화행원회三和行元會 행원회行元會

뉴욕紐育 스탠다드スタンダード석유회사 진남포출장소

오사카상선주식회사 진남포지점

진남포 전등주식회사

합자회사 나카무라구미中村組

| 명승지 |

남포팔경南浦八景[165]

진남포는 새로 연 지 얼마 되지 않아 산책할 곳이 적지만 이른 바 남포 팔경을

165 미즈노 릿센(水野立仙) 편 『鎭南浦』(진남포상업회의소, 1921년)에는 남포팔경 항목에서 "조선인들이 선택한 팔경이 언제부터인가 전한다"는 설명과 함께 "飛潑賞春, 加德丹楓, 甑南山望月, 烟臺夕照, 蝦市觀燈, 築洞送客, 明峽歸帆, 北倉細雨"(p.38)라고 되어 있다. 이와 유사하게는 『개벽』 제51호(1924.9.1) 「平壤府의 藩屏인 大同郡」에는 남포팔경으로 "飛潑賞春, 加德丹楓, 甑南望月, 烟臺夕照, 蝦市觀燈, 築洞送客, 明峽歸帆, 北倉細雨"(p.101)를 들고 있다. 비발(飛潑)은 비발도(飛潑島)를 가리키는 것으로 보인다. 19세기 중반에 제작된 「동여도」에는 평안남도 용강군 비발(庇鉢)의 지명이 보인다. 또 간행년도(단, 일제

들면, 비발庇鉢의 상춘賞春, 가덕의 단풍, 증남산甑南山의 망월望月, 연대烟臺의 석조夕照, 하시蝦市의 관등觀燈, 축동築洞의 송객送客, 명협明峽의 귀범歸帆, 북창北倉의 세우 細雨

광량만의 염전

광량만은 진남포에서 4리里 떨어진 대동강 하류에 있다. 정부사업으로 현재 염전 건설 중이다. 공사가 준공되면 면적 1천 정보町步, 1개년 제염 약 1억 2천만 근을 수확할 것이라 한다.

안악온천安岳溫泉

맞은 편 기슭인 안악군에 있다. 강을 건너가려면 약 3리里 거리로 교통이 불편하며 설비가 온전하지 않아 아쉽다.

조선철도 선로 안내 마침

강점기로 추정됨)와 저자 미상의 필사본 『조선지지자료(朝鮮地誌資料)』 47 「진남포군」편에는 '비발도(庇鉢島)'의 이름이 나온다. 한편, 1920년 11월 27일자 『매일신보』의 「문원(文苑)」란에는 하담(荷潭) 김영(金漢)의 「진남포팔경」이 실려 있다. 그러나 "西湖津歸帆(億機), 小瀛洲納凉(潑島), 萬壽山秀松(楓山), 南林亭觀楓(旭崗), 放鶴池漁夫(驛池)"의 다섯 수만 실려 있고, 위의 남포팔경에는 없는 중국의 지명을 빗대어서 쓴 점이 특색이다. 이처럼 한시의 형식으로 남포팔경을 읊은 것으로는 아카시 준(明石淳) 『鎭南浦』(진남포통신사, 1933)가 있다. 여기에는 "飛潑島納凉, 三和園秋月, 億兩機里歸帆, 麻山里夜雨, 芝山洞暮烟, 漢頭浦落雁, 九月山殘雪, 大同江流水"(pp.61~63)의 각 제목에 칠언 절구 여덟 수가 실려 있다. 다만, 팔경의 내용에는 차이가 있다.

1911년 4월 30일 인쇄

1911년 5월 3일 발행

조선총독부 철도국

인쇄인　도쿄시 니혼바시구日本橋區 가부토초兜町 2번지
기요미즈 마쓰노스케清水松之助

인쇄소　도쿄시 니혼바시구 가부토초 2번지
도쿄인쇄주식회사

제3부

조선철도 여행 안내

부록 | 금강산 탐승 안내

東雲寫

조선철도 여행 안내 목차

조선철도여행 안내

남만주철도주식회사

경성관리국 편

조선선의 개요

1918년大正6 7월 조선의 국유철도를 만철회사가 위탁 경영하게 하는 칙령이 발포되었다. 이로써 조선과 만주의 철도는 동일한 주체가 경영하게 되었다. 같은 해 8월 1일부터 회사는 조선 내 철도 및 부대업무 일체를 시작하고 이를 만주선과 아울러 조선선이라 하였으며, 용산에 경성관리국을 설치하여 업무를 처리하게 하고 있다. 조선선의 역사는 1896년明治29 미국인 제임스 R. 모스 씨가 경성 인천 간 철도부설 특허를 한국정부에게 획득한 데서 시작한다. 공사 중에 경인철도합자회사가 그 권리를 매수하여 1899년明治32 9월에 노량진 간 20여 리哩를, 1900년明治33 10월에 노량진과 서대문 간 5리를 개업하였다. 이로써 비로소 경성과 인천, 즉 수도와 그 인후咽喉인 해항의 연결이 완성되었다. 마치 내지 철도가 도쿄東京와 요코하마橫濱 간을 최초로 개통한 것과 동일한 경로이다.

경부본선은 경부철도주식회사가 1901년明治34 8월 남으로는 초량에서 북으로는 영등포에서 공사를 시작했는데, 일로日露의 풍운이 급박해진 시기여서 정부는 경부철도를 속히 완성할 필요성을 인정하고 명령을 발포하여 크게 공사를 진척시킨 결과, 1905년明治38 1월 전 노선 267리를 준공하여 운수영업을 개시하게 되었다. 경부본선 및 마산선은 일로전쟁 중 임시군용철도감부臨時軍用鐵道監部가 기공하여 병마공총兵馬倥偬의 여러 곤란함을 물리치고 빠른 완공을 큰 뜻으로 삼았다. 마산선은 1905년 5월에 먼저 개통하였고, 경의선은 기공 이래 2년의 세월을 지낸 다음 해인 1906년明治39 3월에 전 노선 3백여 리의 선로 부설을 준공하여 열차운전이 가능하게 되었다.

같은 해 이들 철도는 국유가 되었다. 경성에 통감부 철도관리국이 설치되어 경

(위에서부터) 전망차 내부, 조선선 2등차내 조선선 3등차내

(위에서부터) 조선선 1등차내, 1등 침대(풀만 식), 1등차내 특별실, 식당차 내부

부·경인 두 노선을 매수하였고, 경의·마산 두 노선의 소관을 이전하여 비로소 조선에서 철도통일의 결실을 맺었다. 이후 그 소관의 명칭은 철도청, 통감부 철도국으로 몇 번 개칭되었지만 건설 경영의 방침은 변함이 없었다. 이미 완성된 노선의 개량공사와 함께 새로운 노선 부설도 착실히 진척되어 1910년明治43 10월에는 평남선 34여 리가 개통되었다.

이상으로 반도를 남북으로 꿰뚫은 주간선主幹線과 그 영양선營養線인 작은 지선支線이 완성되었는데, 교통기관으로서의 완벽을 기하려면 이를 더욱더 만주의 철도와 접속시켜야 했다.

당시 만주의 펑톈奉天·안둥安東 간 철도는 경편선輕便線이었고, 국경을 가르는 압록강에는 가교설비가 없어서 지극히 불편하였다. 전자의 궤도확장공사는 만철회사에서, 후자의 가교공사는 조선의 철도관리국에서 시행하였다. 1911년明治44 10월 두 공사가 준공되어 선만鮮滿철도가 연결·수송하는 길이 열렸고, 조선선은 일약 세계 주요 교통로의 일부를 점하게 되었다. 그 결과 다음해에는 내지 및 시베리아西伯利亞 철도의 급행열차를 쌍방으로 연결시키기 위해 부산·창춘長春 간 직통 급행열차를 운전하기에 이르렀다본 열차는 그 후 시국상황으로 운전을 중지하였다.

전라남북도의 비옥한 평야를 관통하는 호남선 176여 리, 동부 일본해안의 주요 항구 원산에 이르는 경원선 138여 리는 반도 산업을 떨쳐 일으키는 데 가장 필요한 노선이므로, 이 역시 부설의 빠른 완성을 지향하였다. 호남선은 1914년大正3 1월, 경원선은 같은 해 8월에 전 노선을 개통하였다. 또 경원선의 연장선로인 함경선은 회사가 경영수탁하기 이전, 즉 1917년大正6부터 공사를 시작한 것을 계승하여 순조롭게 공사를 진척하여, 현재 북부는 회령會寧·경성鏡城 간을, 남부는 원산元山·함흥咸興 간을 부분적으로 완성시켜 개업하였다. 현재 조선선의 영업 이수哩數는 연장 1,156리 3분分으로 노선별은 다음과 같다.

경부선　323리 8분

　　경부본선　280리 6분　　　마산선　24리 8분

　　경인선　18리 4분

경의선	368리 5분	
	경의본선 310리 2분	겸이포선 8리 1분
	평남선 34리 3분	평양탄광선 15리 9분
호남선	176리 1분	
	호남본선 161리 8분	군산선 14리 3분
경원선	138리 4분	
함경선	149리 5분	
	남부 77리	북부 72리 5분

해운대 해안

(위에서부터) 부산정거장과 부산호텔 | 부산호텔 술집(좌) | 부산호텔 현관(우) |
부산 제2 잔교(棧橋) | 부산 제1 잔교의 선차(船車)연락

(위에서부터) 부산항 전경 | 부산 용두산공원(좌) | 부산우편국 앞(중) | 부산 다이쇼(大正)공원(우)

(위에서부터) 동래 온천장 | 범어사 전경 | 해운대 온천장 | 거문고타는 기생

부산부근 지도

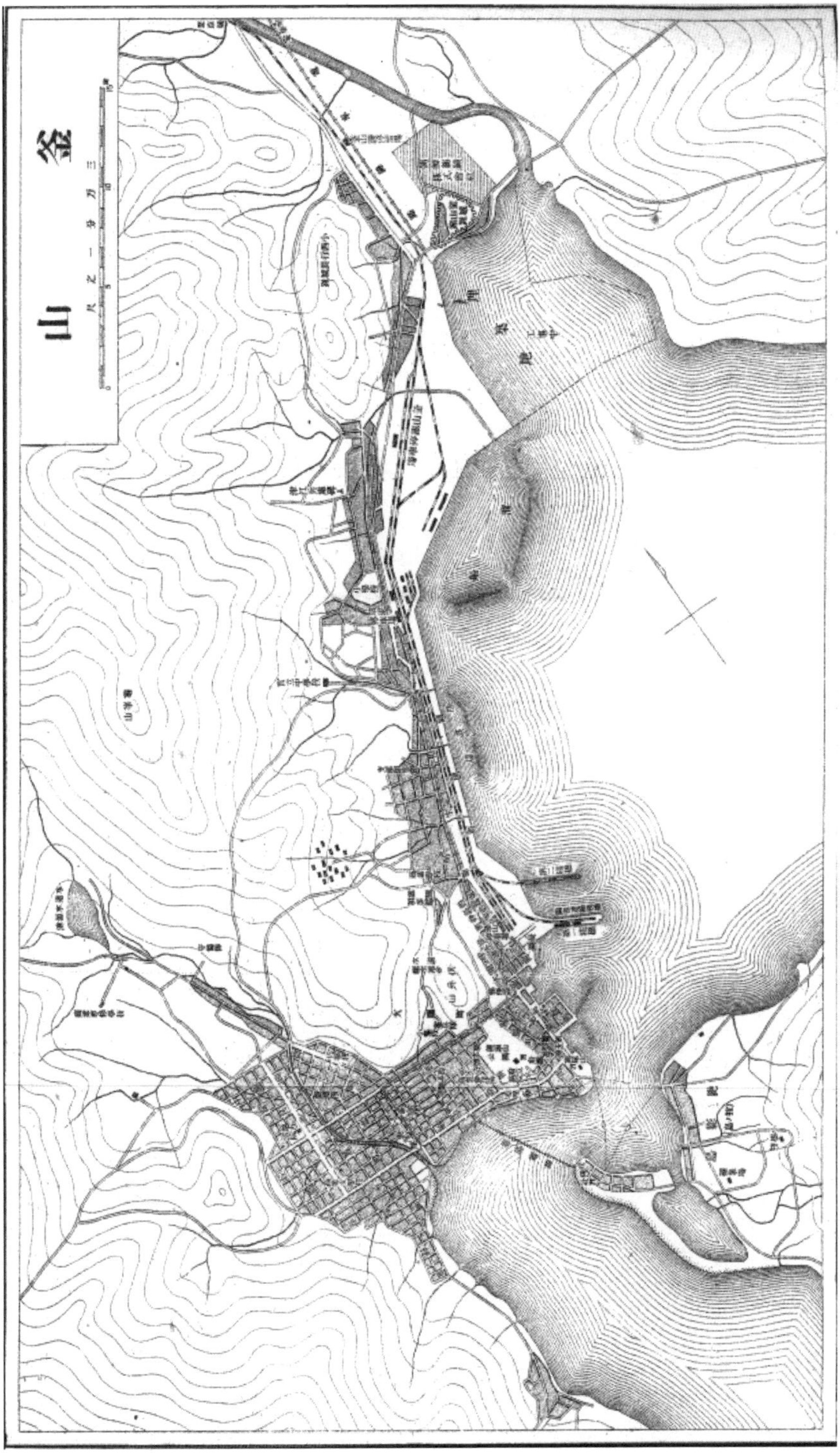

부산지도

경부본선

부산·남대문 간 280리哩 6분分[1]

관부關釜 연락선이 기착하는 부산역에서 반도의 수도인 경성의 남대문역까지가 경부선의 구역이다. 부산을 출발해서 얼마 지나지 않아 좌측 창으로 눈에 들어오는 큰 강이 영남지방의 배수로라고도 할 만한 낙동강으로, 삼랑진에 이르러 한번 이 큰 강으로 나뉘고[2] 선로 역시 여기서 마산선으로 분기하여 유명한 진해만에 다다른다. 은어로 유명한 밀양강은 여기서 좌측 창 혹은 우측 창으로 보이다 안 보이다 한다. 이윽고 청도역을 지나면 본선 중 가장 긴 성현省峴터널이 나온다. 터널을 나오면 얼마 지나지 않아 경산역이 있고, 다음은 경성 이남에서 최대 도시이자 경상북도 도청 소재지인 대구역이 있다. 그 위 왜관역 부근에서 삼랑진에서 갈라진 낙동강을 다시 만나고, 또 본 노선에서 특별한 발전을 이룬 김천역을 지나 추풍령역에 도착한다. 추풍령은 경상도와 충청도의 경계선으로 낙동강과 금강의 분수령이며 본선 중의 가장 높은 지점이다. 여기서 대전역이 나올 때까지는 실로 산악이 중첩되는 산간이며, 또 금강을 앞뒤로 세 번 가로지른다. 대전역은 호남선의 분기점으로 군산과 목포 두 항구를 끼고 있어 지리적으로 매우 견고하고 유리한 형세이다.

신탄진역의 북단을 흐르는 금강을 건너 부강역을 지나면 좌측 창으로 청주평야가 바라보이며, 여기서 좀더 지나면 조치원역이 있다. 이곳도 대전에 뒤지지 않는 형세로 도청소재지인 청주와 공주의 현관이 되고 있다. 온양온천으로 가는 승강역인 천안의 다음은 일청전쟁 때 이름 높은 전장이었던 성환역이다. 마쓰자키松崎 대위가 전사한 장소라 하는 안도천安渡川[3]을 건너 평택역을 지나면,

1 각 역과 기점과의 거리 단위는 리(哩)와 분(分)을 쓰고 있다. 이하 각 항목에서는 한자 생략.

2 지도에서 검색하면, 낙동강이 서낙동강과 분기되는 지점은 구포와 물금 사이로 삼랑진과는 거리가 있다. 또 삼랑진 부근에서 밀양강이 낙동강으로 합류한다.

3 『한국철도 선로 안내』(1908), 『조선철도 선로 안내』(1911)에는 안성도(安城渡)로 나온다.

화산華山의 깊은 숲을 우측 창으로 내다보면서 수원역에 도착한다. 거기서 경성까지는 겨우 한 시간 거리이다. 경인선의 분기역인 영등포는 한강의 왼쪽 기슭에 있으며, 강을 건너 우측 기슭의 용산역에서는 경원선이 분기한다. 용산이라고는 해도 이곳은 경성 시가지이며 좌우 차창으로 시가를 내려다 보이는 둑길을 달려서 열차는 본선의 종착역인 남대문에 도착한다.

부산역

남대문까지 280리 6분, 안둥(安東)까지 590리 8분
경상남도 부산부(釜山府) 고도정(高島町). 동경129도, 북위35도 6분.
기온 최저 2.5도, 최고 25.2도, 평균 13.5도.

연혁

부산지방은 옛날에 가락국駕洛國이었다가 그 뒤 신라, 고려를 거쳐 이조李朝가 일어날 무렵, 점점 더 창궐하는 왜구를 끊어내기 위해, 때로 쓰시마對馬를 습격하거나 쓰시마對馬의 국주國主 소씨宗氏를 끼고 일본[4]에 거스르거나 했던 당시, 염포·제포와 함께 내지인을 위한 교통장으로 열린 삼포의 하나이다. 그런데 왜구는 변함없이 끊이지 않아 조선으로서는 매우 곤란하던 때, 이른바 삼포의 난이 일어났고 또 풍공豐公의 조선 정벌[5]이 일어나, 재류하는 내지인 전원의 퇴거가 임박했는데, 소 씨가 크게 진력하여 지금까지 각 지에 산재해 있던 내지인을 한 곳으로 모아 그 곳에서 소 씨의 단속 하에 품종과 수량이 제한된 무역을 하게 되었다. 그러다가 1609년慶長14의 기유조약己酉條約으로 거류지로 선정된 곳이 부산인데, 그 구역은 용두산을 일주한 정도의 면적으로 지금의 부산의 약 3분의 1 정도의 넓이에 지나지 않고, 게다가 주위에 울타리를 둘러치고 엄중한 수비를 해서 내지인은 그 밖으로 한 걸음도 나갈 수 없었다.

1876년明治9 일한수호조약이 체결되어 새롭게 관리청이 설치되고, 1880년明治13에는 관리청이 영사관으로 바뀌었다. 이 무렵에 유보遊步규정[6]이 세워져 거류민

4 본문에는 본조(本朝)라고 표기하고 있다.

5 풍공은 도요토미 히데요시(豐臣秀吉)이다. 임진왜란을 가리켜 본서에서는 '조선정벌' '분로쿠의 역' 등의 용어를 쓰고 있다.

6 1876년 8월 24일 시행된 조일수호조규부록은 조일수호조교(일명, 강화도조약)을 보완하기 위해 조인된 조약인데, 일본이 제시한 원안에 조선 측이 반대했던 세 조항이 삭제되었다. 그 가운데 일본인의 자유 활

은 점차 동래까지 왕래가 허가되었다. 이후 몇 번 조약이 개정되어 내지인 거주자가 점차 증가하고, 1904년明治37 경부철도 공사가 시작된 무렵[7]부터 점차 새로운 시대의 무역기에 진입하여 오늘날에 이른 것이다.

조선 동남단의 주요 무역항인 부산은 조선해협 120여 리浬를 사이에 두고 시모노세키下關를 마주 대하고 있다. 이 사이를 관부關釜연락선이 아침저녁 두 차례 운행하는데 주로 여객의 왕래 수단으로 보통 11시간 이내에 도착한다. 항구에는 절영도絶影島, 동백도冬柏島 같은 섬이 가로질러 있고 적기赤崎의 돌출된 곳을 끌어안아 있어 천연의 방파제가 된다. 항내는 물이 잔잔하지만 항구의 수로가 좁아 큰 선박이 항내에 닻 내리는 구역은 그다지 넓지 않아서, 현재 항만 대개축에 착수하여 오는 1924년大正13에는 준공될 예정이다.

항내에는 두 개의 큰 잔교가 있다. 제1 잔교는 철조로 된 편잔교片棧橋로 관부연락선의 정박 전용이며, 이를 따라 나 있는 돌제突堤에는 부산정거장부터 철도가 연장 부설되어 급행 및 직통 열차가 이곳에서 발착한다. 철로와 잔교 중간에 큰 상옥上屋이 있고 내부에는 여객대합실, 매표소, 수하물취급소, 화폐교환소, 전보취급소, 기타 선차 연락에 필요한 일체 설비가 정비되어 있다. 제2 잔교는 제1 잔교와 나란히 있는 양측 잔교로 이곳에는 2만 톤과 7천 톤급의 큰 기선을 두 척씩 동시에 계류할 수 있으며, 다리 위에는 철도 선로를 중심으로 양쪽에 큰 창고가 줄지어 세워져 주로 화물의 해륙연락용으로 병용되고 있다. 정거장은 제1 잔교에서 상옥上屋이 줄지어 있는데 잔교에서 발착하는 급행과 직통열차 이외 대부분의 열차는 여기에서 발착한다. 역사驛舍는 고전부흥방식[8]을 절충한 2층 벽돌 건물로, 일부는 철도직영의 스테이션 호텔[9]로 사용되고 있다. 호텔의 루프 가든에서는 항내가 한눈에 보이는 조망이 아름답다.

동 지역인 유보지역을 10리(조선이정)로 타결하였다.

7 경부선 기공은 1901년 8월이며, 1904년 12월 27일 완공하고 1905년 1월 1일 개통하였다. 본문에는 별도표시가 없지만, 1904년을 끊어 읽어, '진입하여'와 호응하는 것으로 보는 것이 문맥상 자연스럽다.

8 르네상스 양식을 가리킨다.

9 원문은 가타카나로 표기하고 있다. 본서에는 외래어의 가타카나 표기가 많이 보이는데, 당시 시대상황을 엿볼 수 있기 때문에 우리말로 순화하지 않고 그대로 표기한다.

부산항의 최근 수출액과 수입액의 총액은 1억 5,400여만 원으로, 십년 전과 비교하면 열배 이상 증가하였고, 그 내역에 수이출액輸移出額이 수이입액輸移入額을 초과한 것이 2,400여만 원을 웃돌고 있다. 주된 수이출품은 쌀, 대두, 해산물 등으로 조선내지 산업의 빠른 발전과 아울러 점점 더 번성하는 상황이다. 시내에서는 정미精米, 제염 등의 공장이 여러 곳에 보이지만 아직 모두 소규모를 면하지 못하고 있으나, 오직 해산물은 어항, 시장, 제빙공장 등 어업 상 필요한 설비가 정돈되어 동남연해의 풍부한 어업의 중심지임이 인정된다.

요컨대 부산항은 곡물과 어류의 시장으로 수출입하는 여러 상품을 부산항에서 곧바로 소화하는 액수는 그다지 크지는 않고 대부분은 부근의 여러 시장으로 다시 옮겨지고 있다.

인구

	조선인	내지인	외국인	합계
인구	40,549인	32,786인	248인	73,583인
호수	9,512호	7,662호	55호	17,229호

관공아(官公衙), 기타

부청상반정常磐町

지방법원부민정富民町

우편국대창정大倉町

감옥대신동大新洞

육군운수부 지부대청정大廳町

체신국 해사과海事課 출장소행정幸町

철도성 경영소제1 잔교 내

측후소보수정寶水町

부립병원변천정辨天町

상업학교瀛州洞

기타 소학교 6곳

세관고도정高島町

부산구법원초량언덕 아래

경찰서금평정琴平町

우역혈정제조소牛疫血精製造所 암남동岩南洞

육군창고대청정

토목부 출장소영정榮町

헌병 분대대청정

도서관용두산

상업전수학교대신동大新洞

고등여학교토성정土城町

유치원 2곳

실습여학교서정西町

상업야학학교대청정

상업회의소

상품진열소

광산관서정

부산일보안본정岸本町

조선시보변천정

부산수산회사남빈정

수산수출회사본정本町

식료품회사남빈정

부산연초회사보수정

일청제다회사日清製茶會社 부민정

공동창고회사장전정藏前町

오사카상선회사 지점고도정

조선유선회사 지점좌도정佐渡町

조선와사전기회사 지점토성정

조선흥업회사 지점토성정

미쓰이三井물산회사 지점금평정

스즈키鈴木상점 지점토성정

조선경질도기회사절영도

조선수산조합본정

부산상업은행금평정

부산제일금융조합본정

조선은행 지점대청정

제일은행 지점본정

제18은행 지점본정

제130은행 지점본정

식산은행 지점매립 신정

한성은행 지점본점[10]

항로

부산-시모노세키	1일 2회철도성
나가사키長崎-부산선	월 5회
하카다博多-부산선	월 7회쓰시마운수회사
오사카-청진淸津선	월 4회오사카상선회사
오사카-청진선	연 18회고코互光상회
오사카-인천선	월 3회아마가사키尼崎기선회사
부산-제주도선	월 5회
부산-울릉도선	월 4회
오사카-블라디보스토크[浦鹽]선	월 3회

10 본정(本町)의 오기로 보인다.

모지門司[11]-웅기雄基선	월 4회
부산-원산선	월 7회
부산-목포선	월 20회
부산-여수선조선우편회사	월10회

| 시내명소 |

부산에 상륙하여 첫인상은 시가지가 온전한 내지풍이라는 점이다. 이곳은 전혀 조선의 정취를 맛볼 수 없을 정도로 내지화한 곳이다. 잔교에서 시가 쪽으로 넓은 길로 나오면 좌측에 있는 큰 벽돌 건축물이 부산세관이고 그 옆에는 오사카상선회사 지점이 있다. 앞에는 역전 광장으로 시내전차가 다니고 있다. 선로를 북쪽으로 향하면 초량, 부산진 시가이며 서쪽으로 선로를 따라가면 부산 시가이다. 역에서 23정町 거리에 우편국이 있고 여기서 전찻길이 분기하는데, 오른쪽으로 꺾어지면 대청정통大廳町通이며 조금 더 직진하면 변천정통辨天町通이 나온다. 이 두 대로는 부산시가 번화가의 중심축이며 대로 사이에 소나무가 빽빽하게 서 있는 언덕을 〔용두산龍頭山〕이라고 한다. 이 언덕은 부산부釜山府의 공원으로 봄에는 파란 나무 사이에 안개 낀 듯 흐릿한 벚꽃이 보이는 경치가 아름답다. 또 언덕 위에 모셔진 금도비라궁金刀比羅宮[12]은 240여 년 전 쓰시마의 국주 소 씨가 모셨던 것으로 내지인이 조선에서 봉사奉祀하는 최초의 신사이다. 경내를 한번 둘러보면 작은 연못 같은 푸른 만灣과 절영도絶影島, 적기의 푸른 산봉우리가 눈앞에 다가오며 맑은 날에는 남쪽으로 멀리 수묵화처럼 쓰시마가 보인다.

언덕 기슭에 현 부청이 있는 곳은 옛날 소 씨의 관館이었던 장소로, 당시 내지인은 둘러싸인 벽 안에 거류하고 월 2회 성문을 개방하여 번사藩吏[13]의 감독 하에 교역을 행하는 한심한 형편이었다. 그 주위의 벽이나 누문樓門은 지금 완전

11 일본의 후쿠오카현(福岡縣) 기타큐슈시(北九州市)에 있는 지명이다.

12 『한국철도 선로 안내』(1908년)에는 금비라신사(金比羅神社), 『조선철도 선로 안내』(1911)에는 금평신사(琴平神社)라고 표기하고 있다. 세 가지 모두 일본어로는 '고토히라'로 읽는다.

13 번리(藩吏)의 오기로 보인다.

히 철거되고 시내 제일의 번화가가 되어 그 자손이 번영하고 있다. 변천통정의 뒷길인 남빈정南濱町에는 식료품 시장, 어시장, 기타 해산물을 취급하는 상점이 많고, 동쪽 끝에는 〔용미산龍尾山〕이 있다. 언덕은 작지만 용두의 짝으로 용미라고 이름붙인 것으로, 언덕 위에는 다케우치노 스쿠네武內宿禰[14]와 가토 기요마사加藤清正를 모시는 사당을 세웠다. 언덕 아래에는 어항이 있어 연해에서 잡은 싱싱한 어류로 매일 아침 어시장이 열린다.

〔**대정공원**大正公園〕은 시의 서부 토성정土城町에 있는데, 공원 안에는 각종 운동경기에 적합한 넓은 운동장이 설치되어 있다. 여기서 항구의 서쪽 입구를 바라보면 한껏 꾸민 절영도가 부르면 대답할 것같이 가깝게 떠 있다.

〔**절영도**〕는 근래까지 국유의 말목장이 있었기 때문에 일반적으로 목도牧島라고 부른다. 시가의 남빈에서 배 타고 약 10분이면 도착하는 가까운 거리로, 섬 주위는 약 7리里이고 최고지점은 해발 1,300척呎정도이다. 분로쿠의 역 당시 고니시 유키나가小西行長의 일군이 부산에 먼저 도착한 날, 때마침 부산 첨사僉使 정발鄭撥은 이 섬에서 사냥을 하고 있었는데, 급히 돌아와 보니 유키나가의 병사가 사방에 운집하고 있어서 그는 가장 먼저 제물이 되었다고 한다. 섬 전체가 대부분 경사지로 남면하는 부산시가와 서로 마주보는 해안 일대에만 시가지가 형성되어 있으며, 선거船渠, 석유창고 및 조선 경질도기硬質陶器회사 등이 있다.

〔**송도**松島〕는 부산의 서쪽 항구 암남岩南반도 안쪽 만에 송도가 있다. 물길이 들어간 곳 안쪽의 조수潮水는 잔잔하고 해안은 백사장이 얕게 멀리까지 펼쳐져 있어 해수욕장으로 지극히 적합한 장소이다. 적당한 계절이 되면 탈의장이 설치되고 찻집 등이 출점한다. 육로에서는 1리가량으로 인력거가 다니고, 남빈에서 배를 타면 약 30분이면 도착한다.

전차

1구區 5전錢, 정거장에서 시내까지 1구즉 시내는 5전 균일.

14 야마토(大和)정권 초기에 활약했다고 전하는 기기(記紀)전승 상의 충신이다.

초량, 고관古館까지 1구, 부산진까지 2구, 동래온천장까지 5구.

자동차

승합자동차 시내에서 동래온천장까지 금 80전, 하단下端까지 40전.

전세의 경우 30분간 2원, 1시간 4원, 1시간 이상은 1시간 또는 그 미만을 기준으로 4원을 더함.

초량역

경상남도 부산부 사중면(沙中面) 초량동(草梁洞), 남대문까지 279리 6분, 부산에서 1리

초량은 부산부의 일부로 부산 시가전차는 역 앞을 지나 부산진, 동래로 이어진다. 초량과 부산 사이는 원래 용선龍仙이라는 급경사 언덕이 있었고, 그 아래는 현재 부산역 구내 일대의 땅 깊은 바다였기에 교통이 자못 불편했던 이유로 언덕을 파서 평평하게 하고 해안을 매립하여 지금의 시가를 건축한 것이다. 그렇지만 이런 일이 불가능했던, 즉 부산역이 없었던 무렵의 경부철도회사 시대에는 초량이 경부선의 시발정거장이었다. 현재에도 철도공장, 공무사무소工務事務所 및 기관고機關庫 등은 여전히 이곳에 있다.

관공아 기타

중국영사관	러시아영사관
부산중학교	상업학교
창고회사	경남은행

부산진역

경상남도 부산부 범일동(凡一洞), 남대문까지 278리 8분, 부산에서 1리 8분

서남 일대 산악 기슭에는 고관古館의 촌락이 잇달아 있고, 동남쪽은 광활한 매립지를 사이에 두고 부산만을 바라본다. 옛날에는 반도 동남단의 요진要鎭으로 수군水師을 지휘했던 곳이다. 몇 해 전부터 지금까지 부산부는 북방으로 확장되

었는데, 이곳은 그 공업구로서 눈에 띄는 발전이 진행되고 있다. 조선면화회사 출장소, 조선방직회사, 가타쿠라 구미片倉組[15]가 계획 중인 제사공장 등이 주된 것이다. 또 이곳의 우시장에서는 연 2천여 두의 소와 돼지가 거래되고 있다. 이출우검역소移出牛檢疫所는 부산경찰서 소속으로 역에서 동남쪽으로 30정丁[16] 떨어진 해안에 있다. 이출하는 소는 반드시 여기서 19일 간 검역을 위해 머무르게 했다가 이출하게 된다. 우사牛舍의 수용력은 2,400두이고 최근 1년간 거래된 두수는 3,116두로 주로 오이타大分, 야마구치山口, 가가와香川, 히로시마廣島, 효고兵庫 및 오사카의 각 부현府縣을 향한다.

관공아 기타

이출우검역소	부산수도공영소水道工營所
조선기업회사朝鮮起業會社	조선주조회사
면화회사 출장소	우시장
요양원동래군○○리, 영국인 경영	

| 명소 |

〔쓰노에 효고津江兵庫 비碑〕[17]

역의 서쪽에 있는 고관의 산 쪽으로 만내灣內를 조망하기에 좋은 곳에 세워졌다. 쓰노에 씨는 쓰시마 국주 소 씨의 가신이었는데, 왜관을 설치했던 현 고관의 해안이 해마다 얕아져서 선박의 정박이 불편한 탓에, 1658년萬治1 군명君命으로 이관을 조정과 교섭했지만 세월이 지나도 결정에 이르지 못하자 분개한 나머지 자결하였다[18]. 조선 조정이 이에 마음을 움직여 요구사항을 모조리 수

15 가타쿠라 공업주식회사의 전신으로 1873년에 가타쿠라 이치스케(片倉市助)가 나가노현(長野縣) 스와군(諏訪郡) 가와기시무라(川岸村)에서 제사(製糸)를 시작한 데서 비롯되었다. 1919년에는 대구에 제사공장을 설립하였다.

16 본문에서 이정을 나타내는 단위는 주로 리(里)와 정(丁)을 쓰고 있다. 다른 단위가 나오기 전까지 같은 단위인 경우 한자는 초출만 병기한다.

17 『한국철도 선로 안내』(1908년)와 『조선철도 선로 안내』(1911)에는 쓰노에 나리타 군 초혼비(津江成太君招魂碑)라고 되어 있다.

18 고관은 1607년에 조성된 두모포 왜관을 가리키며, 1678년 초량으로 이전된다. 1640년부터 1672년까

용하였고, 지금의 부산으로 왜관이 이전되었다. 이 비석은 메이지 초기 거류민이 그 사적을 전하고자 세운 것이다.

동래 부근 조선에서 온천장으로는 우선 동래를 손가락에 꼽는다. 그리고 그 부근에는 해운대나 범어사 기타 명소의 구적舊蹟이 있어 이른바 탕치장湯治場의 무료함을 달래기에 충분한 산책할 곳이 있다. 부산진역에서 전차 또는 자동차로 약 30분이면 〔동래읍내〕에 도착한다. 이곳은 옛날 병마사를 두었던 곳으로, 조선정벌 때에 고니시 유키나가의 군세가 동래성을 압박하자 성의 장수 송상현宋象賢이 사수하여 쉽게 무너뜨리지 못하였다. 손가락을 깨물어 그 피로 "抓城月暈 列鎭高枕 君臣義重 夫子恩輕"[19]라고 써서 개성에 있는 부친에게 알리고 전사하였다고 전한다. 지금 군청 소재지로 경찰서, 우편국 등이 있다

〔기장읍〕

기장읍은 동래에서 동쪽으로 3리 떨어져 있다. 장생포長生浦는 가토 기요마사의 군대가 상륙한 지점으로 여기서 경주, 안동을 거쳐 충주로 나와 유키나가를 따라 붙었다.

〔해운대 온천〕

해운대 온천으로 가려면 동래에서 자동차로 가야 한다요금 편도 50전. 도중에 작은 언덕 하나를 넘으면 현해양玄海洋[20] 바다의 풍경이 눈앞에 전개되고, 가까운 해안에서는 암초가 바둑판처럼 늘어서 있어 바위에 부딪쳐 부서지는 파도가 하얗게 빛난다. 해운대의 산허리에서 이쪽은 소나무 숲이 이어지고 해안가에는 어부가 그물을 던지는 노래가 들린다. 소나무 숲의 끝에 온천장이 있다. 온천장에서 해수욕이 가능한 곳은 조선에서 여기밖에 없다. 몇 년 전부터 새로운 피서지로서 휴양객이 해마다 증가하고 있다. 이곳의 새 해수욕장에는 모래사장, 탕폭湯瀑, 전세 욕실 등의 설비가 있으며, 여관 해운루海雲樓에서는 차대茶代[21] 사절

지 8차에 걸친 이전교섭이 있었으며, 쓰에노 효고는 1671년 이관 교섭 중에 갑자기 사망하였다.

19 抓는 孤의 오기이다. 송상현은 전투에서 죽기를 결심하고 아버지 송복흥(宋復興)에게 이별을 고하는 글을 부채에 피로 써서 보냈다. 한시의 해석은 다음과 같다. "외로운 성은 달무리 지듯 포위되고 이웃한 여러 진은 잠든 듯 고요하네. 군신의 의리는 무거운 것이니 부자의 은정은 가벼이 하오리다."

20 현해탄을 가리킨다.

21 차대란 일반적으로 찻값을 뜻하지만 여관 등에서 숙박료 외에 지불하는 팁을 가리킨다.

이 관행이다.

〔동래온천장〕

동래온천장은 동래읍내에서 한정거장 더 가서 내린다. 서쪽에는 금정산金井山이 있고 동쪽으로는 동래천을 바라본다. 와사전기회사의 대욕장, 봉래관蓬莱館, 나루토鳴戶, 아라이荒井 등, 온천여관을 중심으로 크고 작은 여관과 요리점들이 세련되고 멋진 온천마을을 형성하고 있다. 수질은 약염류천으로 무취·투명하여 특히 위장병, 신경병, 부인병에 효능이 있다고 한다. 또 장기간 온천치료를 원하는 사람은 동래관의 방을 빌려 자취하면 편하기도 하고 경제적이기도 하다.

〔범어사〕

범어사는 금정산의 중턱에 있는 고찰로, 온천장에서 산기슭까지 울산행 승합자동차를 이용할 수 있다요금 편도 50전 정도. 신라의 명승 원효가 터를 열었다. 현재의 건물은 임진의 병란[22] 후에 재건한 것이다. 현재 법우 8동, 승당 4동, 종루, 산문 외 7방房, 9암庵이 있으며 상주하는 승려가 2백 명 정도이다. 경내에는 소나무 숲이 울창하며 맑은 물과 기암奇岩이 있어 고요하고 그윽한 정취가 있는 곳이다.

〔울산〕

울산까지는 동래에서 승합자동차가 매일 다닌다요금 2원. 이곳에는 게이초慶長의 역 때 아사노 요시나가淺野幸長, 가토 기요마사 두 장수가 명군에게 포위되었던 유명한 옛 전장이 있다. 당시의 성 터는 무학성舞鶴城[23]이라 일컬으며, 옛날에는 해안이었던 것 같은 곳에 고립된 작은 산을 이루고 있다. 이 부근의 장생포, 방어진方魚津, 염포鹽浦 등은 내지인의 어업근거지이며 부산해산업계의 동정을 좌우하는 주요한 어업구역이다. 염포는 옛날 일선日鮮교통의 요지였던 삼포의 하

22 다른 곳과 달리 여기서는 임진왜란을 '임진의 병선(兵燹)'이라 표기하고 있다.

23 『세종실록』 150권 「지리지」의 울산군 항목을 보면, "별호(別號)는 공화(恭化), 또는 학성(鶴城)"이라고 적고 그 설명으로 "순화(淳化) 때에 정한 것이다. 본군(本郡)의 정(呈)에 일컫기를, "본디 계변성(戒邊城)인데, 신라 말기에 학(鶴)이 와서 울기 때문에 신학성(神鶴城)이라 고쳤고"라고 되어 있다. 무학성이라는 이름은 고문헌에 보이지 않는다.

나로 왜관이 있던 곳이며, 지금도 여전히 석성石城이라 하는 옛 왜관 터가 남아 있다.

구포역

경상남도 동래군 구포면(龜浦面) 구포리, 남대문까지 269리 6분, 부산에서 11리

구포는 낙동강의 강기슭에 있다. 그 주변은 낙동강의 사퇴砂堆로 비옥한 충적층을 이루며 농산물이 풍부한 곳이다. 그리고 철도와 수운편이 있어 중요한 농산물의 집산지가 되고 있다.

조선섬유공업소는 제지 재료의 펄프 제조 공장으로, 이곳의 특징은 조선에서 생산되는 갈대풀을 재료로 한다는 것이다. 현재 하루에 4톤을 생산하고 있는데, 생산비 경감을 연구 중이라고 한다.

인구

3,038인내지인 542인, 호수 68호내지인 146호

관공아 기타

군청	경찰서
지방법원 출장소	우편국
선남鮮南은행 지점	

| 명소 |

〔성산城山〕[24]

역의 동북쪽으로 10정丁 거리에 구릉을 이용하여 쌓은 성으로 임진 무렵의 유물이다. 전승에 따르면 다치바나 무네요시立花宗義[25]가 축성했다고 하는데 지금은 확실한 고증이 없다.

---

24 의성산(義城山)을 가리킨다.

25 다치바나 무네시게(立花宗茂, 1569~1642)의 오기이다.

〔김해〕

김해는 옛날 가락국의 수도로 당시에는 낙동강 입구의 요진이었던 것 같다. 일설에는 임나일본부가 있던 유적이라고도 한다. 읍내 분성대盆城臺는 가락왕의 궁궐터로 그 교외에는 시조 김수로의 능묘가 있고, 또 거기서 북쪽 10여 정 떨어진 구지봉龜旨峰 아래에는 왕비의 능묘가 있다. 읍에서 남쪽으로 1리에 있는 죽림리竹林里에는 가락성이라는, 폐허가 된 성채城砦의 터가 있다. 이는 분로쿠의 역 때 구로다 나가마사黑田長政가 주둔하여 진을 친 곳이라 하여 일명 죽도竹島 왜성이라고도 부른다. 역에서 낙동강을 건너 맞은 편 기슭의 선암리仙巖里까지는 매일 발동기선이 운항하며요금 40전, 또 자동차를 빌리면 선차 모두 각각 1시간이면 김해읍까지 갈 수 있다요금 90전. 읍은 현재 군청소재지이며 경찰서, 우편국, 금융조합 등이 있다.

물금역

경상남도 양산군(梁山郡) 상서면(上西面) 화학리(華鶴里), 남대문까지 261리 2분, 부산에서 19리 4분

역에서 동쪽으로 2리里 거리에 군청소재지인 양산읍이 있다. 그 부근 일대 토지는 평지이고 토질이 비옥하지만, 낙동강 범람으로 해를 입어 아쉽게도 휴간지이다. 현재 거금을 들여 수리조합 설립을 계획 중이라고 하는데, 성공하면 수천 정보町步의 좋은 농지를 얻을 수 있어서 지방민의 기대가 크다. 역에서 양산읍을 거쳐 동해인[26]의 어업지인 울산읍까지 가는 승합자동차가 매일 다닌다요금은 양산까지 50전, 울산까지 3원 20전.

| 명소 |

〔통도사〕

역에서 울산행 자동차를 이용하면 양산읍을 거쳐 약 5리 지점에 있는 통도사

26 『한국철도 선로 안내』(1908)에서는 동해를 대부분 일본해라 표기하고 있으며(조선해 1회), 『조선철도 선로 안내』(1911)에서는 동해를 모두 일본해로 표기하고 있다. 본서에서는 일본해와 동해를 같이 쓰고 있는 점이 눈에 띈다.

의 대문 입구에 도착한다. 거기서 산문까지 약 1리는 걷든지, 인력거를 빌려야 한다자동차 요금 1원 50전, 인력거 요금 3원. 절은 영남에서 해인사와 맞먹는 거찰로 경내의 넓이는 놀랄 정도이다. 높게 우뚝 솟은 영취산靈鷲山의 기슭에는 오래되고 울창한 수목 사이를 맑은 물이 흐른다. 그 수목들 사이에 29개의 전각과 12개의 암자가 점점이 들어서 있다. 창건은 1,170여 년 전[27]에 신라의 왕자 김자장金慈藏 때로 그 후 여러 차례 화재를 입었지만 지금도 여전히 옛날의 규모가 그대로 남아있어 볼만한 곳이다. 현재 승려 280여 명, 문 밖에는 내지인이 경영하는 여관이 한 곳 있다. 조선에서는 해인사를 경經의 본종, 통도사를 불佛의 본종이라고 한다. 이는 해인사에 팔만 구천의 대장경이 소장되어 있는 것에 대하여 통도사에는 사리탑이 있기 때문이다.

원동역

경상남도 양산군 하서면(下西面) 원리(元里), 남대문까지 255리 8분, 부산에서 24리 8분

초천初川[28]이 낙동강으로 흘러 들어가는 곳에 원동역이 있다. 강의 양쪽 기슭에는 뾰족뾰족한 봉우리들이 깎아지른 듯이 서 있고, 강 위에는 외롭게 떠있는 배가 점점이 왕래하는 모습은 그 자체로 동서의 명화에서 볼 수 있는 그림 속의 풍광이다.

웅룡산雄龍山[29] 석산石山은 역에서 서북쪽으로 20정 정도 떨어진 용당리龍塘里에 있는데, 하루 약 6천 톤의 납석蠟石을 생산한다. 그것을 운반하기 위해 산기슭에서 역 구내까지 경편궤도가 부설되어 있다.

삼랑진역

경상남도 밀양군(密陽郡) 하동면(下東面) 송지리(松旨里), 남대문까지 250리, 부산에서 20리 8분

원동에서 기차는 깎아지른 절벽 사이를 달리는데 왼쪽 창으로 푸르게 흐르는

27 『조선철도 선로 안내』(1911)에는 646년에 창건했다고 나온다.
28 원동천을 가리키는 듯하나, 고문헌에 초천이란 이름은 보이지 않는다.
29 『한국철도 선로 안내』(1908)에는 용산(龍山)으로 나온다.

낙동강이 비친다. 분로쿠文祿[30] 무렵 요해지였던 작원관鵲院關은 그 절벽 사이에 있었는데, 최근 그 문루가 철거되어서 영남 명소 한곳을 잃어버렸다.
이랑진二浪津[31]부터 마산행 지선이 분기된다. 마산, 진해, 진주 방면 여행객은 이곳에서 환승해야 한다. 역의 부근은 과수 재배에 적합하여 우수한 능금, 배, 복숭아 및 뽕나무 묘목 등의 연간 생산액이 15만원을 헤아린다.

밀양역

경상남도 밀양군 밀양면(密陽面) 가곡리(駕谷里), 남대문까지 242리 1분, 부산에서 38리 5분

밀양은 연선沿線의 중요한 역의 하나로 음력 2·8일에 시장이 선다. 곡류, 가마니·멍석, 소 등의 거래액은 1년 100만원을 초과한다. 번화함이 도내에서는 진주에 버금가는 지위를 차지하고 있다.
역 소재지는 밀양읍내와 24정 정도 떨어진 곳에 470호 정도의 부락을 이루며 그 사이에는 승합자동차가 다닌다자동차 요금 25전.

인구와 호수

인구	역전	2,029인	내지인 317인
	읍내	5,480인	내지인 358인
호수	역전	474호	내지인 89호
	읍내	1,242호	내지인 101호

관공아 기타

군청	지방법원 지청
경찰서	간이 농학교農學敎
영남주조회사	재흥財興회사
밀양은행	금융조합

30 분로쿠는 1593~1596년에 사용되던 일본의 연호이다.
31 삼랑진의 오기로 보인다.

| 명소 |

〔영남루〕

추화推火산성을 배경으로 하는 이 건물은 밀양강의 절벽에 서 있다. 누각의 양쪽에서 시작하는 산세는 구불구불하여 엎드리거나 혹은 일어선 봉우리들이 여러 번 중첩되어 진해만 입구의 천자산天子山까지 이어지는 아름다운 경관을 드러낸다. 누각 아래에는 맑게 흐르는 물소리가 들리는데 이른바 산천의 아름다움이 한눈에 들어오는 느낌이 있다. 누각은 이전에는 영남사의 일부였지만 절이 폐허가 되어 누각만 남았다. 지금은 보호 건물로 보존되고 있다.

제영남루題嶺南樓　　김계창金季昌[32]

누대도영수중천樓臺倒影水中天	거꾸로 비치는 누대 물 속 하늘에 있고
고루수양불안전高縷垂揚拂岸前	실타래 같은 수양버들은 기슭에 늘어졌네
강수만조귀해구江水晩潮歸海口	강물은 늦도록 흘러 바다로 돌아가는데
운시동우과계변雲施凍雨過溪邊	구름은 차가운 비를 뿌리며 계곡 쪽을 지나가네
주제원근미청작舟提遠近迷靑雀	배들이 가깝게 또 멀리 떠다니고 밀화부리는 갈 곳 몰라 하는데
맥롱고저장취연麥壟高低張翠烟	높고 낮은 보리밭두렁으로 푸른 연기가 깔리네
호대월명겸사산好待月明兼史散	달 밝기를 기다리기 좋으니 겸하여 사서가 곁에 있고
동소성리와경연洞簫聲裏臥瓊筵	퉁소 소리 들려오는데 옥자리에 누워 잠드네

밀양강 일대는 은어 산지로 유명하며 본 노선의 명물로 꼽힌다.

32　김계창(?~1481)은 조선 전기 이조참판 등을 역임한 문신이다. 『여지도서(輿地圖書)』 하 「경상도 밀양 누정」항목에서 영남루를 설명하고 있는데, 김계창의 시가 실려 있다. "樓臺影倒水中天, 萬縷垂楊拂岸前, 江受晩潮歸海口, 雲拖凍雨過溪邊, 舟堤遠近迷靑雀, 麥壟高低張翠烟, 好帶月明兼吏散, 洞簫聲裏臥瓊筵." 몇몇 한자가 다른 것은, 원문을 옮기는 과정의 오류로 보인다. 한시의 해석은 역자에 의한다.

유천역

경상남도 밀양군 상동면(上東面) 옥산동(玉山洞), 남대문까지 234리 5분, 부산에서 46리 1분

부근은 척박한 산간지역으로 땔나무 외에 특기할만한 산물은 보이지 않지만 역 앞을 흐르는 밀양강의 상류에서는 은어가 많이 난다.

〔적천사磧川寺〕

역에서 북쪽으로 2리 거리에 있는 고찰로 신라의 승려 보조국사가 터를 열었다[33]. 절 안에는 불상 수백 개가 있는데, 그 가운데 사천왕상만이 특히 웅장한 기운을 내뿜고 있다.

청도역

경상남도 청도군(淸道郡) 대성면(大城面) 고수동(高樹洞), 남대문까지 227리 8분, 부산에서 52리 8분

산간에 있는 역 중에 하나로 각 열차는 기관機關 급수를 위해 5분 이상 정차한다. 군청 소재지인 청도읍은 역에서 동남쪽으로 1리 정도 떨어져 있다. 인구 약 2,700명이며 경찰서, 지방법원 출장소 등이 있다. 조선지朝鮮紙와 감의 생산으로 유명하다.

| 명소 |

〔약수폭포〕

약수폭포는 역에서 서쪽으로 27정 떨어진 화악산華嶽山 가운데에 있으며 직하 70척呎이다. 한여름 무렵에는 부근의 사람들이 즐기러 오기 때문에 인력거가 다니는 길이 만들어졌다요금 50전.

33 보조국사 지눌은 고려시대 중기의 승려이며, 적천사는 신라시대 원효가 창건하였다고 전한다. 『한국철도 선로 안내』(1908), 『조선철도 선로 안내』(1911)와 더불어 모두 같은 서술을 하고 있는 것을 보면, 앞 시기에 간행된 안내서를 참고자료로 삼았음을 알 수 있다. 아울러 본서는 보조국사는 모두 신라의 승려로 표기하여 오류를 범하고 있다.

경산역

경상북도 경산군(慶山郡) 하양면(河陽面) 토정동(土亭洞), 남대문까지 213리, 부산에서 67리 6분

청도에서 경산 사이에 크고 작은 2개의 터널이 있다. 첫 번째가 성현省峴인데 연장 3,949척呎으로 조선에서 가장 긴 터널이다.

역은 금호강琴湖江 유역에서 나는 농산물의 집산지로 인구는 3,200여 명이다. 군청, 경찰서 등이 있으며 연선에서 중요한 역의 하나이다. 또 역에서 동쪽으로 2리 7정 떨어진, 옛 군청 소재지 자인읍慈仁邑은 농산물이 풍부하여 이곳의 시장은 군에서 가장 성황을 이룬다마차 운임 50전.

대구역

남대문까지 203리, 부산에서 77리 6분

경상북도 대구부大邱府 금정錦町, 동경 128.35 북위 35.52. 기온 최저 영하 6도, 최고 25.8도, 평균 12.5도.

대구는 경상북도 도청 소재지로 경성 이남에서 최대 도시이다. 영남지방의 거의 중앙부에 위치하기 때문에 옛날부터 정치적으로 중요하였을 뿐 아니라, 상업도 서선西鮮의 평양과 대치하여 극히 번창하고 있다. 철도 개통 이래 한층 더 번성하고 있어서 도로 등도 사방에서 집중하고 있다. 북쪽으로 42리 떨어진 충주, 동북쪽으로 36리 떨어진 안동, 남쪽으로 12리 떨어진 창녕 등지로 승합자동차가 매일 운행하며, 또 사문진沙門津에서 낙동강의 수운으로 여러 곳으로 통할 수 있다. 특히 지난 몇 년 전부터 이곳을 기점으로 하여 경편철도가 일본해안까지 부설되어 일본해의 어류가 풍부하게 반입되었다. 이렇게 교통 상 주축이 되는 이곳의 경제권은 자못 광대하여 경북 전부와 경남의 동반부는 모두 그 세력권 아래 있다고 해도 과언이 아니다.

부내의 서문시장과 동문시장에서 매월 각각 6회 열리는 시장은 지방 거래지만, 봄가을 두 계절에 개최되는 영시令市에서는 약재가 주요 거래물자로, 가깝고 먼 각 지에서 모여드는 사람이 수만 명 이상이며, 십 수 일 동안 시장 안은 오가는 사람들의 어깨가 스치고 수레바퀴가 서로 부딪힐 정도로 성황을 이룬다.

조선 3대 시장의 하나로 꼽힌다.

옛날부터 대구는 곡류와 돗자리 생산으로 유명한데, 최근에는 골풀로 실내화까지 만들고 있다. 또 내지인의 이주자가 점차 많아지는 것과 비례하여 농산업계는 괄목할 만큼 발달하였고, 농원農園이 각 곳에 생겨나 과실과 담배 등의 농예 작물이 물산에 추가되고 있다. 일반 농가에서는 양잠이 서서히 보급되어 시내에 조선제사朝鮮製絲, 야마토제사[34], 가타쿠라구미片倉組제사 등의 공장 굴뚝에서 연기가 뭉게뭉게 피어오르는 상태가 되었다. 시가의 북단에 위치한 대구역 옥상에는 간이식당 설비가 있으며, 구내의 남쪽 모퉁이에서는 경편철도가 경주와 포항을 향해 출발한다.

인구

	내지인	조선인	외국인	합계
인구	12,756인	32,137인	312인	45,205인
호수	3,109호	7,259호	128호	10,496호

관공아 회사

도청	복심覆審법원	지방법원
부청	경찰서	우편국
세관출장소	전매과專賣課 출장소	측후소 헌병대
종묘장	감옥서	자혜의원
원잠종原蠶種제조소	제80연대	잠업 취체소取締所
고등보통학교	농업학교	고등여학교
소학교 4곳	전기회사	대구기업회사
선남鮮南식산회사	조선농림회사	남선南鮮물산회사
대동무역회사	대구인쇄회사	주조회사
창고회사	조선도기회사	제연製莚회사

34 본문에는 ∧아래 十자를 쓴 그림글자로 표기하고 있다. ∧은 산(山)을 뜻하며 일본어로 '야마'라고 읽고, 십(十)은 일본어로 '토'라고 읽는다. 이 같은 그림글자는 상호에 자주 보인다.

대구어채회사	계림농림회사	조선물산회사
조선제사회사	야마토 제사공장	가타쿠라구미 제사공장
스즈키鈴木 채면採棉공장	스기하라杉原 재목공장	스기하라 연와공장
구로카와黑川 제1, 제2 과수원		조선은행 지점
식산은행 지점	대구은행	선남은행
상업회의소	뇌경관賴慶館 물산진열장	

자동차

대구에서 경주까지 3원 50전	포항까지 4원 80전
상주까지 3원 48전	충주까지 7원 78전
안동까지 6원 60전	창녕까지 2원 50전

현재 시내 교통 영업자 없음

| 시내명소 |

원래 대구 시가는 성벽으로 둘러싸여 있었는데 대구부가 확대되면서 지금은 완전히 철거되었다. 서쪽에 와룡산臥龍山, 남쪽에 비파산琵琶山, 동북쪽에 팔공산八公山 등 여러 산을 등지고, 북쪽에서 서쪽으로 신천新川이 둘러 흐른다. 시가는 선로의 남측에서 신천과 달성공원 사이에 펼쳐져 있다. 역 앞의 광통남정廣通南町은 시가 중앙을 가로지르는 선이 되고 있다. 먼저 우측의 마을부터 보면 역에서 두 번째로 큰 거리로 들어간다[35]. 이곳은 원정통元町通이라 하는데 시가에서 가장 번화한 곳이다. 양측에는 활기찬 내지인의 상점이 줄지어 있다. 이 길의 막다른 데까지 가면 〔달성공원達城公園〕이 있다.

달성공원 안에는 오래된 수목이 울창하고 연못과 언덕이 있어서 경치가 좋고 언덕 위에는 신궁이 모셔져 있다. 공원의 위치는 옛날 신라의 달불성達弗城[36] 터

35 이 같은 여행자의 시선이 느껴지는 서술은 앞의 『한국철도 선로 안내』(1908)와 『조선철도 선로 안내』(1911)에서는 보이지 않는 특징이라 할 수 있다.

36 대구는 삼국시대 이래 여러 고지명이 있는데, 『삼국사기』에는 '달벌성(達伐城)'이 나오고, 『신증동국여지승람』에는 '달불성'이 보인다.

부강(芙江)부근 금강의 봄 경치

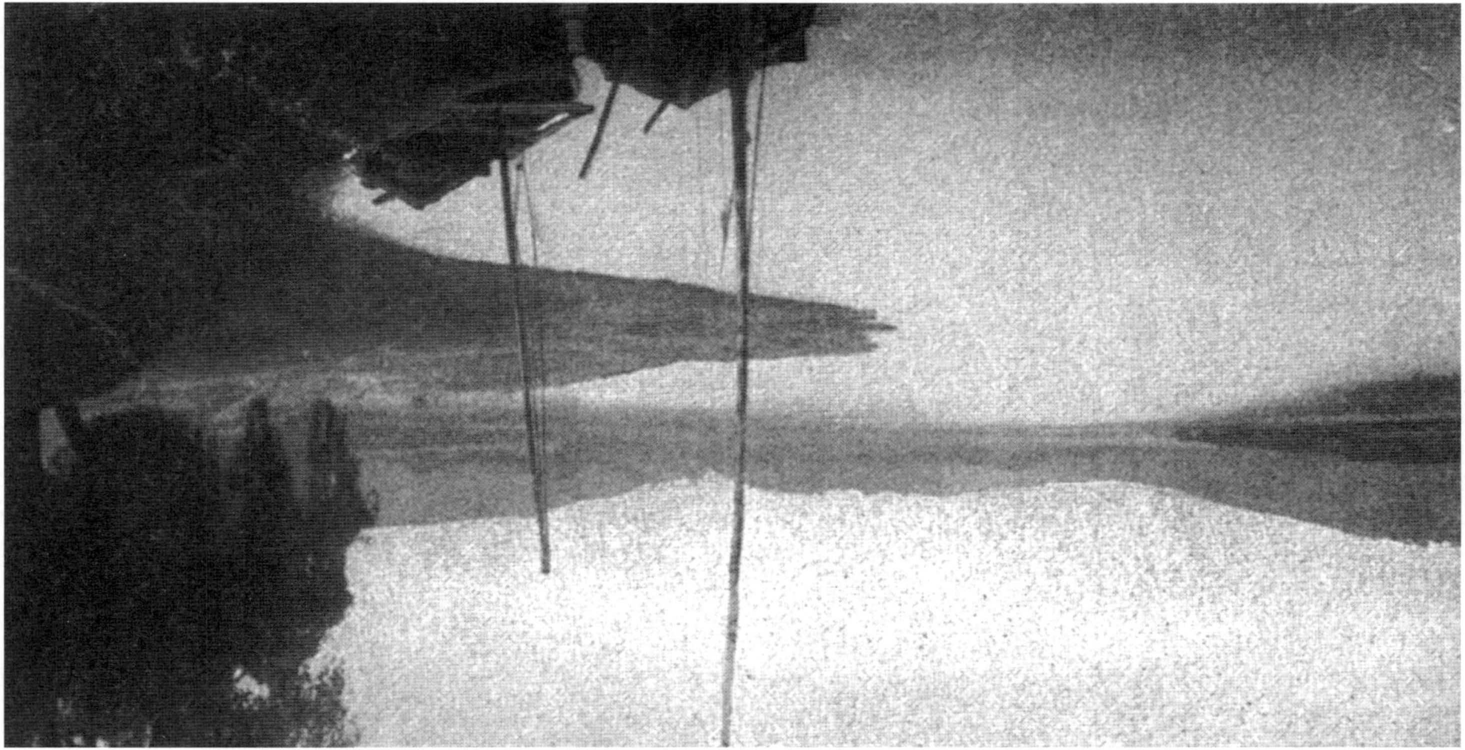

대전시가 전경

대전 본정통

대전 공원

계룡산 갑사

수원 교외

수원 봉수로(烽燧爐)

수원 화홍문(華虹門)

수원 서호반(西湖畔)

수원 청련암(靑蓮庵)의 불상

유성온천

조선 시골풍경

온양온천

안성의 나루터

수원 화산릉(華山陵)

경주 불국사 전문(前門)

대구정거장

대구 영시(대시(大市))

달성공원

물산진열장

경주 첨성대

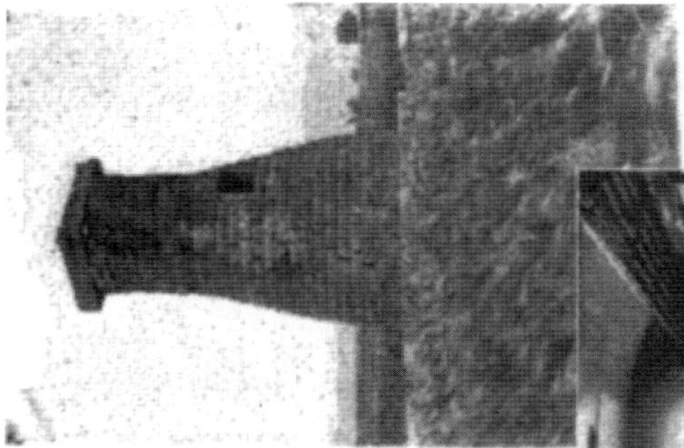

경주행 경철(輕鐵)

경주행 특등실

경산 금척(金尺)부근 고분군

경주 무열왕릉의 비석

경주 고물(古物) 진열장

경주 석굴암의 내벽

경주 포석정 유적

김천시가

至江陵
浦項面
迎日灣
海東面
江東面
江西面
兄山江
延日面
大松面
長鬐面
見谷面
川北面
陽北面
內東面
內南面
外東面
陽南面
至蔚山

로 경주의 반월성半月城과 같은 규모로 축성된 것이라고 하는데, 지금은 그렇게 떠올릴 만한 것이 아무것도 남아있지 않다. 원정통과 나란히 있는 그 다음의 본정통 역시 번화한 거리이다.

본정 끄트머리에 〔서문시장〕이 있다. 서문시장에서 장이 열리는 날에는 그 부근이 흰 옷을 입은 사람들로 꽉 찬다. 이 길의 중앙 대화정大和町 부근에는 경찰서, 은행, 도청, 우편국 및 각종 물산의 전시관인 뇌경관賴慶館 등 커다란 건물이 많다. 이번에는 남정南町에서 왼쪽으로 들어가면 나오는 뒷골목을 동성정東城町이라고 하는데, 이곳에 동문시장이 있다.

〔**공자묘**孔子廟〕는 역 앞 행정幸町에서 왼편으로 꺾어지면 나온다. 공자묘 안 대성전에는 주자의 글씨로 된 편액이 있어 유명하다. 사당에서 남쪽으로 조금 더 가면 부산가도와 만나는데, 그 도중에 복심법원[37]과 지방법원이 있으며, 그 뒤쪽에 상업회의소, 부청, 여학교가 있다. 부산가도는 역 앞 남정의 연장으로 교외로 나가면 제사장, 병영 등이 가로를 따라 서 있다.

〔**도수원**刀水園〕은 공자묘 앞에서 철도 건널목 건너에 있다. 공원 안에는 맑은 샘물이 솟으며 정원에는 돌과 흙을 쌓아 산처럼 만든 것도 있다. 그 너머에는 영귀정詠歸亭이라고 부르는 고풍스러운 건물이 있다. 이곳은 여름에는 낚시, 가을에는 달구경을 위해 산책을 하는 사람이 많다.

〔**동화사**桐華寺〕는 역에서 5리 정도 떨어진 팔공산에 있는 고찰로 옛날에는 유가사瑜伽寺라고도 불렸다. 신라 문성왕 때 승려 보조가 창건하였으며, 지금 있는 15개 전장 중에 건축적으로 볼만한 것이 적지 않다. 또 경내가 자못 넓고 특히 가을 경치가 매우 찬란한 것으로 유명하다.

조선중앙철도회사선

본선은 대구-포항 간과 서악西岳-울산 간에 부설 예정인 경편철도이다. 현재 포항선 총 65리哩와 울산선의 서악-불국사 간 16리가 개통하여 영업을 하고 있다.

37 복심법원은 지방법원의 재판에 대해 공소, 항고 재판을 행하던 법원으로, 고등법원보다는 하급이고 지방법원보다는 상급에 해당한다. 서울과 평양, 대구에 있었다.

대구역을 출발하여 다음 역 〔동촌東村〕의 북쪽 1리里에 독좌암獨座岩 유적이 있다. 신라 말엽에 후백제라는 나라가 일어나 신라 경애왕을 공격하여 살해하였다. 그때 고려 태조가 신라에 사신을 보내 선왕을 조제弔祭하게 하고 친히 정예 기병 5천을 이끌고 동수桐藪[38]에서 후백제 군사를 요격하였지만, 전투에 이득이 없이 홀로 도망쳐 이 독좌암 위에서 쉬었다고 한다. 이곳에서 몇 개 역을 더 가면 〔건천역乾川驛〕이 나온다. 동쪽으로 0.5리 정도 가면 금척릉金尺陵이 있다. 능은 경주 가도를 따라 논밭과 들판에 산재하는데, 흙으로 크게 쌓은 것이 30여 개로 사로斯盧 6촌 시대의 것으로 추정된다. 또 그 부근에서 석기류가 발견된다. 건천 다음 역은 울산선의 분기역인 〔서악〕이다.

신라의 고적 대구에서 이곳까지 기차로 약 5시간, 울산선으로 환승하여 다음 역인 경주와 그 다음 역 불국사, 세 역을 중심으로, 3천년의 옛날 반도에서 패권을 차지한 신라의 번화한 유적을 더듬어 본다.

〔**무열왕릉**武烈王陵〕 백제와 고구려를 병탄하여 반도 통일의 대업을 개창한 영왕英王 무열의 능묘는 역 앞 대구가도의 서측에 있다. 능 앞의 비碑는 30대 문무왕이 세운 것으로1,259년 전[39] 귀부龜趺를 아래로 둔 이수螭首는 보주寶珠를 받든 육룡이 서려있는 조각을 윤곽으로 한 것으로, 기법이 우수한 신라 중세 미술의 정화精華라고 일컬어진다.

〔**서악서원**西岳書院〕 김양묘金陽墓는 능 근방에 있고, 진흥왕眞興王, 진지왕眞智王, 문성왕文聖王, 헌안왕憲安王의 능은 서원의 뒤쪽 언덕에 있다.

〔**경주**〕역은 서악역에 인접하며, 전 군청소재지로 인구 6,300여 명인 도내 굴지의 도읍이다. 약 3천 년 전, 진한에 속했던 사로 6부는 박 씨를 세워 국왕으로 삼아 서라대徐羅代[40]라는 일국을 창건하였는데, 이는 나중에 반도에서 패자를 칭한 신라의 시작이다. 4대 탈해왕 때 국호를 계림이라 고치고 15대 기림왕基臨王 때 다시 신라라고 하였다. 건국에서 멸망까지 치세 56대 992년간 왕도는 바로

38 동화사의 본사와 말사를 아울러 일컫는 말이다.

39 무열왕릉비는 『대동금석서(大東金石書)』에 의하면 무열왕이 사망한 661년에 건립되었다.

40 서라벌(徐羅伐)의 오기이다.

이곳 경주였다. 지금도 근교에는 여전히 고적 유물이 가득하다. 우선 울산가도에는 미추왕릉味鄒王陵과 숭혜전崇惠殿이 오른쪽으로 바라보이며 14정 정도 가면 〔첨성대〕가 있다.

〔**첨성대**瞻星臺〕 병 모양의 석조물로 높이는 29척尺, 하단 원의 지름은 19척, 선덕여왕약 1,250년 전[41]이 축조한 동양 최고最古의 천문대이다. 여기서 오른쪽 좁은 길로 들어가 약 2정을 가면 숲이 나온다. 4대 탈해왕 때 이 숲속에서 닭 울음소리가 들려서 가보니 금색의 작은 궤가 나무 끝에 걸려있었다. 궤 안에는 남자아이가 하나 있었다. 왕이 기뻐하며 안고 돌아와 김알지金閼智라 명명한 이래, 이 숲도 국호도 계림으로 바꾸었다고 한다. 현재 숲에는 이 사적을 기술한 계림비가 있다.

〔**반월성**半月城〕 계림 서쪽으로 이어지는 작은 언덕이 반월성 성터이다. 언덕 안은 직사각형의 평지이고 개천 하나를 끼고 남산을 마주 대한다. 작은 언덕의 바깥쪽은 거의 활처럼 굽어있고, 개천이 곧게 흘러 활시위를 이루고 있어서 반월성이라는 이름이 붙은 것 같다. 개천은 지금은 남천南川이라고 하는데 옛 노래에 '아리나레천アリナレ川'[42]이라는 설이 있다.

〔**숭신전**崇信殿〕 숭신전은 4대 탈해왕을 모시는 사당으로 반월성 터의 언덕 안 평지에 있다. 이 평지는 왕궁과 기타 유적이라고도 생각되는데, 지금은 민가 대여섯 호가 있고 평지를 경작하여 생활하고 있다. 그 가운데 탈해왕의 자손이라고 칭하는 집이 숭신전의 제사를 지내고 있다.

〔**석빙고**石氷庫〕 석빙고도 이 성터의 한 귀퉁이에 있다. 지면과 수평으로 판 입구의 화강암에 석빙고라고 깊게 새겨 놓았다. 이것은 옛날 왕성의 식량 창고였던 것 같다. 내부는 궁륭형으로 돌을 쌓았는데 당시 이미 아치 건축법이 행해졌다는 것을 증명하고 있다.

〔**안압지**雁鴨池〕 울산가도에서 북쪽으로 난 작은 길을 따라 2정 정도를 가서 경편철도 선로를 가로지르면 작은 연못이 하나 있다. 이것이 임해전臨海殿의 원지

41 선덕여왕의 재위기간은 632~647년이다. 1,250년 전이면 671년인데 시대가 맞지 않는다.

42 『일본서기(日本書紀)』 미사흔 인질 기사에 '아리나례하(阿利那禮河)'라는 표현이 나온다.

苑池였던 안압지인데, 지금은 연못 외에 궁전의 터 같은 것은 아무것도 남아 있지 않다. 연못가에서 동쪽으로 가면 오른쪽으로 황룡사 터가 보이고, 15정을 가면 감포가도 옆으로 분황사 9층 석탑이 있다.

〔**분황사구층탑**芬皇寺九層塔〕[43] 선덕여황女皇 3년에 축조하여 흑갈색의 작은 석재를 쌓아 올려 일견 벽돌로 쌓은 것磚築처럼 보이고, 하층 4면에는 인왕상이 새겨져 있고 네 귀퉁이에는 석사자 조각이 있다. 동경잡기東京雜記에 분황사 탑은 신라 3보의 하나이며, 임진왜란에 적군이 그 반을 훼손하고 훗날 어리석은 승려가 개축하려고 그 반을 훼손하였다는 것으로 미뤄보면 이전에는 꽤 고층탑이었던 것 같다. 지금은 하부의 3층만 남아 있다.

〔**표암**瓢岩〕 분황사에서 북쪽으로 샛길로 가다 보면 도중에 있는 북천北川을 건너 15정 정도 우측 낭떠러지의 소나무 숲에 탈해왕의 능과 표암이 있다. 표암은 월성 이씨가 강림하여 탄생한 땅이라 일컬어지며 지금도 이씨 일족이 제사를 지낸다. 표암에서 금강산金剛山 기슭에서 서북쪽으로 7정 정도에 사면석불이 있다.

〔**사면석불**四面石佛〕 옛 굴불사堀佛寺의 유적으로 이름이 높지만 석불은 안타깝게도 결락되어 완전하지 않다.

〔**백률사**柏栗寺〕 백률사는 굴불에서 2정 올라가면 소금강산 중턱에 있는 고찰로 신문왕이 건립약 1,230년 전하였다[44]. 지금은 매우 황폐하였지만 대웅전 안 약사여래의 입상立像은 현존하는 신라조의 불상 중 우수작으로 호사가들에게 진중하게 여겨진다.

〔**오릉**五陵〕 백률사에서 포항가도로 나와 읍내로 25정 정도 돌아와서 다시 남쪽

43 분황사 모전석탑을 가리킨다. 『동경잡기(東京雜記)』는 1845년에 중간(重刊)된 경주의 지방지인데, 임진왜란 때 허물어진 뒤 분황사 승려가 개축하였고 9층탑이라고 되어 있으나 학계에서는 믿을 근거가 약하다고 보고 있다. 한편 『개벽』 제18호(1921.12.1.)에 실린 권덕규(權悳奎)의 경주기행문에도 분황사가 나오는데 『동경잡기』의 내용과 유사한 부분이 보인다. 기행문에는 원래 구층으로 쌓았는데, 어느 때인가 3층이 무너지고 절의 승려가 중수하다 잘못하여 또 3층이 무너져 결국 3층만 남았다고 기록하고 있으며, 1915년에 총독부에서 수리할 때 발견된 석함 속의 유물로 고려 때 중수한 사실을 고증하였다고 나온다(pp.70~71).

44 『신증동국여지승람』에는 창건연대가 분명하지 않다고 나온다. 「백률사중수기」에는 신문왕 때 중수했다는 기록이 있다.

으로 언양가도를 약 28정 가면 남천南川을 향하는 언덕에 오릉이 있다. 신라 시조 박혁거세와 그 왕비 이하 세 왕의 능묘로 경내가 넓고 노송이 울창하며 이끼가 능을 뒤덮고 있다. 가장 남쪽에 있는 것이 시조릉으로 부근에는 시조를 제사하는 숭덕전崇德殿이 있다.

〔**포석정**鮑石亭〕 포석정은 오릉에서 남쪽으로 20정 정도에서 왼쪽으로 꺾어지면 나오는 촌락 옆에 있다. 구불구불 흐르는 물에 술잔을 띄우는 이른 바 유상곡수流觴曲水의 연회장으로, 큰 나무 아래 전복 모양으로 된 석조물이 현존하고 있다. 55대 경애왕景哀王이 이곳에서 왕비와 함께 술을 마시며 즐기던 중에 후백제 견훤의 군대가 공격해 오는 것을 모르고 있다가 살해되었다. 한 시대의 비애를 담고 있는 곳이다.

〔**김수신묘**金瘦信墓[45]〕 포석리에서 다시 읍내로 돌아와 서쪽으로 30정 정도를 가면 옥녀봉玉女峯 기슭에 김유신묘가 있다. 주위에 십이지상이 조각된 보호석이 남아 있으며 비교적 완전하게 옛 양식을 갖추고 있다. 김유신은 무열왕과 문무왕을 보필하여 백제와 고구려를 멸망시키고, 신라 통일의 위업을 이룬 공신으로, 백제를 멸망시켰을 때에는 당군과 연합하여 현재의 금강錦江에서 일본에서 온 백제 지원군까지 괴롭힌 용장이다.

〔**진열관**陳列館〕 진열관은 읍내 군청의 남측에 있는데, 6촌 시대 이래의 유물과 발굴한 물건을 진열하고 있으며 봉덕사奉德寺의 큰 종도 옮겨다 놓았다. 진열품 중에는 석기, 토기, 불상 기타 고고학상 귀중한 자료가 적지 않다. 종은 지름이 7척 5촌, 두께는 8촌이며 둘레에 웅려한 천녀상과 문양을 새긴 순수한 조선양식으로, 종명鐘銘에 경덕왕이 부왕을 위하여 주조를 기획하였으나 완성하지 못하고 그 아들 혜공왕惠恭王이 완성시켰다약 1,550년 전[46]고 되어 있다.

〔**도지**道只〕 도지는 경주 다음 역에서 1리 정도 떨어져 있으며 경주 쪽에 가깝다. 경철선로 부근에는 사천왕사 터와 선덕왕, 신문왕, 효공왕, 성덕왕, 신무왕 등의 능묘가 산재한다.

---

45 김유신(金庾信)의 오기이다. 표제만 오기되어 있고 본문의 다른 곳에서는 올바른 한자로 되어 있다.

46 1550년 전이면 371년이므로 잘못되었다. 봉덕사종은 혜공왕 때인 771년에 완공되었다.

〔**불국사**佛國寺〕 불국사역은 현재 울산선의 마지막 정거장으로 동남쪽에 있는 울산가도의 남쪽에 가까우며, 문무왕의 능묘로 추정되는 괘릉掛陵이 있다. 이 능은 김유신 묘보다도 한층 완전한 양식에 가까운 형태로 남아있어서 알려졌다. 또 동북쪽 약 25정 거리에 있는 토함산吐含山 중턱에는 유명한 불국사가 있다. 절은 법흥왕 27년에 건립되었으며1,380여 년 전, 석조물과 불상 등의 유물이 신라 전성기의 모습을 잘 담고 있다. 다보탑多寶塔석조 높이 20여 척, 석가탑釋迦塔석조 높이 27척은 본전의 마당 좌우에 우뚝 서서 천여 년의 풍우를 맞으면서도 여전히 엄숙하고 아름다우며 영롱한 형체를 지키고 있다. 문 앞의 청운교靑雲橋와 백운교白雲橋는 절반은 훼손되었지만 장엄한 구조는 칠보교七寶橋, 연화교蓮華橋와 함께 찬탄을 자아낸다.

〔**석굴암**石窟庵〕은 불국사에서 급한 오르막길로 20정을 가야 한다. 언덕 정상에서는 넓디넓은 일본해를 바라볼 수 있다. 석굴암은 경덕왕 10년에 건립한1,170년 전 것으로, 산허리를 뚫어 만들었으며 내부는 아치형으로 돌을 쌓고 입구 좌우에 사천왕과 인왕상을 두었다. 내부 조각으로는 11면 관음과 16제자, 범천석梵天釋 등 36체를 새겼다. 중앙 연대 위에는 높이 1장丈 1척의 석가좌상을 안치하고 있다. 조각한 수법이 정밀하고 세련되어 놀랄만하며 신라 유물 중에 가장 위대하고 가장 크다. 불국사 앞에는 내지인의 찻집이 있으니 소지품은 그곳에 잠시 맡기고 가벼운 복장으로 석굴암에 오르는 것이 좋다.

경주 부근의 관광을 마치고 서악역으로 돌아와 포항선을 향하여 몇 개 역을 지나면 노선의 종점인 〔포항〕역에 닿는다. 포항은 영월만迎月灣[47]의 주요 항구이자 동해안 어업이 성한 곳이다. 인구는 4,580여 명이고 그 가운데 내지인은 1,640여 명이며 주로 어업에 종사하고 있다. 영일만은 상대上代 이즈모出雲 지방과의 교통 요지로 탈해왕[48]이 다파나국多婆那國에서 표착했다는 아진포阿珍浦 고적 등이 있다.

47 영일만(迎日灣)의 오기이다.

48 『조선철도 선로 안내』(1911)에는 박혁거세라고 되어 있으나, 『삼국사기』 등을 참조하면 탈해왕이 맞다. 이즈모는 옛 국명으로 지금의 시마네현(島根縣) 동부 지역이다.

신동역

경상북도 칠곡군(漆谷郡) 기천면(技川面)[49] 신동(新洞), 부산에서 88리 4분, 남대문까지 182리 2분

금호강가 농업지로 동쪽으로 2리 정도 떨어진 곳에 이전의 도독부 소재지가 있던 칠곡읍이 있다.

왜관역

경상북도 칠곡군 왜관면(倭館面) 왜관동, 부산에서 94리 5분, 남대문까지 186리 1분

역은 칠곡군청 소재지이다. 서남쪽으로는 낙동강을 바라보며 강의 수운편이 있기 때문에 오지에서 나오는 물자의 집산이 활발하다. 성주, 인동, 군위 등과 경제상 밀접한 관계를 맺고 있다. 강가의 토지는 충적층으로 토질이 비옥하기 때문에 과수와 원예에 적합하여 내지인이 경영하는 과수원이 많다. 역과 강기슭 사이는 약 1리 거리로 수압경편철도가 있다. 왜관이란 이름은 분로쿠 무렵에 강의 수운을 이용한 병참 요지로 많은 일본인이 오래도록 머물렀던 데서 기인한다고 한다. 당시의 왜관은 맞은 편 기슭에 있고 지금은 단지 강기슭의 일개 촌락이다.

약목역

경상북도 칠곡군 약목면(若木面), 부산에서 98리 9분, 남대문까지 181리 7분

왜관을 출발하여 낙동강 교량을 지나 조금 더 가면 약목역에 도착한다. 동남쪽에는 낙동강가의 평야가 펼쳐진다. 농산물이 풍부하여 이곳의 시장은 군에서 거래액이 가장 높아 한번 열리면 5천 원 정도 거래된다. 옛 군청 소재지인 동인同仁은 여기서 동쪽으로 2.5리 정도로, 근교에는 신라의 옛 성터인 천생산성天生山城이 있다.

49 지천면(枝川面)의 오기이다.

구미역

경상북도 선산군(善山郡) 구미면(龜尾面) 원평동(元坪洞), 부산에서 107리, 남대문까지 173리 6분

역은 금오산 북쪽 기슭에 위치하며 낙동강을 따라 넓은 평야를 끼고 있다. 인구는 약 9,300여 명으로 시장, 소학교, 창고회사 등이 있다. 군청 소재지 선산읍까지는 4리 거리로 승합마차가 다닌다.

| 명소 |

〔**금오산성지**金烏山城址〕 역에서 남쪽으로 20정 정도 거리에 하늘 높이 솟아 있는 것이 금오산이다. 산 정상에는 주위 약 1리의 평지가 있다. 사면이 절벽으로 마치 깎아지른 것 같고 산기슭에 낙동강이 해자처럼 굽이 도는 천연의 요새이다. 신라 무렵부터 어느 정도 사화史話가 있는데, 가까이는 임진 때 원사元師 권율權慄이 근거지로 삼고 지킨 곳이기도 하다.

〔**채미정**採薇亭〕 역에서 서남쪽으로 15정 거리에 있다. 고려 유신 길재吉再라는 사람이 이조의 녹을 받는 것을 깨끗하지 못하다며 은둔하여 고비를 주식으로 삼아 여생을 보냈다는 곳이다. 그 부근의 어필각御筆閣에는 이조 숙종왕이 길재의 자손에게 하사한 "귀와오산하歸臥烏山下, 청풍비자릉淸風比子陵, 성조성기미聖祖成其美, 권인절의흥勸人節義興[50]"이라 쓴 어제御製가 봉안되어 있다.

대신역

경상북도 김천군(金泉郡) 아포면(牙浦面) 대신동(大新洞), 부산에서 115리 3분, 남대문까지 165리 3분

감천甘川 연안의 농경지로 역에서 북쪽으로 12정 거리에 개령읍開寧邑이 있다.

김천역

경상북도 김천군 김천면, 부산에서 121리 3분, 남대문까지 159리 3분

역은 연선 중에서도 매우 발달한 지역이다. 경상북도 일대의 물자를 들이고 내는데 그 번성함은 대구 다음가는 상황이다. 현재 군청 소재지로 인구는 7,600

50 해석은 다음과 같다. "금오산 아래로 돌아와 누우니, 맑은 기풍은 엄자릉과 견주네. 성조께서 그 아름다움을 이루게 하시니, 사람들에게 절의가 일어남을 권하는 것이네."

여 명, 내지인의 호수는 374호이다. 상주尙州, 예천醴泉, 영주榮州, 봉화奉化, 개령 및 내성乃城 등은 매우 밀접한 관계를 가진 도읍으로 이들 지역 과는 매일 승합 자동차가 운행한다. 또 남쪽의 경상남도 도청 소재지인 진주晉州에도 자동차가 운행하고 있다. 이 역에서 상주, 예천을 거쳐 안동읍까지는 장래 조선산업철도의 경편선이 부설될 예정이다.

관공아 기타

김천군청	경찰서	우편국
지방법원 지청	창고회사	금융조합
금릉金凌금융조합	남선물산회사	조선철물회사
산인도山陰道산업회사	식산은행 지점	선남은행 지점
학교조합		

자동차

김천에서 상주까지 2원 30전	함창까지 3원 50전
예천까지 5원 60전	내성까지 8원 40전
문경까지 4원 70전	거창까지 3원 70전
진주까지 7원 60전	

| 명소 |

〔**해인사**海印寺〕 해인사까지는 역에서 23리 정도이고, 도중 거창까지 17리는 자동차를 이용할 수 있다. 해인사 경역은 가야산의 잇닿은 봉우리들로 둘러싸여 있으며, 산수가 수려하고 전각과 당탑 역시 매우 크고 아름답다. 창건은 신라 애장왕哀莊王 2년1,100여 년 전[51] 으로 순응順應이 터를 열었다. 현재 법등法燈을 지키는 승도는 300여 명으로 실로 영남 3대 사찰의 하나로 일컫는 데 어긋나지 않

---

51 애장왕 2년은 801년이라 1,100여 년 전이라는 숫자는 맞지 않는다. 또 해인사는 애장왕 3년인 802년에 순응이 창건하였으며 그의 사후에는 이정(利貞)이 뒤를 이어 완공했다고 전한다.

는다. 고명한 대장경의 판목判木은 적광전寂光殿 뒤에 세운 대경각에 수장되어 있는데 그 수가 86,686매에 달하며 고려 고종왕 때660여 년 전[52]에 판각된 것이다.
〔직지사直指寺〕 역에서 서북쪽으로 약 3리 떨어진 황학산黃鶴山에 있는 고찰로, 경내는 고요하고 그윽한 정취가 가득하며 전당의 짜임도 웅장하다. 절에는 황금불을 비롯하여 경전과 오래된 불구佛具 등은 탄성을 자아내는 것이 많다.

| 도읍 |

〔상주〕 상주는 역에서 9리 정도, 문경은 20리 정도 거리로 모두 자동차편이 있음은 앞에서 서술하였다. 이 주변은 대구, 충주, 경성을 관통하는 이른 바 중앙가도의 중요 역으로 부근 물자의 집산지이다. 분로쿠 때에 고니시 유키나가小西行長가 진군한 길이 이 가도이다. 문경에서 조령은 눈과 눈썹사이처럼 가깝다.
〔영주〕 영주는 김천에서 30리 정도 떨어져 있다. 이 역시 저명한 도읍으로 옛 가도인 죽령竹嶺 너머의 중요한 역이다. 가토 기요마사加藤清正가 이 길로 갔다고 한다.
〔예천〕 22리 내지 33리 역시 자동차가 김천에서 다닌다. 도내 북부의 주요 지역으로 모두 군청 소재지이다. 이 부근 일대에서는 이전부터의 산물인 농산물 외에 누에고치와 목화를 산출하여 산업의 새 생명을 발견하고 있다.

추풍령역

충청북도 영동군(永同郡) 황금면(黃金面) 추풍령리(秋風嶺里), 부산에서 132리 1분, 남대문까지 148리 5분

김천역에서 추풍령 너머의 비탈진 철길을 미처 다 올라가기 전에 경상도와 충청도의 경계를 가로지른다. 추풍령역은 본선 중에서 가장 높은 지점인 해발 712척呎이며, 각 열차는 기관에 급수하기 위하여 이 역에서 5분 이상 정차한다. 역은 소백산맥 중에 말안장처럼 움푹 들어간 곳에 있다. 북쪽에는 속리산俗離山,

52 고려 고종의 재위기간은 1213~1259년이다. 경판수와 조성시기는 대장과 보유판(補遺板)의 구별에 따라 다른데, 조선 고종 2년 이후 보유판과 대장이 포함되어 인식하기 시작했다. 본문의 86,686매는 1910년 궁내부에서 조사한 수량이다. 이에 관해서는 최영호 「해인사대장경판의 구성체계와 범위」(『석당논총』 68집, 2017) 참고.

조령鳥嶺, 죽령의 여러 봉우리가 있고, 남쪽에는 운봉산雲峯山과 지리산智異山의 여러 봉우리가 굽이굽이 이어져 조선의 중부와 남부를 가르는 경계가 되고 있다. 역 끝에 흐르는 작은 시내는 금강의 원류로 서쪽으로 흘러 몇 번 꺾어져 군산에 이르러 바다로 흘러 들어간다. 분로쿠 때 구로다黑田와 고바야카와小早川의 별동대가 본선을 따라 추풍령을 넘어 청주를 거쳐 경성으로 진군하였다. 역에서 15정 정도 떨어진 곳에 한장韓將 장수 장지현張智賢이 전사하였다는 유적이 있고 그 옆에 묘비가 세워져 있다.

황간역

충청북도 영동군 황간면(黃澗面) 마산리(馬山里), 부산에서 137리 3분, 남대문까지 143리 31분

이곳은 산간의 척박한 땅으로 경작지도 넓지 않다. 역에서 북쪽으로 12리哩 떨어진 곳에 득수리得水里 흑연광산이 있는데 1년에 3,600여 톤을 생산한다. 이를 운반하기 위하여 득수리와 정거장 사이에 수압식 경편철도가 있다.

| 명소 |

〔**한천팔경**寒泉八景〕 역에서 북쪽으로 20정 정도 떨어진 장천長川의 양 기슭에 험한 암석이 깎아지른 듯이 서 있는데 자못 경관이 기이하다. 고래로 고상한 취미를 가진 사람이 이곳의 경치를 골라, 사군봉使君峰, 월유봉月留峰, 산양벽山羊壁, 용연대龍淵臺, 냉천정冷泉亭, 청학굴靑鶴窟, 화헌옥花軒獄, 법존암法尊庵을 팔경이라 하였다.

영동역

충청북도 영동군 영동면 계산리(稽山里), 부산에서 146리 9분, 남대문까지 133리 7분

영동군청 소재지로 경찰서, 우편국 등이 있다. 이 지방에서는 상당히 도회지이며 천마산天摩山, 마니산摩尼山, 박달산朴達山 등 여러 산이 사방을 둘러싸고 있다. 경작지가 넓지 않아 산물도 목탄과 땔나무 외에 특별히 기록할만한 것이 없다. 역에서 서남쪽으로 7리 떨어진 전라북도 무주읍茂朱邑까지 승합자동차가 운행하고 있다요금 1원 80전.

| 명소 |

〔**낙화대**洛花臺〕 역에서 서쪽으로 20정 떨어진 금성산錦城山 중턱에 있다. 조선 시골에 흔한 전설이 있어서 이곳이 명소가 되었으나, 경치로 보자면 전설이 있다고 해도 일부러 찾아 갈 정도는 아니다.

심천역

충청북도 영동군 심천면(深川面) 심천리, 부산에서 153리 7분, 남대문까지 126리 9분

역 부근에서 대두가 다소 생산되지만 대체로 토질이 척박하여 전반적으로 산간의 한촌에 불과하다.

역에서 서쪽으로 1리 정도 떨어진 옥산玉山 기슭에 옥길玉吉폭포가 있다. 행로는 돌이 가득하여 좋지 않아서 인력거도 다니지 않는다.

이원역

충청북도 옥천군(沃川郡) 이내면(伊內面) 강릉리(江凌里), 부산에서 159리 3분, 남대문까지 121리 3분

부근 일대는 산악이 중첩되어 금강 상류를 몇 번이나 가로지른다.

역에서 가까운 농가의 부업으로 가마니 제작이 활발하며, 1년에 약 40만 개, 천 톤에 달한다. 품질이 우수하여 이원 가마니의 명성은 조선 전역에 널리 미치고 있다.

옥천역

충청북도 옥천군 내남면(內南面) 금구리(金龜里), 부산에서 166리 1분, 남대문까지 114리 5분

군청의 소재지 옥천읍은 역에서 동쪽으로 20여 정 떨어진 곳에 있다. 이곳은 부근의 물자가 집산하는 시장으로 산물로는 미곡, 면포, 마포 등이 있다.

| 명소 |

〔**속리산 법주사**法住寺〕 역에서 옥천읍과 보은읍을 지나 속리산에 이르는 약 10리 정도 사이는 말을 타는 외에 교통편이 없다. 산은 아홉 개의 산봉우리가 구

름 속에 모여 있어서 구봉산이라는 별명이 있다. 그 가운데 하나인 사자봉獅子峯에는 30여 명이 앉을 수 있는 넓은 문장대文藏臺가 있다. 이곳에서 동쪽으로 흘러내려가는 물은 낙동강의 수원이 되고 남쪽으로 흘러내려가는 물은 금강과 합류하며, 서쪽으로 흘러내려가는 물은 한강漢江의 수원이 된다. 또 산중에는 구암龜岩과 신라의 옛 성터인 삼년성三年城 등의 명승지가 있다.

법주사는 조선에서 저명한 큰 고찰로 신라 진평왕1,340여 년 전[53] 때 건립하였다. 이 대가람에는 조선 제일의 5층탑이 있다. 절의 주불인 3대불과 그 밖의 9체 좌상은 모두 거대하며 만듦새가 우수한 것으로 유명하다. 안타깝게도 장소가 너무 멀어서 찾아가기에 심히 불편한 위치에 있다.

대전역

충청남도 대전지(大田地)[54] 대전면 영정(榮町), 부산에서 176리 7분, 남대문까지 103리 9분

대전은 호남선의 분기역으로 목포, 군산 방면으로 가는 여객은 이 역에서 갈아타야 한다. 르네상스식의 세련되고 품위 있는 건축양식의 역사로, 2층에는 간이식당 설비가 있다.

이 역은 철도 부설 당시에는 사람이 거의 없는 상황이었으나, 장족의 발전을 이루어 오늘날에는 성대하게 되었다. 몇 년 전부터 군청, 병영, 중학교 등 관공립 기관이 이전하거나 신설되고 있다. 동북 일대는 산악으로 나뉘고, 서남쪽은 광활한 평야가 펼쳐져 풍요로운 농산지를 이루며 과수원예가 활발하게 행해진다. 또 일해흥업日海興業이나 조선흥업朝鮮興業 등 농업회사의 농장도 있다. 또 이곳은 반도의 보고라고 일컬어지는 호남지방에 육로로 들고 나는 물자의 중계지로서 상업이 활발한 것은 물론이고, 몇 년 전부터 지금까지 충청면화회사 및 피혁회사 등이 신설되어 공업방면에서도 장래가 주목된다.

도청 소재지인 공주는 서북쪽으로 10여 리 떨어져 있고, 전북의 금산은 남쪽으

53 법주사는 진흥왕 14년인 553년에 창건되었다. 『한국철도 선로 안내』(1908)과 『조선철도 선로 안내』(1911)에는 속리사로 나온다.

54 행정구역명으로 대전지의 의미는 불분명하다. 『한국철도 선로 안내』(1908)과 『조선철도 선로 안내』(1911)에는 모두 회덕군 대전읍으로 되어 있다.

로 8리 정도 거리로 모두 이곳에서 승합자동차가 다닌다.

인구

6,104인내지인 4,060인, 호수 1,433호내지인 1,026호

관공아 기타

군청	경찰서	지방법원 지청
병영	감옥	전매과 출장소
전기회사	피혁회사	충청면화회사
일해흥업회사 지점	조선흥업회사 관리소	식산은행 지점
한성은행 지점	금융조합	중학교
간이공업학교	실과고등여학교	소학교 2개교

자동차

대전에서 공주까지 2원 50전 금산까지 2원 80전

유성온천까지 70전

| 명소 |

〔**유성온천**儒城溫泉〕 역에서 2리 30정町 거리에 공주가도 중에 새로 연 온천장으로, 사방이 소박한 시골 정취가 가득하고 조용한 보양지이다. 대전에서 매일 수 차례 자동차가 다니며, 쇼리칸勝利館, 스기야마杉山 등 내지식 여관이 있다. 이곳의 명산품으로는 서과당西瓜糖[55]이 있다.

〔**계룡산**鷄龍山〕 대전에서 출발하면 유성온천을 지나 5리 거리이고, 호남선 두계

55 서과당은 수박즙을 졸인 것이다. 『조선신문』(1919)에 다음과 같은 기사가 있다. "서과당은 박과에 속하는 수박 과육에서 수제(水製) 엑기스를 제조하는 원리에 기초하여, 독특한 방법으로 수박에 함유된 알칼로이드 같은 유효성분을 파괴하지 않고 화학적으로 만든 것으로, 신장염, 당뇨병, 수종병, 복막염, 임병(痳病), 소갈에 가장 위대하고 탁월한 효과가 있음은 온갖 실험가(과학자)와 의학계의 정평이 난 바이다." 과학과 의학의 발전으로 건강한 몸에 대한 관심이 높아진 사회상을 알 수 있다. 이에 대해서는 김경리, 김선희, 박삼헌, 이영섭 『한국인, 근대적 건강을 상상하다』(2021) 참고.

역豆溪驛에서는 겨우 2리 정도 떨어져 있다. 등산을 하려면 대전에서 올라가 돌아오는 길에 두계로 하산하거나, 또는 그 반대 경로를 취하면 좋다. 계룡산은 조선 명산의 하나로 봉우리가 송곳처럼 우뚝 솟아있고, 계곡이 깊고 복잡하며 낮에도 어둑어둑하여 정취가 있다. 바위 사이를 힘차게 흐르는 시냇물은 여울이 되거나 못이 되기도 하여 끊임없이 경치가 바뀐다. 산중에는 두세 곳의 절과 암자가 있는데 그 가운데 계룡갑사가 가장 크다. 절에서 강경江景과 공주公州의 평야를 내려다보는 전망이 넓어서 일망팔주一望八州라고 일컬어진다. 경치를 즐기려면 산벚꽃이 피는 4~5월 무렵과 단풍이 한창인 10월 무렵을 선택하는 것이 좋다.

신탄진역

충청남도 대전군 북면(北面) 석봉리(石峰里), 부산에서 185리 7분, 남대문까지 94리 9분

역의 양 끝을 흐르는 것이 금강의 본류로 철로는 금강을 건너 충청북도 땅으로 들어간다.

역 부근은 높고 낮은 구릉이 기복을 이루고 있지만 강 두둑의 땅은 비옥하여 농경에 적합하다. 생산물로는 생석회生石灰가 있다.

부강역

충청북도 청주군(清州郡) 부용면(芙蓉面) 부강리(芙江里), 부산에서 193리 3분, 남대문까지 87리 3분

부강은 금강의 지류이며 군산에서 올라오는 배의 종점이다. 이곳에서 하류 6리 지점에 충청남도 도청 소재지인 공주가 있다. 옛날부터 산과 바다에서 나는 물자의 교환지로서 번영하였으며, 시장의 거래액은 60여만 원을 헤아린다. 생산물로는 쌀, 보리, 조 등이 있다. 또 근래 농가에 부업을 권장하여 죽제품과 낫 등의 제조가 활발하며, 연 생산액은 5만 원 이상이다.

역에서 충청북도 도청·역자 소재지인 청주까지는 4리 거리로 매일 승합차가 다니고 있다.

명학鳴鶴**금광**은 역에서 서쪽으로 1리 떨어진 연기군燕岐郡 명학리에 있고, 외천

外川금광은 남쪽으로 2리 떨어진 청주군 척산리尺山里에 있다. 이 밖에 봉무산鳳舞山, 부용, 죽암竹岩 등 금을 생산하는 작은 광구가 부근에 있다.

인구

2,599인 내지인 203인, 호수 432호 내지인 51호

조치원역

충청남도 연기군 조치원면(鳥致院面) 조치원리, 부산에서 199리 8분, 남대문까지 80리 8분

조치원역 역시 철도 개통 이래 개화한 시가지이다. 미호천美湖川 유역의 풍부한 물자의 집산이 오늘날의 모습을 만든 직접적인 원인이지만, 또 다른 이유는 서남쪽에는 공주6리 반, 동북쪽에는 청주5리 등 두 도청소재지가 있고 멀리는 충주忠州와 제천堤川에 이르기까지 이 역의 관문을 지나야만 하는 지리적 관계이다. 현재 조선중앙철도회사에 의해 충주, 청주, 공주 세 곳이 연결되기 때문에 철도가 역의 좌우에서 출발하는 계획이 있다. 향후 조치원은 더욱 크게 발전할 기운이 보인다. 한편 지난번에 연기군청을 이곳으로 이전시켰고, 지금은 청주전등회사의 이전계획도 진척되고 있어, 공주까지 전선로가 확충될 것이다.

역에서 공주 및 청주, 충주를 거쳐 제천까지 매일 승합차가 다닌다.

공익식산회사농장公益殖産會社農場은 역 부근에 있는 몇몇 농장 중에 최대 규모이다. 경지면적 4백 정보 가운데 47정보는 과수를 심어, 일 년에 약 9만 6천관의 과실을 생산하고 있다.

인구

4,933인 내지인 1,230인, 호수 1,080호 내지인 269호

관공아 기타

군청 지방법원 출장소

경찰서 금융조합
공립운수창고회사 운수연합창고회사
조선중앙철도회사 출장소 만주전등회사 출장소
식산은행 지점 경성은행 지점

자동차

조치원에서 공주까지 1원 80전 청주까지 1원 20전
충주까지 5원 20전 제천까지 8원 20전

| 도읍 |

〔**청주**〕 충청북도 도청과 군청 소재지로 인구는 약 7천여 명이다. 시가지의 동·남·북쪽을 작천鵲川이 둘러 흐르고 있다. 동남방면에는 비옥한 평야가 길게 이어져 농산물이 자못 풍부하다. 관에서 설치한 모범농장과 농업학교 등의 시설이 있다.

▲상당성上黨城 백제 무렵의 옛 성터로 읍에서 동남쪽으로 2리 정도 거리에 있으며 산꼭대기에 성벽이 남아 있다. 성 안에서는 논밭을 경작하고 20호 정도의 민가가 있다.

▲낙영산落影山 속리산 북쪽 기슭에 해당하며 읍에서 동쪽으로 8리 정도 떨어져 있다. 산기슭에는 석유碩儒 송시열이 은거한 곳이라는 화양당華陽堂이 있다. 또 그곳의 바위 하나에는 이조 인조왕의 친필이라고 일컬어지는 '비례부동非禮不動' 네 글자가 새겨져 있다.

▲왜구비倭寇碑 읍의 서문 밖에 있는데 달리 조헌趙憲 사적비라고도 한다. 분로쿠 때 일본군에 대항한 조 장군의 군공을 기념하기 위해 세운 것이다.

〔**충주**〕 달천達川이 한강과 만나는 삼각분지의 평야가 가로놓인 곳에 조령鳥嶺과 죽령竹嶺이 만나는 곳으로 경부가도의 중요한 역이다. 분로쿠의 역 때 고니시 유키나가와 가토 기요마사 두 장수가 해우했다고 하는 단월역丹月驛이 바로 이 근방이다. 이 주변은 미국품종의 담배 특산지로, 생산량은 1년에 50만 관貫을

상회한다. 한강의 주운舟運이 경성의 용산 강가까지 항상 다닌다.

▲탄금대彈琴臺 읍에서 서북쪽으로 1리 정도 떨어진 한강 강변에 있는 높은 대이다. 분로쿠의 역 때 도순사 신립申砬이란 사람이 침입군과 힘껏 싸웠으나 패배한 곳으로, 이곳에서 북쪽 경성까지는 완전히 무방비 상태가 되었다고 한다.

▲수안보온천水安堡溫泉 읍에서 4리 정도 떨어져 있다. 경부가도를 따라 난 조령 기슭의 촌락에 있는데 읍에서는 자동차가 다니며 내지식의 여관도 있다. 온천의 수질은 알칼리성으로 나병, 매독, 류머티즘, 기타 피부병에 특효가 있다고 한다.

〔공주〕 공주의 옛 이름은 웅천熊川 혹은 웅포熊浦라고 한다. 백제는 처음에 한산漢山에서 옮겨 와 부여에 도읍을 정할 때까지 이곳에 있었다. 또 백제 멸망 후에는 도독부가 설치되었다. 2천년 이래의 고도이기 때문에 역사나 변천은 지금 일일이 다 말할 수 없다. 현재 충청남도 도청 소재지로 금강錦江에 접하며, 세련된 시가지에는 상점이 즐비하여 번창하고 있다. 대전, 논산, 부여, 그리고 조치원으로 자동차가 다니며 금강의 수운을 이용하여 강원, 군산 등까지도 교통이 편리하다.

▲쌍수산성지雙樹山城址 읍에서 교외로 10정町 정도 떨어져 있다. 금강을 바라보는 경승지로 백제 멸망 후에 당나라 장수 유인원劉仁願이 주둔한 곳이다. 이밖에 읍 부근에는 공주산성, 봉황산 및 앵산櫻山공원 등 명승고적이 있다.

전의역

충청남도 연기군 전의면(全義面) 읍내리(邑內里), 부산에서 208리 8분, 남대문까지 71리 8분

역 부근은 사금 채취지로 차창에서 논밭이 파헤쳐진 흔적을 여러 곳에서 볼 수 있다. 지세는 대체적으로 언덕이 기복 있으며, 농산물도 그다지 풍부하지 않다.

소정리역

충청북도 연기군 금의면(金義面) 소정리(小井里), 부산에서 213리 5분, 남대문까지 67리 1분

경성-전주가도는 역에서 철로를 나오면 곧바로 공주에 도달하기 때문에 도로

연변에서 물자나 사람이 이곳에 집중된다. 역 소재지에 소정리 시장이 있으며, 서쪽 1리 떨어진 풍서豊西에도 시장이 있다.

〔**광덕사**廣德寺〕 광덕사는 서남쪽으로 2리 떨어진 태화산泰華山의 산중턱에 있는 비구니 절로 신라시대에 창건했다고 한다.

천안역

충청남도 천안군(天安郡) 천안면 읍내리(邑內里), 부산에서 220리 2분, 남대문까지 60리 4분

서쪽의 언덕 하나를 넘으면 예산禮山의 강 유역에 비옥한 평야가 멀리까지 펼쳐진다. 천안역은 이 평야에서 나는 농산물의 집산지로 인구는 약 3,300명에 700여 호가 있다. 군청, 우편국, 창고회사와 상당히 성황인 시장이 있다. 현재 계획 중인 경남철도회사京南鐵道會社의 선로는 이 역을 출발점으로, 서남쪽으로는 예산 유역을 통과하여 군산에 이르고 동북쪽으로는 안성에 닿게 된다. 따라서 장래 성황을 기대할만하다.

역에서 서쪽으로 15리 떨어진 홍성까지요금 3원 50전 날마다 승합자동차 편이 있다. 또 홍성에서 북쪽으로는 서산에, 남쪽으로는 보령, 대천, 서천군산항의 맞은 편 등의 해안 각지를 연결하는 편과, 서천에서 금강 기슭을 거슬러 부여의 맞은편인 규암리窺岩里까지 가는 편 등에도 승합자동차가 다닌다.

관공아 기타

군청	지방법원 지청	경찰서
우편국	금융조합	호서은행 지점
천안운수창고회사	공립共立금고회사 지점	백제상사회사

| 온천 |

〔**온양온천**溫陽溫泉〕 역에서 3.5리 거리로 자동차로 40분이면 도착한다. 옛날부터 알려진 온천장으로 국왕이 속리산에 행유行遊하고 돌아오는 길에 가마를 이곳으로 돌려 입욕했다고 전해진다. 가까이는 저 유명한 대원군도 이곳을 좋아

하여 욕실을 증수해서 때때로 행유하였다고 한다. 경성에서 가까운 온천장이어서 사시사철 입욕객이 끊이지 않고, 온센칸溫泉館, 데쓰야鐵屋라는 여관도 있다. 또 육군 요양소도 설치되어 있다. 수질은 염류천으로, 투명하고 냄새가 없으며 위장병, 부인병, 피부병에 특효가 있다.

성환역

충청남도 천안군 성환면(成歡面) 성환리, 부산에서 227리 8분, 남대문까지 52리 8분

일청전쟁의 빛나는 기록의 제1항을 차지하는 성환 전투의 옛 전장이 바로 이 역이다. 청나라 군사의 상륙 지점이었던 둔포屯浦는 여기서 서쪽으로 2리 19정 떨어져 있으며, 아산牙山은 거기서 5리 30정 떨어져 있다. 안성읍安城邑은 동북쪽으로 4리 떨어져 있다. 이 세 곳은 모두 상업지인데 그 중에서도 안성은 충청도와 강원도의 각각 일부를 세력권으로 하여 성황인 시장이다. 역에서 서쪽으로 20정 떨어진 곳에는 성환목장이 있다. 우량종을 종마로 하여 마필 개량을 꾀하고 있는데 조선에서는 보기 드문 사업이다.

직산稷山광산은 역에서 동남쪽으로 약 3리 떨어져 있는 조선의 주요 금광의 하나이다. 최근 1년 산출한 금은 약 160관이다. 주요 광구는 양대良垈에 있다. 또 용정리龍井里 광구에서는 전기 채집기를 설치하여 사금 채집에 종사하고 있다.

| 고전장(古戰場) |

〔성환 고역古驛〕 역 바로 뒤에 있는 조선부락이 일청전쟁 당시의 성환으로, 월봉산月峰山, 안성도安城渡 및 마쓰자키松崎 대위의 충혼비 등이 모두 역 부근에 있다. 1894년明治27 7월 4천의 청나라 군사는 당시 조선공사였던 위안스카이遠世凱의 지휘를 기다리며 아산만에서 숨죽이고 있었다. 일본군은 1개 여단의 병력을 인천에서 상륙시켜 경성으로 들어갔다. 이리저리 기회를 엿보던 한정韓廷도 이 형세에 동요하여 태도를 정하였다. 과연 지모智謀가 뛰어난 위안스카이라도 경성에 주둔할 수 없는 처지가 되어, 인천에서 톈진天津으로 돌아가게 되었다. 점차 전쟁의 기운이 무르익어 청나라 군사는 월봉산을 중심으로 여기저기에

포루와 참호를 만드는 한편, 경성에서 남하한 오시마大島여단은 7월 28일 소사리素砂里에 도착하여 공격을 개시하였다. 이 부근 일대는 안성천 유역의 평지로 몸을 가릴 만한 것이 없어서 공격하는 측은 자못 불리한 지형이었기 때문에 밤의 어둠을 틈타 공격을 행하였지만, 어쩌다보니 안성천이 만조 때라 수량이 불어났다. 이곳을 건너는데 마쓰자키 대위와 도키야마時山 중위[56]는 첫 희생자가 되었다. 그로부터 몇 번의 고전을 하다가 결국 오전 8시 경에는 성환의 적을 패주시켰다. 생각건대 개전하고 첫 충돌이었던 이곳의 승패가 이후 양 군의 사기, 작전 상 얼마나 중대하였는지는 두 말할 필요도 없다.

성환의 전투成歡之役	오시마 요시마사大島義昌[57]
초대외방의전선初對外邦義戰宣	처음 외국과 맞서 의로운 전쟁이 선언되었으니
성모최재제기선聖謨最在制機先	성스런 전략은 무엇보다 먼저 기선을 제압하는데 있도다.
암운일소성환효暗雲一掃成歡曉	어두운 구름이 모두 사라지고 환희의 새벽이 되니
욱일방광동해천旭日放光東海天	떠오르는 태양이 동해 하늘에 빛을 발한다.

평택역

경기도 진위군(振威郡) 평남면(平南面) 평택리(平澤里), 부산에서 233리 6분, 남대문까지 47리

역은 경기도와 충청도의 경계지점에 위치한다. 동·남·서 3면으로 광활한 평야가 이어져 농산물이 풍부한 것으로 유명하다. 동쪽의 안성까지는 4리이고 죽산竹山까지는 6리 정도이며, 경부가도의 장호원長湖院까지 13.5리이다. 대로가 평탄하고 승합자동차가 다닌다. 또 아산만의 요진인 둔포까지는 2리로 인력거 편이 있다. 이들 지역의 물자가 자연히 이 역에서 집산한다. 장래 역에서

56 마쓰자키 나오오미(松崎直臣)와 도키야마 교조(時山龔造)이다. 『한국철도 선로 안내』(1908) 78쪽 각주 111 참고.

57 오시마 요시마사(1850~1926)는 청일전쟁 때 평양전투에 참전하여 전공을 세웠으며, 러일전쟁 때는 제3사단장으로 참전했다. 위 3인 모두 『일본제국군인명예감(日本帝國軍人名譽鑑)』(谷頭辰兄著, 盛文館, 1895)에 실려 있다. 세 번째 시구의 '환희의 새벽'은 '성환이 밝아오니'라고도 해석된다. '떠오르는 태양이' 역시 일본을 상징하는 '욱일'로 해석할 수 있다. 이중수사로 볼 수 있다(시의 해석은 역자에 의함).

장호원을 거쳐 여주驪州, 충주로 가는 철도를 조선중앙철도회사가 계획하고 있어 점점 더 전도가 유망한 곳이다. 역 소재지의 인구는 약 1,200명이고, 진위군청, 경찰서, 미곡검사소, 곡물매매조합 및 조선상업은행 지점 등이 있다.

자동차

평택에서 안성까지 1원 30전 죽산까지 1원 90전

장호원까지 4원 10전

| 도읍 |

〔안성읍〕 역에서 자동차로 50분이면 도착한다. 예부터 미곡의 산출지이자 상업지로서 유명한 시장이다. 이곳에서 평택역으로 송출하는 미곡만도 1년에 10만석에 달한다. 이외의 산물은 유기, 한지, 모자, 담뱃대 등이 있다.

서정리역

경기도 진위군 송탄면(松炭面) 서정리(西井里), 부산에서 238리 9분, 남대문까지 41리 7분

구 군청 소재지인 진위는 1리 24정, 안중리安仲里는 3리 떨어져 있다. 모두 미곡의 산지로 역에서 인력거가 다닌다. 또 서쪽으로 1리 떨어진 진위천의 하류에는 선착장이 있어 100석 적재의 범선이 출입한다. 이 지방은 해안에 가까운 저습지가 많아서 진위천 하류에서 아산만 연안에 걸쳐 개간할 여지가 많다. 현재 노사카野坂 농장이 계획한 청북면靑北面 삼계리三溪里의 간석지 2천 정보 개간은 이미 일부를 논으로 만들어 자못 양호한 성적을 보인다.

오산역

경기도 수원군(水原郡) 성호면(城湖面) 오산리(烏山里), 부산에서 245리 1분, 남대문까지 35리 5분

오산은 연선 중에서 저명한 곡물 시장이다. 또 소의 거래도 활발하다. 진위까지 1.5리, 수원까지 4리, 서쪽의 발안장發安場과 해창포海倉浦까지 각각 4리로 모두 인력거가 다닌다. 이들 지역이 모두 이곳의 시장인 영양시장營養市場을 형성하

고 있다.

병점역

경기도 수원군 대장면(臺章面) 진안리(陣雁里), 부산에서 250리 2분, 남대문까지 30리 4분

역 앞에 푸른빛이 도는 구릉이 유명한 수원 화산華山으로, 역에서 수원 읍내까지 겨우 2리 거리이다. 이곳에는 이왕직李王職[58] 화산 삼림사무소, 고바야시小林 제재소 등이 있고 목재와 신탄 등을 생산한다.

| 명소 |

〔**화산**〕 역에서 20정 정도 떨어진 곳에 이조 정조와 그의 부군 장헌莊獻왕세자의 능묘가 있다. 세자는 제21대 영조의 적출이었으나 남친북소南親北疎 설을 행한 탓에 부왕의 분노를 사서 질식해 죽은 분이다. 아들 정조의 즉위 후 세자의 묘는 배봉산拜峯山에서 이곳으로 옮겨와 건릉健陵이라 일컫고 능 주위 4리에 식수 계획을 세웠다. 그 후 정조가 죽고 아들 순조가 선왕의 유지를 받들어 건릉 옆에 정조를 장사지내고 융릉隆陵이라 이름 지었다. 또 소나무와 잡목을 심었다. 세월이 지난 지 120여 년, 역대로 보호를 자못 엄중히 하여 우뚝 솟은 수목들이 온 산을 뒤덮고 있어 황막한 조선에서 보기 드문 큰 식림植林을 이루고 있다.

▲용주사龍珠寺는 그 산림 중에 있는 선종과 교종의 본산으로 앞에서 서술한 두 능의 명복을 빌기 위해 특별히 건립된 것이다. 전각의 규모가 볼만 하다.

▲세마대洗馬臺는 화산 서남쪽 산꼭대기에 있다. 역에서 약 25정 거리이다. 분로쿠 때 원사 권율이 힘을 다해 싸운 옛 전장이다.

수원역

경기도 수원군 수원면 매산리(楳山里), 부산에서 254리 7분, 남대문까지 25리 9분

수원은 경기도 남부의 유명한 상업지로 읍내와 산루리山樓里 두 곳에 시장이 있

58 이왕직은 1910년 대한제국황실이 이왕가로 격하됨에 따라 황실업무를 담당하던 궁내부를 계승하여 이왕가의 업무일체를 관장하던 기구로, 조선총독부가 아닌 일본 궁내성 소속기구였다.

다. 주요 물자는 미곡과 소이다. 연간 거래액은 전자가 87만여 원, 후자가 107만여 원이다. 용인의 담배 거래지인 김량장金良場은 동쪽으로 5리, 농산지로 유명한 이천은 13리, 여주는 18.5리 거리로 모두 수원을 물자의 출입지로 삼고 있다. 역에서 이들 각지까지 가는 도로는 평탄하여 차마車馬의 왕래가 끊이지 않으며 매일 승합자동차가 정기적으로 운행하고 있다.

역과 읍내는 대부분 인가가 줄지어 있는데, 그 남대문에 해당하는 팔달문八達門까지는 약 20정 떨어져 있고, 역에서 서쪽에 해당하는 권업모범장勸業模範場을 중심으로 한 농림농업학교 기타 부락까지는 15정 정도 떨어져 있다.

이곳에는 미쓰비시三菱계의 히가시야마東山농장과 아울러 지쿠고筑後[59]의 호농豪農 구니타케國武 농장 등의 수뇌부가 있다. 또 동양척식회사 출장소와 부국원富國園[60] 등 반도 농업계의 선각자가 모여 있다.

〔**권업모범장**〕은 고갈되는 반도 농산계에 유익한 범주와 교훈을 시사하는 총독부의 시설이다. 조선 내 각지에 점재하는 여섯 지장支場에서는 원예, 면작棉作, 목마牧馬, 목우牧牛 등 각 사업을 망라하고 있다. 또 여자 잠업강습소 및 잠업시험소 등이 부속되어 있고, 이 밖에 농림전문학교도 있다.

〔**수원목장**〕은 이왕가 사업의 일부이다. 역에서 발안장 가도를 따라 1.5리 정도 가면 오목천리梧木川里에 광대한 목장이 있다. 호주산 종마와 기타 우량 종마의 마필개량과 번식을 꾀하고 있다.

인구

9,833인내지인 1,409인, 호수 2,077호내지인 365호

관공아 기타

군청	경찰서	지방법원 지청
수비대	우편국	권업모범장

59 일본 후쿠오카현(福岡縣) 서남부에 있는 도시이다.

60 부국원은 1916년에 창립한 농업관련 물품을 제조·판매하는 일본인 회사이다. 회사 건물은 2018년도에 근대문화전시관으로 복원되었다.

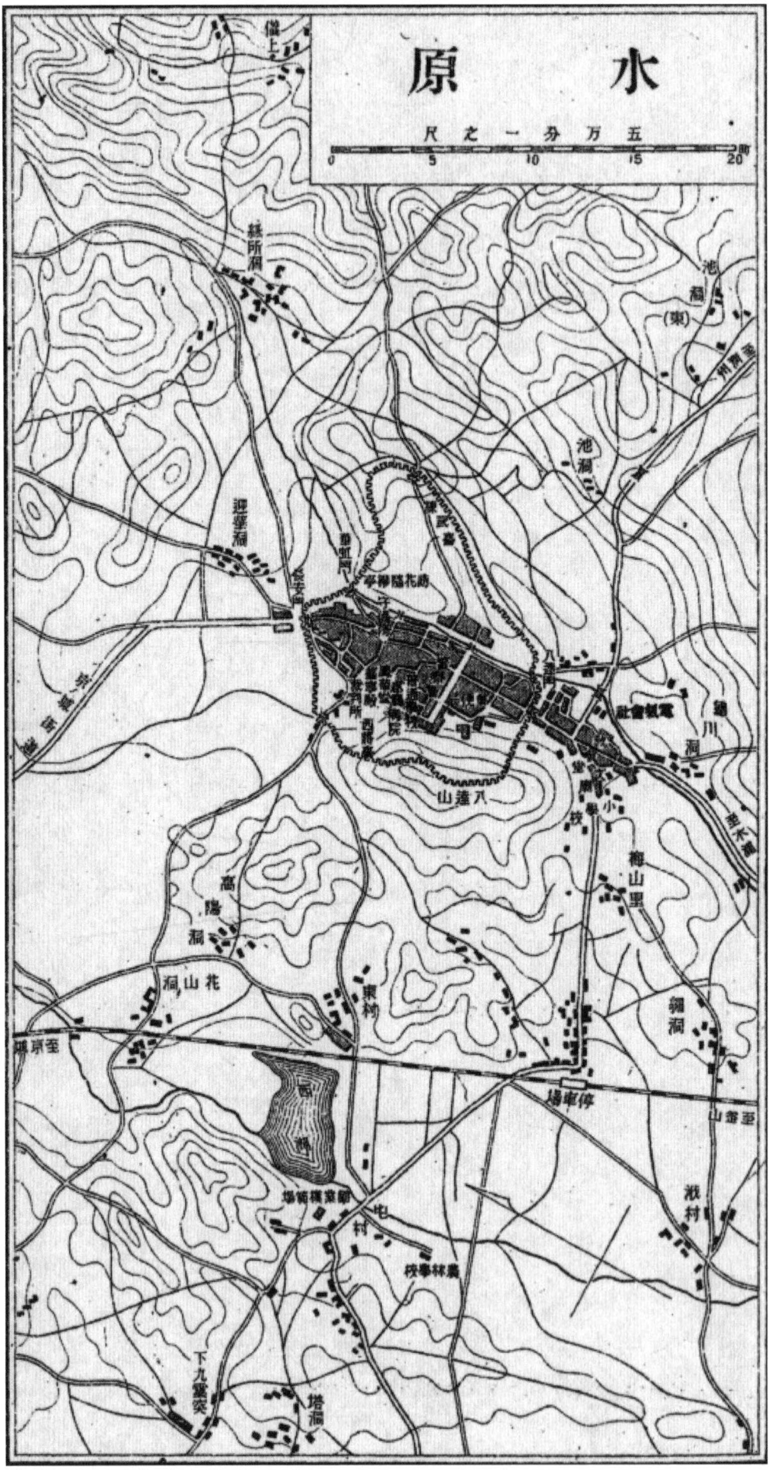
水原
五万分之一尺
0 5 10 15 20
八達山
停車場
電氣會社
農林學校
勸業模範場
高陽洞
花山洞
梅山里
東村
屯村
下九雲突
塔洞
池洞

자혜의원	잠업강습소	농림전문학교
동척 출장소	인쇄회사	전기회사
주식회사 부국원	히가시야마 농업회사	수원상사회사
구니타케 합명회사	금융조합	화성 금융조합
식산은행 지점	한성은행 지점	

자동차

수원에서 김량장까지 1원 50전	이천까지 3원 60전
여주까지 5원 60전	원주까지 8원 10전

수원의 산수 수원은 예로부터 나무의 도시 또는 물의 도시라고 부른다. 서쪽에는 팔달산, 동쪽에는 광교산이 아름답게 자리하면서 이 작은 도시를 품고 있다. 이를 창룡蒼龍, 화서華西, 팔달八達, 장안長安 4대문과 이어지는 성벽이 두르고 있다. 또 문 밖으로 이어지는 큰 길 양측으로 몇 리 사이는 졸참나무와 버드나무가 뒤섞인 소나무 가로수가 줄지어 있어 끝없이 조선적인 정취로 가득 차 있다. 역에서 20정 정도를 직진하면 수원성벽의 남쪽 입구인 〔팔달문〕에 도착한다.

문은 2층으로 누상에서 문 안의 시가 전경을 내다 볼 수 있다. 문에서 시가로 약 5정 정도 가서 왼쪽으로 꺾어지면 팔달산의 녹음을 배경으로 일루문一樓門이 서 있다. 이것이 정조왕이 세운 〔행궁〕의 터로 성벽과 사대문을 같이 축조한 것이다. 이전 역에서 서술한 대로, 정조왕은 부군의 능묘를 화산으로 옮겼으며 그뿐 아니라 능묘 가까운 땅에 천도를 기획하였는데 이렇게 뛰어난 경치를 가진 수원을 선택하였다. 그러나 성벽과 궁궐을 준공한 무렵 불행히 병에 걸려서 모처럼의 신궁에도 들어가지 못하고 사망하였다. 지금 이곳은 자혜의원으로 쓰고 있다.

행궁에서 오른쪽으로 꺾어져 농학교 뒤로 나오면 〔화령전華寧殿〕이 있다. 정조왕이 화산에 있는 부군의 융릉을 일시적으로 옮겨 제사지낸 곳으로 경내 일대에 작약이 심어져 있다. 꽃이 필 무렵에는 다섯 빛깔의 양탄자를 깔아 둔 것처럼 경관이 아름답다. 또한 행궁에서 이곳 주변까지 늘어선 노송의 줄기에는 천 년의 빛이 짙게 드리우고 봄에는 그 사이사이에 벚꽃이 핀다.

〔**화성장대**華城將臺〕는 팔달산 정상에 세워진 옛 망루의 자취이다. 여기서 바라보면 화산의 푸른 산봉우리와 서호西湖의 잔물결 무늬가 보이고, 기타 수원의 근교는 손짓해 부를 만 한 거리에 있다. 지금 언급한 화성장대의 편액은 정조왕의 친필로 오언율시[61]로 되어 있다.

제호사위중拱護斯爲重	나라를 지켜 보호함이 중한 것이라
경영불비로經營不費勞	경영엔 노력을 허비하지 않는다.
지종평북회城從平北廻	성은 평지로부터 아득히 멀고
대의원천고臺倚遠天高	대는 먼 하늘 의지해 높기도 하여라.
만타규모장萬朶規模壯	오만 방패들은 규모가 장대하고
삼군의기호三軍意氣豪	삼군은 의기가 높아 호방 하구나.
대풍가일주大風歌一奏	대풍가 한 곡조를 연주하고 나니
홍일재린포紅日在鱗袍	붉은 아침 햇살 갑옷자락에 빛난다.

산을 내려와 시가지를 가로지르는 광교천을 따라 나 있는 시장에서 북쪽으로 몇 정을 가면 〔화홍문華虹門〕에 다다른다. 장안문에서 창룡문에 걸쳐 있는 성벽이 강을 가로지르는 곳에 7개의 수문을 설치하고, 그 위에 누각을 가설한 것이 화홍문이다. 문 입구에서 떨어지는 물은 맑은 소리를 내며 남쪽으로 흐르고, 그 기슭에는 멀리 버드나무가 안개처럼 흐릿하게 보인다. 또 문 옆의 언덕 위에는 〔방화수류정訪花隨柳亭〕이 있고, 누대 아래의 용두지龍頭池에는 붉게 칠한 정자의 난간이 비친다. 오른쪽의 푸른 소나무의 가지 끝에는 장안문의 용마루가 높이 빛난다. 과연 이 주변은 수원 명승지의 진수라고 할 만하며, 조선의 색을 나타내기에 좋은 화제畫題로 많은 캔버스에 실리고 있다.

---

61 『한국철로 선로 안내』(1908)에 같은 시가 수록되어 있다(83쪽 각주 117 참고). 본문의 시에서도 한자의 오기가 보이는데 3구의 北은 地, 廻는 迥의 오기이며, 5구의 朶는 垛, 規는 規의 오기이다.

〔**연무대**鍊武臺〕는 달리 동장대東將臺라고 한다. 방화수류정에서 성벽을 건너 남쪽으로 몇 정 떨어진 노송이 울창한 숲에 있다. 옛날 이곳에서 기마 훈련을 하여 대대적으로 무를 연마한 곳이라고 하는데, 지금은 풀만 무성하여 소나무 숲 가운데 낡아 허물어진 가옥에 연무대란 편액만이 남아 겨우 위엄을 남기고 있다.

대에서 남쪽으로 2정 떨어진 성벽 일부에 〔봉로대烽爐臺〕의 구멍이 보인다. 이것은 옛날 경보기관으로 벽돌로 쌓아 올린 굴뚝 모양의 구멍이 5개가 나란히 있다. 여기서 올리는 연기의 숫자에 따라 여러 사정이 차례로 보고되는 것이다. 여기서 동쪽으로 가면 성벽의 동쪽 입구에 해당하는 창룡문이 나온다.

〔**서호**西湖〕 역에서 서북쪽으로 15정 정도 떨어져 있다. 서쪽 기슭에서 권업모범장 건물이 보인다. 여기산麗妓山과 앵봉鶯峯은 그 옷깃과 같고 버드나무가 줄지어 있는 남제南提는 띠와 같아 경치가 매우 아름답다. 그렇다고 남청南淸 항주杭州의 서호西湖에 빗대어 호반에 항미정杭眉亭까지 세운 것은 우습다. 호수는 정조왕 무렵 용출하는 물을 가두어 관개용수로 쓴 것으로 달리 만축제萬祝提[62]라고도 한다. 둘레는 약 1리이며 지금은 모범장의 양어지養魚池가 되었다.

군포장역

경기도 시흥군(始興郡) 남면당리(南面堂里), 부산에서 262리, 남대문까지 18리 6분

역에서 동쪽으로 6정 떨어진 호계리虎溪里에 있는 시장을 일반적으로 군포장軍浦場 시장이라고 한다. 안산安山시장까지 2리, 과천까지 1리, 수원까지는 7리로, 모두 도로는 나 있지만 교통편은 없다. 와토기瓦土器, 신탄 등을 생산한다.

〔**지지현**遲遲峴〕 역에서 동쪽으로 1리 떨어진 곳에 있다. 경부가도에 고갯길이 있고 고개 위에 비석이 서 있다. 이것은 정조왕 시대 사적을 기록한 것으로 이 고개를 지지현이라고 한다. 수원팔경의 하나인 남제의 장류長柳는 이 고개 위에서 보는 전망이다.

62 축만제(祝萬堤)의 오기이다.

안양역

경기도 시흥군 서이면(西二面) 안양리(安養里), 부산에서 265리 7분, 남대문까지 14리 9분

역의 좌우는 산악으로 새로운 개척지는 넓지 않지만, 남쪽 방면은 물 부족을 모르는 논이 펼쳐지며 과수와 담배 등의 재배에 적합하다. 역 부근의 산기슭에는 인공으로 조성한 밤나무 숲이 많아, 추란秋蘭이 피는 무렵에는 경성 주변에서 가을 경치를 찾아 밤을 줍고 버섯을 캐며 하루를 즐기러 오는 사람들이 많다.

| 명승지 |

〔**관악산**冠嶽山〕 경성을 둘러싼 3산의 하나로 남한산, 북한산과 함께 솥의 발 같은 형상을 하고 있다. 역에서 선로를 따라 10정쯤 가다가 오른쪽으로 꺾어져 삼막사三幕寺까지 가는 1리 18정의 산길은 약간 험하지만 가을에는 단풍이 아름답고 또 송이가 난다. 절은 7백여 년 전[63]의 고찰로 경내는 청결하고 물이 좋아 여름이 되면 피서하려는 외지인 중에 천막생활을 하는 사람도 있다. 또 절에서 경사가 급한 돌길을 약 15정 올라가면 관악의 정상에 도착한다. 이곳은 해발 천여 척의 고지로 한강 하류의 산들이 마치 발밑에 있는 것처럼 느껴지고, 멀리는 강화도와 영종도 같은 여러 섬에 있는 산도 바라보인다. 산 속 일각에 있는 긍지산矜芝山에는 호복사虎伏寺[64]라는 절이 있고 그 부근에는 성벽의 황폐한 터와 큰 못이 있다.

시흥역

경기도 시흥군 동면(東面) 독산리(禿山里), 부산에서 269리 8분, 남대문까지 10리 8분

역은 관악산 서쪽 기슭에 있다. 그 서부에 넓은 평지가 있지만, 한강이 넘치거나 안양천의 범람으로 매년 수해를 입어서 안타깝게도 논으로 쓸 만하지 않다. 이 역에서 관악산을 오르는 이정은 안양역에서 가는 것과 거리가 같다. 안양방

63 삼막사의 창건 시기는 신라 문무왕 17년인 677년이다.

64 『한국철도 선로 안내』(1908)에는 호압사(虎壓寺)라고 나온다. 또 긍지산은 금지산(衿芝山)의 오기로 보인다. 삼막사가 있는 곳은 관악산 서쪽 줄기에서 가장 높은 삼성산이고, 거기서 서북쪽으로 뻗은 것이 호암산(虎巖山)이다. 호암산에서 내려오는 암산이 금주산(衿州山)이며 금지산의 다른 이름이다.

면에 있는 삼막사三幕寺에 대응하여 이쪽에는 호복사가 있다.

영등포역

경기도 시흥군 영등포면(永登浦面) 영등포리, 부산에서 274리 9분, 남대문까지 5리 7분, 인천까지 18리 4분

경인선은 이 역에서 분기한다. 부산방면에서 인천방향으로 향하는 여객은 이곳에서 환승해야 한다. 이곳은 한강을 끼고 마포와 용산을 마주하며토질도 비옥하지만, 한강의 범람으로 강기슭의 너른 평야가 버려진 것은 실로 아까운 일이다.

조선피혁회사朝鮮皮革會社는 역에서 서쪽으로 20정 정도 떨어져 있다. 각종 피혁제품을 제조하여 일찍이 구주전란歐洲戰亂[65] 당시에는 러시아 군수품 제조를 맡아서 자못 규모가 확대되었다. 기타 이곳에는 축산회사, 벽돌공장, 장유醬油양조장 등이 있다.

인구

3,226인내지인 998인, 호수 701호내지인 264호

관공아 기타

시흥군청	우편국	경찰서
경성감옥 분감	경성연와공장	금융조합
조선피혁회사	동양축산회사	조선요업회사
권농회사	경성요업회사	소학교

노량진역

경기도 시흥군 신북면(新北面) 노량진리(鷺梁津里), 부산에서 276리 8분, 남대문까지 3리 8분

한강을 끼고 용산 신시가지와 마주한다. 기존에는 이 사이에 배가 다녔지만 몇 해 전 한강에 인도교人道橋가 가설되어 이곳과 경성의 용산 사이는 매우 편리해

65 제1차 세계대전을 가리킨다.

졌다.

이곳에는 인천수도의 수원지와 스즈키鈴木선광소選鑛所가 있으며 물산에는 와토기, 버들고리 등이 있다.

| 명소 |

〔**봉산공원**鳳山公園〕 역에서 8정 정도 거리에 한강 인도교로 접어들기 바로 전에 있다.

〔**한강신사**漢江神社〕 봉산공원 앞에서 동쪽으로 소나무 숲 언덕을 몇 정 올라가면 나온다. 한강 절벽에 서 있어서 시원하고 조망이 좋다. 공원과 더불어 봄, 여름에는 찾아오는 사람이 많다.

용산역

경기도 경성부(京城府) 한강통(漢江通), 부산에서 278리 6분, 남대문까지 2리

조선선의 주요한 역으로 당사의 경성관리국과 공장은 이 역 구내에 있다. 동해안까지 가는 경원선과 구 경의선은 이 역에서 분기한다.

용산은 원래 한강 두둑에 있는 모래톱의 하나였는데, 1904년明治37 철부감부鐵部監部가 이곳을 조선의 군용철도였던 경의선의 출발점으로 한 뒤로, 철도에 관한 각종 설비가 확실하게 완성되었다. 또 육군에서도 이곳에 수뇌부를 두었기 때문에 역시나 풀만 무성하던 큰 강가에도 병영관사, 사택, 기타 건물로 가득 들어서 이른 바 신 용산의 시가를 형성하게 되었다. 이전부터 조선부락이 있었던 서부 방면도 또 현저하게 발전하여 큰 길에는 내지인의 상점이 즐비하며 이를 구 용산이라 부른다. 현재 용산의 행정구는 경성과 하나가 되어 두 시가지는 거의 인가가 줄지어 있고 시가전차가 다닌다.

구 용산 강기슭에서 상류는 여주, 충주, 영월 방면이고 하류는 인천까지 2백, 3백석급 범선이 다닌다. 신 용산 방면에는 인도교가 가설되어 있다.

인구

	조선인	내지인	외인(外人)	계
호수	4,506호	3,754인	31인	8,291호
인구	21,439인	17,031인	110호	38,580인

관공아 기타

조선 주차군사령부	제20사단 사령부	제40여단 사령부
제78, 79연대	헌병 분대	육군창고
병기지청	위수병원衛戍病院	위수감옥
만철 경성관리국	만철 경성공장	철도병원
경성전기회사 출장소	용산중학교	철도학교
금융창고회사	신용조합	금융조합
조선잠사회사	동아잠사회사 지점	수산회사
18은행 지점	이상 신 용산	총독부 인쇄소
경찰서	선린상업학교	경성전기회사 발전소
경성와사瓦斯제조소	이상 구 용산	

| 명소 |

〔**한강**〕 역의 남단을 흐르는 강이 조선 5대 하천의 하나인 한강이다. 여기에 철도의 남·북행 교량, 인도교, 철교 3개가 가설되었다. 다리를 건너면 노량진으로 봉산공원과 한산漢山신사[66] 등 산책지가 있고, 강을 따라 내려오면 구 용산부터 마포까지는 투망과 낚시에 적합하다. 또 한겨울 추위가 찾아오면 일대는 두텁게 얼어 지극히 상쾌한 스케이팅의 활주장이 된다.

〔**효창원**孝昌園〕 구 용산 원정元町 뒤편에 있는 언덕이다. 이조 정조왕의 세자 문효군文孝君을 제사하는 무덤이 있다. 원내는 노송이 울창하여 고요하다. 최근 경성 조선호텔이 이 언덕을 개발하여 큰 골프장을 설치하였는데, 각 그린 별로 전망이 달라져 경기하는 사람에게 끊임없이 맑고 새로운 원기를 준다.

66 노량진 항목에는 한강신사라고 되어 있다.

〔**공덕리**孔德里〕 효창원 서쪽 기슭에 있는 촌락으로 용산은 가깝지만 경성에서 마포행 전차를 타고 감옥 앞에서 하차하는 것이 오히려 편리하다. 이곳은 이조 말의 인걸인 대원군이 은거한 터이다. 대원군 사후 일시적으로 무덤도 있었지만 지금은 건물 한 동만이 남아 있을 뿐이다.

〔**마포**麻浦〕 이곳 역시 경성 의주통義州通에서 전차 편이 편하다. 마포는 옛날부터 한강 오강五江의 요진要津으로 상류지방에서 배편으로 운반하는 곡물의 거래장이다. 현재 인구 약 1천 명, 경성감옥과 경성연와공장이 있다.

마포麻浦　　이토 슌포공伊藤春畝公[67]

한연십리몰평원寒煙十里沒平原	차가운 안개가 십리 평원을 덮으니
모색황량처처촌暮色荒凉處處村	날이 저문 곳곳의 마을은 황량하네.
한수흠고추역로韓水欽枯秋亦老	한강이 마를까 근심되니 가을 역시 깊어가고
사광안영월황혼沙光雁影月黃昏	황혼에 뜬 달은 기러기 그림자를 모래에 비추네.

전차

남대문역 앞에서 용산 일대　5전　　　　의주통에서 마포까지　5전

남대문역

부산까지 280리 6분, 안동(安東)까지 310리 2분, 인천까지 24리 1분, 원산까지 140리 4분
경기도 경성부 고시정(古市町). 동경 126.59도, 북위 37도 34분.
기온 최저 2.0, 최고 25.1, 평균 10.7

연혁

경성은 산이 옷깃처럼 둘러 솟아있고 강이 띠처럼 감돌아 경치가 뛰어난 곳에 위치하고 있어서 백제 이래 왕도로서 주목받은 요지이다. 백제의 시조 온조溫祚가 졸본부여卒本扶餘에서 남천하여 북한산의 부아악負兒嶽에 올라 지형을 살폈다는 설이 있다. 온조는 위례성慰禮城에서 국호를 십제十濟에서 백제로 고쳤다. 자손

67　이토 히로부미(伊藤博文, 1841~1909)로, 슌포는 호이다. 한시 해석은 역자에 의한다.

남산에서 바라보는 경성 시가

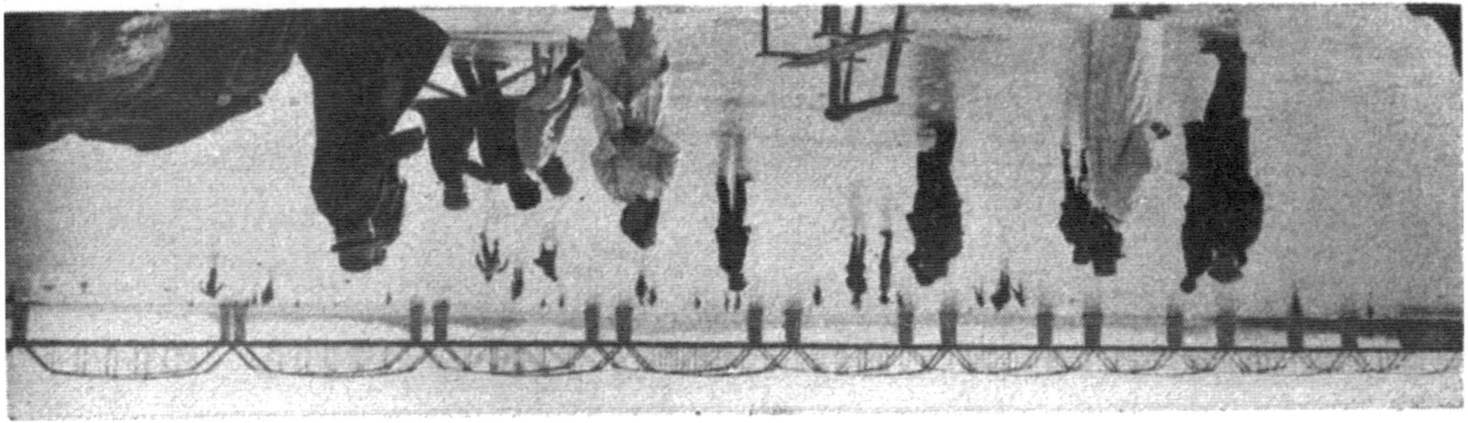

얼어붙은 한강의 스케이팅

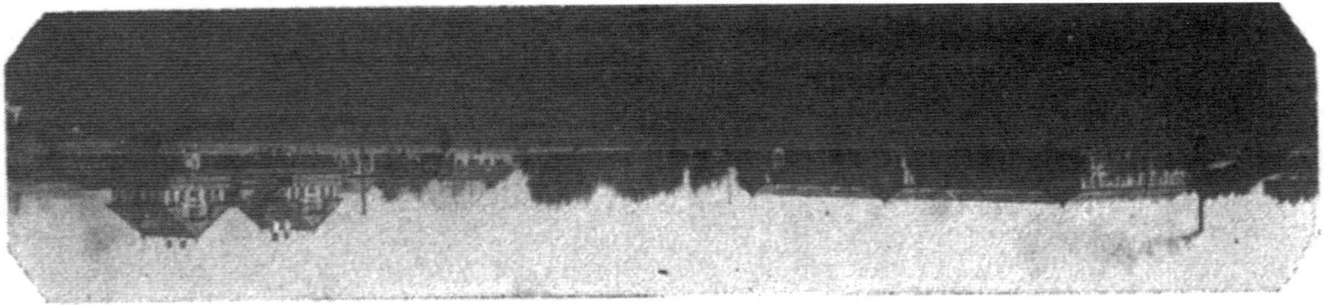

용산역과 당시 경성관리국

경성 창덕궁 비원 일부

창경원 박물관

경복궁 경회루

경성 파고다 공원

경성 조선호텔

경성 조선호텔 후원

경성 조선호텔 대식당

경성 남대문통

경성 선인정(鮮人町) 일부

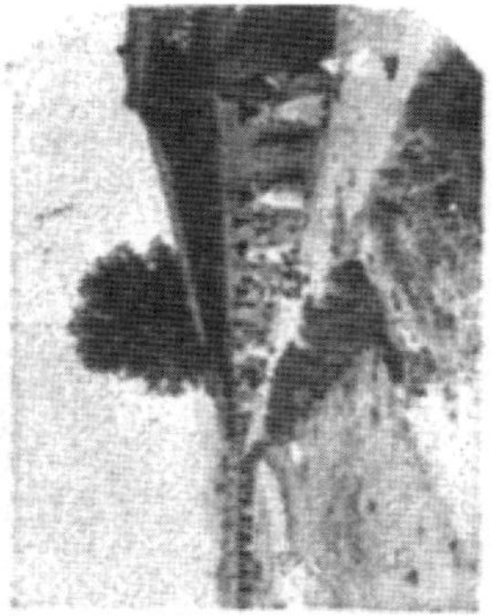

경성 본정통

조선총독부

총독부의원

조선은행

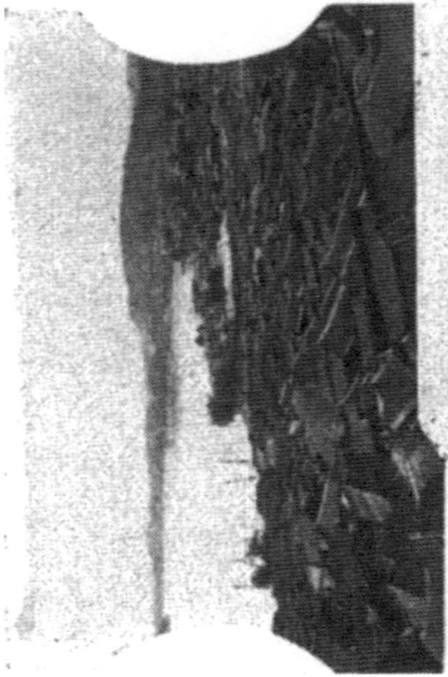

한강과 마포

경성 동대문 밖

경성 교외 세검정

경성 교외 청량리

대에는 고구려와 관계가 좋지 않았으며, 또 남천하여 웅진熊津으로 피해 왔다. 그 당시 고구려와 쟁탈전을 한 것을 보면 경성은 자못 중요한 지점이었다고 여겨진다. 그 후로 한참 내려와 고려조가 되어 이곳에 이궁離宮을 건립함에 따라 여러 설이 있지만, 지금의 대경성으로서의 기초는 이조 태조가 이곳에 도읍을 정한 데서 기인한다.

태조 3년[68] 9월 경복궁과 종묘 등이 준공되어 그 11월에 드디어 개성에서 천도하게 되었고, 태조 5년에는 8개의 누문樓門과 높이 30척 정도로 2리 남짓 석축 성벽이 만들어졌다. 성내는 크게 5구區로 나누고 구를 49방坊으로, 또 방을 340동洞[69]으로 나누어, 실로 당당한 설계 아래 시가의 형태가 만들어져 새 왕조의 위세를 크게 보여주었다. 이래 5백년 남짓한 기간 동안 왕궁이나 시가는 화재라든지 소요가 일어나 몇 번이나 재건되었지만, 반도의 수도로서 번영은 여전히 변함없이, 특히 최근 십수 년간 놀랄 만큼 장족의 진보와 팽창을 보였다.

경성은 조선총독부 소재지로 반도의 정치, 경제 기타 중요한 기관의 수뇌부는 대개 이곳에 모여 있다. 시가는 수년 전까지 성벽으로 안팎을 구별하였지만, 지금은 남대문과 동대문 두 대문루만 남기고 그 외 성문과 성벽은 거의 철거되었다. 옛 규모에 비하여 세 배 정도로 확장되어 현대적 도시계획에 의한 새로운 경성부가 건설되고 있다. 시가의 큰 간선은 시가전차가 다니는 한강 인도교에서 종로에 이르는 남대문통南大門通과 동대문에서 서대문으로 통하는 종로통鐘路通 및 광희문光熙門에서 대한문大漢門으로 통하는 황금정통黃金町通이다. 또 대평통大平通, 본정本町, 영락정永樂町, 약초정藥草町 등 각 길은 앞서의 간선을 잇는 간선이다. 각 간선의 대부분은 도로를 인도와 차도로 나누었고, 아스팔트로 굳힌 지면에는 가로수의 녹음을 심어놓았다. 그 가운데 남대문통은 은행, 회사, 큰 상

68 태조3년인 1394년에 한양으로 천도하여 경복궁과 종묘를 영건하기 시작하였고 이듬해 완성하였다.

69 한양천도 후 1395년 한양부는 한성부로 바뀐다. 행정구역은 시대에 따라 조금씩 달라지는데, 초기에는 5부(部) 52방이 설정되었다. 49방이 된 것은 세종 때이고, 영조 때는 43방이 되었다가 고종 4년인 1867년에 47방이 되었으며, 방 아래에 340개의 계(契)가 설치되었다. 갑오개혁으로 5부는 5서(署)로 개칭되고 계는 288계로 줄었으며, 775개의 동(洞)이 설치되었다.

점들이 즐비하다. 본정통은 내지인을 대상으로, 종로통은 조선인을 대상으로 하는 상점들이 줄지어 있다. 시내에는 공설 시장이 있는데 남대문, 동대문, 중앙종로의 세 곳이 가장 성대하다. 이곳은 대부분 조선상품 전부를 망라하며, 미곡, 건어물, 직물, 기타 갖가지 잡화를 매매하고 있다.

경성은 또 개항지로서 최근의 무역액은 1년에 5,670여만 원을 헤아린다. 액수로는 부산, 인천에 버금가는 제3위를 차지하는데, 그 8할 이상은 주로 면사포綿絲布, 조, 양지洋紙, 소맥분, 잎담배, 설탕 등 수이입액輸移入額이고 수이출품으로서는 담배 외 우피지牛皮脂, 미두米豆 등에 지나지 않는다. 현재 부내 생산품 통계를 보면 역시 담배가 대부분으로 생산액은 557만여 원을 상회하며, 직물, 금속제품, 지유脂油가 150만 원 내외이다. 여기에 약제와 청주 등을 합하면 총계 1,540여만 원이다. 공장은 담배와 철공 기타 12개를 빼면 대규모 공장은 없어서 대체적으로 아직 부진의 영역을 벗어나지 못했다.

남대문역은 시가의 서남쪽인 남대문 밖에 있다. 이곳은 경부선, 경의선, 경원선, 경인선 등 4개선이 집중하고 있다.

조선호텔은 당사가 직영하는 양식여관으로 시내의 중앙부 장곡천정長谷川町의 높은 지대에 있다. 근세의 복흥식腹興式[70]으로 된 5층짜리 화장연와化粧煉瓦[71]의 큰 건물 안에는 80개의 침실과 응접실, 음악실, 도서실 등과 식당, 연회장 등 지극히 아름다운 설비가 있다. 그 후원에는 옛 환구단圜球壇의 건물을 둘러싼 장미화원이 있는데 설비가 완벽하게 정돈된 점에서는 동양제일이라 일컬어진다.

인구

	내지인	조선인	외인	계
호수	11,589호	32,961호	593호	45,143호
인구	47,326인	158,111인	2,524인	207,961인

70 腹은 復의 오기이다. 근세 부흥식이란 고전양식을 모티브로 한 근대건축 양식의 하나로, 일반적으로 르네상스 양식에 가까운 양식을 가리킨다. 부산역 항목에서는 고전부흥식이라고 하였다.

71 화장연와는 화장벽돌이란 뜻으로 색상이 좀 더 선명하고 재료마감이 깔끔하여 마감재로 쓰이는 벽돌이다.

관공아 기타

조선총독부왜장대

중추원서소문

부청본정

이심법원종로

헌병사령부대화정

체신국광화문

고양군청서대문

측후소낙원동樂園洞

감옥서대문

총독부 병원숭사동崇四洞

미국영사관정동

프랑스영사관합동蛤洞

상품진열장명치정

이직왕李職王[72]종로

도청광화문

고등법원정동

지방법원종로

경찰서종로, 본정, 창덕궁, 서대문, 동대문

우편국본정, 남대문, 서대문, 광화문

중앙시험소숭동崇洞

세관출장소길야정吉野町

제생원신교동新橋洞

영국영사관정동

러시아영사관정동

중국영사관명치정

공회당장곡천정

학교

전수학교광화문

공업전문학교동숭동東崇洞

고등보통학교화동花洞

고등여학교남산정

간이상업학교일출정日出町, 목하동木下洞, 매동梅洞

간이공업학교용산, 어의동於義洞

여자기예학교남대문

세프란스[73]연합의학전문학교남대문통

의학전문학교숭사동

중학교서대문

여자고등보통학교경운정慶雲町

도서관남미창정南米倉町

경성고등상업학교숭이동

기타 공립소학교 21개교

---

72 왕가의 사무를 관장하는 이왕직의 오기이다.

73 본문에는 가타카나 'セプランス'라고 적고 있다. 발음대로라면 セブランス로 써야 하는데, 1919년 7월 24일자 척식국이 외무성에 보낸 전보(拓秘第1106號; 秘受8948號)에도 ブ대신 プ로 표기한 것을 보면 종종 혼용되기도 한 것같다.

사립중학소학교 49개교

회사, 은행

동양척식회사

미쓰이물산회사 지점

동경건물회사 지점

다카다高田상회 지점

후지不二흥업회사

제국생명보험회사 지점

후지不二광업회사

조선상사회사

싱거소잉미싱シンガー,ソーイング,ミシン회사 지점 (이상 황금정)

토목용달회사

조선우선회사

동양축산흥업회사

다카세高瀨합명회사 지점

오쓰카大塚합명회사 지점

공익사共益社

도사시土佐紙회사

공동무역회사 (이상 남대문통)

동양포경회사

조선농업회사

조선토지경영회사

다이쇼大正광업회사

조선무역회사 (이상 미창정)

경성히노마루日の丸수산회사

경성도기회사

남북면업회사

조선권농회사

조선실업회사

일한식산회사 (이상 욱정)

경성일보사대평통

동아연초회사

판매소

경성주식취인소명치정

조선방적회사영락정

경성전기회사

다이쇼大正석분石粉공업회사

미쓰코시三越오복점 지점

메이지야明治屋 지점

스즈키鈴木상점 지점

상업회의소 (이상 본정)

다이지大二상회 지점

(두만강)목재회사

이시자키石崎상점 지점 (이상 강기정(岡崎町))

경성융흥隆興회사

조선지朝鮮紙회사 (이상 관철동)

경성제사회사숭인동

조선정미회사봉래정

뉴욕紐育스탠더드スタンダート석유회사 지점의주통

조선제면주식회사청엽정青葉町

조선인삼회사대화정

동양생명보험회사 지점종로

조선마이닝マイニング회사정동

동양광업회사죽첨정竹添町

해동물산회사송현동

경성직뉴織紐회사병목정竝木町

조선은행

한성은행

조선상업은행

130은행

18은행황금정

내국통운회사 지점고시정古市町

상업회사

조선농림회사길야정

조선금융회사

조선물산무역회사서린동

다이쇼大昌무역회사공평동

후지富士제과회사어성정御成町

식산은행

한일은행

제일은행 지점 (이상 남대문통)

경성은행 (이상 본정)

신문

서울프레스セウル,プレス영문

매일신보언문 이상 대평통

경성신문황금정

조선공론대평통

대륙지상공大陸之商工욱정

경성일보

조선신문남대문통

반도신문광화문

조선급만주朝鮮及滿洲

자동차

〔춘천행〕 종로 2정목 대성자동차부大成自動車部, 황금정 2정목 춘천자동차부, 수표정水標町 마쓰다松田자동차부에서 출발

금곡까지 1원 80전

가평까지 3원 20전

춘천까지 4원 50전

〔충주행〕 영락정 중앙자동차부, 종로2정목 경남자동차부에서 출발. 수표정 마

쓰다 자동차부, 종로 동양자동차부, 낙원동 선일자동차부는 장호원까지 취급함.

이천까지 4원 30전 장호원까지 6원 60전

대소원大召院까지 8원 90전 충주까지 9원 90전

〔원주행〕 수관수동水觀水洞[74] 경부자동차부에서 출발

여주까지 5원 90전 원주까지 9원

〔홍천행〕

양평까지 4원 30전 양덕원陽德院까지 6원 70전

홍천까지 7원 70전

〔포천행〕 낙원선동 자동차부[75]에서 출발

포천까지 3원 30전

〔강화도행〕 종로 경남자동차부에서 출발

강화까지 4원 50전

〔대절요금〕 30분 간 3원, 1시간 5원, 반나절 15원, 종일 25원 정도

전차

시내는 5전 균일. 교외는 별도 5전.

교외란 남대문-신 · 구 용산, 의주통-마포, 동대문-청량리, 광희문-왕십리를 말한다.

회수권 20회철 1책 95전

경성과 그 근교 전차가 남대문 역 앞에서 남북으로 다닌다. 남쪽으로 가면 구 연병장 앞에서 노선이 분기하여 하나는 구 용산, 다른 하나는 신 용산의 시가를 관통하여 모두 한강 기슭까지 간다. 북쪽으로 가면 경성 중심 시가로 평탄한 큰길 양측에 심은 가로수는 푸른 잎이 무성하고, 그 녹음이 다한 곳에 〔남대문〕의 높은 누각이 엄숙하게 서 있다. 이 문은 본래 명칭이 숭례문인데,

74 관수동의 오기이다. 1914년 만들어진 동명이다.

75 낙원동 선일자동차부의 오기로 보인다.

이태조가 건조한 것을 그대로 보존하고 있어 유명하다. 분로쿠 때 가토 기요마사가 도달한 성문이 이 문이었는데, 여기서도 역시 고니시 때문에 선수를 빼앗겨 기요마사는 군을 성내로 들이지 못했다고 한다. 문을 빠져 나가면 길이 두 갈래로 나뉜다.

왼쪽 길로 가면 대평통에 들어서는데 그 중간 정도 좌측에 〔대한문〕이 서 있다. 커다란 붉은 문은 고 이태왕 전하의 궁전이었던 덕수궁으로, 1896년明治29부터 약9년 동안은 이곳이 내정과 외교의 중심지였다. 궁의 뒷길 정동貞洞에는 지금도 영·미·러의 영사관과 외인주택이 많다. 대한문에서 더 북쪽으로 가서 종로통을 가로질러 가면 막다른 곳에 경복궁이 있다. 여기서 다시 한 번 남대문으로 되돌아가서 전찻길 북쪽으로 나아간다. 남대문통의 중앙부청 앞 광장으로 나오면 서쪽에 석조로 된 조선은행이 있다. 북쪽에는 경성우편국 건물이 있고 왼쪽 장곡천정에는 조선호텔과 공회당이 있어서, 시내의 큰 건축물이 이 주변에 모여 있는 느낌이다. 또 오른쪽으로 우편국 모퉁이를 돌면 시내에서 가장 번화한 구역인 본정통이 나오는데 좁은 도로 폭의 양쪽에는 내지인의 상점이 나란히 늘어서 있다. 부청 앞 광장에서 북쪽으로 회사와 은행, 큰 상점들이 즐비한 남대문통을 전진하다가 첫 번째로 전차선로가 분기하는 큰 길이 황금정통이다. 그 너머로 선로가 정丁자형을 이루는 큰 길이 종로통이다. 종로란 이름이 붙여진 것은 이 모퉁이의 〔보신각〕에 오래된 큰 종이 있기 때문이다. 이 종은 약 450년 전에 주조한 것으로 높이는 1장丈이고 둘레는 2장 남짓이다. 예전에는 신호를 알리는 데 사용되어 아침저녁 두 차례 타종하였다. 성문을 여닫는 것도 이에 따랐다. 종로통은 그야말로 조선 거리의 색채가 농후하다. 흰 옷 차림을 한 사람들의 왕래가 빈번하여 좌우의 점포 역시 조선인을 대상으로 한다. 전차의 교차점에서 동쪽으로는 멀리 동대문의 높은 누각이 바라보이며, 몇 정을 가면 좌측에 〔파고다 공원〕이 있다. 공원 안에는 음악당이 한가운데 있고 그 뒤로는 고명한 13층 한수석탑寒水石塔[76]이 서 있다. 원나라 순제가 고려 충순왕[77]에게 보냈다는 이 석탑

76 『조선철도 선로 안내』(1911) 350쪽 각주 103 참고.
77 위의 책, 350쪽 각주 104 참고.

은 석질과 기교 모두 훌륭하며, 마찬가지로 공원 안에 있는 대원각사 터의 대리석비와 아울러 고려조 미술의 정수를 표상한다.

〔**창덕궁**昌德宮〕은 공원에서 몇 정 지난 수은동授恩洞 안쪽에 있다. 정문을 돈화문이라 한다. 문을 들어서면 오른쪽에는 이왕직, 왼쪽에는 인정전이 있다. 그 뒤쪽으로 이왕 전하가 거하시는 흥복헌興福軒과 왕비 전하의 관리각觀理閣, 기타 크고 작은 전당이 긴 회랑으로 이어진다. 또 그 안쪽에는 넓고 그윽한 비원秘苑이 있다. 울창한 숲의 소나무 가지 끝에는 백학白鶴이 유유자적하고 있다.

〔**박물관, 동식물원**〕 이 역시 비원의 일부이지만 지금은 공개하고 있다. 관람자는 종로 4정목에서 전차를 갈아타고 창경원 앞에서 하차하여 비원의 동문에 해당하는 홍화문에서 들어가야 한다. 그 막다른 곳에 박물관이 있고 오른쪽에는 식물원이, 왼쪽에는 동물원이 있다. 박물관의 일부로 충당된 통명전通明殿, 경춘전景春殿, 명정전明政殿 등은 약 340년이 지난 고건축물이다.

〔**경복궁**慶福宮〕 종로에서 서쪽으로 가서 광화문통에서 전차를 갈아타서 정문인 광화문 앞에서 하차한다. 문 안에서는 현재 총독부의 신청사 공사가 한창이다. 이곳은 이조 태조가 왕업을 창업한 최초의 궁궐이다. 그 당시의 건물은 분로쿠 때 전소하였는데, 50여 년 전 이태왕 즉위 초기에 섭정이었던 대원군 조정이 당대 민력과 7년이란 세월을 들여 재건하였다. 궁궐터에서 제일 큰 건물이 중앙의 근정전으로 앞마당에는 1품에서 9품까지 위계표가 세워져 있고, 뒤에는 은정전, 강녕전, 교태전과 기타 전각이 줄을 잇는다. 또 유명한 경회루는 그 서쪽의 연못 가운데 우뚝 솟아 있다. 궁궐의 동쪽으로 나오면 새로 지은 석조미술관이 있다. 거기에는 신라의 불상과 삼국시대의 발굴물, 또 각 시대의 서화 등이 진열되어 있다.

〔**남산**南山〕은 달리 본멱산本覓山[78]이라 한다. 온산이 오래된 소나무로 울창하여 경성의 아름다운 배경이 되는 작은 산이다. 산 대부분은 현재 공원구역이 되었다. 본정통에서 올라가면 왜장대의 총독부 앞을 지나는 산책로가 가로세로로 나 있다. 산 정상에는 옛날의 봉수대와 국사당國師堂이 있고 경성 전체와 한강이

78 목멱산(木覓山)의 오기이다.

내려다보여 조망이 아름답다. 기슭에 있는 갑오기념비의 안쪽에는 경성 시민의 씨신氏神인 경성신사京城神社가 있고 그 옆길을 따라 가면 메이지신궁明治神宮의 건축지가 나온다.[79] 이 참도參道 역시 소나무 사이로 시가가 내려다보여 조망이 아름답다.

〔**미술품제작소**美術品製作所〕 대평통과 종로 교차점인 광화문통의 서남쪽 모퉁이에 있다. 이곳은 이왕가 사업의 일부로 왕가의 제작품을 만드는 외에 일반 조선인의 미술공예 사상을 진작시키는 것이 주된 목적이다. 금공金工, 주금鑄金, 염직, 필묵, 석공 등 각 공장을 설치하고 제작품의 진열장을 공개하여 기성제품의 판매와 신규제작 주문에 응하고 있다.

〔**상품진열장**商品陳列場〕 황금정 2정목 전차정거장에서 오른쪽으로 꺾어져 약 2정 거리에 있는 2층짜리 벽돌건물이다. 관내에는 조선, 내지, 외국산의 상품을 진열하고 있는데 내지와 조선의 생산품을 소개하고 판로 확장에 도움을 주려는 총독부 시설이다. 별관에는 부속 매점을 두어 각 상품에 대한 질의응답과 조사 의뢰에도 응하도록 하고 있다.

〔**공업전습소**工業傳習所〕 종로 5정목에서 전차를 내려 왼쪽으로 꺾어져 몇 정을 가면 우측에 있는 경성공업전문학교 안에 있다. 염직, 도기, 금공, 목공, 응용화학 등, 각과 학생들이 제작한 것을 매년 수차례 일반에게 공개하고 있다.

〔**독도모범농장**纛島模範農場〕 광희문행 전차로 종점인 왕십리에서 하차하여 약 20정에 떨어진 전관교箭串橋 너머에 있다. 장내 면적은 약 12정町 4반反이고 과수, 종묘, 소채 및 화훼 등 각 원園으로 나누어 내외 각종 종자를 재배하여 일반 농예가에 참고와 도움이 되도록 하고 있다. 과수원에 사과와 배가 익을 무렵에는 시내에서 산책하러 오는 사람이 많다.

〔**청량리**淸凉里〕 동대문 교외에 있다. 시내 전차가 이곳까지 연장 운행한다. 이태왕 전하의 비인 민후閔后의 능을 두고 공원 숲을 만들었기 때문에 주변 일대가 버드나무와 소나무가 울창하여 맑고 상쾌한 기분이 일렁인다. 능은 근년 금곡

79 남산에는 1916년 조선총독부가 정식으로 창립을 허가한 경성신사와 그 인근에 조선신사가 들어섰다. 조선신사는 일제강점 직후부터 건립계획이 추진되어 1925년에 완성, 조선신궁으로 격상되었다.

金谷으로 이장하게 되었지만, 청량사淸凉寺 등이 있어서 봄가을 무렵에는 산책하러 한번 놀러갈 만하다.

〔**세검정**洗劍亭〕 경복궁의 뒤편 창의문을 나와서 3정 정도 언덕을 내려가서 왼쪽으로 꺾어지면 이우李堣공 가문의 별서別墅인 석파정石波亭[80]이 있다. 또 북문에서 북쪽으로 언덕을 약 10정을 내려가면 신라 무열왕이 고구려 군을 무찌른 옛 전장인 탕춘대蕩春臺가 있다. 그 옆을 흐르는 맑은 냇물이 급한 여울이 되는 낭떠러지에 육각형의 세검정이 세워져 있다. 이조 15대 광해군이 왕위를 찬탈하였다 하여 인조인 능양군陵陽君이 폐위시키려는 거사를 일으킨 곳이다. 정자의 이름은 당시 의사義士들의 피로 글을 쓰고 칼을 갈았다는 데서 유래한다고 한다. 또 이 부근에는 홍지문弘智門과 칠간수七間水[81] 등 아울러 볼만한 곳이 있다.

〔**독립문**獨立門〕 독립문은 의주통에서 전차를 내려 북쪽으로 약 10정 정도 떨어진 도로에 있는 벽돌로 된 큰 문이다. 일청전쟁 후 청나라로부터 독립을 널리 알린 기념문이다. 그 옆에 돌기둥만 남은 터는 정삭正朔을 받들던 무렵의 영사문迎思門[82]의 유적이다.

〔**벽제관**碧蹄館〕 의주통에서 4.5리 거리인 고양읍내에 있다. 현재의 건물은 나중에 재건된 것인데, 문에 걸린 벽제관이란 제액題額은 분로쿠 당시의 것이라 한다. 1594년文祿2 고니시 유키나가가 평양에서 퇴각하여 경성에 들어와 여러 장수들과 만나 군사회의를 하고 작전을 짰다. 명나라 장군 이여송이 추격하여 5월 25일에 임진강을 건넌다는 첩보가 전해졌다. 이 때 고바야카와 다카카게小早川隆景와 다치바나 무네시게立花宗茂는 중론에 반대하여 수하 병사 겨우 2만 5천으로 10만 여 명군을 앞질러 공격하고자 경성에서 출발했다. 이리하여 양 군대의 선봉이 고양 바로 앞에 있는 여석령礪石嶺에서 충돌하였다. 다행히도 이 전투에서 적은 일본군이 유인하는대로 깊숙이 들어왔다. 그뿐 아니라 마침 눈이 녹아서 주변 일대의 논이 진창이 되었기 때문에 기병이 많았던 명군은 말을 부리기가 매우 어려워져서 뿔뿔이 흩어져 퇴각했다. 이 전투에서 명나라 장수 이여송이

---

80 석파정은 흥선대원군의 별장으로, 이희(李熹), 이준(李埈), 이우(李堣)로 소유권이 세습되어 사용되었다.

81 홍지문 옆에 세워진 홍예교의 원래 이름은 오간대수문으로 수구가 5개이다.

82 영은문(迎恩門)의 오기이다.

이노우에 고로베에井上五郎兵衛[83]의 창끝을 겨우 피했던 혜음령惠陰嶺은 읍에서 북쪽으로 0.5리 거리에 있으며, 또 다카카게를 보호해주었다는 큰 은행나무가 벽제관 뒷산에 남아 있다. 지금 경성과 고양 사이에는 승합자동차 편이 있다.

〔**북한산**北漢山〕 북한산은 경성의 진성鎭城으로 백제 이래 저명한 요해지이다. 독립문에서 발파리撥巴里[84]를 지나 산성의 서문에 이르는 것이 정도正道인데 약 3리 정도이다. 또 길이 험하지만 창의문에서 조지동造紙洞을 지나서 올라가는 지름길도 있다. 산 정상은 북쪽은 백운봉白雲峯, 동쪽은 인수봉仁秀峯, 남쪽은 국봉國峯이 솥의 발처럼 서 있어서 삼각산이라는 별명도 있다. 이조 무렵에는 이궁이 설치되고 또 십여 개의 사찰이 있었지만 지금은 거의 사라졌다. 석축의 성벽은 매우 험하고 울퉁불퉁하며 네 개의 문과 두 개의 암문을 두었고 성 안 곳곳에는 민가가 있다. 옛날의 중흥사重興寺 터에는 순사주재소도 있다. 성벽을 따라 상부의 동장대東將臺와 만경대萬景臺에서는 경성의 산하와 저자를 내려다보는 조망이 아름답다.

〔**남한산**南漢山〕 남한산은 경성에서 약 9리 정도 떨어져 있다. 충주 혹은 원주행 자동차를 타고 광주읍에서 하차한다. 이곳은 옛날 남한산성 터로 이조 16대 인조가 청나라 대종大宗[85]의 습격을 받았을 때 40여일 간 농성한 곳이다. 성벽의 둘레는 2리 정도이다. 동서남북에 각 성문이 있고 장대 역시 네 곳에 설치되었다고 하지만 지금은 서장대만 남아있다. 옛 건물은 읍내의 군청사와 기타에 이용되는 것이 많다. 혹은 여관 입구에 유안연청維安椽廳이라 쓴 편액이 남아 있는 등 꽤 흥미롭다. 또 읍의 바로 앞에 있는 송파진松波鎭은 대청황제 공덕비가 있으며, 동문 밖에는 백제와 신라가 쌓았다고 전하는 성벽이 남아 있다.

83 이노우에 고로베에는 고바야카와 다카카게의 가신으로, 벽제관 전투 승리에 큰 역할을 하였다. 『조선신문』(1913.8.24) 「일요문예」란에 실린 「벽제관」에는, 이여송이 이노우에의 창끝을 피해 달아났다는 이야기가 실려있다.

84 고양군 신혈면(神穴面) 구파발리(舊把撥里)의 오기로 보인다.

85 태종과 통한다.

마산선

삼랑진-마산 간 24리 8분

경부선의 삼랑진에서 분기한 마산선은 다음 역인 낙동강역을 출발하여 낙동강의 본류를 건너서 서남쪽으로 달리면 드넓은 강기슭의 초생지를 지나는데 그 사이에 진영역이 있다. 이윽고 경사가 급한 산을 넘어 창원역이 나오면 마산에 매우 가까워지는데 이른 차창 밖으로 푸른 하늘 위로 솟은 천자산天子山과 무학산舞鶴山이 나타난다. 구 마산역에 도착하면 오른쪽 창으로 그림 같은 합포合浦의 후미가 바라보이면서 마산항에 도착한다.

이 노선의 직접적인 목적은 경부본선과 마산만을 연결하는 것이다. 도청 소재지인 진주, 해군요항인 진해鎭海 및 경상도 남해안의 요지는 마산과 매우 밀접한 관계가 있기 때문에, 이 노선의 물자와 여객의 교통은 비교적 빈번하다. 장래 창원역에서 진해까지 본 철도의 지선이 완공될 예정이며, 또 마산역에서 호남선 정읍역井邑驛까지 남도선 철도의 경편선이 부설될 예정이다.

낙동강역

경상남도 밀양군(密陽郡) 하동면(下東面) 삼랑리(三浪里), 삼랑진에서 1리 2분, 마산까지 23리 6분

이곳은 낙동강 기슭의 요진으로 상류지방의 물자 대부분이 여기서 양륙하고 철도로 부산에 운송된다. 상류의 수산포守山浦까지 2리, 남지포南旨浦까지 10리로 모두 배의 왕래가 빈번하다. 정거장은 삼랑진역에서 겨우 1리哩 남짓 떨어져 있으며 인가가 줄지어 있다. 경작지가 많고 강기슭은 충적토로 토질이 비옥하지만 강이 자주 범람하여 피해가 적지 않다.

잎담배수납장이 설치되어 있다. 창녕, 밀양, 창원, 위안威安[86] 및 김해 각 군의 담배는 일단 이곳에서 모여 각각의 사용처로 분배된다. 그 수량은 1년에 약 20만

86 함안(咸安)의 오기이다.

관을 웃돈다.

유림정역[87]

경상남도 김해군(金海郡) 이북면(二北面) 장방리(長方里), 삼랑진에서 6리 3분, 마산[88]까지 18리 5분

진영역

경상남도 김해군 하계면(下界面) 진영리(進永里), 삼랑진에서 11리, 마산까지 13리 8분

이 역은 낙동강 기슭의 황무지를 품고 있다. 그 황막한 황무지에 무라이村井농장이 있다. 남쪽에 연이은 산과 언덕 기슭에서 경작이 잘 되어 쌀과 대두 등을 적지 않게 산출한다. 역 부근의 인구는 3천여 명내지인 7백여이며, 시장과 금융조합, 미곡검사관 출장소 등이 있다.

역에서 설창雪倉시장까지 1리, 군청소재지인 김해읍까지는 4리 23정이다. 이 사이에는 승합자동차가 매일 운행하고 있다.

무라이 농장은 역의 동남쪽에 있는 낙동강 기슭의 수해 피해지 수천 정보를 개척하여 올해까지 개간한 것이 2천 정보를 상회한다. 제방을 쌓고 갑문閘門과 관개용 기관 등 자못 신식이자 대규모 설비도 갖추었다. 1년에 약 9천 석의 미곡을 산출한다.

| 명소 |

〔**김해**〕 김해는 군청소재지로 경찰서, 우편국, 금융조합 등이 있다. 역에서는 자동차요금 1원 20전 편이 있다. 또 경부선 구포역에서도 자동차와 발동기선 편이 있다. 이곳은 옛날 가락국駕洛國의 수도였으며 일설에는 일본[89] 임나부의 유적이라고도 한다. 읍내의 분성대盆城臺는 가락왕궁의 터로, 교외에는 시조 김수로왕

87 원문에는 揄林亭이라고 되어 있으나, 楡林亭의 오기이다. 유림정역은 광복후 한림정역으로 이름이 바뀌었다.

88 함안(咸安)의 오기이다.

89 본문에는 '우리 임나부'라고 되어 있다.

인천 월미도 해수욕장

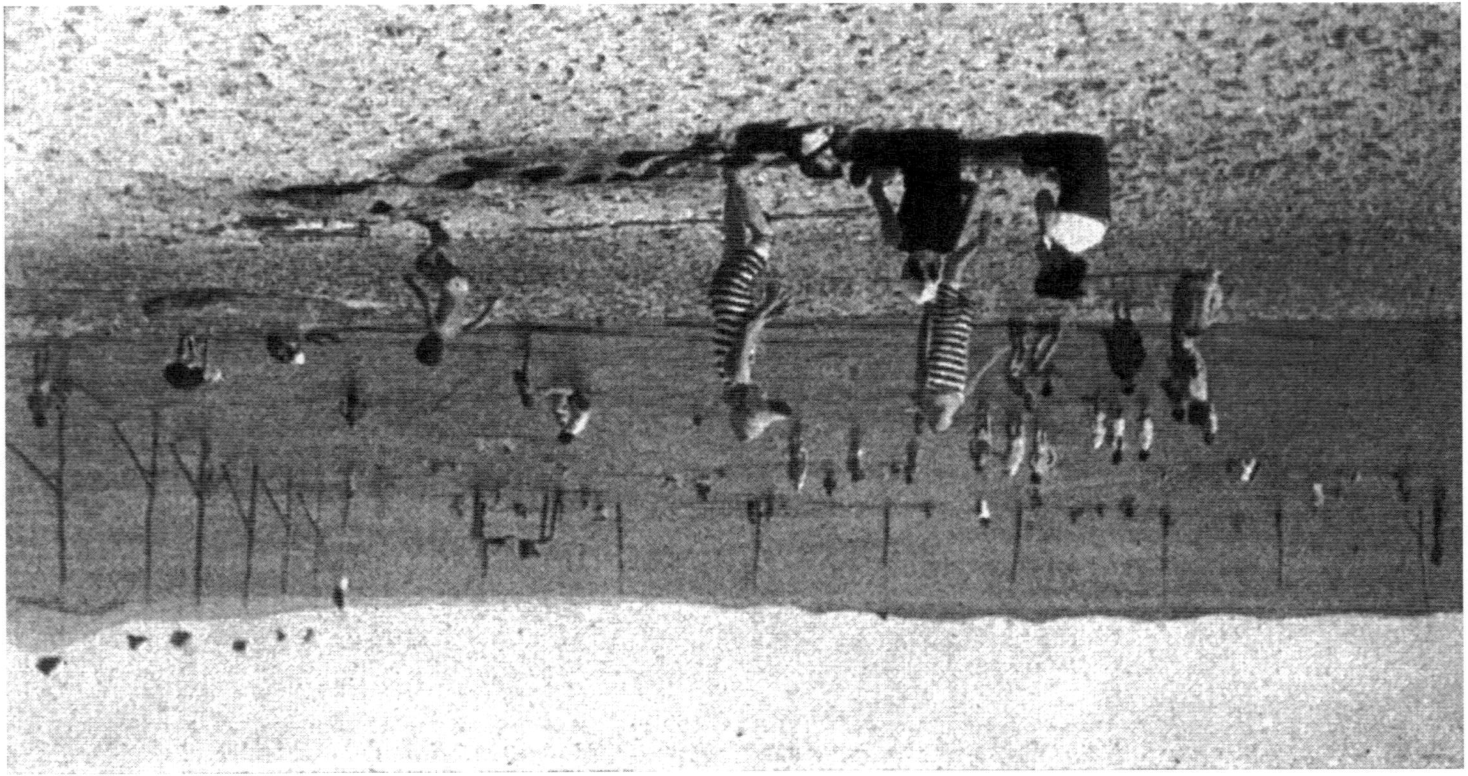

주안 염전의 일부

인천 축항 내의 계류

월미도의 벚꽃

인천시가

마산항

마산시가

마산공원

창원 고읍(古邑)

진해시가

진주 촉석루

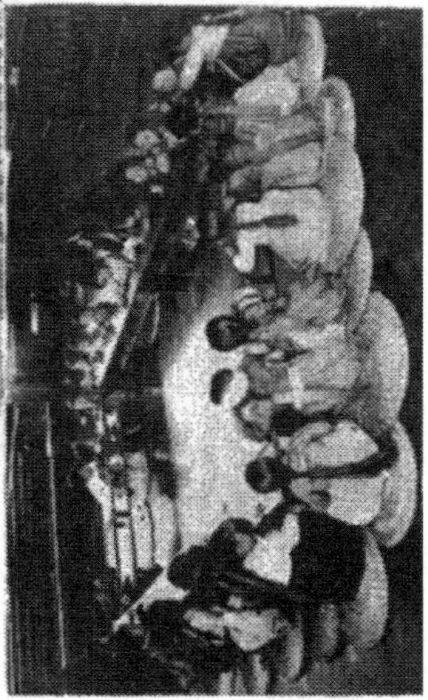
조선인 유치원

과 그 비의 능묘도 남아 있다. 읍에서 남으로 1리 거리에 있는 죽림리竹林里에는 황폐한 가락성터가 있는데, 분로쿠의 역 때 구로다 나가마사黑田長政가 주둔한 곳이라 하여 죽도왜성竹島倭城이라고도 불린다.

창원역

경상남도 창원군(昌原郡) 창원면 소계리(召界里), 삼랑진에서 19리 4분, 마산까지 5리 4분

이 역은 구 마산군청 소재지로 인구 3천 2백여 명이며, 시장과 기업전습소 등이 있다. 역에서 남쪽으로 4리 거리에 해군요항인 진해鎭海가 있으며, 이 사이에는 장래 본선의 지선이 부설될 예정이다.

구 마산역

경상남도 마산부(馬山府) 상남동(上南洞), 삼랑진에서 23리 2분, 마산까지 1리 6분

이곳은 마산시가의 일부로 옛날에는 합포合浦라고 불렀던 곳이다. 고안弘安의 역役[90] 때 몽고군이 일본을 침공했을 당시 몽고군의 근거지가 되었으며, 또 분로쿠·게이초 무렵에는 시마즈島津 씨가 주둔한 곳으로, 일본과 깊은 인연을 가진 땅이다. 한국시대[91]에는 영남지방의 공미貢米 집산지로 전운어사轉運御使[92]를 두었을 정도로 그 무렵부터 이미 번화하여 유명한 곳이었다. 지금도 여전히 시장 경기가 좋은 곳으로 내선인內鮮人의 상점들이 즐비하고 해륙 물자의 거래가 활발하다.

인구

9,871명내지인 1,209인, 호수 2,212호내지인 302호

90 1281년(弘安4)에 10만의 여몽연합군이 일본을 침공한 것을 가리킨다. 『조선철도 선로 안내』(1911) 450쪽 각주 153 참고.

91 한국시대라는 용어는 처음 나오는데, 구한말을 가리킨다.

92 전운어사는 조선시대 세곡의 운반을 주관한 전운서(轉運署)의 관원이다. 전운서는 고종 20년인 1883년에 시행되어 1894년에 폐지되었다.

관공아 기타

기업전습소	감옥 분감
농업학교	동척회사 지점
구바라久原 광업회사 지점	조선면화회사 공장
남선南鮮양조회사	금융조합
식산은행 지점	경남은행
소학교 5곳	

| 명소 |

〔**광천욕장**鑛泉浴場〕 역에서 80정 떨어진 창원면 봉암리鳳岩里에 유산철硫酸鐵 냉천이 용출하는데, 내지의 구사쓰草津 온천[93]과 성분이 같다. 근년에 온천욕장이 완성되었으며 후로칸不老館이라는 온천여관도 생겼다.

〔**마산성지**馬山城址〕 역에서 동쪽으로 몇 정 떨어진 산호리山湖里의 산 위에 석루石壘가 남아 있다. 분로쿠 때 시마즈 군의 거점이었다고 전한다.

〔**몽고정**蒙古井〕 구 마산에서 신 마산에 이르는 도로의 좌측에 있다. 고안弘安 연간에 몽고군이 판 우물로 일반적으로 몽고정이라 일컫는다.

마산역

삼랑진에서 24리 8분, 경상남도 마산부 주정(湊町)
동경 128.33, 북위 35.11, 기온 최저 0.6, 최고 25.6, 평균 13.6

마산항은 진해만에서 깊숙이 들어간 만의 서쪽 기슭으로, 무학산 아래 경사면에 시가가 형성되었다. 공기가 맑고 깨끗하며 기후가 온화하고 풍광 또한 아름다워서 조선에서 제일 건강한 곳이라고 일컬어진다. 부산에서 40리浬 거리이고, 통영까지는 30리, 진해와는 겨우 8리 거리로, 매일 발동기선 편이 있다. 육로로는 진주까지 18리里, 통영까지 17리로 모두 승합자동차가 운행하고 있다.

1911년明治44 이래 요새지로서 개항장 폐쇄[94] 후 마산무역은 매우 쇠퇴하여 이

93 도쿄 북서부 군마현(群馬縣) 아가쓰마군(吾妻郡)에 있는 유명한 자연용출온천이다.

94 일본이 진해에 군항 건설 공사를 본격적으로 착수하면서 1911년 1월부터 마산포 개항장은 폐쇄된다. 1914년이 되면 각국 공동 조계지도 해제되어 마산은 개항장의 지위를 잃었다.

출입 물자 대부분은 부산을 경유하게 되었다. 최근 무역액은 겨우 670여만 원을 헤아릴 뿐이고 거래 역시 쓰시마對馬와 산인山陰지방[95] 일부에 한정되고, 내지의 유명 상업지와는 거의 거래가 없다. 다만 근해 어업은 여전히 성황을 이루어 통영을 거쳐 이곳으로 모이는 것이 철도로 조선과 만주 각 지에 수송된다. 수산시장의 연간 거래량은 11만 5천여 관을 웃돌고 있다.

남조선철도南朝鮮鐵道는 마산을 기점으로 진주를 거쳐 호남선의 송정리역松汀里驛에 이르는 178리哩와 그 도중의 원촌院村에서 남원南原을 거쳐 전주全州에 이르는 지선 47리를 경영노선으로 하는 경편철도이다. 본선이 준공이 되는 날에는 남선교통에 새롭게 한 획을 그을 것이다. 동시에 장래 마산의 번영도 크게 기대된다.

인구

9,790인내지인 1,237인, 호수 2,139호내지인 305호

관공아 기타

부청	지방법원
경찰서	세관 지서
우편국	진해요새방비대
헌병대	창원군청
금융조합	경성전기회사 지점
오사카상선회사 지점	사와야마澤山상회 출장소
진해기선조합	수산회사
실과고등여학교	상업회의소
조선은행 출장소	남선일보사

95 산인지역은 일본의 주고쿠(中國)지방의 북부에 있는 구역으로 돗토리현(鳥取縣), 시마네현(島根縣), 야마구치현(山口縣)의 해안지역(동해 쪽)을 가리킨다.

자동차

마산-진주 간 3원 60전진주에서 합천, 사천, 삼간해三千海[96], 통영, 김천金泉행 자동차가 있음

마산-통영 간고성 경유 3원 40전.

이 밖에 진동鎭東, 칠곡, 함안행 자동차를 빌릴 수 있다.

| 명소 |

〔**마산공원**〕 역에서 몇 정 떨어진 앵정櫻町 언덕 위에 있다. 전면에서 마산시가와 항내 전경을 바라볼 수 있다. 공원에는 벚꽃나무를 심었고 태신궁太神宮을 제사하고 있다.

〔**고노에 언덕**近衛丘〕 시가지의 동쪽 끝에 있는 소나무 숲이 울창한 작은 언덕으로 고故 고노에近衛 공이 별장지로 선정한 곳이 있어서 붙은 이름이다. 지명은 작진두鵲津頭[97]라고 하여 옛날부터 항만의 풍광을 조망하는 데 굴지의 장소로 알려졌다.

〔**저도**猪島〕 항내에 가로질러 있는 작은 섬으로, 한여름 무렵부터 초가을에 걸쳐 이 부근에서 행하는 도미낚시가 마산 명물의 하나이다.

| 도읍 |

〔**진해**〕 진해는 해군의 요항으로 마산에서 해로 8리浬이며 발동기선으로 약 1시간이 걸린다요금 30전. 이곳은 진해만의 일부로 옛날에 도고東鄕[98]제독이 이끈 제국 병선[99]의 근거지가 되었다. 유명한 일본해 해전과 함께 세계적으로 이름을 알린 곳이며 시가는 욱일형旭日型의 구획이 정연하다. 그러나 근년의 시장 경기가 꺾여서 마산의 상업에까지 영향을 미치고 있다.

〔**웅천**〕 진해에서 동쪽으로 약 2리 거리에 있는 해안이다. 지금은 남해안의 한

96 의미 불명. 삼천포(三千浦)의 오기로 추측된다.

97 까치나루(鵲津)이다. 1937년에 제작된 일본관광객을 위한 마산안내 팸플릿인 『관광의 마산(觀光の馬山)』(마산명승고적보존회 발행)에는 '근위빈공원(近衛濱公園)'으로 소개되고 있다.

98 진해는 러일전쟁 때 도고 헤이하치로(東鄕平八郎, 1848~1934)가 이끄는 연합함대의 근거지가 되었다.

99 원문에는 제국의 몽동(艨瞳)이라 되어 있으나, 문맥상 몽동(艨艟)의 오기로 판단하여 번역하였다.

어촌에 지나지 않지만 아시카가足利시대[100]에는 이른 바 조선 삼포의 하나로, 일조교통의 요충지로서 번창한 역사가 있다. 게이초慶長의 역 때 명나라 장수 유정劉綎이 지켰지만 가토 기요마사에게 패전하였다는 안골安骨성터가 해안에 남아 있다.

〔**진주**〕 경상남도 도청소재지로 마산에서 자동차로 3시간에 도착한다. 읍의 남쪽에는 남강南江이 흐르고 북쪽에는 높은 산맥이 둘러싸고 있어 요해지의 형세이다. 옛 이름은 거열성居列成[101] 혹은 촉석성矗石城이라 하며, 분로쿠의 역 때는 여러 번 공방전을 반복한 견고한 성이다. 이곳의 기후는 온화하며 경작지가 넓어 농산물이 풍부하다. 특히 목면 재배로 유명하다. 현재 인구는 2천 5백여 명이고 도청, 군청, 지방법원, 수비대, 자혜병원, 경찰서, 우편국, 식산은행 지점 및 금융조합 등이 있다.

▲촉석루矗石樓는 남강 기슭에 세워진 3백여 년이 지난 오래된 건축물로, 누대의 전망이 넓게 펼쳐져서 예부터 시인에게 좋은 소재가 된 승경지이다. 주변에는 대나무 숲이 울창하여 조선에서는 드문 남국의 기운이 풍긴다.

〔**통영**〕 마산에서 육로로 17리 거리로 자동차로 2시간 정도면 도착하는 경남의 큰 어항이다. 이곳에는 천여 명의 내지인이 살고 있으며, 그 어획물은 매일 우렁찬 뱃노래와 함께 마산으로 옮겨진다. 물산인 나전칠기는 이곳에 놀러 온 사람들에게 좋은 선물이다.

100 일본 무로마치(室町)시대의 별칭으로, 당시 막부의 쇼군이 아시카가였다.

101 거열성(居列城)의 오기이다. 진주의 옛 지명은 거타주(居陀州), 거열성(居列城), 거열성(居烈城), 고타(古陀), 거타(居陀), 자타(子陀), 자타(子他) 등이 있으며, 고려 성종 14년인 995년에 진주가 되었다.

경인선

영등포-인천 간 18리 4분

영등포에서 분기하는 경인선은 서쪽으로 연장되어 오류동, 소사, 부평을 지난다. 주안에서는 오른쪽 창으로 인천 바다풍경이 바라보이며, 시가의 서쪽 교외를 반원형으로 우회하여 인천 부두에 도착한다. 본선은 원래 경성-서대문-인천 간 철도건설의 특허를 경인철도합자회사가 미국인에게 매수하여 1900년 明治33에 개통한 조선 최초의 철도노선이므로, 연혁으로 치자면 경부본선 쪽이 영등포에서 분기한 지선에 해당할 것이다. 현재 본선의 열차운전계통은 남대문-인천 간으로 되어 있으므로, 노선의 분기점인 영등포는 실제 중간역의 하나이다. 따라서 인천행 여객으로 부산방면에서 오는 경우는 영등포에서 환승해야 하며, 경의본선 또는 경원선 방면에서 오는 경우는 남대문 또는 용산에서 한번 환승하면 편하다.

오류동역

경기도 부천군(富川郡) 계남면(桂南面) 오류리(梧柳里), 영등포에서 3리 9분, 인천까지 14리 5분

경인가도를 따라 있는 작은 역이다. 부근은 구릉이 들쑥날쑥하여 경작지로는 좋지 않지만, 토질이 비옥하여 구릉 중턱에서 평지에 걸쳐 과수원이 곳곳에 산재해 있다. 배와 능금 기타 채소류를 산출한다.

소사역

경기도 부천군 계남면 심곡리(深谷里), 영등포에서 7리 6분, 인천까지 10리 8분

경인가도의 중앙부에 솟아 있는 소사는 동북쪽에 산을 등지고, 서남쪽은 부평, 김포 등의 광활한 논밭과 들로 이어진다. 이곳에서도 복숭아, 능금, 배 등의 산출이 적지 않다.

역에서 남쪽으로 1리 정도 떨어진 소래면蘇萊面의 사천장蛇川場시장은 우시장으로 유명한데 음력 1·6일에 개시한다. 한번 시장이 열리면 백여 두 이상이 거래된다고 한다. 현재 역에서부터 도로 개량을 계획 중으로 지금은 인력거도 없다.

부평역

경기도 부천군 내면(內面) 대정리(大井里), 영등포에서 10리 9분, 인천까지 7리 5분

역은 옛 읍내에서 1.5리 떨어져 있다인력거 요금 60전. 서북 일대의 경작지는 대체로 토질이 비옥하지만, 한강이 범람하여 수확이 전무한 것은 아까운 일이다. 밭작물로는 수박, 과실, 감자 등의 채소가 있다.

김포는 군청소재지로 한강 기슭의 요진이다. 또 육로로 통진通津과 강화江華 등 여러 읍에 이르는 요충지에 해당한다. 역에서 4리 정도 떨어져 있으며 인력거가 다니는데, 그 도중에 김포군내에 있는 황해사黃海社가 간척지 개척사업을 시작하였다.

| 명소 |

〔**계양산**桂陽山〕 계양산은 옛날에 고니시 유키나가의 군대가 주둔한 곳이라고 한다. 무성한 잡목림 사이에 성터가 남아 있다. 거기에서 길게 흐르는 한강이 푸른 들을 가로지르는 웅장한 경치가 내려다보이고 상류 쪽으로는 관악산, 남한산, 북한산의 여러 산이 올려다보여서, 탁 트인 전망이 매우 상쾌하다. 역에서는 2리 정도 떨어진 구 읍내에서 북쪽으로 1리 떨어진 산기슭까지 인력거를 빌릴 수 있다.

주안역

경기도 부천군 주면(朱面) 토충리(土忠里), 영등포에서 14리 3분, 인천까지 4리 1분

역 오른쪽에 주안염전이 있다. 남쪽으로 26정町 떨어진 곳에 군청소재지인 관청리官廳里가 있으며, 근년 그 주변에서는 양잠이 성행하고 있다. 또 시장은 있지만 인천에서 가까운 곳이라 그다지 성황은 아니다.

주안염전은 총독부 소관으로, 현재 면적 337정보, 실용면적 239정보, 소금 생산액은 1년 7,500톤으로, 1920년大正9 이후는 19,000톤을 생산할 계획이라고 한다. 이곳에서 생산한 소금은 전열염煎熱鹽과 거의 같은 광택이 있어 일반 양조용으로 널리 사용되고 있다.

| 고적 |

〔**미추홀성지**彌鄒忽城址〕 관청리 근교의 문학산文鶴山 위에 있는 미추홀 성터는 약 백구백[102]여 년 전에 백제의 시조 온조溫祚와 함께 고구려에서 난을 피해 온 온조의 형 비류沸流가 정착한 곳이다. 같은 운명에 처한 도망자 신세였지만 동생은 위례성에 도성을 두고 백제의 기초를 열었는데 형 비류는 이곳에서 실의에 빠져 세상을 떠났다고 한다.

축현역

경기도 인천부(仁川府) 용강정(龍岡町), 영등포에서 17리 3분, 인천까지 1리 1분

인천부내에는 정거장이 두 군데 있다. 하나는 축현역으로 부의 동부에 위치한다. 시가지로 출입하려면 이 역에서 승하차하는 것이 편하다. 다른 하나는 다음의 인천역으로 부두나 지나정支那町 주변으로 출입하기에 가까운 위치에 있다.

인천역

영등포에서 18리 4분, 남대문까지 24리 1분.
경기도 인천부 화방정(花房町). 동경 122.55도, 북위 37도15분.
기온 최저 0.9, 최고 24.4, 평균 10.5

연혁

겨우 50년 전까지 인천은 제물포濟物浦라는 황해안의 작은 어촌에 지나지 않았다. 대원군 섭정 시대 천주교를 엄중하게 금지한 탓에 프랑스와 갈등이 생겨, 프랑스 군함 일곱 척이 죄를 묻기 위해 이곳의 외항을 내습하였다. 1866년慶應2의

102 천구백의 오기로 보인다.

일이다. 이 사건은 조선이 세계무대로 이끌려 나온 서막이 되었다. 1871년明治4에는 양각도羊角島 사건의 맥락에서 미 군함이 또 죄를 묻기 위해 전후 두 차례 내습하였다. 1875년明治8에는 일본의 운양함雲揚艦 포격사건이 일어났다. 그때까지 간신히 쇄국주의를 고집해 온 조선이 이때 비로소 조약에 조인하였다. 그 후 경성에서 사변이 일어났을 때 이곳에서 한국 배에 목숨을 맡겼던 하나부시花房 공사 일행이 영국 군함에 구제된 것은 유명한 이야기이다. 그 다음해인 1883년明治16 1월 개항장이 되었다.

이후 인천은 동양의 대사건에 이상할 정도로 휘말렸다. 일청전쟁은 항외의 풍도豊島해전을 도화선으로 막이 올라 오시마大島 여단도 인천항에 상륙하였다. 일로전쟁 때는 러시아 군함 두 척이 외항에서 격침되어 기고시木越[103] 여단이 상륙하게 되었다. 일일이 헤아리자면 한정 없지만 그러는 동안 한 걸음 한 걸음 번영을 이루어 온 인천항은 일시에 반도 무역항 가운데 수위를 차지하게 되었다. 그 후 육상교통기관이 완비됨에 따라 옛날의 지위를 유지하기는 어렵게 되었지만, 무역액은 해마다 증대하여 조선의 대 중국 무역항으로서 주목된다.

이곳은 부산과 원산에 버금가는 오래된 개항장으로 오른쪽에는 황해도, 왼쪽에는 충청남도를 마주한다. 수도 경성의 목구멍에 해당하는 위치에 있을 뿐 아니라, 황해를 사이에 두고 북중국[104]에서 중국 중부의 여러 항구와 마주하고 있어서 지형 상으로는 손꼽히는 위치이다. 나가사키長崎에서 450리浬 떨어져 있으며, 다롄大連까지는 286리, 즈푸芝罘까지 270리, 칭다오青島까지 330리, 상하이上海까지 488리로, 내외 항로가 교착하여 특히 대 중국 무역에 가장 좋은 위치에 있다.

1919년도	수이입 64,612,597원
	수이출 26,375,456원

103 기고시 야스쓰나(木越安綱, 1854~1932)는 러일전쟁 때 한국임시파견대 사령관으로서 보병 제23여단을 이끌고 인천에 상륙했다.

104 본서에서 중국은 비칭인 지나(支那)로 표기하고 있으나, 편의상 중국으로 바꾸었다.

이 가운데 대 중국　　　수이입 16,630,805원
수이출 4,798,922원

중요한 수이입품은 옥양목류, 지나支那마포, 석유와 그밖에 식량, 잡화류이며, 수이출의 대부분은 미곡이며 인삼, 잎담배, 피혁류 등이 뒤를 잇고 있다. 인천의 묘지錨地는 내항과 외항으로 나뉜다. 항내를 가로지르는 월미도를 경계로 한다. 월미도 바깥쪽의 영종팔도永宗八島와 기타 수많은 섬들이 큰 만상灣狀을 형성하는 부분을 외항이라 하며, 월미도 안쪽 부분을 내항이라 한다. 그러나 조석 간만의 차가 30척呎이 넘어서 내항은 큰 선박이 정박하는 데 전혀 적합하지 않다. 또 외항은 육지와 거리가 멀다는 결점이 있어서 근년 시가의 전면을 간척하여 갑문식의 큰 축항을 완성하였다. 이 선거船渠에는 4,500톤급의 기선 세 척을 동시에 계류할 수 있다. 조선에서 유일한 항만설비이다.

인천은 삼면이 바다로 둘러싸인 반도라고도 할 만한 지형이다. 언덕배기에 시가가 형성되었기 때문에 가로 대부분이 횡선橫線을 그리며 발달하였다. 세로로는 매우 심한 경사를 이루고 있어 해상에서 보이는 시가지의 모습이 매우 아름답다. 특히 야간은 반짝반짝 불야성의 경관을 보여준다. 해안선의 시가는 무역 계통의 상가가 많으며, 본정통本町通과 아울러 궁정宮町 부근이 가장 번화한 중심지이다. 지나정支那町 일곽은 또 다른 색채를 띠며 번창하고 있다. 이곳의 생산품은 소금, 양초, 술, 간장, 물엿, 된장, 성냥 등이다. 시내와 교외에는 제염공장, 양조공장, 정미공장이 매우 많다.

인구

	내지인	조선인	외인	계
인구	11,078인	23,484인	1,346인	35,908인
호수	2,671호	5,110호	238호	8,019호

관공아 기타

부청	지방법원 지청
세관	관측소
경찰서	우편국
토목국 및 체신국 출장소	월미등대
중국영사관	상업회의소
상업학교	상업전습학교
고등여학교	간이실업학교 및 소학교 5개교
감옥 분감	미두 취인소
물산회사	인촌회사燐寸會社
일본장유회사	수산회사
창고회사	경성전기회사 지점
오사카상선회사 지점	아사히旭공업회사
신탁회사	조선은행 지점
식산은행 지점	조선상업은행 지점
130은행 지점	18은행 지점

항로

인천-즈푸-다롄선조선우선회사, 아와河波기선회사, 두 회사 월 3회 모두 왕복 시 칭따오 기항.

인천-목포선조선우선회사 경영 월 6회

인천-진남포선조선우선회사 경영 월 4회

인천-해주선조선우선회사 경영 월 1회

이외 근해 소항로를 정기 운항하는 조선우선회사 기타 2, 3곳이 있다.

| 명소 |

〔**각국공원**各國公園〕 일찍이 거류지회가 조성한 것으로 언덕은 시가지의 배경이 되고 있다. 인천역에서 몇 정 거리로 산수정山手町이 있기 때문에 야마테山手공원

이라고도 한다. 언덕 위에서는 시가 전경이 내려다보인다. 월미도와 소월미도 저편으로는 영종도, 용류도龍流島[105], 무의도無衣島 등 여러 섬들이 바라보이며, 남서쪽의 만석정萬石町 물가에서는 소금을 굽는 제염소의 연기가 피어오른다.

〔**궁정공원**宮町公園〕 궁정공원은 각국공원에 대하여 일본공원이라고도 부른다. 인천역에서 시내의 번화가인 본정과 궁정을 통과하여 약 15정 떨어진 빈정濱町 해안에 있다. 중앙에 태신궁太神宮을 설치하였으며 연못과 정자가 있다. 봄에는 벚꽃 조망이 아름답다.

〔**인천선거**仁川船渠〕 인천역에서 몇 정 떨어져 있다. 항정港町에 있는 선거의 길이는 250간間이고, 폭은 120간이며, 최소 수심이 약 27척이다. 서쪽에 접한 90간의 갑문벽에는 두 개의 철제 갑문이 있고, 만조 시 문을 열어 기선을 선거에 넣는다. 간조 시에는 문을 닫아 선거 내에 해수를 보유하는 설비로, 선거의 삼면에 철도 인입선引込線을 부설하여 화물 취급이 편리하다. 이 선거는 약 7년의 세월과 566만여 원의 공사비를 들여 1918년大正7 11월 준공하였다.

〔**월미도**月尾島〕 세관 부두에서 거룻배로 약 15분요금 왕복 10전이면 도착한다. 동면은 인천 시가를 바라보며 서면은 외항을 조망한다. 섬을 일주하는 도로는 봄에는 벚꽃 터널이 되고, 동면의 빈정濱汀에는 여름철에 해수욕장이 설치된다. 섬 중앙 언덕 위에는 무선전신소, 남쪽의 곶인 소월미도에는 선회旋回등대가 있다.

〔**강화도**江華島〕 강화도는 한강 하구에 가로질러 있으며 둘레는 약 30리이다. 옛날에 방어사를 둔 곳이다. 인천에서 기선이 매일 운항하며 약 한 시간이면 도착한다요금 2등 1원 30전, 3등 70전. 강화읍내는 옛날에는 강도江都라 하였는데 고려 고종이 몽고의 변란을 피하여 일시적으로 이곳에 수도를 둔 데서 비롯되었다. 1875년明治8 운양함을 포격한 것은 이곳의 포대였다. 해안절벽에 옛 포대의 흔적이 남아 있다. 또 읍 부근의 2~3리 산간에는 고려시대의 홍릉弘陵, 곤릉坤陵, 석릉碩陵 등의 능묘와 전등사傳燈寺, 적석사積石寺 등이 있다. 또 읍에서 남쪽으로 4리 떨어진 마니산摩尼山 꼭대기에는 아주 오랜 옛날 단군이 하늘에 제사지냈다고 전하는 참성단塹城壇의 유적도 있다.

105 용유도(龍游島)를 가리킨다. 『조선철도 선로 안내』(1911) 462쪽 각주 158 참고.

〔**교동도**喬桐島〕 교동도는 강화도와 아울러 한강 어귀에 있는 섬이다. 인천에서 기선 편은 매일 있지만요금 2등 2원 20전, 3등 1원 20전, 이곳은 오히려 황해도 나진포羅津浦와 매우 가깝다. 이 섬 역시 옛날의 중요한 요해지로, 섬 안에 있는 화개산華蓋山 꼭대기에는 둘레 3,500여 척의 석축산성의 터가 있다.

해중화개삽청천海中華蓋揷靑天 바닷속 화개산은 푸른 하늘 높이 솟았는데
토유황사불기년土有荒祠不記年 산위의 황폐한 사당은 언제 지었는지 가늠할 수 없네
전파일배시북망奠罷一盃時北望 제사 뒤에 한잔 마시고 북쪽을 바라보니
부소산색전창연扶蘇山色轉蒼然 부소산 빛은 더욱 푸르기만 하다[106].

106 목은 이색(李穡)의 교동이란 시이다. 『목은집』, 「목은시고」에는 3수가 실려 있는데, 본문의 시는 그 첫 번째 수이다. 2구의 土는 上의 오기이다. 한시 해석은 역자에 의한다.

경의본선

남대문-안둥 310리 2분

남대문역에서 북쪽을 향하는 경의본선은 의주가도에서 줄곧 서남쪽으로 바짝 붙어 간다. 임진강을 건널 무렵부터 점차 가도에 접근하여 고려의 옛 수도 개성의 교외를 스쳐 지나고, 황해도 경계로 이어져 예성강禮成江을 가로지른다. 멸악산滅惡山 계곡 사이를 몇 번이나 이리저리 굽어 가다가 재령의 넓은 들을 관통하여 평안남도로 들어가 대동강을 건너 평양에 도달한다. 평양을 지나 신안주新安州에서는 크나큰 청천강清川江과 대령강大寧江을 가로질러 평안북도의 경계를 지난다. 일로전쟁 때 양국의 기병이 최초로 충돌한 지점이라고 알려진 정주역定州驛을 지나 비현역枇峴驛부터는 의주가도와 점점 멀어져 조선선 서북단의 정거장인 신의주역新義州驛에 도착한다. 압록강 교량 관계로 노선은 맞은 편 기슭의 안둥역安東驛에 이르기까지 조선선으로 관리된다.

본선은 앞서 기술한 대로 경부선과 접속하는 반도의 주요 간선일 뿐 아니라, 일본-중국, 일본-유럽 간 중요 교통 노선으로서의 사명을 가진다. 실제로 도쿄-펑톈奉天 간은 부관釜關연락선을 오르내리는 외에 전혀 환승할 필요가 없는 직통열차로 여행이 가능하게 되었다. 본선에서 분기하는 지선에는 황주黃州에서 갈라지는 겸이포선兼二浦線, 평양에서 갈라지는 평남선과 평양탄광선이 있다.

신촌역

경기도 고양군(高陽郡) 연희면(延禧面), 남대문에서 1리 9분, 안둥까지 308리 3분

1921년大正10 4월 무렵부터 개역 예정

수색역

경기도 고양군 연희면 수색리(水色里), 남대문에서 5리 3분, 안둥까지 304리 9분

한강 본류에 가장 근접한 이 역은 그 이름처럼 차창에서 한강의 물빛을 바라볼 수 있다. 부근 일대에 무논이 넓게 펼쳐지지만 해마다 한강이 범람하여 피해를 입으니 아깝다. 육로로 경성까지 2리이고, 고양과 마포까지도 도로가 있다.

일산역

경기도 고양군 중면(中面) 일산리(一山里), 남대문에서 15리 5분, 안둥까지 294리 7분

경성까지 8리, 벽제관 터의 고양까지 3.5리 떨어져 있다. 그 도중에 고봉高峯산성 터와 고려 공양왕릉이 있다.

〔**행주산성지**幸州山城址〕 역에서 서남쪽으로 약 2리 떨어진 지도면知道面에 있으며, 일반적으로 잔산盞山 또는 일산一山이라 부른다. 산 위의 성터는 분로쿠의 역 때 권율權慄이 특별한 공을 세운 옛 전장으로 당시의 대승비大勝碑가 세워져 있다.

금촌역

경기도 파주군(坡州郡) 아동면(衙洞面) 금촌리(金村里), 남대문에서 21리 9분, 안둥까지 288리 3분

구 군청소재지인 교하까지 20정 떨어져 있다. 교하에서는 한강 지류를 이용하여 용산과 인천으로 가는 수운 편이 있다. 역 부근은 무논이 넓게 펼쳐진다. 서쪽으로 약 1리에 있는 검산리檢山里에서는 갈탄이, 분로쿠 때 전장이었던 교하 읍내의 장명산長命山에서는 석탄이 산출된다.

춘일천리春日川里시장[107]은 역에서 동북쪽으로 약 1리 떨어진 유명한 우시장으로, 매월 2·7일에 개시하며, 장날마다 1천 두 정도가 거래된다.

107 『조선철도 선로 안내』(1911)에는 춘일천시장으로 나온다. 1909년 8월 27일 통감부문서(憲機第一六七六號)에는 춘일천시장이란 이름이 보이며, 1935년 7월 23일자 『동아일보』에도 침수피해를 입은 춘일천시장 기사가 있다.

문산역

경기도 파주군 임진면(臨津面) 문산리(汶山里), 남대문에서 28리 5분, 안둥까지 281리 7분

이 역은 임진강 기슭의 요진인 문산포를 앞에 두고 있다. 문산포에서는 배로 한강 연안 각지와 교통할 수 있어서 물자가 집산하는 데 지극히 편리하다. 육로로 파주읍까지 1.5리, 고랑포高浪浦까지 4리 24정 거리이다. 파주군청, 경찰서, 우편국, 금융조합 등이 있으며, 인구는 1,900여 명이다. 시장은 음력 5·10일에 열린다.

〔**대덕리**大德里〕 역에서 동북쪽으로 약 30정 정도 떨어져 있다. 고故 대원군과 그 비의 무덤을 용산 공덕리에서 이장해 온 곳이다.

〔**봉서산성**鳳棲山城〕 역에서 동쪽으로 30정 거리로, 파주읍 바로 앞에 있다. 이곳도 분로쿠의 전장이었지만, 지금은 숫돌과 벼룻돌 생산지로 알려져 있다.

장단역

경기도 장단군(長湍郡) 진남면(津南面) 동장리(東場里), 남대문에서 35리 9분, 안둥까지 274리 3분

임진강 철교를 건너면 장단역이다. 옛날에 의주가도의 중요한 관關이었던 임진진관臨津鎭關 터는 철교에서 상류로 2리 정도 지점에 있다.

장단읍내는 역에서 동쪽으로 1리 28정 떨어져 있으며, 인구는 1,500여 명이다. 군청, 경찰서, 금융조합 등이 있다. 역 앞의 촌락은 사곡絲谷시장이라 하며, 인구는 1,400여 명이다.

고랑포高浪浦는 임진강 주운舟運의 최상한이므로 상류 지방의 물자는 이곳에 집산된다. 시장에서 유명한 장단 대두는 이곳에 모였다가 대부분 수운으로 인천에 반출된다. 내지인 상인도 많이 들어와 있으며, 금융조합과 대두검사소 등이 있다. 역에서 고랑포까지는 5리에 못 미치며 인력거 편이 있다.

| 명소 |

〔**덕적산**德積山〕 역에서 서쪽으로 1.5리 거리에 있는 작은 산으로 정상에는 고려

의 재상 최영崔榮[108]의 화상畵像을 모시는 사당이 있다. 먼 곳에서도 조선인 참배자가 모여들며, 산기슭의 촌락에는 참배자들을 위한 여관을 경영하는 사람이 많다.

개성역

경기도 개성군(開城郡) 송도면(松都面) 대평정(大平町), 남대문에서 45리 6분, 안둥까지 264리 6분

연혁

신라 말기가 되면서 그 왕족인 궁예弓裔를 왕건王健[109] 등이 옹립하여 강원도 철원鐵原, 그 당시의 철원鐵圓에 거점을 두고 나라를 태봉泰封이라 부르고, 한때 무시할 수 없는 세력을 가지게 되었다. 그 무렵 또 견훤甄萱은 전주에서 나라를 세워 후백제라고 칭하였다. 서로 패권을 다투었는데 맹공을 받은 궁예는 마침내 나라를 잃고, 신하인 왕건 때문에 죽게 되었다.

왕건은 그의 고향 송도에 도읍을 정하고 즉위하였다. 얼마 지나지 않아 후백제를 멸망시키고, 또 신라를 병탄하여 반도 통일의 공을 세웠다. 왕건은 곧 고려의 태조이며, 송도는 지금의 개성이다. 그 후 고려의 역대 왕들은 불법을 믿어 폐해도 발생했지만, 반면 건축과 미술, 공예의 발달을 촉진시켜 역사가들은 고려가 반도 예술의 황금시대였다고 평하였다. 고려는 460여 년간에 걸쳐 번영했으나, 제31대[110] 공양왕 4년에 이르러 이조 태조 이성괘李成挂[111]에게 멸망하였고, 동시에 수도로서의 번영도 경성으로 옮아가 버렸다. 이후 세월이 흐르기를 520여 년, 홀로 변함없는 송악의 봉우리만이 성의 북쪽 하늘에 외롭게 서 있다.

개성은 송악산의 남쪽 기슭에 위치하며, 시가 중앙에는 운계천雲溪川이 관통하여 흐르고 있다. 지금의 시가는 겨우 남대문을 중심으로 안팎이 서로 반반씩

---

108 최영(崔瑩)의 오기이다. 『한국철도 선로 안내』(1908), 『조선철도 선로 안내』(1911)에도 동일한 오기가 발견된다.

109 왕건(王建)의 오기이다.

110 공양왕은 고려 34대 왕이다.

111 이성계(李成桂)의 오기이다.

개성의 인삼 재배

벽제관 터

벽제관 보호수

개성시장

개성시가

개성 만월대

개성철도공원의 복숭아꽃

인삼밭과 전매과 출장소

개성 선죽교

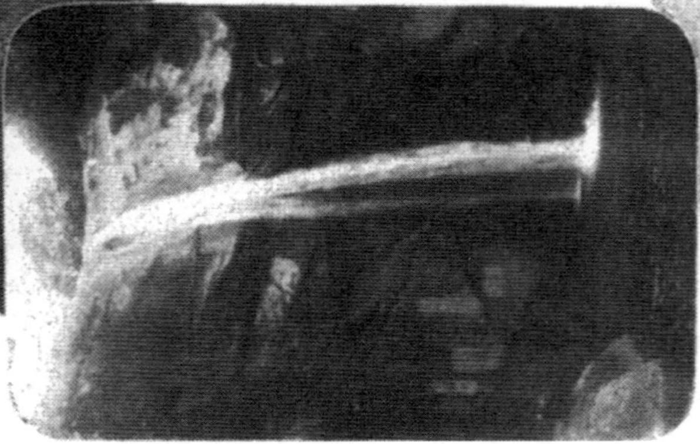

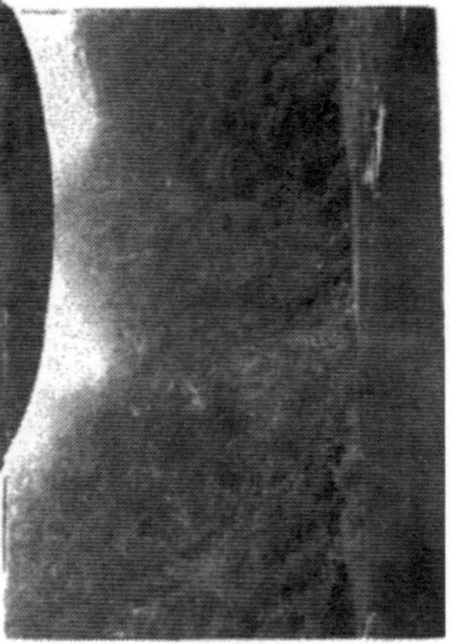

개성 고려 태조의 능

개성 박연폭포

정방산성 터

추총동(秋葱洞)[112]의 가을 경치

나뉜 정도로, 광대한 성벽의 규모를 생각하면 진실로 작은 지역에 지나지 않는다. 그러나 백제의 부여든, 신라의 경주든 망국의 흔적이 모두 적막한 산촌으로 변한 것에 비하면 훨씬 낫다. 현재의 개성은 경의본선 연선에서 평양 다음 가는 상업지이다. 특히 이곳의 상인은 마치 내지의 강주江洲[113]상인처럼 타향에 가서 일하는 경우가 많으며 재력 역시 거의 반도 전반에 세력이 미치고 있는 듯하다.

시내에는 서성西城과 도교都橋 두 곳에 시장이 있어서 일용품, 특히 미곡류 거래가 활발하게 행해진다. 두 시장에서 1년 간 거래되는 양은 약 4천 석을 헤아린다. 주된 물산은 쌀, 보리, 채소, 복숭아 등이며, 특히 인삼과 고려자기는 이 지역의 특산물로서 세상에서 널리 선전되고 있다.

전매과 출장소는 인삼의 배양과 제조를 하는 총독부 시설이다. 인삼의 재배에는 6년의 세월이 필요하며, 또 고정자금이나 어려운 배양법 등 다른 농산물과는 과정이 달라서 사업의 보호와 지도, 장려를 위해 홍삼에 한하여 총독부가 전매하고 있다. 최근 올해 1년 동안 제조한 양은 다음과 같다.

홍삼 19,143근

미삼尾蔘 6,441근

분말홍삼 536근

삼정蔘精 411근

인구

36,544인내지인 1,216인, 호수 7,583호내지인 328호

관공아 기타

군청 지방법원 지청

112 미상. 추총동이나 총동이란 지명은 고문헌에는 보이지 않는다.

113 일반적으로 강주(江州)로 쓴다. 강주는 일본의 옛 국명인 오미(近江)를 뜻하는데, 이 지역 출신의 상인들은 무로마치 시대에 도카이(東海)와 호쿠리쿠(北陸)지방을 교토(京都)와 이어주는 상업 활동을 하면서 등장하였다. 에도시대에는 에도, 오사카, 교토를 비롯하여 각지에 점포를 내고 크게 활약하였다.

전매과 출장소	수비대
경찰서	우편국
고등보통학교	상업학교
정화貞和여학교	금융조합
한성은행 지점	전기회사
식산은행 지점	삼업蔘業 지점
삼업사蔘業社	영신사永信社

고려 유적 정거장에서 동쪽으로 시가를 향하면 오른쪽은 정거장 구내이고, 왼쪽에 작은 언덕을 포함한 〔철도공원〕이 있다. 공원에는 복숭아나무와 앵두나무 수천 그루를 심어 꽃피는 계절에는 아련한 꽃 그림자가 뒤쪽의 성벽에 걸려 자못 경관이 아름답다. 공원 앞을 지나면 왼쪽에 전매과 출장소가 있고 그 옆의 구 태평관太平館 모퉁이에서 길이 둘로 갈라진다. 오른쪽은 성 바깥으로 개성에서는 주요 가로인 서본정통西本町通, 왼쪽으로 꺾어지면 성 안의 대화정통大和町通으로 이 지역에서 가장 번화한 내지인 거리이다. 그리고 한번 갈라진 이 두 거리는 약 7정 정도 더 가면 남쪽 문루 앞에서 다시 만난다.

〔남문루南門樓〕 성벽의 남대문이었지만 지금은 시가의 거의 중앙부에 위치한다. 문을 중심으로 서쪽으로는 크게 트인 본정이 시작된다. 이곳은 이조 태조 즉위 3년에 건조되었기 때문에 경성의 남대문보다 2년 먼저 지어진 옛 건축물인데 규모는 조금 작다. 누정 위에 있는 큰 범종[114]은 약 6백 년 전 원나라 시대에 주조하였으며, 둘레에 자못 정치한 도안과 모양이 새겨져 있어서 지금 조선에 존재하는 4대 명종의 하나로 호사가들에게 귀중하게 여겨지고 있다.

〔관덕정觀德亭〕 문의 동측의 풍교楓橋를 건너서 왼쪽으로 꺾어져 약 3정을 가면, 자남산子南山 서쪽 기슭의 고지대에 있는 옛 궁술연습소이다. 정자 아래로 시가지 전경을 바라보는 조망이 아름답다. 정자에서 내려와 동쪽 본정으로 가는 도중에 우측에 있는 산으로 진입하면 〔숭양서원崧陽書院〕이라는 곳이 있다. 이곳

114 고려 충목왕 2년인 1346년에 제작된 연복사(演福寺)종이다. 원나라 황제의 명으로 조성되었으며 명종 18년인 1563년에 화재로 연복사가 소실되자 개성 남문루로 옮겨졌다.

은 아호를 포은圃隱이라 했던 고려 말의 석유 정몽주鄭夢周의 저택 터로 지금은 그의 화상이 모셔져 있다. 덧붙여 말하자면 정몽주는 당시 유학자로서 권위가 있었을 뿐 아니라 왜구문제로 일본에 사신으로 갔으며, 또 중국에도 여러 번 사신으로 가서 중요한 국사를 맡은 사람이다. 우연찮게도 그의 비참한 죽음과 거의 동시에 고려 사직이 붕괴하였기에 더욱 유명해진 사람이다.

〔**호정**虎亭〕 호정은 서원에서 구릉으로 이어진 언덕 꼭대기에 있다. 이 역시 옛 궁술연습소로 성 밖의 지형을 보기에는 더할 나위 없는 좋은 장소이다. 언덕 일대는 산뜻하고 맵시 있는 공원이 되었고, 구 태평관의 정문을 옮겨 모포정慕圃亭이라 이름붙인 건물과 또 내지인의 다정茶亭 등이 공원 안에 있다.

공원을 나오면 도로의 맞은편에 시내가 흐르고 돌다리 하나가 있는데, 개성 명소로 특히 유명한 〔선죽교善竹橋〕이다. 정거장에서 이곳까지 25정 정도이고 남문루에서는 10정 정도이다. 이 주변은 교외의 비옥한 논이다. 고려 말기가 되어 무신의 권세가 바야흐로 사직을 뒤엎으려고 하던 때, 그들에게 가장 큰 장애는 유신儒臣 일파의 세력이었다. 그러니 그 중심세력이었던 정몽주를 제거하는 것은 무신파에게는 매우 중요한 일이었다. 물론 무신파의 우두머리는 이성계였는데, 그 둘째 아들로 나중에 이조 제3대 태종이 된 방원芳遠은 자못 호탕하고 용감하여 과단성 있는 인물로, 이성계가 원나라를 원조하러 압록강을 향하여 원정을 가던 중에 선죽교에서 정몽주 암살을 결행하였다. 그리고 이 커다란 기둥이 제거된 이후에는 그야말로 460여 년간의 역사를 가진 고려조도 급속히 바뀌어 수직으로 하락하는 형세로 기울게 되었다. 마을 사람들이 전하기를 다리의 돌에 남은 자국은 정몽주의 검푸른 피가 여전히 사라지지 않은 것이라 한다.

〔**비각**碑閣〕 정몽주의 사적을 새긴 비 2기를 둔 건물로 공원 옆 한 구역에 있다. 1기는 약 200년 전 영조가, 다른 1기는 50년 전 고 이태왕 전하가 세웠는데, 2기의 비문 모두 가해자의 자손이 택했다고는 생각지 못할 정도로 공평하고 바르게 기록하고 있다.

〔**목청전**穆青殿〕 선죽교에서 동쪽으로 약 8정 정도 떨어져 있는 이성계의 잠저 터로, 옛 건물은 분로쿠 당시 병화를 입었는데 근년 재건하여 이성계의 화상을

안치하였다. 또 그 일부를 은사수산장恩賜授産場[115]으로 사용하고 있다.

선죽교에서 교외로 우회하여 시가의 북쪽 교외에 있는 〔만월대滿月臺〕로 가는 것이 일반적인 관광 순서이지만, 만약에 남문루에서 곧바로 가고자 하면 북본정北本町으로 직진하여 약 15정을 더 가면된다. 만월대는 고려왕궁 터로 뒤로는 송악산을 등지고 좌우에 시내를 끼고 있는 곳으로 여러 단으로 된 부지가 있다. 정면에는 2개의 돌층계가 있고, 계단 아래 우측에는 찻집인 진열관陳列館이 있다. 진열관에는 고려조의 유물을 모아 두었다. 계단을 올라가면 광장 일대에 누문과 전각이 나란히 건립되었다는 것을 떠올릴 수 있는 큰 초석만이 여기저기에 남아 있을 뿐 오백년 영화를 누린 터도 실로 황막한 광경으로 변해 버렸다.

만월대滿月臺 이토 슌포 공[116]

歷代王宮今廢墟 옛 왕조의 궁궐은 지금은 폐허가 되었으니
只看松嶽聳冲虛 다만 보이는 것은 하늘높이 솟은 송악뿐이네.
夢周忠節當年事 정몽주의 충절은 지난 일이지만
空使英名留竹書 하늘은 빛나는 이름을 역사에 남겼네.

〔**채하동**彩霞洞〕 채하동은 시가의 북부인 송악산 기슭에 있는 명승지이다. 만월대에서 출발하면 도중에 관왕묘關王廟를 볼 수 있으며, 또 선죽교에서 출발하면 성균관을 보고나서 조금 되돌아와 진언문進言門으로 들어가는 편이 좋다. 둘 다 모두 약 20정으로 정거장에서 약 1.5리 떨어져 있다. 부근 일대는 그윽하고 적막하며, 특히 가을 단풍과 밤 줍기로 유명한 무렵에는 경성 근처에서도 찾아오는 사람이 많다. 또 이 부근에는 부산동扶山洞과 자하동紫霞洞 등의 명승지가 있다.

〔**경덕궁**敬德宮〕 경덕궁은 남문루에서 남쪽으로 30정 정도 거리에 철로 선로의 맞은편에 있다. 이곳 역시 이성계의 잠저로, 원래는 추동궁楸洞宮이라 하였다.

---

115 일본은 조선 통치기반 확립을 위해 임시은사금을 지급하여 조선의 빈곤문제와 민심회유를 꾀하였다. '황실의 하사금'을 뜻하는 은사금의 이자수입을 이용하여 조선총독부는 직업교육에 힘썼다. 지역사정에 따라 잠업, 임업, 축산업 등이 실시되었는데 수산장을 설치하여 여러 실업교육이 이루어졌다.

116 본서의 마포항목에도 이토 히로부미의 시가 실려있다. 한시 해석은 역자에 의한다.

이성계가 즉위 후 3년에 경성으로 천도하고 2대 정종이 다시 개성으로 천도하였을 때에 이곳을 궁궐로 삼았다고 한다. 이곳도 분로쿠의 병화로 모두 소실되었는데, 효종 때에 옛 석벽 터를 보존한 것이다. 매년 단오에는 시내에 사는 부인들과 아이들이 여기에 모여 그네를 타는 것이 개성의 한 행사가 되었다. 궁의 뒤쪽 남산 기슭에는 반구정反求亭이 있다.

거기서 동쪽으로 가까운 길에 〔부조현不朝峴〕이라는 고적이 있다. 고려의 중신 72인이 두 군주를 섬길 수 없다하여 이 고개에서 송도를 떠났다고 전해지는데, 길가에 있는 한 건물에 그 행위를 상찬하는 석비가 세워져 있다.

〔**현릉**顯陵〕 정거장에서 약 1.5리 떨어진 중서면中西面 여능리麗陵里에 있다. 이것은 고려 태조의 능묘로 거의 완전하게 석조물과 기타 부속 양식이 보존되어 있다. 능 뒤편의 언덕에는 고려의 왕릉이 많다.

〔**대흥산성**大興山城〕 대흥산성은 천마산天摩山과 성거산聖居山이 서로 접한 가운데에 있는 대흥산大興山에 있는데, 성곽이 1리를 두르고 있어 요해로서 자못 견고한 산성이다. 옛날 고록高麗[117] 왕가의 피난소로 축조된 것으로, 이조 초기에도 이를 이어서 쓰려고 수리를 했다고 한다. 산중의 관음시觀音寺는 고려 광종이 건립한 고찰로 경내에는 훌륭한 칠층 석탑이 있다.

〔**박연폭포**朴淵瀑布〕 산성 아래에 있어서 일명 산성폭포라고도 한다. 직하 백여 척尺 높이로 주변의 산과 아울러 놓치기 아까운 풍광이다.

토성역

경기도 개성군 중서면 흑토성리(黑土城里), 남대문에서 51리 3분, 안둥까지 258리 9분

이곳은 개성-해주 간 주요 역으로, 황해도 연백군청의 소재지인 연안延安까지는 8리자동차 요금 2원 50전, 좋은 쌀의 생산지로 유명한 백천白川까지는 21정 떨어져 있다. 도중의 예성강 벽란도碧瀾渡에서는 강화도와 교동도喬桐島가 가까우며, 인천까지는 약 30리浬로 소형 기선이 운항하고 있다.

117 고려(高麗)의 오기이다.

| 명소 |

〔**고성**古城〕 역에서 서북쪽으로 10정 정도 떨어진 고성 터는 분로쿠 때 일본 장졸이 진영을 구축하고 겨울을 난 곳이라 한다.

〔**대정동사**大井洞祠〕 벽란도 부근 대정동에 있다. 고려 태조가 세운 것이다. 사당 안에는 작은 연못이 있는데 태조의 모친이 물에 빠져 죽었다는 전설이 있다.

계정역

황해도 금천군(金川郡) 고동면(古東面) 구읍리(舊邑里), 남대문에서 60리 6분, 안둥까지 249리 6분

이 역은 경기도와 황해도의 경계에 위치하며, 좌우가 산악으로 차단되어 있기 때문에 경지가 적다. 산물은 석재와 석분石粉 같은 것으로, 석분은 연간 22만여 섬, 석탄은 3만여 섬, 원석은 3,500여 톤을 생산한다. 달리 대리석도 산출하고 있다.

이왕가 식림지植林地는 역 앞의 제석산帝釋山에서 멀리 천마산에 걸쳐 약 4리에 이르며, 넓이와 면적이 약 1만 정보를 상회한다. 주로 앵두나무와 단풍나무를 심었으며 은행과 잣나무 등도 있다.

| 명소 |

〔**청석관**靑石關〕 역에서 동남쪽으로 약 20정 떨어진 경기도와 황해도의 경계에 있다. 옛날에 술병戍兵을 두었던 관의 터로 당시의 성벽이 차창에서 보인다. 또 노출된 석탄암이 보이는 곳은 석분재료의 채석장이다.

금교역

황해도 금천군 금천면 금릉리, 남대문에서 68리, 안둥까지 242리 2분

이곳은 원래 금천이라고 했는데, 경부선의 김천金泉과 발음이 헷갈리기 때문에 이 이름으로 바꾸었다. 잠성대두岑城大豆의 집산지로, 동남쪽에 솟아 있는 대둔산 뒤쪽인 토산兎山, 신계新溪 지방이 그 생산지이다. 남쪽에 예성강의 요진인 조포助浦가 있다. 서쪽으로 2리 29정 거리에 시변리市邊里가 있고 토산읍은 거기서

12리 못 미친 곳에 있다.

금천의 시장은 역 앞에 있으며 음력으로 2·7일이 개시일이다. 요즈음은 대두 외에 석분, 누에고치 등을 산출하고 있다. 역에서 동북쪽의 대둔산에는 미쓰이三井의 식림 경영지가 있다.

인구

1,303인내지인 146인, 호수 280호내지인 43호

관공아 기타

금천군청	경찰서
우편국	금융조합
미곡검사소	미쓰이 합명회사 출장소
석분회사 공장	

| 명소 |

〔영수병影水屏〕[118] 역에서 3정 정도에 영수병이라 일컫는 곳이 있다. 이곳은 박연朴淵의 하류로, 강기슭이 깎아지른 듯이 서 있어 병풍처럼 보인다고 해서 이런 이름이 붙었다. 맞은 편 기슭의 무동산舞童山에는 바위 위에서 맑은 샘이 용출하는 곳이 있으며, 강에서는 은어와 중고기가 잡힌다.

〔온정원溫井院〕 역에서 서남쪽으로 5리 24정 거리이며 조포에서는 3리 정도이다. 알칼리성 온천이 용출하며 온도가 높고 또 양이 풍부함에 있어서는 조선에서는 비할 바가 없지만, 설비가 없는 것이 안타깝다.

---

118 영수병(映水屛)의 오류이다. 『계산기정(薊山紀程)』 제1권(1803)에는 영수병에 대해 "금릉관(金陵館) 남쪽에는 깎아지른 석벽이 개울가에 치솟아 있다. 이것은 박연(朴淵)의 하류이다. 석벽면에는 '영수병(映水屛)'이라고 새겨져 있다"고 설명하고 있다.

한포역

황해도 평산군(平山郡) 금암면(金岩面) 한포리(汗浦里), 남대문에서 74리 4분, 안동까지 235리 8분

금교를 출발하여 예성강 철교를 건너면 한포역이다. 대두의 산지로 동쪽으로 6리 정도 가면 도내에서 제일 큰 시장인 시변리市邊里가 있다. 이곳을 지나 경원선의 평강平康과 연천漣川으로 통하는 도로가 있다. 군청소재지인 평산까지는 역에서 1리 3정, 누천漏川시장까지는 4리 떨어져 있다.

인구

5,684인내지인 127인, 호수 1,191호내지인 36호

관공아 회사

규슈잠종연합회사九洲蠶種聯合會社, 출장소역 앞

군청 우편국평천 읍내

| 명소 |

〔**대백산성지**大白山城址〕 평산읍에서 동쪽으로 약 0.5리 떨어진 곳에 대백산성 터가 있다. 성벽의 둘레는 1리 정도이고, 남장대와 북장대, 망월사 등이 성 안에 있다. 푸른 용진강龍津江을 바라보고 있어 풍광이 훌륭하다. 평산읍은 군청소재지인데, 시장이 활발하지 않아 가까운 시일에 군청과 우편국까지 남천南川으로 이전하기로 되었다.

남천역

황해도 평산군 보산면(寶山面) 남천동(南川洞), 남대문에서 83리 2분, 안동까지 227리

한포에서 선로는 다시 산간으로 진입하여 황해도의 등성마루를 이루는 멸악산맥滅惡山脈을 횡단한다. 이 부근은 인구 1,500여 명의 척박한 산촌이다. 서남쪽으로는 누천漏川과 온정원으로 통하는 도로가, 동북쪽으로는 신계6리 반, 자동차

운임 2원 40전, 곡산16리, 자동차 운임 4원 35전로 통하는 도로가 뚫렸기 때문에 운송이 지극히 편리하게 되어 여객과 화물의 집산이 빈번하다. 평산군청은 곧 이곳으로 이전하기로 하였다. 이 역에서 송출하는 남천 근탄根炭은 질이 좋아 경성 부근에서까지 환영받고 있다.

물개역

황해도 평산군 안성면(安城面) 물개리(物開里), 남대문에서 88리 7분, 안둥까지 221리 5분

이곳도 산간에 있는 작은 역으로 신탄과 대두가 주요 산물이지만, 부근의 발참리撥站里에서는 형석螢石과 철광석을 산출한다. 또 신학산新鶴山 끝자락에서는 석탄을 생산한다.

신막역

황해도 서흥군(瑞興郡) 화회면(禾回面) 신막리(新幕里), 남대문에서 95리 2분, 안둥까지 215리

이 역은 철도기관고 소재지로, 각 열차는 5분 이상 정차한다. 철도 개통 이래 열린 신시가지인데 그 뒤로 현저하게 발전하여, 지금은 인구가 2,600여 명이다. 시장의 주요 거래물자는 곡물, 대두, 소, 목탄, 소금, 가마니 등으로 연간 거래액은 약 2백만 원이다.

가타쿠라구미片倉組 **묘포**苗圃는 지난해 대하貸下받은 서흥군 군내 국유지 1만 7천 정보에 심은 종묘를 재배하기 위하여 이곳에 설치되었는데, 별도로 뽕나무 묘목도 재배하여 일반의 수요에 응하고 있다.

광산

〔**수안금광**遂安金鑛〕 역에서 약 12리인력거 요금 6원 거리로 서울마이닝セウルマイニング 회사[119]가 경영한다. 홀동笏洞과 남정楠亭 두 곳에 채광장과 제련장을 설치하고

119 한성광업회사를 가리킨다. 수안광산은 조선 초기부터 채굴되었으나 휴광하였고 고종 30년에 다시 채굴을 시작하였다. 1905년에 영미일 3국 합자회사의 피어스(Pearse)가 채광권을 가져간다. 1908년 미국의 한성광업회사가 수안광산 채굴권을 매수하여 사업을 확장시켰다. 수안광산은 1906년에는 광산액이 급증하여 세계적인 금광이 되었으며, 1936년에는 일본광업주식회사가 채굴권을 가져가게 된다.

대규모 조업에 종사하고 있다. 최근 1년 광산의 생산액은 187만여 원이다.

서흥역

황해도 서흥군 용평면(龍坪面) 금천리(金川里), 남대문에서 99리 4분, 안동까지 210리 8분

역 부근은 인구 3백여 명의 작은 촌락에 지나지 않지만, 북쪽으로 32정 거리에 있는 서흥읍은 군청소재지로, 지방법원 지청, 경찰서, 금융조합 등이 있으며 인구는 3,700여 명이다. 읍의 교외에는 용골산龍骨山, 대현산大峴山 등의 송이산松栮山[120]이 있다. 수안까지 11리요금 4원로 인력거가 다닌다.

흥수역

황해도 봉산군(鳳山郡) 구연면(龜淵面) 신원리(新院里), 남대문에서 108리 9분, 안동까지 201리 3분

지세가 완만하게 트여 있으며 펼쳐진 무논에서는 곡류가 많이 산출된다. 역에서 남쪽으로 5정 떨어져 있는 흥수원興水院은 이 부근에서 유명한 시장으로, 금융조합, 스즈키鈴木소광소燒礦所[121] 등이 있다. 역전과 흥수원을 합한 인구는 약 2,200여 명으로, 두 곳의 중간에 흐르는 흥수원천興水院川은 군의 경계가 되지만 인가는 완전히 이어져 한 촌읍을 형성하고 있다.

스즈키 광업소는 역에서 남쪽으로 1.5리 떨어진 내덕면內德面 구시리勾詩里에 있다. 1개월에 약 5백 톤의 아연광석을 생산하며, 역 부근의 소광소燒鑛所에서 원광을 정련하고 있다. 또 여기에서 북쪽으로 3리 정도 떨어진 유정柳亭과 축동杻洞 부근에는 조선인이 경영하는 도기 제조소가 있다.

〔**귀진사**歸眞寺〕 율리면栗里面 송전松田에 있는 고찰로 경치가 그윽하고 깊은 데가 있다.

120 서흥군과 동쪽에 인접한 수안군에는 송이산이 있다. 그러나 본문의 문맥으로 보면 '송이가 많이 나는 산'으로 풀이할 수 있다.

121 이어지는 문장에서는 소광소(燒鑛所)로 표기하고 있다.

청계역

황해도 봉산군 구연면 구산리(九山里), 남대문에서 113리 8분, 안동까지 196리 4분

서쪽 일대는 산릉이 들쭉날쭉하지만 동북쪽은 비옥한 들이 광활하게 이어지며, 토질이 기름져서 농경에 적합하다. 동남쪽으로 1리 10정町 떨어진 구연에 구하라久原광업회사의 철광구가 있다.

마동역

황해도 봉산군 토성면(土城面) 마산리(馬山里), 용산에서 180리 2분[122], 안둥까지 192리

재령강 지류인 당성천唐城川이 남쪽으로 흐른다. 서남쪽 2리 거리에 은파銀波시장이 있고 서북쪽 2리 거리에는 구 군청소재지인 봉산鳳山이 있다.

동척 식림지는 차일봉遮日峯을 중심으로 부근의 산야 약 1,400정보에 걸쳐 있으며, 역 앞에는 약 4정보의 묘포苗圃를 설치하였다.

제당원료인 사탕무[123] 재배에 적합하여, 대일본제당회사大日本製糖會社 평양공장은 이 부근 2천 정보에서 재배하고 있는데, 연간 생산액은 약 5천 톤을 바라본다.

| 명소 |

〔**토성지**土城址〕 역에서 서남쪽으로 1.5리 정도 떨어진 문정면文井面 토성내동土城內洞의 연중烟中에 토루土壘가 남아 있다. 이곳은 옛날 한나라가 낙랑군을 둔 무렵의 유적이라고 한다. 부근에는 고분이 몇 기나 남아 있다.

사리원역

황해도 봉산군 영천면(靈泉面) 구천리(駒泉里), 남대문에서 124리 4분, 안둥까지 185리 8분

이곳은 봉산군청 소재지로 서북쪽에 강을 하나 끼고 있고, 한눈에 바라보이는

---

122 출발지가 이곳만 용산으로 되어 있으며 기점으로부터의 거리는 오류이다. 『한국철도 선로 안내』(1908)의 경의선, 『조선철도 선로 안내』(1911)에는 경의본선은 모두 출발기점이 용산이며, 마동역은 각각 '용산에서 118리 17쇄' '118리 2분'으로 나온다.

123 원문에는 첨채근(甜菜根)으로 표기하고 있다.

서·북·남 삼면은 끝없이 펼쳐진 재령평야에 접하여 예로부터 유명한 농산지이다. 부근의 인구는 1만여 명으로 내지인도 천여 명이 거주하고 있다. 시장은 역에서 18정町 정도 떨어진 사원면沙院面에 있으며, 주로 곡물 거래가 왕성하여 서선西鮮 지방에서 유수의 시장이다.

역은 황해도의 돌출부로 각지의 현관에 해당한다. 은파, 재령, 안악, 신천, 해주 사이에 교통이 빈번하며, 그 가운데 재령과 해주로는 매일 승합자동차가 운행한다자동차 운임은 재령까지 1원 10전, 해주까지 3원 80전.

봉산탄갱鳳山炭坑은 이 역과 마동역의 중간으로 역에서 약 1리 떨어져 있다. 탄층의 깊이는 7척 정도이며 유연탄의 하루 생산량은 평균 30~40톤을 바라본다고 한다. 이 밖에 황해도에는 안악, 은율, 재령 등 유명한 철광구가 있다. 또 송화 부근에는 구바라久原광업회사가 경영하는 금광이 있어서 자못 원산原產 물자가 풍부한데 모두 이 역을 물자의 출입구로 삼는 지형이다.

관공아 기타

- 봉산군청
- 경찰서
- 우편국
- 곡물검사소
- 동척회사 출장소
- 일해日海흥업회사 지점
- 서선西鮮식산철도회사 지점

서선식산철도연선西鮮殖産鐵道沿線

이 경편철도는 사리원을 출발하여 재령과 신천을 거쳐 장연長淵에 이르는 노선과, 재령에서 분기하여 해주에 이르는 노선, 신천에서 분기하여 진남포의 맞은편 기슭의 여러 섬에 이르는 노선을 부설할 계획으로, 현재 사리원-재령 간 약 14리哩와 원래 재령철광이 부설했던 상하이上海-내토內土 간 9리 여를 영업선으로 개업하였다. 먼저 사리원을 출발하면 영천靈泉, 서종西鐘 다음에 상하이역이 있다. 이곳은 내토지선의 분기역으로 재령강 왼쪽 기슭에 위치하며 철광저장장이 있다. 광구인 내토에서 반출된 철광은 이곳에서 배로 진남포까지 운반되고, 그 다음은 기선으로 야하타八幡로 수송된다. 상하이에서 금산金山과 양천陽川 두 역을 지나면 현재 본 철도의 종단역인 재령에 닿는다사리원 2등 85전, 3등 55전.

이 역은 군청 소재지로 지방법원 지청, 경찰서, 우편국과 금융조합이 있다. 이 부근에서는 중요한 도읍이다. 미곡, 면화, 철, 납 등을 생산하며 시장도 도내 굴지의 큰 시장이다. 안악까지 4리里, 송화까지 12리, 신천까지 2리 20정, 해주까지 13리이며 모두 2등 도로를 통한다. 또 북쪽으로 2리 거리에 있는 신환포新換浦에서는 재령강의 수운으로 진남포와 교통이 활발하다.

| 명소 |

〔**정방산성지**正方山城址〕 사리원에서 북쪽으로 1리 떨어져 있으며 산기슭까지는 인력거가 다닌다. 이조 인조 때 축조하였으며 차창에서 구불구불한 성벽이 바라보인다. 산중에 성불사成佛寺, 안국사安國寺 등의 절이 있다. 다음 역인 심촌深村에서 보자면 사리원이 가깝지만 이쪽으로는 인력거 편이 없다.

〔**신천온천**信川溫泉〕 재령읍에서 약 2.5리 정도 떨어져 있다. 자연에서 느껴지는 흥취가 담긴 온천장이며 수질은 탄산천에 속한다. 내지인이 경영하는 여관도 있다. 이 부근에는 또 온정동溫井洞, 삼천동三泉洞, 달천동達泉洞 등에 온천이 용출하지만 모두 설비가 불충분하여 유감스럽다.

〔**구월산**九月山〕 은율읍殷栗邑에서 동쪽으로 1리 거리에 우뚝 솟아있는 영산靈山으로, 조선의 옛 역사에 보이는 아사달산阿斯達山 또는 백악白岳이라고 하는 것이 바로 이 산이다. 이 산 기슭에는 견엽사見葉寺[124], 한산사寒山寺, 정곡사停穀寺 등의 고찰이 있다.

124 패엽사(貝葉寺)의 오기이다. 통일신라시대에 창건된 사찰로, 일제강점기 31본산의 하나이며 7개군 34개 사찰을 관장하였다. 신라 말 한 승려가 서역을 다녀오는 길에 패엽경(貝葉經)을 가지고 귀국하여 이 절에 보관한 데서 패엽사라는 이름이 붙여졌다고 한다. 한편, 김윤식(金允植)의 『운양집(雲養集)』(1914년 초간) 제10권에 실린 「한산사중수기」에는 패엽사의 이름을 고쳐 한산사라 하였다고 기록하고 있다. 정곡사는 패엽사의 말사이다.

| 도읍 |

〔**해주읍**〕 황해도 도청소재지로 북쪽으로는 수양산首陽山을, 남쪽으로는 남산을 지고 있다. 기후가 온화하고 수질이 양호하여 건강지로 불리고 있다. 읍에서 남쪽으로 1.5리 떨어져 있는 용당포龍塘浦에는 매일 인천까지 다니는 소형 증기선 편이 있다60리浬. 운임 5원 20전, 2원 90전. 또 사리원까지는 자동차가 다닌다. 용당포 앞바다 부근에 있는 연평延平열도는 이름난 석수어石首魚[125]산지로, 조선에서는 굴지의 어장이다.

심촌역

황해도 황주군(黃州郡) 청룡면(靑龍面) 소곶리(小串里), 남대문에서 132리 9분, 안동까지 177리 3분

이곳은 방화산芳華山 기슭으로 구릉이 들쑥날쑥하지만 토질은 비옥하여 밭이 많다. 재령강 지류의 선착장인 신진新津까지는 2리 거리이고, 평양과 진남포까지 배편이 있다. 남쪽으로 20정 정도 떨어져 있는 산산蒜山은 농산물의 집산지가 되고 있다.

| 명소 |

〔**산극산성지**蒜棘山城址〕 역에서 약 1리 떨어져 있다. 정방산 북쪽 기슭의 언덕 위에 있는데 고구려시대부터 여러 차례 전장이 되었다. 이조 문종 2년 홍건적의 난 때[126] 가장 잔혹한 전화戰話를 남기고 있다.

황주역

황해도 황주군 황주면 예동리(禮洞里), 남대문에서 139리 3분, 안동까지 170리 9분

겸이포 지선은 이 역에서 분기해서 겨우 30분 만에 종점에 도착한다. 황주읍내는 정거장에서 동남쪽으로 30여 정 떨어져 있는데, 자동차운임 30전, 마차운임 35전, 인력거운임 40전 등의 교통이 편리해서 경제적으로나 사회적으로 역과 읍내는 구

125 조기를 가리킨다.

126 홍건적은 고려 공민왕대에 침입하였고, 조선 문종 대나 고려 문종 대는 홍건적과 무관하다.

분되지 않을 정도의 관계이다. 근교 일대가 비옥하며 동쪽의 수안금광소재지 으로 통하는 도로가 개통되어 이쪽 방면과 경제관계가 나날이 밀접해지고 있다. 읍내에서 1리 정도 떨어진 녹사포綠沙浦에서 재령강 쪽으로 배편이 가능하다. 읍내에는 성내와 성외에 시장이 있어서 일용품 제반의 수급이 원활하다.

아소麻生**광업사**의 갈철갱은 내동리內東里에 걸쳐약 백만 평 채굴된다. 광석은 겸이포의 미쓰비시三菱제철소로 보내지는데, 광구에서 정거장까지 8리哩 10쇄鎖 거리는 소달구지와 부설된 경편철도로 운반한다.

조선광업회사는 조선에서 이 계통의 산업을 주도하는 회사인데, 이 부근만도 5,100여 정보의 전답을 소유하고 있다. 또 이 부근에는 호사카穗坂과수원과 기타 크고 작은 농원이 각 곳에 산재하여, 만주 방면으로 수출되는 과실만도 연간 10만 원을 상회한다.

인구

인구	역 부근	2,884인	내지인	역 부근	290인
	읍내	3,771인		읍내	290인
호수		950호	내지인	역 부근	77호
		1,087호		읍내	78호

관공아 회사

군청	경찰서
우편국	소학교 2곳
조선흥업회사	아소광업회사
가타쿠라구미片倉組농장	과수조합
메이지농회明治農會	금융조합

| 명소 |

〔**월파루**月波樓〕 읍내의 옛 성벽 일부에 세운 누각으로 매우 유명하다. 누각 아래를 돌아 흐르는 한줄기 강물, 들쑥날쑥한 정방산맥, 멀리는 재령의 너른 들을

끼고 아사달의 푸른 하늘을 바라보면 시를 읊고 싶은 흥취를 돋우는 것이 많다.

흑교역

황해도 황주군 흑교면(黑橋面) 흑교리, 남대문에서 146리 8분, 안둥까지 163리 4분

이 역 부근에서는 철광을 생산하는데 내지인이 경영하는 농장도 적지 않다. 그러나 토질이 황주처럼 비옥하다고 할 정도는 아니다. 서북 방면의 삼가포三街浦를 거쳐 겸이포에 도달하는 도로가 있다. 인구는 640여 명이고 시장이 있다.
흑교 부정釜鼎제작소는 일 년에 주조鑄造하는 가마 수가 50만여 개로, 약 60만 원의 생산고를 보인다.

중화역

평안남도 중화군(中和郡) 중화면(中和面) 관리(館里), 남대문에서 150리 9분, 안둥까지 159리 3분

중화는 군청소재지이다. 동남방면에는 경작지가 넓어서 잡곡의 생산이 적지 않다. 무진戊辰까지 2.5리이고마차 운임 2원, 인삼 생산으로 유명한 간동看東까지는 6리마차 운임 3원, 목화와 담배의 생산지인 상원祥原까지는 7리마차운임 3원 50전로 모두 마차가 다니며 중화의 번영에 한몫을 한다. 인구는 2,300여 명이며 군청 외에 경찰서, 우편국, 금융조합 등이 있다.
금동광金銅鑛 한성광업회사가 경영하는 광구가 역에서 동쪽으로 14리 떨어진 남정楠亭에 있다. 원광은 우마차로 역에 반출하며, 대부분은 진남포의 구하라久原정련소로 보내지고 있다.
조선광업철도선은 이 역을 출발하여 동쪽으로 상원祥原, 율리栗里, 남정을 거쳐 유명한 금광 소재지인 수안에 도달하는데 아직 공사에 착수하지 않았다.

| 명소 |

〔**주천정**朱泉亭〕 역에서 동남쪽으로 1리 정도 떨어져 있다. 일청전쟁 때 오시마大島 여단의 평양공격에 앞서 척후로 나간 마치구치町口 중위와 다케다竹田 소위 등이 이곳에서 전사하였다. 지금은 이 희생자의 충혼비가 세워져 아름다운 이름

을 천세에 알리고 있다.

〔**청룡원**青龍園〕 원내에 수천 그루의 복숭아나무와 자두나무를 식재하여 꽃 피는 때에는 평양 주변에서까지 관람객이 올 정도이다. 역에서 동북쪽으로 25정 정도 떨어져 있는 청룡산이 그 뒤에 있다.

역포역

평안남도 대동군(大同郡) 용연면(龍淵面) 검포리(檢浦里), 남대문에서 155리 4분, 안둥까지 154리 8분

이 부근 일대는 황무지가 많다. 토질은 좋지 않지만 개간하면 훌륭한 담배밭이 될 것이다. 대일본정당회사大日本精糖會社[127] 평양공장에서는 이 주변에 제당 재료인 사탕무를 재배하고 있다.

평양역

남대문에서 161리 9분, 안둥까지 148리 3분, 진남포(鎭南浦)까지 34리 3분, 승호리(勝湖里)까지 5리 9분

연혁

옛날에 나라 사람들이 평안북도 대백산 박달나무 아래에서 강탄하신 신인神人 단군을 군주로 옹립하고 도읍을 평양에 정했다고 한다. 신비로운 전설에서 이곳의 역사가 시작되었다. 주나라 초기 기자 일족이 조선으로 옮겨 와 평양을 도읍으로 정했다는 것이 이어지는 역사이다.

무엇보다 송사宋史에서는 "요양부遼陽府는 고대 조선국으로 기자가 봉해진 곳이다. 지금 조선은 옛 호칭을 이어받은 것이다"라고 앞의 주장을 부정하고 있다. 시비는 잠시 제쳐두자. 기씨를 대신하여 평양에서 왕위에 즉위한 사람은 위만衛滿이다. 그 자손이 3대가 이어졌고, 우거右渠 때 한나라 무제에게 무너져서 왕도로서 평양은 여기서 일시 중단되었다. 약 3천여 년 전의 일이다. 이로부터 한나라에서는 낙랑군樂浪郡을 두어 정치를 하였는데, 그로부터 50년이 지나 고구려의 건국과 함께 관계가 단절되었다. 또 11대 동천왕東川王 때부터는 약 440년 동

127 정당은 제당(製糖)의 오기이다. 마동역 항목에서는 대일본제당회사라고 나온다. 1896년 시부사와 에이이치(澁澤榮一)가 설립한 일본제당주식회사가 전신으로, 1906년에 대일본제당주식회사로 이름을 바꾸었다.

평양 을밀대와 부벽루

대동강 기슭에서 바라본 선교리

평양 남문통

평양 대화정통

관기와 악기

평양 대동문

대동강에 떠 있는 누선

대동강과 연광정

평양 기자묘

선천 시가

신안주역의 경편철도 연결 및 하역

안주 백상루

동림성벽 일부

정주 일로전쟁 기념비

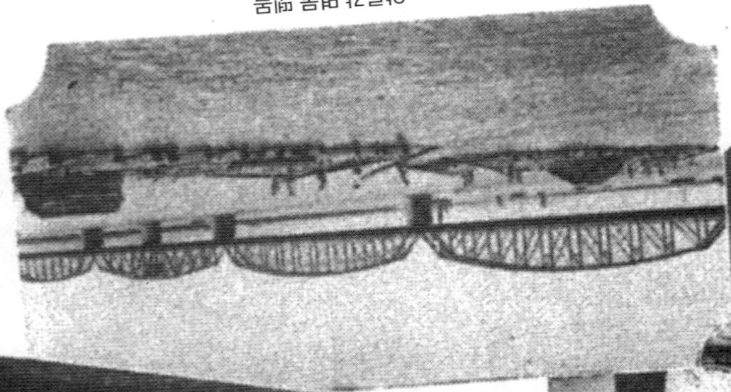
압록강 명물 뗏목

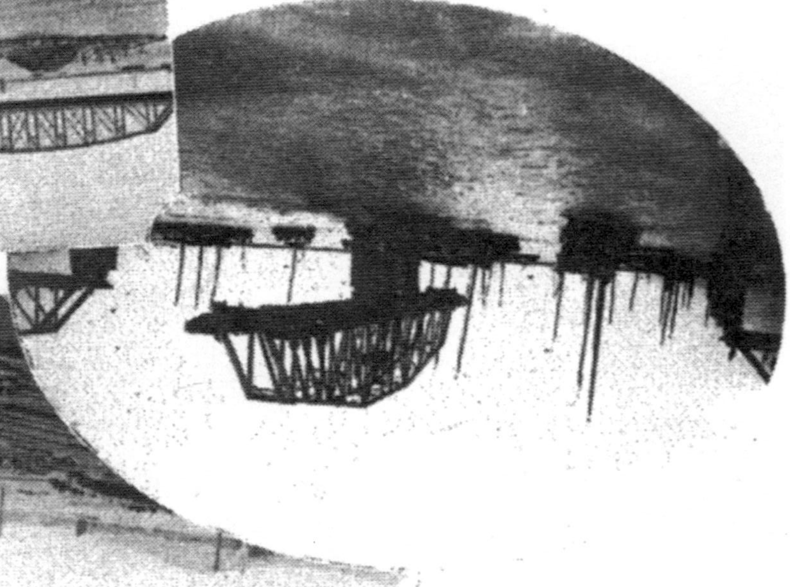
압록강 철교의 개량(開梁)

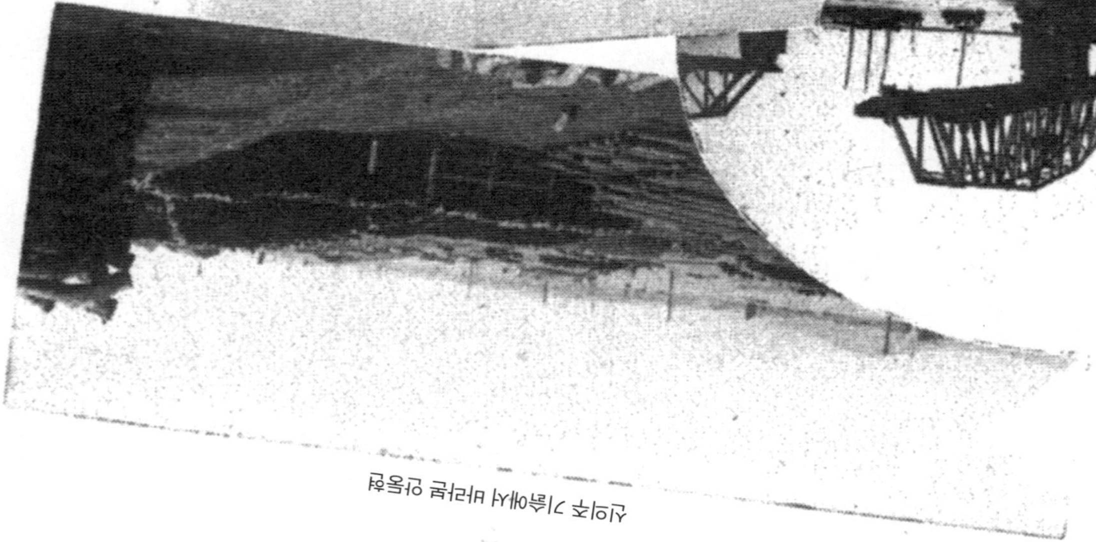
신의주 기슭에서 바라본 안동현

신의주 스테이션 호텔

신의주 영림창

의주읍

안둥 지나정

안둥 신시가

안 고구려 왕조의 역대 수도가 된 이래로 오늘날까지 1,200여 년이 지났다. 고려시대로 내려와서는 처음에 서경西京이라 하다가 나중에 서도西都, 호경鎬京, 유경柳京, 평양으로 개칭하였다. 각 왕조 대대로 조선 서쪽의 요진要鎭이었음은 변함이 없다.

일찍이 분로쿠 당시에는 고니시 유키나가가 이곳에서 명나라 군사에게 무너져 대패하였고, 일청전쟁 당시에는 일본 군대가 이곳에서 대승하여 북방 세력을 몰아내었다. 성 위에는 초연한 모란대牧丹臺와 을밀대乙密臺. 성 밖에는 힘차게 흐르는 대동강의 푸른 물. 이 모두 천고의 비밀을 감추고 인간 세상의 흥망성쇠가 무상함을 조롱하는 듯이 보인다.

이 역에서 진남포에 이르는 평남선과 사동寺洞 승호리에 이르는 탄광선이 분기한다. 경의선에서 일대 주요 역이므로 철도공장, 공무工務 사무소, 기타 철도의 중요기관이 설치되어 있다.

평양은 풍부한 농산물과 석탄, 기타 광맥을 가지고 있을 뿐 아니라, 정치상이나 경제상으로도 중추의 위치를 차지하는 조선 서부지방의 중심도시로, 평안남도 도청과 여단 사령부가 설치되어 있다. 수륙 모두 교통편이 있어 이른 바 사통팔달의 땅이어서 화물과 승객의 집산이 빈번하다. 시가가 번성하였으며, 부의 집적력集積力도 수도인 경성 다음가는 대도시이다. 이에 더하여 자연환경 역시 철과 석탄이 풍부하여 공업도시로서 반도 전체에서 으뜸가는 위치를 차지한다. 해마다 각종 대공장이 발흥하는 형세는 실로 괄목할 만하다.

시내에 다섯 곳의 상설 및 정기 시장이 있다. 그 가운데서도 대동문 시장은 일용품을 취급하는 가장 번성한 곳이며 정해문靜海門 밖의 시장은 축산물만 취급한다. 축산, 특히 소는 평양 명물의 하나로, 전 시장의 거래액 대부분은 축산이 차지하며, 또 무역에서 수이출품의 주류도 소가죽이다. 최근 평양 무역은 수입초과가 두드러진다. 수이출입 총액은 1,321만여 원이며, 건축 재료와 기계류 다음으로 목면포, 일용잡화류, 소가죽, 곡류, 목화씨 등을 이출한다. 다만 이 수치에는 조선 각지에 수송되는 곡류와 정부가 직접 반출하는 무연탄 및 금지금

金地金, 금괴 등은 물론 포함되지 않지만, 평양시의 경기에서 이러한 물자가 큰 영향을 미친다는 것을 특기해 둔다.

		1916년	1917년	1918년
지금(地金)	내지이출액	3,917,100	1,821,900	252,000
금괴	선은(鮮銀)매입액	2,763,119	1,729,299	247,630

현재 평양의 현안은 대동강 가교와 평원平元철도 부설이다. 전자는 나날이 다달이 팽창하는 시가, 특히 공업구를 대안對岸에 두려는 데서 시작되었다. 후자는 가장 가깝게 반도를 횡단하여 이 지역의 물자가 드나드는 항구를 일본해안의 원산으로 만들려는 것으로, 장래 이것이 준공되면 시의 발전에 새로운 획을 그을 것이다.

인구

	내지인	조선인	외인	계
인구	12,417인	45,618인	595인	58,630인
호수	3,761호	10,892호	183호	14,836호

관공아 기타

평안남도 도청

평양경찰서전구리磚九里

대동군청상수리上需里

지방법원남정南町

세관 출장소항정港町

병기제조소

자혜의원행정

측후소상수리

위수병원

평양중학

고등보통학교상수리

부청산수정山手町

헌병대행정幸町

복심覆審법원

토목국 출장소

우편국본정本町

잠업강습소명촌동明村洞

감옥암정巖町

39여단사령부, 제77연대암정

육군 경리부서정西町

상업전수학교남산정

고등여학교교구정橋口町

고등보통학교하수구리下水九里
상업학교관후리館後里
소학교 5개교, 사립학교 10개교
전기회사
어시장
서선조림西鮮造林회사팔천대정八千代町
제비製肥공업회사
공익사共益社 지점이향리履鄉里
나카무라구미 지점
조선흥업회사본정
자동차회사
사이토齋藤주조酒造회사 지점황금정黃金町
한성광업회사오야동梧野洞
식산은행 지점수정
130은행 지점남문정
농업학교명촌리[128]
기업機業전습소계리鷄里
동아연초회사 공장경상리慶上里
나카무라구미中村組철공소유정柳町
오노다小野田시멘트회사 출장소수정壽町
동척회사 출장소죽곡리竹曲里
나카무라구미 연와제조소교구정
내국內國통운회사 지점항정
평남일일신문사
상업회의소욱정旭町
일본제당회사 지점대화정
메이지광업회사 지점약송정若松町
조선은행 지점이문리里門里
한성은행 지점이향리
금융조합전구리, 수정

교통

서쪽을 향해 평양부 동남쪽을 흐르는 대동강의 수운은, 하류는 겸이포를 거쳐 진남포까지 41리浬, 상류는 순천順川, 북창北倉을 거쳐 덕천까지 30리, 또 지류인 성천成川까지 14리, 문성까지 30리 길에 배가 다닌다. 육로는 동쪽으로 강동江東, 성천成川, 양덕陽德을 거쳐 일본해안 원산항까지 56리里, 동북쪽으로 은산殷山, 북창北倉을 거쳐 맹산孟山까지 33리, 북쪽은 전도錢道[129] 선로를 따라 어파역까지 18리로, 각각 자동차를 운행하고 있다.

〔평원平元가도〕 강동까지 3원, 성주까지 5원, 양덕까지 11원 10전

〔맹산가도〕 은산까지 4원 70전, 가창假倉까지 7원 50전, 북창까지 8원 40전, 맹

128 바로 위 잠업강습소의 위치에서는 명촌동이라 되어 있다.
129 철도(鐵道)의 오기로 보인다.

산까지 10원

〔순천행〕사인장舍人場까지 2원 50전, 자산慈山까지 3원 60전, 순천까지 4원 30전

이상은 모두 시내 대화정의 평남자동차 상회에서 출발한다.

고도古都 평양 시내 구경의 대체적인 순로는 정거장에서 대화정으로 나와 그 길로 곧장 남문통을 통과하여 칠성문으로 가서, 을밀대와 모란대 등 부근의 고적을 방문하고 돌아오는 것이다. 정거장 앞에 서 있는 높은 탑은 경의선 건설기념비로 비명은 고 이토 공이 쓴 것이다. 탑 아래 울타리 안에 칠층석탑과 〔기자정箕子井〕의 고적古蹟이 있다. 전승에 따르면 기자는 창광산蒼光山의 남쪽지금의 암정 병영 부근에 왕궁을 두었다. 대동강 교량 부근에 남아 있는 토축土築은 이른바 외성外城이라 부르는 성벽의 일부이다. 유정柳町과 교구정橋口町 근처에 있는 기자 정전井田은 기자가 농경의 도를 교시한 자취이고, 우물은 그 일족이 음용하려고 판 것이라고 전한다. 그 북쪽으로 4정 거리에 있는 구주단九疇壇 역시 기자궁箕子宮이라 하는데, 기자의 궁터를 기념하여 고려 태조 때 창건한 건물이다.

정거장 앞을 지나 오른쪽으로 꺾어지면 본정통이고, 그 길에 있는 우편국의 앞쪽이 평양 일본인가의 중심인 대화정통大和町通이다. 이곳 십자로에서 왼쪽의 서기통瑞氣通으로 가면, 병영과 기타 육군의 여러 건물이 있는 암정이다. 오른쪽 대동강 쪽으로 가면 세관이 있고, 강기슭에서 맞은편 기슭의 비석동으로 건너가는 배편이 있다.

〔**창광산 공원**〕은 대화정의 중간쯤에서 왼쪽으로 꺾어져 욱정과 천정泉町을 가로질러, 도청과 공회당 등이 있는 산수정 뒤편의 작은 언덕이다. 언덕 위에 일청전쟁의 충혼비가 세워져 있다. 동남쪽 기슭 일대의 평양 시가가 보이며, 서북쪽 논밭과 들 중간에 보통강普通江이 띠처럼 반짝거리는 것이 보인다.

대화정에서 남문통으로 나아가면 대체로 조선풍의 마을이다. 도중에 왼쪽으로 꺾어져서 정해문통靜海門通을 5정 정도 가면 〔정해문〕이다. 일청전쟁 당시 보통문을 향했던 노즈野津 사단의 한 부대가 밤에 적의 기병을 추격하여 정해문

수비병을 물리치고 평양성 방어의 일각을 무너뜨렸다. 날이 밝을 무렵에는 전군이 총공격하여 마침내 이 견고한 성도 함락되었다고 한다. 문을 나와 교외의 철도선로까지는 약 9정 거리이다.

보통강 두둑에 세워진 높은 누각이 〔보통문〕이다. 고려 성종이 축조한[130] 무릇 9백 년 전의 옛 건축물이다. 일찍이 고니시 유키나가가 평양을 점거하자 명나라 이여송의 본대는 이 문에서 성으로 진입했으며, 일청전쟁 때에는 노즈 사단 본대 역시 이 문에서 진격하였다. 방어하는 쪽과 공격하는 쪽이 입장이 바뀌었지만 예전과 같은 국가끼리 싸운 흔적이라니 역사의 변천이란 기이하다.

照憲皇太后陛下御歌	쇼켄 황태후[131] 폐하 어가
頃は明治の二十七	때는 메이지 27년
長月なかば諸軍勢	음력 9월 중순 여러 부대가
大同江の急流も	대동강의 급류마저
唯時の間に打渡り	거침없이 건너
平譲城に近づけば	평양성에 접근하니
砲壘數多築きたて	많은 포루가 구축되어 있고
絨字奉軍毅字軍や	수많은 봉군과 의자군[132]
其他諸軍透き間なく	다른 여러 군대가 빈틈없이
隊を亂さず守りしを	대오를 정연하게 지킴에도
我忠勇のつわものは	우리의 충성스럽고 용맹한 병사는
砲煙彈雨も物とせず	포연과 빗발치는 총탄도 개의치 않고
進め進めと勇みゆき	앞으로, 앞으로 용감하게 전진하여
面もふらず攻め立つる	한눈 팔지 않고 공격하였네.
數多の敵も防ぎがね	수많은 적도 방어하기 어려워져

130 보통문은 6세기 중엽에 처음 세워졌고, 이후 여러 번 보수되었으며, 조선 성종 4년인 1473년에 새로 지어졌다. 『신증동국여지승람』 제51권 「평안도 평양부」에는, 평양에 예전 성터가 두 곳이 있는데, 하나는 기자 때 쌓은 것이고, 하나는 고려 성종 때 축조한 것이라는 설명이 나온다.

131 일본의 메이지 천황의 황후이다.

132 봉군과 의자군은 모두 청일전쟁 당시 청의 정예부대로 평양전투에 참전하였다.

秋の木の葉と亂れ立　　가을 나뭇잎처럼 흩날려
煙の中に散り失せぬ　　연기 속으로 흩어져 사라졌네.
砦の上に日の御旗　　성채 위로 일본의 깃발
高く揚げて皇らぎの　　높이 올려 천황폐하를
御代萬歳と謡ふなり　　만세 만세 노래 부르네.

정해문 북쪽에는 무열사武烈祠가 있다. 이곳에서 다시 북쪽으로 4정 정도 떨어진 상수구리上水口里에 가면 옛 문묘에 있는 여자보통학교 부근에 〔숭인전崇仁殿〕과 〔숭령전崇靈殿〕이 서 있다. 전자는 기자, 후자는 단군과 동명왕의 위패를 안치하여 이 땅의 머나먼 선조를 받들어 제사하고 있다. 전당의 규모가 크지는 않지만 4백여 년의 성상을 거친 건물은 고색창연하다. 이곳에서 원래의 남문통으로 되돌아가 2정 정도 가면 오른쪽에 대동문통이 있다.

〔**대동문**〕은 길에서 막다른 곳으로 대동강 기슭에 서 있다. 옛날 평양 육문의 하나로 경성으로 통하는 유일한 요문要門으로서 중요한 성문이다. 지금도 맞은편 기슭 동대원리東大院里로 건너가는 배편이 있다. 성문은 태종 6년에 창건하였는데, 중종 대에 병화를 입었으며[133] 지금의 누문은 330여 년 전에 선조가 개축한 것이다. 웅대하면서도 지극히 정교한 3층의 건축물은 방문하는 사람들의 눈길을 잡아끈다.

〔**연광정**練光亭〕은 전화교환장電話交換場을 끼고 대동문과 나란히 강가에 서 있다. 분로쿠 때 고니시 유키나가가 명나라 사신 심유경沈惟敬과 교섭하다 그의 간책에 빠진 것이 평양전투에서 크게 패한 원인이 되었다고 한다. 당시의 회견 장소가 바로 연광정이었다. 돌난대에 기대서 내려다보면 누정 아래에는 맑은 거울처럼 흐르는 푸른 물에 붉게 칠한 기둥과 푸른 절벽의 누각이 비치고, 상류에는

133 권근(權近)이 지은 「평양성 대동문루기」(『동문선(東文選)』 제78권, 1478)에는 태조가 즉위한 2년 뒤에 동문인 대동문과 남문인 함구문을 새로 지었다고 나온다. 『신증동국여지승람』 제51권 「평안도 평양부」에는 태종 6년에 내성을 고쳐 쌓았다고 나온다. 중종 대에 병화를 입었다는 사실은 실록이나 다른 고문헌에서는 확인되지 않는다. 단, 본문의 서술은, 『쇼와(昭和) 5~11년도 고적 용지 조사 관계』 문서철에서 1934년 4월 16일 평안남도지사가 학무국장에게 보낸 「평안남도 보물고적명승천연기념물 지정요청에 관한 건 조사보고」에 실린 대동문의 연혁에 그대로 전재되어 있다.

푸른 물결이 끝없는 중에 초록빛의 능라도가 떠 있다.

이곳에서 다시 남문통으로 되돌아와 북쪽을 향하여 교외로 나오면, 좌우 구릉에 산마루가 움푹 들어간 곳에 〔칠성문〕이 있다. 문은 성의 북쪽 입구에 해당하며, 원산과 의주로 통하는 중요한 문으로 분로쿠와 일청전쟁 당시 처참한 공방전이 펼쳐진 곳이다. 왼쪽 구릉에 있는 〔만수대萬壽臺〕는 일청전쟁 때 청나라 군대가 이 언덕 위에 포병 주력부대를 두고, 보통문에 있던 노즈 본대와 칠성문에 있던 원산元山 지대支隊에 포탄을 빗발처럼 투하한 곳이다. 지금은 소나무와 잣나무가 점점이 있는 벌거벗은 산이지만 당시는 울창하고 깊은 숲이었다고 한다. 언덕 위에는 충혼비가 쓸쓸히 서 있다.

〔**기자묘**箕子廟〕는 문을 나와 몇 정을 가면 우측 언덕 위 소나무 숲에 있다. 기자가 와서 도읍을 세웠다는 고증은 아직 결론이 나지 않았지만, 여하튼 이곳은 기자의 무덤이라 하며 8백여 년 전부터 제사지내고 있다. 언덕을 올라가면 붉고 푸른 전당이 나무그늘에 비치는데, 삼림은 낮에도 어두워 찾아온 사람들이 저도 모르게 옷깃을 바로 세우게 한다.

칠성문의 오른쪽에 솟은 작은 언덕을 금수산錦繡山이라 한다. 약 6정을 올라가면 그 일각에 있는 〔을밀대〕에 이른다. 북동쪽 절벽 바로 아래는 대동강이 능라도를 감싸고 도도하게 흐른다. 여기서 모란대 부근이 마치 손에 잡힐 듯이 내려다보인다. 분로쿠 당시 적은 이 요해지에 거점을 두고 군복을 걸어두고 병사인 것처럼 보이게 하여 유키나가를 압박하였으며, 일청전쟁 때는 청나라 장군 좌보귀左寶貴가 거점으로 삼아서 원산 지대와 삭령朔寧 지대를 괴롭혔다. 을밀대 위에는 6백여 년을 거친 사허정四虛亭 건물이 있다.

〔**모란대**牡丹臺〕는 을밀대와 마주보는 금수산 일각에 있다. 일찍이 고니시 유키나가가 명나라 군대에 포위당했을 때 이곳에 본진을 두고 방어전을 치르다 쓴 맛을 보았다. 또 일청전쟁 때에는 유명한 모란대 쟁투전이 연출된 것이 여전히 기억에 새롭다.

모란대와 을밀대 사이 움푹 들어간 곳에 〔현무문玄武門〕이 있다. 원래는 칠성문과 같은 형태의 문이었다고 하는데, 지금은 하부가 아치형으로 된 석축문만 남

아있다. 당시 세상에 널리 알려진 하라다原田 일등병[134]이 현무문을 부순 전투 유적이다. 문에서 동쪽으로 내려오면 영명사永明社와 교시虛子[135]의 소설에 등장했던 오마키노차야お牧の茶屋[136]가 있다.

〔**부벽루**浮碧樓〕는 그 옆 대동강 강변에 서 있다. 푸른 강물은 조용히 절벽을 씻어내고 강에는 능라도가 가로 놓여 있으며, 버드나무가 희미하게 보이는 맞은 편 기슭에는 선교리의 옛 전장이 바라보인다. 풍광이 너무나 맑고 아름다워 평양 명소의 제일가는 장소이다. 건물은 천 년 전 영명사의 남헌홍상인南軒興上人이 건창하였으며, 고려 예종이 이안李顔에게 이름을 붙이게 하였다고 한다.

昨過永明寺	어제 영명사를 지나다가
暫登浮磐樓	잠시 부벽루에 올랐네.
城空月一片	적막한 성에 한조각 달만 떠있고
石老雲千秋	오래된 바위에는 천년의 구름이 머문다.
麟馬去不返	기린마는 가서 돌아오지 않으니
天孫何處遊	천손은 어디서 노니시는가.
長嘯倚風磴	휘파람 길게 불며 바람 부는 언덕에 서니
山青江自流	산은 푸르고 강물만 절로 흐르는구나[137].

평양 명소를 대체로 둘러보고 돌아오는 길을 대동강에서 배를 타고 내려가려면 우선 부벽루 아래에서 배를 빌려 중류로 나온다. 오른쪽으로 청류벽清流壁이 푸른 병풍처럼 이어지며, 왼쪽으로는 초록색 양탄자를 깐 반달 모양의 능라도가 보인다. 모란대와 을밀대의 뾰족한 산봉우리는 오랜 세월 초록빛 옷을 입고

134 하라다 주키치(原田重吉, 1868~1938)로 현무문을 부순 영웅으로 알려졌다. 당대의 풍속화가 나와 나가토시(名和永年)는 이를 주제로 「하라다 주키치가 용감하게 현무문의 성벽을 넘어 적군을 무너뜨리다(原田重吉之勇敢越玄武門之城壁而敗敵軍)」(1894)라는 풍속화를 그렸다.

135 소설가 다카하마 기요시(高浜清, 1874~1959)를 가리킨다.

136 오마키라는 일본인 여성이 개업한 요정이다.

137 이색의 '부벽루'라는 시이다. 본문에는 제목과 작자가 생략되어 있다. 『동문선』 제10권에 실려 있다. 2구의 磐은 碧의 오기이다. 제4구의 바위는 대동강 가운데 있는 조천석을 가리킨다. 동명왕이 기린굴에서 기린마를 타고 나와 이 바위에서 하늘로 올라갔다는 설화가 있다. 한시의 해석은 역자에 의한다.

뽐내며 서 있고, 높은 연광정과 대동문의 그림자는 강물에 떠 있다. 이곳을 방문한 사람은 완연히 한 폭의 그림 속에 있다는 생각이 든다.

배를 타고 가는 길이 시가지와 나란해질 무렵부터는 어느 정도 자연의 아름다운 풍광에 세속의 때가 묻지만, 그래도 철교 아래 반각도半角島까지 이르는 풍경의 정취는 이곳이 아니면 느끼기 어려운 것으로, 평양에 놀러온 사람이라면 반드시 한번은 감상해야 할 정취라고 일컬어진다.

만약 시간이 없으면 맞은편 기슭의 비석동에 배를 대고 〔선교리船橋里〕의 옛 전장을 보고 돌아가도 좋다. 이곳은 일청전쟁 때 오시마 혼성여단이 분전한 유적으로 당시 심어 놓은 버드나무가 울창한 숲을 이룬다. 숲에 있는 충혼비의 비명에는 "오호아여단장교이하백사십명충분전사지처嗚呼我旅團將校以下百四十名忠奮戰死之處"라 적혀있다. 평양 시가에서도 배로 건널 수 있는 곳 중 하나인데, 탄광선의 선교리역에서 가장 가깝다.

차 운임[138]

<table>
<tr><th></th><th></th><th>대화정</th><th>대동문</th><th>칠성문</th><th>모란대</th><th>보통문</th></tr>
<tr><td rowspan="6">역에서 출발</td><td>자동차</td><td>30</td><td>50</td><td>60</td><td>70</td><td>-</td></tr>
<tr><td>마차</td><td>20</td><td>30</td><td>45</td><td>40</td><td>-</td></tr>
<tr><td>인력거</td><td>40</td><td>50</td><td>70</td><td>70</td><td>70</td></tr>
<tr><td rowspan="3">대절</td><td>자동차</td><td colspan="4">1시간 5.00의 비율</td></tr>
<tr><td>마차</td><td colspan="4">1시간 2.00, 2시간 3.00,
이상 1시간당 21.00</td></tr>
<tr><td>인력거</td><td colspan="4">반나절(5시간) 2.00, 한나절(10시간) 3.50</td></tr>
</table>

서포역

평안남도 대동군 서천리(西川里)[139] 동포리(東浦里), 남대문에서 168리 8분, 안동까지 141리 4분

의주가도에 있는 역으로 평양까지 2.5리 떨어져 있다. 지세는 전체적으로 구릉

138 원문에 숫자의 단위는 생략되어 있다. 다만, 다른 항목을 참고하면 대절부분은 '원', 나머지는 '전'으로 보인다.

139 서천면의 오기이다. 대동군은 1912년에 평양부로 되어 산하에 서천면을 포함 26개 면을 두었다가, 1914년 행정구역 통폐합 때 17개 면과 258개 리를 두었다.

이 들쑥날쑥하지만 경작지는 적지 않다. 인구는 360여 명이다.

순안역

평안남도 평원군(平原郡) 순안면(順安面) 남창리(南昌里), 남대문에서 177리 5분, 안둥까지 132리 7분

이곳은 원래 순안 군청소재지로 서북쪽에는 커다란 평야를 끼고 있고 토지가 비옥해서 농산물이 풍부하다. 인구는 약 1만 1천 명이고, 일용품 시장과 금융조합 등이 있다. 사금, 운모, 흑연을 산출한다.

용악면龍岳面금광은 역에서 서북쪽으로 3리 떨어져 있는데, 결빙기를 제외하고 한 달에 50~60톤의 원광을 생산하며 주로 진남포 구바라 정련소로 보내고 있다. 이 밖에 같은 면의 적암리赤岩里 부근에는 조선인이 경영하는 소규모의 채광소 몇 곳이 있다.

어파역

평안남도 평원군 자덕면(自德面) 흥운리(興雲里), 남대문에서 187리 4분, 안둥까지 122리 8분

역 소재지는 인구 3백여 명의 작은 촌락에 지나지 않는다. 금광석을 채굴하는 곳이 몇 곳 있지만 아직 특기할 만한 정도는 아니다.

| 명소 |

영유읍永柔邑은 역에서 서쪽으로 1리 22정인력거 운임 70전 거리로, 평원군청, 경찰서, 금융조합 등이 있다. 인구는 2,400여 명이며 시장이 있다. 이곳은 분로쿠의 역 때 선조가 몽진蒙塵하여 반년이란 긴 시간 동안 머무른 곳이다. 읍내에 있는 이화정梨花亭, 삼충사三忠祠와 서쪽으로 3리 거리인 와룡산臥龍山에 그 유적이 있다.

〔**자모산성지**慈母山城址〕 역에서 동쪽으로 4리 떨어진 순천군順川郡 풍산면豐山面 성중동城中洞에 있다. 고려 태종이 축성한 것으로[140] 북방의 외환에 대비한 요해

140 『신증동국여지승람』을 비롯한 고문헌에 축성 시기는 나타나지 않는다. 1933년 평안남도 도지사가 학무국장에게 보낸 「평안남도 고적 용지 조사건 회답」의 자모산성지 항목에는 축성 시기가 고려 문종 23년으로 나온다.

처로 지금도 성벽과 성문이 남아 있다.

숙천역

평안남도 평원군 숙천면(肅川面) 관동리(館東里), 남대문에서 194리 1분, 안둥까지 116리 1분

숙천은 도내 유수의 시장이다. 원산가도를 따라 나 있는 오지가 넓어서 농산물과 일용잡화류의 집산이 빈번하다. 인구는 7백여 명이고 경찰서, 금융조합 및 과수원 등이 있다.

| 도읍 |

순천읍順川邑은 원산가도에서 중요한 역으로 역에서 동쪽으로 7리 13정 떨어진 대동강 기슭에 있다. 평양으로 배편이 통하며, 또 자동차가 정기 운행한다. 역에서 마차[141]운임 2원 80전 편이 있다. 군청, 우편국, 금융조합, 종묘장 및 농업학교 등이 있다. 잡곡, 면화, 명주를 생산한다. 인구 약 3천 명.

만성역

평안남도 안주군(安州郡) 대니면(大尼面) 협흥리(協興里), 남대문에서 200리 6분, 안둥까지 109리 6분

동쪽 일대는 구릉을 등지고 서북쪽으로는 비옥한 들판이 넓게 펼쳐진다. 그 들판 중앙에 입석立石시장이 있다. 미곡의 집산지로 유명한 곳으로, 역에서 반출해 오는 곡류만도 연간 2만 석을 헤아린다.

안주탄광은 메이지광업회사明治鑛業會社가 경영하는데 역에서 3리 떨어진 입석리의 신리新里[142]에 있다. 1년 채탄액은 약 5만 톤이다. 청천강 기슭까지 1리哩 정도 경편철도를 부설하였고 거기서 배편으로 신안주역에 반출하고 있다.

141 본문에는 승마(승차 운임 2원 80전)으로 되어 있으나 문맥상 마차로 번역하였다.
142 본문의 문맥이 어색하다. 입석리의 북서쪽으로 신리가 접해있다.

신안주역 평안남도 안주군 안주면 원흥리(元興里), 남대문에서 209리, 안둥까지 101리 2분

역은 유명한 읍인 안주의 현관이자 동시에 청천강 상류 지방으로 가는 교통의 요충지이다. 이곳은 철도 개통과 함께 탄생한 신개척지이다. 또 1.5리 근거리에 안주라는 큰 읍이 있음에도 불구하고 인구는 약 1,200여 명이며 장래 더욱 팽창할 추세이다. 역에서 안주1.5리, 자동차 운임 80전, 개천价川, 9리 27정町, 자동차 운임 4원 정도, 희천熙川, 28리 정도, 자동차 운임 11원 정도을 거쳐 강계江界, 65리 정도, 자동차 운임 23원 정도까지 승합자동차를 운행하고 있다.

흑연광업소로 일본 루쓰보坩堝회사 흑연매입소, 후쿠이福井광업소 및 시바타柴田광업소 등이 있다. 현재 사업이 침체된 상태이지만 여전히 8백만 톤, 30만 원의 이출이 있다.

안주탄갱저탄장은 청천강 기슭에 있다. 정거장에서 인입선引入線을 2리哩 부설하여 조선 각지에 수송하고 있다.

기다니木谷공업소는 주물공장으로 주로 조선인용의 가마솥을 제조하며, 1년에 10만 8천여 원 어치를 생산하고 있다.

개천경편철도선价川輕便鐵道線

역과 천동泉洞 사이 23리哩를 경영하는 노선으로 일반 여객과 화물을 수송하고 있다. 첫 정거장은 〔안주〕신안주에서 1리, 요금 4전이고, 청천강으로 배편이 있다. 도로가 사통팔달로 강남江南 일대의 물자는 이곳에서 집산한다. 인구는 6천 9백여 명이고, 군청, 지방법원 지청, 경찰서, 우편국, 식산은행 지점, 금융조합 및 농업학교 등이 있다. 시장 거래액은 연 150만 원을 헤아리며 서선에서 평양 다음으로 번성한 큰 시장이다. 생산물로는 미곡, 면화, 소 등이 있으며 또 자수와 세공은 예부터 이 지역의 특산물로 명성이 높다. 고구려 이래로 빈번하게 전장이 되었으며, 가까운 일청전쟁 때에는 청나라 병사 때문에 불이 나 시가의 외관이 해를 입었다.

●안주성터는 읍의 북쪽에 있으며 이조 초기 축성한 성벽이 현존한다. 성 안에

는 현재 수십 호의 민가가 있으며 또 일로전쟁 때의 기념비가 있다. ●백상루百祥樓는 그 앞 언덕 위에 서 있다. 청천강 푸른 물을 바라보는 옛날 그대로의 풍광이 아름답다. 지금의 건축은 약 5백년 세월을 지냈다고 한다. ●칠불사七佛寺는 읍의 교외 주내면州內面에 있다. 고구려 영양왕嬰陽王 때 수나라의 침략을 받은 일이 있는데, 적군이 구름같이 맞은 편 기슭까지 밀려들어 오자 때마침 승려 7인이 적에게 보여주듯이 얕은 여울을 앞장서 건너 수나라 군대를 강 한가운데로 꾀어 마침내 적을 전멸시켰다는 전승이 있다. 그 일곱 명의 승려를 위하여 건립한 것이 이 고찰이다.

薩水湯湯漾碧空	넓고 넓은 살수강이 푸른 하늘에 출렁이니
隋兵百萬化爲魚	수나라 백만 군이 물고기가 되었다네.
至今留得漁樵話	지금도 어부들과 나무꾼들이 이야기하는데
不滿征夫一笑餘	나그네의 한바탕 웃음거리도 되지 못하네.[143]

안주에서 〔북송리北松里〕신안주에서 7리哩, 운임은 28전, 〔용흥리龍興里〕신안주에서 10리, 요금 40전, 〔운흥리雲興里〕신안주에서 13리, 운임 52전를 지나 〔개천〕신안주에서 19리, 운임 76전에 도달하면, 정거장 소재지는 외서면外西面에 속하고 군청이 있는 개천읍은 동쪽으로 1리里 정도 떨어져 있다. ●개천철광산은 일본 제강소製綱所[144]가 경영하고 있으며 1년에 약 십만 톤을 생산한다. 채광은 만주본계호매철공사滿洲本溪湖煤鐵公司 및 무로란와니시제철소室蘭輪西製鐵所[145]에 수송하게 되어 있다. 광갱은 역에서 〔운우리雲隅里〕신안주에서 21리, 운임 84전, 〔운흥리〕신안주에서 13리, 운임 92전를 지나 천동泉洞

---

143 본문에는 작자와 제목이 생략되어 있다. 조선의 개국공신 조준(趙浚)의 '안주회고(安州懷古)'라는 칠언절구로 『동문선』 제22권에 실려 있는데 첫 구의 空은 虛로 되어 있다. 한시의 해석은 역자에 의한다

144 제강소(製鋼所)의 오기이다. 1915년 12월 공포된 조선광업령에 따라 일본의 한국 광산 독점권이 한층 강화되었고, 제1차 세계대전을 계기로 일본 자본의 한국 광산 진출은 더욱 활발해졌다. 개천광산과 금강산 광산은 1919년 전후로 새롭게 침투한 일본의 미쓰이 광산주식회사 소관이 되었다.

145 본계호는 중국 랴오닝성 번시(本溪)의 옛 이름으로 '번시후'라고 읽는다. 번시철광은 1905년에 개발되었는데, 그 주체가 중일합작회사인 본계호매철유한공사(本溪湖煤鐵有限公司)이다. 무로란와니시제철소(현 신일본제철)는 홋카이도 남서부 무로란시의 와니시에 있는 제철소로 1907년 개업하였다. 무로란 지역은 1892년 홋카이도 탄광철도가 개통하면서 석탄적출항구로서 발전하였다.

부근에 있다. ●개천 정거장에서 9리 떨어진 덕천읍德川邑자동차 운임 5원 50전의 교외 잠도면蠶島面 사창沙倉에는 커다란 종유석 동굴이 있다. 동굴의 깊이는 몇 정에 이르는데, 아직도 제일 깊은 곳까지 들어가 봤다는 이야기는 듣지 못하였다. 아름다운 광경과 광대함은 일본 영토내의 어느 곳보다 낫다고 한다.

맹중리역

평안북도 박천군(博川郡) 남면(南面) 맹중리(孟中里), 남대문에서 212리 7분, 안동까지 97리 5분

청천강을 건너면 평안북도 땅이며, 역은 대령강에 가깝다. 두 강의 중간 부근은 광활하고 비옥한 경지가 풍부하여 농업생산도 적지 않다. 정거장은 근년에 개설되었는데, 북쪽으로 2리 거리의 박천博川에는 큰 시장이 있다인력거 운임 10전, 자동차 운임 50전. 박천은 군청소재지로, 경찰서, 우편국, 금융조합 및 식산은행 지점 등이 있다. 쌀, 대두, 잡곡류 및 소를 생산하며 민물고기로 유명하다. 역에서는 박천, 운산雲山을 지나 북진北鎭으로 가는 승합자동차가 운행한다. 또 박천에서 압록강 기슭의 창성昌城까지 마차를 빌릴 수도 있다.

조선산업철도는 박천, 영변寧邊, 희천熙川을 경유하여 강계江界까지 188리哩를 영업선으로 하며, 광궤廣軌철도를 부설할 것이다. 본 노선이 개통되면 이 역은 서조선 오지의 물자 출입구가 될 것이다.

인구

인구	맹중리	999인	내지인	54인
	박천	3,210인		141인
호수	맹중리	204호	내지인	18호
	박천	655호		39호

도읍

〔**영변**〕 역에서 동북쪽으로 8리 정도도중 약 5리까지 운산행 자동차를 이용할 수 있다, 옛 평안북도 도청소재지였다. 산봉우리가 여러 겹으로 쌓인 지형은 철통같아서 예부터 자연의 요해지라 일컬어져 서선西鮮의 중요한 군진이 되었다. 분로쿠 때 선

조가 이곳으로 몽진하였다가 나중에 의주로 옮겼다. 읍의 북쪽 신현면新峴面에는 단악檀若[146]이 태어난 신령스런 묘향산이 솟아있다. 산중에는 보현사普賢寺와 기타 고찰이 많으며 또 시냇물과 산세의 수려함으로 영서嶺西의 금강金剛이라 일컬어졌다.

〔운산금광〕 역에서 22리 정도자동차 운임 5원 떨어진 군청소재지인 운산읍에서 북쪽으로 12리 거리의 북진北鎭이라는 곳에 있다. 미국인이 경영하며오리엔탈 콘솔리데이티드 회사[147] 광구의 면적은 약 22평방미터이다. 1년 산출금은 650여 관으로 조선에서 제일 큰 금광이다.

영미역

평안북도 박천군 가남면(嘉南面) 영미동(嶺美洞), 남대문에서 217리 3분, 안둥까지 92리 9분

역은 대령강을 건너 북쪽 기슭에 있다. 부근 일대는 비옥한 들이 아득하게 펼쳐져 있지만 관개용수가 없는 것이 아쉽다. 북쪽으로 가산嘉山을 지나 태천읍泰川邑까지 7.5리는 평탄한 도로가 뚫려 있다. 또 대령강 배편으로 박천, 가산 및 상류의 귀성龜城, 창성군과의 교통이 지극히 편리하다. 시장 거래도 매우 활발하다. 이곳의 특산물인 염료재료의 단풍잎은 오지에서 모여 역을 거쳐 각지로 반출된다. 총수량은 1년 약 7만 근 정도로 대부분은 중국으로 보내진다.

청룡산靑龍山동광銅鑛은 역에서 북쪽으로 1리 거리에 있다. 규모는 아직 크지 않지만 장래가 기대된다. 대령강의 흐름을 이용하는 수력전기 사업도 계획 중에 있지만 아직 착수하지는 못했다.

---

146 단군(檀君)의 오기이다.

147 1896년 미국인 모스(Morse,J.R.)가 대한제국으로부터 25년 기한으로 운산군 일원의 금광구를 특허받았다가, 1897년 유력 자본가인 헌트(Leigh S. J. Hunt)와 파세트(J. Sloat Fasset)에게 양도하였다. 헌트와 파세트가 조직한 회사가 동양광업개발주식회사(東洋鑛業開發株式會社, Oriental Consolidated Mining Company)로 대대적으로 운산금광 개발에 착수하였다. No touch에서 비롯된 노다지란 말은 금 산출량이 많은 운산금광에서 시작되었다.

운전역

평안북도 정주군(定州郡) 대전면(大田面) 운전동(雲田洞), 남대문에서 225리 4분, 안둥까지 84리 8분

역의 뒤쪽은 구릉이 들쑥날쑥하지만 앞쪽 일대는 무논이 멀리까지 이어져 실로 운전雲田이란 이름에 걸맞다. 현재 총독부는 이곳에 크게 수리 공사를 계획하여 시행중이므로 준공이 되면 주목할 만하다. 인구는 720명이고, 대령강과 청천강이 합류하는 지점인 하일포何日浦는 동쪽으로 30정 떨어져 있으며 거기서 박천과 진남포까지 배편이 있다.

| 도읍 |

〔**납청정**納清亭〕[148] 은 놋쇠로 된 식기, 변기, 화로 등의 생산으로 이름 난 곳이다. 역에서 북쪽으로 3리 거리에 있다. 촌내의 인구는 1,800여 명이고 그 3분의 1이 유기 제작에 종사하고 있다.

고읍역

평안북도 정주군 갈산면(葛山面) 광동동(光東洞), 남대문에서 230리 7분, 안둥까지 79리 5분

남서쪽으로 평야가 펼쳐졌으며 토질이 비옥하여 농산물의 생산이 많다. 고읍면古邑面시장은 남쪽으로 15정 떨어져 있는데 일반적으로 신시장이라 불린다. 동북쪽으로 3리 정도 떨어진 납청정으로 통하는 도로가 있다.

정양동鼎陽洞염전은 조선토지주식회사가 계획하였다. 역에서 서남쪽으로 1리 30정 떨어진 정양동 해안에서 3백여 정보 땅을 점하여 현재 개척중이며 이미 7할은 진척되었다. 1920년 말엽부터는 반도 유수의 염전이 될 것이다.

정주역

평안북도 정주군 읍도면(邑圖面) 성외동(城外洞), 남대문에서 238리 6분, 안둥까지 71리 6분

이곳은 정원定遠, 정원定原이란 다른 이름도 있다. 평양-의주 간 중요 역으로서 예부터 수비를 매우 엄중하게 했던 곳이다. 서북산릉을 등지고 동남쪽으로는

148 납청정은 납청리라는 마을에 있는 정각이다. 납청리는 놋점이라고도 불릴 만큼 놋그릇이 유명하다.

멀리 트여 바다로 이어지고, 달천㺚川이 읍내를 관통하여 흐른다. 일청전쟁 때에 많은 민가가 병화를 입었으며, 시가의 번화함은 옛날에 비할 바가 못 되지만 근년에는 와서 정주하는 내지인이 많아 점차 활기를 띠게 되었다. 읍에는 남문시장과 상시장上市場 등 두 곳의 시장이 있다. 이 부근의 산물은 목탄, 대두, 유기, 우피, 흑연 등이다.

역에서 북쪽으로 남시南市를 거쳐 구성읍龜城邑까지 10리는 도로가 뚫려 매일 승합차가 운행하고 있다자동차 운임 2원 70전, 인력거 운임 4원.

인구

5,773인내지인 829인, 호수 950호내지인 221호

관공아 기타

군청
병영
지방법원 지청
헌병 분대
우편국

구성금광은 구성읍 위의 천마면天摩面, 사기면沙器面, 노동북면蘆洞北面의 각지에 걸쳐있는데, 면적은 약 2,405만 평이며 후루카와古河광업회사가 경영한다. 조선에서 저명한 금광이다.

| 명소 |

〔**충혼비**〕 읍의 남문 안 언덕 위에 서 있다. 1904년明治37 5월 가노加納[149] 기병 중위가 척후를 위해 부하 7명과 함께 이곳에 왔다. 우연히 러시아군 전초前哨 2백여 명과 충돌하여 격렬한 전투 끝에 6명이 함께 전사하였다. 비는 그 후 일본인이 세운 것이다.

〔**주필정**駐蹕亭〕 역에서 15정 떨어진 동문 안에 있다. 분로쿠의 역 때 선조가 피

149 『한국철도 선로 안내』(1908) 186쪽 각주 219 참고.

난하여 머물렀던 곳이어서 그런 이름이 생겼다. 안에는 그 자취를 기록한 비가 있다.

〔**성적비**聖蹟碑〕 충혼비 옆에 있는 이성계 전공기념비이다. 고려 말년 최우생崔禹生[150]이 반역을 꾀하여 원나라와 내통하였는데 그 세력이 일시적으로 왕조를 뒤엎을 정도였다. 이성계가 병사를 이끌고 이곳으로 와서 최를 토멸했다고 한다. 옛 전장 역시 달천撻川의 경계부근으로 가노 중위가 전사한 장소와 동일한 곳이다.

곽산역

평안북도 정주군 곽산면(郭山面) 염호동(鹽湖洞), 남대문에서 246리 5분, 안둥까지 63리 7분

이곳은 의주가도에 있는 역 중에 하나로 옛날에 방어사를 둔 곳이다. 지금도 인구 2,800여 명이 있다. 곽산시장은 곡류와 소 거래가 활발하여 거래액은 1개월에 약 4만 원이다. 산물로는 기와와 석재 등도 꼽힌다.

곽산금광은 역에서 북쪽으로 3리 떨어진 옥천면玉泉面 상단동上端洞에 있다. 프랑스인이 경영하며 작년에 정련기계도 설치하여 한때 활발하였으나 지금은 극히 규모가 축소되었다. 채광석은 진남포로 보내고 있다.

아사히朝日**초자회사**硝子會社[151]는 역에서 4리 거리인 해산면海山面 천대동天臺洞에 출장소를 설치하고 유리공업 개시를 준비하고 있다.

노하역

평안북도 선천군(宣川郡) 동면(東面) 노하동(路廈洞), 남대문에서 253리 7분, 안둥까지 56리 5분

동뢰강東瀨江은 남쪽으로 몇 정을 흐르고 있다. 강기슭에는 크고 작은 평지가 있어 농작물을 생산하지만, 역 부근은 구릉으로 둘러싸여 외진 읍에 지나지 않는다. 서남쪽으로 1리 거리에 내임포萊臨浦 선착장이 있으며, 바다 위에 신미도身彌島가 희미하게 보인다.

---

150 『한국철도 선로 안내』(1908)와 『조선철도 선로 안내』(1911)에는 최만생(崔萬生)으로 나온다. 모두 최유(崔濡)의 오류이다.

151 아사히(旭)초자회사(현 AGC주식회사)의 오기이다. 미쓰비시 그룹의 일원으로 1907년 창업하였다.

선천역

평안북도 선천군 선천면 천남동(川南洞), 남대문에서 259리 4분, 안동까지 50리 8분

선천은 평안북도 굴지의 시장으로 군청소재지이기도 하다. 대목산大睦山의 북쪽 기슭에 위치하며 지세는 요철 모양이지만 남쪽으로는 평야가 적지 않아 미곡의 산지로 유명하다. 또 양모우산梁毛隅山[152] 부근은 금의 산지로 유명하고 철과 흑연을 많이 생산한다. 이곳의 시장의 거래액은 십만 원 밑으로 떨어지지 않아 일반적으로 시장 상황이 활발함을 알 수 있다.

선천은 또 기독교가 활발한 곳으로 거주하고 있는 외국인 선교사가 36명이며, 남녀 조선인을 가르치는 중학교 정도의 학교를 경영하고 있다.

흑연정련공장黑鉛精煉工場은 읍내에 있는데, 다니구치谷口[153] 씨가 경영하는 곳이다. 원료는 멀리 창성昌城과 삭주朔州에서 채굴하는데 하루 약 100관을 생산하며, 생산품은 주로 내지로 수송되고 있다.

선천금산宣川金山은 가토加藤[154] 씨가 경영에 관여하고 있으며, 읍에서 동쪽으로 1리 반 정도의 지점에 있다. 원광을 곧바로 정련하는 설비는 있지만, 최근 몇 년 사업이 침체된 상태이다.

인구

7,303인내지인 366인, 호수 1,514호내지인 110호

관공아 기타

군청	경찰서
수비대	우편국
여자기예技藝학교	식산은행 지점
금융조합	외인경영 중학교, 여학교 각 1곳

152 미상. 「대동여지도」 등 고지도와 읍지에는 이와 유사한 이름이 보이지 않는다.

153 야마구치현(山口縣)출신의 다니구치 요시로(谷口與四郎, 1864~1925)이다. 1906년에 조선에 와서 대대적인 광산 개발에 착수하였으며 흑연광업으로 유명하다.

154 가토 만시로(加藤萬四郎)이다. 조선총독부 『관보』 제1590호(1917.11.22.)에는 「광업권설정」에 관한 내용이 있는데 선천군에 가토 만시로의 이름이 보인다.

동림역

평안북도 선천군 신부면(新府面) 청강리(淸江里), 남대문에서 265리 7분, 안둥까지 44리 5분

청강천淸江川[155] 북쪽에 있으며 토질이 비옥하여 농작물 생산이 적지 않다. 서쪽으로 10정 떨어진 청강에는 명승지 임반관林畔館이 있다. 청강천에서는 급수어急秀魚[156], 뱀장어, 붕어 등이 잡힌다.

| 명소 |

〔**동림진성지**東林鎭城址〕 역에서 북쪽으로 약 1리 떨어져 있다. 이조 인조 즉위 초기에 명의 구의舊誼에 보답하고자 여러 차례 청과 변경에서 싸운 의주의 화부和府[157] 임경업林慶業이 군사를 잘 부려서 몇 년 동안 청나라가 정명征明에만 힘을 쏟을 수 없게 만들었다. 동림성과 서쪽으로 1리 떨어진 서림성西林城은 모두 그가 축조한 것이다. 동림성 안에 유명한 동림폭포가 있다.

차련관역

평안북도 철산군(鐵山郡) 참면(站面) 동천동(東川洞), 용산에서 273리 1분, 남대문에서 272리 4분, 안둥까지 37리 8분

읍은 역에서 동쪽으로 몇 정 떨어져 있다. 인구는 2,700여 명이며 곡류와 소를 생산한다. 또 갈대발의 집산지로 유명하다. 연안의 번성한 구역인 이화포梨花浦까지는 3리 거리이고, 서남쪽으로 3.5리 떨어진 군청소재지 철산읍까지는 승합자동차가 운행하고 있다.자동차 운임 80전

남시역

평안북도 용천군(龍川郡) 외상면(外上面) 정차동(停車洞), 남대문에서 280리 8분, 안둥까지 29리 4분

역의 소재지는 인가 150여 호의 부락이다. 남쪽으로 18정 떨어져 있는 남시시

---

155 청강을 가리킨다. 강은 동림군과 선천군 일대의 관개용수로 이용된다.

156 미상. 『한국철도 선로 안내』(1908)에는 은어 등 민물고기가 많이 난다고 되어 있다. 원문에는 향어라고 썼지만 일본어로 은어의 한자표기를 향어라고도 쓴다(앞의 책, 39쪽 각주 22 참고).

157 본문의 백마역 항목에서는 지부(知府)로 나오는 것으로 보아 和는 知의 오기로 보인다. 『조선철도 선로 안내』(1911)에도 지부(知府)라고 나오는데(427쪽 각주 144 참고), 임경업의 관직은 의주부윤이었다.

장에는 부근의 물자가 집산한다. 옛 군청소재지인 용천읍까지 2리 16정町인데 도중에 급경사의 언덕배기가 있어서 길이 그다지 좋지 않다. 거기서 6리 못 미쳐 있는 현 군청소재지이자 압록강 어귀의 닻 내리기 좋은 용암포龍岩浦까지는 매일 승합자동차가 운행한다.운임 2원

후지不二농장은 역에서 서쪽으로 3리 정도 떨어진 부라면府羅面 부근의 간척지와 초생지草生地 7천 정보를 개척할 계획이다. 이미 해안에 방파제와 수리 설비를 하였고 2천 정보의 수전을 개간하여 1단보段步 당 2석 5두, 총 수확량이 5천 석에 달한다고 한다.

양책역

평안북도 용천군 읍동면(邑東面) 양책동(良策洞), 남대문에서 286리 1분, 안둥까지 24리 1분

부근에 산악이 중첩되어 경지가 모자라서 농작물 생산도 적다. 대두와 땔감을 생산한다.

비현역

평안북도 용천군 양광면(陽光面) 대동(臺洞), 남대문에서 291리, 안둥까지 19리 2분

정주 이북의 선로와 나란히 가는 형태인 의주가도는 여기서 갈라져 의주읍내를 향한다. 의주는 거의 하루 일정의 거리이므로 이곳은 예로부터 의주가도의 중요한 역으로 알려졌다. 시장은 역에서 동쪽으로 6정 정도 떨어져 있다. 한번 개시하면 거래액은 2만 원을 상회하며 지방의 시장치고는 큰 편이다. 인구는 1,700여 명이며 금융조합이 있다.

백마역

평안북도 의주군(義州郡) 위원면(威遠面) 서하동(西下洞), 남대문에서 296리 8분, 안둥까지 13리 4분

삼교천三橋川을 건너면 북쪽 기슭에 백마역이 있다. 사방이 산악으로 둘러싸여 있으며 남서쪽의 삼교천 연안에는 얼마간 경작지가 있지만 대개 척박한 땅이라 농작물 생산은 적고 목재와 신탄을 생산한다. 역에서 의주읍까지 3.5리는 3

등도로가 개통되었다.

| 명소 |

〔**백마산성지**白馬山城址〕 역에서 동북쪽으로 약 30정 떨어진 백마산 꼭대기에 외벽이 아직 남아있다. 이조 인조가 청나라의 발흥을 저지하고자 명나라와 연맹하여 국경에 병사를 파견해서 10성, 10여 진鎭의 방비를 설비하였는데, 이 성은 그 중 하나이다. 당시 의주의 지부知府 임경업이 축조한 것이다, 성 안에 현충사顯忠祠가 있다.

석하역

평안북도 의주군 고진면(古津面) 석하동(石下洞), 남대문에서 303리 7분, 안동까지 6리 5분

부근은 광활한 평야를 끼고 있어 농작물이 적지 않게 생산된다. 신의주新義州와 양시揚市[158]까지 각 2리에는 평탄한 도로가 개통되어 있다. 동북일대의 고지대는 봄에는 철쭉이 양탄자처럼 펼쳐지고 가을에는 나팔버섯 따는 놀이에 적합하다.

신의주역

남대문에서 308리 6분, 안동까지 1리 6분, 평안북도 신의주부록[159]
동경 124도 24분, 북위 40도 6분.
기온 최저 0.1, 최고 23.5, 평균 8.0(용암포 측후소)

조선 서북의 마지막 정거장으로 기점인 부산역에서 590리哩 떨어져 있다. 압록강을 건너서 170리를 가면 펑톈奉天에 도착한다. 조선선의 각 열차는 맞은 편 기슭인 안둥역을 시종역으로 발착하므로 이 역은 사실상 경의선에서 중간역의 하나이다. 또 선로도 역에서 1리 더 연장되어 같은 역 화물취급소까지 이어져 있다. 정거장의 위층은 당사 직영의 스테이션 호텔ステーション ホテル로 꾸며져 있다.

---

158 양시(楊市)의 오기이다.

159 원문에는 新義州府錄이라 되어 있다. 이것은 신의주부(新義州府) 녹동(麓洞)의 오기로 보인다. 1914년 행정구역 개편으로 의주부가 신의주로 옮겨 신의주부가 되었다.

이곳은 원래 강여울의 모래톱에 지나지 않았지만 철도 가교의 지점이 되면서 오늘날의 바탕을 만들었다. 그 후로 장족의 진전을 이루어 일대 시가지를 형성하였다. 특히 가교 준공 이래 강을 사이에 둔 안둥과 경제관계가 더욱 밀접해져 거의 국경이 사라진 동일한 시장으로 보인다. 이곳은 또 개항지로 미곡, 목재, 소가죽, 소 등을 수이출하며, 석탄과 목재, 조 등을 수입한다. 최근 무역액은 2,500여만 원을 헤아린다. 시내에는 영림창營林廠 외 다수의 제재製材공장과 제지공장, 염료공장과 기타 공장이 있다.

압록강 하구는 역에서 13리浬 정도 떨어져 있다. 만조를 이용하면 천 톤 내외의 기선이 소항溯航할 수 있다. 그러나 유역이 일정하지 않고 천퇴淺堆가 많아서, 큰 선박은 보통 강어귀의 앞바다 부근에 정박하고 발동기선이나 작은 배로 이곳과 연락한다. 매년 11월부터 약 4개월 동안은 강물이 결빙하여 수운이 완전히 두절되지만, 그 기간 동안 얼어붙은 강은 인차人車의 왕래를 견딜 수 있어 썰매가 활발하게 이용된다. 또 여름철 7~8월 무렵 상류에서 목재를 운반하는 유벌流筏은 이곳의 명물로 그 광경을 노래한 속요俗謠[160]도 있다.

인구

	조선인	내지인	중국인	계
인구	7,013인	3,798인	3,978인	13,783인
호수	1,740호	1,042호	1,147호	3,929호

관공아 기타

부청
경찰서
지방법원 지감
우편국
세관 지서
수비대

160 1920~30년대 일본과 조선 등지에서 크게 유행한 '압록강절(鴨綠江節)'을 가리킨다. 1917년 7월 16일자 『부산일보』에 "조선과 지나의 국경, 저 압록강"으로 시작하는 노래가 6절이 실려 있다. 한편 이 노래는 다양하게 변용되는 양상을 보이는데, 이에 관해서는 최현식 「압록강절·제국 노동요·식민지 유행가-그림엽서와 유행가 '압록강절'을 중심으로」『현대문학의 연구』『현대문학의 연구』 65, 2018, 참고. 한편 식민지조선의 가수들도 압록강의 뗏목을 소재로 노래하였는데, 강홍식의 '압록강 뱃사공'(1935), 이화자의 '애수의 압록강'(1940) 등이 있다.

헌병대	영림창
중국영사관	소학교
농잠農蠶회사	인쇄회사
압강일보사鴨江日報社	무역회사
창고회사	목재보관회사
상사商事신탁회사	통산通産회사
신의주 목재회사	조선재목材木회사
제함製函회사	제지회사
인촌燐寸회사 공장	제과회사
비료회사	염료공업회사
전기회사	수산회사
만선滿鮮운송회사	압록강운수회사
신의주은행	식산은행 지점

영림창營林廠은 역에서 40정 떨어진 강기슭 빈정濱町에 있다. 총독부가 경영하는 제재공장으로 원재료의 산지는 압록강 상류의 혜산진惠山鎭 부근 명화동明化洞, 통화동通化洞, 심포리深浦里, 여수평汝水坪[161] 및 장진강長津江 유역에 걸쳐있다. 폭은 대략 20리里, 둘레 80리가 넘는 크고 깊은 삼림이다. 목재 종류는 낙엽송, 홍송紅松[162], 삼송杉松, 기타 잡목이다. 운반은 환재丸材, 각재角材, 전신주, 작은 통나무 등을 뗏목에 싣고 강물에 띄어 이곳으로 내려오게 한다. 1개월 제재능력은 총 1만 4천 척尺이라고 한다.

조선제지회사는 압록강재로 펄프제조 및 제지공업을 한다. 자본금은 5백만 원으로 현재 1개월에 약 9백 톤을 생산하며 그 액수는 40만 원이다. 공장은 정거장의 뒤쪽 압록강 기슭에 지었다.

이외에 부내府內에는 대규모로 제재공업을 하는 신의주목재, 조선재목, 신의주

161 해산군 대진면 여수평(麗水坪)의 오기이다.

162 홍송은 '조선5엽송'이라고도 하는데, 잣나무를 가리킨다. 『개벽』 제38호 「東洋의 一大寶庫 國境冷岸의 大森林」 기사에는 영림창의 내력과 현황에 관한 내용이 실려있다.

제함 등의 회사가 있다. 또 콩깻묵과 콩기름을 가공하는 조선비료회사, 조선산 단풍나무에서 염료를 제조하는 조선염료공장회사 등이 현재 건설 중으로 장래에 대공업도시가 될 것으로 전망된다.

〔**압록강 교량**〕 중일 양국의 땅이 만나는 유일한 철교로 전장 3,098척呎이며, 철도의 궤도를 중앙으로 하여 양쪽에 폭 8척의 도로가 있어서 사람과 자동차가 다닌다. 교량의 특징은 12연連으로 구성된 교각의 중앙 교각이 자유자재로 개폐되는 구조로 매일 4회 열어서 배의 운행이 편리하도록 한 것이다. 총 공사비는 239만여 원으로 약 2년의 시간이 걸렸으며, 1911년明治44 10월 준공하였다.

인력거

신의주 부내는 대개 20전 내지 30전, 안동까지 30전 내지 40전.

| 명소 |

〔**의주**義州〕 의주는 신의주에서 북동쪽으로 4리 30정 떨어져 있으며, 이 사이에 매일 3회 승합자동차가 왕복하고 있다운임 1원. 의주는 다른 이름으로 용만龍灣 또는 함안咸安이라 한다. 동북쪽은 구릉으로 에워싸여 있고 서북쪽은 압록강을 끼고 주롄청九連城, 샤허전沙河鎭과 어렴풋이 마주 대한다. 자못 지세가 험하여 방어에 좋은 곳이다. 그래서 예부터 변경의 중요한 진으로 경계가 지극히 엄중하며 또 몇 번이나 정전征戰과 공벌攻伐의 지역이 되었다. 부근의 광야는 농작물 생산이 풍부하고 삭주朔州, 창성昌城, 구성龜城 등 압록강 상류지방의 경제권과 연결되어 물자의 집산과 인마人馬의 왕래가 빈번하다. 현재 인구는 1만 6백여 명이고 내지인도 780여 명이 거주하고 있다. 평안북도 도청, 군청, 지방법원 지청, 병영, 세관감시서, 식산은행 지점 등이 있다.

〔**통군정**統軍亭〕 의주군 북방의 교외 높은 곳에 세워져 있다. 정자에서 보는 전망이 광활하여 후산虎山, 주롄청, 안둥을 바라본다. 일청전쟁과 일로전쟁 때 일본 포병의 진지였다.

〔**수구진**水口鎭〕 일청전쟁과 일로전쟁 때에 일본 군대의 도하점이었다. 언덕과

산에 일본 제1군의 기념비와 충혼비가 서 있다. 부근에는 포루의 터가 여기저기 산재하여 나그네에게 당시 기억을 새롭게 만든다. 읍에서 상류로 약 3리 떨어져 있으며 이 사이에 인력거가 다닌다.

〔**용암포**龍岩浦〕 용암포는 압록강 어귀에 위치하며 중국의 다둥거우大東溝와 비스듬히 마주하고 있다. 신의주에서 6리 13정 떨어져 있으며 도로사정은 나쁘지만 수로 13리浬는 배편이 있다운임 1원. 십 수 년 전까지 갈대와 물억새가 무성한 곳이었던 이곳은 일찍이 러시아가 경영에 착수한 이래, 인가가 증가하여 지금은 무역항이 되었다. 인구 약 3천 명이고 군청, 경찰서, 체신국, 세관, 영림창의 각 출장소와 금융조합 등이 있다.

〔**신도**薪島〕 조선 서북단의 섬으로 용암포에서 남서쪽으로 약 10리浬 거리의 강 어귀에 가로놓여 있으며 둘레는 5리里 정도이다. 주민 대부분은 어업에 종사하고 있는데 산림과 경작지도 풍부하여 신탄, 미곡 등은 자급자족하고 있다.

〔**이호포**耳湖浦〕 이호포는 일청전쟁과 일로전쟁 때에 군수품의 양륙지가 된 곳이다. 용암포에서 동남쪽으로 4리 떨어져 있으며 이 사이에는 평탄한 도로가 개통되어 있다. 또 이곳 앞바다는 사자도獅子島[163] 묘지錨地가 있는데 압록강을 소행溯行하지 못하는 큰 배를 매어두는 곳이다.

안둥역

남대문에서 310리 2분, 부산에서 590리 8분, 펑톈奉天까지 171리 4분

압록강을 건너면 어느덧 만주 땅으로 들어가 안둥역에 도착한다. 이 역은 경의선의 종점 또는 안펑선安奉線의 기점이다. 만주와 조선 양방향 열차는 모두 이 역을 시발 또는 종착역으로 하며, 양 노선의 직통열차는 약 한 시간 정차한다. 홈에는 중국과 조선의 세관원 대기소가 있는데 일반 여객의 휴대품과 수하물을 이곳에서 검사하며, 직통열차라면 차내에서 검사를 받아야 한다. 또 이 역은 일본시각과 중국연안 시각의 경계선으로 이곳에서 만주로 들어가는 여객은

163 다사도(多砂島)를 가리킨다. 사자도는 『동국여지승람』에 기록된 이름이며 신의주, 용암포와 더불어 압록강 하구 3항 중의 하나이다.

이곳에서 시계를 한 시간 늦춰야 한다.

안둥은 샤허전沙河鎭의 구시가와 정거장 앞의 신시가를 포함한다.

신시가는 일로전쟁 후 일본군정관日本軍政官이 경영한 시가지이다. 지금은 약 1,500여의 일본인 호수를 중심으로 완전한 일본인 거리를 형성하였다. 길이 정연하고 전등, 전화, 상하수도 설비까지 정비되었고 부두와 해관海關 설비도 이쪽 강기슭에 있다. 오지에서 생산되는 대두, 수수, 멧누에, 압록강재 및 그들이 필요로 하는 면포, 맥분麥粉, 석유 기타 일용 잡화류는 안둥이 유일한 수출입항이다. 최근 그 무역액은 4,300여만 량兩이며 대외무역은 거의 신시가의 일본인이 장악하고 있다.

구시가는 신시가와 이어지는데 좀 더 상류 쪽 강기슭에 위치한다. 완전한 중국인 마을로 인구는 신시가의 세 배 정도이며 부유한 상가가 즐비하여 지극히 번화하였다. 대내상업은 뿌리가 깊어 이 시가지의 상권을 장악하고 있음은 물론이다.

인구와 호수

인구	신시가	11,000인	내지인 6,200인
	구시가	35,000인	
호수	신시가	2,800호	내지인 1,500호
	구시가	7,500호	

관공아 기타

일본영사관
수비대
우편국
민단사무소
소학교
만철滿鐵의원
만철지방사무소 기타
안둥은행
저금은행
상업회의소
정금正金은행 지점
조선은행 지점
미쓰이물산회사 지점
요업窯業회사
만주광산화약제조소 및 오쿠라大倉광업회사 제련소

신탁회사　　　　　　　　　　　　압록강제재공사製材公司[164]

이상 외에 중국 측 기관으로는 동변도윤공서東邊道尹公署 지사공서知事公署, 목세총국木稅總局, 해관海關, 염○국鹽○局[165], 경찰청, 우편국, 전기국 등.

압록강채목공사鴨綠江採木公司는 중일 양국 정부의 합작 사업으로 성립된 회사이다. 압록강 우측 기슭 모아산帽兒山 상류의 삼림벌채와 산출목재의 매수를 관리한다. 자본금 3백만 원으로 1908년에 개업하였다.

| 명소 |

〔**진강산**鎭江山〕 진강산은 안둥 신시가의 배후지로 언덕 위에 임제사臨濟寺가 있다. 또 일로전쟁 때의 충혼비가 세워져 있다. 비 앞에서의 조망은 지극히 장쾌하여 변경에 있다는 생각이 조금도 들지 않는다. 가까이에 있는 일대의 평야는 큰 강을 끼고 있고 저습지가 많지만 전체적으로 비옥한 충적토라서, 적절하게 인공적으로 조성하면 해안의 사퇴沙堆와는 비교가 안 될 정도의 생산력을 갖게 될 것임이 분명하다.

평야 저편에 굽이진 것은 조선령의 백마산맥이다. 이곳도 근년까지 울창한 거대삼림이었으므로 낙엽송 조림이라도 시작하면 수만 정町 면적의 대지에서 해마다 얼마나 많은 부를 산출할지 예측할 수 없다. 먼 상류를 바라보면 압록강 물줄기가 국경처럼 하나의 선을 그리는데, 그 양 기슭의 무궁무진한 자원을 생각하면 인간의 힘이 자연에 대해 얼마나 미약한 지 부끄러워하지 않을 수 없다. 필사의 노력으로도 일 년에 단 한번만 도착하는 뗏목이 안둥과 신의주를 활기차게 하는 자원임을 깨닫게 된다. 그러나 지금도 이 큰 보고寶庫의 천지에 마적과 폭도가 제멋대로 날뛰고 있으며, 이것이 위대한 신흥 국민의 현재 상황이다.

〔**원보산**元寶山〕 원보산은 안둥의 부산富山이란 호칭이 있다. 산 아래에 관제묘關帝廟가 있고 산 위쪽은 시민의 유원지로 쓰이고 있다.

164 아래 본문에는 '압록강체목공사'라고 나온다. '압록강제재공사'는 1928년에 신의주부 마전동에 설립된 회사이다.

165 가운데 글자는 누락되어 있다.

겸이포선

황주-겸이포 간 8리 1분

본 노선은 경의선의 황주역에서 분기하는 연장선이다. 겨우 8리哩여의 지선으로 종착역에서 겸이포까지의 연선은 대개 평탄한 대동강 기슭의 평야를 달린다. 일로전쟁 때 철도 자재의 양륙지로서 개척된 겸이포와 아울러 전후에는 자못 부진한 상태에 있던 노선이지만, 작년 겸이포에 미쓰비시제철소가 설치되자 예전처럼 다시 교통 상 중요한 사명을 띠게 되었다.

현재 이 노선의 열차는 황주-겸이포 간을 운행하는 것이 중심이지만, 아침저녁으로 한번 씩 겸이포-평양 간 직통열차도 운행한다.

장천리역

황해도 황주군 영풍면(永豐面) 성재리(成財里), 황주에서 4리 1분, 겸이포까지 4리

겸이포역

황해도 황주군 겸이포면(兼二浦面), 황주에서 8리 1분

이곳은 대동강 왼쪽 기슭의 진남포 중간에 있는 요진要鎭이다. 맞은 편 기슭에는 일청전쟁 때에 노즈 野津군의 도하 지점으로 유명한 기진포旗津浦가 있다. 겸이포라는 지명은 경의선 건설에 앞서 철도 자재 양륙지로서 공병 중좌工兵中佐 와타나베 겐지渡邊兼二 씨가 발견한 데서 비롯되었다. 항내 수심이 깊어 족히 4천 톤의 기선이 정박할 수 있다. 강기슭에는 광대한 규모의 미쓰비시제철소가 있으며, 시가는 그 뒤 산에 가까운 쪽에 자리한다. 제철소의 고가철도선로가 서쪽에서 동쪽으로 시내를 관통한다.

인구

	조선인	내지인	외국인	계
인구	8,880인	4,935인	260인	14,075인
호수	1,981호	1,362호	69호	3,412호

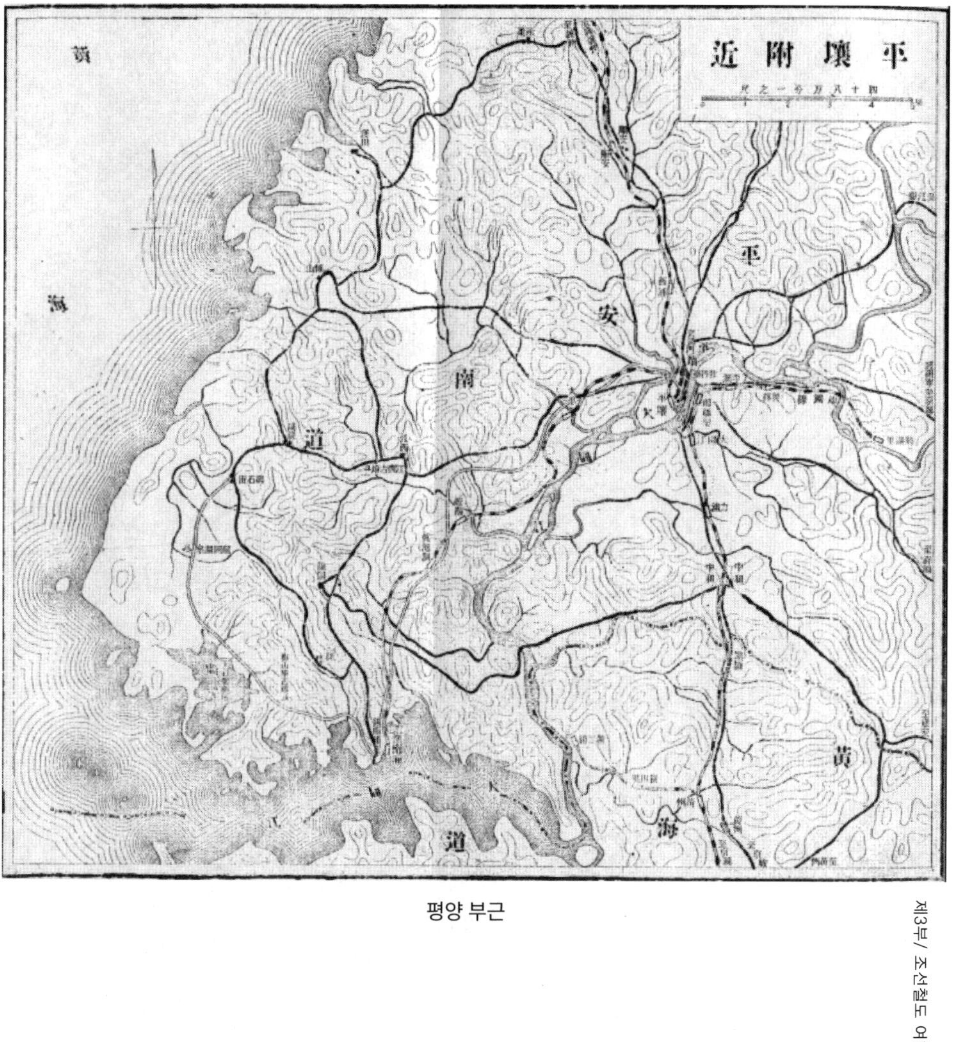

평양 부근

진남포항 항내

겸이포 미쓰비시제철소 용광로

미쓰비시제철공장

조선 승마

겸이포 정거장

진남포 구바라(久原)제련소

진남포 시가

광량만 염전

삼화화원(三和花園)

승오리 오노다(小野田)시멘트공장

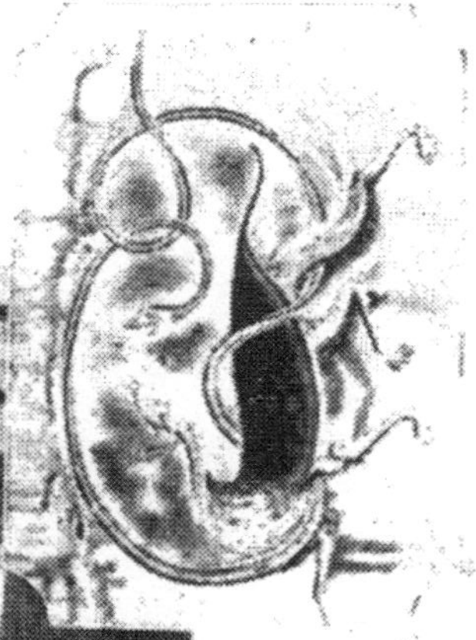
강서고분 현실(玄室)의 벽화

사동탄갱

사동 평양광업소

미림(美林) 부근 대동강의 운탄 케이블

관공아 기타

경찰서
우편국
학교조합
금융조합
미쓰비시제철소

미쓰비시제철소는 자본금 3천만 원의 거대 제강공장이다. 최근 1년의 제강고는 9만 톤이며 선철銑鐵, 황선철荒銑鐵, 철판 등의 제품 외에도 부산물로 유안硫安, 유산硫酸, 나프탈렌, 피치, 중경유 및 코크스 등이 있다. 철산鐵山광구까지 약 8리哩는 협궤철도가 다니며, 제철소 구내에는 연장 7리의 광궤철도가 부설되어 있다. 또 겸이포 시내의 전등과 전력은 여기에서 공급된다.

평양탄광선平壤炭鑛線

평양-승호리 간 16리 9분

평양탄광선은 경의본선의 일부를 사용하여 대동강을 건넌다. 남쪽 기슭의 대동강 신호소에서 분기하여 동쪽으로 무연탄 갱도 위를 달려 대동강 상류의 남강南江을 가로질러 승호리에 도달한다.

이 노선은 원래 사동 부근의 무연탄을 반출하는 전용선으로 부설되었기 때문에 이런 이름이 붙여진 것인데, 나중에 일반 여객과 화물 취급을 개시하였고 승호리역까지 연장하였다.

이 노선은 장래 평양-원산 간 철도가 부설될 경우 자연스레 그 기점으로서 동쪽으로 일본해안까지 연장될, 자못 전도가 유망한 노선이다.

선교리역

船橋里驛, 평안남도 대동군 대동강면 신리(新里), 평양에서 3리 7분, 승호리까지 12리 2분

이 역은 대동강을 사이에 두고 평양시가와 마주보고 있다. 부근의 토지가 광활하여 농산물도 적지 않지만, 최근 몇 년 전부터 이곳이 일반의 주목을 끈 것은 제당회사와 전기흥업회사 등 큰 공장이 설립되어 장래 평양의 공업중심구역이 될 형세이기 때문이다. 실재로 이쪽 강기슭에서 대동강까지 가교 계획이 순조롭게 진행되고 있다.

대일본제당회사 지점 및 조선전기흥업회사의 공장은 역에서 서쪽으로 십 수 정 떨어져 있다. 전자는 조선산 사탕무에서 설탕을 제조하는데 하루 약 80톤을 생산하며, 후자는 전등과 전력 공급 및 연탄을 제조한다. 연탄 제조는 최근에 시작하였고, 한시간에 18톤 내지 20톤을 생산한다고 한다.

육군항공대가 설치될 지점은 역에서 동쪽으로 1리里 정도 떨어져 있다. 아직 공사 중이지만 1~2년 뒤에는 우렁찬 프로펠러 소리를 여기서 들을 수 있을 것이다.

고전장古戰場

〔**선교리 조혼비**弔魂碑〕 역에서 서북쪽으로 5정丁 떨어져 있다. 일청전쟁 때 오시마 여단이 고전한 옛 전장으로 지금 그곳에는 일본군 장졸의 조혼비가 세워져 있다평양 기사 참조.

사동역

寺洞驛, 평안남도 대동군 추을미면(秋乙美面) 사동(寺洞), 평양에서 6리 6분, 승호리까지 9리 5분

이곳에는 유명한 평양 무연탄갱이 있으며 총독부의 광업소가 설치되었다. 인구는 830여 명의 내지인을 포함하여 1,680여 명이다. 부근 지역의 일상 잡화 거래는 남쪽으로 10정 떨어진 대천동大泉洞에 있는 시장에서 이루어진다. 이곳은 광막한 무연탄 갱도이면서 동시에 토질이 비옥하여 쌀과 보리도 생산한다. 또 장래 대동강 인도교가 가설되면 한층 더 발전할 것으로 기대된다.

사동탄갱은 정부 소유로 평양광업소가 직할로 채굴하고 있다. 현재 갱도 수는 사동에 4갱, 고방산高防山에 3갱, 정백리貞柏里에 3갱 등 모두 10갱이 있다. 최근 연간 채탄액은 13만 톤으로 그 가운데 8만 5천 톤은 진남포를 거쳐 덕산德山의 해군연탄소로 수송된다. 약 2만 5천 톤은 사동공장에서 연탄으로 만들어 작은 분탄粉炭과 같이 일반에 매각된다. 또 일곱 군데에 갱도를 뚫고 있으며 계획 중인 전용전차가 개통되면 올해부터 약 30만 톤을 채탄할 전망이다.

미림역

美林驛, 평안남도 대동군 추을미면 신리, 평양에서 8리 5분, 승호리까지 7리 4분

총독부 평양광업소에 속하는 고방산 탄갱에 가까운 역이다. 대동강 위에 가설한 탄광 운반용 케이블이 역 끝에 있어서, 강을 사이에 둔 탄갱에서 송출하는 운탄차가 삼삼오오 왕래하는 광경이 자못 아름답다.

승호리역 勝湖里驛, 평안남도 대동군 만달면(晩達面) 승호리(勝湖里), 평양에서 15리

이 역은 평양탄광선의 종점으로 오노다小野田시멘트회사 평양지사 및 메이지광업회사 출장소 등이 있다. 1,680여 명의 인구 중 내지인 264명은 주로 시멘트회사 종업원이며 사택에는 전등과 수도 설비가 있다. 역에서 동남쪽으로 0.5리 떨어진 대동강 남쪽 기슭에 파읍破邑이 있는데, 이곳은 평양 남부의 큰 시장이다. 소, 잡곡, 면화 등을 거래하며 시끌벅적하다.

오노다시멘트회사 평양공장은 역 부근의 60만 평의 토지를 소유하고 있다. 거기에서 생산되는 원료로 시멘트와 시멘트 제품, 석탄을 제조한다. 생산고는 연 30만 준樽[166]에 달한다. 제품 대부분은 조선과 만주에 판다.

메이지광업탄갱은 역에서 북쪽으로 1.5리 떨어진 원탄리元灘里에 있고, 이 회사의 철광산은 남쪽으로 3리 떨어진 상도면上道面에 있다. 모두 현재 채굴 중으로 생산고 등은 아직 분명하지 않다.

| 명소 |

〔**가수동혈**佳殊洞穴〕 역에서 남쪽으로 2.5리 떨어진 상도면 가수리佳殊里 고령산高靈山 중턱에 있다. 크고 작은 2개의 동굴 안은 높이가 89간間이고 폭은 10간이 넘으며 그 깊이는 몇 정에 달하지만 아직 가장 깊은 곳까지 가본 사람은 없다. 동굴 안의 흙덩어리는 갖가지 기이한 모양으로 자못 훌륭하고 장엄한 광경이라서 먼 곳에서도 찾아오는 사람이 많다.

166 배럴(barrel)을 의미한다. 1배럴은 국가와 대상 품목에 따라 차이가 난다.

평남선平南線

평양－진남포 간 34리 3분

대동강 북쪽 기슭의 평양과 대동강 강어귀에서 가까운 진남포를 잇는 평남선은 강기슭에서 조금 북쪽으로 떨어져 있으며 구릉이 들쑥날쑥한 들판이 서남쪽으로 이어진다. 본 노선의 연도沿道는 옛날 한나라 낙랑군에 속하여 한때 한민족漢民族이 번성했던 시기도 있었지만, 그 후 반도의 문화가 점차 남하함에 따라 완전히 궁벽한 시골이 되었다. 일청전쟁과 일로전쟁 때 진남포는 일본군 병참선의 기점이 되어 군사 상 중요한 역할을 하던 때도 있었다. 본 노선은 1910년明治43에 준공되어 일반 운수영업을 개시한 이래, 서선 지방의 산업이 발흥함에 따라 점점 더 경제적 진가를 발휘하여 현재는 조선선 중에 손에 꼽을 만큼 번영한 구간이다.

대평역

평안남도 대동군 고평면(古平面) 광탄동(廣灘洞), 평양에서 9리 8분, 진남포까지 24리 5분

뒤쪽에는 천보天寶산맥이 길게 뻗어 있고 앞쪽에는 대동강 연안의 비옥한 평야가 펼쳐져 농작물 생산이 적지 않다. 역 부근을 신대평薪大平 시장이라 한다. 남서쪽으로 1리 10정町 거리에 대평동이 있고 태평太平시장이 있다. 이 부근은 곡류에 이어 면화와 마포 등을 생산한다.

무연탄갱은 미쓰비시제철소가 경영하는데, 역에서 서쪽으로 1리 정도 떨어진 대보면大寶面 용인리龍仁里에 있다. 하루 채탄고는 약 4백 톤으로 갱구에서 금천金泉을 거쳐 순화順和, 강기슭 철도선로 부근까지 5리哩 정도에 채탄운반 전용 경편선이 부설되어 있다.

기양역

평안남도 강서군(江西郡) 동진면(東津面) 기양리(岐陽里), 평양에서 17리 6분, 진남포까지 16리 7분

이 역은 평남가도 중앙에 위치한다. 부근 일대의 평야에서는 농산물이 풍부하게 생산된다. 역 부근은 인구 6백여 명의 작은 부락으로 서북쪽으로 2리 거리에 강서읍이 있다. 읍내에는 군청, 경찰서, 우편국이 있으며 또 금융조합, 축산, 삼림, 면작 등의 조합 사무소가 있다. 인구는 1,700여 명이고 시장 설비도 있다. 역과 읍내 사이에는 승합자동차운임 60전, 마차운임 50전, 인력거운임 70전 편이 있다. 또 여기에서 청천강을 오르내리는 배의 기항지인 한천漢川, 구 군청소재지인 증산甑山, 평양 밤 산지인 함종咸從으로 교통이 빈번하다.

무연탄광회사 탄갱은 역에서 북쪽으로 1리 떨어진 화순리和順里에 있다. 채탄의 대부분은 겸이포 미쓰비시제철소로 수송된다. 강서읍에 이 회사의 지점과 역 부근에 연탄제조소를 두었으며, 광구鑛區와 정거장 간에는 수압궤도를 부설하였다. 연간 무연탄 5만 톤과 연탄 7,500톤을 생산한다.

| 명소 |

〔**강서고분**江西古墳〕 강서읍에서 서북쪽으로 20정 떨어진 삼묘리三墓里에 있다. 현재 총독부가 보호하고 있어 허가 없이 들어갈 수 없다. 경내는 석곽식 현실 2실로 구성되며 벽면과 천정에 사신四神과 화초문양이 그려져 있다. 이 지방은 옛날에 한나라 낙랑군에 속하여 한때 한민족이 번영한 곳이었기 때문에 고분 역시 당시 것으로 고증된다. 고분의 그림은 동양에서 가장 오래된 것으로 귀하게 여겨진다.

〔**신구약수**新舊藥水〕 읍내에서 20정丁 정도 떨어진 약수동에 있다. 샘물의 수질은 약산성으로 갈색을 띠며 산미가 있다. 마을 사람들은 약수라 하며, 병 들었거나 건강하거나 구별 없이 멀리에서도 찾아 와서 음용하고 목욕을 한다. 한여름에는 며칠 동안 체류하며 입욕하는 사람도 있다.

진지동역 평안남도 용강군(龍岡郡) 지운면(池雲面) 진지동(眞池洞), 평양에서 25리 3분, 진남포까지 9리

군내 제일이라 일컬어지는 진지동 시장은 역에서 서쪽으로 2정 떨어져 있다. 이 부근은 농산물이 풍부하며 면화재배에 적합하여 면화와 백목면 등을 생산한다. 군청소재지인 용강읍은 서쪽으로 2리운임 1원 떨어져 있고 용강 온천장은 거기서 약 2리운임 3원 거리로 모두 인력거가 다닌다.

| 명소 |

〔**황룡성지**黃龍城址〕 용강읍에서 서쪽으로 0.5리 떨어진 고봉산高峯山 꼭대기에 있다. 옛날에 기준箕準이 평양에 도읍을 정한 후에 손자를 봉했던 황룡국의 성터라 전한다[167]. 성벽 높이는 15척尺이고 둘레는 12,500척이 넘을 정도로 광대하다.

〔**점제현비**秥蟬縣碑〕 비에서 4리 못 미쳐 있는 온천장으로 가는 길의 1리 전에 있는 운동면運洞面 용평리龍坪里에 있다. 이 비는 조선에서 가장 오래된 비로 폭은 약 4척이고 높이는 약 5척이다. 비문은 곳곳이 마멸되어 있다. 마을사람들이 전하기를 이 비문을 읽는 자는 그 아래 매장된 금 항아리를 가질 수 있다고 한다. 몇 해 전 세키노關野 박사 일행이 이 비를 발견하여[168] 이 지역이 한나라 낙랑군에 속하는 점제현이었다는 것과 많은 의문의 대상이었던 열수列水가 지금의 대동강이라는 것을 고증하였다. 또 부근의 성현리城峴里는 현청 소재지의 유적遺跡이다.

〔**진지동 고분**眞池洞古墳〕 역에서 서쪽으로 약 17정 떨어진 곳에 크고 작은 두 개의 무덤이 나란히 있다. 이 무덤은 고구려 시대의 것으로 여겨진다. 무덤 안 현

167 이 부분은 사료에서 보이는 여러 일화가 뒤섞여 있어 정확한 문맥을 파악하기 어렵다. 기준은 기자조선의 마지막 왕으로 기자의 40대손이며 위만에게 축출당한 후 남쪽으로 피신하였기에, 평양에 도읍을 정했다는 것은 부합하지 않는다. 앞서 평양의 연혁에서는 기자 일족이 평양에 도읍을 정했다고 서술하였는데, 본문의 평양은 이른바 기자동래설에서, 손자와 황룡국의 이야기는 고구려 주몽(朱蒙)의 손자인 해명(解明)이 황룡국에 사신으로 갔다가 부친인 유리왕(琉璃王)의 분노를 사서 자결하였다는 일화(『삼국사기』, 「고구려본기」 유리왕조)에서 차용한 것으로 추측된다.

168 건축사가 세키노 다다시(關野貞, 1867~1935)를 가리킨다. 세키노를 위시한 조선고적조사단의 조사 활동 중에 이마니시 류(今西龍, 1875~1931)가 점제현비를 발견하였다.

실의 벽화와 조각, 석주 등은 매우 정교하다.

진남포역

평양에서 34리 3분, 평안남도 진남포부(鎭南浦府) 한두리(漢頭里).
동경 125도 30분, 북위 38도 40분.
기온 최저 영하 10.3, 최고 25.8, 평균 8.9

진남포는 부산 다음가는 큰 무역항으로 대동강 어귀에서 14리浬 거슬러 올라가는 상류에 위치한다. 맞은 편 기슭은 황해도 안악군安岳郡이다. 강폭은 약 1리浬리고 수심은 30척 내지 70척으로 족히 1만 톤 이상의 거선이 정박할 수 있다. 본 항구의 결점은 겨울철 약 3개월 동안 결빙되어 항해가 두절되는 것인데, 이 장해를 없애기 위해 정부는 지난 번 축항을 결의하였다. 지금은 공사 일부가 준공되었으며 선거船渠와 양륙장이 마련되어 수륙의 연락이 좋아졌다.

본 항은 황해를 사이에 두고 만주와 북중국을 마주한다. 대동강과 재령강 유역에 걸친 평야를 끼고 있는데 농산물과 광산물이 풍부하다. 또 상업과 무역에서 천혜의 위치에 있기 때문에 시장은 매년 발전하는 형세이다. 무역액은 최근 군산, 목포, 원산 등 선진 개항장을 능가하는 4,660만여 원이며, 게다가 약 5백만 원 가까이 수출이 초과하는 좋은 상황이다. 주요 수이출품은 광물류로 액수는 1,174만여 원이다. 그 다음을 차지하는 곡류는 886만여 원의 통계를 보인다.

시내에는 아라이新井, 사이토齋藤, 농산회사, 가토加藤, 삼일三一 등 비교적 규모가 큰 정미소가 있다. 또 피혁제조소와 철공소 등이 있다.

구바라久原광업회사 제련소는 진남포부 교외의 대대면大代面에 있다. 조선산 금은광과 내지 및 만주산 동광을 원료로 하여 함금은含金銀과 조동粗銅을 제조하며, 이를 내지의 히타치日立제련소와 사가노세키佐賀關제련소로 수송하고 있다. 한해 생산액은 259만여 근을 헤아렸는데 지금은 사업부진 탓에 중지하였다.

조선제분회사는 조선과 만주산 밀을 재료로 밀가루 제조를 목적으로 하여 연간 생산액은 40만 포대를 헤아린다.

서선조면회사는 최근 일 년 조면繰棉 106만 근, 목화씨 216만 근을 생산하였다. 원료는 평안남도와 황해도에서 생산된 재래면과 남선산南鮮山 육지면陸地棉, 산둥면山東棉 등을 사용한다. 제품 대부분은 한신阪神[169] 지방의 방적회사에 공급하고 있다.

인구

	내지인	조선인	중국인	기타	합계
인구	4,784인	16,042인	511인	7인	21,344인
호수	1,196호	3,592호	103호	3호	4,894호

관공아 기타

부청
세관
우편국
토목국
중국영사관
상공학교
고등여학교
소학교 2곳
수산회사
나카무라구미中村組
조선제분회사
오사카상선회사 지점
조선농산회사
피혁제조소
서선일보
식산은행 지점
지방법원 지청
경찰서
감옥
체신국 출장소
관염官鹽창고 출장소
상업전수학교
실과여학교
전기회사
기선합자회사
아소麻生광업회사
서선조면회사
구바라광업회사 제련소
가토정미회사
상업회의소
조선은행 지점
삼화三和은행

169 일본의 오사카(大阪)와 고베(神戶)를 아울러 이르는 말이다.

항로

오사카-부산-신의주선조선우선회사 경영 월 3회 인천-진남포선조선우선회사 경영 월 4회

대동강 기타의 항로 진남포-재령선월 5회

진남포-진강포선津江浦線월 15회 진남포-금복선今卜線매일 1회

진남포-겸이포선월 25회 이상 진남포기선회사 경영

| 명소 |

〔**삼화화원**三和花園〕 이 지역의 유일한 명소이다. 경내에는 화초와 분재, 농원이 있어서 산책하기에 매우 적당하다. 산기슭의 경사를 이용하여 화원 위에 태신궁太神宮을 모시고 있으며, 이곳에서 바라보는 항만 조망이 자못 아름답다. 이곳은 도미타富田[170] 씨의 사유 화원이지만 개방하여 일반인의 관람과 휴식을 허가하고 있다.

〔**광량만염전**廣梁灣鹽田〕 역에서 육로는 4리, 수로는 하류로 16리哩 떨어져 있다. 시내에서는 자동차운임 1원 50전와 기선운임 1원이 다닌다. 이곳은 총독부 직영으로 면적은 934정보이고 취업인원은 약 8천 명이며 연간 생산액이 6,856만 근에 달하는 대규모 염전이다. 다만 결빙기에는 휴업하여 작업기는 3월 상순에서 11월 중순까지이다.

〔**매산리고분**梅山里古墳〕 역에서 2리 남짓 거리의 광량만으로 통하는 도로 북측에 있다. 강서고분과 거의 동시대에 속하는 것으로 현실 안의 벽화는 자못 귀중한 고고학 재료라고 한다.

〔**용강온천**龍岡溫泉〕 용강온천은 진지동역에서 가는 것이 가장 빠른 길이지만, 진남포에서 격일로 승합자동차가 운행하고 있어서 오히려 교통이 편리하다운임 2원. 온천은 수온이 높고 용출양이 풍부하며 강한 염류천에 속한다. 이곳에는 세이요칸靜養館이라는 내지인 여관이 있다.

170 조선에서 대부분의 생애를 보낸 실업가 도미타 기사쿠(富田儀作, 1858~1930)이다. 황해도와 진남포에서 광산업에 종사하였으며 농장도 경영하였다. 만년에는 조선미술에도 관심을 기울였다. 삼화은행 은행장을 역임하기도 하였다. 삼화화원은 나중에는 삼화공원이 된다.

호남선湖南線

대전-목포 간 161리 8분

호남지방은 기후가 온화하고 토질이 비옥하여 농산물이 풍부하고 또 연안과 도서 역시 어염이 풍부하여 반도의 보고라 일컬어진다. 본 노선은 호남지방을 종단하는 노선으로 두세 구간을 제외하고 연선은 대개 평탄하고 비옥한 대평야이다.

우선 대전을 출발하여 계룡산 지맥의 산간을 넘어 강경江景평야에 접어들면 논산역論山驛이 있다. 일본의 아스카飛鳥 문화에 공헌한 백제의 옛 도읍 부여가 여기서 멀지 않다. 다음 역인 강경역부터는 전라북도에 들어가며, 노선은 금강 두둑에 접근하면서 크게 활모양으로 굽어진다. 감열感悅[171] · 황등黃登 평야를 관통하여 군산 지선의 분기역인 이리裡里에 도착한다. 여기서 만경강萬頃江을 건너 김제金堤를 지나 동진강東津江 유역을 통과하여 정읍井邑에 이르는 구간은 이른바 전주全州의 대평야이다. 가을 무렵이 되면 몇 리에 걸쳐 끝없는 황금빛의 아름다운 들녘이 산들바람에 흔들리는 모습에 색다른 쾌감을 느끼게 된다.

전주평야가 끝나면 양쪽 창으로 산악이 들어오는데 얼마 지나지 않아 전라남도와 북도의 도계가 되는 노령蘆嶺산맥의 터널로 들어간다. 노령 이남은 이른바 나주羅州평야이다. 일찍이 후백제와 태봉이 자웅을 겨루던 때, 양자강揚子江 문명의 혜택을 가장 많이 입었던 나주는 고려 태조 왕건이 아직 태봉의 비장碑將이었던 무렵부터 관계가 깊던 지역이다. 나주 이남은 기차가 구릉 사이를 몇 번이나 꺾어지면서 영산강榮山江과 대체로 나란히 달린다. 몽탄夢灘 부근부터는 해안선이 긴 아름다운 갯벌을 달려 목포에 도달한다.

171 함열(咸悅)의 오기이다.

가수원역

佳水院驛, 충청남도 대전군 동면(東面) 가수원, 대전에서 7리 5분, 목포까지 154리 3분

기차가 대전을 출발해서 평야를 관통하여 계관산鷄冠山[172] 지맥의 산간에 들어가면 가수원역에 도착한다. 가수원천佳水院川은 역 끄트머리 쪽에 가까이 흐르는데, 논두렁 사이를 굽이 돌아 수천 경頃의 기름진 논을 윤택하게 하고 대전을 지나 금강으로 흘러 들어간다.

두계역

豆溪驛, 충청남도 논산군 두마면(豆麻面) 두계리, 대전에서 16리, 목포까지 145리 8분

역은 계룡산 남쪽 기슭의 척박한 산촌에 있다. 산간 사이에 낀 평지도 조금 있는데 그조차 일 년에 두세 번은 가수원천의 수량이 증가하여 피해를 입기도 한다. 한 걸음만 올라가면 호남의 대평야에 이를 수 있다. 이렇게 황량하고 추운 산촌이지만 약 450명의 인구가 살고 있으며 일용잡화를 거래하는 시장도 있다.

| 명소 |

〔**신도내**新都內〕 역에서 동북쪽으로 20정町 남짓 떨어진 가수원천의 상류에 있는 촌락으로 동·서·북 삼면이 산으로 둘러싸였다. 이조 건국 초기 송도에서 천도하려고 계획했던 유적인데, 한때 궁궐의 공사까지 시작했지만 조운이 불편하여 중지되었다. 부근에는 여전히 초석이 산재해 있다. 이곳을 지나 계룡산을 올라가는 길은 겨우 2리 남짓이지만 산길이 가파르고 험하여 통행이 불편하다.

연산역

連山驛, 충청남도 논산군 연산면 청동리(青銅里), 대전에서 24리 8분, 목포까지 137리

원래 군청소재지였던 연산은 역에서 동쪽으로 19정丁 떨어져 있다. 북쪽은 대

172 계관산은 평안남도 맹산군 장동리와 경기도 가평과 춘천의 경계에 있는 산이다. 본문의 내용과는 위치상 부합하는 산은 계룡산이나, 계룡산의 이칭 중에 계관산은 보이지 않는다.

전, 남쪽은 전주, 또 서쪽은 논산으로 통하는 도로가 있다. 시장과 금융조합 등이 있으며, 부근의 물자 집산지로 쌀과 보리, 대두, 땔감, 소 등의 산물이 있다. 인구는 역 부근에 170여 명, 읍내에 약 670명이 있으며 농업에 종사하는 내지인은 두 곳을 합하여 110여 명이 살고 있다.

| 명소 |

〔**개태사**開泰寺**유적**〕 역에서 동쪽으로 20정 떨어진 천호리天護里에 있다. 절은 백제시대의 거찰로 지금은 관세음 대석불만이 고색창연하게 남아 있다. 이 절의 다른 유물로는 옛 읍내의 공원으로 이전된 오층탑과 경성박물관에 소장된 대형 쇠솥 등이 있다. 백제의 유물은 신라에 비해 수가 적기 때문에 특히 보존에 주의해야 한다.

논산역

論山驛, 충청남도 논산군 논산면 욱정(旭町), 대전에서 32리 5분, 목포까지 129리 8분

이 역은 호남선의 주요한 역의 하나이다. 경성-목포가도는 공주와 노성魯城을 거쳐 여기서 본 노선을 횡단한다. 또 강경, 부여, 대전으로 통하는 도로가 동서로 나 있어 이른 바 사통팔달의 중심이 되고 있다. 도청소재지인 공주까지 8.5리里 떨어져 있으며 매일 승합자동차가 운행한다운임 2원 20전. 은진恩津까지는 1리, 부여扶餘까지 4.5리 거리로 모두 차마車馬 편이 있다. 또 논산천을 이용하여 하류로 2리 거리인 강경까지 배편이 있다.

시가지는 역에서 남쪽으로 몇 정 떨어져 있으며 초천草川[173]이 시내 중심을 관통하여 흐르는데, 이곳까지 바다의 조수, 간만의 영향을 받기 때문에 이를 이용하여 배가 다닌다. 본정本町에는 보통시장이 있고 욱정에는 우시장이 있다. 두 시장의 1년 거래액은 240만 원에 달한다. 호남에서 유수한 미곡 집산지이다. 인구는 약 5,200명이고 170호의 내지인을 포함한 호수는 1,100여 호이며, 군

173 고지도에서 초천이란 하천은 논산 인근 지역에서는 확인이 안 된다. 논산 시내를 흐르는 하천은 논산천으로 이전에는 표진강(漂津江)이라 불렸다. 한편, 논산천 인근의 다른 하천으로는 대둔산에서 발원하여 논산천에 집수되어 금강 본류로 흘러드는 갑천(甲川)이 있다. 초천은 이의 오기가 아닌가 한다.

청과 금융조합, 식산은행 지점 외에 정미회사 및 주조회사가 있다.

농장 및 과수원 이 부근은 유명한 강경평야의 일부로 일대에 경작지가 펼쳐져 있다. 그중에서도 역에서 1리 떨어진 부적면夫赤面 마구평리馬九坪里에는 고바야시小林, 가와카미川上, 나가쓰永津, 마쓰모토松本 등 여러 농장이 있는데, 작년에 수리조합을 조직하여 몽리蒙利면적 330정보의 땅에 이상적인 설비를 더하였다. 또 역 부근에는 금과錦果과수원과 논호論湖과수원이 있고, 역에서 동쪽으로 1리 떨어진 은진면에는 아쿠타가와芥川과수원이 있다. 모두 능금, 배, 복숭아, 포도를 생산하며 과질이 양호하여 규슈九州, 경성, 군산 등 각 방면의 시장에서 평판이 높다.

| 명소 |

〔**은진대미륵**恩津大彌勒〕 역에서 동남쪽 30여 정 거리로, 은진읍 바로 앞 화기산면花枝山面의 관촉사灌燭寺에 있다. 미륵입상의 높이는 88척 9촌이고 둘레는 15척[174]으로 조선의 석불 중에서 가장 크다. 약 950년 전인 고려 광종 19년에 승려 혜명慧明의 개안開眼으로 건립되었다. 매년 봄가을 2회 열리는 대법회 때는 찾아와 참배하는 사람이 수만 명을 웃돈다. 경내에는 내지인의 차정茶亭이 있다.

백제 유적 역에서 서남쪽으로 4리 32정 떨어진 금강 기슭에 부여읍이 있는데, 역에서 자동차 또는 인력거를 빌릴 수 있다. 부여는 백제의 옛 도읍으로 일본의 상대문화와 자못 관계가 깊은 곳이다. 주아이仲哀 천황 8년에는 양잠이, 진구神功황후 50년에는 철과 단야鍛冶 법이 백제에서 전해졌고, 그 이듬해에는 중요한 보물인 칠자도七子刀 칠자경七子鏡이 헌상되었다[175]. 특히 문교文敎의 시작이었던 불교나 역曆과 의박사醫博士 등도 모두 백제에서 전해진 것은 잘 알려진 바이며, 말세에 이르기 까지 감사할 만한 커다란 사실이다. 이 같은 관계

174 『관촉사사적기(灌燭寺史蹟記)』에는 높이 55척 5촌, 둘레는 30척으로 기록하고 있다.

175 칠자도는 칠지도(七枝刀)의 오기이다. 『일본서기』 권9 「신공황후」 52년 9월 10일조에 백제가 칠지도와 칠자경 및 여러 보물을 바쳤다는 기록이 나온다. 같은 기사에 백제에서 철을 바쳤다는 기록은 보이지만 단야법 관련 내용을 보이지 않는다.

에서 나당 동맹군이 육박하여 백제가 존망의 위급한 지경에 처했을 때, 일본에서 원군을 보내 기울어진 대세를 다시 뒤집고자 시도한 것이지 단지 의리상 호쾌하게 파견했던 것은 아니었다. 원래 조선의 인습은 이전 왕조의 유물이라면 문물, 미술, 공예 기타 관련된 모든 것을 뿌리부터 파괴하기 때문에, 지금 이 부여 땅을 다녀도 역시 당시의 백제를 떠올릴 유물이라고 할 만한 것이 적다. 이곳에는 감정이 휘몰아치는 망국의 산하만이 남아 있다.

〔**부여산**扶餘山〕 군청 뒤편의 구릉으로 동쪽 일각을 영월대迎月臺, 서쪽 일각을 송월대送月臺라 한다. 다리 아래로 끝없이 넓은 백마강이 내려다보이고 멀리 구름 사이로 계룡산의 연이은 봉우리가 보인다. 산과 물가에 마을이 눈앞에 펼쳐지는 광경은 완전히 한 폭의 그림과 같다. 또 산속과 이 부근에는 부여의 명소와 고적이 모여 있다. ●반월성半月城 혹은 사비성泗沘城은 흙과 돌을 섞어 축조한 백제왕성의 터이며 그 둘레가 13,600여 척으로 부소산扶蘇山을 품고 있다. 성의 양쪽 머리가 금강을 향하여 마치 반달 모양과 같아서 그런 이름이 생겼다고 한다. 산꼭대기에는 군창軍倉 터가 있어서 때때로 땅속에서 당시 불에 탄 쌀과 보리가 발견된다. 산허리에 당나라군의 총수總帥였던 유인원劉仁願의 공적비가 있다. 이것은 작년에 땅속에서 발굴되었는데 절반은 깨져서 새겨진 글을 읽기 어렵지만, 역사상 사실을 기록한 건조물이라 고고학에 취미가 있는 사람들이 진귀하게 여긴다.

〔**낙화암**落花巖〕 부소산 북쪽 기슭의 금강에 접한 거대 암석이다. 전설에 따르면 백제 멸망 시 비빈妃嬪 등이 맨발로 깊은 대궐에서 도망쳐 나와 이 바위 위에서 서로 끌어안고 몸을 강물로 던졌다고 한다.

●조룡대釣龍臺는 낙화암의 오른편에 강 위로 솟아있는 괴석이다. 당나라 장군 소정방蘇定方이 강을 건너려고 했을 때 갑자기 비바람이 일어 뜻을 이루지 못하였는데, 이 바위 위에 서서 백마를 먹이로 삼아 용 한 마리를 낚자 하늘이 돌연 개어 군사들이 건널 수 있었다고 한다. ●자온대自溫臺는 낙화암의 서쪽에 있다. 의자왕이 여러 차례 주연을 베풀고 즐기던 곳으로 아첨꾼들이 미리 불을 피워 돌을 따뜻하게 해 놓았다고 전한다. ●고란사皐蘭寺는 낙화암에서 상류로 약 1

정 떨어진 부소산 중턱에 있는 고찰이다. 앞쪽은 강에 접해있고 뒤쪽은 절벽이 솟아있으며 구불구불한 자갈길로 겨우 다닐 수 있다. 경내는 맑고 한적한 아취가 있다.

〔**대당평백제탑**大唐平百濟塔〕 읍에서 서쪽으로 몇 정 떨어져 있는데, 높이는 34척이고 둘레는 12척이다. 그 옆에 있는 사적비와 함께 부여 백제의 유물로 가장 진기하고 귀중하게 여겨진다. 당나라와 동맹을 맺은 신라 세력이 백제를 위협하니 일본의 원군을 청하는 일이 잦았다. 그 때 일본에서 온 아즈미노히라후阿雲比羅夫[176] 등이 수군 170척을 이끌고 금강을 거슬러 올라갔으며, 그 후 다시 가미쓰케노노와카코上毛野稚子 등이 병사 2만 7천을 거느리고 백제로 와서 도운 사실이 일본서기에 보인다. 그럼에도 필적하지 못하고 마침내 백제는 여기 부여 땅에서 나당동맹군에게 무너진 것이다. 신라 무열왕은 이때의 대첩을 기념하는 한편 당나라의 환심을 사려고 이 탑을 건립한 것이다. 안타깝게도 비문은 마멸되어 읽을 수 없다. ●논산가도 동쪽 현 내 능산리陵山里에 고분이 있다. 연도羨道와 현실이 남아 있어 호사가들에게는 좋은 참고자료이다. 또 능산리에는 옛날부터 백제왕의 묘라고 일컬어지는 고분이 있는데, 작년 구로이타黑板[177] 박사와 세키노 박사에 의해 백제시대 고분으로 단정되었지만 어느 왕의 능인지는 아직 판명되지 않았다.

〔**규암진**窺岩津〕 규암진은 부여에서 북쪽으로 20정 떨어져 있는 금강변의 요진이다. 강기슭에 천정대天政臺라는 고적이 있는데 일부러 찾아갈 만한 가치는 없다. ●대재각大哉閣은 규암리에서 북쪽으로 5정 떨어진 부산浮山 기슭에 있다. 대재각 안에는 "지통재심일모도원至痛在心日暮途遠"[178]의 여덟 자가 새겨진 비가 세워져 있다. ●대왕포大王浦는 규암리에서 하류로 30정 떨어져 있다. 백제시대

176 『일본서기』 권27 「천지천황」 661년 8월의 '백제에 구원병 파견' 기사에는 아즈미노히라후무라지(阿曇比邏夫連)로 표기되어 있다. 662년 백제 원군으로 수군을 이끌고 출정하였다가 패배하고 귀국하였다. 한편, 아즈미 씨족은 대륙에서 바다를 건너 도래한 해양민족으로 알려졌는데, 아즈미(安曇)라고도 쓴다.

177 역사학자로 고문서학을 확립한 구로이타 가쓰미(黑板勝美, 1874~1946)를 가리킨다.

178 "마음이 지극히 아프나 날은 이미 저물고 갈 길은 멀구나"라는 뜻이다. 1677년 송시열이 이경여(李敬輿)의 아들 이민서(李敏敍)에게 친필로 써 준 것인데, 효종의 북벌에 대한 이경여의 상소에 대한 비답(批答)에 있던 "진실로 마음이 아프나 뜻을 실현하기에는 너무 늦다(誠以至痛在心 有日暮途遠意)"에서 고른 것이다. 이민서의 아들 이이명(李頤命)이 1700년 암석에 8자를 새기고 정자를 지었다.

왕과 총신 등이 환락을 즐기던 곳이었는데 당시는 강기슭이었지만 지금은 유역流域이 변하여 기암이 모래 위로 솟아있다.

旺浦秋高一風帆　왕포의 가을하늘은 높은데 돛단배 하나
茫茫遠影半空中　아득히 멀리까지 햇살은 하늘에 가득한데
不知盡向歸何處　도대체 어디로 돌아갈지 알지 못하고
帷見蓼花兩岸紅　그저 여뀌 꽃 같은 햇살이 붉게 물들인 강변만 바라보네[179].

참고로 부여를 여행하고자 한다면 경부선 방면에서는 조치원역에서 내려 공주를 거쳐 오는 것이 편리하다. 또 돌아갈 때는 호남선 논산역으로 나가면 유명한 미륵불을 보기에 편하다. 이 지름길은 자동차나 인력거가 다니며 부여에는 내지인이 경영하는 여관도 있어서 와서 즐기기에는 아무런 불편함이 없다.

강경역

江景驛, 충청남도 논산군 강경면 대정정(大正町), 대전에서 38리 2분, 목포까지 123리 6분

이른 바 강경평야는 이 역의 동·남·북 삼면으로 트여 있다. 면적은 약 25리로 토양이 비옥하고 무논이 많아 미곡 생산은 십 수 만석에 달한다. 서쪽은 금강을 바라보며 군산뱃삯 1원과 부여뱃삯 50전 등으로 수운 편이 있다. 또 부여, 익산, 예산 등으로는 승합자동차가 운행하고 있다. 시가는 역에서 서쪽으로 몇 정 떨어져 있다. 강경면을 번화의 중축으로 채운성彩雲城 동쪽의 두 면面에 접하여 사실상 세 개 면이 서로 기대어 시가를 형성하고 있다. 총 인구는 1,480여 명의 내지인을 포함하여 약 1만 9천명에 달한다.

시내에는 강경과 황산黃山 두 곳에 시장이 있다. 강경시장은 예부터 조선 3대 시장의 하나로 일컬어지는 큰 시장으로, 장날에는 강경면 전체가 시장이 될 정도로 성황인데 한해 거래액은 실로 850여만 원을 헤아린다. 지방법원 지청, 경찰서, 우편국 외에 삼남식산회사, 신탁회사, 식산은행 지점 및 한일은행 지점 등

179 작자와 출전을 알 수 없다. 독자 제현의 가르침을 바란다. 한시 해석은 역자에 의함.

이 있다. 또 공업방면에서는 삼남식산회사 정미공장, 오가타 와공장緒方瓦工場, 아라마키 주장유공장荒卷酒醬油工場 등이 있다. 근교에는 구니타케國武농장을 비롯하여, 아라마키荒卷, 모리키쿠森菊 외 크고 작은 농장이 있다.

| 명소 |

〔**채운산**彩雲山〕 역에서 동남쪽으로 약 5정 떨어진 작은 구릉이다. 서쪽의 황산과 서북쪽에 솟아 있는 강경공원의 옥녀봉玉女峰과 함께 시가지 주위에 솟발처럼 서 있다. 동남평야가 끝나는 곳에 마이馬耳산맥이 잇닿으며 서쪽으로는 수많은 돛 그림자를 실은 드넓은 금강이 바라보이는 경치가 웅대하다.

함열역

咸悅驛, 전라북도 익산군(益山郡) 함열면 와리(瓦里), 대전에서 45리 1분, 목포까지 116리 7분

강경을 출발한 기차는 전라북도로 들어가 함열역에 도착한다. 역 부근에 내지인이 경영하는 대농장이 많으며 미곡 산출로 유명하다. 인구 1,500여 명내지인 130명이며 금융조합, 미곡검사소, 미곡상조합 및 시장이 있다.

함열 읍내는 역에서 서쪽으로 1.5리운임 1원 떨어져 있다. 읍 부근에는 신라시대의 고찰인 숭림사崇林寺와 용흥사龍興寺 등 명승지가 있다.

대농장으로 미쓰오카光岡농장, 후지不二흥업회사 분파소分波所가 있다. 모두 이곳 농산계에서 성공한 곳으로 주목받고 있다.

황등역

黃登驛, 전라북도 익산군 황등면 황등리, 대전에서 51리, 목포까지 110리 8분

이곳은 전주평야 서북부에 위치한다. 농경지가 넓어 전라북도 내 굴지의 쌀 생산지이다. 250여 명의 내지인이 살고 있다. 금융조합과 양어養魚회사 등이 있고, 미곡, 대두, 연초 및 석재 등을 생산한다.

가타무네片棟농장은 몇 정 떨어진 곳에 있다. 농업에 종사하는 한편 화강석도 채취하는데 주로 철도건축 재료로 공급한다. 또 모리타니森谷농장은 역에서 몇

정 떨어진 곳에 있는데 벼농사 외 과수원 양잠 및 잠종제조 등의 부업을 경영한다. 이 밖에 부근의 대농장으로 역에서 서쪽으로 1리 거리에 옥구군沃溝郡 서수면瑞穗面에 가와사키川崎농장이 있다.

| 명소 |

〔**요교제**腰橋提〕 요교제는 조선 굴지의 관개지灌漑地였는데 악정 탓에 황폐해져 사용하지 못하던 것을 작년 임익수리조합臨益水利組合에서 일대 개축을 하였다. 저수지의 둘레는 약 8리로 역에서 남쪽으로 8정 정도 떨어져 있다. 빗물을 저장하는 외에도 삼례천參禮川을 끌어들여서 항상 흐린 물이 넘실대니 커다란 호수 같다. 몽리면적은 익산군과 옥구군 두 곳에 걸쳐 약 3천여 정보이다. 이 저수지 두둑에 양어회사가 있고 배를 빌려 낚시와 뱃놀이도 할 수있다.

〔**왕궁탑**王宮塔[180]〕 역에서 동쪽으로 2리, 익산 고읍古邑에서는 약 1리 떨어진 미륵면에 있다. 탑의 높이는 10장丈이고 상부는 파손되었지만 상당히 웅대하고 기교가 정치하다. 마한시대의 유물로서 유일무이한 것인데 안타깝게도 후미진 곳에 있어 찾아오는 사람이 적다. 또 탑 부근에 용화산龍花山 일명 미륵산에는 마한의 시조 기준箕準이 축성하였다는 산성 터가 있고, 산속의 미륵사에는 미륵석불 및 석탑이 있다.

이리역

裡里驛, 전라북도 익산군 익산면 이리, 대전에서 55리 1분, 목포까지 106리 7분

이리는 군산지선의 분기점이며 전주로 통하는 전북경편철도의 출발역이다. 이곳은 원래 이름 없는 한촌이었지만 호남선 개통과 함께 전북경편선이 부설되면서 전주의 길목이 되어 교통 상 요충지가 되었다. 또 전주평야의 거의 중심에 있어서 이곳으로 이주하는 사람들이 나날이 뒤이어 급격한 팽창을 보이고

180 익산 미륵사지 석탑을 가리키며, 미륵사지 서원석탑이라고도 한다. 『삼국유사』에 백제 무왕대 미륵사 건립에 관한 이야기가 실려 있다. 서원 석탑 해제 중 「금제사리봉영기」가 발견되어 639년 건립된 사실이 확인되었다. 1915년 일본인들이 콘크리트로 보수한 모습을 80여 년동안 유지하였으나 노후로 인해 해체보수가 결정되었다. 국립문화재연구소가 2001년부터 해체, 2019년 4월 준공하였다.

있다. 최근의 인구는 4,226명내지인 1,812인이며, 익산군청, 경찰서, 미곡 검사소, 식산은행 지점, 금융조합 및 조선잠업회사, 구스다楠田상사회사, 정미인접공장精米籾摺工場[181] 7곳, 주장유酒醬油양조장 5곳 등이 있다. 또 백남신白南信농장, 오하시大橋농장, 후지흥업회사 전북 지장支場 및 사나다眞田농장 등이 유명하다.

전북경편철도선

본 노선은 이리역을 출발하여 전주읍에 이르는 15리哩 5분 거리의 철도이다. 이리역을 출발하여 〔구 이리舊裡里〕를 지난다. 〔대장大場〕에는 유명한 호소카와후작가細川侯爵家 농장이 있다. 다음으로 본 노선의 중앙인 〔삼례參禮〕를 지나 만경강을 건너 〔동산東山〕과 〔덕진德津〕을 지나 〔전주〕이리 16리, 병등並等 64전에 도달한다.

전주는 전라북도 도청소재지로 지방법원 지청, 군청, 경찰서, 우편국, 헌병분대, 수비대, 전북은행, 식산은행 지점, 금융조합 등 정치경제 기관이 갖추어졌다. 또 경철輕鐵회사, 전기회사, 제연製筵회사, 흥업회사 및 동아연초회사 등이 있다. 호수는 3,100여 호이고 인구는 13,780여 명내지인 3,181인으로 전라남북도에서 제일 번영하였다.

이곳은 예전에는 변한弁韓, 마한馬韓 땅으로 나중에는 백제에 속하였으며 완산完山이라고 하였다. 그 후 신라 말기에 견훤이 이곳에 거점을 두고 나라를 후백제라고 하였다. 또 이 왕가의 성씨 이李는 바로 완산에서 나왔기 때문에 이조와 연고가 깊다. 동쪽으로는 고덕산高德山, 서쪽으로는 다가산多佳山, 서남쪽으로는 곤지산坤止山과 완산完山 등 여러 산이 솟아있고, 서북쪽으로는 미전옥답美田沃畓인 전주평야를 끌어안으며, 맑은 전주천이 서남쪽을 휘감으니 산수가 수려하다. 경기전慶基殿, 조경묘肇慶廟, 한벽루寒碧樓, 오목대梧木臺 및 완산, 남고산南固山, 다가산, 덕진지德津池 등 명소와 옛 유적이 풍부하다.

읍내에서 동남쪽으로 남원南原과 순천順天을 거쳐 하동河東, 여수麗水에 이르는 도로는 백제시대에 일본으로 다니던 교통선이고, 또 게이초의 역 때 일본군이 진

181 정미공장을 가리킨다. 인접이란 일본어로는 '모미스리'라고 하는데 볏겨를 벗겨 현미를 만드는 작업을 뜻한다.

은진미륵 대석불

강경시장

금강과 강경평야

함열역 부근 관개지

백제유물 왕궁탑

군산부 전경

군산부두

군산공원

전주읍 전경

금산사

내장산

장성공원

조선풍속 풍년춤

전남평야의 면화밭

광주읍

나주읍

몽탄 부근 영산강

풀베기

목포시가

목포항

목포부두의 면화

베 짜기

군한 곳으로 남원은 그 때의 전장이다. 현재 전주-남원 간 승합자동차를 운행하여 약 세 시간이면 도달한다운임 5원 50전. 또 본 노선에는 장래 경편철도를 부설하여 마산-송정리 간 남선철도본선과 곡성읍谷城邑에서 연결할 계획이다.

完山佳麗古名都　　완산은 매우 아름다우니 옛 명도로다.
龍虎盤踞多欝紆　　청룡과 백호가 서린 듯 울창하게 얽혔도다.
畜靈擁祐氣佳哉　　신령이 지키고 도우니 기운도 아름답네.
有時發洩爲眞符　　때에 하늘의 상서로운 징조가 발현되었네.
仙李盤根肇此鄕　　이씨 왕족 이 고장에 나라 기반 세웠고
赫葉淸陰庇東隅　　자손을 흥성케 하는 음조 이 나라를 도왔네.
新豐鷄犬何足擬　　신풍의 닭, 개가 어떻게 비견하리오!
忠厚不與幽風殊　　충후함이 주나라의 풍속과 다르지 않네[182].

군산지선群山支線

이리-군산 간 14리 3분

대전에서 이리까지의 구간으로 호남선의 작은 부분이다. 대전-군산 간에 아침저녁 1회씩 직행열차를 운행한다. 현행 열차의 운전계통과 군산항의 위치로 인해 대전-목포 간 기사를 서술하기 전에 부득이 이곳에 군산지선을 삽입하는 것에 양해를 구한다.

182 조선 전기의 문신 이승소(李承召, 1422~1484)가 전주 객관 풍패관(豊沛館)에서 남긴 「전주부윤을 전송하다(送全州府尹)」라는 시로, 『삼탄집(三灘集))』(1515) 제9권에 실려 있다. 원시는 30구의 칠언절구이다. 『신증동국여지승람』 제33권 「전라도 전주부」에는 본문의 8구만 실려 있다. 제8구의 幽는 豳의 오기이다. 빈풍은 『시경』의 편명으로, 빈은 주나라의 발상지로 여겨지는 땅이다.제8구의 幽는 豳의 오기이다. 빈풍은 『시경』의 편명으로, 빈은 주나라의 발상지로 여겨지는 땅이다.

지경역

地境驛, 전라북도 옥구군(沃溝郡) 대야면(大野面) 지경리, 이리에서 8리 1분, 군산까지 6리 2분

이곳은 전주-군산가도와 강경-김제로 통하는 도로의 교차점이 되는 촌락이다. 동북방면으로는 강경가도에서 1.5리 거리에 임피읍臨陂邑이 있다. 역 부근에 오쿠라大倉, 시마타니島谷 등의 농장이 있는데, 경작지가 넓어 농업지로 적당하다.

군산역

群山驛, 이리에서 14리 3분, 대전까지 69리 4분, 목포까지 121리. 전라북도 군산부 영정(榮町).
동경 126도 43분, 북위 35도 59분.
기온 최저 2.0, 최고 25.4, 평균 11.8

군산항은 금강 하류 왼쪽 기슭에 있는 무역항으로 내륙 오지에는 공주, 강경, 전주의 큰 시장을 끼고 있다. 해로로는 인천까지 118리浬, 목포까지 102리, 모지門司[183]까지 375리이며 특히 조선 쌀의 이출항으로서 저명한 항구이다. 최근 무역액은 3,510만여 원으로 그 중에 수이출액은 수이입액의 약 세 배에 해당한다. 조선에서 일반무역의 수이출항으로나 백미의 수이출항으로서도 부산에 버금가는 제2위를 점한다. 백미는 그 액수가 2,576만여 원에 달한다.

시가지는 서북쪽의 팔마산八馬山부터 동북쪽의 봉화산峰火山으로 이어지는 구릉과 금강 사이에 있다. 서북부의 정거장 방면에는 조선인 상점이 많고 동북부는 주로 내지인 가옥이 정연하게 들어서 시가를 형성한다. 본정통本町通, 전주통 등이 상업이 가장 발달한 곳이다. 그 중에서도 본정통 2조條의 해안가 세관 지청 부근은 본 무역항의 중심지로 육지에는 수이출하는 쌀이 산적해 있고 강에는 크고 작은 선박이 강을 덮을 만큼 성황을 이루고 있다. 군산은 해항이 아니라 하항河港인데, 항내 수심은 간조 시에 3심尋[184] 내지 5심에 달하여 상당히 큰 선박이 정박하는 데 적합하다. 아쉬운 점은 강어귀 1~2리浬 사이에 천퇴淺堆가 있어서 큰 선박은 만조를 기다렸다가 출입해야 하는 불편함이 있다.

시내에는 동서 두 곳에 시장이 있다. 또 명치정明治町의 막다른 해안가에는 어시

183 일본의 후쿠오카현(福岡縣) 기타큐슈시(北九州市)에 있는 항구로 1899년 축항과 철도부설로 번영하게 되었다.

184 1심은 약 1.8미터이다.

장이 있다. 금강 어귀 연해 일대는 어업이 활발하여 생산액이 적지 않다. 따라서 이 어시장도 상당히 번화하였다. 기타 산업 방면에서 특기할 만한 것은 없지만 정미공업만은 지극히 왕성한데, 아사히朝日정미회사 공장이 가장 크다. 증기, 가스, 전기의 동력을 이용하는 크고 작은 정미소가 열두 곳이 있으며, 작업 능력은 하루에 정미 2,670석, 현미 2,490석을 처리할 수 있다.

인구

	내지인	조선인	중국인	합계
인구	5,564인	7,822인	231인	13,617인
호수	1,408호	1,748호	56호	4,212호

관공아 기타

부청
옥구군청
경찰서
지방법원 지청
감옥 분감
세관지서
우편국
미곡검사소
금융조합
수산학교
농학교
상업전수학교
실과고등여학교
소학교 3곳
상업회의소
통상회사
수산회사
전기회사
흥농興農회사
권업회사
후지不二상업회사
아사히정미회사
극장회사
조선정미 조선물산회사 지점
조선은행 지점
식산회사
18은행 지점
상업은행 지점 등

항로 기타

철도 개통 이래 본 항에 기항하는 정기항로 기선의 수는 감소하였으며, 부정기 운항선과 화물선을 제외하고 조선우선회사가 경영하는 인천선, 목포선의 기선이 월 3회 왕복할 뿐이다. 금강을 거슬러 올라가는 수운은 강경, 공주, 경부선의 부강 부근까지 통하지만, 이 역시 화물 위주로 여객 편 제공은 너무 빈약하다. 육로는 철도 선로를 따라 전주읍에 이르는 승합자동차가 하루 1회 왕복 운행하고 있다군산에서 지경까지 80전, 이리까지 1원 80전, 전주까지 3원.

| 명소 |

〔**군산공원**[185]〕 시가의 서북단에 있는 작은 언덕에 마련된 공원이다. 언덕 위 소나무 숲에 있는 금비라金比羅신사에서 군산시가가 내려다보이며, 금강을 사이에 두고 맞은 편 기슭에 있는 충청남도의 여러 산이 바라보인다. 공원 안에 있는 침류정枕流亭 및 취월정醉月亭에서는 강과 산을 왕복하는 돛배의 그림자를 손가락으로 가리킬 정도로 볼 수 있다.

부용역

芙蓉驛, 전라북도 김제군(金堤郡) 백구면(白鷗面) 월봉리(月鳳里), 대전에서 59리 6분, 목포까지 102리 2분

군산지선을 되돌아 호남본선으로 들어가면 이리 다음 역이 부용역이다. 이곳도 만경강 두둑에 있는 굴지의 쌀 생산지이다. 동쪽으로 30정 거리에 반월리半月里 촌락이 있으며, 거기서 30여 정을 더 가면 재남才南시장에 도착한다. 재남시장은 부근 농산물의 집산지로 거래액은 연 십수 만 원을 웃돈다. 또 이 주변에서는 면화 재배가 잘 보급되어 있다.

185 1906년 각국공원으로 개원하였다가 1910년 조계지가 폐지되면서 군산공원으로 이름이 바뀌었다. 1972년부터는 월명공원으로 개칭하여 지금에 이른다.

김제역

金堤驛, 전라북도 김제군 김제면 신풍리(新豐里), 대전에서 66리 2분, 목포까지 95리 6분

역은 만항강萬項江[186]과 동진강東津江 중간에 드넓고 기름진 들녘 중앙에 위치한다. 동쪽으로 금구읍金溝邑을 거쳐 전주까지 6리里, 서북쪽으로 만경읍까지 2리, 서남쪽 부여읍까지 5리 못 미치며, 모두 평탄한 도로가 나 있다. 또 서남리西南里 여포교餘浦橋에서는 군산까지 배편이 있다.

김제읍은 역에서 남쪽으로 14정 정도 떨어져 있다. 인구는 약 5,400명이며 군청, 경찰서, 금융조합, 식산은행 지점, 농학교와 소학교, 기타 동양척식회사, 이시카와현石川縣[187]농업회사의 각 지점, 동진東津수리조합사무소 등이 있다. 읍에 있는 시장은 호남지방에서 저명한 시장으로 주요 거래물자는 미곡, 목면류, 소, 돼지 등이며, 거래액은 대략 연 250만 원에 달한다.

농장 기타

역 부근 사방이 오로지 경지뿐이라 언뜻 봐도 절호의 농업지라고 생각하게 된다. 자금 8백만 원으로 조직된 동진수리조합은 이 비옥한 들녘 15,000정보를 몽리면적으로 한다. 현재 공사 중이지만 1~2년 뒤에는 완성될 예정이라 한다. 현재 이곳에 있는 대농장은 이시카와현 농업회사 농장, 마스토미桝富농장, 아베阿部농장, 다키多木농장 등이다. 이들 농장의 연간 수확은 많게는 1만 수천 석이고 적어도 5천석을 밑돌지 않는다.

| 명소 |

〔**벽골제**碧骨堤〕 역에서 서남쪽으로 1.5리 떨어진 곳에 벽골제 터가 있다. 이 지역이 옛날에 벽골이라 불리었을 때 부근 몇 개 군의 관개에 충당된 저수지이다. 축제築堤가 연장 1리에 달하는 대규모 저수지이다. 지금은 거의 무논으로 변하여 옛날의 면적을 알 수 없다.

---

186 만경강(萬頃江)의 오기이다.

187 일본 중부지방의 현으로 동해에 접한다.

〔금산사金山寺〕 역에서 동쪽으로 4리 떨어진 모악산母嶽山 기슭에 고찰 금산사가 있다운임 3원. 약 천 년 전 후백제의 견훤이 창건하였으며[188], 몇 해 뒤 장자 신검神劍이 그를 유폐시킨 절이다. 현재 당우 아홉 동은 지극히 웅장하고 화려하며 경내는 소나무와 잣나무가 울창하다. 미륵전에 있는 미륵, 묘고妙高, 법림法林의 삼대상三大像은 높이 50척 내지 60척으로 은진의 대미륵과 백중하는 거대 불상이다. 또 이 절은 봄에는 철쭉, 가을에는 단풍의 명소로 소문이 났다.

신태인역

新泰仁驛, 전라북도 정읍군(井邑郡) 용북면(龍北面) 신태인리, 대전에서 73리 9분, 목포까지 87리 9분

역은 태인읍에서 화호리禾湖里와 부안扶安으로 통하는 도로가에 있다. 인구 3,700여 명내지인 297명의 새로 개척한 촌락으로, 서북쪽 일대에 광활한 전주평야가 이어지고 남쪽으로는 동진강이 굽이쳐 흐른다. 토질이 비옥하여 농산물 특히 쌀의 산지이다. 촌락 내에는 매갈이 업자가 많고 금융조합, 소학교, 노동조합 등이 있다. 구 군청소재지인 태인은 동쪽으로 2리 떨어져 있으며 또 서쪽으로 1.5리 거리에 화호리, 거기서 2리 정도 더 가면 부안읍이 있다. 군산까지 수로 30리浬는 배편으로 통한다.

정읍역

井邑驛, 전라북도 정읍군 정읍면 봉지리(蓬池里), 대전에서 82리 4분, 목포까지 79리 4분

논산 이북의 철로에서 분기한 경성-목포가도는 여기\서 만난다. 이곳은 근년에 갑자기 발전하였는데 서쪽으로 3리里 떨어진 고부古阜의 번화함이 이곳으로 옮겨와서, 현재는 부안, 태인, 흥덕興德 지방의 물자가 집산하여 전북 남부의 큰 시장이 되었다. 남쪽으로 산악을 등지고 북서쪽으로 넓은 들을 끌어안고 있다. 서쪽으로는 고읍古邑[189]을 지나 5리 못 미쳐서 줄포茁浦 해안에 이른다. 인구는

188 금산사의 창건시기는 기록에 따라 다양한데, 본문의 서술은 『신증동국여지승람』 제34권 「전라도 금구현」에 나온다. 『금산사사적(金山寺事蹟)』(1635)에는 600년에 창건되었다고 하지만, 『삼국사기』의 기록과 대조하여 왕흥사를 금산사로 오기한 것으로 여겨지기도 한다.

189 바로 위에 나오는 고부의 오기로 보인다.

9,200여 명내지인 1,004명이고 군청, 경찰서, 지방법원 지청, 식산은행 지점, 금융조합 및 시장 등이 있다.

역에서 도청소재지인 전주읍자동차 운임 2원 50전과 해안 줄포까지자동차 운임 1원 50전 매일 승합자동차가 운행하고 있다.

| 도읍 |

줄포는 만내 가장 안쪽에 위치하며 조선우선회사가 경영하는 인천-목포 항로 기선의 기항지이다. 전북 남부지방의 물자가 드나드는 항구로서 장래가 촉망된다. 최근 축항 및 줄포-정읍 간 경철부설 계획이 있다. 현재 인구는 약 3천 명이고 경찰서, 수상경비선 파출소, 식산은행 출장소 등이 있다.

| 명승 |

〔**내장산**內藏山〕 역에서 동남쪽으로 우뚝 솟아있는 산이 내장산이다. 역에서 3리 떨어진 산중으로 들어가면 굽이감은 계곡이 하나, 둘 냇물을 만들고 또 만들어 지극히 깊고 그윽하다. 좌우의 산기슭은 거의 수직의 형상으로 때로 죽순처럼 줄지어 서있다. 온산에 소나무, 잣나무, 단풍나무, 느릅나무 등이 무성하고 깎아지른 듯이 높고 험한 검은 바위를 키작은 나무들이 둘러싸고 있어 경치가 뛰어나니, 호남의 소금강小金剛이란 이름에 걸맞다. 산중에 폭포가 있으며 수통동水通洞 폭포가 가장 크다. 또 사원이 많은데 영은시靈隱寺가 가장 크다.

사가리역

四街里驛, 전라남도 장성군(長城郡) 북이면(北二面) 사가리, 대전에서 93리 5분, 목포까지 68리 3분

아득하게 넓은 전주평야는 정읍역 부근에서 끝이 난다. 여기서 터널을 두 개 지나 노령산맥을 넘어 전라남도로 들어가면 사가리역에 도착한다. 이곳은 인구 5백여 명의 산간 촌락으로 동남쪽으로 4.5리 거리에 담양읍이 있으며, 가까운 시일 내 승합자동차를 운행할 계획이다. 또 서남쪽으로 1리 25정町을 가면 고창읍에 이르는데, 대체로 교통이 불편하여 담양까지는 장성역에서, 고창까지

는 다음역인 신흥리新興里에서 가는 것이 순로順路이다. 읍내에 시장이 있지만 아직 번창하지는 않았다. 역에서 서쪽으로 20정 떨어진 곳에 가와사키川崎농림지가 있으며 약 3,500정보의 산림을 경영하고 있다.

| 명소 |

〔호남오산남문신의각湖南鰲山南門信義閣〕 역의 구내에 있다. 게이초의 역 때 오산군수 이 씨[190]가 의병을 일으킨 사적을 표창한 것이다.

〔백양산白羊山 및 약수정藥水亭〕 역에서 동쪽으로 2.5리 떨어져 있다. 계곡이 깊고 오래된 나무가 빽빽하며 풍광이 지극히 아름답다. 산중에는 백양사 운문암雲門庵, 약사암藥師庵, 영천암靈泉庵, 백련암白蓮庵, 천진암天眞庵 등 여러 사찰이 곳곳에 있다. 그 중에 백양사 운문암이 가장 눈에 띄며 석불과 기타 볼만한 것이 적지 않다. 백양사 남쪽 기슭에는 약수정이라는 촌락이 있다. 석유碩儒 하서河西 김인후金麟厚를 배출한 곳으로, 동쪽 교외에 있는 약수폭포와 냉천冷泉은 이 물을 마시면 백병이 낫는다 하여 멀리에서까지 와서 긷는 사람이 많다.

신흥리역

新興里驛, 전라남도 장성군 북일면(北一面) 신흥리, 대전에서 97리 9분, 목포까지 63리 9분

신흥리 시장은 역에서 동쪽으로 몇 정丁 떨어져 있다. 서북쪽으로 3리 16정을 가면 전북으로 진입하여 군청소재지인 고창에 다다른다. 고창은 부근 물자의 집산시장으로 군청 외 경찰서, 우편국 및 시장이 있다. 역에서 난 도로는 비교적 평탄하여 인력거가 다닌다.

190 장성남문창의비(長城南門倡義碑)는 임진왜란 때 장성 남문에서 의병을 일으켜 싸우다 순절한 의사들의 충의를 기리기 위해 1802년 호남의 유림이 건립하였다. 남문은 오산의 옛 이름이며, 오산군수 이 씨는 의사들을 후원한 장성현감 이귀(李貴, 1557~1633)를 가리킨다. 남문창의는 정유재란 때까지 모두 세 차례에 걸쳐 일어났다.

장성역

長城驛, 전라남도 장성군 장성면 영천리(鈴泉里), 대전에서 104리 2분, 목포까지 57리 6분

역 부근의 인구는 2천여 명내지인 233명이고 미두승입검사소米豆繩叺檢查所, 소학교, 조선승입회사 출장소, 월평리月坪里시장이 있다. 시장의 거래물자는 주로 면화와 소이다. 미곡 기타의 연 거래액은 십수 만 원에 달하여 장성읍내 수산壽山시장보다 몇 배 성황을 보인다.

장성읍은 역에서 동쪽으로 30정町 떨어져 있다. 수산과 성신聖山의 두 마을이 서로 접해서 시가를 이루며 인구는 약 3,300명이다. 군청, 경찰서, 우편국, 금융조합, 면작棉作조합, 축산조합, 삼림조합 및 지방법원 출장소 등이 있다. 동쪽으로 6리 거리에 담양읍潭陽邑이 있고 서쪽으로 6리 거리에는 영광읍靈光邑이 있다. 남쪽 목포가도로 5리를 가면 도청소재지인 광주읍光州邑에 도달한다. 모두 도로가 평탄하고 마차가 다니며 교통이 자못 편리하다.

역 부근은 황룡강黃龍江을 따라 토질이 비옥하고 관개에 유리하여 쌀과 보리의 이모작과 면화 재배에 적합하다. 백미와 면화의 생산은 예부터 이곳의 특산물인 제지와 함께 이름이 높다.

| 도읍 |

담양읍은 역에서 동쪽으로 6리 남짓 떨어져 있다. 전남 굴지의 큰 시장으로 좋은 쌀의 산지이다. 인구는 약 7천 명내지인 446명이고 군청, 경찰서, 우편국, 금융조합, 죽산전습소竹産傳習所 등이 있다. 부근 일대는 울창한 임수林藪가 산재하며 각종 죽세공품 제작이 활발하여 각 마을이 분업적으로 이에 종사한다. 마치 하나의 큰 공장을 조직하고 있는 것 같아 눈길을 끈다.

| 명소 |

〔**오동냉천**梧洞冷泉, **동산공원**東山公園〕 장성읍의 뒤쪽 작은 언덕에 소나무가 울창한 곳을 개간하여 공원으로 만들었다. 언덕 위에 선제폐하先帝陛下를 받드는 메이지신사明治神社가 있다. 봄철에는 언덕 기슭 한 면에 복숭아꽃과 앵두꽃이 만

개하여 아름답다. 오동냉천은 역에서 동쪽으로 0.5리 아래의 동리棟里에 있는 냉천이다. 물거품이 수면에 점점이 떠오르는 모습이 흡사 물밑에서 작은 방울이 떠오르는 것과 비슷해서 그런 이름이 붙었다. 부근의 무논은 그 물줄기를 끌어와서 관개에 충당한다. 또 역에서 서쪽으로 1리 떨어진 필암리筆岩里 촌락에는 하서 김인후를 배향한 필암서원筆巖書院이 있는데, 이조 인종[191]이 하사한 편액이 있다.

임곡역

林谷驛, 전라남도 광주군(光州郡) 임곡면 임곡리, 대전에서 110리 8분, 목포까지 51리

황룡강 유역의 경작지는 역 부근에서 면적이 더욱 넓어지며 토질 또한 양호하다. 역의 서남쪽에 솟아있는 황진산黃珍山[192]은 황룡강 기슭을 돌아 경치가 아름답다. 역에서 남쪽으로 1리 정도 떨어진 나주군 여황면艅艎面 금강리今江里는 왜동倭洞이라고도 한다. 전승에 따르면 게이초의 역 때 이곳에 남았던 일본군 장졸의 자손이라고 전한다. 현재 인구는 백여 명인데, 최근까지도 다른 마을과 혼인을 맺지 않으며 완연히 별천지를 이룬다.

송정리역

松汀驛, 전라남도 광주군 송정면 송정리, 대전에서 117리 9분, 목포까지 43리 9분

이 역은 나주평야의 북쪽 귀퉁이에 위치한다. 토질이 비옥하고 극락강極樂江과 황룡강이 앞뒤로 흐르는데 동남쪽으로 1리 남짓 떨어진 서창西倉에 이르러 영산강榮山江으로 들어간다. 관개가 편리하여 미곡과 면화 등 농산물이 많다.

동쪽으로 3리 20정 거리에 전라남도 도청소재지인 광주읍이 있다. 이 사이의 도로는 평탄하고 매일 승합자동차가 왕복하는데 약 30분이면 도착한다자동차 운

191 필암서원은 정유재란으로 소실되어 인조 24년인 1624년에 재건되었다. 『조선왕조실록』에 따르면 효종 10년인 1659년 사액을 명하여, 현종 3년인 1662년 에 사액되었다.

192 임곡역의 서남쪽에 있는 산은 용진산(聳珍山)이다. 국토지리원 『한국지명유래집 전라·제주편』(2010)에는 "우뚝 솟아 '솟돌뫼'를 한자로 표기하면 용진산(聳珍山)이 된다"고 설명하고 있다. 한편, 본문의 송정리역 항목에서는 용진산으로 표기하고 있다.

임 70전, 객마차 50전. 인구는 6,900여 명내지인 947명이고 식산은행 출장소, 조선기업회사, 호남물산회사, 미쓰이三井조면공장操棉工場과 선암仙岩시장 등이 있다. 부근의 평야에는 오가키大垣, 도쿠가와德川, 호소카와細川 등의 대농장이 있다.

남조선철도선은 장래 이 역을 시종점으로 하여 광주역을 거쳐 곡성읍谷城邑에 이르면, 하나는 전북의 전주읍까지, 다른 하나는 진주읍을 지나 마산항까지 이을 계획이 있다. 본 철도가 개통되면 남부 조선의 교통은 완전히 혁신될 것이며 그에 따라 역과 광주읍은 눈부시게 발전할 것이다.

| 명소 |

〔**어등산**魚登山〕 역에서 서북쪽으로 약 25정丁 떨어져 있다. 이전 역인 임곡의 용진산과 서로 마주보며 산꼭대기에서 바라보는 조망이 아름답다. 옛날에는 산중에 수많은 사원이 있다고 전하지만 지금은 산기슭의 선암리 탑촌塔村에 당시 유물인 오층석탑 1기가 남아있을 뿐이다.

〔**광주읍**〕 전라남도 도청소재지이다. 지방법원, 경찰서, 우편국, 군청, 수비대, 감옥, 자혜병원, 위수병원, 금융조합, 식산은행 지점, 전기회사, 농업학교 및 소학교 2곳 등이 있다. 인구는 11,500여 명이고 시장은 읍의 서북단인 화원花園과 부동정不動町 두 곳에서 열린다. 물산은 쌀, 면, 소이다. 동남쪽으로 화순和順을 거쳐 동복同福까지는 7.5리, 서남쪽 나주읍까지는 6리 거리로 모두 매일 승합자동차가 운행한다.

〔**무등산**無等山〕 읍에서 동남쪽으로 1리 떨어진 곳에 우뚝 솟은 진산鎭山으로, 무진산武珍山 또는 서석산瑞石山이라고도 한다. 산꼭대기에는 기암괴석이 많고 산허리에는 직하 백여 척의 폭포가 있다. 산기슭에는 신라시대 고찰인 징심사澄心寺[193]가 있으며 봄에는 철쭉, 가을에는 낙엽으로 유명하다. 또 산중에 있는 규봉사圭峰寺에는 삼존석三尊石, 십대十臺 등의 고적이 있다.

193 『신증동국여지승람』 제35권 「전라도 광산현」에는 증심사(證心寺)로 나온다. 징심사라는 이름은 이규경(李圭景, 1788~?) 『오주연문장전산고(五洲衍文長箋散稿)』「경사편3」이나, 오횡묵 (吳宖默, 1834~1906)의 일기(1897.5.28.)에 보이는데, 『각사등록(各司謄錄)』, 「근대편」이나 일제강점기 조선총독부 관보 등에도 징심사로 표기하고 있다. 지금은 다시 증심사로 불린다.

詭狀苦難名　기이한 모양은 이름 짓기 어렵구나.
登臨萬像平　올라와 보니 삼라만상이 눈 아래로다.
石形裁錦出　돌 모양은 비단을 잘라 낸 듯하고
峰勢琢圭成　산 형세는 옥을 쪼아 이룬 것 같네.
勝踐屛塵迹　좋은 곳에 오니 세상의 더러움이 가려지고
幽棲添道情　그윽이 사니 도정이 더하네.
何當抛世網　어찌 세상일을 던져버리고
趺坐學無生　부좌하여 무생을 배우지 않겠는가.[194]

나주역

羅州驛, 전라남도 나주군 나주면 월견정(月見町), 대전에서 126리 6분, 목포까지 35리 2분

역은 나주읍에서 남문 밖으로 6정 정도 떨어진 곳에 있다. 서쪽에 금성錦城[195]의 연산連山이 가로놓여 있고 동북쪽에는 영산강 유역의 비옥한 들녘이 펼쳐진다. 부근 일대의 쌀 산지로서 알려졌다. 과수원을 경영하는 내지인이 많고 근년에는 양잠업이 활발하다. 읍은 옛날 고려 태조 왕건이 궁예의 비장이었을 때 견훤을 상대하여 지키던 성터로, 한때 전남의 수부首府였으나 이조 중기부터 정치기관이 광주로 옮겨서 번영이 옛날 같지는 않다. 현재 주위는 성벽으로 둘러싸여 있으며 누문과 문묘 등 높고 장대한 건물이 있다. 군청, 경찰서, 지방법원 출장소, 금융조합, 18은행 출장소, 잠종조합, 공예품 제작소 및 시장 등이 있다. 인구는 약 5천명이고 발과 단선團扇, 가구 등 죽세공품과 미술공예품을 생산한다. 읍에서 동쪽으로 2.5리 떨어진 남평읍南平邑은 전남 유수의 큰 시장으로 전남 면화의 집산지로 알려졌다. 읍과 역 사이에 매일 승합자동차가 운행하며 약 30분에 도착한다. 자동차 운임 80전

194 고려 후기의 문신인 김극기(金克己)의 시이다. 『신증동국여지승람』 제40권 「전라도 화순현」에 실려 있는데, 2구의 像은 象으로 나온다. 아울러 문화재청 누리집 등에는 조선 전기의 문신인 지월당 김극기의 시로 잘못 설명하고 있다.

195 『고려사 지리지』에는 나주가 "원래 백제의 발라군(發羅郡)인데 신라 경덕왕이 금산군으로 고쳤다"라고 나온다. 940년 고려 태조 때 나주로 개칭되었고 983년 성종 때 나주목으로 격상되어 유지되다가 1645년 인조 때 금성현으로 격하되었다가 복구된다. 1895년 관제개혁으로 나주군으로 개칭된다.

〔금성산錦城山〕 읍의 북쪽에 우뚝 솟아있다. 산 정상에서의 전망이 드넓어 발아래로 영산강이 내려다보이고, 나주의 비옥한 들녘을 사이에 두고 광주 무등산이 바라보인다. 중턱에 다보사多寶寺라는 고찰이 있다. 약 천 년 전[196]에 건립되었으며 현재는 황폐해져서 겨우 당우 여섯 동이 남아있을 뿐이지만, 부근에 오래된 소나무가 많고 시냇물이 기암괴석 사이를 흐르고 있어 기릴만한 경치가 많다. 이 산에는 야생차나무가 많이 있다.

〔운주사雲住寺〕 운주사는 평남읍平南邑[197]에서 약 4리 떨어진 화순군 호암면虎巖面 천불산千佛山, 일명 다탑봉多塔峰에 있다. 옛날에 석불이 무려 1천 체體가 있었기 때문에 천불산이란 호칭이 생겼다고 한다. 신라의 승려 보조국사가 건립하였으며[198], 지금은 많이 황폐하여 그 일부만이 남아있을 뿐이지만 기공技工이 정교하고 오묘하여 놀랄 만 한 것이 적지 않다. 또 남평읍 부근에는 게이초의 역과 인연이 있는 월연대月延臺 성터 및 지석강支石江 등의 고적이 있다.

영산포역

榮山浦驛, 전라남도 나주군 나신면(羅新面) 삼영리(三榮里), 대전에서 128리 7분, 목포까지 33리 1분

옛날에 제창濟倉을 두어 부근의 쌀을 집적하는 곳이었다. 영산포는 역에서 약 8정 떨어진 영산강의 맞은편 기슭에 있다. 서남쪽은 남해안 분수령의 여맥餘脈이 구불구불 북쪽을 향한다. 동북쪽에 펼쳐진 나주평야는 토질이 좋아 곡물, 면화 산출이 풍부하다. 동척東拓농장 및 히가시야마東山농장, 기타 농업 경영자인 내지인이 많다. 인구는 2,500여명내지인 704명이고 식산은행 지점, 전남승입회사 및 시장이 있다. 남쪽으로 6리 남짓 거리의 영암읍을 거쳐자동차 운임 2원 30전, 16.5리 떨어진 장흥읍까지자동차운임 5원 80전 매일 승합자동차가 운행하고 있다. 수로로

196 다보사는 661년 원효(元曉)가 창건한 것으로 알려졌다. 이후 1184년 지눌(知訥)이 중건하였고 1568년 서산(西山)이 중창하였다(『한국민족문화대백과사전』). 『한국지명유래집 전라·제주편』에는 백제 때 창건했다고 전해지며, 1184년과 1594년에 중창되었다고 서술하고 있다.

197 남평읍의 오기이다.

198 보조국사 지눌은 고려 중기의 승려이다. 운주사는 창건에 관한 여러 가지 설이 있지만 신라 승려 도선(道詵) 창건설이 유력하다고 알려졌다. 본문의 보조국사는 운주사가 송광사의 말사인 것과 관련하여 나온 것으로 생각된다.

목포까지는 35리浬로 배편이 다닌다.

동척출장소는 부근의 논 9,800여 정보와 밭 2,390여 정보를 점하고 있다. 미곡과 면화를 경작하여 1년에 벼 약 64,400석, 보리 1,060석, 면화 8,762근을 수확한다. 또 히가시야마농사회사 출장소는 논 930여 정보를 소유하여 벼 12,200여 석, 보리 619석을 생산하고 있다.

| 명소 |

〔**흥룡사**興龍寺 **유적**〕 흥룡사는 역 앞의 작은 언덕에 있다. 절은 고려 태조 왕건이 그의 비 오吳 씨를 위해 건립하였다고 한다. 오 씨는 나주 사람으로 일찍이 태조가 이 땅을 지나면서 길옆에서 빨래를 하던 부인에게 물을 요청하였다. 부인이 바가지에 버들잎 하나를 띄워 과음하지 않도록 마음을 쓰니, 왕이 이를 기특하게 여겨 비로 삼았다고 전해진다.

고막원역

古幕院驛, 전라남도 나주군 다시면(多侍面) 송촌리(松村里), 대전에서 134리 9분, 목포까지 26리 9분

역은 목포가도를 따라 고막원천古幕院川을 사이에 두고 함평군咸平郡에 접한다. 부근에 논과 들이 넓고 비옥하여 미곡과 면화 생산이 풍부하다. 가마다鎌田산업회사 농장, 기타 내지인 농업가가 많이 살고 있다. 고막원의 촌락은 역에서 42정町 떨어져 있다. 이곳에는 시장이 있고 인구는 약 330명 정도이다.

학교역

鶴橋驛, 전라남도 함평군 학교면 학교리, 대전에서 39리 9분, 목포까지 21리 9분

이 역은 목포, 광주, 함평, 영암가도의 교차점에 위치한다. 서쪽의 학교천鶴橋川은 남쪽으로 흐르는데 하류 3리에서 영산강과 합류한다. 수로로 28리浬 떨어진 목포까지 배편이 다닌다. 인구는 약 1천명내지인 89명이고 소학교, 조선승입회사 출장소 및 조선실업회사 농장, 고리키高力농장 등이 있다.

| 도읍 |

함평읍은 역에서 서북쪽으로 1리里 27정丁 떨어져 있다. 이 사이에 매일 승합자동차가 왕복하며 약 20분이면 도달한다운임 50전. 읍은 군청소재지로 인구는 9천여 명이고 우편국, 경찰서, 금융조합, 승입전습소, 면채종포棉採種圃 및 동척회사 출장소와 시장이 있다. 읍의 교외에 있는 기산箕山 기슭의 영수정潁水亭은 백일홍의 명소이다.

몽탄역

夢灘驛, 전라남도 무안군(務安郡) 박곡면(朴谷面) 사천리(砂川里), 대전에서 146리 2분, 목포까지 15리 6분

이 역에서 북쪽으로 약 1리 떨어진 곳에 몽탄진 나루터가 있다. 영산강 어귀에 가까워 민물장어, 숭어, 뱅어, 새우, 해파리, 굴을 생산한다. 굴은 양식장이 있고, 해파리는 염장하여 중국으로 수출하며, 민물장어는 통조림으로 제조된다.

삼향역

三鄕驛, 전라남도 무안군 일로면(一老面) 월암리(月岩里), 대전에서 153리, 목포까지 8리 8분

이곳은 무안반도의 동남부 영산강 왼쪽 기슭에 위치하며 자방포自防浦 일대의 평야로 이어진다. 동척회사 농장과 기타 내지인 농가가 많은데, 그 집단지를 서수촌瑞穗村이라 한다. 삼향三鄕시장은 역에서 남쪽으로 약 10정 떨어져 있다. 인구는 약 5백 명이고 인근 마을의 물자 집산지이다.

임성리역

任城里驛, 전라남도 무안군 이로면(二老面) 옥암리(玉巖里), 대전에서 157리 2분, 목포까지 4리 6분

목포역

木浦驛, 대전에서 161리 8분, 전라남도 목포부 호남정(湖南町).
동경 126도 23분, 북위 34도 47분.
기온 최저 1.5, 최고 25.7, 평균 13.0

목포는 호남선의 종점으로 무안반도 서남단, 영산강의 우측 기슭에 위치한다.

뒤쪽으로 유달산鍮達山[199]을 등지고 항구는 맞은편 기슭 영암반도의 돌출된 곳과 삼학도三鶴島로 둘러싸여 있다. 동서로는 넓고 남북으로는 좁으며 항내는 항안港岸에 가까워 거선 정박에 적합하다.

본 항구는 1897년明治30 10월 개항하여 최근 연간 무역액은 2,120만여 원이다. 그 중 수이출액 1,644만여 원의 대부분은 쌀, 면화, 해산물이다. 특히 면화가 한창 나올 때는 부두 일대에 면화가 산처럼 쌓여 제국의 영토 중 다른 곳에서는 비할 바를 볼 수 없다. 남쪽의 제주도까지 91리浬, 부산까지 196리, 북쪽의 군산까지 102리, 인천까지 195리 거리이고, 정기 연안 항로 외에 부근 여러 섬들과의 항로가 집중되어 교통이 지극히 편리하다.

시가지는 정거장 동남부에 있는 목포대木浦臺의 고지대를 둘러 해안으로 이어지며, 복산정福山町, 행정幸町, 영정榮町 부근이 번화한 내지풍 거리의 중심지이다. 또 무안통務安通 일대는 조선풍 상업지구에서 가장 번화한 곳이다. 목포부의 공업은 정미와 조면繰綿을 주요하며 양조업이 뒤를 잇는다. 정미공장으로는 기무라木村, 모리타森田, 후쿠다福田, 기타 증기기관을 동력으로 하는 주요 공장 7개소가 있는데, 생산능력은 하루 1,200여 석이다. 조면공장 수십 곳은 대부분 조선면화회사에 속하며 연생산 조면은 평균 400만 근을 헤아린다. 또 목포부 산업에서 중요한 위치를 차지하는 해산물은, 먼 다도해 부근의 어장에서 직접 들어온 것과 목포항 무역액의 중심에 포함되는 98만 여의 어류와 해조류를 제외하고도, 해안통海岸通 어시장의 어획량이 연액 11만 여에 달한다[200].

면화 및 면화공업 전남 땅은 기후가 온화하여 풍토가 면화 재배에 적합하다. 1904년明治37 미국종 면화의 시험 재배 이래 전체 도내에 대부분 보급되었다. 지금은 전남의 일대 특산물로 육지면은 세상의 주목을 끌고 있다. 본 항구는 면화의 집산 시장으로 최근 산지에서 시장으로 운반된 실면實綿은 1년에

---

199 『신증동국여지승람』 제36권 「전라도 무안현」에는 유달산(鍮達山)으로 표기하고 있다. 구한말에 지방 선비들이 유달정(儒達亭) 건립을 논의하면서 유달산(儒達山)이라 불리게 되었다. 아울러 『통감부 공보』 제110호(1909.7.17)에는 본문과 같이 표기하고 있다.

200 본문에는 단위가 생략되어 있으나, 『조선총독부관보』나 『목포신보(木浦新報)』를 참고해 보면 단위는 원(圓)으로 보인다.

7,536,000여 근에 달하며, 대부분은 조면으로 가공하여 수이출하고 있다. 거래회사로는 자본 2백만 원의 조선면화회사와 남북면업회사 기타 회사가 있으며, 목화씨를 재료로 하는 대규모의 제유製油회사가 현재 공장을 건축 중이다.

인구

	내지인	조선인	기타	합계
인구	5,152인	11,110인	158인	16,420인
호수	1,193호	2,427호	47호	3,667호

관공아 기타

부청

군청

세관 지서

우편국

경찰서

지방법원 지청

감옥 분감

권업모범 지장支場

측후소

체신국 해사海事출장소

토목부 공영소工營所

실과여학교

상업학교

소학교 2곳

상업회의소

조선은행

식산은행

18은행 지점

조선면화회사

수산회사

전등회사

제유회사

조선수산조합 지부

창고금융회사

남북면화회사

신흥信興회사

실업회사

흥업회사

가마다산업회사

오사카상선회사

조선우선 각지점 등

항로

부산-목포선 월 20회

인천-목포선 월 3회

목포-다도해선(기좌도箕佐島, 비금도飛禽島, 우이도牛耳島, 대흑도大黑島[201], 매가도梅加島, 흑산도黑山島 행) 월 3회

목포-제주도선(동회선東廻線은 소안도所安島 기항, 서회선은 추자도楸子島 기항) 각월 5회

이상 조선우선회사 경영

이상 영산강 기슭의 영암 및 해남까지 발동기선이 운항함.

| 명소 |

〔**송도공원**松島公園〕 시가지 동단 해안에 있는 작은 언덕으로 삼학도가 눈앞에 보이며 조망이 훌륭하다. 공원 안에는 송도신사 및 금도비라金刀比羅신사가 있다.

〔**호하도**弧霞島[202]〕 고하도高下島라고도 하며 항구 앞에 가로놓여 있다. 절벽이 해안을 따라 병풍처럼 서 있다. 목포시가와 매우 가깝다. 섬 위에 명량대첩비가 세워져 있는데, 화강암으로 높이는 10여 척이고 "고무이공고하도유허기사지비高武李公高下島遺墟記事之碑"라고 적혀있다. 분로쿠의 역 때 이순신李舜臣이 진도해협에서 일본수군을 격파한 공적을 기리는 것이다.

| 도읍 |

영암은 동쪽의 맞은 편 기슭에 있는 군청소재지이다. 목포에서 매일 발동기선이 운항하는데, 읍의 서쪽 1리 거리에 있는 해창海倉까지 3시간에 도착한다운임 2등 80전, 3등 60전. 또 영산포역榮山浦驛에서 자동차도 왕복한다자동차 운임 2원 30전. 읍의 뒤편에 있는 월출산月出山은 기암괴석이 솟아있고 경치가 웅대하여 소금강산이란 별칭이 있다. 산중에 있는 도갑사道岬寺에는 대리석으로 만든 오래되고 커

201 고문헌에서 대흑도라는 지명은 보이지 않는다. 1919년11월11일자 제2175호 『조선총독부 관보』에는 대흑도는 대흑산도의 오기라는 서술이 있다.

202 고하도(弧霞島)의 오기이다.

다란 비가 있다. 또 동석사動石寺 옆에는 이른 바 영암靈巖이 있다.

해남海南은 목포에서 동남쪽으로 15리浬, 공세포貢稅浦에서 남쪽으로 2.5리里 떨어져 있다이 사이는 가까워 자동차가 운행할 예정이다. 이 부근은 육지면의 산지로 유명하며 또 백미와 납석蠟石을 생산한다. 읍에서 남쪽으로 약 5리 떨어진 두륜산頭崙山에는 이름 높은 고찰 대흥사大興寺가 있다. 절은 백제시대에 창건한 것[203]으로 30여 동의 당우가 있으며 항상 백여 명의 승도를 양성하고 있다. 경내는 오래된 나무가 울창하고 산수의 경치가 매우 기이하다. 목포–공세포 간에 매일 발동기선이 왕복한다운임 3등 60전.

우수영右水營은 화원花源반도 남단에 있는데 해협을 사이에 두고 진도와 마주하고 있다. 이 해협은 분로쿠의 역 때 와키자카脇坂, 사가라相良, 모리毛利, 아키즈키秋月, 나카가와中川[204] 등 장수들이 이순신 때문에 참패의 쓰라린 체험을 한 옛 전장으로, 우수영은 당시 조선 수영의 소재지이다. 맞은 편 기슭 진도의 벽파정碧波亭은 조선군선이 숨어 있던 곳이다. 우수영의 읍내에는 당시 전승기념비인 "수군통제사충무이공명량대첩지비水軍統制使忠武李公鳴梁大捷之碑"가 지금도 남아 있다. 현재는 조선우선회사가 경영하는 부산–목포선의 기항지이다. 목포 사이에 매월 10회 기선 편이 있다운임 3등 1원, 2등 1원 80전, 1등 2원 60전. 또 목포 토산의 하나인 납석 세공은 여기서 1리 떨어진 옥매산玉埋山에서 재료를 생산하여 이곳에서 가공한다.

대흑산도는 목포의 외양外洋인 다도해에 있는 섬이다. 유리 원료인 규사와 고래 생산으로 유명하다. 동양포경회사의 출장소가 있으며, 매년 70~80두를 포획한다. 교통편은 목포–다도해선의 항로가 있고 매월 3회 기선이 왕복한다. 다도해 항로의 기항도와 운임은 다음과 같다.

---

203 대흥사의 창건 시기는 고증되지 않았는데 『동국여지승람』 등의 기록에서 고려시대 이전이라는 것은 분명하다. 『한국민족문화대백과사전』에서는 『대둔사지(大芚寺誌)』의 자료를 수집한 혜장(惠藏)의 주장을 따라 신라시대로 보고 있다.

204 임진왜란에 출전한 일본 장수 중 와키자카 야스하루(脇坂安治, 1554~1626), 사가라 나가쓰네(相良長海=요리후사(頼房), 1574~1636), 모리 다카마사(毛利高政, 1559~1628), 아키즈키 다네나가(秋月種長, 1567~1614), 나카가와 히데마사(中川秀政, 1569~1593)로 보인다. 이중 와키자카와 모리는 명량해전에 참전한 것이 확인되지만 그 외 장수들은 불명확하다.

목포에서 기자도70전, 비금도2원 20전, 우이도1원 40전, 대흑산도2원 20전, 매가도2원 40전, 태도苔島2원 90전, 소중관도小中關島[205]3원, 흑산도3원 10전, 왕복.

위는 조선우선회사가 경영하며 매월 3회 왕복 운항, 요금은 3등을 나타냄. 2등은 3등의 두 배이다.

제주도는 반도 최남단의 섬이자 조선 연안 최대의 섬이다. 면적은 122방리方里이고 섬 전체가 화산질의 현무암으로 이루어 졌다. 중앙에는 한라산漢拏山이 높게 솟아 있다. 이 섬은 옛날에 독립국가로서 탐라耽羅 혹은 모라국毛羅國이라 불렸으며[206], 신라를 통하여 일본에 조공을 하였다. 도민 일반은 부지런하여 노동을 잘 감내하고 특히 해녀가 되는 부녀가 많다. 제주 해녀의 모습은 남조선 곳곳의 해안에서 발견된다. 도내 제일의 도읍인 제주는 섬의 북부 해안에 있으며, 도청島廳, 지방법원 지청, 경찰서, 우편국, 농업학교, 수산전습소, 금융조합, 식산은행 지점 등이 있다. 물산으로는 미곡, 가축류, 표고버섯, 해산물 등이 있다. 목포-제주 간에는 조선우선회사의 동과 서 두 항로선이 매월 각각 4회 혹은 5회 운항한다운임 3등 60전, 2등은 3등의 두 배, 1등은 3등의 세 배. 본 항로는 갈 때 올 때 번갈아 소안도와 추자도에 기항하며, 제주에서 동서 두 항로로 나뉘고 섬의 남해안인 서귀포西歸浦에서 만난다.

● 삼장혈三將穴[207]은 제주읍의 동문 밖에 있는데 일명 내궁內宮이라고 한다. 전설에 따르면 옛날 이 섬의 시조 양을나良乙那, 고을나高乙那, 부을나夫乙那 삼신이 땅속에서 나왔다는 성적聖跡으로, 도민이 깊게 존숭하는 사당이 있다. ● 한라산은 일명 한라산漢羅山이라고도 한다. 섬 중앙에 우뚝 솟아 있다. 해발 6,558척[208]으로 조선에서 두 번째로 높은 산이다. 정상에 있는 옛 분화구는 호수가 되

205 문헌상 소중관도의 이름은 보이지 않는다.

206 『세종실록』, 『동사강목(東史綱目)』, 『해동역사(海東繹史)』 등에 의하면 제주도는 탁라(乇羅), 탐모라(耽牟羅), 담모라(聃牟羅) 등으로 불렸다. 모라국이란 용어는 서거정(徐居正, 1420~1488)의 『사가집(四佳集)』(1488) 제2권에서 "내가 생각건대, 제주는 본시 옛날의 모라국(毛羅國)이니, 곧 우리나라 구한(九韓) 중의 하나이다. 신라 때에 비로소 조공(朝貢)하고 탐라(耽羅)라 일컬어졌다. 고려 초에 땅을 바치고 항복해 오니 나라를 혁파하여 현(縣)으로 만들었다. 고려 말에 기 황후(奇皇后)가 그곳에다 임시로 목장을 설치하였고, 명나라 때에 다시 우리 조선에 예속되었다"는 서술에서 찾을 수 있다.

207 삼성혈(三姓穴)을 가리킨다. 삼장혈로 표기한 고문헌은 찾을 수 없다.

208 한라산의 높이는 1947.06m이고 환산하면 약 6425.3척이다.

었고 중턱은 그윽하고 깊은 숲을 이룬다. 산기슭 일대는 잡초가 무성하여 목장이 많다. 산에서는 표고버섯이 난다.

蒼蒼一點漢拏山	아득히 보이는 한 점 한라산이
遠在洪濤浩渺間	크고 넓은 물결 사이에 멀리 있네.
人動星茫來海國	사람이 별빛을 움직여 해국으로 와서
馬生龍種入六間	말이 용의 씨를 낳아 황제의 마구간에 들어갔네.
地偏民業猶生遂	땅이 외지나 백성들은 업이 있어 다만 살아가고
風便商帆任往還	바람이 편하면 장삿배가 겨우 오고 가네.
盛大職方修版籍	성명의 시대에 직방에서 판적을 꾸밀 때
此邦雖陋不順刪	이 곳이 누추하여도 부디 빠뜨리지 마소서.[209]

209 권근(權近)의 「탐라」라는 시로 중국에 입조했을 때 황제가 제목을 명하여 권근에게 24편을 짓게 하였는데, 그 중에 하나이다. 『태조실록』 11권, 태조 6년(1397) 3월 8일 신유 기사)에 나오는데, 1구의 拏는 羅, 3구의 茫은 芒, 4구의 六間은 天閑, 6구의 任은 僅, 7구의 盛大는 聖代, 8구의 順은 須이다. 한시의 해석은 역자에 의함.

경원선京元線

용산-원산 간 138리 4분

경원선은 경성에서 원산에 이르는 선로로 경기도, 강원도, 함경도 세 도를 통과한다. 대부분 도중에 반도의 등성마루인 태백산맥의 일부를 횡단하여 해발 3천척에 가까운 고지를 넘어가게 된다. 때문에 선로는 양 끝에서 고지를 향해 올라가는데, 갈수록 급경사이며 몇 개의 교량과 터널을 지난다.

본 선로가 이처럼 험한 길을 다니는 주된 목적은, 종래 험악한 산맥에 막혀 자연적으로 격리되었던 남북 조선의 접근을 꾀하는 것이다. 바꿔 말하면 철도 개통 이전 조선에서 남북을 오가는 화물과 여객은 부산을 거쳐 몇 백 리 길을 돌아가야 했는데, 1주일 이상 걸리던 불편함을 겨우 몇 시간이면 가능하게 하려는 것이었다. 이제와 당시를 회고하면 누구라도 심대한 변화에 놀랄 것이다.

또한 본 선로 연선의 특징이 하나 있다. 바로 철원鐵原, 평강平康, 세포洗浦에 걸친 고원高原의 원시적인 풍광이다. 이런 풍광은 대부분 모험적인 여행을 통해서만 볼 수 있지만 경성에서 몇 시간 떨어진 여정으로 차창에서 그런 풍경과 정취를 맛볼 수 있다는 점은 경원선을 이용하는 여객에게는 예상 밖의 소득이라 할 만하다.

본선의 선로 자체는 용산에서 분기하지만, 열차는 전부 남대문역에서 출발한다. 또 어떤 직통열차는 원산 이북 함경선까지 연장하여 함흥역에서 발착한다.

서빙고역

西氷庫驛, 경기도 고양군(高陽郡) 한지면(漢芝面) 서빙고리, 용산에서 2리 2리, 원산까지 136리 2분

이곳은 서빙고라 하는 조선 마을로 과천과 광주 방면으로 가는 중요 도로이며, 한강을 건너는 장소 중 하나이다. 동쪽으로 18정町 거리에 한강리가 있고 또 작은 언덕 하나를 경계로 용산 군대정軍隊町과 이웃하고 있다. 한강에 가장 가까

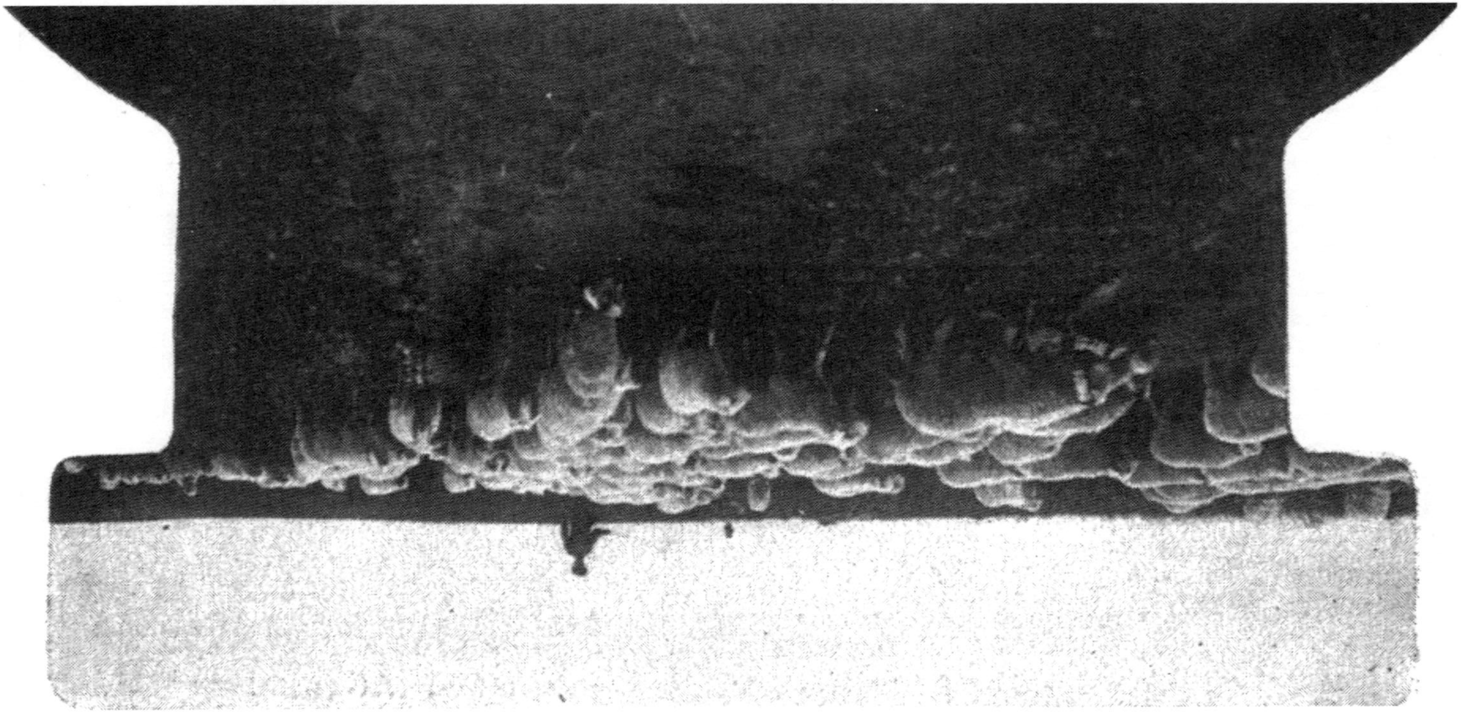

세포 고원의 목장

용산 부근의 한강

서빙고 수영장

우이동의 벚꽃

우이동의 맞은 편 기슭

철원읍

평강역

영평기승(永平奇勝)

월정리 태봉의 유적

피안사(彼岸寺)의 신라불

삼방폭포

장기

빨래하는 조선부인

석왕사(釋王寺)

석왕사 광천알(鑛泉堨)

석왕사 산문 앞

석왕사 영월루(暎月樓)

안변 공자묘

원산항 전경

갈마의 기슭

갈마해안 외국인 별장

송정리 해수욕장

양잠하는 조선부인

운 역이어서 배편이 지극히 편리하여 상류지방과 곡류거래가 활발하며, 거래액은 1년 58,000여 석에 이른다. 인구는 3,300여 명이고 공병대대, 기병연대 및 미두검사소 등이 있다.

왕십리역

往十里驛, 경기도 고양군 한지면 행당리(杏堂里), 용산에서 6리 4리, 원산까지 132리

이 역은 경성의 광희문 밖으로 약 0.5리 거리에 위치하며 경부가도가 역의 끝을 관통한다. 경성 시외 전차는 역 앞까지 연장 운행하며 광주방면의 교통에 이용된다. 인구는 15,000여 명이고 경성공업회사, 일선식산회사 지점 등이 있다.
역에서 남쪽으로 30정丁 거리에 있는 한강 기슭의 독도면纛島面, 마차운임 25전은 권업모범장 지장, 동척 과수원, 경성수원지 등이 있는 곳으로, 토질이 매우 비옥하여 원예작물이 활발하게 재배된다. 경성 시중에 공급되는 채소 대부분은 여기에서 나오는데 안타깝게도 때때로 한강이 범람하여 피해가 적지 않다.
송파松坡는 독도에서 삼전도三田渡를 지나 상류로 약 1리 거리에 있다. 광주 방면에서 곡류와 잡화 거래가 가장 번성한 시장이다. 이곳의 우시장 역시 유명한데, 한번 열리면 3~4백두가 거래된다.
원예협회화원은 역 앞의 작은 언덕 1만 평을 점유하고 있으며 정원 설비를 하여 일반에 공개하고 있다.
독도 권업모범장 지장은 역에서 약 30정 떨어져 있으며, 면적은 12정町 4반反 남짓이다. 과수, 종묘, 화원 등으로 구분되어 주로 과일과 채소를 재배해서 모범을 보인다. 또 묘목을 길러 희망자에게 나누어 주고 있다.

청량리역

淸凉里驛, 경기도 고양군 숭인면(崇仁面) 전농리(典農里), 용산에서 7리 8리, 원산까지 130리 6분

경성 동대문에서 동쪽으로 약 30정 떨어져 있다. 부산-춘천가도를 따라 난 경성시가전차의 종점이다. 온화한 자태의 남산을 바라보며, 북한산, 도봉산道峰山, 수락산水落山이 동북쪽으로 우뚝 솟아 있다. 가까이 있는 옛 민후閔后의 무덤가

에는 소나무 숲과 버드나무가 늘어서서 풍치를 더하고 있다. 또 불천佛川과 한천寒泉의 맑은 물이 흘러 경성에서 교외 산책지로 적합하다. 인구는 약 1,100명이고 농학교 잠종제조소와 종묘소種苗所 등이 있다.

| 명소 |

〔**구 홍릉**舊洪陵〕 고 이태왕 전하의 비 민후의 능묘였는데, 작년에 동쪽으로 4리 떨어진 금곡리金谷里로 옮겨졌다. 부근에는 엄비嚴妃의 능과 동쪽에는 청량사淸凉寺와 경종景宗의 의릉懿陵이 있다. 이곳들은 산림보호가 행해지고 있기 때문에 구릉 일대는 나무가 울창하여 그늘이 많다.

〔**동구릉**東九陵〕 역에서 3리 정도 떨어져 있다. 춘천가도에서 왼쪽으로 꺾어져 십수 정 지점에 있다. 능 안은 면적이 약 1방리方里이며 구릉이 중첩되어 오래된 나무가 울창해서 낮에도 어두울 정도이다. 이조 태조 이성계 이하 7왕 2비의 능묘가 있어서 통속적으로 동구릉이라 부르고 있다.

창동역

倉洞驛, 경기도 양주군(陽州君)[210] 노해면(蘆海面) 창동리, 용산에서 13리 5분, 원산까지 124리 9분

이 역은 북한산 기슭에 가까운 한촌에 지나지 않지만 벚꽃의 명소인 우이동牛耳洞으로 가려면 여기서 내려야 한다.

| 명소 |

〔**우이동**牛耳洞〕 우이동은 북한산 기슭의 시냇물을 끼고 속세와 완전히 떨어진 곳으로 수백 그루의 벚나무가 있다. 창동역에서 서쪽으로 1리 못 미쳐 있으며, 꽃 피는 계절이 되면 인력거가 다닌다운임 50전. 부근에는 화계사華溪寺와 도선암道詵庵 등이 있으며 꽃 피는 철이 아니어도 천천히 걸으며 산책하기에 적합하다. 경성에서 자동차로 달리면 30분 정도 걸린다.

210 양주(楊州)의 오기이다.

의정부역

議政府驛, 경기도 양주군 자둔면(紫屯面)[211] 의정부리, 용산에서 19리 4분, 원산까지 119리

이 역은 경원가도의 김화金化와 금성金城을 거쳐 철령을 넘어가는 본로本路와, 철원을 거쳐 삼방三防을 넘어가는 방로傍路의 분기점에 해당한다. 농업 생산량이 풍부한 평야를 끼고 있는 숙역宿驛으로 지금은 군청소재지가 되었다. 동쪽으로 5리 거리에 우시장으로 이름난 송우리松隅里시장과 서북쪽으로 3리 거리에 입암笠岩시장이 있다. 역에서 송우리를 거쳐자동차 운임 1원 포천읍운임 1원 60전까지 매일 승합자동차가 운행하고 있다. 인구 780여 명 가운데 내지인 200여 명이 있다. 양주군청, 금융조합, 농학교 등이 있다.

송우리는 우시장으로 이름 난 곳으로 시장은 상송우리와 하송우리, 두 곳으로 나뉘어 있다.

| 명소 |

〔**회룡사**回龍寺〕 역에서 20정 떨어진 도봉산道峰山에 있는 고찰이다. 이조 태조에 관련된 이야기가 있으며 경내는 오래된 나무와 기암괴석이 풍부하다. 앞뜰에 서 있는 고탑古塔 1기는 조각이 세밀하고 공교하여 당시의 모습이 남아 있다.

〔**도봉산 망월사**望月寺〕 역에서 1리 20정 떨어져 있다. 가는 길이 험준하고 양측에는 깎아지른 듯이 날카롭게 솟은 암석이 중첩된다. 절에서는 넓게 멀리까지 조망할 수 있다.

〔**광릉**光陵〕 광릉은 이조 7대 세조의 능묘로 역에서 동남쪽으로 3리 떨어진 죽엽산竹葉山 아래에 있다. 경내의 넓이는 약 3방리로 크고 작은 구릉이 중첩되어 들쑥날쑥하며, 산과 골짜기마다 커다란 나무가 울창하여 하늘을 가리고 있다. 능 안의 봉선사奉先寺는 세조의 명복을 빌기 위해 건립하였으며, 법종法鐘은 경성 종로의 대종과 동시대의 것으로 거의 같은 형태이다.

211 시둔면(柴屯面)의 오기이다.

덕정역

德亭驛, 경기도 양주군 회천면(檜泉面) 삼리(三里), 용산에서 27리 1분, 원산까지 111리 3분

이 역에서는 석재를 채취하여 이출하는 정도일 뿐, 특기할 만한 산업은 없다.

동두천역

東豆川驛, 경기도 양주군 이담면(伊淡面) 동두천리, 용산에서 33리, 원산까지 105리 4분

이 역은 소요산逍遙山의 서남쪽 기슭의 숙역으로, 천연산물이 풍부한 산내면山內面을 끼고 있다. 목재와 신탄의 산지이자 잡곡류의 집산지로서 해마다 발전하고 있다. 인구는 약 1천 명으로 시장도 성황이고 미두검사소와 금융조합 등이 있다. 역에서 동쪽으로 2리 떨어진 산내면은 목재, 잣, 신탄 등의 산지로 이곳에서 나는 신탄류는 경성과 남선지방으로 이출되고 있다.

| 명소 |

〔**소요산**〕 역에서 북쪽으로 30여 정 떨어져 있다. 시냇물을 따라 난 작은 길을 더듬어 철도선로에서 서쪽 산길로 들어서면, 좌우로 험하고 가파른 길 중간에 작은 폭포가 있다. 오르막이 끝나는 곳에 소요사逍遙寺가 있고 그 옆에 원효대元曉臺와 원효굴 및 원효폭포 등이 있다. 절은 고려시대[212]에 창건한 것인데, 그 후 몇 번인가 화재가 나서 지금은 자재암自在菴이라는 편액만 옛 것이지만 고풍스러운 풍치를 띠고 있다.

전곡역

全谷驛, 경기도 연천군(漣川郡) 잠근면(岑斤面)[213] 전곡리, 용산에서 40리 5분, 원산까지 97리 9분

이 역은 서쪽의 고랑포高浪浦 방면에서 영평永平과 포천으로 통하는 도로의 교차

---

212 허목(許穆, 1595~1682)의 『미수기언(眉叟記言)』, 「소요산기」에는 "소요사 벽기(壁記)에, 신라의 중 원효가 이 산에 머물러 있었고, 그 뒤 3백 년 갑술년에 고려(高麗)의 중 각규(覺圭)가 태상왕(太上王)의 명을 받들어 정사(精舍)를 지었고, 그 뒤 2백 년 계유년에 이 정사가 불에 탔고 그 이듬해 갑술년에 관동(關東)의 중 각령(覺玲)이 불전(佛殿)과 법당을 중건했다."라고 하였는데, 목암(牧庵)의 기(記)에는 3백년 갑술년의 연대가 맞지 않는다고 하였다는 서술이 있다.

213 영근면(嶺斤面)이다. 岑은 嶺의 이체자인 岺의 오기이다.

점이다. 옛 군청소재지인 마전麻田은 서쪽으로 2.5리 떨어져 있고 동쪽으로 3리 20정을 가면 영평읍이다. 인구는 300여 명이고 대두와 목재 등을 생산한다.

| 명승지 |

〔**영평기승**永平奇勝〕 한탄강寒灘江이 보개산寶蓋山 아래를 굽이 도는 곳에 몇 리에 걸쳐 절벽이 높게 솟아 있고, 맑은 연못과 여울이 있어 자못 기묘한 경치가 많다. 역에서 동북쪽으로 2.5리 떨어진 누대는 한층 높이 솟은 강벽江壁 아래 있다. 짙푸르고 깊은 연못으로 상류 2리 지점에 있는 화적연禾積淵은 물 위에 부용芙蓉이란 작은 섬을 띄우고 있으며, 상류로 1리를 더 올라간 곳에 있는 용화龍華 폭포[214]에는 가마솥 세 개가 떨어진 듯한 명승이 있다. 예부터 영평팔경[215]이라 세상에 선전되고 있는 것은, 금수정金水亭, 역에서 동쪽 2리 반, 창옥병蒼玉屛, 동쪽 2리, 백로주白鷺洲, 동남쪽 4리, 청학동靑鶴洞, 동남쪽 4리 반, 와룡암臥龍巖, 동쪽 5리, 화적연禾積淵, 동북쪽 5리, 선유담仙遊潭, 동북쪽 8리, 백운사白雲寺, 동북쪽 8리이다. 아쉽게도 이 주변 산간의 후미진 곳이라 교통편이 충분하지 않다.

연천역

漣川驛, 경기도 연천군 군내면(郡內面) 차탄리(車灘里), 용산에서 45리 9분, 원산까지 92리 5분

여기서 서북쪽 삭령朔寧을 거쳐 황해도 오지로 통하는 가도가 있어 화물과 여객의 출입이 적지 않다. 또 강원도계에 가깝고 임진강 선착장과 둔전장屯田場은 서

214 삼부연(三釜淵)폭포를 가리킨다. 이하조(李賀朝, 1664~1700)의 『삼수헌고(三秀軒稿)』(1712)에는 「용화폭포를 찾아서」라는 시가 실려 있는데, 삼연(三淵)폭포라고도 나온다. 또 이하조와 사돈지간이자 영평에 은거했던 조선후기의 문신 김창흡(金昌翕,1653~1722)의 호는 삼연(三淵)인데 이 역시 삼부연에서 유래한다. 한편, 『개벽』 제42호(1923.12.1) 「영서팔군과 영동사군」에는 용화폭포가 일명 삼부락(三斧落)이라고 설명하고 있다.

215 한탄강 주변이 조선시대 영평현 지역이었는데, 뛰어난 풍광은 박순(朴淳, 1523~1589), 허목, 김창협(金昌協, 1651~1708), 서명응(徐命膺, 1716~1787) 등 많은 문사들이 즐겨 찾아 시문을 남겼다. 이 때는 명승은 경승이라 하여 소개되고 있으며, '영평팔경'이라는 말은 이유원(李裕元, 1814~1888)의 『임하필기(林下筆記)』(1871)에 보이나, 구체적인 장소는 나와 있지 않다. 『신증동국여지승람』이나 『여지도서』, 『영평군지』 등에 보이는 영평의 경승은 조금씩 차이가 보인다. 한편 『개벽』 제47호(1924.5.1.)의 「등하불명의 근기 정형」이라는 기사에는 영평팔경으로 금수정, 백로주, 창옥병, 화적연, 와룡암, 청학동, 낙귀정(樂歸亭), 선유정(仙遊亭)을 들고 있다. 영평의 경승지 유람의 양상에 대해서는 최동원 「조선후기 경기북부 경승지의 현황과 인식변화」(『한국학논총』 48호, 2017) 참고.

쪽으로 1.5리 거리에 있다. 인구는 1,200여 명이며 그 중 일본인 240여 명이 거주하며, 쌀과 목탄 등의 물산이 있다.

관공아 기타

군청	경찰서
지방법원 출장소	우편국
금융조합	미쓰이물산회사 산림부 출장소
소학교	

〔**보개산**寶蓋山〕 역에서 동북쪽으로 1.5리 떨어져 있다. 산중의 심원사深源寺까지는 2.5리 정도이다. 예전에는 볼만한 전각이 있었으나 몇 년 전 화재가 나서 옛날의 모습을 잃어버렸다.

대광리역

大光里驛, 강원도 철원군 신서면(新西面) 대광리, 용산에서 52리 4분, 원산까지 86리

역은 인구 300명이 안 되는 산간의 작은 촌락으로, 철로는 여기서 연장 3리 여에 걸친다. 75분의 1의 오르막길로 1천척의 고지 철원으로 들어간다.

철원역

鐵原驛, 강원도 철원군 서변면(西邊面) 외촌리(外村里), 용산에서 60리 8분, 원산까지 77리 6분

연혁

철원은 고구려의 철원군鐵圓郡으로 신라의 병탄 후 경덕왕 때에 철성군鐵城郡으로 고쳤다. 신라 헌종왕憲宗王[216]의 서자로 어렸을 때 불교도가 된 궁예는 원주原州에서 거병하여 철원에 도읍을 두고 태봉국을 창건하였다. 당시 그 영토는 북쪽은 평안도부터 남쪽은 전북 금강 기슭에 달하며, 또 나주와 진주 지방에도 미쳐서

216 신라 제47대 왕인 헌안왕(憲安王)의 오기이다. 한편 궁예의 아버지에 대해서는 헌안왕, 경문왕 등 여러 설이 있으나 명확하지 않다.

세력이 자못 성하였으나, 궁예는 겨우 재위 27년 만에 신하에게 축출되었다. 세상은 고려로 바뀌어 도성 역시 개성으로 옮겨졌다.

4면이 중첩된 산악으로 둘러싸였다. 중앙에 일대 평원이 펼쳐졌으며 그 중심에 철원이 있다. 평원의 면적은 대략 65,000정보로 조선 굴지의 대평야이다. 토질은 전반적으로 척박하지만 쌀과 콩의 산출은 적지 않다. 강원도는 전체가 교통이 불편하며 인구는 희박하고 황무지가 많다. 철원평야는 그 중에서도 두드러지는 편이지만 근래 관개용 수로를 설치하여 무논을 개간하여 그 수가 점차 증가하고 있다.

읍내는 역에서 동쪽으로 약 20정 떨어진 금계金鷄산맥[217]의 북쪽 기슭에 있으며 좁은 골짜기 사이에 인가가 모여 있다. 상업이 자못 번성하여 시장이 한번 개시하면 거래액은 약 2만원을 상회한다. 서북쪽의 안협安峽까지 9리, 동쪽의 김화金化까지 7리, 남쪽의 지포芝浦까지 4리, 영평까지 5.5리 떨어져 있으며, 정거장과 읍내, 김화 간에는 매일 승합자동차가 운행하고 있다.

인목면寅目面 아연광은 역에서 서북쪽으로 2.5리 떨어져 있다. 최근 1년 생산액은 약 600톤을 웃돌지만, 이후 원광의 시가 하락으로 사업은 갑자기 기세가 꺾인 형세이다.

금강산수력전기철도선은 역을 기점으로 김화와 금성을 거쳐 화천읍化川邑에 이르는 62리哩를 부설할 예정으로 현재 실측 중인데 2~3년 후에는 개통될 것이다. 또 본 선로는 장래 내금강內金剛의 입구인 말휘리末輝里 및 외금강 방면으로도 연장 계획이므로, 준공되면 금강산 탐승객은 매우 편리할 것이다.

인구 6,953인내지인 541인, 호수 1,545호내지인 154호

관공아 기타

군청 경찰서

217 당시 철원역 인근에는 금계산이란 이름은 보이지 않는다. 철원 동부의 고지대는 태백산맥과 광주산맥의 영향으로 몇몇 고산들이 솟아 있는데, 그 중에 금학산(金鶴山)이 있다.

지방법원 지청　　　　우편국
금융조합　　　　식산은행 지점
농학교　　　　잠업전습소

〔**피안사**彼岸寺〕 피안사는 도피사到彼寺 또는 도피안사到彼岸寺라고 한다. 역에서 동남쪽으로 1리 10정 떨어져 있으며, 철원읍내에서는 20정 정도 거리이다. 서남쪽으로 보개산 봉우리를 올려다보며, 동남쪽으로 용화산의 중첩된 봉우리를 바라보고 있어서 풍경이 한없이 멀고 넓다. 절의 주불인 석가의 좌상은 높이 3척 5촌 여로 이른 바 팔상八相을 갖추어서 현대에 남아있는 신라 불상 중 드문 명작으로 알려졌다. 전각 앞의 오층석탑[218]도 같은 시대의 것으로 풍상을 겪었지만 고풍스럽고 우아한 수작이다. 절 부근에 안양사安養寺가 있고 또 지세가 험한 3리 길 고개 하나를 넘으면 심원사深源寺가 있다.

〔**용화폭포**龍華瀑布〕 영평 기승의 하나로 전곡역 항목에서 기술하였는데, 철원역에서 가면 원산가도를 동남쪽으로 향하여 금성읍을 거처 지포芝浦에 이르러, 거기서 겨우 7~8정 정도 가면 도달한다. 이 노정은 인력거로 약 4리로 4시간 정도가 소요된다. 폭포의 왼쪽 절벽을 올라 상류로 1리를 가면 용화동이 있다. 이 주변은 인가가 드물고 생활이 소박하여 태고의 모습을 보는 듯하다. 가는 길의 양 옆에는 높은 절벽이 바로 가까이 있으며 매우 그윽하고 깊다.

〔**화적연**禾積淵〕 역에서 5리 정도 떨어져 있으며 인력거가 다닌다. 화적암은 높이 2장丈 정도로 물 위에 우뚝 치솟아 마치 벼를 쌓아올린 형상을 하고 있다. 연못에는 작은 섬이 있는데 부용봉芙蓉峰이라 부른다. 오른쪽 절벽에는 소나무 가지가 늘어져 있어 영평팔경 중 으뜸이다.

218 보물 제223호로 지정된 삼층석탑이다. 한편, 오층석탑이라는 기록은 『개벽』 제42호(1923.12.1.)의 「영서팔군과 영동사군」의 기사에도 보인다.

월정리역

月井里驛, 강원도 철원군 북면(北面) 월정리, 용산에서 64리, 원산까지 74리 4분

역은 인구가 겨우 2백여 명인 작은 한촌이지만, 토지가 과수 재배에 적합하여 최근 몇 년 전부터 과수원을 경영하는 내지인이 많다. 그 가운데서도 이나바稻葉농장은 비교적 규모가 크고 농림과 축산 및 국수제조 등을 하고 있다.

| 명소 |

〔**궁예성지**弓裔城址〕 역의 북단 철도선로의 좌우에 흙으로 구불구불하게 쌓은 것이 성의 외벽이다. 월정리 촌락은 당시 성 안의 일부였다고 생각된다. 궁궐의 터인 고궐리古闕里는 역에서 북쪽으로 1리 떨어져 있으며 지금도 옛 석등 1기가 남아 있어 당시의 번영한 모습을 짐작할 수 있게 한다. 석등은 팔각형의 7층탑으로[219] 높이는 1장 2척이다. 초석에서 3층까지는 물결모양을 새겼고 4층 이상은 연꽃모양을 새겼는데, 형태와 조각이 예스럽고 우아하여 감탄할 만하다. 또 역에서 동쪽으로 8정 정도 떨어진 운정리雲井里에 석등과 구시龜趺[220]가 있다. 이 역시 태봉시대의 유물로 한번 돌아볼 가치가 있다.

평강역

平康驛, 강원도 평강군 평강면 서변리(西邊里), 용산에서 74리 4분, 원산까지 64리

철로를 따라 올라가면 급경사진 곳에 이르러 평강의 평야로 나온다. 이 주변은 해발 1,200척 내외의 고지대인데, 면적 약 2천여 방리의 평야로 중앙부에 평강역이 있다. 이곳은 군청소재지로 경찰서, 지방법원 출장소, 금융조합 등이 있으며, 내지인 160여 명을 포함한 인구는 2,200여 명에 달한다. 서쪽으로 경의선 한포汗浦로 통하는 도로가 있고, 동쪽으로 5리 26정町을 가면 김화읍으로 나와 경원가도를 만난다.

역은 금강산 유람객들이 하차하는 곳으로, 내금강까지 36리 정도 거리이다. 매

219 『개벽』 제42호 「泰封王 金弓裔는 엇더한 人物인가」라는 기사에서는 고궐리에 있는 당대 유물인 석등은 높이가 12척이고 팔각형이며 5층이라고 나온다.

220 귀부(龜趺)의 오기로 보인다.

년 7월부터 10월까지 역과 장안사長安寺 사이에 당사가 직영하는 자동차가 운행한다상세한 것은 금강산 기사 참조. 또 역에서 경원가도를 따라 있는 김화자동차 운임 1원 72전, 금성자동차 운임 3원 50전 및 창도昌道 자동차 운임 4원 42전까지는 매일 승합자동차가 운행한다. 전세를 낼 경우에는 더 연장되어 신안新安, 화천化川, 말휘리末輝里 및 장안사까지도 빌릴 수 있다.

| 명소 |

〔**갑천**甲川〕 역의 북쪽을 흐르는 갑천은, 궁예가 왕건에 쫓겨 허둥대다가 이 강기슭에 이르러 갑옷을 강에 버리고 삼방三防으로 도망갔으며, 나날이 굶주림이 심하여 보리 싹을 먹다가 부양斧壤 백성들에게 의심을 받아 마침내 해를 당하였다는 전설이 전해진다.

복계역

福溪驛, 강원도 평강군 내면(內面) 복계리, 용산에서 76리 8분, 원산까지 61리 6분

이 역은 평강 고원의 분지에 있다. 역에서부터 철도선로는 급경사를 올라가서 마침내 반도의 척량脊梁산맥[221]을 넘는다. 이곳은 원래 산간에 무인無人이었던 곳으로 복계라는 이름은 역에서 북쪽으로 약 1리 떨어진 촌락이름을 딴 것이다. 현재 철도기관차고가 있으며 인구는 약 3백 명을 헤아린다.

미쓰이물산회사 식림지가 역의 동북쪽 감둔산甘屯山[222] 및 서남쪽 효성산曉星山에 있으며, 대략 5천 정보의 산간에 식림을 경영하고 있다.

〔**성황당산성**城隍堂山城〕 고려시대 숙신肅愼의 남하에 대비한 산성으로 역에서 북쪽으로 약 1리 지점에 돌로 쌓은 성채가 현존한다. 그 둘레는 920여 척으로 성안에 우물 하나가 있었는데 지금은 메워졌다.

---

221 태백산맥을 의미한다.

222 지도상 위치를 확인할 수는 없으나, 『조선총독부관보』(1914.1.13.)에는 평강군 현내면(縣內面) 감둔산의 국유임야와 남면 내포산(西抱山) 외 국유임야를 미쓰이합자회사에 대부하였다는 서술이 나온다.

검불랑역

劍拂浪驛, 강원도 평강군 고삽면(高揷面) 원남리(遠南里), 용산에서 86리 5분, 원산까지 51리 9분

반도의 척량산맥에서 움푹 들어간 곳에 위치하는 이 역은 해발 약 1,847척呎의 고지로, 조선선 정거장 중에 가장 높은 지점이다. 한여름 온도도 19도를 넘지 않으며 잘 때 모기장을 사용하는 일이 없다. 역 앞에 서서 전망하면 희룡산戱龍山이 서쪽하늘을 뚫고 벽처럼 서 있다. 박봉拍峯, 장고長鼓의 여러 봉우리가 북쪽으로 이어져 청학靑鶴, 풍류風流, 철령鐵嶺의 산맥이 되고 남쪽으로 치달아서 오신五神, 중봉重峯, 용화龍華의 여러 산이 된다. 망망한 고원에서 하늘 높이 부는 바람에 야생초가 흔들리는 풍경은 호쾌하고 장대하며 여전한 태고의 풍취이다.

역 부근에 인가가 60여 호가 있고 목재와 신탄 등을 생산한다.

오다카라大寶**농림부**農林部는 역에서 동쪽으로 0.5리 정도의 개간지에[223] 있다. 산림의 면적은 약 1,300정보로 그 중 400정보는 이미 식수를 마쳤으며 주로 낙엽송을 조림하고 있다.

세포역

洗浦驛, 강원도 평강군 고삽면 세포리, 용산에서 94리 1분, 원산까지 44리 3분

검불랑을 출발하여 기차는 40분의 1의 급경사를 오르락내리락하여 조선선 중 가장 높은 곳인 2,007척呎여의 고지에 오른다. 여기서부터 선로는 원산까지 내리막길이 되는데 조금만 가면 세포역에 도착한다. 이 역 부근은 남쪽의 이목정梨木亭 근처에서 북쪽의 추가령楸哥嶺 서쪽 기슭에 이르기까지 약 6리로 연장되며, 동서로는 약 1.5리의 평원을 이루고 있다. 봄여름 무렵이 되면 야생화가 일시에 피어나 찬란함에 눈길을 빼기지만, 여름이 깊어지면 들풀이 사람 어깨를 가릴 정도로 무성해진다.

미쓰하시三橋**목장**은 역에서 동쪽으로 10정丁 떨어진 젖소목장이다. 주로 홀스

223 본문에는 수벌(水垡)로 표기하고 있으나, 水는 火의 오기로 보인다. 조선총독부 『관보』 제778호(1915.3.10)에 따르면, 오다카라농림부는 고삽면 검블랑리, 현내면 상원포리 장암산 12,915,200정(町)을 1915년3월부터 10년동안 국유 임야의 대불허가를 받았다.

타인 프리지안종[224] 젖소의 증식을 목적으로, 현재 30두가 넘는 목우에서 취하는 우유는 지방에 판매하는데 생산량은 1년 400석을 웃돈다. 또 역에서 남쪽으로 30정 거리에 언두부를 제조하는 하시모토橋本농장이 있다.

난곡蘭谷목장지장은 역시 권업모범소에 속하는데, 역에서 동쪽으로 3.5리 떨어진 회양군淮陽郡 난곡면에 있다. 이 목장의 목적은 몽골산 암말에 내지산의 기드란, 앵그로 노르만종[225]을 교배하여, 대체로 방목을 맡은 조선 농가에서 쓸 실용적인 마필을 증식하는 것이다. 현재 90두의 마필이 있다.

| 명소 |

〔**국사동**國師洞〕 국사동은 유명한 삼방유협三防幽峽의 일부로, 역에서 약 1.5리 떨어진 철도선로를 따라난 계곡에 있다. 이곳에는 약수계藥水溪와 단풍계 두 곳으로 구성되며, 약수계라는 이름은 경치가 그윽하고 기이한데다 계곡 근처에 탄산천이 용출하는 데서 생겼다고 한다. 또 단풍계는 단풍나무가 높은 절벽을 가리고 맑은 물이 산기슭을 두르고 있어 가을 경치가 농염한 데서 그런 이름이 붙여졌다.

삼방역

三防驛, 함경남도 안변군(安邊郡) 아익면(衙益面) 하삼방리(下三防里), 용산에서 101리 3분, 원산까지 37리 1분

철로가 함경남도로 들어가면 뾰족한 산봉우리가 겹겹이 포개지고 시냇물 한 줄기가 겨우 절벽 사이를 굽이 돌아 흐른다. 이른 바 삼방유협은 9개의 터널과 십 수개의 교량으로 통하여 끊임없이 밝아졌다 어두워졌다하며 여객의 간담을 서늘하게 하면서 삼방역으로 나온다.

224 본문에는 '호르스타인(ホルスタイン), 후리샤(フリーシャ)'로 표기하고 있다. 두 종이 별개인 것처럼 보이지만, 홀스타인종은 네덜란드의 서부 프리지안 지역(West Friesland)과 북부 홀랜드(North Holland)에서 성립된 젖소의 대표적인 품종으로, 영국에서는 홀스타인이라 하고 북미에서는 홀스타인 프리지안종으로 불린다.

225 본문에는 '기도란(ギドラン), 앙그로호르만(アルグローホルマン)'으로 표기하고 있다. 기드란(Gidran) 종은 아랍종 목마(牡馬)의 자손으로 각지의 재래종 목마와 교배되는 품종이다. 앵글로 노르만(Anglo Norman) 종은 프랑스가 원산지인 경종마이다. 농촌진흥청 국립축산과학원 「축종별 품종해설」 참고.

삼방은 옛날에 삼관방三關防을 둔 곳으로 역에서 남쪽으로 18정 떨어져 있다. 초가집 몇 채가 있는 산촌은 삼방관 터이다. 원래 조선의 표리를 구성하는 척량산맥은 또한 사람과 문물이 오가는 데 오래도록 장벽이 되었는데, 삼방 외에 철령鐵嶺과 마식령馬息嶺을 넘어가는 도로에 의해 겨우 남북이 서로 통하게 된 것이다. 그 중에 삼방으로 넘어가는 길이 비교적 험준하지 않은 경로로 여겨졌다. 그래서 이곳에 3개 곳의 관책關柵이 설치되어 제1관은 추가령楸哥嶺 아래에 있고 제3관은 풍류산風流山 아래 있으며 제2관이 삼방역 남쪽의 산촌에 있다. 현재 인구 90여 명이 있다.

고토봉高土峰 관유림은 초수동初水洞 부근에 있는 천연림으로, 현재 경성의 미즈타水田 씨가 불하받아 약 4년간 목재 채벌과 반출에 종사하고 있다. 또 송宋 자작[226] 등이 발기에 관여한 수력전기사업은 역 부근의 계곡물을 이용하여 발전을 계획 중이다.

| 명소 |

〔**태봉궁**泰封宮〕 역에서 남쪽으로 16정町 정도 떨어진 옛 삼방관 터 바로 앞에 있는 사전祠殿이다. 일찍이 반도의 태반을 영유하여 최고의 권세와 부귀를 누리던 궁예가 단신으로 급히 삼방의 암굴로 도망쳤다. 때마침 동굴을 나와서 보리싹을 훔치려 했으나 마침내 청학산青鶴山 아래에서 죽었다고 한다. 그 뼈를 묻은 땅이다.

〔**삼방폭포**〕 역에서 서북쪽으로 1리 떨어진 마상산麻桑山에 있다. 직하 140척으로 큰소리를 내며 물보라를 일으켜 비처럼 흩어진다. 그 위에 또 다른 폭포가 있다고 하지만 절벽이라 올라갈 수 없다. 또 하류로 1정丁 떨어진 지점에 폭포가 있는데 흘러내리는 물의 형세가 공중으로 솟구쳐 가까이 가기 어렵다. 이것을 삼방의 자폭雌瀑이라 부르고 있다.

〔**고음**皷音**폭포**〕 폭포는 재천동載川洞에서 동쪽으로 1리 정도 떨어진 풍류산 서쪽 기슭에 걸려있다. 직하 80여 척으로 삼방폭포 다음가는 큰 폭포이다.

---

226 송병준(宋秉畯, 1858~1925)을 가리킨다.

고산역

高山驛, 함경남도 안변군 아익면 세포동(細浦洞), 용산에서 110리 3분, 원산까지 28리 1분

삼방역에서 다섯 개의 터널과 열 몇 개의 교량을 지나면 이 역에 도착한다. 고산高山평야는 남쪽으로는 풍류산風流山이, 서쪽으로는 설봉산雪峰山과 응산鷹山 등이 나란히 서 있다. 또 남북으로 6리, 동서로 2리 여에 걸친 넓은 들판이다. 남대천南大川이 남쪽에서 흘러내려오고 용지원천龍池院川이 서쪽에서 흘러내려와 용지원역 동쪽에서 합류한다. 토질이 비옥하여 무논이 잘 개간되고 풍부한 용수를 고지대로 끌어올려서, 옛날 조선시대에는 보기 드물었던 설비가 더해졌다.

역 부근을 일반적으로 신고산新高山이라 부른다. 인구는 약 천명이며 금융조합과 근시近市와 원시遠市 두 곳의 시장이 있다. 한번 시장이 열리면 3,500원 내지 5천원의 거래액을 보인다. 거래물자는 대두, 조, 잡곡, 건어와 기타 일용잡화류이며, 시장을 거치지 않고 거래되는 물자로는 목재, 땔감, 목탄 등이 있다. 구고산舊高山은 역에서 동쪽으로 2리 정도, 재천동載川洞은 남쪽으로 1리 30정, 또 철령鐵嶺을 넘어 군청소재지인 회양읍淮陽邑까지는 7리 거리로, 이 도로는 경원가도에 해당하며 최근 철령을 넘어가는 도로가 준공되어 완전해졌다. 따라서 금강산에 이르는 지름길로서는 세포역보다 오히려 이 역을 택해야 한다. 또 태강역에서 입산하는 것 보다 약 8리가 빠르지만 아쉽게도 자동차 편이 없다.

철령금광은 회양군 철령에 있으며 역에서 3리 떨어져 있다. 조선의 재래 채굴법으로 연간 약 250톤을 생산한다.

동아東亞상공회사 임산부林産部는 역에서 남쪽으로 3리 떨어진 죽근리竹根里에 있다. 현재 주로 목탄을 생산하며 연간 생산액은 15만관을 헤아린다.

| 명소 |

〔**고성지와 고분**〕 역에서 서쪽으로 약 16정町 거리에 옛 성터가 있다. 이 지방은 옛날 북적北狄과 싸운 곳으로 함남지방에는 곳곳에 이런 종류의 무너진 성터가 발견된다. 고분은 역에서 서북쪽으로 20정 정도 떨어진 언덕 사이에 산재해 있

다. 이 역시 숙신시대 것이라고 일컬어지지만 아직 발굴된 것은 없다.

〔**금기동**琴基洞**강탄비**降誕碑〕 역에서 남쪽으로 1.5리 떨어진 금기동에 있다. 이태조 성계의 비 한 씨韓氏가 태어난 곳이다. 한 씨가 혼인할 당시 태조는 아직 일개 무반에 지나지 않았으나, 오랫동안 퇴색의 길에 있던 고려를 섬기면서 남정북벌하다 마침내 시운을 타서 이조 5백년의 비기丕基를 열게 되었다. 한 씨는 그 위업을 보지 못하고 성계 즉위 전년에 세상을 떠났으니 안타까웠을 것이다. 훗날 순조 대에 절비節妃에 봉하여 강탄비를 세운 것이다.

용지원역

龍池院驛, 함경남도 안변군 문산면(文山面) 용지원리, 용산에서 114리 3분, 원산까지 24리 1분

역에서 동남쪽으로 10정 떨어진 곳에 경원가도를 따라 촌락이 있다. 이곳은 용지원천과 남대천의 합류점이자 철령을 넘어가는 길과 삼방을 넘어가는 가도가 만나는 곳이다. 역에서 남쪽으로 10정 거리인 현대동縣垈洞은 옛날에 익곡현益谷縣이 있던 곳으로 지금은 이름만 남아있고 아무런 유적이 없다.

〔**용지원천**〕 수원은 희방령喜邦嶺[227]의 동쪽 기슭에서 발원하며 역의 부근에서 남대천과 합류한다. 이 유역은 강벽이 깎아지른 듯이 서 있어 곳곳에서 기묘한 경치를 볼 수 있다. 또 강물이 맑아 은어가 산다. 낚시와 투망하며 놀기 좋은 장소이다.

석왕사역

釋王寺驛, 함경남도 안변군 문산면 오산리(梧山里), 용산에서 119리 4분, 원산까지 19리

석왕사釋王寺 유람객은 이 역에서 하차한다. 역에서 내리면 서북쪽에 설봉산雪峯山이 솟아있고 넓은 소나무 숲이 온산을 뒤덮고 있는데, 석왕사의 영역이다. 동쪽으로 20여 정을 가면 숙역인 남산南山이 있고 서북쪽으로 약 4정 거리에 오산리 촌락이 있다. 인구는 약 670여 명이고 내지인의 양조장도 부근에 있다.

227 희방령이란 이름은 확인되지 않는다. 용지원천은 강원도 고산군 죽근리의 저두봉(猪頭峯)의 남동쪽 경사면에서 발원하여 용지원리에서 안변남대천으로 흘러든다.

| 명소 |

〔석왕사〕 역의 서북쪽에 해당하며 산기슭의 사기리砂器里 촌락까지 25정 떨어져 있다. 이곳에는 간센테이甘泉亭, 가쿠쇼엔鶴松園 등의 일본여관이 있고 광천욕장도 있다. 소나무 숲에서는 송이가 난다. 절까지는 여기서 약 20정町을 올라가지만, 소나무 숲이 들어선 폭 3간間 정도의 도로로 시냇물이 흘러 걸으면서 그윽한 정취를 감상할 수 있다.

석왕사는 이조 태조가 창건하였고[228] 그 후 화재를 당한 것을 270여 년 전에 벽암碧巖선사의 발기로 재건하였다. 이조와 관계가 깊은 절이어서 보호를 잘 받아 당우와 가람의 웅장하고 화려한 아름다움이 오늘날까지 유지되어 왔다. 석왕사기[229]에 따르면 강헌성조康獻聖祖, 태조 이성계가 잠저潛邸 때 신승 무학無學에게 꿈풀이를 청하자 하늘의 증험이라 하였다. 이에 마침내 응진전應眞殿을 일으키고 인하여 오백성재五百聖齋를 개설하였다. 이른 바 천진당天眞堂 진헐당眞歇堂, 인지료仁智寮 용비루龍飛樓 등 모두 일시에 영선하였다. 등극한 뒤 명하여 거찰을 지었고 누전樓殿과 요사寮舍가 크고 아름답게 빛나는 것이 도에서 제일이다. 건문建文 신사년辛巳年에 거가車駕로 친히 임하여 동洞에는 소나무를 심고 뜰에는 배나무를 심었다. 그 때에 이르러 왕이 명하기를 소나무 베는 것을 금하였고, 검은 배를 진상하게 하였다. 석왕사는 왕의 꿈을 해석했다는 의미라고 한다. 신승 무학은 나옹조사懶翁祖師의 의발衣鉢을 이은 고승으로 이 태조의 왕업에 참획參畫이 적지 않았다.

남산역

南山驛, 함경남도 안변군 문산면 면동(綿洞), 용산에서 125리 2분, 원산까지 13리 2분

역에서 남쪽으로 몇 정 떨어진 곳에 남산南山의 옛 정거장이 있다. 경원가도를 따라 일곽을 이루며 인구 약 750명이고 시장이 있다. 석왕사역까지 1리 5정丁, 안변읍까지 1리 20정 거리로, 이 도로는 경원가도로 수레와 말을 보내는 데 적합하다.

228 『신증동국여지승람』 제49권 「함경도」에는 "태조(太祖)가 잠저(潛邸) 때에 세웠다"고 나오는데, 『조선불교통사』(1918)의 저자 이능화(李能和)는 부정한다.

229 서산대사의 「설봉산석왕사기」를 가리킨다.

안변역

安邊驛, 함경남도 안변군 배화면(培化面) 해천리(蟹川里), 용산에서 131리 7분, 원산까지 6리 7분

이 역은 안변평야 중심에 위치하며 인구는 약 150명이고 해천리蟹川里시장 소재지이다. 동쪽으로 약 2리 떨어져 안변읍이 있다. 토질이 비옥하여 무논이 풍부하고 유명한 안변대두는 이 부근에서 생산한다. 아쉽게도 삼방천의 범람으로 때때로 큰 피해를 입으며 관개용수로가 충분하지 않아 한번 가뭄이 들면 용수가 없어 괴로운 상황이 된다. 요즘 안변지역 약 800정보에 걸쳐 수리조합이 조직될 계획이다.

안변읍은 옛날부터 금과 여진 등과의 관계로 요진을 두었던 곳이다. 읍내에는 가학루駕鶴樓, 읍에서 북쪽으로 20정 떨어진 북산리北山里에 있는 학성鶴城산성터가 있는데 모두 신라 중기에 지어졌다고 한다[230]. 고려조 말 길주吉州이남 땅을 영유하게 되면서 안변의 병비를 함북의 북청北靑으로 옮겼다고 한다. 분로쿠의 역 때에 가토 기요마사가 학성산에 주둔했던 일은 사람들에게 잘 알려진 바이다. 인구는 2,300여 명이고 군청, 경찰서, 금융조합, 지방법원 출장소와 시장 등이 있다.

서학瑞鶴광산 및 주암리珠岩里광산은 역에서 서쪽으로 몇 리 떨어진 서곡면瑞谷面에 있으며 광석은 금, 은, 아연을 포함한다. 지금은 구바라久原광업회사가 경영하고 있으며 연 3천여 톤을 산출하고 있다.

갈마역

葛麻驛, 함경남도 덕원군(德源郡) 현면내(縣面內)[231] 원산리(元山里), 용산에서 135리, 원산까지 2리 6분

이곳은 원산부 교외로 시가까지 1리 못 미친다. 부근에는 동양척식회사가 경영하는 묘원과 과수원 등이 있다.

230 『신증동국여지승람』 제49권 「함경도」에 "신라 효소왕(孝昭王) 때에 비열홀성(比列忽城)을 쌓았다는 것이 이것이 아닌가 한다"는 서술이 있다. 효소왕은 신라 제32대 왕(재위 692~702)이다.

231 현내면의 오기이다.

| 명소 |

〔갈마〕 갈마는 외국인들 사이에서 '원산 비치'라고 알려진 피서지이다. 역에서 북쪽으로 20여 정 떨어진 영흥만永興灣의 남방인 갈마반도 바깥쪽에 위치한다. 일본해의 파도가 바로 밀려오고 소나무 숲이 이어지는 백사장이 멀리까지 펼쳐지고 물이 얕아 해수욕에 적합한 장소이다. 만의 어귀에 떠있는 신도薪島와 송도松島 기타 여러 섬이 바라보이는 호쾌한 경치이다. 물가에는 외국인들의 허술하게 급조한 별장 30 몇 호가 있다. 여름철이 되면 조선 전역 각지에서 외국인 선교사와 중국, 내지 등에서 모여드는 외국인이 수백 명에 이른다.

원산역

元山驛, 용산에서 138리 4분, 함흥까지 77리, 함경남도 원산부 석우동(石隅洞)
동경 127도 26분, 북위 39도11분.
기온 최고 23.0 최저 1.1 평균 10.1

원산역은 경원선의 종점이자 함경선의 시발역이다. 직통열차 이외 두 노선을 걸쳐 타는 승객은 모두 여기서 환승하여야 한다. 정거장은 구시가인 원산진元山津과 신시가인 원산항元山港의 중간에 위치하며, 구내에는 철도기관고 및 공무사무소 등이 있다. 원산은 영흥만의 일부로 같은 만내에 있는 송전만松田灣과 마주하고 있다. 갈마반도는 남쪽에서, 호도虎島반도는 북쪽에서 돌출하여 항구를 장악하고 있으며, 대도大島, 신도, 염도簾島, 고도高島 등 섬들이 항구 외측에 가로놓여 일본해의 파도를 막아준다. 조수의 차가 미미하고 물이 맑아서 벽해碧海라고 일컬어져 일본해의 해안가임이 수긍이 된다.

이 항구는 조선 동해안[232]에서 유일한 양항만良港灣으로 시모노세키下關에서 380리浬, 쓰루가敦賀까지 470리, 부산까지 300리, 블라디보스토크까지 330리 떨어져 있으며 모두 정기항로선이 있다. 최근의 수이입출 금액은 2,047만여 원으로, 조선 개항지 중에서 제7위의 무역액이다. 작년 이 항구와 쓰루가 간 일본해 횡단 항로가 열려서 시장의 상황도 한층 더 활기를 보이는 감이 있다.

원산은 1880년明治13 개항하여 부산에 버금가는 오래된 시가지인데, 중도에 침

232 본서에서는 동해를 일본해로 표기하는데, 여기서는 특이하게 조선의 동해안이라 하였다.

체기를 거쳤으나 근년 경원선의 전면개통과 함경선 부설 등 교통기관이 완비됨에 따라 시장 상황은 다시 활기를 띠어, 얼마 전에는 일본해 횡단항로 개설을 서둘렀고 지금은 원산-평양 간 철도 부설 논의도 고조되고 있다. 시가는 장덕산長德山 기슭에 있다. 정거장에서 북쪽의 이른 바 원산항 구역은 주로 내지인의 상점이 즐비하여 상업이 번성하였다. 또 남쪽의 원산진 구역은 주로 조선인의 상점이 밀집해 있고 제1시장과 제2 시장 등이 있어 이곳 역시 매우 번성하였다. 식산은행 지점, 동척회사 출장소 등도 이쪽 시가지에 있다. 공업방면에서는 전분제조회사 외에 정미공장과 양조공장이 두세 곳 있으며 특기할 만한 것은 없다. 어업 역시 연간 거래액이 17만여 원으로 동조선해를 품은 항구로서는 위치상 이점을 아직 충분히 이용하고 있지 않다.

인구

	내지인	조선인	외국인	합계
인구	7,064인	19,583인	612인	27,259인
호수	1,750호	4,366호	134호	6,250호

관공아 기타

부청

영흥만 요새사령부춘일정春日町

측후소천정泉町

수비대

헌병분대수정壽町

육군 운수부 및 창고 출장소주동洲洞

러시아영사관춘일정

실과고등여학교중정仲町

소학교 및 사립학교 8곳

식산은행 지점석우동石隅洞

상업은행욱정旭町

세관

우편국

체신국 출장소본정本町

지방법원 지청성동城洞

토목국 출장소해안통海岸通

중국영사관지나정支那町

부립병원춘일정

상업학교상동上洞

조선은행 지점본정

18은행 지점춘일정

금융조합중정

조선전분회사

조선수산회사 지점

동척회사 출장소양촌동揚村洞

수력전기회사양지동陽地洞

조선우선회사 출장소해안통

항로

부산-원산선조선우선회사 경영, 월 7회

오사카-청진선오사카우선회사 경영, 월 4회

청염淸鹽[233]-오사카 선조선우선회사 경영, 월 3회

웅기雄基-모지門司선조선우선회사 경영, 월 3회

청진-쓰루가선조선우선회사 경영, 월 3회

자동차

양덕陽德과 성천成川을 거쳐 평양으로 승합자동차를 운행하고 있다.

양덕까지 약 19리, 운임 5원 50전

성천까지 약 29리, 운임 12원

평양까지 약 56.5리, 운임 19원

매일 7월부터 10월까지 통천通川, 장전長箭을 거쳐 금강산 기슭의 온정리溫井里까지 당사 직영의 자동차가 운행한다금강산 기사 참조.

| 명소 |

〔**장덕산**長德山〕 장덕산은 원산 뒤편에 있는 조금 높은 산인데, 금비라金比羅신사를 모시고 있다. 산 위에 가로세로로 새 도로를 놓아 개선凱旋도로라고 이름을 붙였다. 만 전체를 내려다보아 풍광이 맑고 아름답다.

〔**송정리**松亭里〕 송정리는 원산시가의 동쪽 끝에 있는 백사장 해안이다. 적합한 계절에 원산부가 탈의장 등의 설비를 설치하여 해수욕장이 된다.

233 블라디보스토크의 한자표기인 포염(浦鹽)의 오기이다.

고원부근 연어잡이

영흥읍

번춘장 시장

양천사(梁泉寺)

함흥읍과 만세교

함흥 대화정(大和町)

함흥 정화릉(定和陵)

청진항

청진항의 명태잡이

청진항의 명태 건조

청진역

부령 형제암

무산령(茂山嶺)

도문강 상류의 심림(深林)

백두산 정상의 호수

회령읍

함경선咸鏡線

원산-함흥 간 77리

청진-회령 간 58리 1분

수성-경성 간 14리 4분

함경선은 원산항에서 해안을 따라 청진항으로 나오며, 거기서 북진하여 도문강圖們江 기슭의 회령會寧에 도착하는 선로의 총칭으로 함경남도와 북도를 세로로 관통한다. 분로쿠의 역 때 가토 기요마사가 북정北征한 진로에 해당한다. 현재 개통된 선로는 그 양단의 일부분이므로 지금은 영업구간을 편의상 함경선 남부 및 북부라고 부르고 있다. 남부선은 원산을 출발하여 흰 모래톱 사이에 푸른 소나무가 있는 아름다운 영흥만을 왼쪽 창으로 바라다보며 덕원德源과 문평文坪 고원을 거쳐, 이조 발상지로 알려진 영흥 부근에서 용흥강龍興江과 정평읍定平邑으로 나와 함남의 큰 강인 성천강城川江을 건너 함흥咸興에 도달한다.

북부선은 청진을 기점으로 다음 역인 수성역輸城驛에서 둘로 갈라진다. 하나는 남쪽으로 향하여 경성鏡城에 이르고, 다른 하나는 북쪽으로 올라가 무산의 험준한 고개를 넘어 회령會寧에 도착한다, 현재 본 선로의 열차운행계통은 남부선은 1일 1회 왕복하는 함흥-남대문 간 직통열차를 제외하고는 모두 원산-함흥 간을 운행하고, 북부선은 청진-회령 간 및 청진-경성 간과 각 개별 열차를 운행하고 있다.

아마도 생각건대 장래 본 선로가 모두 개통하여 북쪽으로는 길회吉會철도[234], 남쪽으로는 평원平元철도[235]와 접속하게 되면 열차운행계통은 완전히 새롭게

234 만주의 지린(吉林)과 회령과 나진항을 잇는 철도이다. 일본은 1909년 간도협약으로 간도 영유권을 청나라에 양보하는 조건으로 철도 부설권을 얻어냈다. 1928년 10월 옌볜(延邊)을 중심으로 길회선의 마지막 구간인 둔화(敦化)-라오터우거우(老頭溝) 간 부설공사를 반대하는 투쟁이 시작되어 동북3성을 포함한 각지의 반일운동으로 확산되었다. 결국 일본은 이 구간의 부설공사를 정지하였고, 1931년 만주사변 전까지 완공되지 못하였다.

235 평안남도 대동군 서포와 함경남도 고원을 잇는 동서횡단 철도로, 1926년 5월 착공하여 1941년 4월 전

될 것이다. 동시에 북선北鮮지방의 교통 및 경제상 일대 변혁을 가져오리라는 것은 여기에 군말이 필요 없다.

[남부]

원산-함흥 간 77리

덕원역

德源驛, 함경남도 덕원군 부내면(府內面), 원산에서 3리 5분, 함흥까지 73리 5분

이 역은 원산-회령가도와 원산-평양가도의 분기점이다. 여기서 마식령을 넘어 양덕陽德과 성천成川을 지나 평양에 이르는 53리里는 승합자동차가 다녀 하루면 도착한다원산역 항목 참조. 덕원부근은 토양이 비옥하여 경지가 많다. 동북 일대가 영흥만에 접하여 어업 상 이익도 적지 않다. 인구는 약 1,100여 명이고 군청과 권업모범장 지장 등이 있다.

| 명소 |

〔**망덕산고성지**望德山古城址〕 역에서 동북쪽으로 1리 여 거리로, 해안에 가까운 문천文川평야와 영흥만을 내려다보는 산성 터이다. 고려 말 공민왕 때 삼선삼개三善三介[236]의 난에서 이성계가 남다른 공을 세운 옛 전장이며, 나중에 가토 기요마사 역시 이 성을 거점으로 삼았다.

〔**현면고성지**縣面古城址〕 고려 말 왜구가 이 근방에서 함부로 날뛰어 곳집을 태우고 토민을 죽이고 약탈한 역사가 이야기로 남아 있다.

〔**적전사**赤田社 **및 기적비**記蹟碑〕 역에서는 남쪽으로, 원산에서는 서북쪽으로 모두 1리 떨어진 용주리湧珠里에 있다. 이조 태조의 증증조부曾曾祖父 목조穆祖가 완

구간의 공사를 마치고 개통하였다.

236 고려후기 동북면을 침략한 여진족 관리였던 김삼선와 김삼개를 가리킨다. 둘은 형제지간이며 이들의 외조부는 이성계의 조부이다. 이성계가 최유를 치기위해 출정한 사이에 난을 일으켰다가 이성계에게 패퇴하였다.

산完山에서 이주한 땅으로, 이 태조의 부친인 경조慶祖 대까지 대대로 이 땅에서 살았다고 한다.

문평역

文坪驛, 함경남도 덕원군 북성면(北城面) 문평, 원산에서 7리 9분, 함흥까지 69리 1분

덕원을 출발하면 영흥만을 우측 창으로 바라보면서 문평역에 도착한다. 이곳도 해안 일대가 백사장이며 소나무 숲이 곳곳에 보여 경치가 아름답다. 문평의 옛 역은 인가 100호 정도로 국도를 끼고 푸줏간과 객사客舍가 줄지어 있고 내지인의 점포도 섞여 있다.

문천역

文川驛, 함경남도 문천군 내면(內面) 옥평리(玉坪里), 원산에서 12리 5분, 함흥까지 64리 5분

이곳에는 수려한 자태의 옥녀봉이 두드러진다. 남쪽 기슭에는 원기천院岐川이 흘러 비옥한 무논이 이어지며, 유명한 문천 대두도 이 주변에서 생산된다. 읍내는 역에서 서쪽으로 19정丁 정도 떨어져 있으며 인구는 약 1,100명으로 내지인도 40여 명 살고 있다. 시장은 있지만 특산물 대두는 직접 원산으로 들어가 시장에서는 거의 거래가 없다. 군청, 경찰서, 지방법원 출장소 및 금융조합이 있다.

| 명소 |

〔**숙릉**淑陵〕 역에서 북쪽으로 1리 여 떨어진 초한면草閑面 능전리陵前里에 있다. 이 태조의 증조부 익조翼祖의 비인 정숙貞淑왕후 최 씨의 능으로 면적은 80정보이다. 산중에서는 송이가 난다.

〔**이균성지**伊均城址〕 고려시대 여진의 남침에 준비한 성곽으로 옥녀봉이 천연적으로 험한 것을 이용하여 쌓은 듯하다. 옥녀봉 남쪽 기슭에 있는 보통학교는 옛날 문묘의 대성전으로 전망이 좋은 위치를 차지하고 있다. 그 뒤편의 산중턱에는 고려시대에 만든 석가좌상이 있다.

전탄역

箭灘驛, 함경남도 고원군(高原郡) 상산면(上山面), 원산에서 21리 5분, 함흥까지 55리 5분

이 부근은 평탄한 평야이다. 근년까지는 간석지로 면적이 동서 약 5리, 남북 약 4리이며, 해안에 가까이에는 염전이 있다. 역 끝을 흐르는 배기이천配岐伊川은 하류 3리를 가서 덕지천德池川과 합류하며, 또 1리를 더 흘러 용흥강龍興江으로 들어간다. 이 유역에서는 은어와 연어를 생산하며 또 용흥강과 합류하는 지점의 맞은 편 기슭은 영흥 굴의 산지이다.

| 고적 |

〔**금성성지**錦城城址〕 역에서 2리 거리인 구산면龜山面 성저리城底里의 서쪽 남산 꼭대기에 있다. 성벽은 높이 1장, 폭 1장 내지 1장 5척, 연장 320간間에 달한다.

고원역

高原驛, 함경남도 고원군 하발면(下鉢面) 내리(內里), 원산에서 26리 2분, 함흥까지 50리 8분

이 역은 고원 군청소재지로 덕지강德池江이 동북쪽으로 흐른다. 하류 5리 지점 강어귀에 가까운 곳에 오리포五里浦가 있어서 여기까지 작은 증기선이 출입할 수 있다. 고원의 인구는 1,700여 명이고 군청, 경찰서, 금융조합 및 시장이 있다. **규준부화장**鮭鱒孵化場은 역에서 서남쪽으로 약 1리 떨어진 회동리檜洞里에 있다. 총독부의 직할로 1912년大正1에 창설하였다. 매년 수백만 마리를 방사하는데, 근년에 점차 그 효과가 나타나 1년 어획은 5만 마리에 이른다.

| 명소 |

〔**양천사**梁泉寺〕 역에서 서북쪽으로 1리 떨어진 상발면上鉢面 용천리龍泉里에 있다. 창건은 신라시대라고 하는데, 대부분의 전당이 황폐해져 옛 모습을 찾아볼 수 없다.

영흥역

永興驛, 함경남도 영흥군 홍인면(洪仁面) 운평리(雲坪里), 원산에서 33리 9분, 함흥까지 43리 1분

연혁

이 부근은 옛 옥저의 땅으로 한나라 때는 현도군玄菟郡에 속하였으며, 조선이 삼한이라 불렸던 무렵에는 완전히 별개로 독립한 땅이었다. 원나라가 발흥하여 이곳에 총관總管을 둔 무렵을 쌍성雙城이라고 하며, 고려와 원의 쟁탈지가 되었다. 이조 태조나 그 부친 환조桓祖가 속속 군공을 올렸던 곳이다. 이조 통일 후에는 영흥부라 바뀌었고 대도호부가 설치되었다. 분로쿠 때에는 류조지 시치로자에몬龍造寺七郎左衛門[237]이 이곳에 주둔했던 일도 있었다. 그 후 함흥이 번성함에 따라 눈에 띄는 발전을 하지는 못했지만, 이 왕가로서는 유서 깊은 땅이다.

영흥은 용흥강 왼쪽 기슭에 위치하며 원산-함흥 간 거의 중앙에 해당한다. 원산까지 15리, 함흥까지 14리, 오리포까지 5리이다. 오리포에서는 해로로 4시간이면 원산에 도달한다. 용흥강이 만든 모래톱으로 형성된 충적층의 평야 약 33,000정보가 강기슭으로 이어진다. 대두, 미곡, 담배, 흑연, 목재, 명주 등을 생산한다. 그 중에서도 영흥명주는 이곳의 명산으로 도청에서는 제사기업製絲機業전습소를 설치하여 크게 사업을 권장하고 있다.

이곳은 함흥 다음으로 번화하여 시장도 3곳이 있으며 음력 5·10일에 장이 열린다. 또 축산조합이 경영하는 우시장이 있는데, 평양소와 함께 조선산 소중에 육미가 좋기로 소문이 났다. 이른 바 북함우北咸牛의 본고장이다. 읍 부근에는 야마시타山下광업 및 하라原상사회사가 경영하는 비교적 대규모의 흑연광이 있다.

인구

5,501인내지인 290인, 호수 1,228호내지인 83호

---

237 가토 기요마사가 점령했던 곳이기도 하다. 사가번(佐賀藩)의 중신인 류조지 이에하루(龍造寺家晴, ?~1613)를 가리키는 것으로 보인다.

관공아 기타

군청	지방법원 지청
경찰서	우편국
농학교	금융조합
대두검사소	기업전습소
야마시타광업회사	하라상사회사 지점
소학교 2곳	

| 명소 |

〔**영흥본궁**永興本宮〕 역에서 동남쪽으로 1.5리 떨어진 흑석리黑石里에 있다. 이 태조의 부친 환조의 저택 터로 이 태조는 여기서 태어났다. 지금 이곳에는 환조 및 태조를 제사하는 전당이 있으며 부근에 이성계의 강탄지가 있다.

〔**준원전**濬源殿〕 준원전은 태조의 탯줄을 묻은 장소로 본궁의 전방 정자리亭子里에 있다. 경내에 오래된 소나무가 울창하고 전각이 지극히 장려하다. 전 안에는 태조의 화상을 제향하고 전시典祀 이하 이를 받들고 있다.

〔**장성**長城〕 장성은 고려 중기 여진의 남침에 방비한 성벽이다. 지금은 축벽이 붕괴되어 겨우 형체가 있던 자리의 윤곽만 남아있을 뿐이나, 영흥만 가장자리의 호도虎島에서 시작되어 정평군계定平郡界의 금파령金坡嶺을 넘어 태백산맥에 이른다. 구불구불한 길이 십 수리에 이른다.

마장역

馬場驛, 함경남도 영흥군 덕흥리(德興里)[238] 신풍리(新豐里), 원산에서 39리 1분, 함흥까지 37리 9분

영흥역에서 용흥강을 건너면 마장역에 도착한다. 이곳은 영흥 오리포 가도를 따라 나 있으며, 서쪽으로는 마산장馬山場시장이 있다. 또 서남쪽으로 2리 거리에 진흥장鎭興場시장이 있다. 오리포는 거기서 전방으로 십 수 정 떨어져 있다. 이 근방도 영흥평야의 일부로 대두, 찰기장, 메기장 등의 산출이 풍부하며, 마

238 덕흥면의 오기이다.

산장시장이 집산지이다. 인구는 460여 명이고 역 소재지인 덕흥면과 또 바로 붙어있는 왕흥면旺興面에는 시굴 중인 탄광과 금광이 곳곳에 있다.

| 명소 |

〔**안불사**安佛寺〕 이 태조 2년 익조翼祖의 비 최 씨를 위해 세운 보리사菩提寺로 무학 선사가 창건하였다. 그 후 몇 번의 화재로 옛 규모를 잃어 장대하지는 않으나, 시냇물이 흐르고 오래된 소나무가 있어 그윽하고 깊은 정취가 있다.

왕장역

旺場驛, 함경남도 영흥군 인흥면(仁興面) 원거리(院巨里), 원산에서 48리 3분, 함흥까지 28리 7분

역 부근에는 원거리, 왕상리旺上里, 왕하리旺下里 등의 촌락이 있으며 인구는 약 천 명이다. 파춘장播春場시장까지 3리 정도 거리이며, 동해안의 어업지인 하진리賀津里는 동남쪽으로 2리 떨어져 있다.

금광산金鑛山 역에서 서쪽으로 20여 정 떨어진 용산리龍山里에 오쿠라大倉광업회사의 인흥금산仁興金山이 있으며, 동쪽으로 20정 떨어진 용연리龍淵里 및 서쪽으로 1리 여 떨어진 금피리金皮里에도 금광이 있다.

면양사육緬羊飼育 역에서 남쪽으로 1리 떨어진 영풍리永豐里에 면양연구소가 있다. 현재 산골짜기 수백 정보 땅을 점하여 사업을 진행하고 있다.

| 명소 |

〔**지흥사**地興寺〕 지흥사는 역에서 남쪽으로 1리 떨어진 성흥리城興里에 있는 고찰로 부근의 경치가 즐길 만하다.

신상역

新上驛, 함경남도 정평군(定平郡) 춘류면(春柳面) 신상리, 원산에서 54리 1분, 함흥까지 22리 9분

이 역은 금진강金津江 남단에 위치한다. 서·북·남 세 방향으로 멀리까지 몇 리에 걸쳐 논밭이 개간되었다. 쌀을 주로 하며 대두, 메기장, 찰기장, 조 등의 생산

이 풍부하다. 서북쪽으로 2리 거리에 회원會元가도의 초원리草原里가 있고, 동남쪽 1.5리 떨어진 금진강 어귀에는 포덕리布德里가, 거기서 전방으로 1리 떨어진 곳에는 송흥리松興里가 있다.

역이 있는 곳은 파춘播春시장 소재지로, 음력 1·7일에 신상리新上里, 신하리新下里 두 곳에서 시장이 번갈아 열리는데 매번 장날마다 성황을 보인다. 또 이 시장은 소의 매매가 활발하여 한번 장이 서면 수백 마리가 거래된다. 부근의 인구는 3,700여 명이고 그 중에 내지인은 70여 명이다. 금융조합 및 다나카田中정미소 등이 있다.

어업 기타 군내 금진강에서는 연어와 은어가 나고, 강어귀 포덕리 해안에서는 150여 정보의 염전이 있다. 또 귀림면歸林面에는 내지인이 경영하는 대부강大敷綱어장[239]이 있는데, 어획물은 직접 시모노세키下關 또는 간사이關西 각 지방으로 수송된다. 해산물 이외 이곳에는 금은광산과 석탄갱 몇 곳이 있다.

| 명소 |

〔화도花島〕 화도는 역에서 동남쪽으로 약 3.5리 거리의 선덕면宣德面 앞에 있는 섬으로, 말갈인 분묘라고 전하는 것이 있다. 섬 안에 대나무가 자라는 곳이 있어서 진기하게 여겨진다. 근래에 거주하는 내지인 어부가 십고 있다.

부평역

富坪驛, 함경남도 정평군 광덕면(廣德面) 부평리, 원산에서 58리 3분, 함흥까지 18리 7분

역은 함흥평야 서단에 있다. 산업이나 기타 특기할 만한 것이 없으며, 역의 남부 일대 지역은 육군용지로 수용되었다.

239 대부망(大敷網)의 오기로 보인다. 대부망은 정치망(定置網)의 하나로, 해안에서 먼 바다로 향하여 망을 치고 회유로를 차단하여 물고기를 그물로 몰아넣어 잡는다.

정평역

定平驛, 함경남도 정평군 부내면(府內面) 동천리(東川里), 원산에서 64리 3분, 함흥까지 12리 7분

영흥역 이북의 철로는 가도와 떨어져 있지만 정평역 주변부터 점차 가도에 접근한다. 읍내는 역에서 서쪽으로 25여 정 떨어져 있으며, 부근에는 촌락이 많아 약 3천 명내지인 68명의 인구가 있다. 군청, 지방법원 출장소, 우편국 및 금융조합 등이 있으며 시장은 음력 1일, 6일에 열린다. 주요산물로는 미곡, 소 등이며, 읍내에서 서남쪽으로 2리 떨어진 초원草原 부근의 계곡에서 사금이 생산되고, 또 동쪽으로 0.5리 떨어진 연봉산蓮峰山[240]에서는 금광석이 생산된다.

| 명소 |

〔**광호**廣湖〕 광호는 읍내에서 남쪽으로 20정 거리에 있는 관개지灌漑池로, 폭은 15~16정이고 길이는 약 25정이다. 봄가을에는 오리와 기러기 류가 군집하여 절호의 수렵장이 된다.

〔**고장성**古長城〕 읍의 북쪽에 있는 비백산鼻白山은 옛날에 이곳이 파지巴只 혹은 선위宣威라고 불리던 시대의 진산鎭山이다. 산 정상에는 고려 초기부터 이조 중기에 걸쳐 쌓은 위엄 있는 성보城堡 터가 남아 있다. 고장성은 고려 덕종德宗 2년 무렵의 것으로 남쪽은 서호진西湖津에 이웃한 도련포都連浦 해안에서 시작되며, 구불구불하게 평안도를 관통하여 의주 해안에 이른다. 연장 수백 리를 돌로 쌓은 것으로, 옛날 조선인들이 남긴 사업 중 가장 큰 것으로 꼽힌다. 역 부근에서 선로가 그 석축물을 종단하고 있다.

흥상역

興上驛, 함경남도 함흥군 주지면(朱地面) 흥상리, 원산에서 69리 5분, 함흥까지 7리 5분

이 역은 원회元會가도의 주요 역인 지경리地境里시장 소재지로, 평안남도 영변군寧邊郡 방면의 도로와 만난다. 이 연도에서 메밀, 마, 소가죽 등이 집산되고, 또 소금, 건어, 미곡 등을 이곳에서 오지로 수송하여, 거래가 활발하다. 인구는 2,200

240 각종 고지도에서 연봉산이란 이름은 확인되지 않는다.

여 명이고, 역에서 북쪽으로 약 1리 떨어진 곳에서는 양호한 도자기 원료가 되는 진흙이 생산된다. 거기서 제조에 종사하는 내지인이 1호 있다.

함흥역

咸興驛, 함경남도 함흥군 북주동면(北州東面) 신흥리(新興里), 원산에서 77리, 남대문까지 217리 4분

연혁

옛날에는 옥저沃沮 땅이었고, 한나라 때는 현토군玄菟郡에 속하였다가 나중에 고구려, 신라를 거쳐 고려에 이르러서는 오래도록 여진女眞이 할거하는 땅이 되었다. 약 800년 전 고려 예종왕叡宗王[241]이 한번 여진을 쫓아내고 진동군鎭東軍라고 불렀던 일이 있었으나, 겨우 2년 만에 다시 여진의 영토가 되었다. 그 후 원나라에 빼앗겨 합란부哈蘭府라고 하였으며, 영흥에 예속되어 있었다. 이 태조의 부친 환조桓祖가 옛 영토를 회복하고 함흥이라고 이름을 고쳤다. 이래로 몇 번 행정상 변혁이 있었지만 언제나 관찰부觀察府와 관찰사를 두었으며, 북선의 요해지의 하나로 중시되었다. 분로쿠의 역 당시에는 나베시마 나오시게鍋島直茂[242]가 이곳에 주둔하여 홍원洪原-덕원德源 간 7군郡을 영유하여 군정을 펼친 일도 있었다. 함주咸州, 함평咸平, 함산咸山, 합란부, 진군鎭軍 등 모두 이 땅의 옛 이름이다.

이곳은 함경남도 도청소재지로 북쪽으로 반룡산盤龍山을 등지고, 서북쪽으로는 성천강城川江을 앞에 두고, 있다. 서남쪽으로는 이른 바 함흥평야를 향한다. 토지가 비옥하여 쌀을 위주로 피, 조, 대두, 보리 등 농산물이 풍부하다.

시가지는 역에서 서쪽으로 몇 정 떨어져 있는데 일반적인 조선정朝鮮町과 달리 기와집이 많고 굉장하다. 길거리도 청결한 것을 보면 이곳 주민들의 생활 수준이 짐작된다. 몇 년 전까지 성벽 둘레에 여섯 개의 누문이 있었는데, 시가 팽창하면서 지금은 헐어서 걷어내고 시가 구역을 개정하여 옛 모습이 완전히 바뀌었다. 시중 번화가의 중심인 본정과 대화정에는 내선인의 상점들이 줄지

241 예종(睿宗, 1079~1122)의 오기이다.

242 나베시마 나오시게(1538~1618)는 사가번을 거점으로 삼았던 무장으로, 임진왜란 당시에는 가토 기요마사를 주장(主將)으로 류조지(752쪽 각주 237 참고) 가신단을 이끌고 참전하였다.

어 있으며, 향교리鄕校里, 신창리新昌里 방면에는 도청, 군청 기타 관공아가 모여 있다. 시내에 정미공장이 많고, 함흥 소 매매거래소, 어채시장 및 조선시장 등이 있다.

교통은 동흥원東洪原을 거쳐 북청까지 가는 회령가도에 승합자동차가 운행하며, 남쪽의 일본해안의 서호진 및 북쪽의 장풍리長豊里까지는 함흥탄광철도회사의 경편선이 다닌다. 역시 장래 조선삼림철도선이 여기서 압록강 상류의 후주厚州, 고읍古邑 및 평안북도의 강계江界, 만포진滿浦鎭까지 갈 계획이므로, 이 철도가 개통되면 함흥의 발전에 사람들이 주목하게 될 것이다.

인구

19,355인내지인 2,990인, 호수 4,488호내지인 867호

관공아 기타

도청	지방법원
군청	제74연대
헌병대	경찰서
우평국	감옥
종묘장	고등보통학교
농업학교	소학교 2곳
식산은행 지점	북선상업은행
금융조합	대구전기회사 지점
함흥탄광철도회사	기모토木本정미소
함흥정미제분소	함흥-우咸興牛매매취급소
오모리大盛상회 지점	간세이구미咸成組
운수회사 등	

| 명소 |

〔**만세교**萬歲橋〕 만세교는 시가의 서쪽을 흐르는 성천강에 걸린 긴 다리이다. 길이는 수백 간間이며 지금은 신식으로 설계되어 보통의 교량과 다를 바가 없다. 그러나 수십 년 전까지 이 다리 재료는 민부民賦를 응집하여 관이 설치한 창고에 목재를 항상 쌓아두고 그 비용을 보상하는 것으로 하였다. 그리고 해마다 장마로 땅에 물이 고이는 계절에는 이를 허물어서 유실을 막고, 가을에 물이 마르면 다시 가설했다고 한다. 몇 년 전까지 이 다리 끝에 낙민루樂民樓라는 건물이 있었는데, 지금은 철거되었다.

〔**반룡산**盤龍山〕 반룡산은 시가의 북쪽을 감싸고 있는 구릉 일대로, 구릉 전체에 소나무가 무성하고 중턱에는 대신궁大神宮을 모시고 있다. 산꼭대기에는 이 태조가 무예훈련을 했다는 치마대馳馬臺 유적이 있다.

〔**광흥전**廣興殿〕 광흥전은 역에서 동북쪽으로 1.5리 정도 떨어진 광흥리에 있다. 이 태조의 부친 환조가 영흥에서 옮겨온 곳으로 태조는 이곳에서 성장했다고 한다. 태조 즉위 후 개축하여 경흥전慶興殿이라 칭하였다. 지금도 보존되고 있다.

〔**귀주사**歸州寺〕 경흥전에서 북쪽으로 몇 정 떨어진 설봉산雪峰山 기슭에 있는 관북關北지방의 선종과 교종의 본산이다. 이전에는 정수사淨水寺라 하였지만, 이태조가 이를 중수하여 지금의 이름으로 고쳤다고 한다. 당탑과 가람이 정비되어 유람할 가치가 있다. 경역 안에 이태조가 수학하였다고 전하는 독서당讀書堂이 있다.

〔**정화릉**定和陵〕 정화릉은 이 태조의 부친 환조의 능묘인 정릉과 그 비의 능묘인 화릉을 총칭하는 것으로 경흥리慶興里에 있다. 능역 안에는 오래된 소나무가 모여 있어서 깨끗하고 한적한 정취가 있다. 또 석인石人과 석마石馬 등의 형식을 잘 갖추고 있다.

함흥탄광 철도연선鐵道沿線 읍내 상리上里에 있는 경철로 함흥역을 출발하여 〔동흥리역東興里驛〕을 거쳐 〔본궁역本宮驛〕함흥에서 3리哩 8분, 운임 12전에서 하차하면, 약 2정 떨어진 운산면雲山面 궁동리宮東里에 함흥본궁이 있다. 이태조가 아직 큰 뜻을 얻지 못했던 무렵, 경흥리에서 북쪽으로 이주하여 거했던 저택이다. 이후 그가 양위 후에 와서 수년 간 옛 저택을 중수하여 본궁이라 칭한 것이다. 경역은 사방 몇 정 규모로 크지는 않지만, 동산에 오래된 소나무가 울창하고 누문이나 전각이 매우 볼만 하다. 태조가 풍수를 살펴 거처를 정했던 초기에 손수 여섯 그루의 소나무를 뒤뜰에 심어서 송헌松軒이라 불렀다는 설이 있다. 그 소나무는 궁현송弓懸松 혹은 수식송手植松이라 하는데 아직도 두 그루가 남아있다. 전각 안에는 이태조와 4대 조의 신위가 안치되어 있고, 매년 봄가을에 장엄한 제사가 거행된다. 그리고 태조의 관식冠飾, 활, 화살 등의 유물은 청하여 관람할 수 있다.

본궁역에서 〔송호리松湖里, 내호內湖〕 두 역을 지나면 경철선 남쪽 종점인 〔서호진역西湖津驛〕에 도착한다.함흥에서 10리哩, 운임 30전 항구는 함흥만을 감싸는 동남갑東南岬의 내측에 위치하며, 이 지역에서 유일한 수이출입 화물이 드나드는 항구로, 원산까지 43리浬, 성진城津까지 84리이다. 조선 동해안 항로를 오가는 크고 작은 기선이 기항한다. 인구는 1,250여 명내지인 250여 명이고, 세관 감시소, 수산전습소, 육군운송부 지부 등이 있다. 도련포都連浦는 서호진의 남쪽에 있는 촌락이다. 예부터 좋은 말의 산지로 유명한 곳으로 이태조가 타는 여덟 필의 준마 중에 현표玄豹 및 유린청遊麟青 두 필은 이곳에서 났다. 여기에 이태조가 태백성太白星을 제사한 제단이 남아 있다.

[북부]

청진-회령 간 58리 1분

수성-경성 간 14리 4분

청진역

淸津驛, 회령에서 58리 1분, 경성까지 20리, 함경북도 청진부 포항동(浦項洞)
동경 129도 50분, 북위 41도 47분.
기온 최저 0.8, 최고 20.8, 평균 7.6

역은 함경선 북부의 시발 정거장으로, 북쪽으로는 도문강 기슭의 회령행, 남쪽으로는 경성행의 두 열차가 출발한다. 역에서 시가까지는 약 15정 떨어져 있고, 당사 경성京城관리국의 출장소 및 철도기관고 등이 있다.

청진은 조선 최북동부에 위치하는 무역항으로, 경도는 내지의 아오모리青森와 거의 동일하지만 기후는 대륙적이라 추위와 더위가 모두 심하고, 겨울철에는 강이 모두 얼어붙어 얼음 위로 인마人馬가 다닐 수 있다. 그래도 항구 안은 얼지 않고 수심은 어떤 거대 선박이라도 정박할 수 있는 정도지만, 항구가 서남쪽으로 열려 종종 풍랑 피해를 입는 것이 유감이다. 그래서 정부는 축항을 논의하여 결정했지만 아직 실행까지는 이르지 못했다. 블라디보스토크까지 125리浬, 쓰루가敦賀[243]까지 420리, 성진城津까지 86리, 원산까지 205리 떨어져 있다. 기항 선박의 출입이 빈번하여 그 수는 매월 기선이 약 100척, 범선이 약 200척에 이른다.

최근의 무역액은 1천 5만여 원인데 수이입 화물인 옥양목, 목면木綿, 면 등 대부분은 내지 제품으로, 태반은 간도間島방면에 다시 수송된다. 또 수이출 화물의 주요품인 콩류도 간도 지방 생산이 많기 때문에 이 점에서 보더라도 청진항과 간도의 관계가 얼마나 깊은지 엿볼 수 있다. 장차 함경선이 전체 개통하고 더욱이 지창吉長철도[244]가 부설되어 북만주와 연결하게 되면, 항구의 위세는 더더욱 크게 변화할 것임은 짐작하기 어렵지 않다. 이곳은 일로전쟁 당시는 조선인이 수백여 호인 어촌이었는데, 함경도 북부 연안에서 부동항이자 북만주 방면과의 관계로 볼 때, 지리적으로 이곳을 제외하고 다른 적당한 장소가 없기 때문에 항만으로서는 지대한 결점이 있음에도 불구하고 1908년明治41에 개항장이 되었다.

철도 개통 후에는 한층 더 발전하여 현재는 멋진 내지풍의 시가를 형성하고 있다. 시가지는 고부산高扶山[245]의 계곡과 산중턱 또 해안을 개척하여 충당하였기 때문에, 사방 모두 발전시킬 땅이 부족하여 겨우 서북 해안을 따라 활모양을 그리며, 역 방면으로 확장하고 있는 형세이다. 오늘날 부세府勢는 상업뿐으로 공

243 일본 서북부 후쿠이현(福井縣)에 있는 항구도시이다.

244 지린(吉林)과 창춘(長春)을 연결하는 철도로 창춘에서 만철본선과 접속하는 한편, 남으로는 한국의 회령까지 이을 계획이었으나 실현되지 못하였다.

245 고말산(高秣山)의 오기이다.

업 등은 특기할 만한 상황에는 미치지 못한다. 어업은 근해에서 천혜의 어업 구역이 있으며 고등어, 청어, 은어, 명태, 방어 및 삼치를 많이 생산한다. 시내 어시장의 1년 어획고는 약 백사천관[246], 금액은 222,000여 원이며, 직접수출액도 연액 246,900여[247]로 본 항구 주요 수출물자의 하나로 헤아려진다.

인구

13,381인내지인 4,682인, 호수 3,088호내지인 1,185호

관공아 기타

부청
세관지서
경찰서
육군창고
감옥분감
조선은행 출장소
북선北鮮운수회사
조선전기회사
동척회사
내국內國운송회사
북선일보사 등
지방법원 지청
우편국
육군 운수부
체신국, 해사국 각 출장소
러시아 영사관
식산은행 지점
요시다吉田운수회사 지점
수출식품회사 지점
동아연초회사
우콘右近상사회사 각 지점

항로

웅기雄基-모지門司선조선우선회사 경영, 월 4회

246 본문은 한자로 百四千이라 표기하고 있어 단위에 오류가 있다. 청진의 어획량에 관하여 『부산일보』(1917.12.21)에는 "각월 중 청진 어시장의 어획고는 수량이 456,494관"이라 적고 있다. 『북선일일신문(北鮮日日新聞)』(1929.7.16)에는 전국 주요 어시장의 어획고를 비교한 표가 실려 있는데, "5월 청진은 4위"라는 제목 아래 44,638(단위 없음)로 나오며, 같은 신문 1930.2.13.일자에는 청진의 1월 어획고가 50,940관으로 나온다.

247 본문에는 단위가 생략되어 있다.

청진-쓰루가선조선우선회사 경영, 월 3회

오사카-블라디보스토크선조선우선회사 경영, 월 3회

오사카-청진선오사카상선회사 경영, 월 4회

오사카-청진선고코互光상회 경영, 월 2회

| 명소 |

〔**기적비**紀蹟碑〕 역에서 1.5리里 떨어진 강덕읍康德邑에 있다. 분로쿠의 역 당시 가토 기요마사의 군이 회령까지 압박해 오자, 부사府使 국경인鞠景仁이 병란을 피하여 성에 온 임해군臨海君, 순인군順仁君 두 왕자를 포박해 와서 항복을 했다[248]. 그 때 사건을 부회附會한 박유일朴惟一이란 자의 사적을 새긴 비석[249]이다.

수성역

輸城驛, 함경북도 경성군(鏡城郡) 용성면(龍城面) 수성동, 청진에서 5리 6분, 회령까지 52리 5분, 경성 14리 4분

역은 경성방면으로 향하는 선로의 분기점이다. 훗날 함흥선이 완전 개통하여 원산-회령 간 노선이 주선이 되면, 이 역과 청진 간 노선은 지선이 될 것이다. 역의 동쪽에 수성천輸城川이 흐르고 부근 일대는 평야로, 곡류와 대두가 많이 생산된다. 현재 내지인이 24인, 조선인이 약 700인이 살고 있다.

| 명소 |

〔**회안역**懷綏驛〕[250] 이곳은 분로쿠의 역과 관계가 있는 곳으로, 웅기가도를 따라 8리 거리에 지금의 부거富居라고 하는 촌락이다. 옛날에는 이곳에 석성이 있어서 요해지였다고 하지만 지금은 폐허가 되어 거의 흔적이 남아있지 않다. 부거에서

248 국경인은 회령부의 아전이었으며, 선조의 두 왕자 임해군과 순화군(順和君)은 근왕병 모집을 위해 경성에 머무르고 있었다. 국영인은 두 왕자와 신하들을 적진에 넘기고 가토로부터 판형사제북로(判刑使制北路)에 임명되어 회령을 통치하다가 참살되었다.

249 고종2년인 1865년에 제작된 「유명조선국양왕자기적비(有明朝鮮國兩王子紀蹟碑)」로 마을주민 박유일이 두 왕자를 구하였다는 내력이 들어가 있다. 『동아일보』(1926.9.21.)에는 "향토례찬고을명물"이란 연재기사에 "임진난 당시 박유일공 양 왕자를 구급"하였다는 제목에 관련 내용을 싣고 있다.

250 회수역(懷綏驛)의 오기이다.

남쪽으로 0.5리 거리에 합전合戰이라는 지명이 있는데, 가토 기요마사의 옛 전장이었다. 그 서쪽으로 약 0.5리 거리에 있는 서두수西頭水의 맞은편 기슭에는 '기요마사의 모퉁이'[251] 라고 일컫는 기요마사가 주둔한 진陣의 흔적이 있다.

장흥역

章興驛, 함경북도 부령군(富寧郡) 석정면(石亭面) 장흥동, 청진에서 14리, 회령까지 44리 1분

이 역은 수성평야의 북쪽 귀퉁이에 위치하는 한촌으로, 역에서 북쪽으로 1리 정도 떨어진 선로 우측에 형제암兄弟岩이라는 명승지가 있다. 크고 작은 두 개의 기암이 강기슭에 솟아 있고, 바위 아래에는 깊은 연못이 있다.

부령역

富寧驛, 함경북도 부령군 무산면(茂山面) 부령동, 청진에서 23리, 회령까지 25리 1분

이 역은 군청소재지로 북릉北陵 교통의 요충지에 해당한다. 무산령茂山嶺을 넘어 창평蒼坪까지 3리 남짓, 웅기가도의 부거까지 8리 거리이고, 또 경흥慶興과 경원慶源까지 통하는 도로가 있다. 인구는 약 천 명내지인 84명이고, 군청 외 경찰서, 우편국 등이 있다. 근래에 군을 중심으로 광물이 발견되는 일이 많은데, 사금, 흑연, 크롬철, 금은, 동, 납 및 안티몬[252] 등이다. 그러나 대부분은 시굴이나 탐광하는 단계로 아직 수량이 명확하지 않다.

〔**팔담**八潭〕[253] 역에서 30정町 떨어진 수성천 상류는 기암괴석이 풍부하고, 시냇물이 그 사이사이를 지나 여덟 개의 못을 이루어 경치가 뛰어나다. 못은 기룡起龍, 창룡蒼龍, 옥막玉幕, 기타 5개 못은 각각 그 청취를 달리하여 자못 그윽한 정취가 있고, 창룡담의 부근에는 온천이 용출하고 있다.

251 본문에는 '清正隅'로 표기하고 있다.

252 본문에는 안질모니(安質母尼)로 표기하고 있다. 청백색의 금속 원소이다. 1915년12월 제정된 「조선광업령」의 광물의 범위에 포함되어 있다.

253 부춘산(富春山)을 낀 골짜기에 있는 이른 바 부령팔담(富寧八潭)을 가리킨다.

고무산역

古茂山驛, 함경북도 부령군 하무산면(下茂山面) 유평동(柳坪洞), 청진에서 26리 9분, 회령까지 31리 2분

역은 섭평천攝坪川 남단에 위치한다. 인구 220여 명의 산촌인데, 음력 3·8일에는 역 앞 시장에서 우시牛市가 열리며, 또 역 북쪽의 차수령車輸嶺[254]과 무수동舞袖洞의 삼림에서는 목재와 신탄 등이 산출된다.

청진가도의 주요 역인 무릉대茂陵臺는 역에서 북쪽으로 1리 정도 떨어져 있는데, 거기서 서쪽으로 약 13리를 무산가도로 나아가면 압록강변의 무산읍茂山邑에 도달한다. 읍은 맞은 편 기슭에 있는 간도와 교통과 무역에서 매우 중요한 곳에 위치하여 피차 왕복이 빈번하다. 군청, 우편국, 경찰서 외 수비대, 헌병대 등이 있다. 역에서 승마, 편도 10원

양강척림철도선兩江拓林鐵道線[255]은 이 역을 출발하여 무산에서 남하하여 합수合水에 이르러 동서로 분기한다. 서쪽은 압록강변의 혜산진惠山鎭까지, 동쪽은 원산-회령가도의 길주吉州에 이른다. 연장 205리哩의 경편철도를 부설할 예정인데, 장차 본 선로가 개통되면 틀림없이 산업과 교통에 신기원을 열 것이다.

〔**고무산성지**古茂山城址〕 역에서 북쪽으로 20정丁 떨어진 서상면西上面에 있다. 또 서북쪽으로 4리 10정 거리인 차유령의 중간에 장성長城이 있다. 모두 이조 초기에 건조된 것으로 석축의 성벽이 현존한다.

창평역

蒼坪驛, 함경북도 부령군 서상면 양현동(兩峴洞), 청진에서 34리 3분, 회령까지 23리 8분

역의 동북쪽으로 하늘 높이 우뚝 솟아 있는 것이 무산의 준령峻嶺이다. 부근에 철도 종사원의 인가 7호가 있을 뿐으로 완전한 산간벽지이다. 무산령茂山嶺은 기이한 봉우리가 돌출하여 여러 산보다 빼어나며, 삼림이 풍부하고 계곡 역시 깊어 인적이 닿지 못한 곳이 많다. 기차가 이곳을 넘으려면 일곱 개의 터널을 지나며 북쪽 기슭의 두만강변으로 나온다. 이 산의 꼭대기에 일로전쟁 당시 러

254 차유령(車踰嶺)의 오기이다.

255 후쿠바라 도시마루(福原俊丸, 1876~1959)를 대표로 하여 1920년 5월에 설립된 철도회사이다.

시아군이 쌓은 참호의 흔적가 있다.

전거리역

全巨里驛, 함경북도 회령군 창두면(昌斗面) 무산동(茂山洞), 청진에서 38리 9분, 회령까지 19리 2분

전거리역은 해발 1,600척의 고지로 무산령 북쪽 기슭에 위치한다. 인구 50여 명의 한촌이다.

풍산역

豐山驛, 함경북도 회령군 창두면 풍산동, 청진에서 42리 7분, 회령까지 15리 4분

무산령을 수원으로 하는 회령천會寧川은 역의 서쪽을 둘러 흐른다. 이곳은 원래 소진小鎭을 두었던 곳으로 지금도 여전히 성벽이 남아 있다. 내지인 19명, 조선인 천 명 정도가 살고 있다.

중도역

中島驛, 함경북도 회령군 벽성면(碧城面) 대덕리(大德里), 청진에서 49리 9분, 회령까지 8리 2분

회령천이 영산천靈山川과 합류하는 지점에 중도역이 있다. 인구 약 100명 정도의 한촌인데, 목탄과 건초의 산지이다. 역에서 경흥가도의 석포石浦에 이르는 도로가 있다.

회령역

會寧驛, 함경북도 회령군 회령면 계산동(繫山洞), 청진에서 58리 1분, 경성까지 66리 9분

회령역은 함경선의 종단 정거장으로 중일 국경이 되는 도문강圖們江[256]을 사이에 두고 간도지방과 마주본다. 용정촌龍井村[257]까지 13리, 쥐쯔제局子街까지 18여 리 떨어져 있어, 중부간도와의 교통상 요충지이다. 그리고 도문강은 매년

256 본 항목에서는 도문강, 두만강, 도만강 등 명칭이 혼용되고 있다. 1920년대 『조선신문』에도 세 가지 명칭이 혼용되어 사용되는데, '두만강'의 비율이 압도적으로 높게 나타난다. 이 같은 경향은 『조선신보』, 『만주일일신문』, 『만주일보』 등 다른 신문에도 보인다.

257 본문에는 용정촌 옆에 류다오거우(六道溝)라는 표기를 덧붙이고 있는데, 용정촌의 옛 지명이다.

12월부터 3월까지 얼어붙어 그 기간 동안 강 위를 우마차가 자유롭게 왕래한다. 육로는 상하류 각각 간도 통상의 요지에 도로가 통하여, 상류 무산읍까지는 18리, 하류 쪽 종성鐘城까지는 11리, 온성穩城까지 19리 떨어져 있다. 또 경원慶源까지는 다른 길로 18여 리이다. 온성읍까지는 승합자동차가 운행하며운임 7원 그 밖에 다른 지역까지는 소달구지나 말을 빌려 탈 수 있다. 또 여기서 경성 바로 전의 상삼봉上三峯까지는 경편철도 편이 있다.

읍 부근은 비옥한 들이 펼쳐져 경작지가 넓지만, 무논은 비교적 적으며 주로 대두, 조, 기장 등을 생산한다. 또 부근에 산재한 탄광과 도문강 목재 산업은 본 철도 개통 이래 두드러진 발전을 보였으며, 맞은 편 기슭 간도의 부원富源 개발과 아울러 읍의 장래는 더더욱 유망하다. 영림창 출장소는 역에서 서북쪽으로 약 5정 거리에에 있다. 압록강과 도문강 상류 지방의 국유림을 벌채하여 뗏목에 묶어 이곳에서 흘려서 보낸다. 재목의 종류는 낙엽송, 홍송紅松, 삼나무, 소나무 기타 잡목의 환재丸材, 각재角材, 전신주용 작은 통나무 등으로 1919년大正8 중의 유벌고流筏高는 약 6만 샤쿠지메尺〆[258]이다.

두만강豆滿江**목재회사**의 제재공장은 역에서 서북쪽으로 3정 떨어져 있다. 도만강圖滿江 자재를 원재 그대로 또는 제재한 뒤 멀리 남선지방으로 수송하고 있다. 최근 원재의 거래수는 45,000샤쿠지메, 제재고는 9천샤쿠지메에 달한다. 또 회사는 사업 확장을 위해 조직을 변경하여 가까운 장래에 두만강임업주식회사로 개칭할 계획 중이라고 한다.

회령탄광은 역에서 동쪽으로 약 0.5리 지점에 있다. 광구 면적은 153,483평으로 최근 1년 채탄량은 5,200여 톤이다.

오마루大丸**탄광**은 역에서 남쪽으로 약 4리 떨어져 있다. 광구 면적은 26만여 평이며 1919년大正8 중 채탄량은 5천여 톤이다. 채굴을 시작한 지 아직 얼마 되지 않아 본 탄광은 설비가 완비되면 장차 연간 10만 톤을 채탄할 계획이라고 한다. 현재 광구에서 역까지 수압경편선을 부설하여 채탄을 반출하고 있다.

258 샤쿠지메란 목재의 길이를 포함한 체적 단위이다. 1척각(尺角) 길이2간(間)인 목재의 체적으로 지역에 따라 차이가 있으나 보통 0.33입방미터이다(1척=약 0.3m, 1간=6척).

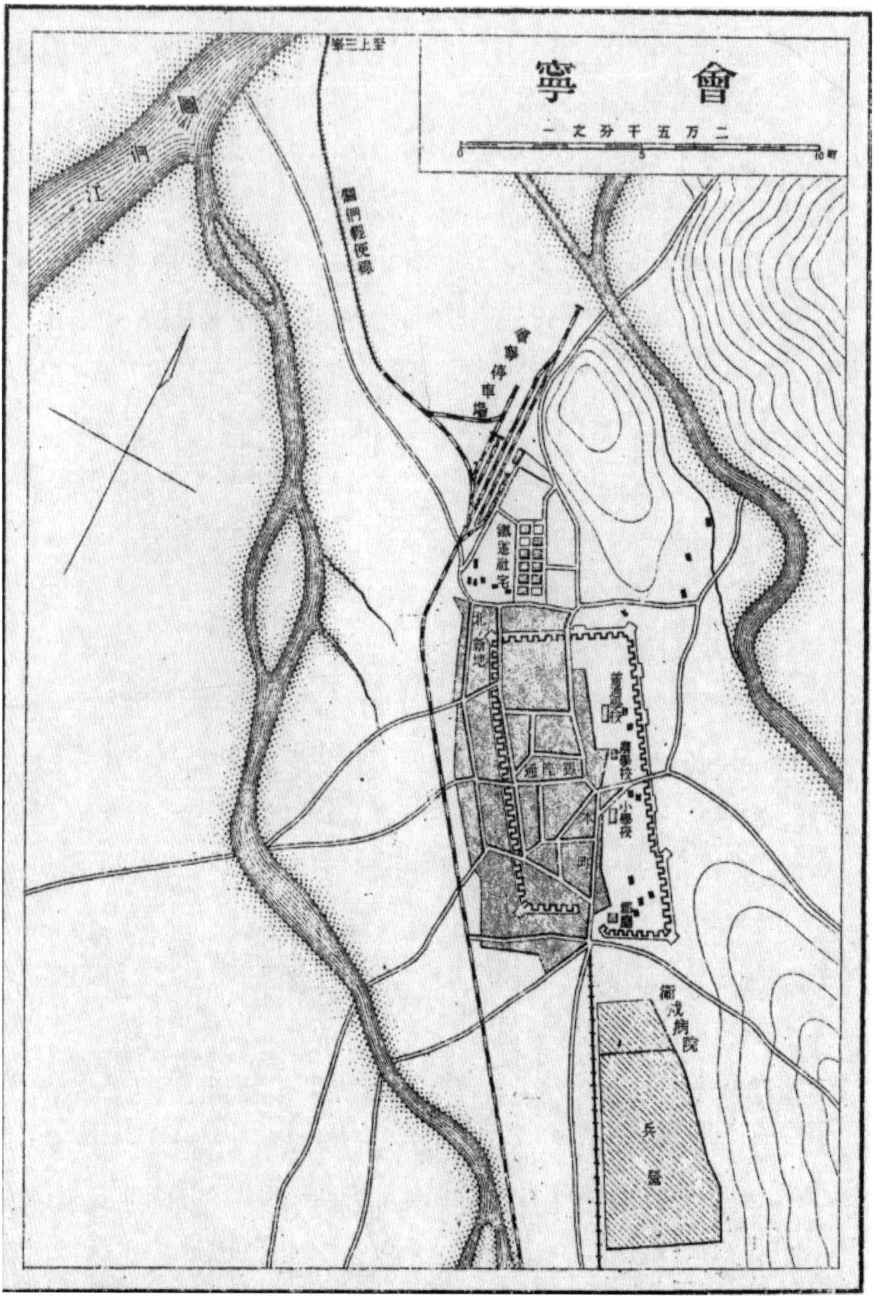
會寧
二万五千分之一
0 5 10 町
至上三峯
圖們輕便線
會寧停車場
鐵道社宅
北新地
普通學校
農學校
小學校
衛戍病院
兵營

회령 시가도

도문강 경편철도는 남만주태흥합명회사南滿洲太興合名會社가 경영한다. 읍내를 출발하여 도문강변을 따라 고령진高嶺鎭 학포역鶴浦驛과 신전역新田驛을 거쳐 상삼봉에 이르는 연장 25리哩의 경편철도로, 이미 일반 여객화물의 운송영업을 개시하였다. 이 역의 거리와 회령에서의 운임은 다음과 같다.

신회령6리哩, 30전, 학포6리, 85전, 신전9리, 1원 25전

인구

	내지인	조선인	중국인	기타	합계
인구	2,034인	6,912인	201인	3인	9,150인
호수	604호	1,158호	42호	2호	1,806호

관공아 기타

- 군청
- 경찰서
- 헌병분대
- 공병 제19대대
- 육군 창고 각 출장소
- 자혜병원
- 영림창 출장소
- 조선은행 지점
- 회령무역회사
- 경철輕鐵사무소
- 북선운수회사 지점
- 우편국
- 지방법원 지청
- 수비대
- 육군 경리부
- 위수병원
- 세관 출장소
- 소학교 2곳
- 전기회사
- 두만강재목회사
- 내국통운회사 지점
- 요시다吉田운수회사 지점 등

회령은 예부터 6대진의 하나로 북변北邊에서 중요했던 곳이다. 예전에는 알목하斡木河 또는 오음회吾音會라 하였다. 이조 초기에 회령진會寧鎭이라 일컫고 첨절제사僉節制使를 두었다가 나중에 도호부사로 하였으며 판관判官과 토관土官을 두었다. 분로쿠의 역 때 가토 기요마사가 멀리 이곳까지 진군하여 귀장군鬼將軍 기

요마사라는 명성을 올린 것은 세상에 널리 알려진 일이다. 당시 성을 지키는 장수였던 국경인鞠景仁은 두 왕자를 결박하여 기요마사에게 항복하였던 것이다. 맞은 편 기슭 항량합亢良哈의 군대와 읍의 북쪽 8리 지점에서 전투를 하였다고 하는데, 그 옛 전장이 어디인지는 분명하지 않다.

孤軍萬里躍驊騮	외로운 군대는 만 리길 주목왕이 타던 준마를 달리고
林月澗流三百秋	나무숲에 달과 골짜기 물은 삼백년을 흘렀네
天半雄峯統雲嶽	하늘을 반으로 가른 웅봉은 운악을 거느리니
壑中奇石是貔貅	골짜기의 괴이한 바위는 비휴로다
延吉北麾風拍拍	길함이 북쪽으로 뻗어나가 바람에 깃발이 날리니
會寧南望水悠悠	회령을 남으로 바라보며 물은 유유히 흐른다
磨崖誰勒當年事	그 누가 그해의 일을 돌 벽에 새길런가
多少行人將酒酧	길 가는 많은 사람들 장차 술을 권하겠지[259]

| 명소 |

〔**현충사비**顯忠祠碑〕 분로쿠의 역 당시 국경인 등이 임해군과 순화군 두 왕자를 결박하여 기요마사에게 항복했을 때, 강직한 선비 여덟 명이 의를 부르짖어 경인을 죽였다고 하는 사적을 기록한 것이다. 비석은 역에서 남쪽으로 3정 떨어진 회령성 서남쪽 귀퉁이에 있다. 약 3백 년 전에[260] 건립한 것으로 비문은 정원용鄭元容이 지은 것이다.

〔**오국성지**五國城址〕 역에서 서쪽으로 4리 떨어진 운두산雲頭山 꼭대기에 있다. 성 둘레는 17,000여 척이고 지금으로부터 8백여 년 전에 여진족이 쌓은 것으로[261],

259 출처와 작자가 분명하지 않다. 한시의 해석은 역자에 의함.

260 신세준(申世俊)·정여경(鄭餘慶)·허관(許灌) 등 8명의 공적을 기린 것으로, 순조 33년인 1833년에 세워졌다. 한국금석문영상정보시스템에서 제공하는 비명 및 국립중앙박물관에 소장된 비명의 탁본에는, 비명을 지은이가 규장각직제학(奎章閣直提學) 정원용(鄭元容)이며 "숭정기원후 네 번째 계사년 8월" 즉 1833년에 비를 세웠다고 나온다. 한편 한국학중앙연구원의 『한국민족문화대백과사전』 '회령군' 항목에는 숙종 29년인 1703년에 비를 세웠다고 나온다.

261 이중환(李重煥,1690-1752)의 『택리지(擇里志)』나, 이를 저본으로 한 『팔역지(八域誌)』 등의 지리지에는 오국성은 운두산성을 가리킨다고 나온다. 아울러 홍의영(洪儀泳, 1750~1815)의 『북관기사(北關紀事)』에도 송

서쪽과 북쪽 가장자리는 도문강을 바라보며 험준한 절벽을 이루는 요해의 성이다. 그래서 후금의 태조도 이 성에 거점을 둔 일이 있었다고 전한다. 성 안에는 우물 세 개가 있는데 그중 한 우물 옆에 있는 운연雲淵이라 새긴 큰 석비가 있다. 대송 휘종황제大宋徽宗皇帝가 쓴 것이라고 한다.

| 도읍 |

〔**종성읍**鐘城邑〕 종성읍은 도문강 하류로 회령에서 서북쪽으로 11리 떨어져 있다. 옛날에 이 읍의 영북진寧北鎭 절제사는 회령의 알목하 성벽을 겸하여 통솔했을 정도로 요진이었다고 한다. 현재 두 곳의 경제관계는 가장 밀접하여 도문강 경편철도가 개통한 이래 교통편이 상당히 좋아졌다. 군청, 수비대, 우편국, 지방법원, 출장소 등이 있고 인구는 2,700여 명내지인 58명이 있다.

〔**용정촌**龍井村〕 용정촌이란 내지인과 조선인이 부르는 지명으로 중국고유의 지명은 류다오거우六道溝라고 한다. 회령에서 북쪽으로 13리 거리의 해란하海蘭河 기슭에 위치하며 간도에서 가장 번성한 시가지이다. 지형 상 이곳의 물자가 드나드는 입구로는 청진항이 편리하므로 두 곳의 통상관계는 매우 활발하다. 청진항의 성쇠는 완전히 이 무역의 흥망에 달렸다. 이곳에는 내지인 5백여 명과 4천여 명에 이르는 선인鮮人이 살고 있다. 제국총영사관, 농업학교, 우편국, 자혜병원, 조선은행 출장소, 소학교 2곳이 있다. 그밖에 민유민회民留民會, 간도구제회間島救濟會, 공회당公會堂 등 내지인의 시설까지 완전히 갖추어 졌으며 점차 이주가가 늘어날 기운을 보인다. 다만 아쉬운 것은 회령과 이곳과의 교통설비가 완전하지 않아서 편도로 2.5일이 걸리며, 讒〔문맥상 의미 불명〕 마차를 빌리는 수밖에 없다는 것이다마차 운임 편도 25원, 승마 15원 정도. 단 이 운임은 일정하지 않다.

(宋)나라 휘종(徽宗)과 흠종(欽宗)이 금나라에 잡혀 이곳에 유폐된 일이 있으며, '황제총(皇帝塚)'이 남아있다고 나온다. 성의 축성 시기는 자세하지 않으나, 본문의 8백여 년 전이라 한 것은 시기적으로 볼 때 황제총의 일로 보인다.

나남역

羅南驛, 함경북도 경성군 나남면 본정(本町), 수성에서 9리 3분, 경성까지 5리 1분

청진 다음 역인 수성역에서 서남쪽으로 분기하는 선로는 장차 남부선의 함흥역과 연결되어 함경선의 본 간선이 될 것이지만, 현재는 수성역에서 전방으로 14여리哩 떨어진 경성역까지만 개통되었다. 나남은 수성평야 서남쪽에 있으며, 회령가도와 청진가도의 분기점에 위치한다. 경성까지 1리里 12정, 청진까지 4리, 독진獨津까지 1리 거리로 교통이 매우 편리한 지점이므로, 예전에 제19사단 사령부가 이곳에 있었다. 또 가까운 시일 내 함경북도 도청이 이전하는 등, 이웃한 경성의 번영이 점차 이곳으로 옮겨 올 형세이다. 산물로는 조, 기장, 대두, 과수 등의 농산물 외에 석탄이 있는데, 아직 산업방면에서 특기할 만한 것은 보이지 않는다.

나북羅北탄광 및 우라쓰지浦辻탄광은 역에서 서쪽으로, 교야京屋탄광은 역에서 남쪽으로, 모두 십 수 정 떨어진 곳에 있으며, 각각 일 년에 5천 톤 내지 1만 톤의 석탄을 채굴하고 있다.

인구

	내지인	조선인	외국인	합계
인구	3,694인	3,669인	228인	7,591인
호수	1,167호	736호	36호	1,939호

관공아 기타

군청	자혜병원
제19사단 사령부	보병 73
기병 27	야포병 25연대
헌병대	위수병원
육군병기 지청	창고
주차군 경리부 등 각 출장소	경찰서
우편국	기타노北野장유회사

요업窯業회사 | 조선전기회사 출장소
제약회사 | 조선은행 지점

요업窯業회사	조선전기회사 출장소
제약회사	조선은행 지점

| 명소 |

〔**증탕**蒸湯〕 역에서 서남쪽으로 약 30정 떨어진 삼길정三吉町에 있으며, 땅속에서 분출하는 증기를 이용한다. 별도로 입욕객에 대한 설비라고 할 만한 것도 없고 조잡한 휴게소 한 곳만 있다. 역에서 나남교羅南橋까지 20정 사이에만 승합자동차 편이 있다.

경성역

鏡城驛, 함경북도 경성군 오촌면(梧村面) 성남동(城南洞), 수성에서 14리 4분, 청진까지 20리

이곳은 현재 함경남부선의 마지막 역으로, 청진 간에 직통열차가 운행하고 있다. 경성은 옛날 함북 2백여 진鎭을 통수했던 병마절도사의 거성으로 치성雉城, 감호鑑湖, 유성柳城 등의 별명이 있다. 북쪽으로는 승암산勝巖山을 등지고, 동쪽으로는 독진獨津의 항구가 가로놓여 있다. 경성천이 읍의 남쪽으로 흘러 자못 풍경이 뛰어난 위치를 차지하여 예부터 함북 제일의 도회지였다. 시가지는 성곽을 둘러싼 성내와 남문 밖, 서문가西門街의 세 구역으로 나뉜다. 그 중 남문 밖 시가지는 상가가 밀집하여 가장 번화하였다. 근래 나남의 발전이 이곳에도 다소 영향을 준 감은 있지만, 수백 년의 역사를 가진 도회는 여전히 조선인 마을로서 번화하였다.

인구

5,183인(내지인 602인), 호수 1,016호(내지인 218호)

관공아 기타

군청	지방접원 출장소
우편국	농업학교

| 명소 |

〔**원수대**元帥臺〕 고려 무렵 여진과 항쟁했을 때 공을 세운 수관手瓘[262]의 송덕비로, 역에서 동남쪽으로 30정 떨어진 유정천柳亭川 어귀의 언덕 위에 있다.

〔**승암산**勝巖山〕 읍의 서북쪽에 우뚝 솟은 바위산으로, 올라가서 바라보면 발아래로 경성 시가지가 펼쳐진다. 조금 멀리는 일본해를 조망하는 풍광이 아름답다. 그 북쪽 기슭에 기념공원이 있고 또 남쪽 기슭에는 정북사靖北祠가 있다.

〔**주을**朱乙**온천**〕 읍에서 서남쪽으로 3.5리 떨어진 주을보朱乙堡에 있다. 온천용출량은 하루 약 12,000석으로, 양이 풍부한 점에서 조선 제일의 온천장이다. 온천수질은 알칼리천에 속하며 무취 투명하고 온도는 60도에 가깝다. 이곳에는 육군요양소와 긴스이칸錦水館, 조세이칸長生館, 센센카쿠仙鮮閣 등 내지인이 경영하는 온천여관이 있으며, 모두 내탕內湯이 설치되어 있다. 긴스이칸은 별도로 셋방 설비도 있어서 오래 머무는 사람은 이를 이용하여 자취할 수도 있다.

〔**독진**獨津〕 읍에서 해안으로 20여 정을 가면 독진의 묘지錨地가 있다. 이곳은 조선 연안 항로선박의 기항지로 경성읍의 현관과도 같아 들고 나는 물자 대부분은 한번은 읍의 시장을 통과한다. 육안陸岸 가까이에는 암초가 많아서 대부분의 배는 앞바다 부근에서 정박하고 있다.

조선철도 여행 안내 끝

262 고려전기 동지추밀원사 등을 역임한 윤관(尹瓘, ?~1111)의 오기이다. 1104년부터 여진정벌의 임무를 맡아 크게 공을 세웠다.

금강산 탐승 안내

金剛山 探勝案內

"올려다보면 양 기슭에는 온통 기이한 장벽嶂壁이 수천 길 드리워졌고, 그 사이사이에 푸른 소나무가 어지러이 서 있어서 돔을 이룬다. 내려다보면 옥과 같은 푸른 물이 크게 떨어져 폭포를 이루거나 여울이 된다. 물과 돌이 서로 다투어 각기 그 특색을 발휘하는 금강산의 경치는 실로 조화造化의 일대 문장文章이다. 산중에 한번 들어가게 되면 마치 인간이 접할 수 없는 천지의 영험한 큰 기운을 들이마시는 것 같다."

도쿠토미 소호德富蘇峰[1]

"나는, 금강산은 자연이 낳은 가장 그로테스크한 기형이라고 생각한다. 내지에서 금강산에 가장 가까운 작은 모형을 찾는다면, 우선 야바케이耶馬溪[2]를 들지 않을 수 없다. 그러나 야바케이 백 곳이 있어도 금강산의 웅대하고 기괴함을 설명할 수 없다. 그 정도로 금강산의 계곡은 호쾌하고 장대하며 복잡하고 숭고하며 신비하다."

기쿠치 유호菊池幽芳[3]

1 도쿠토미 소호(1863~1957)는 일본의 저널리스트이자 평론가로 민우사(民友社)를 결성하고 잡지 『고쿠민노토모(國民之友)』를 발간하였고, 1980년에는 『고쿠민신문(國民新聞)』을 간행하였다. 평민주의자에서 황실중심의 국가주의를 부르짖었다.

2 일본 남부의 오이타현(大分縣) 나카쓰시(中津市)에 있는 명승지로, 『아름다운 일본 – 한번은 가보고 싶은 일본의 관광유산(美しき日本—いちどは訪れたい日本の觀光遺産)』(일본교통공사, 1999)에도 수록되었다.

3 기쿠치 유호(1870~1947)는 일본의 소설가이자 오사카마이니치신문사(大阪每日新聞社) 기자로 활약하였다. 신문소설 『나의 죄(己が罪)』를 연재하며 가정소설의 형식을 확립하였다고 일컬어진다.

일러두기

올해 7월 1일부터 10월 31일까지 운행하는 당사 직영의 금강산행 자동차 가운데, 내금강 방면은 고산高山과 장안사長安寺 간에 운행하게 되었으며, 또 그 외에도 다소 변경되어 금강산 탐승안내 중 다음과 같이 정정합니다[4].

「금강산의 통로」

⊙ 제5행의 "평양-장안사 간"을 "고산-장안사 간"으로 정정.

⊙ 제8행의 "원산 출발은 오전 10시 운운"을 "원산 출발은 오후 9시 운운"으로 정정.

「탐승의 준비와 비용」

⊙ 자동차 요금을 다음과 같이 정정

1인당 승객운임				
10.50	6.70	4.20	1.10	온정리
9.50	5.60	3.50	장전	0.18
6.30	2.50	통천	0.60	0.72
4.20	고저	0.42	0.96	1.14
원산	0.72	1.08	1.62	1.80
10근당 수하물 운임				

1인당 승객운임					
8.80	8.40	6.30	3.90	1.10	장안사
8.10	7.40	5.30	2.80	말휘리	0.18
5.30	4.60	2.80	화천	0.48	0.66
2.80	2.10	회양	0.48	0.90	1.08
0.70	고산리	0.36	0.79	1.26	1.44
고산	0.12	0.48	0.90	1.38	1.50
10근당 수하물 운임					

표의 요금, 온정리-장안사 간 40원 80전

시간당빌리는요금은1시간6원, 1시간이상은1시간또는그미만증가별5원.

장안사-세동 간은 3시간, 온정리-해금강 간은 2시간 정도의 요금으로 충분함.

⊙자동차, 기선 연락 왕복권 운임표를 다음과 같이 정정함807쪽.

4 본문의 번역은 정오표대로 정정하여 번역하였다.

종별	등급	남대문 발	인천 발	대전 발	대구 발	부산 발	평양 발
자동차 고산경유	2등	24.68	25.94	30.98	37.20	42.10	34.90
장안사 왕복	3등	21.52	22.22	25.02	28.52	31.18	27.20
자동차 원산경유	2등	29.82	31.08	36.12	42.36	47.26	40.04
온정리 왕복	3등	25.90	26.60	29.40	32.90	35.64	31.58
자동차 고산 원산 경유	2등	27.25	28.51	33.55	39.98	44.68	37.47
주유	3등	23.71	24.41	27.21	30.71	33.41	29.39
기선 원산경유	2등	16.22	17.48	23.52	28.76	33.66	26.44
장전 왕복	3등	9.60	10.20	13.00	16.50	19.24	15.18

⊙ 학생할인 항목에서는 다음과 같이 정정함.

종별	등급	남대문 발	인천 발	대전 발	대구 발	부산 발	평양 발
자동차 고산경유	2등	24.68	25.94	30.98	37.20	42.10	34.90
장안사 왕복	3등	21.52	22.22	25.02	28.52	31.18	27.20
자동차 원산경유	2등	29.82	31.08	36.12	42.36	47.26	40.04
온정리 왕복	3등	25.90	26.60	29.40	32.90	35.64	31.58
자동차 고산 원산 경유	2등	27.25	28.51	33.55	39.98	44.68	37.47
주유	3등	23.71	24.41	27.21	30.71	33.41	29.39
기선 원산경유	2등	16.22	17.48	23.52	28.76	33.66	26.44
장전 왕복	3등	9.60	10.20	13.00	16.50	19.24	15.18

관공립학교 및 감독관청 인가를 얻어 설립한 사립학교의 학생은 3등 또는 그 교원, 학생감 및 사감은 2, 3등 운임을 '일정한 할인증'과 교환, 철도성 노선은 2할, 당사 노선은 5할 할인됨. 일정한 할인증은 학교에 청구하면 받을 수 있다.

1921년 7월 1일

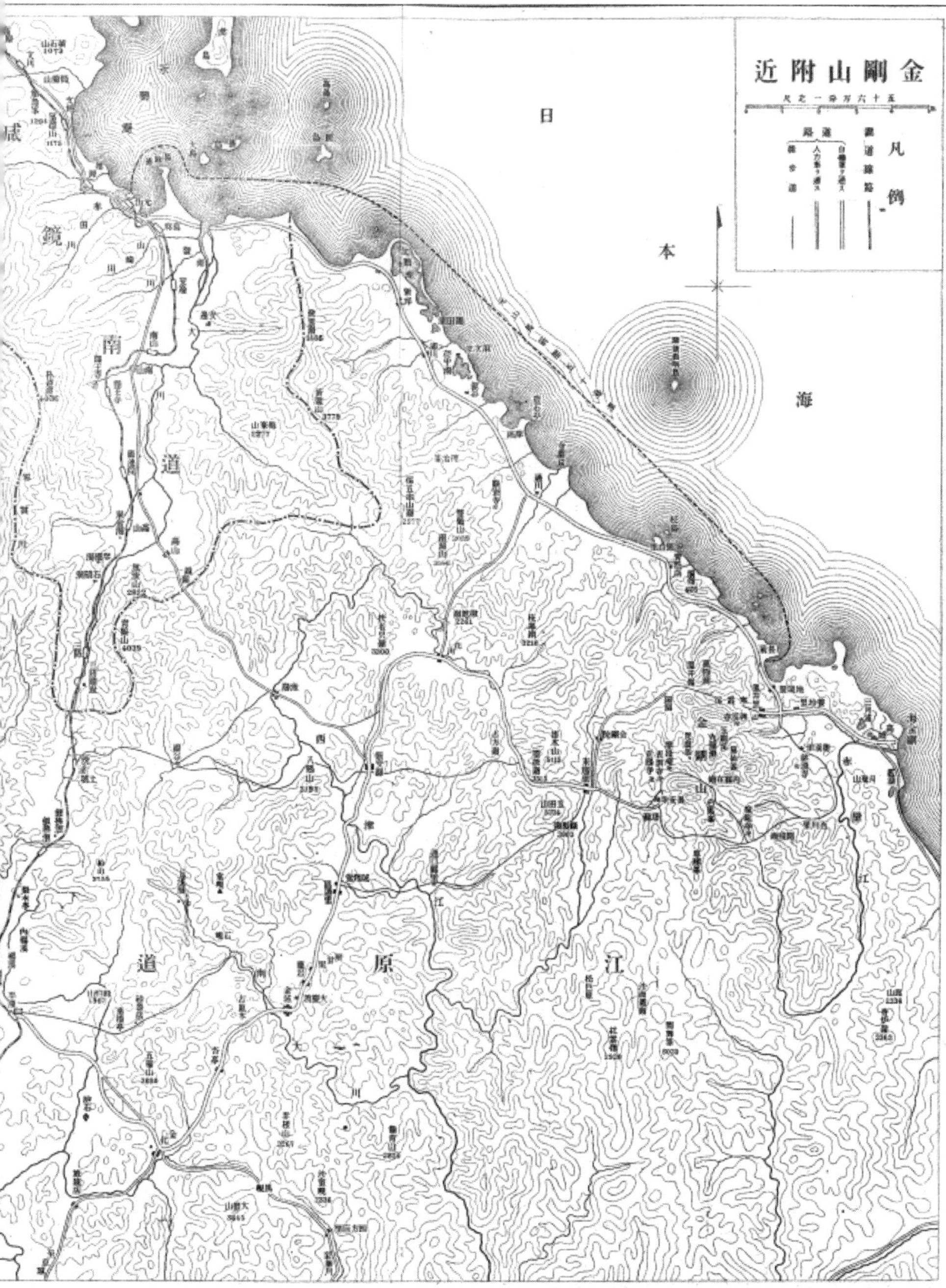

금강산 부근

금강산

조선 금강산 1

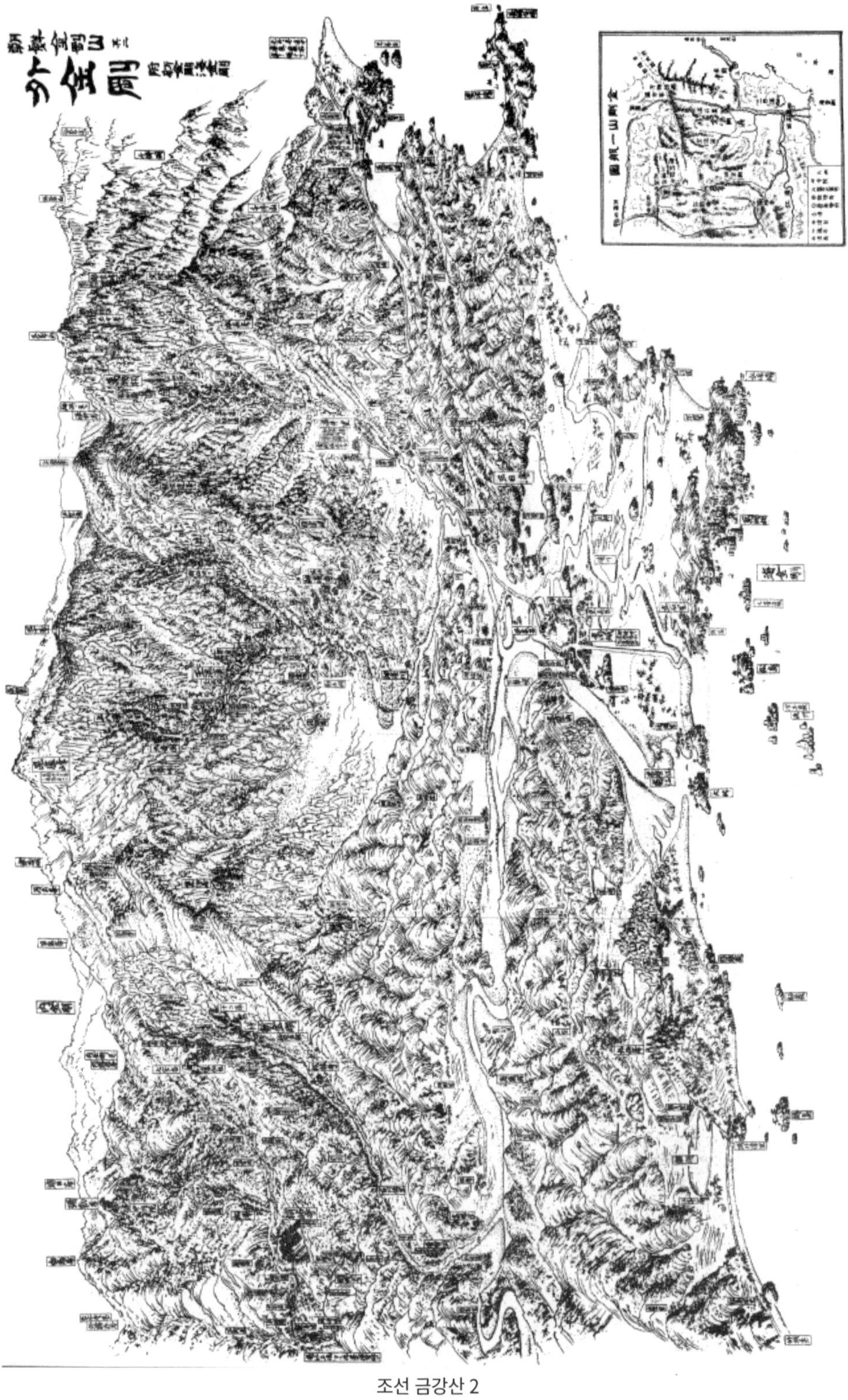

조선 금강산 2

외금강 옥류동

온정리 금강산 호텔

온정리 금강산 호텔 침실

온정리 금강산 호텔 식당

온정리 금강산 호텔 담화실

온정리 전경

신계사에서 바라본 집선봉

신계사

옥류계곡 입구

옥류동

옥류계곡 연주담

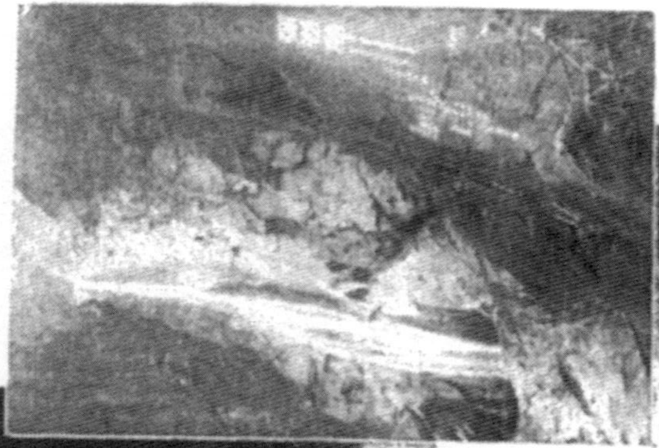

구룡폭포

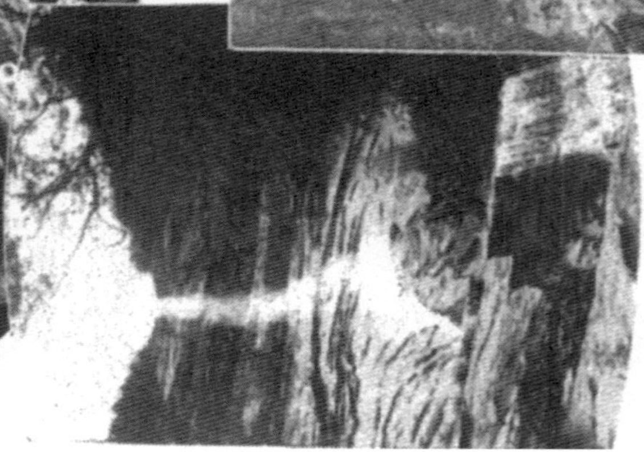

비봉폭포

무봉폭포

한하계곡 일부

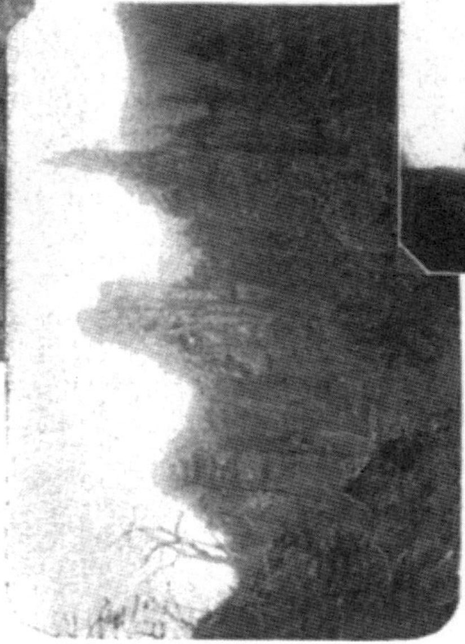

만물상 삼선암

신만물상 길

신만물상 산의 자태

삼일포

해금강 천불암

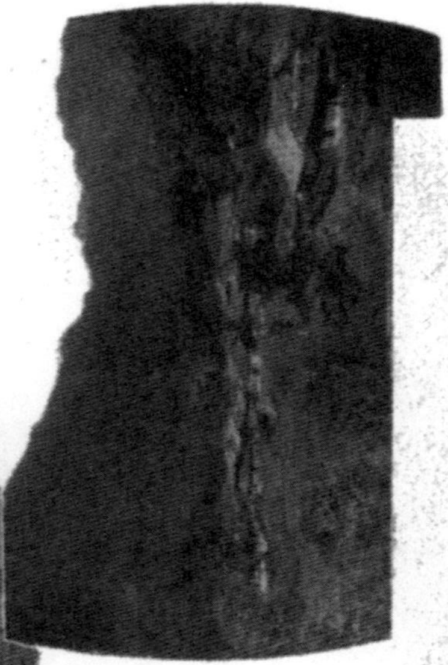

유점사

은선대의 아침 안개

장안사

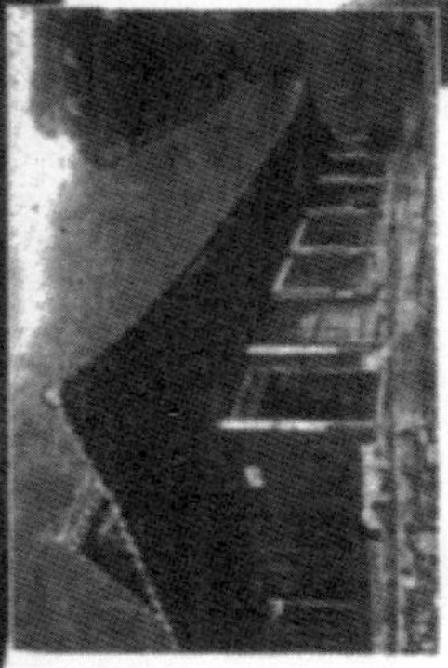

장안사호텔

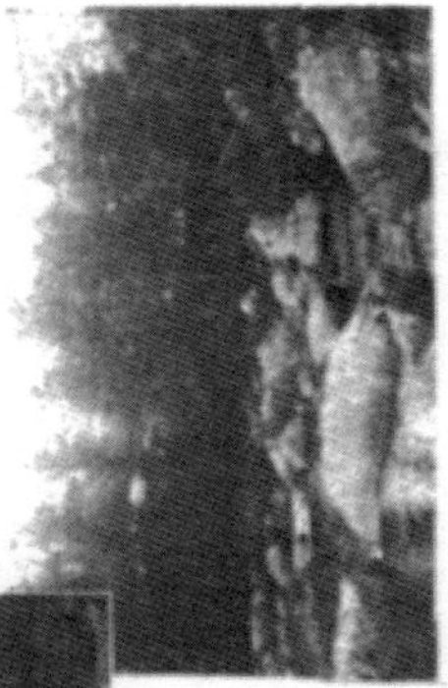

장안사호텔 방갈로

명경대

영원암과 사자봉

내산 진주담

만폭동 일부

정양사

만폭동

마하연 부근 산의 자태

금강산 탐승안내

개설

조선반도의 척량脊梁은 남단의 마산과 울산 사이에서 시작하여 동해안으로 치우쳐 종주하고, 원산의 서쪽으로 뻗어 조선과 만주의 국경인 백두산에 도달한다. 금강산은 그 척량의 중앙부인 강원도와 함경남도의 도계에 있는 일군의 높고 험한 산봉우리이다. 이 부근 산맥은 세 갈래로 나란히 뻗은 연봉連峰으로 이루어진다. 중앙과 연안 양쪽의 연봉은 강원도 장전長箭과 통천通川 사이에서 일본해로 떨어지고, 서쪽의 연봉만이 멀리 북쪽으로 서로 잇달아 있다. 그리고 중앙과 연안의 연봉 동쪽은 깎아지른 낭떠러지 형상으로 바다를 바라보고, 그 서쪽은 비교적 완만하게 서쪽 연봉에 접한다. 이에 반하여 서쪽의 연봉은 서쪽으로는 급경사를, 동쪽으로는 완만한 지형으로 중앙 연봉에 접한다. 따라서 척량산맥은 동서 양쪽 모두 험준한 절벽을 형성하여 반도에서 사람과 문물에 오래도록 장벽이 되었다. 산에서 가장 높은 봉우리는 중앙 연봉의 비로봉毘盧峰으로 해발 1,786미터이며, 여기서 북쪽에 온정령溫井嶺, 815미터, 만물상萬物相, 1240미터, 백전봉柏田峰, 남쪽에는 내무재령內霧在嶺, 1303미터, 망군대望軍臺, 1529미터, 백마봉白馬峰, 1497미터, 무재령霧在嶺, 1385미터 기타 크고 작은 기이한 봉우리와 바위가 빽빽하게 서 있어 이른 바 일만이천봉 금강산을 형성하고 있다.

금강산을 구성하는 암석 종류는 태고계太古界부터 신생계新生界에 걸쳐 상당히 많은 종류를 망라한다. 주요 암석은 흑운모黑雲母로 화강암에 속하며 외관은 견고하고 치밀하지만, 암석조직의 비율이 조잡하여 비교적 풍화작용을 받기 쉽고 오랜 세월의 풍화 침식에 변환變幻이 매우 심하다. 또 추측하기 어려운 기괴한 형상의 바위는 온 산의 특징인 광택 있는 자감색紫紺色을 띠며 웅대하고 호쾌하고 장대한 산의 형승을 만들고 있다. 또 깊은 협곡의 양쪽은 숫돌처럼 거대하고 한 덩어리로 이루어진 평평한 바위가 경사면을 이루거나 평면으로 놓여 있고, 또 먼 붕괴崩壞시대로 추락한 거대암석은 갖가지 형상으로 계곡 사이에 가로놓여 있다. 여울이 세차게 그 사이를 달려 폭포가 되거나 푸른 못이 되어서, 봄꽃이나 가을낙엽이 그 사이를 물들이는 시기나 맑은 바람과 흩날리는 눈이 산을 감쌀 때에는 실로 맑고 고와 처연하고 청정한 별천지가 펼쳐진다.

금강산의 여러 봉우리의 구역은 강원도 고성군高城郡, 김화군金化郡, 회양군淮陽郡 및 함경남도 통천군通川郡 등 네 개의 군에 걸치며, 면적은 대략 10여 방리方里이다. 일반적으로 이를 구분하여 중앙 연봉의 서측을 내금강이라 하고 동측 연안의 연봉의 사이를 외금강이라 하며, 연안 연봉이 일본해로 사라지는 고성 부근을 해금강이라 부른다. 그렇다면 탐승구역은 내·외금강과 해금강이 전부가 되겠지만, 뒤섞인 여러 산봉우리로 형성된 무수한 계곡을 더듬어 가는 탐승 경로는 자못 복잡하여, 구석구석 온 산을 탐승하려면 여간 어려운 일이 아니다. 더군다나 게 중에는 아직 사람의 발자국이 드문 계곡도 있어서 명산의 신비는 여전히 구름 속 깊이 숨어 있다.

경치가 뛰어난 금강산은 또 일면 아름다운 전설과 건축미를 가진 영산靈山이다. 『화엄경』에 "동북 바다 가운에 금강산이 있는데 일만이천 봉 담무갈曇無竭보살[5]이 항상 그 안에 있다"라든가, 『삼장경三藏經』에 "8만 유순由旬 일만이천봉 담무갈이 항상 그 안에 있다"라고 하는 것은 모두 이 산을 가리키는 것으로, 3천 년 전 석존재세釋尊在世 시대에 이미 세상에 나타났다고 한다. 또 전기傳記에는 당의 청량국사淸凉國師가 제왕에게 상소하여 "세상에 여덟 금강이 있는데 그 중에 일곱 금강은 바다 속에 숨어있고, 금강 하나가 해동 조선에 나타났다"고 했다고 한다. 생각건대 이러한 설이 원래 믿기는 어렵지만, 삼한시대에는 내외금강 백팔개사百八箇寺란 호칭이 있었을 정도로 당시 조선과 중국에서 온 순례자가 끊이지 않았던 것 같다.

유감스럽게도 산중의 이름 난 사찰은 그 후 여러 번 화재를 입어 오늘날에는 옛날의 모습이 없지만, 여전히 장안사長安寺, 표훈사表訓寺, 신계사新溪寺, 유호사楡岾

5 담무갈은 산스크리트어 '다르모가타(Dharmogata)'의 음역으로 『신화엄경』에 나온다. 보통 법기보살(法起菩薩)로 많이 알려져 있다. 이 밖에도 법희보살(法喜菩薩)·법기보살(法基菩薩)·보기보살(寶基菩薩)·법상보살(法尙菩薩)·법용보살(法勇菩薩) 등의 별칭이 쓰인다.

寺[6] 등 대가람과 숱한 말사末寺가 산 중에 점점이 있으며, 절벽 아래 깊은 계곡 속에서 주변 환경과 혼연일체를 이룬다. 조선 예술의 정수를 모은 벽동주영碧棟朱楹의 건축물과 수려하고 장엄한 광경에 여행객들은 깊은 인상을 받지 않을 수 없다.

금강산으로 통하는 길

◉ 내금강으로 가는 길

경원선 평강역平康驛에서 약 35리 거리로, 김화金化, 창도昌道, 화천化川, 말휘리末輝里를 지나 장연리長淵里의 장안사에 도착하는 것을 일반적인 경로로 삼는다. 이 경로는 평강-창도 간 어느 때나 승합자동차가 다니는 외에전세인 경우에 한함. 백○사까지 운행, 매년 7월 1일부터 10월 31일까지 당사는 직영으로 고산高山-장안사 간 매일 1회 왕복하는 승합자동차를 운행하여 탐승객의 편의를 꾀하고 있다.

> 고산-장안사 간 자동차 운행 소요시간은 약 6시간이다. 경성京城-금강사 간 이정을 단축하기 위해 앞서 서술한 탐승계절 중에는 경원선 열차 시각이 개정하여 본 자동차를 열차와 접속하여 운행하도록 하였다. 따라서 이른 아침 남대문역을 출발하는 열차나 이른 아침 장안사를 출발하는 자동차를 타면 이 구간에 걸리는 시간은 겨우 하루면 충분하다.

위에서 서술한 평강 입구 이외에 세포역洗浦驛 혹은 고산역에서 군청소재지인 회양읍淮陽邑으로 나와 화천과 말휘리를 지나서 장안사로 가는 도로가 있다. 이 길은 모두 평강 입구에 비하여 약 10리 정도 가까워서 거리는 25리에 지나지 않지만, 세포 입구는 도로가 완전하지 않고 또 고산 입구는 철령을 넘어야 하는 어려움이 있고 교통기관도 갖추어지지 않았기 때문에, 지금으로서는 금강산으로 가는 통로로 인정받지 못한다.

6 유점사(楡岾寺)의 오기이다. 이하 본문에서는 독자의 편의를 위해 유점사로 고쳐 번역한다.

◉ 외금강으로 가는 길

경원선의 종점 원산역에서 약 25리 거리로, 통천과 장전을 지나 고성군 온정리에 이르는 유일한 도로이다. 이 사이는 평강 입구와 마찬가지로 탐승계절 중에는 당사가 직영으로 승합자동차를 운행하여 외금강에 출입하는 여행객의 편의를 꾀하고 있다.

> 본 자동차도 경원선의 열차와 접속하며, 경성-온정리 간 교통을 하루 일정으로 단축한다는 점은 평강 입구와 동일하며, 이 구간의 운행에는 약 5시간이 소요된다.

외금강 왕래는 별도로 조선우선회사가 경영하는 연안 항로 편을 빌리는 해로 교통이 있다. 이 교통편은 원산-장전 간 50리浬는 기선을 이용하고 장전-온정리 간 약 2리里는 육로를 이용한다. 동행자가 많은 탐승객은 이 해로를 이용하는 것이 가장 편하다.

> 원산-장전 간 도중에 유명한 총석정叢石亭이 있는데 경치가 매우 뛰어나다. 항해 시간은 고저항庫底港에서 정선停船시간을 포함하여 약 7시간이다. 현재 배선표에 의한 운항 횟수는 1개월에 7회 왕복이며 원산 출발은 오후 9시, 장전 출발은 정오이다. 또 장전-온정리 간 도로는 비교적 평탄하여 인력거를 빌리면 약 1시간 반에 도달한다.

탐승 순서

개설 항목에서 서술한 대로 금강산의 승경은 내산 및 외산에 걸쳐 광대한 구역에 산재해 있어서 탐승순서도 여러 가지가 있고, 자세한 안내는 이 작은 책자에 다 담을 수 없다. 이하 서술은 비교적 안전하고 일반적인 순로를 골라 일정과 이정을 표시한 것이다. 여기 기재한 순로에서 기로岐路에 해당하는 외금강에서는 '구룡연九龍淵에서 비로봉' '일정대一頂臺에서 군선협群仙峽' '신계사神溪寺에서 동석동動石洞’ ‘신풍산新豊山에서 구성동九成洞 및 천불동千佛洞’, 내금강에서는 ‘백탑동白塔洞’ ‘표훈사表訓寺에서 대상동大上洞[7]’ ‘유점사에서 미륵봉彌勒峰’ 등 특히 상세한 데까지 이르는 탐승로는 생략한다.

1. 내무재령(內霧在嶺) 넘어가기

이 길은 금강산 승경의 중심을 횡단하는 탐승로이다. 도중에 내무재령과 개잔령開殘嶺의 두 고개를 답파해야 하므로, 행로가 험준함은 다음 항목의 온정령을 넘어가는 길 이상이다. 하지만 은선대隱仙臺, 유점사 및 신금강新金剛 등을 찾고자 하는 여행객은 꼭 이 길로 가야 한다.

아래의 순서는 장안사에서 출발하는 경우인데, 반대로 온정리에서 출발한다면 이 순로를 거꾸로 가면 된다. 다만 온정리에서 출발하는 경우는 장안사 출발에 비해 험한 오르막길이 많은 것을 각오해야 한다.

〈제1일〉

장안사를 출발하여 시냇물을 따라 올라가면 오른쪽 옆 계곡을 흐르는 맑은 물을 만난다. 이곳을 백천동百川洞이라 하며, 그 옆의 시내를 황천강黃泉江이라 한다. 물을 따라 약 10정소요시간 30분을 오르면 명경대明鏡臺가 있다. 거기서 25정을 더 올라가면소요시간 2시간 계곡의 마지막 지점인 영원암靈源庵에 도달한다. 암자에서 원래 왔던 길을 약 10정 내려가서 오른쪽으로 꺾어져 꼬불꼬불한 험한 산길로 약 1리里 5정소요시간 왕복 5시간을 가다보면, 도중에 수렴동水簾洞의 큰 폭포가 보이면서 망군대望軍臺 꼭대기에 오르게 된다. 돌아오는 길은 백천동 부근에서 오른쪽으로 꺾어져 왕복 약 12정소요시간 1시간인 안양암安養庵을 방문하고 장안사로 귀착.

〈제2일〉

장안사 앞의 시냇물을 따라 올라가 명연담鳴淵潭, 삼불암三佛巖 및 백화암白華庵을

7 태상동(太上洞)이다. 大는 太와 통한다.

거쳐 표훈사까지 약 20정소요시간 1시간이고, 표훈사 뒤로 경사진 길을 15정소요시간 왕복 1시간 반 올라가면 정양사正養寺[8]가 있다. 절은 유명한 관산觀山의 위치인 게성루惕惺樓[9]가 있는 곳으로 반드시 들러야 하는 곳이다. 이곳에서 다시 표훈사로 돌아가 만폭萬瀑의 본류 계곡을 거꾸로 18정 올라가면소유시간 2시간 마하연摩訶衍[10]에 도달한다. 이 사이에 만폭동과 보덕굴普德窟 기타 금강팔담金剛八潭의 절경이 이어져 배웅하고 맞이하는 데 쉴 틈이 없는 느낌이다. 아직 해가 높으니 암자에서 약 15정소요시간 왕복 1시간 거리의 산꼭대기인 백운대를 등반하고, 또 다리가 튼튼한 사람이라면 이 대신 약 20정의 험로를 올라소요시간 왕복 3시간 수미암須彌庵 왕복을 결단하고 다녀와 마하연에 묵는다.

금강산의 최고봉인 비로봉을 등반하려면, 이날 가능한 이른 새벽에 장안사를 출발하여 마하연에 도착해서 묘길상妙吉祥 부근에서 올라간다. 마하연-비로봉 간 왕복은 약 4리로 6시간 이상 걸린다.

〈제3일〉

내무재령을 넘어 외금강으로 나오는 날이다. 마하연을 출발하여 약 4리 10정을 가면소요시간 30분 묘길상 석불이 있다. 거기서 사선교四仙橋를 거쳐 내무재령 정상까지는 34정 거리로소요시간 2시간, 가는 길은 수목이 빽빽하고 무성하여 거의 해를 올려다볼 수 없다. 정상에서 또 빽빽한 숲을 뚫고 1리 10정을 내려오면소요시간 1시간 반 점심편點心片으로 나온다. 거기서 몇 정을 더 내려와 시냇물을 건너면 은선대隱仙臺로 가는 기로가 있다. 이곳에서 은선대까지는 20정 거리로소요시간 왕복 2시간 반, 천 길 계곡을 사이에 두고 신금강의 십이폭포를 내려다본다. 본로로 되돌아와서 시냇물을 따라 28정을 더 내려오면소요시간 1시간 못 미침 유점사에 도착한다. 도중 중간 정도에 명소인 구룡소九龍沼가 있으며, 또 유점사 도착 몇 정 전에 왼쪽으로 꺾어져 8정 정도 가면소요시간 왕복 1시간 선담船潭, 만경동萬景洞의 경승지가 있다.

8 정양사(正陽寺)의 오기이다. 다만, 김창흡(金昌翕, 1653~1722)의 『삼연집(三淵集)』(1732)에 실린 시에는 정양사(正養寺)라는 표기도 보인다.

9 헐성루(歇惺樓)의 오기이다. 금강산 일만이천봉을 한눈에 조망할 수 있다고 전하는 승경지이다.

10 산스크리트어 mahā-yāna의 음사로 대승(大乘)이라 번역된다.

〈제4일〉

오늘은 유점사에서 개잔령開殘領을 내려와 고성읍으로 나오는 약 7리의소요시간 9시간 이정을 강행해야 한다. 이 행로 중앙부에 위치하는 보현동普賢洞 촌락까지 승경지가 얼마간 있는데, 보현-고성 간은 완전히 평범한 밭길로 본 여정 중에 오늘처럼 무료하고 피로를 느끼는 날은 없다.

신금강 탐승 희망자는 일정을 하루 더 늘려, 이날 유점사에서 옥유령玉蹂嶺을 넘든가 또는 백천교리百川橋里에서 송림사松林寺로 나와야 한다. 전자는 겨우 1리 25정 거리이나 오르막길이 험준하여 약 3시간이 걸리고, 후자는 3리 정도로 4시간 남짓 소요된다. 신금강은 송림사에서 상류 약 3리 간의 계곡으로, 송림사에서 약 0.5리 올라가면 십이폭포가 있으며소요시간 2시간, 또 전방으로 0.5리에 옥룡굴玉龍窟이 있다소요시간 2시간. 이 안쪽으로 약 2리 사이에 석문石門폭포와 금강폭포 등 여러 폭포와 다른 경승이 이어진다. 하지만 길이 상당히 험준하여 어마어마한 시간이 걸리고, 위험하기도 하므로 탐승자는 적당한 지점에서 돌아와 이날은 송림사에서 숙박한다. 다음 날 송림사를 출발하여 1리 30정을 가면 보현동으로 나오고소요시간 2시간 반, 거기서 2리 27정을 더 가면 고성읍에 도달한다.

〈제5일〉

고성에서 동쪽으로 34정에 입석리立石里 해안가를 일반적으로 해금강이라고 한다. 육안陸岸에서 송도松島 천불암 근처를 더듬어 가는 조망도 아름답지만, 가장 좋은 것은 가볍고 빠른 작은 배를 빌려 파도 사이에 산재하는 명소를 도는 것이다배 대여 2원 정도. 이날 오후 고성을 출발하여 온정리로 간다. 이 3리 남짓한 구간은 인력거가 다니며 또 미리 금강산호텔에 신청을 하면 자동차를 빌릴 수도 있다.

〈제6일〉

온정리를 나와서 극락현極樂峴을 넘어 신계사新溪寺에 이르는 거리는 20정 정도로 45분이면 도착한다. 여기서 보광암普光庵을 거쳐 외산의 명승인 옥룡계玉龍溪

로 들어간다. 숫구치는 시냇물을 몇 번인가 좌우로 건너 일정대一頂臺[11], 옥류동, 비봉飛鳳폭포를 지나 구룡폭포에 이르는 이정은 2리 20정이다. 이 역시 험준한 오르막길로 3시간 내지 4시간이 걸린다. 돌아오는 길은 구룡폭포에서 조금 되돌아가 연담교淵潭橋에서 구정봉九井峰으로 가는 급경사 길을 18정 올라가면 팔담의 기승이 있다. 그러나 길이 험준하여 왕복에 1시간 반이 소요되므로 등산을 보류하는 사람이 많다. 이날 온정리-구룡연 간은 왕복 6리 정도로 약 7시간이 걸린다.

〈제7일〉

온정리를 출발하여 한하계寒霞溪를 따라 1리 23정을 올라가면소요시간 3시간 만물상萬物相에 도착한다. 입구에는 내지인이 경영하는 찻집이 하나 있다. 그 뒤쪽의 시냇물을 따라 샛길을 23정 거슬러 올라가면 우뚝 치솟은 기암괴석이 좌우로 육박해 온다. 좌측에 솟아있는 세 개의 큰 바위가 이른 바 만물상의 삼선암三仙巖으로, 일반적으로 이 부근을 구舊만물상이라고 한다. 여기서 더 깊은 곳인 옥녀봉 일각을 신新만물상, 또 다른 일각을 오奧만물상이라고 한다. 모두 구만물상에서 왕복 1리 정도로소요시간 3시간 산길이 매우 험준하여 등반하는 데 땀을 한 되는 흘려야 하는 고생을 각오해야 한다. 이날은 온정리로 돌아와 숙박.

2. 온정령 넘어가기

내금강과 외금강을 잇는 탐승통로가 둘이 있다. 하나는 앞 절의 내무재령을 넘는 것이고, 다른 하나는 온정령을 넘어가는 것이다. 전자는 행로가 비교적 용이하다는 점에서 후자에 미치지 못하며, 후자는 길을 따라 경치가 풍부하다는 점에서 전자보다 아무래도 앞서지 못한다. 어느 쪽이 좋은 경로인지 쉽게 말하기는 어렵지만, 짧은 탐승일정을 선택한다면 온정령을 넘어가는 편이 좋다.

이하 온정리에서 출발하는 순서인데, 장안사에서 출발하는 경우는 이 순서를 역으로 따르면 된다.

---

11 일로대(一盧臺)의 오기로 보인다.

〈제1일〉 **옥류동 탐승**(앞 절 제6일과 동일)

해금강을 관광하는 경우는 일정을 하루 늘려 이틀째에 온정리-고성 간을 왕복한다. 이 구간은 인력거 외에 금강산 호텔에 신청하면 자동차를 빌려 왕복할 수 있다.

〈제2일〉

온정리를 출발하여 한하계를 따라 거슬러 올라가 만물상에 이르는 1리 23정소요시간 약3시간, 신만물상이나 오만물상을 관광하는 사람은 여기서 왕복하고소요시간 3시간 그 다음에 본 경로를 올라가 온정령 꼭대기까지 18정소요시간 1시간, 정상에서 신풍리新豊里를 거쳐 세동細洞까지 약 2리소요시간 2시간를 내려온다. 이곳부터는 길이 비교적 평탄하여 말휘리를 거쳐 장안사에 이른다. 세동-장안사 간은 약 5리로소요시간 5시간, 미리 장안사 호텔에 신청해 두면 자동차를 빌릴 수 있다.

〈제3일〉

영원동靈源洞 탐승앞 절 제1일과 동일.

〈제4일〉

장안사에서 마하연 왕복앞 절 제2일과 동일.

3. 외금강 또는 내금강만 탐승

금강산 탐승은 내금강과 외금강에 걸쳐야 비로소 완전한 탐승이 되는데, 탐승 일정을 단축하여 그 일부만이라도 탐방하고 싶은 것이 본 절의 여정이다.
이 경우 외금강만 탐승하면 아래와 같다.

〈제1일〉

온정리에서 만물상 왕복.

〈제2일〉

온정리에서 구룡연 왕복.

만약 하루만 관광하는 경우에 만물상 행을 제외할 것인지, 구룡연 행을 제외할 것인지를 결정해야 한다면 우선 구룡연 행을 추진하는 것이 좋겠다. 무엇보다 산악의 아름다움만을 감상하고 싶다면 만물상 행이 더 낫지만, 산수의 아름다움을 같이 감상하고자 하는 일반적인 취향으로는 구룡연 쪽이 그런 조건에 알맞기 때문이다.

내금강만 탐승하는 경우는 아래와 같다.

〈제1일〉

장안사에서 영원암과 망군대 왕복.

〈제2일〉

장안사에서 마하연 왕복.

원래 내금강의 승경 중에 대표적인 경치라고 한다면 만폭동을 추천해야 한다. 영원동의 그윽함과 망원대의 웅장함도 이보다는 조금 뒤진다. 따라서 위의 제2일 여정 중에 하나만 선택하여 탐승한다면 장안사에서 마하연 왕복의 이정을 택하여 만폭동 팔담의 기묘한 경치를 봐야 한다.

준비 및 비용

옛날에 교통과 여관 설비가 정돈되지 않았던 무렵 금강산 탐승에는 상당히 요란한 준비가 필요했다. 현재는 기차와 자동차 편으로 경성과 장안사 또는 온정리 간을 겨우 하루에 여행할 수 있게 되었으므로, 입산까지는 여장이나 휴행품 등을 특별히 준비할 필요가 없다. 다만 산중의 승경을 보기 위해서는 각반과

짚신의 가벼운 차림이 필수이다. 또 챙이 넓은 밀짚모자와 어느 정도 길이가 있는 지팡이 등을 준비하면 한낮에 험한 산길을 오르는 데 편리하다. 또 준비를 충분히 하여 물통, 도시락 등을 휴대하면 좋겠지만, 산뜻하고 시원한 시냇물과 주먹밥으로 만족할 수 있다면 결국 가벼운 것이 상책이다.

산중의 아침저녁 기온은 차가워 흔히 산기山氣라고 하는 수증기에 휘감길 염려가 있기 때문에, 잠을 잘 때는 물론 새벽녘과 해질 무렵에는 두꺼운 내복으로 갈아입어야 함을 잊어서는 안 된다. 특히 마하연, 유점사, 송림사 등 깊숙한 산중의 사원에서 숙박하는 경우는, 가령 온돌방이라도 외투나 모포를 이용하는 것이 좋다.

〔안내자〕 온정리나 장안사에는 산 안내자를 운용하는 사람이 있다. 안내자는 대부분 조선인으로 짐꾼을 겸하는 힘센 자이기 때문에 짐이 적은 경우에는 몇 명이 같이 고용하는 편이 좋다. 운임은 내지인 1일 2원 50전, 조선인 1일 2원을 보통으로 하며, 숙박을 예정한 고용은 그 요금에서 2할 정도 비싼 것이 일반적이다.

〔양식 여관〕 외금강의 온정리와 내금강의 장안사는 탐승자가 여장을 고치는 입산의 관문이므로, 당국은 온정리에 금강산 호텔, 장안사에는 장안사 호텔을 설치하고, 매년 7월 1일부터 10월 31일까지 개관하여 일반의 편의를 꾀하고 있다. 요금은 다음과 같다.[12]

금강산 호텔(온정리)				
객실 번호	미국식 숙박료		유럽식 객실료	
	1인 1일	2인 1일	1인 1일	2인 1일
1	12.00	20.00	7.00	10.00
2, 4, 5, 6, 7	9.50	17.50	4.50	7.50
8, 9, 10	8.50	14.50	3.50	4.50

장안사 호텔				
객실 번호	미국식 숙박료		유럽식 객실료	
	1인 1일	2인 1일	1인 1일	2인 1일
1, 2, 3, 4, 5, 6, 7	9.50	17.50	4.50	7.50
별장	9.50	17.50	4.50	7.50

12 본문에 단위는 생략되어 있으나 원이다.

8, 9, 10, 11	8.50	14.50	3.50	4.50

미국식 숙박료는 아침, 점심, 저녁 세 끼 식사, 입욕 및 차 마시는 요금을 포함한 숙박료이다. 유럽식 숙박료는 객실 요금만 해당하므로 호텔에서 식사, 차, 입욕을 하는 경우는 다음의 요금을 추가로 지불해야 한다.

	조식료	중식료	석식료
양식	1.50	2.00	2.50
일본식	1.50	1.50	2.00
차 요금 0.50　　입욕료 1.00			

두 호텔 모두 동행자를 위해 1인 1박, 일본식 3식을 4원으로 하여 숙박 요구에 응한다.

장안사 호텔은 사원의 가람을 개축하여 상당히 청초한 본관 외에, 부근 시냇물을 바라보는 소나무 숲 가운데 5동의 별장을 가지고 있다. 이 별장은 지장이 없는 한 일반 숙박객도 수용하는데, 그 주된 목적은 장기로 체류하는 피서객에 대한 전세 별장으로 식사는 숙박객의 임의에 맡기며 전세 요금은 다음과 같다.

번호	1개월	2개월	3개월	4개월	
1,2,3,4,5	160.00	310.00	450.00	520.00	각 동 모두 3실, 응접실, 욕실 있음.

〔내지식 여관〕 금강산 부근에 내지식 여관이 있는 곳은 장전, 온정리, 고성 등 세 곳으로 모두 외금강 방면에 속한다. 내금강 방면에는 말휘리에 한 곳이 있으나 이름뿐으로 순수한 내지식의 여관은 거의 없다. 위 세 곳에 있는 여관 중 비교적 유명한 곳과 숙박료는 다음과 같다.

온정리══ 레이요칸嶺陽館, 금강관 등.

◎온정리에는 알칼리성 온천이 용출하며, 위 여관에는 모두 내탕 설비가 있다. 탐승으로 피로한 몸을 온천에 담그는 기분은 뭐라 말할 수 없다.

고성══ 고성관

장전══ 금강관, 산요칸山陽館[13] 등.

13 본서에서는 일본인이 경영하는 음식점과 숙박시설은 모두 일본어음에 따랐으나, 현지 지명을 따른 경우는

숙박료는 2원 이상, 4원 50전 까지. 중식료는 80전 이상 1원 50전 까지.

〔**사원 숙박소**〕 산 안에 장안사, 표훈사, 마하연, 유점사, 송림사 등은 가람의 일부를 여행객의 숙박소로 사용하고 있다. 원래 조선여관의 일반적인 관습으로서 식사대만 지불하면 숙박료를 받지 않는 것처럼, 이곳에서도 식사 요금만 지불하면 자유롭게 숙박할 수 있다. 객실은 말할 것도 없이 온돌로 바닥에서 온기가 올라오기 때문에 침구류는 없으며, 공기 베개와 모포 정도는 휴대하지 않으면 잠자리가 편하지 않다. 식사는 1식 70~80전으로 쌀밥이 제공되지만 반찬은 조선식 사찰 요리로, 익숙하지 않은 사람은 조금씩 잘라 먹기가 편하지 않으므로 가능한 한 통조림 두세 개를 가져가는 것이 좋다.

〔**자동차 요금**〕 경원선 평양역부터 장안사까지, 또 원산역에서 온정리까지 및 당사가 직영하는 자동차 요금은 다음과 같다.

1인당 승객운임					
8.80	8.40	6.30	3.90	1.10	장안사
8.10	7.40	5.30	2.80	말휘리	0.18
5.30	4.60	2.80	화천	0.48	0.66
2.80	2.10	회양	0.48	0.90	1.08
0.70	고산리	0.36	0.79	1.26	1.44
고산	0.12	0.48	0.90	1.38	1.50
10근당 수하물 운임					

1인당 승객운임				
10.50	6.70	4.20	1.10	온정리
9.50	5.60	3.50	장전	0.18
6.30	2.50	통천	0.60	0.72
4.20	고저	0.42	0.96	1.14
원산	0.72	1.08	1.62	1.80
10근당 수하물 운임				

그대로 우리말 한자음으로 표기하였다.

장안사-세동細洞 간	1인당	1원 50전
온정리-해금강 간	1인당	2원
온정리-해안海岸 간	1인당	50전
온정리-삼일포 간	1인당	1원 50전

〔기선요금〕 원산-장전 간50리浬 조선우편회사[14]가 경영에 관여하는 항로의 기선요금은 다음과 같다.

1등 4원 70전　　2등 3원 20전　　3등 1원 80전

원산, 장전 두 항구에서 거룻배를 50전에 빌릴 수 있다.

〔인력거 요금, 기타〕 인력거 요금은 1리 당 40전, 우천으로 인한 진창길은 그 2할을 더하는 것이 규정인데, 보통은 규정보다 약간 비싸다.

장안사-말휘리 간 1원 80전 정도

말휘리-신풍리 간 3원

이상 두 구간은 인력거 유무가 불확실하며, 또 때때로 승마용 말을 빌리는 경우도 있다. 말을 빌리는 요금은 인력거와 큰 차이가 없다.

장전-온정리 간 1원 정도

온정리-고성 간 2원 정도

고성-보형동 간 1원 80전 정도

〔기차요금 할인〕 조선선 부산, 대구, 대전, 남대문, 인천 및 평양 각역에서는 자동차 또는 기선과 연락한다. 2, 3등 탐승 할인 왕복권을 발매하고 있다.

◎ 자동차 연락 왕복권: 본 왕복권은 왕복 기차운임 3할인으로, 다음의 네 경로에 대하여 여행객의 희망에 따라 발매한다. 단, 각 경로모두 통용 기한은 동일하게 30일이다.

(1) 출발역=원산=온정리 탐승 장안사=평양=출발역

(2) 위 (1)의 경로를 역행하는 것.

14 조선우선회사의 오기로 보인다. 아래의 기선 연락 왕복권 항목에서는 조선우선회사로 나온다.

(3) 출발역=원산=온정리 왕복

(4) 출발역=평강=장안사 왕복

◎ 기선 연락 왕복권: 본 왕복권은 통용 기한은 20일이고, 기차 요금은 단독 여행의 경우는 3할인, 10인 이상 단체여행의 경우는 5할인으로, 경로는 출발역-원간 산은 기차, 원산-장전 간은 조선우선회사 기선으로 왕복하는 것이다.

자동차 및 기선 연락왕복권(또는 주유권) 요금 (1920년 현재)[15]

종별	등급	남대문 발	인천 발	대전 발	대구 발	부산 발	평양 발
자동차 고산경유 장안사 왕복	1등 2등 3등	30.04 24.68 21.52	31.30 25.94 22.22	39.90 30.98 25.02	49.56 37.20 28.52	57.20 42.10 31.18	45.92 34.90 27.20
자동차 원산경유 온정리 왕복	1등 2등 3등	28.82 29.82 25.90	30.8 31.08 26.60	38.76 36.12 29.40	48.42 42.36 32.90	56.06 47.26 35.64	44.78 40.04 31.58
자동차 고산원산 경유 주유	1등 2등 3등	29.43 27.25 23.71	30.69 28.51 24.41	39.33 33.55 27.21	48.99 39.98 30.71	56.63 44.68 33.41	45.35 37.47 29.39
기선 원산경유 장전 왕복	1등 2등 3등	19.22 16.22 9.60	20.48 17.48 10.20	29.16 23.52 13.00	38.82 28.76 16.50	46.46 33.66 19.24	35.18 26.44 15.18

○ **위 탐승권을 이용하여 내지에서 할인**: 내지에서 오는 탐승객은 출발역-부산 간 다음의 왕복권을 구매하고 부산-금강산 간은 위의 탐승 왕복권을 이용하는 것이 편리하다.

(단독여행의 경우) 출발역-부산 간 2할인 왕복권: 본권은 철도성선鐵道省線의 주요 역에서 발매하며, 통용기한은 20일 간이다.

(20인 이상 단체) 출발역-부산 간 5할인 왕복권: 본권은 철도성선 주요 역에서 발매하며, 통용기한은 역시 20일 간으로, 21인 이상 50인 까지는 1명 이상 50인이 늘어날 때마다 1인에 대해 할인하므로 간사역에게 무임승차의 특전이 있다.

15 본문의 표는 일러두기의 정오표대로 수정한 것이다. 수정 전의 표에는 고산 대신 평강으로 되어 있다.

○ **학생할인**: 중학생 이상의 학생은 6월 25일에서 9월 15일까지 철도성 발행의 할인증표로 출발역-평강 또는 원산 간 철도성선은 2할인, 당사의 노선은 5할인의 연락 표를 구매하는 것이 좋다.

내금강의 제승諸勝

(1) 말휘리에서 장안사

말휘리 마을 끝을 흐르는 것은 소양강 상류 금강천金剛川으로, 수원은 비로봉 북부의 온정령, 만물상, 백전봉柏田峰의 물이다. 하류는 강원도의 수도首都인 춘천을 지나 한강이 되어 도도하게 경성 남부를 서쪽으로 흘러서 인천 바다로 들어간다. 금강천을 건너 오른쪽으로 꺾어져 물을 따라 올라가는 도로는 온정령에 이르며, 직진하여 2리 13정이면 장안사에 도착한다. 여기서는 우선 직로를 따라 십 수 정을 가서 철이현鐵伊峴 정상에 서서 온 길을 되돌아본다. 천봉만악千峰萬嶽이 중첩되어 멀리 황룡과 철령의 여러 산으로 이어진다. 눈앞의 응산鷹山은 옥전산玉田山과 서로 맞서있고 중간에 조금 낮은 곳에는 흑파령黑坡嶺이 보인다. 옥전산의 남쪽은 험하기로 유명한 단발령斷髮嶺으로 말휘리에서 약 1.5리이고 이 고개를 넘어 창도昌道까지 8.5리로, 화천을 경유하는 길과 비교하면 약 9리가 가깝지만 험하기 때문에 막혀있어 지금처럼 크게 우회하는 길이 되었다.
고개를 내려와 초천草川의 촌락에서 도로 동쪽으로 금강천을 따라 올라간다. 도중 소나무 숲에 작은 사당이 있는데, 이것은 이조 태조가 비룡飛龍시절에 활을 이 사당에 걸고 휴식했다고 하는 괘궁정掛弓亭의 옛 유적이다. 그 전방에 있는 탑거리塔巨里로 들어가면 한동안 금강의 색채가 짙어지면서 갑자기 관음봉이 푸른 자태를 드러낸다. 이곳은 옛날 거찰 장연사長淵寺가 있던 자취로, 오른쪽 언덕 중턱에 높이 15척이 넘는 대리석의 고탑古塔이 지금은 외로운 그림자를 고요히 드리우며 서 있다. 탑은 신라 중기에 제작된 것[16]으로, 4면의 조각이

16 장연사 삼층석탑은 제작시기가 분명하지 않으나, 탑의 형식 상 신라시대의 탑으로 전한다. 한국학중앙연구원 『한국민족문화대백과사전』 참조.

정교하며 비범하여 금강산에 있는 석각물 중에 으뜸이라고 일컬어진다.

이곳에서 향선교向仙橋를 건너 10정 정도 가서 또 남천교南川橋를 건넌다. 길 양쪽은 꼿꼿하게 서 있는 오래된 소나무와 전나무로 둘러싸여서 우거진 숲을 이루어 푸름이 넘치고, 나뭇가지 끝에 죽순처럼 장경봉長慶峰이 솟아있다. 오른쪽 골짜기의 물이 졸졸 흐르는 기슭에 보일 듯 말듯한 장안사 호텔의 방갈로를 보며 가다보면 이내 장안사의 앞 시냇물이 나온다. 자연석을 교각으로 한 우아한 맛이 있는 만천교萬川橋, 나무 사이로 살짝 보이는 채색한 누각, 이들을 끌어안은 수려한 산과 물의 모습. 여행객은 여기에 이르러서야 드디어 금강산 속의 인간이 되었음을 깊이 자각하게 된다. 다리를 건너 만수정萬水亭 우측 종루鐘樓의 왼쪽에 절문이 나온다.

(2) 장안사와 명경대

기록에 따르면 장안사는 신라 법흥왕의 명에 의해 진표율사眞表律師가 이를 창건했다고 하니[17] 약 1,400년 전 일본의 게이타이繼體[18] 조 무렵에 창건한 것이다. 그 후 몇 번인가 법등法燈이 꺼지려던 것을 고려 성종 및 원나라 순제順帝의 제2 황후가 중수를 하여 지극히 장대하고 아름답게 하였다. 그러나 분로쿠 때 병화를 입어 가람은 사찰의 보물과 함께 완전히 타서 없어져서, 이 명사찰에 범반梵磬[19] 소리가 끊어지고 슬프게도 여우와 살쾡이의 굴이 될 뻔 했다. 그러나 이조 세조왕이 불교를 우러르던 까닭에 대대로 왕실이 귀의하여, 지금의 대웅보전에 비로소 6전殿 7각閣 1문門을 세웠다. 이것으로 사찰은 승려와 속인이 모두 깊이 불도를 숭상하는 신성한 곳으로서 부활하였다. 현재 승려 40여 명이 있고, 장경암長慶庵, 안양암安養庵, 지장암地藏庵, 영원암靈源庵 등 각 암자를 말사에 두고 있으며, 금강산 4대 사찰의 하나로 꼽힌다. 사찰 내 극락전은 지금 개수되

---

17 장안사는 법흥왕(재위 514~540) 때 창건되었다는 설과 고구려 승려 혜량(惠亮)이 551년에 신라로 귀화하면서 왕명으로 창건하였다는 설이 있다. 『신증동국여지승람』 제47권 「강원도」에는 이곡(李穀, 1298~1351)의 비문을 인용하여 법흥왕 때 창건되었다고 서술하고 있다. 본문의 서술에서 법흥왕과 진표율사는 시기가 맞지 않다. 진표율사가 장안사를 중수한 것은 혜공왕 9년인 773년이다.

18 기기(記紀)에 기록된 6세기 전반의 천황으로 오진(應神)천황의 5대손이라고 한다.

19 불사에서 안내용으로 울리는 돌로 된 악기이다.

어 장안사 호텔이 되었으며, 그 외 1동은 일반 여행객의 숙박소로 쓰고 있다. 장안사는 신령스런 곳으로서 탐승객이 내금강에서 떠나오지 못하게 하는 것으로 유명하다.

장안사를 뒤로 하고 백천百川의 센 여울을 건너 황천黃泉의 깊은 계곡으로 들어간다. 잡목림을 뚫고 작은 길을 더듬어 몇 정을 가면 왼쪽에 황천강黃泉江을 따라 난 석축의 옛 성터가 보인다. 약 980년 전[20] 신라 경순왕이 고려에 항복하게 되었을 때 왕자가 원통하여 슬퍼하며 세상에서 숨어서 풀뿌리를 먹으면서 생애를 마친 곳이라고 전한다. 석벽이 붕괴되어 칡덩굴과 담쟁이가 서로 얽혀있어 바뀐 풍광이 지극히 쓸쓸하다. 부봉鳧峰[21]은 길 오른편에 우뚝 솟아있는 첩봉疊峰으로 꼭대기에 오리가 황천강에 사는 물고기를 엿보는 형상의 기이한 암석이 있어서 그런 이름이 생긴 것이다. 전설에는 이 오리 때문에 여기서부터 상류에는 어류가 살지 못해서 이 계곡의 명소가 되었다고 한다. 부봉에서 전방으로 좌측에는 지옥문이라 일컬어지는 천진봉天眞峰이 있고, 또 그 앞에는 푸른 잎의 연산連山으로 둘러싸인 계곡 사이에 명소 명경대가 있다. 자갈색의 네모난 거암이 우뚝 솟은 아래는 깊은 못이 있고, 영롱한 못의 표면에는 바위 그림자가 떠 있어 탐방객은 일종의 숭엄한 느낌을 갖게 된다. 장안사에서 명경대까지 8정여 거리로, 도중에 옆쪽으로 난 지름길로 들어가면 지장봉地藏峯 남쪽 기슭에 지장암이 있다.

(3) 영원암과 수렴동

명경대를 출발하여 거암이 천막처럼 맞물린 석문을 통과해서, 오른쪽으로 황사굴黃蛇窟과 흑사굴黑蛇窟을 보면서 흐르는 물에 떠내려 온 돌이 겹겹인 계곡을 올라간다. 오래된 단풍나무로 빽빽한 숲을 지나는 작은 길은 곳곳이 끊어지다 이어지다한다. 명경대에서 겨우 26정 길에 1시간 반을 들여 지장봉의 북쪽 기

20 경순왕 9년 935년의 일이다. 본문의 980년은 역사적 사실에 대한 오류일 수도 있겠으나, 금강산 탐승안내기에 1915년 무렵에 제작된 자료를 참고하였을 가능성도 말해준다.

21 오리바위를 가리킨다.

슭에 있는 영원암의 옛 감실[22]에 도달한다. 암자는 신라시대에 영원조사가 창건하여 결암結庵했던 수선修禪 도량으로, 금강산 중에 가장 청정하고 그윽하고 고요한 영지靈地라 일컬어진다. 전당 안은 매우 고요하여, 마당 앞에 끌어다 놓은 대통의 물소리 외에 적막함을 깨는 것은 없다. 항상 서너 명의 승려가 결가부좌하고 있다. 암자의 서남쪽에 옥초대沃焦臺라는 높은 곳이 있다. 이곳에서 바라보면, 지두봉地頭峰, 우두봉牛頭峰, 죄인봉罪人峰, 사자봉使者峰, 판관봉判官峰 등 여러 봉우리가 잇달아 서 있고, 이 주변을 중심으로 산악이 달리는 형세는 마치 그림처럼 손에 잡힐 것 같다.

영원암을 뒤로하고 황천강으로 되돌아와 약 10정 정도 가면 망군대로 향하는 기로가 나온다. 갈림길에 들어서 얼마 안 되어 시냇물을 건넌다. 이곳에서 망군대까지 1리의 산길은 산등나무 줄기와 나무뿌리에 걸려 올라가는 길이 매우 험하다. 그 중간 지점에 유명한 수렴동水簾洞 폭포가 둥둥 소리를 내며 떨어진다. 망군대와 백탑동의 물은 조탑장造塔場 개울 부근으로 모여들어 수량이 늘어나 이 폭포의 위쪽까지 흘러오는데, 여기서 10여 장丈의 큰 반석에 걸려 순식간에 좌우로 퍼져서, 가냘픈 폭포수가 되어 바위 위를 미끄러지듯 흐른다. 흡사 구슬발을 사이에 두고 푸른 벽을 바라보는 것 같은 기분이 든다. 수렴이란 이름은 실로 참모습을 잘 설명하는 이름이다. 폭포라기에는 수직으로 떨어지지는 않고 여울이라기에는 너무 급경사라서, 그 양식이 다르니 정원을 가꾸는 취미가 있는 사람에게 좋은 자료가 아닐 수 없다.

(4) 백탑동과 망군대

작은 돌을 쌓아 올린 도표道標에 의지하여 나무뿌리와 바위를 밟고 올라간다. 조탑장에서 왼쪽으로 들어가면 계곡이 깊은 쪽에 백탑동이 있다. 장안사에서 이곳까지 약 1리, 수렴동에서는 0.6리가 안 되는 길이지만 넉넉하게 1시간이 걸린다. 백탑동 안에는 검은 돌을 층층이 쌓아 마치 사람이 쌓은 듯이 자연석이 늘어서 있는데, 어떤 것은 우산을 세운 형태이고 어떤 것은 5층 내지 30층의 탑

22 감실(龕室)은 사당안에 신주를 모셔두는 장소, 닫집을 뜻한다.

모양이다. 넓거나 좁거나 크거나 작거나, 기괴한 바윗덩어리가 계곡 사이를 두루두루 메우고 있다. 이 계곡 가운데 호백탑護白塔이 양측에 서 있는 곳을 조명탑照明塔이라 한다. 승려들은 이것을 석가불의 진신사리를 옮겨 온 것이라 하여 진귀하게 여긴다. 계곡 안쪽에는 청련암靑蓮庵이라는 사찰이 있다. 여기서부터 백탑동의 경치는 각별히 아름답다.

조탑장에서 백탑동 계곡으로 꺾어지지 않고 직진하여 코가 닿을 것 같은 비탈길을 올라가면, 이윽고 노송이 무성한 산등성이로 나오고 뒤쪽으로 산의 계곡이 내려다보인다. 여기서 발 디딜 틈이 겨우 보이는 돌산을 타고 황폐한 도솔암兜率庵까지 간다. 암자의 좌측으로 샛길을 찾아 풀을 가르며 몇 정을 오르면, 가던 길에 갑자기 수십 길의 암벽이 나와 길을 막는다. 정상에서 쇠사슬을 늘어뜨려 등반에 사용하고 있다. 쇠사슬을 의지하여 올라 간 끝에 망군대가 있다. 수천 년 동안 비바람을 맞아 화강암의 뾰족한 모서리는 닳아 없어져 십 수 명이 앉을 수 있을 만큼 평평하다. 전설에는 신라의 왕자가 수만 명의 적에게 쫓겨 영원동으로 피해 와서 이 봉우리를 올라 적의 움직임과 병사 배치를 바라보다 그 틈을 공격하여 대승을 거둔 고적이라고 전하듯이[23], 이곳에서는 마치 상자 속에 만든 모형 정원을 내려다보는 것보다 더 완전하게 내금강의 봉우리와 계곡이 발아래 펼쳐진다. 비로봉에 잇닿은 월출봉, 일출봉, 차일봉遮日峰, 백마봉 등 여러 산봉우리는 닭 벼슬과 같은 형상으로 드넓은 하늘에 이어지고, 첩첩이 두른 큰 산을 바라보면 뛰어난 아름다움에 자신도 모르게 쾌재를 부르게 된다.

(5) 백화암과 삼선암

장안사에서 백천동 본류를 따라 맞은 편 기슭의 나무 사이로 안양安養을 바라보며 몇 정 올라가면 명소 명연담鳴淵潭이 있다. 그 전방으로 영선교迎仙橋를 건너면 향로봉香爐峰의 맑은 모습이 바로 앞에 나타나고, 길 양쪽에는 거대한 바위가 기둥처럼 마주 서 있는 것을 볼 수 있다. 왼쪽 바위에 새겨진 한길 남짓한 삼불三佛

23 금강산의 명승 관련 전설을 기록한 자료는 상당히 많은데, 그 중 본문의 망군대와 관련한 전설은 18세기 남인 문인인 홍백창(洪百昌, 1702~1742)의 금강산기인 『동유기실(東遊其實)』에 보인다.

은 이조 초기 나옹조사懶翁祖師가 발원하여 스스로 새긴 것으로, 이른 바 삼불암三佛巖이 바로 이것이다.

삼불암에서 전방으로 보이는 붉고 푸른 기둥의 암자가 백화암이다. 대략 3백년 전에 서산대사西山大師가 창건하였다[24]. 나옹懶翁, 청허淸虛, 유정惟政 등의 화상畵像을 소장하고 있는 점과 앞뜰에 나란히 서 있는 크고 작은 수십 기의 사리탑으로 유명하다. 유정은 사선호賜禪號가 사명대사四溟大師이며 일찍이 울산 진지에서 가토 기요마사와 회견하였다. 나중에는 바다를 건너 풍태합豐太合[25]과 직접 교섭하는 등 국사國事에 바삐 뛰어다녔던 인물로, 외산의 유점사는 그가 만년에 몸을 머물며 도를 닦았던 곳이다. 청허는 유정의 사승師僧으로 호를 서산이라 한다. 분로쿠 때 유정 등이 승병을 이끌고 의를 주창하여 여러 길목을 옮겨가며 싸웠고, 나중에 임금의 명에 의해 16종宗 총섭總攝[26]이 되었다. 또한 나옹은 고려 조 불교 융성기에 나온 명승이다. 현재 남아 있는 사원 가운데 이들이 창건한 곳이 매우 많다. 사리탑은 덩굴무늬가 있고 큰 종을 엎은 것 같은 모양인데, 정치한 구조를 좋아하는 사람들이 탐내는 일품이다.

(6) 표훈사와 정양사(正陽寺)[27]

백화암에서 2정 떨어진 함영교含影橋를 건너면 표훈사 경내로 들어간다. 절은 금강산 4대 사찰의 하나로 장안사에 버금가는 큰 사찰이다. 신라 문무왕 10년 표훈조사가 창건했다고 하므로[28] 약 1,250년의 역사를 가진 고찰로 그 후 세조가 중수하였다. 청학봉靑鶴峰을 배경으로 하며, 오보봉五寶峰, 칠성봉七星峰, 법기봉法起峰 등 여러 봉우리가 동북쪽에 중첩되어 절호의 위치를 차지하고 있다. 본

24 백화암은 신라 46대 문성왕(文聖王) 7년인 845년에 창건되었다. 서산대사는 한때 이곳에 머물렀던 까닭에 백화도인이라고도 불린다. 청허는 서산대사의 호이다.

25 도요토미 히데요시를 가리킨다.

26 승려에 대한 직책 중 최고의 승직을 도총섭(都摠攝)이라 한다. 임진왜란 때 휴정은 팔도선교십육종도총섭(八道禪敎十六宗都摠攝)을 제수하여 전국 승려를 관할하였으며, 뒤를 이어 팔도도총섭이 되었던 승려는 유정, 벽암(碧巖), 처능(處能) 등이 있다. 현 불교종단의 종정(宗正)에 해당한다.

27 본문에서 초출에는 정양사(正養寺)라 표기하였다. 각주 252 참고.

28 백제 혜왕(惠王) 1년인 598년에 관륵(觀勒)과 융운(隆雲)이 창건하였고, 신라 문무왕 15년인 675년에 신림(神琳), 표훈(表訓), 능인(能仁) 등이 중수하였다. 한편 『신증동국여지승람』과 『임하필기』 등에는 문무왕 때 승려 표훈이 창건했다고 나온다.

당을 반야보전般若寶殿라고 하며 장륙丈六[29]의 법기보살을 안치하였다. 그 좌우에는 승료僧寮가 있다. 그쪽의 높은 누각을 개풍영빈관開楓迎賓館이라 하고, 그 아래 함영교 옆에 있는 누각을 능파루凌波樓라 한다. 현재 승려 40여 명이 공양하고 있으며 말사 12사가 있다. 또 부근 산중턱에는 비구니가 사는 암자 몇 곳이 있다.

절 뒤뜰을 나와 구불구불하고 험한 길을 8정 올라 산중턱의 평평한 방광대放光臺로 나오면 정양사가 있다. 절 안 팔각당에는 한길 남짓한 약사석불이 안치되어 있고, 팔각당 뒤의 반야전般若殿에는 대반야경이 소장되어 있다. 팔각당 앞 광장에는 오래된 석탑과 석등이 있다. 모두 신라시대의 작품으로 특히 석탑과 석등은 구조가 정교하여 고색古色을 떠올릴 만하다. 탑거리의 고탑과 신계사의 석탑과 아울러 금강산 삼고탑三古塔[30]의 하나로 소문 난 일품이다.

절 안에 있는 헐성루歇性樓는 예부터 산을 관망하는 데 좋은 위치로 유명하다. 끝이 굽어있는 난간에 기대어 한 번에 바라보면 내금강의 여러 봉우리가 아름다움을 다툰다. 멀리 있는 것은 옅고 가까운 것은 진하여 횡피橫披[31] 한 폭의 살아있는 그림이니, 하늘의 조화가 아름다워 경탄하게 된다. 또 이곳에 지봉대指峯臺라는 설비가 있다. 늘어뜨린 실 한 줄과 산 모양의 모형 그리고 실제 봉우리의 꼭대기를 일직선상에 두고 조망하면, 고민 없이 산 이름을 알 수 있는 장치이다. 자못 적합한 시설이다.

(7) 만폭동과 팔담

표훈사를 뒤로 하고 시냇물을 따라 올라가면 청학봉青鶴峯 아래 석문이 숨어있다. 여기서부터 절벽이 양쪽에서 육박해 오는데 오른쪽으로 세차게 흘러 도는 물소리가 크다. 향로봉 기슭의 마하연과 내원통암內圓通庵에서 흐르는 물이 만나는 곳에 만폭동 절경이 나타난다. 이곳은 수십 길의 거대한 반석인데 바위 위

---

29 장륙은 불상 높이의 기준으로 1장 6척(약 392cm)이다.

30 탑거리의 고탑은 장연사 삼층석탑을 가리킨다. 한편 조선총독부가 간행한 『조선고적도보(朝鮮古蹟圖譜)』(1916)에는 위의 세 탑을 가리켜 '금강의 삼고탑'이라고 표현하고 있다.

31 가로로 긴 서화 두루마리를 가리킨다.

에 "봉래풍악원화동천蓬萊楓嶽元化洞天"이란 여덟 글자가 새겨져 있다. 이것은 선사先士 양자언揚子彦[32]의 필적으로 예스러운 글씨체는 날아 움직이는 것 같은 기운이 있다. 이곳에서 상류 마하연에 이르는 0.5리의 계곡을 만폭동이라 하는데, 이른 바 내금강 팔담이 줄지어 있는 승경지이다. 만약 이곳에서 오른쪽으로 향로봉과 청학봉 계곡을 거슬러 올라가면 청호연靑浩淵을 지나 내원통암이 있다. 그 전방으로 태상동太上洞 상류까지 올라가면 반암般庵이 있다. 반암에서 또 강선대降仙臺, 귀암龜岩을 보고 염불령念佛嶺을 넘어 수미암須彌庵에 이른다. 동쪽으로 수미탑을 통과하여 가섭동迦葉洞을 내려오면 이 길 역시 마하연으로 나오는데, 길이 매우 험준한데다가 거리도 2리로 멀어서 일반 탐승객은 대부분 이 우회로는 들어가지 않는다.

만폭동은 향로봉 아래를 지나면 좌우에 절벽이 비스듬히 서있는데 온통 철광색鐵光色을 띠고 있으며 음기로 어둑어둑하다. 앞으로 나아갈수록 계곡은 급기야 비스듬한 골짜기 바닥으로 가는 듯하다. 세두분洗頭盆, 영아지影娥池를 지나 팔담에 다다를 무렵에, 눈앞의 법기봉 중턱에 구리로 만든 기둥 하나가 위태롭게 받치고 있는 보덕굴普德窟이 보인다. 팔담이란 흑룡담黑龍潭, 청룡담靑龍潭, 벽파담碧波潭, 분운담噴雲潭, 진주담眞珠潭, 귀담龜潭, 선담船潭 및 화룡담火龍潭 등을 포함하여 일컫는 이름이다. 비로봉의 남쪽 내무재령에서 출발하는 시냇물은 마하연대摩訶衍臺 아래에 이르러 법기봉 기슭의 바위에 막혀 순식간에 노하듯 튀어 오르는 형세를 보인다. 연장 약 15정 길에 둥둥 소리가 계곡을 울리는 팔담의 경치가 나타나는 것이다. 이렇게 물과 바위가 서로 부딪혀 이루는 계곡의 기묘한 경치는 사자봉 기슭에서 끝나고, 여기서 마하연까지 몇 정은 온 골짜기가 푸른 잎으로 감싸여 매우 고요한 풍광으로 바뀐다.

(8) 마하연과 백운대

마하연은 촉대봉燭臺峯 동남쪽 기슭에 높고 평평한 곳에 있는 선찰禪刹로, 신라

32 조선 전기 명필로 이름난 양사언(楊士彦, 1517~1584)의 오류이다. 본문의 여덟 자는 회양군수로 있을 당시에 새긴 것이다. 봉래, 풍악은 금강산의 이칭이며, 원화동천은 만폭동의 이칭으로 금강산의 으뜸가는 골짜기라는 뜻이다.

문무왕 원년 승려 의상이 창건한 고찰이다. 현재의 당우는 이조 순조 때 월송선사月松禪師가 중수하였으며 모양새도 비교적 크고 훌륭하다. 이곳은 해발 846미터 지점에 위치하며 중향성衆香城과 백운대白雲臺의 수려한 봉우리가 뒤쪽을 감싸고 있으며, 앞쪽은 시냇물을 사이에 두고 법기봉, 혈망봉穴望峯, 관음봉이 톱날처럼 나란히 서 있다. 오른쪽은 법륜봉法輪峰, 사자암, 촉대봉을 바라보며 왼쪽은 칠성봉七星峰, 석가봉 등이 우뚝 솟아 있다. 수려한 기운이 충만하여 실로 속세의 때에서 멀리 벗어난 깨끗한 곳이다. 이곳에서 숙박하게 되면 산에 낀 구름이 종소리를 싣고 만폭동 계곡을 나지막하게 건너면서 땅거미가 지는 풍광이 보인다. 또 휘장 너머로 단아한 여신의 눈썹만 보이듯이 중향성의 아침 안개를 만날 수 있다.

마하연에서 백운대를 향하는 도중에 왼쪽으로 꺾어져 1정을 가면 촉대봉 중턱에 만회암萬灰庵이 있다. 암자의 경역은 고요하여 여기로 들어오면 팔만사천 번뇌도 차가운 재처럼 사라진다 하여 만회라는 이름이 생겼다고 전한다. 암자에서 백운대 길로 돌아가 매우 가파른 언덕길을 약 4정 오르면 뾰족한 봉우리의 정상에 다다르는데, 남북으로 1정 여에 걸친 편평한 대지臺地이다. 여기가 백운대이다. 사방이 수백 길 절벽으로 기이하게 생긴 산봉우리가 칼날처럼 줄지어 있으며, 골밑은 깊고 푸른 소나무와 측백나무가 우거져 신비한 느낌이 든다. 백운대의 중간 오목한 곳에서 오른쪽으로 쇠사슬을 의지하여 깊은 골짜기로 내려가면 금강수가 용출한다. 금강산 중에 금강수라고 일컫는 것은 두세 곳뿐이 아니지만, 생각건대 이곳의 금강수만큼 차갑고 맑은 물이 없다. 옛 기록에 이 물은 달짝지근하면서 부드럽고 물빛이 맑아서 낮이나 밤이나 종일 마셔도 질리지 않으며, 폭염의 시기에도 얼음과 같고 이 물을 마시면 백병이 낫는다고 한다.

(9) 가섭동과 수미암

마하연에서 백운대 길로 들어가 북서쪽을 향하여 수미암에 간다. 이 계곡을 가섭동迦葉洞이라 한다. 골짜기는 울창한 삼림으로 메워졌고 나뭇가지 끝에는 여러 봉우리가 대나무 발처럼 뾰족하게 걸렸으며, 한 줄기 시냇물은 그 사이를 세차게 흘러 물소리가 나무 사이사이에서 메아리친다. 가섭동에 있는 천연의 석굴인 가섭굴迦葉窟은 가섭존자迦葉尊子[33]가 도를 닦은 곳이다. 빈발굴賓鉢窟[34]을 방불케 한다는 등 몇 가지 전설이 있어 일반인들의 경앙景仰을 받고 있다. 연장 약 20정의 계곡은 경치가 그윽하지만 비탈길이 험준하여, 등반하는 데 땀 한 되는 흘려야 하는 노력을 각오하지 않으면 안 된다.

수미암須彌庵은 해발 1,270여 미터의 산지에 있는 작은 암자이다. 경내는 서북쪽으로 시야가 탁 트였고, 동남쪽은 빼어난 봉우리와 절벽으로 된 높은 바위가 깎아지른 듯 서 있는 풍광이 아름답다. 암자 위에 서로 마주보는 크고 작은 기이한 바위는 봉암鳳巖이며, 암자 앞에 보이는 것은 귀암龜巖인데 모두 이곳의 명소로 꼽힌다. 암자의 동남쪽인 가섭동 북측에 기이하고 괴이한 봉우리가 서로 모여 있는 것은 수미봉이고, 남측의 울창한 골짜기 바닥에 마치 수백 층의 백옥탑白玉塔을 둔 것처럼 보이는 것이 수미탑이다. 생각건대 이날 여정 중에서 가장 중요하고 우수한 경치이다.

수미산에서 다른 계곡을 따라 만폭동으로 나오는 길은 (7)의 항목에서 설명한 대로이다. 만약 마하연에서 가섭동을 거쳐 수미암, 여기서 태상동太上洞을 지나서 만폭으로 나와 표훈사에 이르거나, 혹은 마하연으로 돌아가는 여정은 하루 탐승으로 충분한 가치가 있다.

(10) 비로봉 정상의 장엄한 광경

비로봉은 금강산의 주봉主峰이다. 해발 1,638미터로 여전히 높다고 자랑하기에는 모자라지만, 마음을 끌어당기는 멋이 풍부하다는 점에서 다른 어떤 고산에도 뒤지지 않는다. 마하연에서 내부재령으로 경로를 선택하여 묘길상妙吉祥을 거쳐 사선교四仙橋에 이르면 북쪽의 시냇물을 따라 나아간다. 계곡이 깊어질수록 산은 점차 가까이 다가오고, 길은 점점 험해져 나무뿌리와 모가 난 바위에

33 석가모니의 10대 제자 중 한 사람이다.

34 고대 인도 마가다국의 기사굴산(耆闍崛山)에 있는 빈발라굴(賓鉢羅窟)을 가리킨다. 가섭존자가 수행하던 곳이다.

몸을 맡기면서 등반한다. 유일한 길안내는 작은 돌을 쌓아 올린 도표道標이다. 천이삼백 미터 이상은 모가 난 화강암이 많고, 수목은 바위 양측에는 누운향나무, 누운잣나무, 소나무가 빽빽하고, 눈앞에는 비로봉 꼭대기만 높이 보여서 좀처럼 나아가지지 않는다. 뚝뚝 떨어지는 땀을 닦고 잠시 쉰다. 산등성이는 비로봉과 영랑봉永郞峰이 움푹 들어간 곳으로, 여기서는 끝없이 넓은 푸른빛의 일본해를 발아래에서 볼 수 있다. 산등성마루에서 오른쪽은 천길 절벽이고 왼쪽은 아래를 향해 비스듬히 누워있는 나무와 자작나무가 울창한 숲이 내려다보인다. 또 몇 정을 등반하면 마침내 비로봉의 최고점에 이른다. 정상은 약간 평지가 되어 있어 바깥쪽은 깎아 세운 듯 가파른 절벽이고, 안쪽은 완만한 경사로 잣나무와 소나무가 조밀하여 이쪽만 푸른 융단으로 둘러싸인 영랑봉과 서로 마주보고 서있다. 깎은 얼음 같은 산꼭대기에 안개와 노을로 치장을 한 외금강의 일만이천봉을 모조리 발아래에 두고, 2~3리 밖 크나큰 일본해는 유리 같이 맑고 고요한 수면을 띄우고 있다. 사방의 전망이 막힘없이 탁 트여 삼천세계[35]가 내 손바닥 안에 있는 것처럼 생각될 뿐이다.

마하연에서 정상까지 왕복 4리 여 거리로, 이 일정도 하루를 쓰지 않으면 안 된다.

(11) 마하연에서 내무재령으로

아침이슬이 짙은 마하연 아래의 샛길로 시내물가까지 한번 내려와서 동쪽으로 내무재령을 향해 약 8정을 가면 묘길상이 있다. 깎아지른 절벽의 커다란 암벽에 미륵보살이 결가부좌를 하고 염화미소를 띤 거대한 조각상이다. 옆에 묘길상 및 나옹 등의 글자가 새겨져 있다. 높이는 약 60척, 무릎의 폭은 약 30척이다. 앞에는 3단의 작은 돌계단을 설치하였고 계단 위에 1기의 돌로 된 등롱燈籠을 두었다. 이것은 고려시대 나옹조사가 원불願佛로서 새긴 것으로, 옛날에는 상 앞에 당우가 있었을 것으로 상상된다.

35 불교에서 말하는 부처의 교화 범위로 넓은 세상을 뜻한다. 수미산을 중심으로 한 넓은 범위를 한 세계로 하여 이것의 천 배를 소천세계, 그 천 배를 중천세계, 그 천 배를 삼천세계 또는 삼천대천세계라고 한다.

묘길상에서 몇 정을 나아가면 옆의 시냇물이 만폭동 위쪽 계곡에서 만나는 곳에 사선교가 있다. 비로봉으로 가는 길은 여기서 왼쪽으로 꺾어지는데, 우선은 이 길을 직진하여 약 10정을 올라가면 오른쪽으로 계곡의 돌이 기이한 모양을 이루는 백화담白華潭이 나온다. 급경사진 길을 더 올라가면 단풍나무가 뒤섞인 울창한 잡목림이 사방으로 눌려있다. 이곳은 6월에는 계곡 사이사이에 다 걷히지 않고 걸려있는 구름을 볼 수 있고, 9월에는 이미 빨갛게 물든 이파리와 초록색 가지가 뒤섞여 시냇물에 비칠 정도로 계곡이 깊다. 정상은 장군대와 만진대萬陳臺가 움푹 들어간 곳으로 비로봉과 차일봉이 잇닿은 산등성마루이며, 이곳을 경계로 내금강과 외금강이 구분된다. 동쪽으로 떨어지는 물은 일본해로 흘러들어가고, 서쪽으로 떨어지는 물은 한강으로 들어가 황해로 빠진다. 유감스럽게도 주변에 수목이 울창하여 전망은 앞이나 뒤, 아래로 트여있지 않으며, 또한 좌우도 산봉우리에 막혀서 시야가 넓지 못하다. 마하연에서 정상까지 거리는 35정이고, 여기서 전방에 있는 유점사까지는 1리 30정을 내려와야 한다. 깊은 산에서 나는 특유의 윙윙거리며 울리는 소리를 들을 수 있는 삼림은 금강산 중 이 고개를 넘는 길 외에 없다.

외금강의 제승

(1) 한하계와 만물상

온정리의 서쪽으로 만물상의 연맥連脈과 관음연맥의 계곡 사이를 한하계寒霞溪라고 한다. 기이하고 빼어난 봉우리가 좌우로 솟아있고, 깊은 계곡은 대략 길이가 2리에 걸친다. 등산로 왼쪽으로 시냇물을 사이에 두고 관음연봉觀音連峰에는 은양석隱陽石이나 온정폭포 같은 명승이 있다. 유명한 만물상은 계곡의 왼쪽에 있는데 온정리에서 1리 23정 거리이다. 길옆에 기암이 어금니처럼 우뚝 솟아있고 기슭에는 만상정萬相亭이라는 다정茶亭이 있는데 그 입구이다. 여기에서 옛길을 오르면 봉우리 하나를 돌아 철제 난간에 의지하여 삼선암三仙巖에 오르게 된다. 다정 뒤에는 암반에서 떨어져 흐르는 물에 떠내려 온 돌이 층층이 겹쳐있는데, 그것을 밟으면서 나아가는 편이 경치도 아름답고 가깝기도 하다.

삼선암은 검을 세워둔 것처럼 높이 깎아지른 거암이 솔발처럼 서 있다. 또 귀면암鬼面岩은 꼭대기에 마치 도깨비얼굴을 닮은 바위이다. 가까이는 이것들을, 멀리는 오봉산五峰山과 세지봉勢至峰 등이 길게 뻗어있는 것이 보이는 풍광이 이른바 만물상의 절경이다. 신만물상 또는 오만물상은 여기서 또다시 계곡 사이에 첩첩이 쌓인 돌을 밟고 올라가야 한다. 오만물상은 그 길을 똑바로 올라가야 하며, 신만물상은 도중에 오른쪽으로 꺾어져야 한다.

신만물상은 천녀봉의 정상으로 금상산 제1관문으로 일컫는 석문을 몸을 구부려 빠져나가면 바위 하나가 튀어나와 있는데, 겨우 그 그늘에서 발아래를 쳐다보면 몇 천 길인지 모를 암봉岩峰이 깎아지른 듯이 뾰족하게 서 있어 그야말로 웅장한 광경이라고 말하지 않을 수 없다. 이 계곡 사이를 흔히 이裏만물상이라고 부르고 있다. 그 남쪽에 천녀天女가 목욕하고 단장한다는 바위가 있다. 바위 위에 자연히 움푹 팬 수반水盤이 세 개가 있는데 물이 채워져 사시사철 메마르는 일이 없다고 하여 명소로 꼽힌다. 석문에서 조금 내려와 왼쪽으로 꺾어져 우의봉羽衣峯의 움푹 들어간 곳을 넘어 오만물상으로 나오는 길은 상당히 험준한데, 근년에 이 등산로를 따라 오만물상 탐승이 활발하다. 오만물상은 신구 만물상에서 본 오봉산과 세지봉을 사슬처럼 잇는 산등성이다. 산봉우리가 꽤 높이 튀어나왔다가 끊어졌다 한다. 또 형상이 기괴하고 뾰족한 봉우리가 헤아릴 수 없이 빽빽하여 좌고우면左顧右眄 응수하기에 바쁠 정도이다. 정상은 물론 신만물상보다 높고 반대쪽을 내려다보면 장전長箭 시가지와 바다가 손에 잡힐 듯이 보인다.

여기서 뒤쪽 산으로 내려와 장전으로 나오는 길이 최근 발견되었기 때문에, 다리가 건강한 사람은 구만물상, 신만물상, 오만물상의 순서로 이 산맥을 횡단하여 장전으로 나오는 탐승로를 선택하면, 비로소 완전하게 만물상을 탐승하였다고 자랑하기에 충분하다. 그러나 오만물상에서 장전으로 나오는 산길은 새로운 만큼, 충분히 익숙하지 않은 길이고 특히 험하다는 것을 미리 말해 둔다.

만물상 안내도

(2) 온정리와 신계사

온정리는 강원도 고성군에 속하며 남쪽으로 고성읍을 거쳐 해금강까지 4리, 동쪽 장전항까지 2리 2정, 원산항까지 27리이다.

온정령의 깊은 계곡과 그윽한 한하계가 처마 끝에 바라보인다. 온천천溫泉川은 동쪽 산기슭을 남쪽으로 흐르고, 서쪽으로는 관음연봉이 솟아있고, 서남쪽만이 약간 트여 고성-원산가도로 통한다. 여기에는 철도국이 경영하는 금강산 호텔과 그밖에 일본여관과 조선여관도 각각 몇 곳이 있어 탐승객 숙박과 기타 설비가 대체적으로 갖추어졌다. 또 촌락 내 여러 곳에 온천이 용출하여 일본여관 중 한두 곳은 이를 내탕으로 끌어, 일반 온천장으로서 탐승객 이외에 입욕 손님도 받고 있다. 온천수질은 염류천으로 무취, 투명하며 위장병, 신경통, 피부병에 특효가 있다고 한다.

온정리의 서쪽에 솟아있는 관음봉과 문필봉의 움푹 파인 부분인 극락현極樂峴을 넘어 기슭의 신계사까지는 20정 남짓이다. 상당히 가파른 고개이므로 40분가량이 걸리는데, 여기서부터 전방의 옥류동玉流洞까지는 다릿심을 시험하게 한다. 정상에서 바라보는 신계사의 소나무 숲을 앞 풍경으로 그려낸 집선봉集仙峰의 웅장한 모습은, 이날의 탐승 중에 첫 번째로 쾌재를 부르게 한다.

신계사神溪寺는 신라 법흥왕1,600년 전[36] 무렵에 창건한 것인데, 그 뒤 몇 번인가 화재를 당하였고 얼마 전에는 또 자랑이었던 만세루萬歲樓를 소실하였다. 지금은 반야보전과 그 밖의 두어 전각이 남아있을 뿐으로, 금강산 4대사찰 중에서는 규모가 가장 작다. 앞쪽으로는 소나무 숲 일대를 사이에 두고 기이한 채하봉彩霞峰을 마주하고 왼쪽으로는 응암鷹岩, 오른쪽으로는 문필봉文筆峰을 바라보며, 관음봉을 그 뒤로하여 경역이 자못 그윽하고 고요하다. 먼 산과 가까운 산봉우리를 바라보는 풍광이 좋고, 반야보전 앞에는 오래된 석탑이 하나 서 있다. 대략 천여 년 전의 탑으로 사찰의 창건과 동시대에 속한다고 고증되었다. 금강산 삼고탑三古塔의 하나로 불리는 우수한 탑이다.

36 신계사는 법흥왕 6년인 519년에 보운조사(普雲祖師)가 창건하였다. 본문의 1,600년 전은 시기가 맞지 않는다.

(3) 옥류계의 승경

신계사에서 소나무 숲 사이를 지나 보광암普光庵을 방문하고 또 신계천 기슭으로 되돌아가면 이윽고 급경사진 길이 나온다. 갈 때는 좁은 길 왼쪽으로 시냇물이 돌 사이로 곧바로 흘러와 비탈진 가장자리에서 힘차게 부딪쳐 남쪽으로 꺾어져서 채하봉 아래 소나무의 푸른 빛 사이로 사라진다. 비탈을 내려와 오른쪽 산 중턱에서 오선암五仙岩을 바라보면서 약 10정을 나아가면, 한 줄기 맑은 시냇물이 왼쪽에서 흘러나와 만나는 곳에 일정대一頂臺가 있다. 관음봉, 옥녀봉, 세존봉世尊峰 등 잇닿은 뾰족한 봉우리들은 암골岩骨을 드러내며 사방에 깎은 듯이 솟아있고, 금강산의 특징인 위협적인 색채를 점차 노골적으로 내보이기 시작한다.

여기서부터 높고 험한 산봉우리의 기슭을 에워싸고 있는 그윽한 숲길을 걸어가면 영지대迎止臺에서는 금창대金昌臺의 수려한 산악을, 가는 길에는 멀리 지나온 깊고 고요한 군선협群仙峽을 뒤쪽으로 바라보며 이윽고 금강문에 도달한다. 이 주변부터 산세가 더욱 험준해지는데, 천지는 마침내 맑고 고요해져서 한없이 신령스럽다. 이 앞의 작은 길을 돌면 시냇물이 눈앞을 가로지르는데, 물소리가 둥둥 계곡을 울린다. 쓰러져 있는 나무를 유일한 발 디딜 곳으로 삼아 급한 여울을 얼른 건넌다. 앞에 있는 절벽 높이에 여러 층으로 돌을 쌓은 것 같은 산봉우리가 치솟아 있고, 기슭에는 상류에서 꺾이어 흘러 내려온 물이 백옥처럼 부서져 큰 반석 위에서 빙글빙글 돌며 튀어 오른다. 이것이 그 유명한 옥류동의 명승이다.

옥류동에서 솟구쳐 흐르는 시내를 왼편으로 바라보면서 산모퉁이를 돌면, 사방에 푸른 병풍이 세워져 있고 미끄러운 바위언덕의 수십 길 기둥이 앞길을 막는다. 겨우 통하는 작은 샛길에 쇠사슬이 걸려있어 사람들은 이를 목숨 줄로 삼아 더듬더듬 나아간다. 다리 아래는 깊은 골짜기가 검푸른 빛을 띠고 있는데 가슴이 울렁거려 바라보기가 힘들다. 이 골짜기 뒤에 있는 것이 연주담連珠潭이고 앞에 있는 것이 진주담이다.

못 쪽에 있는 작은 길을 지나 절벽을 내려와서 시냇물을 건너 잡목림을 다시 올라간다. 한동안 걸어 오르면 푸른 하늘에 닿아 있는 석봉石峯 정상에서 비가 되기도 하고 안개가 되기도 하면서 내리는 폭포가 있다. 바로 비봉飛鳳폭포이다. 비봉폭포는 허리춤의 바위 모퉁이에 걸려 한번 꺾인 다음 계곡으로 떨어지기 때문에, 탐승객은 그 바위 모퉁이를 왕래하여 머리 위와 발 아래로 세차게 떨어지는 한줄기 물길을 볼 수 있다. 여기서부터 다음의 산은 점점 험준해지고 계곡 또한 지극히 깊고, 좁은 길 양측에는 오래된 잣나무와 전나무가 우뚝 서있어 깊은 산의 정취가 더욱더 진해진다.

(4) 구룡연과 팔담

비봉폭포를 지나 오른쪽 기슭으로 건너가 험한 자갈길을 걸어올라 산중턱을 둘러보면, 큰 바위가 갈라진 틈에 연담교淵潭橋란 세 글자가 새겨져 있다. 옛날에는 그 바위가 가교架橋가 되었는데 언제인지 붕괴되어 지금처럼 되었다고 한다. 거기에서 또 바위모서리를 더듬어 내려와서 맞은편 기슭으로 건너가 동굴 같은 절벽 아래에 이르러 맞은편 기슭을 올려다보면, 절벽에 걸려서 땅바닥까지 부수어버릴 기세로 떨어지는 폭포가 하나 있다. 이것이 일명 중향衆香폭포라고도 하는 구룡폭포로, 높이 170여 척[37]으로 산중에 제일 큰 폭포이다. 생각건대 크기로는 닛코日光의 게곤華嚴폭포[38]보다 낫다고 할 수 없지만, 폭포 위아래로 한 면이 반석 하나로 이루어졌으며, 폭포에 뚫려 30여 척 깊이로 파인 웅덩이의 기막힌 아름다움은 도저히 게곤폭포가 못 미치는 유려하고도 신비로운 것이다. 일반적으로 이곳의 풍광을 구룡폭포라고 하지 않고 구룡연九龍淵이라 부르는 것은 그럴만한 이유가 있다고 할 수 있다.

폭포 감상을 마치고 연담교까지 돌아와 구정봉九井峰의 수목사이로 가파르고 험한 산길을 등반하여 20정 못 미쳐서 구룡폭포의 절벽 위로 나오는데, 이곳을 구룡대九龍臺라고 한다. 여기서 내려다보면 약연藥研[39]같은 계곡 바닥에 여덟 개의 푸른 못이 염주처럼 이어져, 신비하고 숭엄한 건곤乾坤의 형태가 만들어진

37 170척은 51m가 조금 넘는다. 구룡폭포는 약 74m이다.

38 일본의 도치기현(栃木縣) 닛코시 국립공원에 있는 폭포로 직하 약 97m의 명승이다.

39 한방에서 덩어리진 약을 가루로 만드는 데 쓰이며 단단한 나무, 돌, 쇠 따위에 도끼 자국 모양으로 홈을 파서 만든 그릇이다.

다. 전설에 의하면 오십삼불五十三佛에 쫓긴 구룡이 이 팔담八潭과 폭포 아래 물웅덩이에 숨어있었다고 하여 구룡연이라는 이름이 생겼다. 이 높은 구룡대에 서서 팔담을 뒤로하여 한눈에 바라보면 겹겹이 험준한 봉우리들이 빼어남을 다투고 자웅을 겨룬다. 그 빛깔은 멀리는 푸른 바다와 같고 가까이는 비쭉비쭉 모가 나 있어 푸른 하늘을 뚫을 듯하여, 그 성대한 장관은 필설로 다할 수 없다.
온정리에서 구룡연까지 거리는 2리 남짓이고 팔담 왕복을 더하면 3리에 못 미친다. 보통 걸음으로 올라가는 데 약 4시간, 돌아오는 데 약 2시간 반, 합계 6시간 내지 7시간으로 하루 일정으로 삼으면 좋은 탐승이다.

(5) 고성 부근과 해금강

온정리에서 원산가도로 나와 동쪽으로 고성高城을 향하는 도로는 평탄하여 자동차와 인력거가 다닌다. 도로 오른쪽에 논을 사이에 두고 흰 구름이 흔들리는 채하봉의 연맥連脈을 멀리 바라보며 걷기를 3리 못 미쳐서, 왼쪽으로 꺾어져 2정 정도 가면 구릉의 그늘에 삼일포三日浦 호수가 있다. 면적은 350정보로 작은 못에 지나지 않지만, 북서쪽으로는 암석으로 된 수려한 봉우리가 우뚝 솟아있고, 남쪽으로는 기암이 많은 구릉을 바라보며, 멀리 동쪽으로는 고성부근 촌락의 안개와 노을이 아득하여 조망이 매우 아름답다.
옛날 신라 때 영랑永郎 술랑述郎 남석南石 안상安詳 등 네 명의 소객騷客이 호수 위에 배를 띄워 3일 동안 돌아오기를 잊었다고 하여 삼일포라 부른다고 한다. 훗날 이 네 명을 흠모하여 호수 가운데 있는 섬에 사선정四仙亭을 세운 자취가 남아있다. 또 서쪽 기슭에는 몽천암夢泉庵과 매향비埋香碑 등의 유적이 있다. 지금 고성의 한 여관에서는 호수에 배를 띄워 유람객의 편의를 꾀하고 있다.
고성은 삼일포에서 동쪽으로 10정 남짓 떨어져 있는 촌락이다. 마을 끝을 흐르는 적벽강赤壁江에는 그윽한 산 그림자가 비치고, 동서로는 귀암龜巖의 승경이 배경인 산자수명山紫水明의 땅이다. 동쪽으로 1리 거리에 해금강 절경이 있고, 동남쪽으로 1.5리 거리에는 영랑호永郎湖와 현종암懸鐘岩이 있다. 금강산 탐승객들도 이곳으로 한번 발길을 돌려도 손해될 것은 없다. 몇 해 전 행정구역을 개정한 이후 지금은 군청소재지가 되었으며 고성관 외 일본여관도 한두 곳이 있다.

해금강海金剛 관광은 배편이 가장 좋은 것은 물론이고, 입석리 끝에서 보는 조망도 나쁘지 않은데, 이것은 협소하고 작은 풍경에 지나지 않는다. 읍의 남쪽을 흐르는 적벽강에 배를 띄워 약 30정을 가면 강어귀에 봉수리烽燧里 어촌 앞에 대봉도大峰島가 있다. 여기에서 푸른 파도가 넘실거리는 일본해를 남쪽으로 십몇 정 가면 입석리로 나온다. 강기슭에서 떨어진 사공암砂工巖, 불암佛岩 등의 섬들은 파도에 씻겨 화강암의 속살을 드러내고, 그 바위 위에는 푸른 소나무가 고상하고 우아하게 가지를 늘어뜨리고 있다. 또 기다란 백사장은 잔잔한 물결을 즐기고 송도松島의 곳에만 푸른 나무 그늘이 비친다. 그 전방의 수원단水源端 등대에서 이어지는 해안절벽에는 온갖 기이한 형태의 암초가 어지럽게 서 있어, 바다의 만물상이라 할 풍경이 나타난다. 이 부근은 물결이 잔잔하여 여름철 해수욕에 적합하며, 또 작은 도미와 볼락 낚시에도 굴지의 장소이다.

고성에서 입석리 반대 방향으로 적벽강을 건너 간성杆城가도를 남쪽으로 약 1리 5정을 가면, 영랑호永郎湖가 있고 그 서남쪽에 구선봉九仙峰이 있다. 구선봉에 오르면 신선의 바둑판, 우물, 목욕하던 곳이라고 전해지는 유적이 있다. 남쪽 기슭으로 감호鑑湖가 내려다보이고 북쪽 기슭으로 영랑호가 바라보인다. 서쪽으로는 금강산의 연봉을 올려다보고 동쪽으로는 일본해를 굽어보고 있어 그냥 지나치기 어려운 조망을 가진다.

유명한 현종암은 영랑호에서 남쪽으로 5정 거리로, 이 길의 동측 바위에 나무아미타불이라 새긴 곳에서 진입한다. 옛날 오십삼불이 인도 월씨국月氏國에서 석선石船을 타고 표착했다는 전설이 있는 곳이다. 현종암은 오십삼불이 상륙을 알린 종을 걸었던 바위이다. 선형암船形岩은 타고 온 배가 뒤집혀 가라앉아 배 밑바닥을 드러낸 것이고, 그 외 선두암船頭岩, 옥교암玉橋岩, 부암釜岩 등 전설에서 유래한 명소와 고적이 모두 이 부근에 있다.

(6) 유점사 부근

고성이나 온정리에서 유점사揄岾寺[40]에 가려고 하면 보현동을 거쳐 개잔령開殘嶺을 넘어서 간다. 거리는 온정이에서 9리, 고성에서 7.5리이다. 개잔령 넘어가는 길을 제외하고 도로는 대부분 평탄하다. 만약 내금강에서 내무재령을 넘는다면 마하연에서는 3리 못 미치고 장안사에서는 4리가 안 된다. 이 길은 척량산맥을 넘는 것이므로 당연히 험준하다다음 항목 참조.

유점사는 금강산에 있는 거찰로, 창건 시기는 멀리 신라 중기에 속한다. 절의 기록에 의하면 신라 남해왕南解王 시대 53불이 월씨국에서 철종鐵鐘을 타고 안창현 안창지금의 고성에 상륙하여, 서쪽으로 향하여 금강산에 들어가서 한 연못가에 큰 느릅나무 가지에 걸어 놓았다. 당시 고성 군수 노춘盧椿이 상륙 당시의 종소리를 따라 산속에 들어가서 이것을 발견하고 즉시 국왕에게 아뢰어, 그 연못을 메우고 절을 세워 불상을 봉안한 것이 이 유점사라고 한다[41]. 실제로 고성에서 유점사까지 가는 도중에는 이 전설에 기인한 고적이 많다. 군수가 불상의 자취를 숭모하여 따라가는 도중에 보현보살이 방향을 알려 준 곳이 보현동이고, 그 전방의 산속에서 길을 헤매다가 문수보살이 가르쳐준 곳이 개잔의 이탑尼塔이다. 이렇게 도움을 받아 점차 산꼭대기에 이르러 범종 소리를 들었다는 달음리達音里, 느릅나무 가지에 걸린 불상을 멀리서부터 바라보고 환희에 찼다던 환희현歡喜峴 등이 그것이다.

절은 경내가 넓으며 뒤쪽으로는 청룡산을 등지고 앞쪽으로는 남산을 바라보며, 오른쪽은 미륵봉 바위가 마치 석비를 세운 것처럼 구름 사이로 보인다. 창건 이래 40여 차례나 화재를 입어 현재의 가람은 이조 중기 것이라 고색창연한 아취는 없지만, 과연 대찰大刹다운 면목을 지닌다. 53불을 안치한 본당의 능인보전能仁寶殿을 중심으로 전면과 좌우에 승료僧寮와 선당禪堂 등 6전 3당 1문 3루

40 揄는 楡의 오기이다.

41 고려 문사인 민지(閔漬, 1248~1326)가 쓴 유점사 관련 사적기를 증보·발간한 『금강산유점사사적기(金剛山楡岾寺事蹟記)』(1871)에 수록된 내용이다. 이것은 1915년 10월에 『불교진흥회월보』 7호에 게재되었고, 이능화의 『조선불교통사』에도 다시 수록되었다. 남해왕(재위 4~24)은 신라 제2대 왕으로, 신라 중기라는 구분은 시기상 맞지 않는다.

가 용마루를 나란히 하고 있다. 능인보전의 전면 아래쪽에 세운 화강암의 9층 탑은 상당히 장엄한데 200년 전에 축조된 것이다. 현재 주승은 100명이고 사령寺領은 약 1천 석이며, 부근에는 반야암, 백련암, 명적암明寂庵 등 여러 암자가 있다. 또 도내에 60여 개의 말사가 있다.

(7) 은선대와 미륵봉

내산 마하연에서 내무재령을 넘어가는 길을 선택하여 정상까지 가는 순로는 「내금강의 제승」에서 설명했으므로, 본 항목에서는 정상에서 유점사로 내려오는 길을 따라 기로에 해당하는 은선대와 미륵봉의 승경을 찾아가겠다.

정상에서 약 0.5리 내려오면 왼쪽에 계곡을 사이에 두고 우뚝 솟아있는 것이 칠보대七寶臺와 노승암老僧岩이다. 그 봉우리가 이 계곡과 신금강과의 경계가 되는 산맥으로 이어진다. 거기서 0.5리 정도를 더 내려오면 깊은 계곡을 끼고 은선대 주변의 빽빽한 봉우리를 전망하는 곳에 점심편點心片이 있다. 옛날에는 이곳에 여행객이 쉬는 작은 정자가 있었다고 하는데 지금은 이름과 얼마 안 되는 평지가 남아있을 뿐이다. 은선대는 여기서 몇 정을 내려가다 시냇물을 건너자마자 바로 왼쪽으로 꺾어진다. 잡목림의 낙엽을 헤치며 걸어가면 정상 부근에서는 코가 닿을 듯이 험준한 절벽이 나온다. 여기서 조금만 더 올라가면 정상에 이른다. 은선대에는 화강암으로 된 거대한 바위가 첩첩이 쌓여있고 바위 사이사이에는 오래된 낙엽송이 가득하다. 수목 사이로 부근 일대의 산맥이 한눈에 들어온다. 신금강 천길 계곡을 내려다보면 자연의 크나큰 위압감을 느끼게 된다. 계곡 저편에 있는 십이폭포가 둥둥 소리를 내며 떨어지는 위세에 움츠러드는 무렵에 산악취미를 가진 자의 소망은 유감없이 충족된다. 또 20정 길을 등반하면서 땀방울을 흘린 수고를 보상받고도 남음이 있다.

은선대의 기로에서 유점사로 가는 길 도중에 유점사 창건 시 53불에게 쫓겨난 아홉 마리 용이 한때 숨었다는 전승이 있는 구룡소九龍沼가 있다. 여기서 더 나아가면 유점사 도착 전 몇 정 지점에서 남쪽으로 중내원도中內院道가 갈라진다. 중내원은 유점사에 부속된 작은 암자로 이곳에서 2리 길이며, 도중에는 선담船

潭, 만경동萬景洞, 자웅雌雄의 귀암龜岩 등 명승이 있다.

중내원에서 약 0.5리 정도 나아가면 산중 굴지의 고봉인 미륵봉 정상으로 들어가게 된다. 이 산길 역시 지극히 험준하기 때문에 나무뿌리를 붙잡거나 바위 모서리를 껴안거나 하는 어려움과 넘어지는 고생도 각오해야 한다. 정상은 포탄처럼 생긴 거대한 바위가 하늘을 찌를 듯이 서 있고, 여러 봉우리들이 발아래 밟힐 듯이 엎드려 있다. 용처럼 아름다운 잣나무와 자작나무만이 높이 서 있고, 동쪽으로는 첩첩이 겹친 산봉우리 너머로 창해만리蒼海萬里 일본해가 보인다. 미륵봉 등반은 유점사에서 하루 머물면서 하루를 쓰지 않으면 안 되는데, 선담, 만경동 유람은 내무재령을 넘는 도중에 감상할 수 있다.

(8) 송림사와 신금강

유점사에서 송림사松林寺에 가는 길에 옥령玉嶺 고개를 넘어가는 지름길이 있다. 그러나 이 길은 꽤 험준하여 상당히 익숙한 산안내자라도 주저하는 산길이기 때문에, 보통 탐승객은 개잔령을 넘어 백천교리에서 송림사로 나오는 편이 좋다. 거리는 전자가 약 1.5리, 후자는 3리 정도이다.

송림사는 달리 외원통암外圓通庵이라고도 한다. 장로봉長老峰 아래 계곡에 접한 오래된 감실로, 이곳은 신금강의 뛰어난 경관으로 들어가는 첫 번째 관문이다. 신금강 계곡으로 발걸음을 옮기면 빽빽한 봉우리가 좌우로 솟아있고 시냇물은 굉장한 소리를 내면서 흐르는데 한 걸음 한 걸음마다 경치가 달라진다. 더 깊숙이 겹겹으로 이어지는 푸른 봉우리는 거의 틈이 없을 정도로 울창하고, 낙엽송의 큰 가지가 하늘을 덮어 어두워졌다고 생각하면 금방 밝게 펼쳐진 계곡이 나오니, 아무리 깊게 생각해 봐도 완전히 불가사의한 묘경이다. 얼마 지나지 않아 쌍룡이 춤추는 것 같은 폭포가 거대한 바위를 사이에 끼고 물길이 튀어 오른다. 바로 쌍룡폭포이다. 왼쪽으로 짙은 자줏빛 절벽에 부딪혀 튀어 오르는 것은 자벽紫壁폭포이다.

여기서부터 길은 거의 끝나서 돌무더기가 쌓인 계곡의 물줄기에 의지하여 올라간다. 오른쪽으로 푸른 하늘을 문지르는 듯한 거대한 봉우리를 바라보면, 낙타 척추 같이 생긴 산 사이에서 비단이 열두 단으로 나풀거리듯이 둥둥 소리를 내며 쏜살같이 나락으로 떨어진다. 이것이 바로 신금강의 대표적인 명승인 십이폭포로, 이전의 은선대에서 내려다 본 것을 지금 폭포 아래에서 올려다보는 것이다.

송림사에서 이곳까지 약 0.5리 거리이지만 다리는 이미 몇 리는 걸은 것 같이 피곤하다. 만약 여기서 또 0.5리를 나아가면 옥룡굴玉龍窟에 이른다. 거기서 더 위로 올라가며 즐기자면 호영담虎影潭, 잠룡담潛龍潭 등의 여러 못이 있고, 폭포로는 난사亂絲, 석문石門, 금강金剛 등이 있어 기묘하고 뛰어난 경치와 그윽하고 고요한 풍경이 연속하는데, 좁은 길이 끊어졌다 이어졌다 하여 상당히 튼튼한 다리를 가졌거나, 모험적인 등산이 취미인 사람이 아니라면 탐방은 곤란하다.

금강산 탐승 안내 끝

본서는 도쿄시 니혼바시구(日本橋區) 스키야초(數寄屋町) 1번지 오사카야고(大阪屋號) 서점에서 정가금 2원으로 발매하도록 하였으므로, 희망자는 이 서점이나 일반 서점에서 구입하기 바람.

1921년 5월 15일 발행

남만주철도주식회사
경성관리국

도쿄시 고이시카와구(小石川區) 히사카타초(久堅町) 108
인쇄인 이자키 가이지(伊崎開治)

(박문관 인쇄)

東雲寫

동운궁(東雲宮)〔시노노메미야〕

	釜山	密陽	大邱	金泉	大田	鳥致院	水原	南大門	馬山	仁川	開城	沙里院	平壤	新安州	宣川	兼二浦	鎭南浦	群山	松汀里	木浦
安東	41.35 26.60 14.75	38.65 24.85 13.80	35.90 23.10 12.85	32.85 21.15 11.75	29.00 18.65 10.35	27.35 17.60 9.80	23.55 15.10 8.40	21.70 13.95 7.75	— 26.35 14.65	— 15.05 8.35	18.50 11.90 6.60	13.00 8.35 4.65	10.40 6.65 3.70	7.10 4.55 2.55	3.55 2.30 1.25	— 8.05 4.50	— 8.15 4.55	— 21.75 12.10	— 23.95 13.30	— 25.9 14.4
奉天	53.35 34.30 19.05	50.65 32.55 18.10	47.90 30.80 17.10	44.85 28.85 16.00	41.00 26.35 14.65	39.35 25.30 14.05	35.55 22.85 12.70	33.70 21.65 12.05	— 34.05 18.90	— 22.75 12.65	30.50 19.60 10.90	25.00 16.05 8.95	22.40 14.40 8.00	19.10 12.25 6.80	15.55 10.00 5.55	— 15.75 8.75	— 15.95 8.85	— 29.45 16.35	— 36.15 17.60	— 33.6 18.7
四平街	61.60 39.60 22.00	58.90 37.85 21.05	56.15 36.10 20.05	53.10 34.15 18.95	49.20 31.65 17.60	47.60 30.60 17.00	43.75 28.16 15.65	41.95 26.95 15.00	— 39.35 21.85	— 28.05 15.60	38.75 24.90 13.85	33.25 21.35 11.85	30.60 19.70 10.95	27.30 17.55 9.75	23.80 15.25 8.50	— 21.05 11.70	— 21.20 11.80	— 34.75 19.30	— 36.95 20.55	— 38.9 21.6
長春	66.60 42.80 23.80	93.90 41.10 22.85	61.20 39.35 21.85	58.10 37.35 20.75	54.25 34.85 19.35	52.65 33.85 18.80	48.80 31.35 17.40	46.95 30.20 16.80	— 42.55 23.65	— 31.30 17.40	43.80 28.15 15.65	38.25 24.60 13.65	35.65 22.90 12.75	32.35 20.80 11.55	28.80 18.50 10.30	— 24.30 13.50	— 24.45 13.60	— 38.00 21.10	— 40.20 22.30	— 42.1 23.4
大連	69.25 44.50 24.75	66.55 42.80 23.75	63.80 41.00 22.80	60.75 39.05 21.70	56.90 36.55 20.30	55.25 35.50 19.75	51.40 33.05 18.35	49.60 31.90 17.70	— 44.25 24.60	— 32.35 18.30	46.40 29.85 16.60	40.90 26.30 14.60	38.25 24.60 13.65	34.95 22.50 12.50	31.45 20.20 11.20	— 26.00 14.45	— 26.15 14.55	— 39.70 22.05	— 41.85 23.25	— 43.9 24.3
撫順	54.85 35.25 19.60	52.15 33.50 18.60	49.40 31.75 17.65	46.35 29.80 16.55	42.45 27.30 15.15	40.85 26.25 14.60	37.00 23.80 13.20	35.20 22.65 12.55	— 35.00 19.45	— 23.70 13.15	32.00 20.55 11.45	26.50 17.05 9.45	23.85 15.35 8.50	20.55 13.20 7.35	17.05 10.95 6.10	— 16.70 9.30	— 16.90 9.40	— 30.40 16.90	— 32.70 18.10	— 34.6 19.2
營口	59.80 38.45 21.35	57.10 36.70 20.40	54.35 34.95 19.40	51.30 33.00 18.35	47.45 30.50 16.95	45.80 29.45 16.35	41.95 27.00 15.00	40.15 25.80 14.35	— 38.20 21.30	— 26.90 14.95	36.95 23.75 13.20	31.45 20.20 11.25	28.85 18.55 10.30	25.55 16.40 9.10	22.00 14.10 7.85	— 19.90 11.05	— 20.05 11.15	— 33.60 18.70	— 35.80 19.90	— 37.7 21.0
旅順	71.05 45.70 25.40	68.40 43.90 24.40	65.65 42.20 23.45	62.60 40.25 22.35	58.75 37.75 20.95	57.10 36.70 20.40	53.25 34.25 19.00	51.45 33.05 18.35	— 45.45 25.25	— 34.15 18.95	48.25 31.00 17.25	42.70 27.45 15.25	40.10 25.80 14.30	36.80 23.65 13.15	33.25 21.35 11.90	— 27.15 15.10	— 27.30 15.20	— 40.85 22.70	— 43.05 23.90	— 45. 25.
咸興	— 22.25 12.35	— 20.50 11.40	— 18.75 10.40	— 16.75 9.30	— 14.30 7.95	— 13.25 7.35	— 10.75 6.00	— 9.80 5.45	— 21.95 12.20	— 10.70 5.95	— 11.85 6.60	— 15.40 8.55	— 17.05 9.50	— 19.20 10.65	— 21.45 11.90	— 16.40 9.10	— 18.60 10.35	— 17.40 9.65	— 19.60 10.90	— 21.8 12.0
元山	— 18.75 10.45	— 17.05 9.45	— 15.25 8.50	— 13.30 7.40	— 10.80 6.00	— 9.75 5.45	— 7.30 4.05	— 6.30 3.50	— 18.50 10.30	— 7.20 4.00	— 8.35 4.65	— 11.90 6.60	— 13.60 7.55	— 15.70 8.75	— 18.00 10.00	— 12.95 7.20	— 15.15 8.40	— 13.95 7.75	— 16.10 8.95	— 18. 10.
平康	15.90 8.85	— 14.15 7.90	— 12.40 6.90	— 10.45 5.80	— 7.95 4.40	— 6.90 3.85	— 4.40 2.45	— 3.45 1.90	— 15.60 8.70	— 4.35 2.40	— 5.50 3.05	— 9.05 5.00	— 10.70 5.95	— 15.10 8.40	— 15.10 8.40	— 10.05 5.60	— 12.25 6.80	— 11.05 6.15	— 13.25 7.35	— 15. 8.
木浦	— 15.25 8.45	— 13.50 7.50	— 11.75 6.50	— 9.75 5.45	— 7.30 4.05	— 8.30 4.60	— 10.80 6.00	— 11.95 6.65	— 14.95 8.30	— 12.55 6.95	— 14.00 7.80	— 17.55 9.75	— 19.25 10.70	— 21.35 11.85	— 23.65 13.15	— 18.60 10.35	— 20.80 11.55	— 5.45 3.05	— 2.00 1.10	
松汀里	— 13.25 7.35	— 11.50 6.40	— 9.75 5.45	— 7.80 4.35	— 5.30 2.95	— 6.35 3.55	— 8.80 4.90	— 10.00 5.55	— 13.00 7.20	— 10.55 5.85	— 12.05 6.70	— 15.60 8.65	— 17.25 9.60	— 19.40 10.75	— 21.65 12.05	— 16.60 9.25	— 18.80 10.45	— 3.45 1.95		
群山	— 11.05 6.15	— 9.35 5.20	— 7.60 4.20	— 5.60 3.10	— 3.10 1.75	— 4.15 2.30	— 6.65 3.70	— 7.80 4.35	— 10.80 6.00	— 8.35 4.65	— 9.85 5.45	— 13.40 7.45	— 15.10 8.40	— 17.20 9.55	— 19.45 10.80	— 14.45 8.00	— 16.65 9.25			
鎭南浦	21.45 11.90	— 19.70 10.95	— 17.95 10.00	— 16.00 8.90	— 13.50 7.50	— 12.45 6.95	— 10.00 5.55	— 8.85 4.90	— 21.20 11.80	— 9.90 5.50	— 6.80 3.75	— 3.25 1.80	— 1.55 .85	— 3.65 2.05	— 5.95 3.30	— 2.95 1.65				
兼二浦	— 19.25 10.70	— 17.95 9.75	— 15.75 8.75	— 13.80 7.65	— 11.30 6.30	— 10.25 5.70	— 7.80 4.35	— 6.65 3.70	— 19.00 10.55	— 7.70 4.30	— 4.60 2.55	— 1.05 .60	— 1.40 .75	— 3.50 1.95	— 5.75 3.20					
宣川	37.80 24.30 13.50	35.10 22.55 12.55	32.35 20.80 11.55	29.30 18.85 10.45	25.45 16.35 9.10	23.80 15.30 8.50	19.95 12.85 7.15	18.15 11.65 6.50	— 24.05 13.35	— 12.75 7.10	14.95 9.60 53.5	9.45 6.10 3.40	6.85 4.40 2.45	3.55 2.25 1.25						
新安州	34.25 22.05 12.25	31.60 20.30 11.30	28.85 18.55 10.30	25.60 16.55 9.20	21.90 14.10 7.80	20.30 13.05 7.25	16.45 10.55 5.85	14.65 9.40 5.25	— 21.75 12.10	— 10.50 5.85	11.45 7.35 4.10	5.90 3.80 2.10	33.0 2.10 1.20							
平壤	31.00 19.90 11.05	28.30 18.20 10.10	25.55 16.40 9.10	22.50 14.45 8.05	18.60 11.95 6.65	17.00 10.90 6.05	13.15 8.45 4.70	11.35 7.30 4.05	— 19.65 10.90	— 8.35 4.65	8.15 5.25 2.90	2.65 1.70 .95								
沙里院	28.35 18.25 10.15	25.65 16.50 9.15	22.90 14.75 8.20	19.85 12.75 7.10	16.00 10.25 5.70	14.35 9.25 5.15	10.50 6.75 3.75	8.70 5.60 3.10	— 17.95 10.00	— 6.70 3.70	5.50 3.55 1.95									
開城	22.85 14.70 8.15	20.15 12.95 7.20	17.40 11.20 6.20	14.35 9.20 5.10	10.45 6.75 3.75	8.85 5.70 3.15	5.00 3.20 1.80	3.20 2.05 1.15	— 14.40 8.00	— 3.15 1.75										
仁川	— 13.20 7.35	— 11.45 6.35	— 9.70 5.40	— 7.75 4.30	— 5.25 2.90	— 4.20 2.35	— 1.75 .95	— 1.10 .60	— 12.95 7.20											
馬山	— 2.50 1.40	— 1.45 .80	— 3.25 1.80	— 5.20 2.90	— 7.70 4.25	— 8.75 4.85	— 11.20 6.20	— 12.35 6.85												
南大門	19.65 12.65 7.00	16.95 10.90 6.05	14.20 9.15 5.10	11.15 7.15 4.00	7.25 4.70 2.60	5.65 3.65 2.00	1.80 1.15 .65													
水原	17.85 11.45 6.35	15.15 9.75 5.40	12.40 7.95 4.45	9.35 6.00 3.35	5.45 3.50 1.95	3.85 2.45 1.35														
鳥致院	14.00 9.00 5.00	11.30 7.25 4.05	8.55 5.50 3.05	5.50 3.55 1.95	2.30 1.50 .85															
大田	12.35 7.95 4.40	9.65 6.20 3.45	6.95 4.45 2.50	3.90 2.50 1.40																
金泉	8.50 5.45 3.05	5.80 3.75 2.05	3.05 1.95 1.10																	
大邱	5.45 3.50 1.95	2.75 1.75 1.00																		
密陽	2.70 1.75 .95																			

	奉天	四平街	長春	大連	撫順	營口	旅順
營口							13.20 8.50 4.70
撫順						9.30 5.95 3.30	20.55 13.20 7.35
大連					18.75 12.05 6.70	11.40 7.30 4.05	2.60 1.65 .95
長春				30.50 19.60 10.90	15.55 10.00 5.55	21.05 13.55 7.50	32.35 20.80 11.55
四平街			5.05 3.25 1.80	25.50 16.40 9.10	10.55 6.80 3.75	16.05 10.30 5.75	27.30 17.55 9.75
奉天		8.25 5.30 2.95	13.25 8.50 4.75	15.90 10.20 5.70	2.30 1.50 .85	6.45 4.15 2.30	17.70 11.40 6.35
安東	12.00 7.70 4.30	20.25 13.00 7.25	25.25 16.25 9.00	27.90 17.95 9.95	13.50 8.65 4.80	18.45 11.85 6.60	29.70 19.10 10.60

寢

一等＝二圓五十錢　二等＝一圓五十錢　三等＝七十五錢

○釜山奉天間直通列車の寢臺御使用の場合は左の寢臺料金を要します

一等＝上段　五圓　下段　七圓　二等＝上段　三圓　下段　四圓五十錢

○本表以外詳細の運賃其他に付ては各驛又は左記に御問合せ下さい

鮮滿案內所　東京丸の內滿鐵支社內　（電話丸の內五五、五六）

大阪出張員詰所　大阪北區出入橋大阪荷扱所內　（電話土佐堀四三）

滿鐵京城管理局運輸課　朝鮮龍山　（電話龍山四三六）

표 1　조선-내지 주요 역간 승차·승선 요금표

	山	咸興
	— .30 .25	— 23.75 13.20
	— .00 6.55	— 31.45 17.50
	— 6.30 8.50	— 36.75 20.40
	— 8.50 0.50	— 40.00 22.20
	— 8.20 1.25	— 41.65 23.15
	— 8.95 6.10	— 32.40 18.00
	— 2.15 7.85	— 35.60 19.80
	— 9.40 1.90	— 42.85 23.80
	— 3.45 1.95	

— 2.60 1.45	會寧
— .65 .35	羅南
— .90 .50	鏡城
津	

○上段は一等中段は二等下段は三等運賃であります

○小児四歳未満は無賃四歳以上十二歳未満は本表運賃の半額であります

至＼自	釜山	大邱	大田	鳥致院	水原	南大門	馬山	仁川	開城
下關	10.65 7.10 3.55	16.10 10.60 5.50	23.00 15.05 7.95	24.65 16.10 8.55	28.60 18.55 9.90	30.30 19.75 10.55	13.90 9.60 4.95	30.75 20.30 10.90	33.50 21.80 11.70
廣島	19.59 13.06 6.53	25.04 16.56 8.48	31.94 21.01 10.93	33.59 22.06 11.53	37.44 24.51 12.88	39.24 25.71 13.53	22.84 15.56 7.93	39.69 26.26 13.88	42.44 27.76 14.68
岡山	24.39 16.26 8.13	29.84 19.76 10.08	36.74 24.21 12.53	38.39 25.26 13.13	42.24 27.71 14.48	44.04 28.91 15.13	27.64 18.76 9.53	44.49 29.46 15.48	47.24 30.96 16.28
神戶	27.93 18.62 9.31	33.38 22.12 11.26	40.28 26.57 13.71	41.93 27.62 14.31	45.78 30.07 15.66	47.58 31.27 16.31	31.18 21.12 10.71	48.03 32.82 16.66	50.78 33.32 17.46
大阪	28.65 19.10 6.55	34.10 22.60 11.50	41.00 27.05 13.95	42.65 28.10 14.55	46.50 30.55 15.90	48.30 31.75 16.55	31.90 21.60 10.95	48.75 32.30 16.90	51.50 33.80 17.70
京都	29.64 19.76 9.88	35.09 23.26 11.83	41.99 27.71 14.28	43.64 28.76 14.88	47.49 31.21 16.23	49.29 32.41 16.88	32.89 22.26 11.28	49.74 32.96 17.23	52.49 34.46 18.03
名古屋	32.85 21.90 10.95	38.30 25.40 12.90	45.20 29.85 15.35	46.85 30.90 15.95	50.70 33.35 17.30	52.50 34.55 17.95	36.10 24.40 12.35	52.95 35.10 18.30	55.70 36.60 19.10
橫濱	39.39 26.26 13.13	44.84 29.76 15.08	51.74 34.21 17.53	53.39 35.26 18.13	57.24 37.71 19.48	59.04 38.91 20.13	42.64 28.76 14.53	59.49 39.46 20.48	62.24 40.96 21.28
東京	39.93 26.62 13.31	45.38 30.12 15.26	52.28 34.57 17.71	53.93 35.62 18.31	57.78 38.07 19.66	59.58 39.27 20.31	43.18 29.12 14.71	60.03 39.82 20.66	62.78 41.32 21.46
高松	25.75 17.62 8.81	31.20 21.12 10.76	38.10 25.57 13.21	39.75 26.62 13.81	43.60 29.07 15.16	45.40 30.27 15.81	— 20.12 10.21	— 20.82 16.16	48.60 32.32 16.96
鳥取	29.34 20.44 10.22	34.79 23.94 12.17	41.69 29.39 14.62	43.34 29.44 15.22	47.19 31.89 16.57	48.99 33.09 17.22	— 22.94 11.62	— 33.64 17.57	52.19 35.14 18.37
山田	31.13 21.58 10.79	36.58 25.08 12.74	43.48 29.53 15.19	45.13 30.53 15.79	48.98 33.03 17.14	50.78 34.23 17.79	— 24.08 12.19	— 34.78 18.14	53.98 36.28 18.94
金澤	33.66 23.26 11.63	39.11 26.76 13.58	46.01 31.21 16.03	47.66 32.26 16.63	51.51 34.71 17.98	53.31 35.91 18.63	— 25.76 13.03	— 36.46 18.98	56.51 37.96 19.78
新潟	37.62 27.22 13.61	43.07 30.72 15.56	49.97 35.17 18.01	51.62 36.22 18.61	55.47 38.67 19.96	57.27 39.87 20.61	— 29.72 15.01	— 40.42 20.96	60.47 41.92 21.76
長野	36.01 25.06 12.53	41.46 28.56 14.48	48.36 33.01 16.93	50.01 34.06 17.53	53.86 36.51 18.88	55.66 37.71 19.53	— 27.56 13.93	— 38.26 19.88	58.86 39.76 20.68
甲府	36.33 25.38 12.69	41.78 28.88 14.64	48.68 33.33 17.09	50.33 34.33 17.69	54.18 36.83 19.04	55.98 38.03 19.69	— 27.88 14.09	— 38.58 20.04	59.18 40.08 20.84
宇都宮	41.97 27.98 13.99	47.42 31.48 15.94	54.32 35.93 18.39	55.97 36.98 18.99	59.82 39.43 20.34	61.62 40.63 20.99	45.22 30.48 15.39	62.07 41.18 21.34	64.32 42.68 22.14
福島	45.06 30.04 15.02	50.51 33.54 16.97	57.41 37.99 19.42	59.06 39.04 20.02	62.91 41.49 21.37	64.71 42.69 22.02	48.51 32.54 16.42	65.16 43.24 22.37	67.91 44.74 23.17
仙臺	46.53 31.02 15.51	51.98 34.52 17.46	58.88 38.97 19.91	60.53 40.02 20.51	64.38 42.47 21.86	66.18 43.67 22.51	49.78 33.52 16.91	66.63 44.22 22.86	69.38 45.72 23.66
青森	53.73 35.82 17.91	59.18 39.32 19.86	66.08 43.77 22.31	67.73 44.82 22.91	71.58 47.27 24.26	73.38 48.47 24.91	56.98 38.32 19.31	73.83 49.02 25.26	76.58 50.52 26.06
山形	46.71 31.14 15.57	52.16 34.64 17.52	59.06 39.09 19.97	60.71 40.14 20.57	64.56 42.59 21.92	66.36 43.79 22.57	49.96 33.64 16.97	66.81 44.34 22.92	69.56 45.84 23.72
秋田	50.64 33.76 16.88	56.09 37.26 18.83	62.99 41.71 21.28	64.64 42.76 21.88	68.49 45.21 23.23	70.29 46.41 23.88	53.89 36.26 18.28	70.74 46.96 24.23	72.49 48.46 25.03
札幌	63.63 42.40 21.20	69.05 45.90 23.15	75.95 50.35 25.60	77.60 51.40 26.20	81.45 53.85 27.55	83.25 55.05 28.20	66.85 44.90 22.60	83.70 55.60 28.55	86.45 57.10 29.35
門司	10.75 7.20 3.65	16.20 10.70 5.60	23.10 15.15 8.05	24.75 16.20 8.65	28.60 18.65 10.00	30.40 19.85 10.65	14.00 9.70 5.05	30.85 20.40 11.00	33.60 21.90 11.80
別府	14.81 11.06 5.58	20.26 14.56 7.53	27.16 19.01 9.98	28.81 20.06 10.58	32.66 22.51 11.93	34.46 23.71 12.58	— 13.56 6.98	— 24.26 12.93	37.66 25.76 13.73
大分	15.13 11.38 5.74	20.58 14.88 7.69	27.48 19.33 10.14	29.13 20.38 10.74	32.98 22.83 12.09	34.78 24.03 12.74	— 13.88 7.14	— 24.58 13.09	37.98 26.08 13.89
博多	14.44 9.66 4.88	19.89 13.16 6.83	26.79 17.61 9.28	28.44 18.66 9.88	32.29 21.11 11.23	34.09 22.31 11.88	17.69 12.16 6.28	34.54 22.86 12.23	37.29 24.36 13.03
熊本	18.85 12.60 6.35	24.30 16.10 8.30	31.20 20.55 10.75	32.85 21.60 11.35	36.70 24.05 12.70	38.50 25.25 13.35	22.10 15.10 7.75	38.95 25.80 13.70	41.70 27.30 14.50
鹿兒島	24.40 16.30 8.20	29.85 19.80 10.15	36.75 24.25 12.60	38.40 25.30 13.20	42.25 27.75 14.55	44.05 28.95 15.20	27.65 18.80 9.60	44.50 29.50 15.55	47.25 31.00 16.35
長崎	21.04 14.06 7.08	26.49 17.56 9.03	33.39 22.01 11.48	35.04 23.06 12.08	38.89 25.51 13.43	40.69 26.71 14.08	24.29 16.56 8.48	41.14 27.26 14.43	43.89 28.76 15.23

至＼自	平壤	安東	兼二浦	鎭南浦	木浦	群山	元山	咸興
下關	41.65 27.00 14.60	52.00 33.70 18.30	40.40 26.35 14.25	43.20 28.55 15.45	30.30 22.35 12.00	26.10 18.15 9.70	36.40 25.85 14.00	39.85 29.35 15.90
廣島	50.59 32.96 17.58	60.94 39.06 21.28	49.34 32.31 17.23	52.14 34.51 18.43	39.24 28.31 14.98	35.04 24.11 12.68	45.34 31.81 16.98	48.79 35.31 18.88
岡山	55.39 36.16 19.18	65.74 42.86 22.88	54.14 35.51 18.83	56.94 37.71 20.03	44.04 31.51 16.58	39.84 27.31 14.28	50.14 35.01 18.58	53.59 38.51 20.48
神戶	58.93 38.52 20.36	69.28 45.22 24.06	57.68 37.87 20.01	60.48 40.07 21.21	47.58 33.87 17.76	43.38 29.67 15.46	53.68 37.37 19.76	57.13 40.87 21.66
大阪	59.65 39.00 20.60	70.00 45.70 24.30	58.40 38.35 20.25	61.20 40.55 21.45	48.30 34.35 18.00	44.10 30.15 15.70	54.40 37.85 20.00	57.85 41.35 21.90
京都	60.64 39.66 20.93	70.99 46.36 24.63	59.39 39.01 20.58	62.19 41.21 21.78	49.29 35.01 18.33	45.09 30.81 16.03	55.39 38.51 20.33	58.84 42.01 22.23
名古屋	63.85 41.80 22.00	74.20 48.50 25.70	62.60 41.15 21.65	65.40 43.35 22.85	52.50 37.15 19.40	48.30 32.95 17.10	58.60 40.65 21.40	62.05 44.15 23.30
橫濱	70.39 46.16 24.18	80.74 52.86 27.88	69.14 45.51 23.83	71.94 47.71 25.03	59.04 41.51 21.58	54.84 37.31 19.28	65.14 45.01 23.58	68.59 48.51 25.48
東京	70.93 46.52 24.36	81.28 53.22 28.06	69.68 45.87 24.01	72.48 48.07 25.21	59.58 41.87 21.76	55.38 37.67 19.46	65.68 45.37 23.76	69.13 48.87 25.66
高松	56.75 37.52 19.86	67.10 44.22 23.56	— 36.87 19.51	— 39.07 20.71	— 32.87 17.26	— 28.67 14.96	— 36.37 19.26	— 39.87 21.16
鳥取	60.34 40.34 21.27	70.69 47.04 24.97	— 39.69 20.92	— 41.89 22.12	— 35.69 18.67	— 31.49 16.37	— 39.19 20.67	— 42.69 22.57
山田	62.13 41.48 21.84	72.48 48.18 25.54	— 40.83 21.49	— 43.03 22.69	— 36.83 19.24	— 32.63 16.94	— 40.33 21.24	— 43.83 23.14
金澤	64.66 43.16 22.68	75.01 49.86 26.38	— 42.51 22.23	— 44.71 23.53	— 38.51 20.08	— 34.31 17.78	— 42.01 22.08	— 45.51 23.98
新潟	68.62 47.12 24.66	78.97 53.82 28.36	— 46.47 24.31	— 48.67 25.51	— 42.47 22.06	— 38.27 19.76	— 45.97 24.06	— 49.47 25.96
長野	67.01 44.96 23.58	77.36 51.66 27.28	— 44.31 23.23	— 46.51 24.43	— 40.31 20.98	— 36.11 18.68	— 43.81 22.98	— 47.31 24.88
甲府	67.33 45.28 23.74	77.68 51.98 27.14	— 44.63 23.39	— 46.83 24.59	— 40.63 21.14	— 36.43 18.84	— 44.13 23.14	— 47.63 25.04
宇都宮	72.97 47.88 25.04	83.32 54.58 28.74	71.72 47.23 24.69	74.52 49.43 25.89	61.62 43.23 22.44	57.42 39.03 20.14	67.72 46.73 24.44	71.17 50.23 26.34
福島	76.06 49.94 26.07	86.41 56.64 29.77	74.81 49.29 25.72	77.61 51.49 26.92	64.71 45.29 23.47	60.51 41.09 21.17	70.81 48.79 25.47	74.26 52.29 27.57
仙臺	77.53 50.92 26.56	87.88 57.62 30.26	76.28 50.27 26.21	79.08 52.47 27.41	66.18 46.27 23.96	61.98 42.07 21.66	72.28 49.77 25.96	75.73 53.27 27.86
青森	84.73 55.72 28.96	95.08 62.42 32.66	83.48 55.07 28.61	86.28 57.27 29.81	73.38 51.07 26.36	69.18 46.87 24.06	79.48 54.57 28.36	82.93 58.07 30.26
山形	77.71 51.04 26.62	88.06 57.74 30.32	76.46 50.29 26.27	79.26 52.59 27.47	66.36 46.39 24.02	62.16 42.19 21.72	72.46 49.89 26.02	75.91 53.39 27.92
秋田	81.64 53.66 27.93	91.99 60.36 31.63	80.39 53.01 27.58	83.19 55.21 28.78	70.29 49.01 25.33	66.09 44.81 23.03	76.39 52.51 27.33	79.84 56.01 29.23
札幌	94.60 62.30 32.25	104.95 69.00 35.95	93.35 61.65 31.90	96.15 63.85 33.10	83.25 57.65 29.65	79.05 53.45 27.35	89.35 61.15 31.65	92.80 64.65 33.55
門司	41.75 27.10 14.70	52.10 33.80 18.40	40.50 26.45 14.35	43.30 28.65 15.55	30.40 22.45 12.10	26.20 18.25 9.80	36.50 25.95 14.10	39.95 29.45 16.00
別府	45.81 30.96 16.63	56.16 37.66 20.33	— 30.31 16.28	— 32.51 17.48	— 26.31 14.03	— 22.11 11.73	— 29.81 16.03	— 33.31 17.93
大分	46.13 31.28 16.79	56.48 37.98 20.49	— 30.63 16.44	— 32.83 17.64	— 26.63 14.19	— 22.43 11.89	— 30.13 16.19	— 33.63 18.09
博多	45.44 29.56 15.93	55.79 36.26 19.63	44.19 28.91 15.58	46.99 31.11 16.78	34.09 24.91 13.33	29.89 20.71 11.03	40.19 28.41 15.33	43.64 31.91 17.23
熊本	49.85 32.50 17.40	60.20 39.20 21.10	48.60 31.85 17.05	51.40 34.05 18.25	38.50 27.85 14.80	34.30 23.65 12.50	44.60 31.35 16.80	48.05 34.85 18.70
鹿兒島	55.40 36.20 19.25	65.75 42.90 22.95	54.15 35.55 18.90	56.95 37.75 20.10	44.05 31.55 16.65	39.85 27.35 14.35	50.15 35.05 18.65	53.60 38.55 20.55
長崎	52.04 33.96 18.13	62.39 40.66 21.83	50.79 33.31 17.78	53.59 35.51 18.98	40.69 29.31 15.53	36.49 25.11 13.23	46.79 32.81 17.53	50.24 36.31 19.43

표 2 조선-만주 주요 역간 승차 요금표

주의점

○ 상단은 1등, 중단은 2등, 하든은 3등 운임입니다.

○ 4세 미만 소아는 무임, 4세 이상 11세 미만은 본 운임의 반액입니다.

○ 표1의 ●표시가 있는 역 상호 간에는 2할인의 왕복권을 발매하고 있습니다.

○ 조선선 급행열차 승차 시, 본 운임 외 다음의 급행요금이 부과됩니다.

1등=2원 50전 2등=1원 50전 3등=75전

○ 부산-펑톈 간 직통열차의 침대 사용 시, 다음의 침대요금이 부과됩니다.

1등=상단 5원, 하단 7원 2등= 상단 3원, 하단 4원 50전

○ 본 표 이외 상세한 운임, 기타 사항은 각역 또는 아래로 문의하십시오.

선만鮮滿안내소 도쿄 마루노우치丸の內 만철지사滿鐵支社 내 전화 마루노우치 55, 56 오사카출장원대기소 오사카 기타구北區 데이리바시出入橋 오사카 하급소荷扱所전화 도사보리土佐堀 43

만철 경성관리국 운수과 조선 용산 전화 용산436

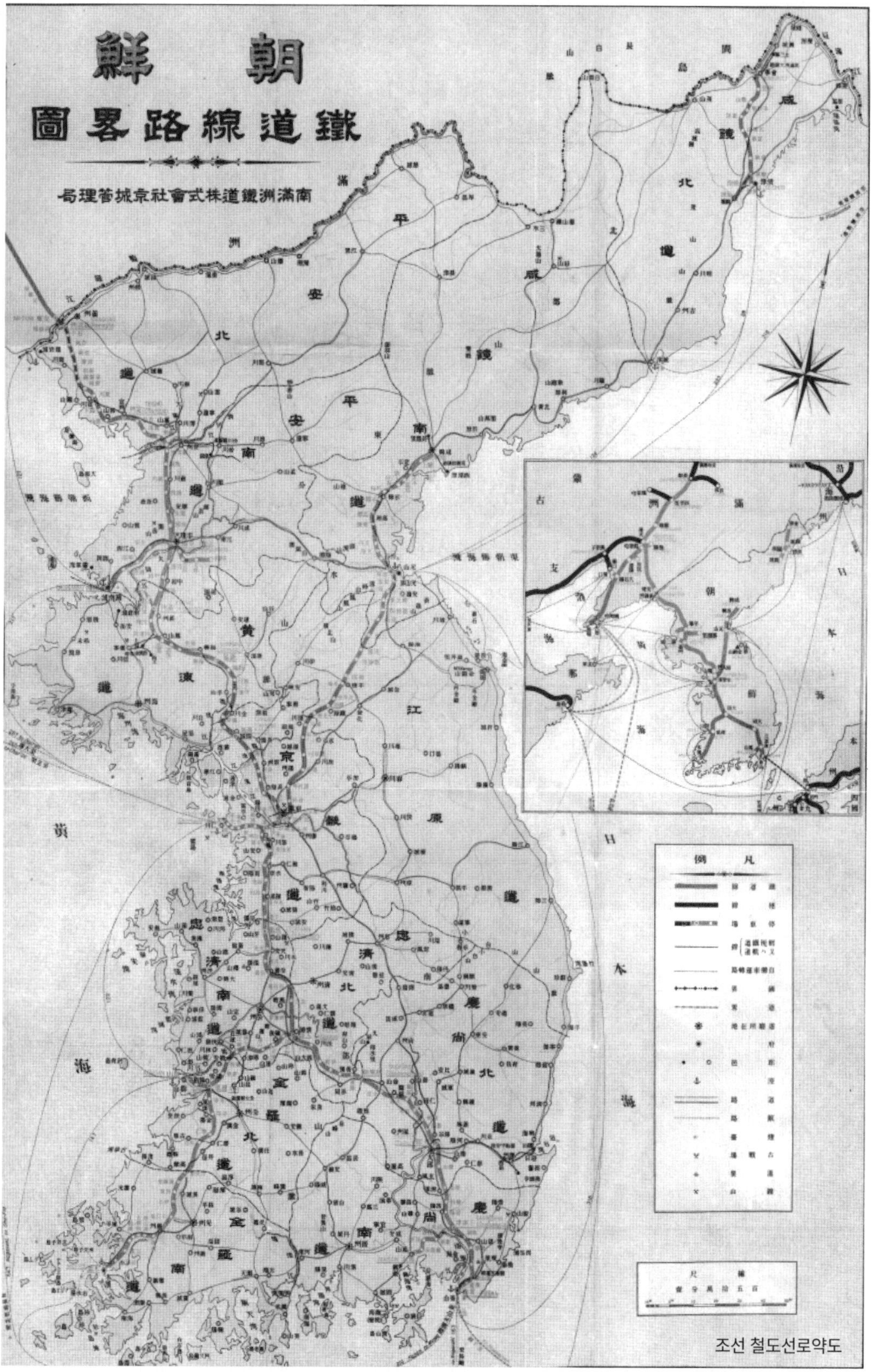

조선 철도선로약도

해제

* 이 글은 필자의 논문 「일제강점기 철도안내서로 보는 '조선' 인식」(『일본사상』 제44호, 2023.6)의 일부를 해제 형식에 맞추어 수정한 것임을 밝힙니다.

들어가며

이 글의 목적은 우리나라에 철도가 부설되고 그 영향으로 다방면에 걸쳐 변화하던 시기에 간행된 대표적인 철도안내서인 『한국철도 선로 안내』1908, 『조선철도 선로 안내』1911, 『조선철도 여행 안내 부 금강산 탐승 안내』1921의 구성과 내용적 특징에 대해 알아보는 것이다.

그동안 특정 지역이나 명소를 대상으로 한 일제강점기 관광안내서에 대해서는 여러 연구 성과들이 있지만, 당시 간행된 전국을 대상으로 한 철도 관련 서적의 번역은 본 번역서가 최초의 작업이다.

한국통감부시절부터 1945년 패망 직전까지 철도공사를 했던 만큼 철도는 식민지 경영에 필수불가결한 제국일본의 척량으로서 역할과 의미를 담고 있다고 하겠다.

1899년 9월 19일 미국인 모스에게 일본이 부설권을 인수하여 노량진과 인천을 연결하는 경인선을 개통한다. 이를 시작으로 1905년 벽두에 서울과 부산을 잇는 경부선이 개통되고 같은 해 군용철도로서 마산선도 개통된다. 1906년에는 경의선이 개통되면서 한반도 종관철도가 완성됨과 동시에 1911년 압록강 철교의 완공으로 대륙으로 이어지는 것을 본서는 큰 의의로 강조하고 있다.

1914년에 호남선과 경원선의 완공은 경부선과 경의선의 상대축이 되는 철도망의 시작이었으며, 같은 해 공사를 시작한 함경선이 1928년 개통함으로써 한반도를 X자로 관통하며 뼈대가 된 철로가 완성되었다. 이를 중심으로 1920년대 사철의 전성기가 도래한다. 1927년 '조선철도 12년 계획'으로 국유화 과정을 거치며 각 노선의 구간이 연장되거나 일부 노선명이 바뀌었고, 1945년 일본의 패전 직전까지 주요 노선의 지선과 산업철도가 부설되었다. 철도의 부설은 산업과 경제상의 변화뿐 아니라, 사람들의 지리적인 감각과 일상생활의 반경을 크게 확장시켰다. 그 변화 가운데 하나가 바로 여행 또는 관광이라 하겠다. 특히 철도여행은 이전의 도보나 자동차를 이용한 여행과는 질적으로 다른 새로운 형태의 여행을 제시하였다.

일본에서 철도노선안내나 철도여행 안내서는 메이지 10년대인 1870년대 후반부터 발간되기 시작하여 1880년대 후반이 되면 매우 활발하게 출판된다. 일본에서 철도국유화법이 시행된 것은 1906년인데 이 시기를 전후하여 관영철도의 여행안내서 발간이 왕성해진다. 이른바 외지라 인식된 식민지에서도 일본내지와 거의 동시기에 철도여행 안내서가 출판된다. 조선에서도 철도의 부설과 궤를 같이 하여 다양한 철도여행 안내서가 출판되고, 이는 내지인들에게 식민지라는 '상상'의 공간을 근대적인 관광공간으로 재생산하는 데 적지 않은 영향을 끼친다. 철도 부설과 더불어 철도역세 설명서, 철도사, 철도요람, 철도여행 안내서 등등 다양한 철도 관련 서적들이 관찬으로 간행된다.

『한국철도 선로 안내』1908는 통감부철도관리국에서 펴낸 철도 부설 초기의 대표적인 안내서이며, 조선총독부 철도국이 간행한 『조선철도 선로 안내』1911, 『조선철도 선로 안내 부 금강산 탐승 안내』1921 역시 당대의 대표적인 철도여행 안내서이다. 이 책들은 당시 쏟아져 나오는 다종다양한 관광안내서의 길라잡이 역할을 하면서 철도라는 새로운 근대문명을 통한 여행공간으로서 조선을 재구성하는 견인차가 되었다.

이 글에서는 세 자료의 형식적, 내용적 특징을 개괄하고, 그 안에 담긴 식민지 관리의 시선에 대해 고찰하고자 한다. 이하에서는 간행연도에 따라 『한국철도선로안내』1908를 편의상 1권, 『조선철도선로안내』1911를 2권, 『조선철도여행안내』1921를 3권이라 약칭하여 서술하겠다.

저본에 관하여

우선 번역 저본으로 삼은 것은 아라야마 마사히코荒山正彦 감수·해설 『시리즈 메이지·다이쇼의 여행 제1기 여행안내서 집성』ゆまに書房, 2014, 총26권의 제15

권에 실린 영인본이다. 본 시리즈는 일본의 여행의 역사를 통해 근대를 부감하고 이전 역사와의 계승과 연속 및 단절의 문제를 고찰하기 위한 목적으로 당대의 여행 안내서를 복각하여 펴낸 것이다. 제1기는 5회로 주제를 나누어 각기 자료집을 나누어 싣고 있는데, 회차별 주제는 다음과 같다. 제1회는 「근대의 명소도회」 전4권, 제2회는 「철도여행안내서의 탄생」 전7권, 제3회 「홋카이도北海道 · 외지 · 식민지의 여행안내서」 전6권, 제4회 「해외여행 안내서」 전5권, 제5회 「여정과 비용 개산概算」 전4권. 그야말로 에도 후기의 이세伊勢신궁 참배 유행을 잇는 근대 일본인의 여행의 양상을 총망라하였다고 해도 과언이 아니다. 본 본역서는 제3회차에 실린 세 권의 자료이다. 참고로 3회차 6권의 대상지역은 홋카이도, 사할린, 남만주시베리아, 조선, 산둥山東, 대만 등이다.

출판사에 따르면 복각판은 무수정을 원칙으로 하였으며 일본의 국립국회도서관 간사이관關西館, 요코하마시橫濱市중앙도서관, 고베神戶대학부속도서관, 도쿄東京도립중앙도서관 소장본을 저본으로 하였다.

세 책 모두 저자는 특정하지 않고 있으나 "공무의 여가 담당자가 기존의 안내서와 각 역장의 보고 등의 자료를 모아 편찬하였다"1권 p.9는 설명으로 보아 철도국 소속 직원임은 분명해 보인다. 기존의 안내서와 역장의 보고 자료가 어떤 자료인지에 대해서는 본문의 내용으로 유추할 수 있는데, 후자가 해당 역의 현황을 설명하는 인구나 시장 거래 상황, 역의 설비 등 주로 물리적 환경에 관한 것이라면, 전자는 주로 그 지역의 연혁과 유적과 관련한 것이다. 1권은 통감부 철도관리국, 2권은 조선총독부 철도국, 3권은 남만주철도주식회사 경성관리국으로 각각 발행주체가 다르지만, 체제와 내용구성에 있어서는 큰 차이가 없다. 또 민간에서 발간한 자료를 적극적으로 활용하는 양상도 확인할 수 있다. 1875년 무렵부터 1945년까지 일본의 민관이 발행한 조선여행서는 수백권에 달한다. 빠르게는 외교관으로 정한론자이기도 했던 사다 하쿠보佐田白茅의 『조선견문록朝鮮聞見錄』1875을 비롯하여, 고마쓰 스스무小松運 『조선팔도지朝鮮八道誌』1887 같은 조선을 개관하는 안내서가 나오고, 신문기자 아오야마 요시에靑山好惠의 『인천사정仁川事情』1892이나, 가쓰키 겐타로香月源太郎 『조선국부산안내朝鮮國釜

山案內』1901처럼 지역을 특정하여 상세하게 서술한 안내서도 보인다. 이러한 각종 자료가 철도여행안내서 간행에 참고가 되었으리라는 것은 본문의 내용을 통해 어렵지 않게 유추할 수 있다.

철도안내라는 제목으로 처음 발행된 책은 경부철도주식회사의 『경부철도안내京釜鉄道案內』1905이다. 이 책은 부산과 시모노세키下關를 잇는 연락선의 개업 및 경부선의 개통과 맞물려 간행된 것으로, 1권은 이를 개정·출판한 것이다. 2권은 통감부가 폐지되고 조선총독부가 새로운 통치기관으로 설치된 후 발행된 것으로, 1권의 구성을 잇고 있으나 내용이 크게 개정되었다. 3권은 1918년 조선국유철도의 경영권이 남만주철도에 위탁되어 발행주체가 바뀌었는데, 2권의 계보를 그대로 계승하면서도 증보·개정된 것을 확인할 수 있다. 덧붙여 3권과 같이 철도안내서에 금강산 안내서를 부록의 형태로 같이 펴낸 책으로는 1915년 조선총독부 철도국이 펴낸 『조선철도여행안내 부 금강산 유람 안내朝鮮鐵道旅行案內 附金剛山遊覧の栞』와 1918년 남만주철도주식회사 경성관리국이 펴낸 『조선철도 여행 안내 부 금강산 탐승 안내朝鮮鐵道旅行案內 附金剛山探勝案內』가 있다. 형식과 내용구성이 3권과 매우 유사하며, 3권은 이 책들을 보완하여 발간한 것으로 보인다. 1934년 조선총독부철도국이 펴낸 『조선여행안내기朝鮮旅行案內記』는 이전에 발행된 안내서의 내용을 총망라하여 새롭게 정리한 것으로 철도여행안내서의 정점이라 평가할 수 있다.

목차의 구성과 특징

위의 세 권의 철도안내서가 다루는 노선과 철도역은 다음과 같다.

1권 경부선부산역~서대문역, 경인선오류동역~인천역, 마산선낙동강역~마산역, 경의선수색역~신의주역 단, 경인선, 마산선이란 노선명은 쓰고 있지 않다.

2권 경부본선부산역~서대문역, 경의본선수색역~신의주역, 마산지선낙동강역~마산역, 인천지선오류동역~인천역, 겸이포지선겸이포, 진남포지선대평역~진남포역

3권 경부본선부산역~남대문역, 마산선낙동강역~마산역, 경인선오류동역~인천역, 경의본선신

촌역~안동역, 겸이포선장천리역~겸이포역, 평양탄광선선교리역~승호리역, 평남선대평역~진남포역, 호남선가수원역~이리역, 군산지선지경역~목포역, 경원선서빙고역~원산역, 함경선덕원역~경성역

1권의 목차를 보면, "경부선의 부部"와 "경의선의 부"로 크게 구분된다. 노선의 연혁에서는 마산선을 별도의 노선으로 설명하고 있으며 인천선과 겸이포선은 각각 경부선과 경의선의 지선으로서 언급하는데 목차에서는 인천선이나 마산선이란 노선명 없이 역명을 순차적으로 그대로 나열한 아래 해당 역 부분에 들어가는 유적 등을 단락명으로 표시하고 있다.

이러한 목차 구성이 2권에서는 경부선 아래 경부본선, 인천지선, 마산지선을 포함시키고, 경의선 아래 경의본선, 겸이포지선, 진남포지선을 포함시켜 노선의 관할구획이 선명하게 드러난다. 아울러 역명의 나열에서도 이전과는 차이가 있는데, 각 노선의 주요 역에 해당하는 역명을 두드러지게 표시하여 차이를 두고 있다. 이것은 한반도 종주선의 주요 지점이 어디인지를 알려줌과 동시에, 본문에서도 주요역의 발전상을 다른 역에 비해 보다 상세하게 서술하고 있다. 1권에서는 목차에 포함되었던 하부 항목들이 생략된다.

한편, 3권에 이르러서는 인천지선, 마산지선, 겸이포지선, 진남포지선의 이름이 각각 인천선, 마산선, 겸이포선, 진남포선으로 바뀐다. 이에 더하여 경원선, 호남선, 함경선, 군산지선, 평양탄광선 등이 새롭게 등장하며 또 1권, 2권과 달리 도판이 목차에 추가된다.

세 권의 안내서에는 각각 지도 및 사진들이 포함되어 있다. 지도는 각 노선별 주요 도시의 지도가 주를 이루고 있는데, 이를 통해 당시 도시계획의 일단도 엿볼 수 있다. 1권에는 첫머리에 '한국철도 선로도'를 시작으로 부산일본거류지, 대구, 남대문, 인천항, 마산, 개성, 평양, 신의주, 안동현 신시가지 등 총 10개의 지도가 실려 있다. 2권에는 '조선철도 선로도'를 비롯하여 안동현 신시가지 대신 진남포시가도가 실려 있으며, 나머지 지역은 변함이 없다. 1권과 차이점은 시가지의 영역이 이전 지도보다 확대된 점과 더욱 상세하게 표시되어 도시의 변화상을 확인할 수 있다는 점이다. 3권에서는 경부선에서는 대전과 수원

이 추가되었고, 호남선의 목포, 군산지선의 군산, 경원선의 원산, 함흥, 청진, 회령 등 주요 도시의 지도가 추가되었다. 그러나 3권에서는 부산 부근, 부산, 경주, 수원, 평양 부근, 회령 지도를 제외한 나머지 지역의 지도는 본문에서 누락되었다. 조판과정의 오류인지 누락된 이유는 알 수 없다. 흥미로운 것은 3권에서 경주고적지도가 추가되어 있는 점과 1권, 2권보다 각 지역의 사진이 월등히 많이 실려 있다는 점이다. 1권과 2권이 전반적인 철도안내서라면, 3권은 '여행안내서'에 걸맞게 지도와 사진을 실어 시각적 정보제공에 한층 신경 썼음을 알 수 있다. 한편, 3권 부록의 「금강산 탐승안내」에도 금강산 부근 지도를 비롯하여 내금강과 외금강 지도를 싣고 있는데 매우 상세하다.

내용의 구성과 특징

안내서의 내용은 대체적으로 역명에 기점으로부터의 거리를 표기하고, 역에 대한 일반적 내용이 들어갔다. 거기에는 자연지형, 시장의 위치와 주요 거래물품 및 거래 상황, 관공서와 같은 주요 시설, 명승고적 등의 순으로 내용이 서술된다.

1권은 「들어가는 말」에서 발간경위를 설명한 뒤에, 「선로의 상태와 연혁」에서 경부선, 경의선, 경의본선, 마산선의 개통 경위를 서술한다. 노선별 성격과 역할을 보면, 대륙철도로 연결되는 의미를 강조하고 있어 한반도 철도 부설에 대한 가장 기본적인 제국일본의 시각이 드러난다. 실제 본문을 보면, 2대 간선인 경부선 및 경의선이 남으로는 일본 내지와의 교통을 용이하게 하고, 북으로는 안평安奉 철도선을 통과하여 대륙철도에 접속하며, 지선은 인천, 마산, 겸이포 등 주요 항만으로 연결되어 해외로 출발하는 여객과 화물을 수송한다고 서술하고 있다. 한국철도를 세계적인 교통 선로로 평가할 수 있는 이유는 바다로 격절된 일본이 대륙으로 나아가는 중추이기 때문이다. 이런 서술을 통해 제국의 영역확대에 필수불가결한 수단으로 인식하고 있음을 알 수 있다. 이러한 시점에서 본문은 노선도, 각종 사진, 시가지 지도를 포함하여, 총 97개의 철도역을 개괄적으로 서술한다. 그 뒤로 각 지역의 주요 경제현황, 관공서를 비롯한 회사,

여관, 식당, 교통 등 편의시설, 학교와 종교시설을 망라하고 있다. 아울러 대표적인 명승지에 대해 설명한다. 이런 내용구성은 2, 3권에도 그대로 계승된다.

2권은 1권의 「들어가는 말」을 거의 그대로 전재하고 있으며, 각 노선의 연혁 부분이 「조선철도의 연혁」으로 바뀐다. 그에 따라 조선철도의 연혁을 더욱 상세하게 서술하고, 노선별 성격을 구분하여 상술하였다. 또 조선철도의 관리관청이 통감부 철도청, 철도원 한국철도관리국, 조선총독부 철도국 등으로 바뀌는 과정을 언급하면서도 철도운영 방침은 항상 일정하였음을 강조하고 있다. 아울러 1권과 마찬가지로 각 노선이 갖는 역할에 대해서는 내지와의 교통연결, 남만주철도회사의 안평선安奉線을 경유한 대륙 철도로 접속이 가능한 국제철도의 주요 선로로 자리매김하고 있다. 동시에 마산지선, 겸이포지선, 진남포지선 등의 역할이 주요 항만 간의 접속 가능성을 높여 철로를 통한 조선의 개발을 기대한다는 목적이 더욱 선명하게 부각된다. 세부내용으로는 지도와 사진자료를 포함하여 경부본선, 경의본선, 마산지선, 인천지선, 겸이포지선, 진남포지선의 총 104개의 철도역을 개관하고 1권과 마찬가지로 경제 상황과 각종 시설 등의 내역을 서술한다. 인구와 호수 정보가 추가되었고 1권에 비해 지역 내 정보가 더욱 풍부해졌음을 알 수 있다.

3권은 이전 자료의 「들어가며」가 삭제되었고, 「조선선의 개요」에서 조선철도의 경영주체가 남만주철도회사 소관으로 바뀐 경위를 추가하여 서술하였다. 새 주체의 경영으로 새롭게 추가된 업무내역을 설명하면서, 조선철도의 노선별 특징을 내지 철도와 비교하여 언급하고 있다. 러일전쟁 등 정치상황과 연결지어 노선별 개통 경위와 역할을 설명하면서, 새로운 노선의 부설을 조선 종단의 주요 간선을 지탱하는 역할로 설정하고 완벽한 교통로 구축을 위하여 만주의 철도와의 연결이 필수임을 강조하고 있다. 이에 따라 만주의 철도 현황도 부연하여 서술하는데, 조선과 만주를 잇는 철로의 완성으로 조선철도가 세계 주요 교통로의 일부가 되었다고 평가한다.

세부 내용은 2권의 노선에 더하여 새롭게 부설된 평남선, 군산지선, 경원선, 호남선, 함경선, 평양탄광선의 총 206개 철도역과 지역에 대해 서술한다. 앞의 두 권과 달리 각 역명에 히라가나가 병기되어 있다. 또 철교 같은 철도 관련 시설의 정보보다는 지역의 연혁 등에 관한 설명과 사진이 더 많이 실렸다. 아울러 관광지 소개에 동선이 추가되는데, 철로 외에도 선편을 이용한 지역 간의 항로까지 소개하고 있다. 이것은 내지와 외지를 잇는 여행의 정보 뿐 아니라 제국의 권역으로서 바라보는 의미가 담겨있다고 풀이할 수 있을 것이다.

철도로 본 조선의 '발견', 그리고 제국의 욕망

세 권의 철도안내서에 담긴 조선은 어떤 모습일까? 조선을 어떻게 바라보고 인식했는지 가장 두드러지게 드러내는 것은 바로 역사에 대한 인식과 아울러 '명승지'의 선택이다.

주역의 팔괘에서 유래하였다는 송 대의 소상팔경화瀟湘八景畵는 자연의 풍경을 감상하는 전형이 되었다고 할 수 있다. 그것은 중국내에서 뿐 아니라 주변국에까지 크게 영향을 미쳐서 다양하게 재생산되기 때문이다. 우리나라에는 고려 명종 때 뛰어난 화가였던 이광필李光弼이 왕명으로 소상팔경화를 그린 이래로 문인, 승려, 화가 등 다양한 분야에서 팔경을 소재로 한 작품이 만들어졌다. 이는 오늘날까지 계승되어 관동팔경, 단양팔경과 같이 전통적인 명승지에 더해 각 지자체가 새롭게 지역명에 8경, 10경, 12경 등의 장소를 지정하여 관광명소화하기도 한다. 일본에도 14세기에 소상팔경화가 전해진 후로 오랫동안 풍경을 보는 정형화된 시선으로 굳어졌다. 무로마치室町시대에 오미近江팔경이 설정되고 그것을 모델로 하여 일본 전역에서 팔경이 만들어지는데, 여행 붐이 일어나는 에도시대 후기와 메이지 시대에 특히 집중적으로 발견되며 현대에 이르기까지 400여 곳이 넘는 팔경이란 이름으로 지역명소가 만들어졌다.

세 권의 철도안내서에도 조선의 팔경이 묘사된다. 1권에는 대구팔경대구 한천팔경황간역, 수원팔경수원, 인천팔경, 평양팔경이 수록되어 있다. 2권에는 대구팔경, 남포팔경진남포만 수록되어 있다. 3권에는 한천팔경, 수원팔경, 영평팔경전곡만 언급되어 있다. 이들 팔경 중에는 조선 성종 때 서거정徐居正이 읊은 대구십영에서 유래한 대구팔경, 조위曺偉가 남긴 평양팔경, 정조 대의 화성16경에서 연원을 찾을 수 있는 수원팔경, 홍여하洪汝河의 냉천팔영에서 비롯된 한천팔경, 이유원李裕元의 영평팔경과 같이 조선의 문사들이 남긴 전통을 이어받은 것도 있지만, 인천팔경이나 남포팔경처럼 유래가 불명확한 것도 있다. 1권에 비해 2권, 3권에서 팔경 언급이 줄어든 것은 그만큼 명소를 인식하는 시각이 식민자의 필요에 의해 변화하였음을 반증하는 것이 아닐까? 즉 전통적으로 내려오는 풍광의 아름다움보다는 '내지인'에게 새롭게 인식되는 식민지의 풍경을 더 유의미한 것으로 제공하는 안내서로서의 역할이 강조된 것으로 보인다.

이것은 각 지역의 명소로 빠지지 않는 것이 임진왜란이나 청일전쟁, 러일전쟁에서 일본군의 흔적을 찾을 수 있는 전적지인 데서도 드러난다. 특히 3권에서는 전적지에 대한 소개가 더욱 상세해 진다. 청일전쟁은 동아시아의 국제질서에서 일본이 패권을 잡게 된 계기가 되었는데, 성환역 일대에서 벌어진 청군과 일본군의 전투는 그 첫 격전이었다. 1권에서는 "당시를 생각하며 이곳을 지나면 감개무량하지 않을 수 없다. 지금은 어떠한 표식도 없어 유감이다"p.80라고만 되어 있는 서술이 3권에서는 전투의 상세한 양상이 눈앞에서 보듯이 묘사되고, "처음 외국과 맞서 의로운 전쟁이 선언되었으니 성스런 전략은 무엇보다 먼저 기선을 제압하는데 있도다. 어두운 구름이 모두 사라지고 환희의 새벽이 되니 떠오르는 태양이 동해 하늘에 빛을 발한다"p.556는 청일전쟁 참전군인의 시까지 싣고 있다. 조선의 '명승'은 욱일旭日이 밝게 비추는 일본의 자랑스러운 역사와 결부되어 새롭게 발견되는 것이다. 평양전투의 흔적도 여행자의 발길을 이끌 듯이 곳곳에서 언급되며, 본문에 삽입된 메이지 천황의 황후의 시에는 '용감무쌍한 제국일본군'의 노고를 어루만지는 '자애로운 황후'의 모습마저 엿보인다. 청일전쟁과 러일전쟁에서 일본군의 전승기념비, 충혼비는 물론이고 도하지점이나 전쟁물자의 양륙지가 빠짐없이 소개되는 것도 제국일본의 위광을 직접 확인할 수 있는 식민지의 '장소의 발견'이란 맥락으로 볼 수 있다.

이상과 같이 전통적인 명승지와 근대 일본의 전적지와 관련한 새로운 명소를 통해 식민지 통치기구 관료의 눈으로 보는 '조선'이 새롭게 발견되었다고 한다면, 그 연장선상에서 조선의 역사에 대한 인식을 알 수 있는 서술도 본서

곳곳에서 찾을 수 있다. 고대사와 관련해서는 임나일본부설이나 백제와의 역사적 연관성이 강조되고 있다. 고려시대 불교 숭상으로 인한 폐해를 지적하거나 관우묘 제향에 대해서는 미신을 믿는 조선인이라고 비하하면서도, 백제에 대해서만큼은 "문교文敎의 시작이었던 불교나 역曆과 의박사醫博士 등도 모두 백제에서 전해진 것은 잘 알려진 바이며, 말세에 이르기까지 감사할 만한 커다란 사실이다"3권 p.135라고 서술하고 있어 흥미롭다. 메이지 기부터 백제와의 우호관계가 내선일체의 좋은 사례로 활용된 것은 잘 알려진 사실이다. 동시에 신대의 스사노오나 진구神功황후의 언급이나 임나일본부가 역사적 사실로 기억되며 '식민지'라는 용어를 쓰는 것은, 임진왜란을 '조선정벌'이라 일컫는 것과 함께 기어이 조선을 식민지로 전락시켜버린 역사와 이어진다.

식민지 조선은 아라카와 고로荒川五郎가 『최근조선사정最近朝鮮事情』1906 첫머리에서 밝힌 대로 "조선경영은 일본인의 천직임과 동시에 일본의 생명이다. 하루의 조선경영은 백일의 이익을 가져오고, 한 걸음 늦어지면 천 걸음이 손해"가 되는 '젖과 꿀이 흐르는 땅'이다. 이러한 인식은 본서에서도 엿보인다. 진남포는 일본군의 보급선으로 중요한 곳으로 "점점 더 경제적 진가를 발휘할" 기대로 가득 찬 곳이고, 선교리에서는 육군항공대의 "우렁찬 프로펠러 소리"가 들릴 것이다. 신의주와 철교 하나로 연결된 안둥의 진강산은 "무궁무진한 자원"의 보고를 눈앞에 두고서 제국일본의 "위대한 신흥국민"이 되었음에도 마적과 폭도가 날뛰는 상황에서, 인간의 미약한 힘을 부끄럽게 느끼고 개발의 욕망을 불태우게 한다. 이렇게 내지와 구별되는 외지는 식민지 조선뿐 아니라 만주와 지나까지 연결되는 광활한 땅으로 뻗어간다. 이것은 3권에 이어 1922년에 철도성이 출간한 『조선만주지나안내朝鮮滿洲支那案內』에서 더욱 선명하게 확인된다.

철도여행 안내서는 내지인들의 조선여행을 위한 가이드북에서 한걸음 더 나아가 내지인들의 이주와 투자를 유도하기 위한 정보제공서의 역할도 충실히 수행한다. 러일전쟁에서 이겼지만 국민들에게 배상금이란 달콤한 열매를 가져다주지 못한 결과 히비야日比谷폭동이 발발하였고, 또 제1차 세계대전을 치르면서 자본가들은 이른바 '대전경기'의 호황을 맞이하였지만 생활고에 시달린 민중들은 전국적으로 대규모 쌀 소동을 일으켰다. 폭동의 진압을 위하여 군대까지 출동하였고 데라우치寺內내각마저 붕괴될 정도였다. 자본가든 민중들이든 식민지 조선은 '기회의 땅'일 수밖에 없었다.

각 지역의 경제와 산업상황과 함께 거주하는 내지인들이 어느 정도 규모인지, 어떤 일에 종사하는지 상세히 기술하는 것은 그 일례일 것이다. 또 개성상인을 내지의 오미近江상인과 비교한다거나, 온천과 폭포 등 명승지를 내지의 그것과 비교하여 서술하는 것도 내지인들의 이해를 돕고 친근감을 더하여 적극적인 이주를 유도하는 것으로 읽을 수 있지 않을까?

세 권의 철도여행 안내서에는 새롭게 발견되는 조선과 그 조선선을 탐하는 제국일본의 끝없는 '욕망'이 담겨있다.

옮긴이의 말

중학교 1학년 사회시간에 강원도 영동선의 스위치백에 대한 설명을 들었던 기억이 여전히 또렷하다. 워낙 재미있고 흥미롭게 수업을 하셨던 김갑 선생님 덕분에 우리나라 지리에 관한 관심이 오래도록 이어졌다. 꼭 스위치백을 타보리라 다짐했던 것 같다. 대학교 1학년이 되어서야 오래된 계획을 실행에 옮기게 되었다. 청량리에서 기차를 타고 갈 수 있는 곳은 다 가보았던 것 같다. 지금은 사라진 비둘기호를 타본 경험은 소중하게 남아있다. 이런 기억으로 지금도 기차여행을 선호한다. 일본에서 과소지역의 경우 폐선이 되는 단선철도가 늘고 있기 때문에, 우리도 머지않아 그렇게 사라질 노선이 생기지 않을까, 조바심이 들기도 한다. 사라지기 전에 '그곳'을 모두 가볼 수 있을까.

이런 바람을 가진 옮긴이에게 『한국철도 선로 안내』, 『조선철도 선로 안내』, 『조선철도 여행 안내』 세 권의 책을 번역할 기회가 온 것은 행운이었다. 건국대학교 아시아콘텐츠연구소 기획연구의 일환으로 번역을 시작하게 된 것은 지난 2017년도의 일이었지만, 출간이 결정된 후에 각주를 추가하면서 재번역에 가까운 작업을 더하였다. 철저하게 일본인의 시각으로 일본인을 위한 조선의 철도 연선과 여행안내서인 만큼, 특히 한국의 지명이나 역사 관련 인물과 연혁에서 내용상 오류 여부를 확인하는 작업에 공을 들였다. 철도국의 직원이라는 것 외에 저자가 특정되지 않고, 참고자료 역시 제시되지 않아 일일이 서술과 관련한 참고자료를 찾아 밝히는 데 많은 시간이 걸렸다. 주요 참고자료는 『삼국사기』, 『신증동국여지승람』을 비롯하여 『한국문집총간』에 수록된 문집, 조선후기에 작성된 각 지역의 읍지, 고지도 등 조선시대 자료와 『조선총독부 관보』, 『인천부사』, 『군산부사』 같은 관찬자료, 일본인의 조선여행기 등 근대기의 자료 등이다. 그 과정에서 이제까지 잘 몰랐던 우리나라의 지명 유래나 지역의 역사와 내력을 알게 되어 큰 공부가 되었다. 세 권의 안내서에 보이는 공통적인 오류는 우선 조판작업 과정에서 발생했으리라 짐작되는 인명과 지명 등의 오자와 역사적 사실에 대한 내용 오류로 대별된다. 이 같은 오류나, 부연설명이 필요한 내용에 대해서는 확인 가능한 다양한 자료를 참조하여 각주를 통해 밝히고자 하였다. 독자들로서는 각주의 양이 많아 가독성이 떨어진다고 느낄 수 있겠지만, 작은 도움이 되길 바랄 뿐이다. 또 근대 일본어의 특징을 살리고자 가능한 의역은 하지 않았는데, 옛 일본어 문투가 어색하게 느껴질 수도 있다.

이제 한 세기가 지난 한국철도사는 수탈이란 수식어가 따라다니기 쉽다. 그만큼 근대의 눈부신 문명이 제국일본의 야망에 발판이 된 역사를 부인할 수는 없을 것이다. 그럼에도 불구하고 이 세 권의 책을 통해 우리 철도의 초창기를 되돌아보는 작업은 매우 중요하다. 왜냐하면 이 세 책에 담긴 다양하고 방대한 정보가 갖는 의미를 탐색할 만한 필요성이 충분하기 때문이다. 한반도를 종으로 횡으로 관통하는 철도가 부설되면서 역을 중심으로 도시가 발전했다는 것은 누구나 아는 사실이다. 종종 이것을 식민지근대화론의 증거로 제시하는 경우가 많다. 그러나 철도노선이 완전히 새로운 지역에 부설된 것이 아님을 알 수 있는데, 조선시대부터 역원으로서 역할을 했던 주요 교통로를 중심으로 기차역이 생겼다는 사실은, 근대 도시의 발전이 일제강점기 철도역이 만들어지면서 이루어진 것만이 아님을 웅변한다. 철도안내서에 담긴 철도역의 유래와 연혁을 살펴보면 이 같은 사실은 어렵지 않게 알 수 있다. 교통의 길목으로서 중요했던 지역은 철도역의 부설로 더욱 외연이 확대되는 것을 알 수 있다. 한편으로는 사통팔달의 도시로 새롭게 부상한 대전 같은 도시는 그야말로 철도역이 생기면서 교통로로서 중요성을 띠게 되었다고 할 수 있을 것이다. 북한의 철도는 아는 것이 거의 없던 탓에 더욱 흥미로웠는데, 경의선, 경원선, 함경선 등등 철도가 이어져 있다는 사실이 새삼스럽게 다가온다.

번역서 발간은 건국대 아시아콘텐츠연구소 선생님들의 도움이 없이는 불가능한 일이었다. 그간 몇 번의 프로젝트를 함께 하면서 항상 좋은 공부를 할 기회를 주셨던 박삼헌 선생님의 적극적인 제안이 아니었다면, 이번 번역서의 출판은 생각하지도 못하였을 것이다. 출판이 결정된 후 코로나19에 따른 사회적 거리두기로 만나기도 어려운 상황에서, 본 연구소의 소장이기도 한 박삼헌 선생님과 김경리 선생님, 이영섭 선생님 세 분과 번역 초고를 가지고 윤독회를 하면서 여름 석 달을 보냈다. 마스크 차림으로 매번 예닐곱 시간 이상을 소리 내서 읽어가며 토론하다 보면 절로 신음소리가 나올 지경이었으나, 마치 자기 일처럼 여기고 아낌없이 조력해 주신 세 분 덕분에 육체적 피로를 극복할 수 있었던 유쾌하고 고마운 과정이었다.

일본사를 전공하신 박삼헌 선생님은 특유의 쾌활함으로 늘 활기찬 분위기를 이끌며 철도사를 도시사와 연결시켜 본서의 서술의 의미를 한걸음 더 들어갈 수 있도록 분석하고 조언해 주셨다. 덕분에 번역 자체에 매몰되지 않고 전체적인 틀 속에서 각 철도노선이 갖는 역할과 의미를 이해하는 데 큰 도움이 되었다. 일본문화사를 전공하신 김경리 선생님은 섬세한 성향만큼이나 문장을 매끄럽게 다듬어 주셔서 번역이 한결 수월하였다. 중국사상과 문화를 전공하신 이영섭 선생님은 중국 관련 내용과 한문해석에 더할 나위없는 지원을 해 주셨다. 특히 윤독회가 끝나고서도 필자의 수많은 질문에 같이 고민해 주셨다. 바쁜 일정에도 불구하고 흔쾌히 윤독회를 함께 해 주신 세 분에게는 다시 한번 깊게 감사드린다.

또한 필자에게 큰 공부가 되었던 것은 본서에 등장하는 한일의 역사와 유학, 불교에 관한 수많은 내용에 관하여 각기 전공이 다른 네 분의 선생님들과 함께 논의한 시간이었다. 이 과정을 통해 필자의 부족함을 메워주신 선생님들께도 감사인사를 전하고 싶다. 유학사상 전공자이신 인하대학교의 이봉규 선생님, 불교사상을 연구하시는 성철사상연구원의 서재영 선생님, 한일관계사 전공자이신 시마네현립대학의 이시다 도루石田徹 선생님께도 거듭 감사하다. 한국사 전공자이자 지역사전을 편찬하시는 한국학중앙연구원의 백창기 선생님은 역사에 대한 해박함과 지역사에 관해 놀라운 지식으로 번역의 난관을 극복할 수 있도록 도와 주셨다. 무엇보다 어려운 출판 상황에서도 꾸준히 좋은 책을 내 주시는 소명출판의 박성모 사장님께도 깊이 감사드린다. 아울러 편집부에 심심한 사의를 표한다.

번역은 그 나라의 언어를 안다고 해서 할 수 있는 것만은 아니다. 에릭 클랩튼의 일생을 다룬 다큐멘터리영화의 제목 'The Life In 12 Bars'를 '열두 곳의 바를 돌아다닌 삶'이라고 오역하였다는 이야기를 들은 적이 있다. 천재 기타리스트 에릭 클립튼을 단숨에 술꾼으로 만들어 버린 것은 bar를 블루스의 기본인 열두 마디로 읽어내지 못한 탓이다. 예를 들어 본서에도 향어香魚 관련 내용이 나오는데, 우리나라에서 향어는 1970년대 수입한 이스라엘 잉어로 통하지만 일본에서는 은어를 향어라고도 표기한다. 번역은 이런 작은 차이까지도 읽어내는 '이문화 이해'의 작업이다. 번역은 혼자 시작하는 일이지만 여러 분들의 조력으로 완성되는 공동작업임을 다시 한번 깨닫는다. 이 모든 것이 필자에게는 번역에서 파생된 새로운 배움의 시간이었다. 여러모로 부족한 필자를 위해 기꺼이 도움을 주신 선생님들께는 두고두고 고마운 마음을 잊지 않고 갚아 나갈 것이다.

예기치 않은 코로나19 사태로 발이 묶인 처지여서였을까. 철도여행 안내서를 읽다 보니 우리나라 산천의 아름다움이 눈앞에 그려지며, 예부터 금수강산으로 불렸다는 사실을 사실을 새삼 깨닫는다. 2017년 초에 여행을 좋아하셨던 아버지는 약속한 기차여행을 일주일 앞두고 갑자기 멀리 떠나셨다. 사무치는 그리움과 회한에 지금도 심장이 쥐어짜이는 듯하다. 또 북녘에 가족을 둔 분들은 어떤 심정일지도 생각하게 된다. 끊어진 철로가 다시 이어져 사람들의 왕래가 자유롭기를, 가족과 함께 하는 꿈을 싣고 달리기를, 그리하여 머지않아 평화철도의 역사를 다시 쓸 수 있기를.

2023년 여름,

역자 씀.